BONAPARTE

DU MÊME AUTEUR

Grand Prix de l'Académie française décerné pour l'ensemble de son œuvre

Chez le même éditeur

LOUIS XVII, 1948.
MADAME ROYALE, 1950.
PHILIPPE ÉGALITÉ, le Prince rouge. *Ouvrage couronné par l'Académie française,* 1951.
MARIE-ANTOINETTE. *Ouvrage couronné par l'Académie française,* 1953.
LE GRAND SIÈCLE DE PARIS, 1955.
LA DUCHESSE DE BERRY, 1957.
LES GRANDES HEURES DES CITÉS ET CHÂTEAUX DE LA LOIRE, 1959.
SARAH BERNHARDT, 1961.
L'ALMANACH DE L'HISTOIRE, 1962.
VERS L'EXIL..., 1962.
JOSÉPHINE, *Prix du Plaisir de lire,* 1965.
LA BELLE HISTOIRE DES VOYAGES, 1966.
L'AIGLON NAPOLÉON II. *Prix Richelieu,* 1966 et *Prix des Mille lecteurs,* 1967.
BONAPARTE, 1967.
NAPOLÉON, 1968.
DRAMES ET TRAGÉDIES DE L'HISTOIRE, 1968.
LES BATTEMENTS DE CŒUR DE L'HISTOIRE, 1969.
LE CALENDRIER DE L'HISTOIRE, 1970.
DESTINS HORS SÉRIE DE L'HISTOIRE, 1975. *Grand Prix du Syndicat des écrivains et des journalistes, et pour l'ensemble de son œuvre.*
PRÉSENCE DE L'HISTOIRE, 1973.
NAPOLÉON III (deux volumes). *Prix des Ambassadeurs,* 1974.
BELLES ET TRAGIQUES AMOURS DE L'HISTOIRE, 1975.
HISTOIRE DE LA FRANCE ET DES FRANÇAIS AU JOUR LE JOUR (douze puis huit volumes en collaboration avec Alain Decaux, Marcel Jullian et Jacques Levron), 1976.
« MY FRIEND LA FAYETTE... MON AMI WASHINGTON », 1976.
LE RENDEZ-VOUS DE VARENNES, 1977.
MAXIMILIEN ET CHARLOTTE. *Prix du Cercle de l'Union,* 1978.
DE L'HISTOIRE ET DES HISTOIRES, 1978.
DICTIONNAIRE DE L'HISTOIRE DE FRANCE. Sous la direction d'André Castelot et d'Alain Decaux, 1979.
TALLEYRAND OU LE CYNISME, 1980.
AU FIL DE L'HISTOIRE, 1981.
L'HISTOIRE INSOLITE, 1982.
FRANÇOIS Ier, *Prix Agrippa-d'Aubigné,* 1984 et *Grand Prix de la Paulée de Meursault,* 1984.
L'ALMANACH DE CLIO, 1985.
LES NUITS DE L'HISTOIRE, 1985.
HENRI IV, *Le passionné,* 1986. *Grand Prix de la Ville de Paris* (Solia Cabiati), 1987.
CHARLES X, la fin d'un monde, 1988.
MADAME DU BARRY, 1989.
FOUCHÉ, 1990.
LA CAMPAGNE DE RUSSIE, 1991.
LA REINE MARGOT, 1993.
LOUIS-PHILIPPE, LE MÉCONNU, 1994.
MARIE DE MÉDICIS, 1995.
NAPOLÉON BONAPARTE, 1996.
MADAME DE MAINTENON, 1996.
DIANE, HENRI, CATHERINE, *Le triangle royal,* 1997.
NAPOLÉON ET LES FEMMES, 1998.
LARIE-LOUISE, 1998.

Théâtre

LA REINE GALANTE, comédie en deux actes et huit tableaux. *(Perrin),* 1962.
NAPOLÉON III A LA BARRE DE L'HISTOIRE *(L'Avant-scène),* 1976.
TALLEYRAND A LA BARRE DE L'HISTOIRE *(L'Avant-scène),* 1979.

Chez d'autres éditeurs

LE FILS DE L'EMPEREUR. *Prix de littérature 1963 de la Fédération des parents d'élèves des lycées et collèges français. (Presses de la Cité, G.P. et Presses Pocket.)*
LE LIVRE DE SAINTE-HÉLÈNE *(reportage photographique). (Solar.)*
L'HISTOIRE DE FRANCE EN IMAGES. *(France-Images. Figurine Panini.)*
48, OU L'INUTILE RÉVOLUTION. *(Presses Pocket.)*
LE PETIT CASTELOT GOURMAND (SACN), 1995. *Prix Cœur de Lion.*

Albums et éditions de luxe

NAPOLÉON BONAPARTE. *(Perrin)* (album illustré).
LES GRANDES HEURES DE NAPOLÉON *(Perrin.) Épuisé.*
LES QUATRE SAISONS DE L'HISTOIRE (quatre volumes). *(Perrin.) Épuisé.*
LE LIVRE DE LA FAMILLE IMPÉRIALE, en collaboration avec le général Kœnig et Alain Decaux. *(Perrin.)*
NAPOLÉON BONAPARTE (dix volumes). *(Taillandier.)* Nouvelle édition 1997.
ROMANS VRAIS DE L'HISTOIRE (six volumes). *(Taillandier.)*
NAPOLÉON III ET LE SECOND EMPIRE (six volumes). *(Taillandier.)*
L'AIGLON NAPOLÉON II (trois volumes). *(Taillandier.)*
LA RÉVOLUTION FRANÇAISE *(Perrin),* 1987 (album illustré).
MARIE-ANTOINETTE *(Perrin),* 1989 (album illustré).
HISTOIRE ILLUSTRÉE DE NAPOLÉON (trois volumes). *(Bordas),* 1989.
SUR LES PAS DE JOSÉPHINE *(Perrin),* 1991 (album illustré).
NAPOLÉON RACONTÉ AUX ENFANTS *(Perrin),* 1992.

Textes

LE DRAME DE SAINTE-HÉLÈNE (Histoire de la Captivité vue par les témoins). *(Perrin.)*
LA FÉERIE IMPÉRIALE (Le Second Empire vu par les témoins). *(Perrin.)*

ANDRÉ CASTELOT

BONAPARTE

PERRIN
www.editions-perrin.fr

ISBN 978-2-262-02685-1

A mon ami le docteur Paul Ganière.

A. C.

Sans doute, pour faire revivre Napoléon, au cours de ces deux volumes, me suis-je attaché à retrouver des textes inédits ou oubliés et à pouvoir ainsi colorer le récit de détails encore ignorés, mais j'ai surtout voulu reconstituer le décor où s'est déroulée la plus extraordinaire existence de tous les temps.

Et cela en mettant mes pas dans ceux de l'Empereur des Pyramides à Moscou, du Grand Saint-Bernard à Austerlitz, ou encore d'îles en îles, ces îles qui ont joué un rôle envoûtant dans la vie de Napoléon — la Corse où il vint au monde, Elbe où, tombé du pinacle, il régna, Aix où il prit la décision la plus lourde de conséquences de son existence, Sainte-Hélène enfin où il rendit le dernier soupir.

Après un tel périple, la moisson d'images faite, on se trouve avant tout devant un problème de choix. *L'énorme masse des pièces d'archives, des Mémoires et des Souvenirs, vous laisse pantois. On est surtout vite submergé par le terrible afflux de la correspondance de ce diable d'homme, par les milliers et les milliers d'ordres lancés par lui au cours des vingt années séparant Vendémiaire où il entra dans l'Histoire, de Waterloo, où il en sortit pour aller mourir, prisonnier enchaîné, sur son volcan éteint...*

Car toute la prodigieuse épopée n'a même pas duré vingt ans !

A. C.

Au long de ma route j'ai rencontré de merveilleux dévouements ; je remercierai ces amoureux du Passé, à la fin du second tome de cet ouvrage — *Napoléon,* — en indiquant les *Sources* utilisées au cours de mon travail.

Madame Mère « cette femme rare, et l'on peut bien dire, d'un caractère unique en France... »

(Stendhal).

Tome premier

BONAPARTE

Quel roman que ma vie !
Napoléon.

1

NABULIO

C'est à ma mère que je dois ma fortune et tout ce que j'ai fait de bien.

NAPOLÉON.

Le 9 mai 1769, une jeune femme âgée de dix-neuf ans, — « belle comme les amours » — mêlée à une centaine de patriotes corses, marche soutenue par son mari qui l'aide à gravir les sentiers du Monte-Rotondo où, sous ses pas, roulent les pierres. Elle fuit les troupes françaises victorieuses et on l'entend répéter :

— Il sera le vengeur de la Corse.

C'est de son fils dont elle veut parler. Ce fils qui n'est pas encore né — mais la fugitive ne doute pas qu'elle mettra au monde un garçon — ce fils qui, durant toute cette affreuse retraite, « s'agite violemment » en elle.

Louis XV, moyennant quelques millions, a acheté le 15 mai de l'année précédente à la République de Gênes ses droits sur la Corse. Le 15 août — un an jour pour jour avant la naissance de Napoléon — le roi a proclamé la « réunion » de l'île à la France. Demeurait le principal : conquérir l'acquisition, car les Corses — bien sûr — ne se montraient point d'accord. Appartenant théoriquement aux Génois, ils se trouvaient quasiment libres. Devenus sujets du roi de France, sans qu'on leur eût demandé leur avis, une manière de corde leur était passée au cou...

Le patriote Paoli — on l'appelait la Babbo — avait convoqué une assemblée de communes corses à Corte. L'un des délégués, membre de la petite noblesse de l'île, y avait prononcé un discours violent contre les « derniers envahisseurs » et appelé la Corse aux armes.

Il se nommait Carlo-Maria Buonaparte et le nom de cette famille de petits hobereaux corses — de lointaine origine toscane et génoise — entrait ce jour-là dans l'Histoire.

Carlo-Maria était un homme intelligent, brillant même, mais léger, versatile, joueur, libertin, follement dépensier — alors que les ressources du ménage étaient absolument squelettiques. Intrigant surtout. Que ne ferait pas ce quémandeur infatigable pour obtenir places et pensions ! Ne se laissant rebuter par aucune rebuffade, souriant, sûr de lui, il campait avec aplomb, fatuité et élégance dans l'antichambre des gens en place et refusait de s'en aller avant d'avoir été entendu. Son éloquence se montrait d'ailleurs adroite et, au lendemain de la mainmise de la France sur l'île, jouant la carte paoliste, ses discours enflammaient l'auditoire.

— Vaillante jeunesse, disait-il devant les représentants des Communes réunies par Paoli, voici le moment décisif. Si nous ne triomphons de la tempête qui nous menace, c'en est fait tout à la fois de notre nom et de notre gloire... Nous qui combattons pour nos propres intérêts, pour nos personnes, pour nos enfants, nous qui avons la gloire de nos pères à défendre, pourrions-nous balancer un moment à exposer notre vie ?

Paoli avait pour finir lancé sa protestation solennelle contre le débarquement des troupes de Louis XV. La guerre déclarée, le roi avait envoyé une expédition pour prendre possession de la Corse. Elle avait été battue et les survivants jetés à la mer. « Cette petite île étonnera le monde ! » s'était exclamé Jean-Jacques Rousseau avec admiration. Mais, le 9 mai, les patriotes corses, commandés par Pasquale Paoli, étaient vaincus à Ponte-Nuovo. Louis XV avait, en effet, mis le « poids » nécessaire en expédiant dans l'île vingt-deux mille hommes à la tête desquels avait été placé le comte de Vaux. Seuls une centaine de vaincus avaient pu échapper au désastre et se replier vers le Monte-Retondo. Parmi eux Carlo-Maria et sa femme, née Letizia Ramolino, famille de très petite noblesse, d'ascendance, elle aussi, italienne. Il l'avait épousée le 2 juin 1764, alors qu'elle n'avait que quatorze ans.

Aujourd'hui, ce 9 mai 1769, il la soutient avec tendresse, tandis qu'elle répète :

— Il sera le vengeur de la Corse !

Et la jolie Letizia, « la petite merveille » au profil grec, monte sans se plaindre les flancs abrupts de la montagne... Napoléon le dira :

— Les pertes, les privations, les fatigues, elle supportait tout, bravait tout. C'était une tête d'homme sur un corps de femme. Une femme des montagnes de Corse...

Sous un violent orage, à travers la montagne, le petit groupe de patriotes peine et s'épuise. Les fugitifs s'engouffrent enfin dans une grotte — elle existe toujours et on l'appelle encore la *grotte des Réfugiés.* C'est là que Carlo-Maria Buonaparte recevra les émissaires du comte de Vaux venus proposer la paix. Toute résistance est désormais inutile. Et l'Empereur pourra dire un jour :

— Je naquis alors que la patrie périssait.

La Corse accepte ses nouveaux maîtres. Aussi Carlo-Maria et Letizia, cessant de jouer aux patriotes robinsons, regagnent-ils leur grande maison d'Ajaccio, un gros cube couvert d'un crépi jaune qui se dresse dans la *strada Malerba,* rue de la Mauvaise-Herbe — la bien nommée, paraît-il. Ils occupent le rez-de-chaussée et le premier étage qui sont alors meublés infiniment moins somptueusement qu'aujourd'hui. La belle galerie, qui surprend les visiteurs de notre temps, n'existe pas encore. De même la petite place plantée d'arbres ne sera aménagée devant la maison que sous le Consulat.

Au second, demeurent quelques-uns des innombrables cousins du clan : les Pozzo di Borgo. De ce voisinage naît une brouille — pour ne pas dire une vendetta — entre les deux familles. Un jour — en ces temps de voirie élémentaire — une des dames Pozzo ayant jeté par la fenêtre le contenu d'un pot de chambre celui-ci tombe malencontreusement sur Mme Letizia... L'affaire est portée devant la justice — les Buonaparte étant passés maîtres dans l'art de la chicane — et la robe souillée doit être remboursée.

Charles — il est maintenant inscrit au barreau d'Ajaccio, a francisé son prénom — s'est mis au service des Français avec peut-être trop de platitude — le maquisard s'est métamorphosé en courtisan — et l'on ironise : « le Buona-Parte se met du bon parti ». Son fils le jugera sévèrement plus tard, et lui reprochera d'avoir abandonné Paoli :

— Jamais je ne pardonnerai à mon père, qui a été son adjudant, d'avoir concouru à la réunion de la Corse à la France. Il aurait dû suivre sa fortune et succomber avec lui.

Letizia est-elle de cet avis ? Approuve-t-elle l'esprit « collaborationniste » de son mari ?

— Ma mère, dira Napoléon, au moment de la conquête, était, comme tout le monde, très montée contre les Français... Elle voulait accoucher dans une caverne.

Luciano, le pittoresque vieil oncle, archidiacre de la cathédrale d'Ajaccio, fera comprendre à sa nièce que l'époque de la résistance était révolue... et peut-être M. de Marbeuf, gouverneur de l'île, ne fut-il pas étranger à ce revirement.

Le marquis général de Marbeuf aurait été selon certains, l'amant de Mme Letizia. Et ce n'est peut-être pas impossible. Devant les infidélités de son mari, la Madre n'avait-elle pas toutes les excuses du monde pour se laisser aller dans les bras du galant gentilhomme français ? « Il est urgent que tu ôtes le portrait de Marbeuf du salon », écrira Napoléon à son frère Joseph en 1790. Et il ajoutera même : « Enlève aussi le portrait de maman ». Des mauvaises langues ont été jusqu'à affirmer que le gouverneur était le père du futur empereur. Napoléon, lui-même, aurait eu des doutes.

— D'où viennent mes talents militaires ? dira-t-il un jour. Les Buonaparte étaient avocats ou magistrats. On a prétendu que, en réalité, je serais issu d'un général. Cette hérédité pourrait tout expliquer.

L'hypothèse devient infiniment moins probable lorsqu'on se penche sur les dates. Napoléon a été conçu au mois de novembre 1768. Sans doute le gouverneur connaissait-il déjà les Buonaparte et, à son arrivée à Ajaccio avait-il comblé Charles de prévenances, mais la Corse se trouvait alors en pleine insurrection. Marbeuf résidait à Ajaccio, s'affichait avec une « dame de Varesse », tandis que les Buonaparte demeuraient près de Corte, en « zone paoliste », chez l'oncle de Letizia, Tomaso Arrighi di Casanova. Si la mère de l'Empereur a eu des bontés pour le marquis de Marbeuf — et ici on ne peut rien affirmer — elles n'ont vraisemblablement existé que bien plus tard...

Ce n'est pas la première fois que la petite Letizia va mettre un enfant au monde. Avant Giuseppe — le futur roi Joseph, né en 1768 — elle a donné le jour à un garçon, puis à une fille qui sont morts tous deux en bas âge.

Le 15 août 1769, Ajaccio qui n'est alors qu'une bourgade, célèbre à la fois la fête de la Vierge et, avec un enthousiasme de commande, le premier anniversaire du traité rattachant la Corse à la France. A la cathédrale, à peine la grand-messe commencée Letizia Buonaparte ressent les premières douleurs. Aidée par sa belle-sœur, Gertruda Paravicini — la sœur de son mari — la jeune femme regagne rapidement sa maison de la toute voisine rue Malerba. Arrivée chez elle — il est près de midi — le temps lui manque pour monter jusqu'à son lit de damas rouge : elle se dirige vers le salon et s'étend sur un canapé recouvert de soie verte — ou « violet-marron » les historiens ne sont point d'accord... — pour y accoucher presque aussitôt, avec l'aide de Gertruda qui fait office de sage-femme, d'un garçon « né coiffé » s'il faut en croire Napoléon.

D'autres affirment que Letizia donna naissance au futur empereur sur le carrelage du salon. Stendhal et Las Cases ont même prétendu que la délivrance eut lieu sur un des « tapis antiques à grandes figures de ces héros de la fable ou de l'Iliade... ». La version est poétique, mais absolument fausse. Mme Letizia a rétabli les choses :

— C'est une fable de le faire naître sur la tête de César, il n'avait pas besoin de cela... Nous n'avions point de tapis dans nos maisons de Corse, et encore moins en été qu'en hiver.

Les oncles, tantes et alliés — ceux, du moins, avec lesquels l'on n'est point en procès — défilent à la Casa Buonaparte pour féliciter Letizia. L'affluence rend la jeune mère toute fière, aussi fière que le jour de son mariage où elle avait été accompagnée, à l'église, par cinquante de ses cousins, tous « beaux hommes et forts ».

— C'est là ce qui forme en Corse un grand parti, expliquera un jour l'Empereur. On ne demande pas combien la jeune fille a de dot, mais combien elle a de cousins.

Une « kyrielle » de parents — le mot est encore de Napoléon — au milieu de laquelle la Madre ne se perdait point. « Et toutes les personnes qui connaissaient Mme Bonaparte, précisera plus tard Mme Junot, savaient qu'une fois sur le chapitre des parentés, on n'en sortait pas facilement... »

En cette même journée, dès que la fête de la Vierge le permet, l'archidiacre Lucien envoie rue Malerba l'abbé Jean-Baptiste Diamante qui va ondoyer, à la *Casa* même, l'enfant qui vient de naître.

— Quel prénom va-t-on lui donner ?

— Napoleone (1).

La Madre — elle prononçait *Napollioné* — nous donne la raison de ce choix étrange :

(1) Tant que le futur empereur écrira son nom Napoleone Buonaparte, nous suivrons son exemple.

— Mon oncle Napoleone mourut quelques semaines avant Ponte-Nuovo, mais il était venu à Corte pour combattre. C'est en souvenir de ce héros que j'ai donné son prénom à mon deuxième fils.

Napoléon avait raison de dire :

— Ce nom était doué d'une vertu virile, poétique et redondante.

Mais, durant ses premières années, on l'appellera *Nabulio* — ou, prononcé à l'italienne : *Nabulione*. Ses proches, en raison du caractère querelleur de l'enfant, le surnomment : *Rabulione* — c'est-à-dire « celui qui se mêle de tout ». En dépit de la grosseur de la tête — elle est si forte que, longtemps, l'enfant ne peut garder son équilibre — le bébé Napoleone demeure chétif. Sa figure est pointue et ses lèvres minces. Madame Letizia allaite elle-même le nouveau-né, mais s'adjoint les services d'une robuste campagnarde, Camilla Ilari, au caractère autoritaire, et qui va chérir son nourrisson. A la grand-mère de Napoléon — Mme Buonaparte mère — elle répliquera un jour :

— Allez, Madame, priez le Bon Dieu, mais ne vous mêlez pas de mon petit. Cela ne vous regarde pas !

La mère de Charles prie beaucoup, en effet... « Ma belle-mère était si bonne, dira Mme Letizia, que toutes les fois que je relevais de couches, elle se faisait une obligation d'entendre chaque matin une messe de plus, de sorte qu'elle en arriva au point d'entendre neuf messes par jour ... »

Sur les treize enfants que Letizia a mis au monde en dix-neuf années, huit, en effet, survivront, huit enfants qui se partageront un jour des trônes et des principautés. Tous, sauf Lucien — Luciano — qui, en froid avec son frère, devra se contenter d'un titre de prince papal.

Pour ses relevailles, la mère de *Nabulio* se rend à

la cathédrale où elle avait bien failli mettre au monde Napoleone, et elle offre, selon l'usage, un cierge, une pièce de monnaie et un petit pain.

On attendra, pour baptiser le jeune Buonaparte, l'arrivée — au mois de juillet 1771 — d'une petite sœur, qui mourra d'ailleurs cette même année (1). A peu près à cette époque, Charles est nommé assesseur de la juridiction royale d'Ajaccio. Le traitement qu'il en retire est assez maigre : neuf cents livres. Le père de Napoleone, estimant n'être pas rétribué à sa juste valeur, va désormais faire porter tous ses efforts sur un point capital : que le Royaume se charge de l'éducation gratuite de ses fils et qu'il leur octroie une bourse pour leurs études.

En attendant de devenir boursier du roi, Nabulio est un petit bonhomme déchaîné. A son fils, le roi de Rome, il le dira :

— Paresseux, à ton âge je battais déjà Joseph !

« J'étais querelleur, lutin, avouera-t-il, rien ne m'imposait. Je ne craignais personne, je battais l'un, j'égratignais l'autre. Je me rendais redoutable à tous. Mon frère était celui à qui j'avais le plus souvent à faire. Il était battu, grondé, mordu... Bien m'en prenait d'être alerte, maman Letizia eût réprimé mon humeur belliqueuse, elle n'eût pas souffert mes algarades. Sa tendresse était sévère ; elle punissait le mal

(1) Sur le registre des baptêmes de la paroisse Notre-Dame d'Ajaccio, on peut toujours lire l'acte tracé en italien : « L'an mil sept cent soixante et onze, le vingt-un juillet, ont été faites les saintes cérémonies et les prières sur Napoleone, fils né du légitime mariage de M. Charles (fils de Joseph Buonaparte) et de la dame Marie-Letizia, son épouse, lequel avait été ondoyé à la maison, avec la permission du très Révérend Lucien Buonaparte, étant né le quinze août mil sept cent soixante-neuf. Ont assisté aux Saintes cérémonies, pour parrain l'illustrissime Laurent Giubeca de Calvi, procureur du Roi, et pour marraine, la dame Gertruda, épouse du sieur Nicolas Paravicini ; présent le père ; lesquels ont signé avec moi ».

ou récompensait le bien indistinctement ; elle nous comptait tout. »

En cette première année du règne de Louis XVI, Nabulio — il est âgé de cinq ans — entre comme externe au pensionnat des sœurs béguines d'Ajaccio, institution installée dans un ancien établissement de Jésuites. C'est une école mixte, et le petit Napoleone, à peine arrivé, tombe, paraît-il, amoureux d'une élève, une douce petite fille prénommée Giacominetta. Mme Letizia sourit, attendrie, et espère que cet « amour » précoce aura un heureux effet sur le caractère coléreux de son fils. Malheureusement — et l'Empereur le dira plus tard — « cet amour excita aussi la jalousie des autres petites filles ». Celles-ci se vengent en se moquant de l'écolier peu soigneux qui laisse tomber ses bas sur ses souliers, et elles lui chantent ce refrain :

Napollione di mezza calzetta
Fa l'amore a Giacominetta.

Jusqu'au jour où Nabulio rageur, se jette sur les petites railleuses et leur administre une correction inoubliable...

Il s'initie à l'alphabet, commence à épeler l'italien et apprend aussi à compter. On le dit surtout doué pour le calcul et capable de résoudre des petits problèmes surprenants pour son âge. Les sœurs béguines en sont stupéfaites et l'ont surnommé : « le Mathématicien ». En récompense, toujours selon la tradition, elles le bourrent de sucreries et de confitures.

Il semble cependant que l'enseignement des béguines ne dut pas être poussé aussi loin que la légende l'affirme. Du moins pour les autres matières. Dans son testament, l'Empereur tracera, en effet, ces mots :

« *Vingt mille francs à l'abbé Recco, professeur d'Ajaccio, qui m'a appris à lire ; en cas de mort, à son plus proche héritier...* » C'est donc l'abbé Recco qui sera son premier maître. Nabulio, quittant les religieuses, demeurera quatre ans à l'école de l'abbé et ne sera pas, tout d'abord, un élève exceptionnel. Madame Mère précisera même :

— Au début de ses études, Napoléon fut celui de mes enfants qui me donna le moins d'espérances ; il resta longtemps avant d'avoir quelque succès. Quand, plus tard, il reçut, enfin, une bonne attestation de ses maîtres, il me l'apporta avec empressement ; après me l'avoir montrée, il la posa sur une chaise et s'assit dessus avec la fierté d'un triomphateur.

Il est fort mal placé en instruction religieuse. L'abbé, pas plus que les béguines, n'en feront un catholique fervent. Il ne sera point athée — et c'est là tout.

Nabulio est un petit garçon comme les autres. Avec sa sœur Pauline, il s'amuse à imiter la démarche de sa grand-mère Fesch qui, assez courbée, s'appuie en marchant sur une canne. La vieille dame s'en plaint à sa fille Letizia qui prend mal la chose. « Madame, rapportera l'Empereur, bien qu'elle nous aimât beaucoup, ne plaisantait pas, et je vis à ses yeux que mon affaire n'était pas bonne. Pauline ne tarda pas à recevoir la sienne parce que des jupons sont plus faciles à relever qu'une culotte à déboutonner. Le soir, elle essaya sur moi, mais en vain ; je crus en être quitte ! Le lendemain, elle me repoussa, lorsque je fus pour l'embrasser ; enfin je n'y pensais plus, lorsque dans la journée, Madame me dit :

— Napoléon, tu es invité à dîner chez le Gouverneur (1), va t'habiller !

(1) Ou chez son oncle. Napoléon racontera l'histoire de deux manières différentes.

« Je monte, bien satisfait d'aller dîner avec les Officiers et je ne fus pas long à me déshabiller. Mais Madame était le chat guettant la souris ; elle entre subitement, ferme la porte sur elle ; je m'aperçus du piège où j'étais tombé, mais il était trop tard pour y remédier, il me fallut subir la fessée. »

— Je n'ai jamais pu oublier cela, racontera-t-il à Sainte-Hélène au grand maréchal Bertrand, et le reprochai à ma mère à l'île d'Elbe. Comment tromper un enfant ? Lui faire croire qu'il va à une fête pour ensuite lui donner le fouet !

Il ne pardonna pas non plus à la Madre de l'avoir envoyé au café pour espionner Charles-Marie :

— Va voir si ton père joue !

« Il fut un jour accusé par une de ses sœurs, racontera Laure Junot, d'avoir mangé une grande corbeille de raisins, de figues et de cédrats ; ces fruits venaient d'un jardin de *l'oncle le chanoine*. Or, il faut avoir vécu dans l'intérieur de la famille Bonaparte pour comprendre la grandeur du méfait d'avoir mangé des fruits de la vigne de *l'oncle le chanoine* ; c'était bien plus criminel que d'avoir mangé des raisins ou des figues d'un autre. Enfin, grand interrogatoire ; et comme Napoléon niait, il fut fouetté. On lui dit de demander grâce, que s'il le faisait, on lui pardonnerait. Il avait beau dire qu'il était innocent, on ne le croyait pas et le pauvre petit postérieur était abîmé de coups. Le résultat de son obstination, fut d'être trois jours entiers sans manger autre chose qu'un peu de pain et du fromage qui n'était pas du *broccio* ; néanmoins, il n'en pleura pas ; il était triste, mais non pas boudeur. Enfin, le quatrième jour, une petite amie de Marie-Anne Buonaparte, la future Elisa, revient de la vigne de son père et, ayant appris ce qui s'était passé, alla s'accuser et dire que c'était elle et Marie-Anne, qui avaient « expédié » la corbeille de figues et de raisins. Ce fut le tour de Marie-Anne d'être punie. On demanda à Napoléon pour quelle raison il n'avait pas dénoncé sa sœur ; il répondit qu'il ne savait pas que ce fût elle qui était coupable ; cependant, qu'il s'en doutait, mais que, en considération de la petite amie, qui n'avait pas trempé dans le mensonge, il n'aurait rien dit... »

Il est bien difficile après deux siècles de démêler vérité et fiction à travers tant et tant de récits attendrissants... Est-il exact que de tous les jeux, le jeune Napoleone préférait ceux de la guerre ? On affirme que, presque chaque soir, il se dirigeait vers la citadelle pour y assister aux manœuvres. Est-il vrai aussi qu'il entraînait une troupe de gamins en dehors de la ville où il engageait le combat avec les *borghigiani* — les enfants du faubourg ? Dans ses *Souvenirs* — dictés à Rosa Mellini — Madame Mère racontera qu'elle avait acheté à Nabulio un tambour et un sabre de bois. Elle aurait également mis à la disposition de ses enfants une grande pièce qui leur servait de salle de jeux, et où le futur Napoléon — s'il faut toujours en croire la légende — faisait manœuvrer ses frères. Lorsque Letizia le réprimandait au sujet de ses vêtements en loques et de son aspect débraillé, il répondait — on le répétera plus tard, bien sûr :

— C'est pour mieux m'exercer à la carrière de soldat.

Le matin, Nabulio partait pour l'école, il emportait un pain blanc que sa mère lui avait remis pour son goûter. Or, Mme Buonaparte apprit un jour que son fils échangeait bien souvent ce pain à un soldat contre un morceau de pain de munition. A ses reproches, l'enfant aurait répliqué :

— Puisqu'un jour je dois être soldat, il convient que je m'habitue à manger de ce pain !

Où commence la légende ? Où finit-elle ? Durant

les récréations, l'abbé Recco — féru de l'Antiquité — faisait jouer à ses élèves les rôles des Romains et des Carthaginois : Nabulio, se sentant plutôt l'âme d'un Romain, demanda à son frère Joseph qui avait été affecté à ce dernier camp, de lui céder sa place. Joseph refusa, puis, harcelé, finit par accepter et — on s'en doute — Napoleone, avec assurance, prit le premier rang et mena ses légionnaires à la victoire !

***

On vit chichement à la Casa Buonaparte.

— Tu seras pauvre, explique la Madre à Napoleone, mais il vaut mieux avoir un beau salon, un bel habit, un beau cheval et paraître à l'extérieur — et ensuite manger du pain chez soi.

« Elle me donnait de l'orgueil et me prêchait la raison », dira son fils. Letizia était surtout d'une avarice sordide dont elle ne parviendra jamais à se défaire — elle le sera encore lorsque l'opulence sera venue. « Elle était par trop parcimonieuse, c'en était ridicule, dira Napoléon ; j'ai été jusqu'à lui offrir des sommes considérables par mois si elle voulait les distribuer. Elle voulait bien les recevoir, mais pourvu, disait-elle, qu'elle fût maîtresse de les garder. Dans le fond, tout cela n'était qu'excès de prévoyance de sa part ; toute sa peur était de se trouver un jour sans rien. Elle avait connu le besoin ; et ces terribles moments ne lui sortaient pas de la pensée. »

Le célèbre « *Pourvou que ça doure* » semble bien ne pas avoir été inventé...

« Il est juste de dire d'ailleurs, poursuivait l'Empereur, qu'elle donnait beaucoup à ses enfants dans le secret. Du reste, cette même femme à laquelle on eût si difficilement arraché un écu, eût tout donné pour préparer mon retour de l'île d'Elbe ; et après

Waterloo elle m'eût remis entre les mains tout ce qu'elle possédait pour aider à rétablir mes affaires : elle me l'a offert. Elle se fût condamnée au pain noir sans murmure. C'est que chez elle le grand l'emportait encore sur le petit : la fierté, la noble ambition marchaient chez elle avant l'avarice. »

Ayant huit enfants à nourrir, elle connut assurément le besoin et c'est très gravement qu'elle fera observer plus tard :

— J'ai sept ou huit souverains qui me retomberont un jour sur les bras.

En attendant que commence l'épopée, les Buonaparte sont sans fortune et Charles espère toujours obtenir des bourses pour ses deux garçons — Joseph et Napoleone. Il lui faut, pour recevoir cette faveur, justifier de « quatre degrés de noblesse ». Le père du futur empereur ne rencontre aucune difficulté pour rassembler ses preuves de bon gentilhomme. Il peut fournir ses armes — sur champ de gueule, deux barres et deux étoiles d'azur, surmontées même d'une couronne comtale. A tant faire !... Charles-Marie expédie également un extrait des lettres de noblesse délivrées à son père Giuseppe le 18 mai 1757 par le grand-duc de Toscane, des lettres patentes signées par l'archevêque de Pise, en date du 30 novembre 1769 — et enfin un arrêt du Conseil judiciaire de la Corse, du 30 septembre 1771, déclarant « la famille Buonaparte noble de noblesse prouvée au-delà de deux cents années ». La famille, s'il faut en croire Napoléon à Sainte-Hélène — aurait même été alliée aux Médicis et aux Orsini.

— Qu'importe, ajoutera-t-il d'ailleurs en haussant les épaules, nous étions de petits gentilshommes de fortune.

Charles croit enfin recevoir les deux bourses et toucher le fruit de ses efforts, lorsque le juge d'armes d'Hozier de Sérigny éprouve le besoin de lui poser un certain nombre de questions :

— Dans les actes que vous soumettez, votre nom est constamment écrit sans être précédé de l'article *de.* Cependant vous signez : *de Buonaparte.*

— La République de Gênes, répondra le père de Napoléon, depuis deux cents ans, a donné à mon ancêtre Jérôme le titre de *Egregius Hieronimus de Buonaparte.* Cet article — *de* — a été omis, n'étant presque pas d'usage en Italie.

— L'arrêt de noblesse de 1771 donne à votre famille le nom Bonaparte et non Buonaparte.

— L'orthographe de mon nom de famille est Buonaparte.

— Comment faut-il traduire en français le nom de baptême de votre fils, Napoleone en italien ?

Charles Buonaparte comprend-t-il, ou ne veut-il pas comprendre, il répond simplement :

— Le nom Napoleone est italien.

D'Hozier de Sérigny s'incline enfin et les deux aînés du gentilhomme corse deviennent boursiers du roi. Sur la recommandation de M. de Marbeuf, le ministre de la Guerre — le prince de Montbarrey — désigne Napoleone pour être inscrit dans une école militaire, tandis que Joseph, dont on voulait alors faire un ecclésiastique, entrera au séminaire d'Autun.

Charles Buonaparte est nommé député de la noblesse de Corse pour la session de 1778. Il doit rejoindre Versailles et va profiter de ce voyage, dont les frais lui seront remboursés, pour emmener ses deux fils et les laisser en passant au collège d'Autun — aujourd'hui lycée Bonaparte — où ils entreront grâce à la protection de l'évêque de Marbeuf, frère du gouverneur de la Corse. De là, Napoleone se rendra à l'école militaire qui lui sera désignée.

Le départ est fixé au 15 décembre. La veille, Napoleone et son frère sont conduits par leur mère chez les Lazaristes d'Ajaccio. Un père lazariste, ami de la famille, bénit les deux enfants, nouveaux « élèves du roi », et le lendemain une véritable petite colonie quitte Ajaccio. Outre les deux boursiers, Charles emmène son jeune beau-frère, Giuseppe Fesch — le futur cardinal — qui a pu obtenir une place au séminaire d'Aix, et le cousin Varèse nommé sous-diacre à la cathédrale d'Autun. « Nous couchâmes, le premier jour, à Bastia dans une mauvaise auberge, racontera l'Empereur. Il vint un homme âgé qui arrangea des matelas par terre ; il n'y en avait pas assez pour nous tous. Le lendemain, nous allâmes au port pour prendre le bateau »... De ce bateau, il verra bientôt se profiler à l'horizon la silhouette de l'île d'Elbe où manquera un jour s'achever la course du météore...

Les voyageurs débarquent à La Spezia, ou à Livourne, puis de là gagnent la France par Gênes. Le jour de Noël, le petit groupe atteint Marseille et se dirige ensuite vers Lyon où il prend la route du Beaujolais. Villefranche fit la conquête de Charles-Marie :

— Voilà quel sot amour-propre nous avons de notre pays ; nous parlons avec orgueil de la grande-rue d'Ajaccio, et dans cette ville nous voyons une rue aussi large et aussi belle.

Le 1er janvier, Charles laisse ses deux fils et l'abbé Varèse à Autun, puis se rend à Paris.

Autant la gentillesse de Joseph séduit ses maîtres et ses nouveaux camarades, autant la mise négligée et la rudesse de « Buonaparte-cadet » les surprend. Son physique, son teint jaune, son accent les déroutent. On le tourne en ridicule, mais l'enfant ne tarde pas à se faire respecter. A l'un de ses camarades qui se moque des combattants corses, il lance :

— Si les Français avaient été quatre contre un, ils n'auraient jamais eu la Corse, mais ils étaient dix contre un.

Au père Chardon, son professeur, qui lui demande :

— Comment se fait-il que vous ayez été battus ? Vous aviez Paoli qui passait pour un bon général...

Il répond violemment :

— Oui, Monsieur, il l'était, et je voudrais lui ressembler !

Le mot « dépaysé » est faible pour peindre le désarroi du jeune Nabulio. Tout est si différent de son île ! Le climat, la nourriture, la façon de vivre, et surtout la langue. En arrivant à Autun, il ne parle pour ainsi dire pas le français. Mais son professeur le précisera, « il avait beaucoup de dispositions, comprenait et apprenait facilement ». Nabulio pense cependant toujours en « idiome corse » et son français, dans la conversation, en dépit des leçons du père Chardon, demeure encore fort médiocre.

Pendant ce temps, à Versailles et à Paris, Charles, avec une habileté consommée, intrigue pour « Buonaparte-cadet ». On veut faire plaisir à la noblesse corse ralliée à la France, et, bientôt, l'adroit solliciteur reçoit cette lettre en date du 28 mars 1779, signée par le prince de Montbarrey, ministre de la Guerre : « L'intendant de Corse, monsieur, a dû vous faire connaître que le roi a bien voulu agréer Napoleone de Buonaparte, votre fils, pour une place d'élève dans ses écoles militaires. S.M. vient d'arrêter qu'il devait être admis dans celle de Brienne. Il est nécessaire que vous l'y conduisiez ou fassiez conduire dès à présent, afin qu'il puisse, tout de suite, être appliqué aux études de cette école.

« Je dois, au surplus, vous prévenir :

« 1° qu'il est indispensable qu'il y arrive muni du trousseau dont le détail est contenu dans le mémoire ci-joint ; (1)

« 2° qu'il n'ait aucun vice de conformation ni maladie incurable, le Supérieur ayant des ordres de le faire visiter à son arrivée et de ne pas le recevoir s'il est mal sain ou mal conformé ;

« 3° qu'il sache lire et écrire, devant subir un examen le jour qu'il sera présenté, et n'être admis qu'au remplacement de l'année prochaine s'il ne se trouve pas assez instruit sur ces deux points ».

L'école de Tiron à laquelle on avait d'abord pensé est donc abandonnée au profit de Brienne, petite ville champenoise située dans la vallée de l'Aube, à dix lieues de Troyes et à une cinquantaine de lieues de Paris. Tenue par des pères de l'ordre des Minimes, Brienne est devenue depuis le 1er avril 1776 l'une des douze écoles royales militaires.

Charles ne tient nullement à descendre jusqu'à Autun pour remonter ensuite vers Brienne. Avec un sans-gêne qui lui réussit, il écrit à l'évêque d'Autun et lui demande de faire conduire son fils jusqu'à sa nouvelle école. Un condisciple du jeune Napoleone, Jean-Baptiste de Champeaux, ayant été lui aussi désigné pour Brienne, son père veut bien se charger du petit Corse. En quittant Nabulio, Joseph éclate en sanglots. Son cadet ne verse qu'une larme, mais,

(1) « Trois paires de draps pour des lits de trois pieds de large sur six de long. Un couvert et un gobelet d'argent, marqués aux armes de la famille ou par les lettres initiales des noms de famille des élèves. Douze serviettes, un habit de drap bleu, boutons blancs aux armes de l'école, doublure, collet, parements comme ceux de l'habit. Deux culottes noires en serge de Rome ou de cadifagnas. Douze chemises, douze mouchoirs, douze cols blancs, six bonnets de coton, deux peignoirs, un sac à poudre et un ruban de queue, le tout, neuf ».

comme le fait remarquer à Joseph l'abbé Simon, sous-principal du collège : « cette larme prouve autant de douleur que toutes les vôtres ».

M. de Champeaux a d'abord amené les deux enfants à son château de Thoisy-le-Désert, non loin de Pouilly-en-Auxois. Mais Jean-Baptiste tombe malade et Napoleone résidera durant trois semaines dans ce joli manoir construit au XVIe siècle. Alexandre de Marbeuf envoie alors à Thoisy son grand vicaire qui, le 15 mai, accompagne Napoleone jusqu'à Brienne.

Le petit boursier du Roi sera seul désormais et entouré d'inconnus : son frère est en pension à cinquante-cinq lieues, ses parents demeurent en Corse — ce qui, de Brienne, paraît le bout du monde.

Et il n'a pas encore dix ans...

Nous Antoine-Marie d'Hozier-de Sérigny, Chevalier, Juge d'Armes de la Noblesse de France, et en cette qualité Commissaire du Roy pour certifier à Sa Majesté la Noblesse des Elèves des Ecoles Royales Militaires et du Collège Royal de la Flèche, Chevalier Grand-Croix honoraire de l'Ordre Royal de St Maurice de Sardaigne.

Certifions au Roi que Napoleone de Buonaparte né le 15 d'Août mil sept cent soixante neuf, fils de Noble Charles-Marie de Buonaparte Député de la Noblesse de Corse et de Dame Marie-Letitia Romolino sa femme,

a la Noblesse nécessaire pour être admis au nombre des Gentilshommes que Sa Majesté fait élever dans les Ecoles Royales Militaires. En foi de quoi Nous avons signé ce présent Certificat, et l'avons fait contresigner par notre Secrétaire, qui y a apposé le sceau de nos Armes. A Paris le huitième jour du mois de Mars de l'an Mil sept cent soixante-dix-neuf.

d'Hozier de Sérigny

ARCHIVES

Par Monsieur le Juge d'Armes de la Noblesse de France,

Duplessis

Grâce à ce certificat de noblesse délivré par le chevalier d'Hozier de Sérigny, « juge d'armes de la noblesse de France », Bonaparte put entrer à l'Ecole militaire de Brienne. Il fallait également pouvoir justifier de « quatre degrés de noblesse » pour recevoir une bourse du roi.

(B. N. Imprimés — Photo Josse-Lalance).

II

« LA PAILLE AU NEZ »

« On devient l'homme de son uniforme. »

NAPOLÉON.

UN soir du mois de mai 1779, l'abbé Hamey d'Auberive, grand vicaire de Mgr l'évêque d'Autun, pousse la petite grille grinçante de la modeste école militaire de Brienne qui existe seulement depuis deux années. Devant lui, conduisant au bâtiment principal, s'ouvre — et s'ouvre toujours — une minuscule allée de huit tilleuls dont les branches, à force d'être taillées, sont maintenant devenues toutes nouées et tourmentées. Il pousse la porte de bois à doubles vantaux et, après avoir traversé un couloir dallé, pénètre dans une pièce lambrissée éclairée par deux larges fenêtres : le parloir, que l'on peut encore voir aujourd'hui. Là, il est accueilli par le supérieur de l'établissement le père Leleu.

Le prêtre s'efface. Derrière lui, tout intimidé, se tient un petit Corse de dix ans, farouche, chétif et mal peigné.

— Comment vous nommez-vous ?

— *Napollioné dé Buonaparté.*

C'est ainsi que le futur empereur prononçait son nom... et, tout à l'heure, lorsque le supérieur lui aura dit, suivant la coutume : « Allez retrouver vos petits camarades ! », les petits camarades éclateront de rire devant le nouveau venu, en répétant :

— *Napollioné ?...* La paille au nez ! La paille au nez !

Le surnom lui restera.

Pour les amoureux du Passé, il est bien émouvant d'errer à travers les restes de la petite école de Brienne où « l'arrière-cadet Buonaparte », ainsi qu'il signe maintenant ses lettres, a cessé d'être un enfant.

— Qui êtes-vous donc, Monsieur, pour me répondre de la sorte ? lui dira l'année suivante l'un de ses professeurs en le voyant s'insurger contre une réprimande qu'il estime injuste.

— Qui je suis ? répondra-t-il. Un homme !

L'école avait été autrefois un couvent et cette ancienne affectation a donné au seul bâtiment subsistant — une maison délabrée tout en longueur, coiffée de tuiles plates moussues, percée de nombreuses fenêtres à petits carreaux et adossée à une chapelle désaffectée — un petit air attendrissant de presbytère abandonné. On imagine le cadet — habit bleu barbeau aux parements et revers rouges, boutons blancs aux armes de l'Ecole, culotte noire ou bleue — on l'imagine rêvant sous les tilleuls qui viennent alors d'être plantés, ou montant quatre à quatre l'escalier qui existe toujours — les marches branlantes et usées — et qui conduisait alors aux cellules monacales, car il n'y avait point de dortoir.

Si le trousseau a dû être payé par les parents, les Minimes ont fourni au petit Corse les livres, le papier et, pour les menus plaisirs « vingt sous par mois jusqu'à douze ans, et quarante sous au-dessus de douze ans ». L'école est une institution « moderne » où doit souffler l'esprit nouveau. C'est ainsi — Louis XVI l'exige — qu'il ne doit y avoir aucune différence de traitement entre les boursiers et les élèves payants, « le roi voulant donner aux enfants de la noblesse les précieux avantages de l'instruction publique, entendant les mêler avec les enfants des autres classes, ployer leur caractère, étouffer l'orgueil que trop souvent ils confondent avec l'élévation, leur apprendre à considérer d'un point de vue plus juste tous les ordres de la société ». Les élèves se lèvent à six heures et se couchent à dix. Une assez large part est donnée à l'étude des fortifications, aux cours d'escrime, de danse — et même aux « exercices de maintien ».

Le jeune Napoleone est placé en classe de septième. Son entourage le déconcerte et il a toujours le sentiment d'être un étranger. Ses condisciples appartiennent à la noblesse du royaume et sont plus prompts encore que les petits bourgeois d'Autun à se moquer et à s'esclaffer devant ce sauvage silencieux. « Sombre et même farouche, a raconté l'un de ses camarades, renfermé presque toujours en lui-même, on eût dit qu'étant sorti tout récemment d'une forêt et s'étant soustrait jusqu'alors aux regards de ses semblables, il éprouvait pour la première fois un sentiment de surprise et de méfiance. » Aigri par les moqueries, sombre et sévère, « d'un commerce difficile », irascible, d'une sensibilité à fleur de peau, jaloux de son indépendance, Napoleone n'aime guère que l'on vienne troubler sa tranquillité. Le Principal — le Père Berton — a mis à sa disposition un jardinet et il vient rêver, seul, dans la petite tonnelle qu'il s'est aménagée au milieu des chèvrefeuilles. Là, il se trouve loin des quolibets, des éternelles plaisanteries des élèves pour qui le nom de Corse est presque une injure. A ceux qui le blessent ainsi, il crie qu'il les déteste. A Bourrienne, l'un des rares avec lesquels il se livre, il répète :

— Je ferai tout le mal que je pourrai à *tes* Français !

Napoléon contera bien plus tard — à Sainte-Hélène — qu'un jour d'hiver, à son grand étonnement, il trouve son pot à eau gelé. Immédiatement il fronce les sourcils et crie.

Un éclat de rire lui répond et les moqueries de fuser. Le surveillant survient :

— Pourquoi vous moquez-vous de Monsieur ? Il est né dans un pays où il n'y a pas de glace, il n'en a jamais vu !...

Il est assurément l'élève le plus orgueilleux de l'école, peut-être parce que ses camarades dont les parents portent des titres ronflants regardent avec condescendance ce fils de petit hobereau corse. Voulant le punir pour on ne sait quelle faute, un « maître de quartier » condamne l'enfant à porter un habit de bure — une des punitions en vigueur à l'école — et à dîner à genoux à la porte du réfectoire. Sous les yeux de tous, Napoleone entre dans la pièce. Il est pâle, tendu, crispé, les yeux fixes.

— A genoux, monsieur.

Il est alors pris « d'un vomissement subit et d'une violente attaque de nerfs ». Il trépigne en hurlant :

— Je dînerai debout, Monsieur, et non à genoux. Dans ma famille, on ne s'agenouille que devant Dieu !

Le surveillant veut passer outre et contraindre

l'enfant par la force, Napoleone se roule alors par terre en hurlant à travers ses sanglots :

— N'est-ce pas, maman ? Devant Dieu ! Devant Dieu !

Il faut la venue du Supérieur pour mettre fin à la scène et arracher le cadet à son supplice.

Pour la fête du roi, en 1782, les pensionnaires ont monté : *La Mort de César*. Le cadet Napoleone est officier de jour lorsqu'un autre élève — à qui est dévolu le rôle de sergent de poste — vient l'avertir que la femme du concierge se présentait sans carte d'invitation à l'entrée de la salle et « faisait du bruit, dans l'espérance de passer outre ». Napoleone lance alors d'une voix impérieuse :

— Qu'on éloigne cette femme qui apporte ici la licence des camps !

Afin d'habituer les élèves à la hiérarchie militaire, les Pères ont divisé les enfants en bataillons et en compagnies, dont les chefs sont désignés parmi les pensionnaires. Buonaparte reçoit le rang de capitaine. « Or, nous rapporte un condisciple de Napoleone, un conseil de guerre, établi selon les règlements, déclara que Buonaparte était indigne de commander ses camarades dont il dédaignait la bienveillance. Après avoir lu le jugement qui le dégradait et le rejetait au dernier rang du bataillon, on le dépouilla des marques distinctives de son rang. Buonaparte apparut insensible à l'affront, ou du moins il eut trop de fierté pour témoigner qu'il en fut affecté. »

Le cadet prend sa revanche au cours d'un hiver particulièrement rigoureux. Une épaisse couche de neige couvre la cour de récréation et empêche même d'y jouer. Les élèves doivent se contenter de faire les cent pas dans une des pièces de l'école. Un jour Napoleone explique à ses camarades « qu'ils s'amuseraient bien autrement, s'ils voulaient avec des pelles se frayer dans la grande cour différents passages au milieu des neiges, faire des ouvrages à corne, creuser des tranchées et élever des parapets. »

— Le premier travail fini, nous pourrons, déclare-t-il, nous diviser en pelotons, faire une espèce de siège et, comme l'inventeur de ce nouveau plaisir, je me charge de diriger les attaques.

« La troupe joyeuse accueillit ce projet avec enthousiasme, racontera l'un des élèves ; il fut exécuté, et cette petite guerre simulée dura l'espace de quinze jours ; elle ne cessa que lorsque des graviers ou de petites pierres s'étant mêlés à la neige dont on se servait pour faire des boules, il en résulta que plusieurs pensionnaires, soit assiégeants, soit assiégés, furent assez grièvement blessés. Je me rappelle même que je fus un des élèves les plus maltraités par cette mitraille. »

Ces lignes sont de Bourrienne, qui sera un jour le secrétaire du général Bonaparte, puis du Premier Consul. « Il y avait entre nous, racontera-t-il, une de ces sympathies du cœur qui s'établissent vite. » Pierre-François, fils du baron Laugier de Bellecour faillit devenir, lui aussi, son ami. C'est un fort joli garçon, trop joli même, et certains « grands » le trouvent à leur goût. Il devient bientôt l'une des « nymphes » les plus prisées de l'école. Nous le savons par les *Souvenirs d'un cadet de Brienne,* le vice était, paraît-il, l'apanage de toutes les maisons d'éducation de l'époque : « outre les *commodités,* où l'on trouvait, malgré la surveillance et les précautions des Minimes, le moyen de se réunir pour se livrer à ces infâmes plaisirs, on trouvait encore le moyen de se les procurer sous les tables d'études et de jeux. »

Lorsque Buonaparte découvre la dépravation de Laugier, il lui déclare :

— Vous avez des liaisons que je n'approuve pas.

J'aimais vos mœurs pures. Vos nouveaux amis vous perdent. Choisissez donc entre eux et moi.

Pierre-François proteste : ce sont des médisances ! Le jeune Corse le croit et lui demande presque pardon de l'avoir injustement soupçonné.

— Je suis toujours le même, lui déclare-t-il, et je vous considère comme mon ami le plus cher.

Napoleone se rend bientôt compte qu'il ne s'était pas trompé. Il se taira durant plusieurs années. Mais plus tard, en arrivant à l'Ecole militaire de Paris, le cadet Buonaparte dira brutalement à Laugier :

— Monsieur, vous avez méprisé mes avis. C'était renoncer à mon amitié. Ne me parlez plus jamais.

Son plus cher désir est d'apprendre correctement le français afin que cessent les moqueries dont il est l'objet. Son professeur — le sous-principal Dupuis — obtient assez rapidement des progrès considérables — sauf en orthographe. Il est vrai que l'on avait bien du mal à s'en apercevoir, l'écriture de l'arrière-cadet ayant été, dès le début de ses études, parfaitement illisible. « Ses maîtres ne pouvaient pas arriver à lire ses compositions, nous rapportera son camarade des Mazis, et lui-même éprouvait des difficultés à se relire. Son écriture — négligence devenue habitude — paraîtra d'ailleurs de plus en plus indéchiffrable. » Bien plus tard, sous l'Empire, un homme déjà âgé se présenta à Saint-Cloud et parvint à obtenir une audience particulière. Napoléon ne lui laissa pas le temps d'ouvrir la bouche ; déjà les questions pleuvaient :

— Qui êtes-vous ? D'où venez-vous ? Que voulez-vous ?

— Sire, bredouilla le visiteur, Sire, c'est moi, oui

c'est moi qui ai eu l'honneur, oui l'honneur, de donner à Votre Majesté, à Brienne, pendant quinze mois, des leçons d'écriture...

L'Empereur l'interrompra en éclatant de rire :

— Ah ! c'est vous ? C'est vous ! Eh bien, il n'y a pas de quoi s'en vanter... Le bel élève, ma foi, que vous avez dressé là !... Je vous en fais mes compliments !

Cela ne l'empêchera pas d'accorder une pension de douze cents francs au malheureux professeur.

A Brienne, Napoleone fait la grimace devant le latin et aborde même versions et thèmes « avec répugnance et dégoût ». Par contre, ses dons pour les mathématiques s'affirment. « Il était incontestablement, selon moi, nous dit Bourrienne, le plus fort de toute l'école. J'échangeais quelquefois avec lui la solution des problèmes qu'on nous donnait à résoudre, et qu'il trouvait sur-le-champ avec une facilité qui m'étonnait toujours... »

L'instruction religieuse donnée par les Pères le révolte déjà.

— J'entendis un sermon, racontera-t-il, où un prédicateur disait que Caton et César seraient damnés. J'avais onze ans. Je fus scandalisé d'apprendre que des hommes les plus vertueux de l'Antiquité seraient brûlés éternellement pour n'avoir pas suivi une religion qu'ils ne connaissaient pas... Dès ce moment, je n'eus plus de religion.

Il dévore tous les livres de la bibliothèque. En 1814, il montrera à ses compagnons un arbre, à Brienne, en leur disant que sous ses ombrages il avait lu la *Jérusalem délivrée*.

Il travaille avec tant d'ardeur — passant parfois des nuits à « méditer les leçons de la journée » —

qu'il maigrit. Il a une mine épouvantable — si épouvantable que lorsque Mme Letizia, en 1782, ira prendre les eaux de Bourbon, et s'arrêtera à Brienne pour voir son fils, elle hésitera à le reconnaître.

— Ma nature, expliquera-t-il, ne pouvait pas supporter l'idée de ne pas être tout d'abord le premier de la classe.

Ses succès scolaires lui valent, à la distribution des prix de 1781, d'être couronné par Mme de Montesson qui accompagne le duc d'Orléans. On le sait, le père de Philippe-Egalité n'ayant pu faire de Mme de Montesson une duchesse d'Orléans, l'avait épousée morganatiquement et avait pris le parti de vivre depuis « en Monsieur de Montesson »...

— Puisse-t-il vous porter bonheur, aurait dit Mme de Montesson en donnant son prix au jeune Buonaparte.

Autre baume pour l'amour-propre du petit Corse si souvent blessé : la visite annuelle, le jour de la fête du roi, au splendide château qui dominait — et domine toujours — la petite ville. Le cadet Buonaparte est ébloui par les salons blanc et or de la demeure de M. de Brienne, ces grandes salles parquetées ou dallées de marbre, ce théâtre, cette bibliothèque, et, surtout, par cet immense salon qui forme le centre du logis et s'ouvre à la fois sur le parc et sur la cour d'honneur.

Le cœur battant, Buonaparte et ses camarades, précédés de laquais galonnés d'argent, pénètrent dans « l'appartement royal » où trône le lit réservé au souverain s'il lui prenait la fantaisie de passer la nuit à Brienne. Seul, Mgr le duc d'Orléans couchera dans ce lit surmonté d'un dais de velours bleu et empanaché de plumes blanches — ce lit que, en 1805, voudra bien honorer l'empereur Napoléon partant se faire sacrer roi d'Italie...

Lors de la fête du roi, en l'année 1783, on a placé, au-dessus de l'entrée du collège, un portrait du souverain s'appuyant sur la Justice et la Vérité, entouré par une banderole sur laquelle ces mots ont été tracés :

A Louis XVI, notre Roi.

Depuis le matin, les élèves font éclater des pétards en signe de liesse. « Tout cadet de quatorze ans, nous raconte l'un des condisciples de Buonaparte, avait la permission d'acheter une certaine quantité de poudre pour la Saint-Louis et pendant la quinzaine qui précédait ce jour de fête, tous les jeunes ayant cet âge préparaient en commun leurs feux d'artifice. »

« Tous les jeunes », sauf Napoleone qui, ce jour-là, s'est retiré dans la paix de son petit jardin, fuyant les manifestations bruyantes. Dans la soirée, une violente explosion se fait entendre : une boîte de poudre a éclaté au milieu des élèves. L'explosion a fait une brèche dans le mur du jardin de Buonaparte... Il ne peut contenir sa colère en voyant ses fleurs saccagées, sa tonnelle renversée.

S'emparant d'une pioche il retourne furieusement la terre à droite et à gauche, ce qui a pour effet de le calmer et de calmer ses camarades. Comme il a un sens inné de la justice, il reconnaîtra ses torts plus tard, et acceptera sans murmurer la punition que lui infligeront ses camarades en représailles.

Il y eut un jour une manière de révolte parmi les pensionnaires.

— Nous avions jeté nos matelas par la fenêtre, rapportera l'Empereur à Sainte-Hélène. On nous donna pour régent un grand minime de six pieds qui par sa taille et son seul ton — il avait une voix de stentor — nous réduisit au silence et remit de l'ordre. Je l'ai revu depuis et l'ai placé comme directeur d'un lycée du Rhin, où il a bien fait. Il avait la routine de son métier. Il est venu quelquefois me haranguer à l'un de mes passages : il était aussi haut que la portière de ma voiture.

Sans doute Napoleone souffre-t-il moins des quolibets de ses camarades, mais certains ne manquent pas de lui faire sentir qu'il n'est qu'un « petit pauvre », élevé grâce aux charités du roi. Un jour il prend son courage à deux mains et ose écrire à son père. Si cette lettre était authentique — mais on peut en douter — elle constituerait le premier écrit que nous possédions du futur empereur :

« Mon père, Si vous, ou mes protecteurs ne me donnez pas les moyens de me soutenir plus honorablement dans la maison où je suis, rappelez-moi près de vous, et sur-le-champ. Je suis las d'afficher l'indigence, et d'y voir sourire d'insolents écoliers qui n'ont que leur fortune au-dessus de moi, car il n'en est pas un qui ne soit à cent piques au-dessous des nobles sentiments qui m'animent ! Eh ! quoi, Monsieur, votre fils serait, continuellement, le plastron de quelques nobles paltoquets qui, fiers des douceurs qu'ils se donnent, insultent en souriant aux privations que j'éprouve ! Non, mon père, non ! Si la fortune se refuse absolument à l'amélioration de mon sort, arrachez-moi de Brienne, donnez-moi s'il le faut un état mécanique. A ces offres, jugez de mon désespoir. Cette lettre, veuillez le croire, n'est point dictée par le vain désir de me livrer à des amusements dispendieux : je n'en suis pas du tout épris. J'éprouve seulement le besoin de montrer que j'ai les moyens de me les procurer comme mes compagnons d'étude.

« Votre respectueux et affectionné fils de Buonaparte-cadet. »

Ce n'est pas Charles Buonaparte qui répondra à

son fils — il se trouve à Bastia — mais Mme Letizia qui lui écrit en italien :

« ... J'ai reçu votre lettre, mon fils, et si votre écriture et votre signature ne m'avaient pas prouvé qu'elle était de vous, je n'aurais jamais cru que vous en fussiez l'auteur. Vous êtes celui de mes enfants que je chéris le plus, mais si je reçois jamais une pareille épître de vous, je ne m'occuperai plus de Napoleone... Où avez-vous appris, jeune homme, qu'un fils, dans quelque situation qu'il se trouve, s'adressât à son père comme vous avez fait ? Vous pouvez rendre grâce au ciel que votre père ne se soit pas trouvé à la maison. S'il eût vu votre lettre, après une pareille insulte, il se serait rendu sur-le-champ à Brienne pour punir un fils insolent et coupable. Cependant, je lui cacherai votre lettre, espérant que vous vous repentirez de l'avoir écrite. Quant aux besoins que vous éprouvez, si vous avez le droit de nous les faire connaître, vous devez en même temps être convaincu qu'une impossibilité absolue de venir à votre secours était la cause de notre silence. Ce ne sont ni les avis déplacés que vous avez osé nous donner, ni les menaces que vous avez faites qui m'engagent à vous envoyer une lettre de change de trois cents francs sur la banque Bahie. L'envoi de cette somme vous convaincra de l'affection que nous portons à nos enfants. Napoleone, je me flatte qu'à l'avenir votre conduite plus discrète et plus respectueuse ne me forcera plus à vous écrire comme je viens de le faire.

« Alors, ainsi qu'auparavant, je me dirai votre affectionnée mère...

Letizia Buonaparte. »

Le 21 juin 1784, Charles Buonaparte arrive à

Brienne. Il est accompagné de Lucien et de Marie-Anne qui va entrer à la Maison royale de Saint-Louis, à Saint-Cyr.

Charles a « belle allure » — son fils le racontera plus tard. Il est vêtu d'un habit cerise avec culotte puce, bas de soie, chaussures à boucles d'argent, « et, je crois bien, les cheveux frisés ». La mémoire de l'Empereur était bonne : un témoin nous précise que Charles portait une perruque « en fer à cheval avec une bourse et un double cordon de soie noire ». Il affecte — Napoleone le remarque et en souffre — un peu trop de politesse, « faisant assaut de courtoisie avec le moine, se disputant à qui passerait le premier aux portes ». Pour l'orgueilleux cadet Napoleone cette courtoisie est de la platitude. L'élégant Charles parti vers de nouvelles demandes de prébendes — et aussi vers des consultations médicales exigées par son état de santé —, Napoleone écrit alors à son oncle Nicolo Paravicini. Cette fois, il n'y a aucun doute sur l'authenticité de ces lignes qui témoignent de l'étonnante maturité de cet enfant de quinze ans :

« Mon cher oncle, Je vous écris pour vous informer du passage de mon cher père, par Brienne, pour aller à Paris conduire Marie-Anne à Saint-Cyr, et tâcher de rétablir sa santé. Il est arrivé ici le 21 avec Luciano et les deux demoiselles que vous avez vues. Il a laissé Luciano ici, qui est âgé de neuf ans et grand de trois pieds, onze pouces, six lignes. Il est en sixième pour le latin... Il faut espérer que ce sera un bon sujet. Il se porte bien, est gras, vif et étourdi, et, pour le commencement, on est content de lui. Il sait très bien le français et a oublié l'italien tout à fait ; du reste, il va vous écrire derrière ma lettre. J'espère qu'actuellement, il vous écrira plus souvent que lorsqu'il était à Autun. *Je suis persuadé que mon frère Joseph ne vous a pas écrit.* Comment voudriez-vous qu'il le fît ? Il n'écrit à mon cher père que deux lignes, quand il le fait. En vérité, ce n'est plus le même. Il m'écrit très souvent. Il est en rhétorique. Le Principal a dit à mon cher père qu'il n'avait dans le collège ni physicien, ni rhétoricien, ni philosophe, qui eût autant de talent que lui, et qui fît si bien une version. Quant à l'état qu'il veut embrasser, l'ecclésiastique a été, comme vous le savez, le premier qu'il a choisi. Il a persisté dans cette résolution jusqu'à cette heure, où il veut servir le roi, en quoi il a bien tort pour plusieurs raisons. Il a reçu une éducation pour l'état ecclésiastique. Il est tard de se démentir. Monseigneur l'Evêque d'Autun lui aurait donné un gros bénéfice et il était sûr d'être Evêque. Quels avantages pour la famille ! Monseigneur d'Autun a fait tout son possible pour l'engager à persister, lui promettant qu'il ne s'en repentirait pas. Rien. Il persiste. Je le loue si c'est du goût décidé qu'il a pour cet état, *le plus beau de tous les corps,* si le grand moteur des choses humaines lui a donné — tel qu'à moi — une inclination décidée pour le militaire. »

En marge, on peut encore lire ces mots :

« Mais il faut espérer que Joseph, avec les talents qu'il a et les sentiments que son éducation doit lui avoir inspirés, prendra le bon parti et sera le soutien de notre famille ; représentez-lui un peu tous ces avantages. »

A Paris, Charles Buonaparte à bout de ressources — il a dû emprunter de l'argent — intrigue pour obtenir des subsides, en affirmant « qu'il est réduit à l'indigence par l'entreprise du dessèchement des salines et l'injustice des Jésuites... ». En père quelque peu abusif, il adresse ce billet à Calonne : « Monseigneur, ne pouvant pas savoir l'honneur de vous faire ma cour, attendu votre maladie, je prends la liberté de vous écrire et de vous envoyer quatre mémoires... Je suis père de sept enfants, Monseigneur, le huitième en chemin. Presque sans fortune pour les raisons détaillées dans lesdits mémoires, j'ai l'honneur d'implorer votre protection et votre justice en faveur de ma pauvre famille qui ne cessera jamais de prier pour votre santé et prospérité et qui a toujours été attachée au service du Roy. » Toujours ? Sauf, bien entendu, en 1768, où Charles combattait les troupes du roi de France...

En cet été 1784 — la lettre est du 30 juin — le chef de la « pauvre famille » hante les bureaux afin d'obtenir une bourse d'élève-officier d'artillerie pour Joseph qui semble bien avoir définitivement abandonné ses projets d'entrer au séminaire. « Joseph peut venir ici, explique Napoleone à son père le 13 septembre 1784, parce que le Père Patrault, mon maître de mathématiques, que vous connaissez, ne partira point. En conséquence, Monsieur le Principal m'a chargé de vous assurer qu'il sera très bien reçu ici et qu'en toute sûreté il peut venir. Le Père Patrault est un excellent maître de mathématiques et il m'a assuré particulièrement qu'il s'en chargerait avec plaisir, et si mon frère veut travailler, nous pourrons aller ensemble à l'examen d'artillerie. Vous n'aurez aucune démarche à faire pour moi puisque je suis élève. Maintenant il faudrait en faire pour Joseph, mais puisque vous avez une lettre pour lui, tout est dit. Aussi, mon cher père, j'espère que vous préférerez le placer à Brienne plutôt qu'à Metz pour plusieurs raisons : 1°) Parce que cela sera une consolation pour Joseph, Lucien et moi ; 2°) Parce que vous serez obligé d'écrire au Principal de Metz, ce qui retardera encore puisqu'il vous faudra attendre sa réponse ; 3°) Il n'est pas ordinaire à Metz d'apprendre ce qu'il faut que Joseph sache pour l'examen en six mois ; en conséquence, comme mon frère ne sait rien en mathématiques, on le mettrait avec des enfants. Ces raisons et bien d'autres doivent vous engager à l'envoyer ici ; d'autant plus qu'il sera mieux... »

Dans cette même lettre, Buonaparte ajoutait : « Le Chevalier — c'est de Lucien dont il s'agit — vous embrasse de tout son cœur. Il travaille fort bien, il a fort bien su à l'exercice public. Monsieur l'Inspecteur sera ici le 15 ou le 16 au plus tard de ce mois, c'est-à-dire dans trois jours. Aussitôt qu'il sera parti, je vous manderai ce qu'il m'a dit... ». Il signe : *Buonaparte, l'arrière-cadet.*

L'examen final approche, en effet. Napoleone sera-t-il jugé apte à entrer à l'Ecole militaire de Paris ? Déjà, l'ancien inspecteur de l'Ecole — le maréchal de camp chevalier de Keralio — a formulé son jugement en ces termes : « M. de Buonaparte (Napoleone) né le 15 août 1769, de quatre pieds, dix pouces, dix lignes, (1,66 mètre) a fait sa quatrième. Bonne constitution, excellente santé, caractère soumis. Honnête, et reconnaissant, sa conduite est très régulière. Il s'est toujours distingué par son application aux mathématiques. Il sait passablement l'histoire et la géographie. Il est très faible dans les exercices d'agrément. Ce sera un excellent marin. » Un autre examinateur, plus clairvoyant, semble-t-il, précise : « caractère dominant, impérieux et entêté ».

C'est seulement le 22 septembre que l'inspecteur Reynaud des Monts arrive à Brienne. Le ministre de la Guerre — le maréchal de Ségur — l'a autorisé à faire entrer à l'Ecole royale de Paris « tous boursiers des petites écoles se destinant à l'artillerie, au génie ou à la marine, qui se seraient distingués par leur intelligence, leur bonne conduite et leurs connaissances des mathématiques ».

Reynaud des Monts, après l'avoir interrogé, estime que le cadet Buonaparte possède les qualités requises pour entrer à l'Ecole royale de Paris, cette école créée par Louis XV à la demande de la jolie marquise de Pompadour. Napoleone — il vient d'avoir quinze ans — ne se sent plus de joie. Quatre de ses camarades partiront avec lui : Nicolas de Montarby de Dampierre, Jean-Joseph de Comminges, Pierre de Laugier de Bellecour — l'ancien ami de Napoléon — et Henri de Castries.

Le 17 octobre 1784, « M. Napoleone de Buonaparte, écuyer, fils de noble Charles-Marie de Buonaparte », quitte Brienne en malle-poste avec ses quatre camarades reçus comme lui. Le père Berton les accompagne. Le 18 octobre, après avoir passé la nuit à Arcis, Buonaparte et ses compagnons arrivent à Nogent-sur-Seine en fin d'après-midi. S'il faut en croire la tradition, les voyageurs passent la nuit à l'auberge : *La Ville de Jérusalem*. Le lendemain, au début de l'après-midi, le petit groupe s'embarque au port du Petit-Laurent. C'est en effet, en bateau, pour une somme de neuf livres sept sols par personne, que le père Berton et ses élèves vont gagner la capitale. Les Parisiens appelaient ce coche d'eau « *le corbeillard* », car Corbeil était sa dernière escale. Le lourd bateau tiré par quatre chevaux nonchalants avançait avec une lenteur si majestueuse que, tout naturellement, l'on donna son nom au char des morts...

Les futurs officiers et leur surveillant arrivent, le 19 octobre, à Montereau, vers six heures du soir. Ils iront passer la nuit à l'auberge. Le 20, le coche d'eau fait escale à Melun et s'arrête à Corbeil à six heures du soir. Les cadets et le père Berton passent une nouvelle nuit à l'hôtel. Le lendemain, 21 octobre, le *Corbeillard* accoste à Paris, au port de Saint-Paul, vers cinq heures de l'après-midi. De « la maison flottante », reliée au quai par deux planches mises bout à bout et qui servent de passerelle, débarquent le Père Minime et les cinq jeunes élèves de Brienne. Ils passent le Pont-Marie et soupent chez un traiteur de la rue des Deux-Ponts : au *Coq Hardi*. De là, la petite troupe suit les quais. Napoleone achète un *Gil Blas* dans une boîte de bouquiniste et l'un de ses camarades — de Castries — paie l'emplette. Après une courte prière à l'église de Saint-Germain-des-Prés, il fait nuit lorsque le père Berton prend, sans doute par la rue de Grenelle, le chemin du Champ de Mars. Le cœur battant, M. l'arrière-cadet découvre Paris.

⁂

Napoléon le dira à Sainte-Hélène : « La première nuit fut pénible. Le ton était différent. Les classes se trouvaient commandées par quatre officiers de Saint-Louis et huit sergents qui avaient le commandement haut et le ton militaire. »

Où logea le « cadet Buonaparte » ? Sans doute dans l'une des mansardes de la coupole dont les œils-de-bœuf entourent l'horloge ? Marco de Saint-Hilaire l'a affirmé, précisant qu'il fallait monter cent soixante-seize marches pour atteindre la cellule du futur empereur. Il paraît que c'est une chose impossible : le nombre de marches à gravir pour parvenir aux mansardes n'est pas aussi grand. Peut-être a-t-il simplement mal compté ?...

Buonaparte allait demeurer là un an et une semaine.

« LA PAILLE AU NEZ »

Alexandre des Mazis a noté dans ses *Cahiers* ses impressions durant les années où il fut le compagnon de Napoléon à Paris, puis à Valence. Ces précieux souvenirs qui appartiennent au Père Antoine des Mazis, arrière-petit-fils d'Alexandre, n'avaient encore jamais été édités (1). Le lendemain de son arrivée, Buonaparte, dans la cour de l'Ecole militaire, voit des Mazis s'avancer vers lui. L'élève-officier Le Lieur, de Ville-sur-Acre, ancien condisciple du boursier Napoleone à Brienne, et qui venait d'être muté à l'Ecole de Metz, avait recommandé à Alexandre le jeune Corse dont « le caractère original et les manières un peu étrangères » risquaient de surprendre professeurs et élèves.

« Il m'accueillit assez froidement, racontera Alexandre des Mazis, mais sans refuser mes avances ; nous fûmes placés dans la même division et le hasard fit qu'on le plaça à côté de moi dans la classe de mathématiques se destinant à la marine. » Buonaparte accueille, en effet, les avances de son nouveau camarade avec froideur. Pour que ce sauvageon de quinze ans consente à s'amadouer, il faudra que s'écoulent plusieurs mois et que se déroule un incident rapporté par des Mazis dans ses *Cahiers*.

Un ancien, nommé Champeaux — il mourra des suites d'une blessure reçue à Marengo — a été chargé d'enseigner le maniement des armes à ses jeunes camarades. Dans ce domaine Buonaparte est un soldat déplorable : il pense visiblement à autre chose. Champeaux, un jour que son élève témoigne d'une distraction excessive, donne sur les doigts du futur empereur un coup de baguette de fusil. Il fait un saut en arrière : Napoleone lui a envoyé

(1) Le regretté Paul Bartel eut la bonne fortune de les révéler au public dans cette même collection.

son fusil à la tête. Au lieu d'expédier le jeune homme au cachot pour lui former le caractère, le capitaine instructeur se contente de demander à des Mazis s'il veut bien essayer de civiliser « ce dangereux insulaire ». Et c'est ainsi que commence leur amitié. A dire vrai, les deux jeunes gens sont infiniment plus occupés à échanger leurs rêveries qu'à découvrir les charmes cachés du maniement d'armes... Aussi, lorsque les jours d'exercices collectifs le chef du bataillon — M. de Lannoy — commande le « reposez-armes », voit-on au second rang un seul fusil demeurer ridiculement en l'air.

C'est Napoleone de Buonaparte qui rêve !

Des Mazis, qui se trouve à sa droite, se hâte de donner un coup de coude au distrait... Le fusil récalcitrant retombe alors avec un bruit isolé et peu militaire qui perce M. de Lannoy jusqu'à l'âme...

— Monsieur Buonaparte, s'écrie alors le malheureux instructeur, réveillez-vous donc, vous faites toujours manquer l'exercice !

« L'exercice qui lui plaisait le plus, rapportera encore Alexandre des Mazis, était celui des armes — entendez de l'escrime. Nous avions un excellent maître. Toutes les heures consacrées à la salle d'armes étaient employées à faire assaut. Napoléon était vite en nage, il était dangereux de ferrailler avec lui, il se mettait en colère lorsqu'il était touché et fondait sur son adversaire sans règle ni mesure ; c'était avec moi qu'il faisait assaut le plus souvent, et lorsque je lui portais une botte, j'avais soin de me retirer en arrière pour lui donner le temps de se calmer.

— Par saint Pierre, s'écriait-il, je vais me venger !

Et il allait d'estoc et de taille sans songer à se garantir des coups qu'il se mettait hors d'état de parer et qu'alors il était facile de lui porter. Le maître d'armes venait s'interposer pour faire cesser le combat qu'il poussait à outrance. Il a cassé un grand nombre de fleurets. Je porte encore la marque d'une de ses bottes qui m'a mis plusieurs jours hors de combat avec lui. »

Certaines de ses réactions surprennent. Un jour de fête publique, un ballon doit être lancé au Champ de Mars, les élèves de l'Ecole se trouvent sous les armes depuis fort longtemps et le ballon ne part pas. Buonaparte s'impatiente, donne son fusil à tenir à des Mazis, sort des rangs et va couper les cordes qui retiennent le ballon. « Il fut crevé et Buonaparte sévèrement puni. »

Le nouvel élève a maintenant revêtu le pimpant uniforme de l'Ecole : habit bleu à collet rouge et à doublure blanche, avec galons en argent, veste et culotte en serge bleue. La tenue est complétée par une paire de gants, ou trois paires pour ceux qui montent à cheval, un chapeau brodé d'argent ou garni d'un bord de poil de chèvre.

Bon en mathématiques, moyen en histoire, il est moins bien noté qu'à Brienne.

— On me mit tout de suite dans la classe d'artillerie ; je fus reçu avant-dernier, avouera-t-il plus tard.

Seize professeurs se partagent les huit heures de classe par jour : classes de mathématiques, de grammaire, d'histoire, de géographie, de dessin, d'allemand, de fortifications, de maniement d'armes, d'escrime et d'équitation. Seuls les futurs marins — comme Napoleone — reçoivent des leçons d'anglais. « Quant au maître d'allemand, ne pouvant rien lui faire apprendre, racontera des Mazis, il avait fini, après bien des menaces, par lui laisser faire tout autre chose que de l'allemand. Il avait pour cette langue une répugnance invincible, et il ne comprenait pas qu'on pût s'en mettre un mot dans la tête. Il profita de cette liberté pour lire pendant toute la classe des livres d'histoire et de politique qu'on lui prêtait de la bibliothèque qui était à la disposition des élèves. Le maître d'écriture avait fait comme celui d'allemand, il l'avait renvoyé de sa classe, non parce qu'il écrivait bien, mais parce qu'il voyait qu'il ne pourrait s'assujettir aux plus simples principes d'écriture... »

Le lever se fait à six heures du matin, le coucher à neuf. Les élèves sont fort bien traités. Chaque repas comprend cinq services :

Dîner gras : soupe, bouilli, deux entrées, trois desserts.

Souper gras : deux plats, salade, trois desserts.

Dîner ou souper maigre : soupe, deux plats de légumes, un plat de « graines », un plat de poisson, un plat d'œufs, trois desserts.

Le dortoir est divisé en cellules bien meublées. Un nombreux personnel sert les élèves et, plus tard, Napoléon critiquera cette prodigalité :

— Nous étions nourris, servis, traités avec magnificence en toutes choses, comme des officiers qui jouiraient d'une grande aisance, plus grande certainement que celle dont beaucoup d'entre nous devaient jouir un jour.

Assurément Buonaparte n'est guère aimé, et les mêmes scènes vécues à Brienne se renouvellent à Paris. Cet insulaire farouche, insociable, fronde tout, de son accent rocailleux et blâme « avec un ton tranchant ». Ses professeurs se trouvent rebutés et le considèrent comme « un jeune humoriste ». Sa manière de parler de la Corse les choque. L'un d'eux — M. Valfort — lui dira un jour sévèrement :

— Monsieur, vous êtes élève du Roi, il faut vous en souvenir et modérer votre amour de la Corse qui, après tout, fait partie de la France !

Très sensible aux plaisanteries de ses camarades, il est souvent humilié et blessé — et se l'imagine plus qu'il ne l'est en réalité. Au moindre sourire quelque peu railleur, le jeune Buonaparte fonce, les poings en avant.

— Que de rouflées j'ai alors données ! avouera-t-il plus tard.

Et les « rouflées » du petit hobereau, « boursier du roy », s'adressent aux Rohan, Broglie ou Montmorency-Laval ! On ne peut s'empêcher d'évoquer le jour où, pour la première fois aux Tuileries, les nouveaux chambellans impériaux seront présentés à Napoléon. Il y avait là un Ségur, un Noailles, un Gontaut, un Béarn, un Turenne, un Contades ! Le maréchal du palais demanda à l'Empereur de bien vouloir désigner ceux qui devaient commencer leur service :

— Cela m'est égal !

— Mais pourtant, Sire...

— Eh bien, décida Napoléon, en regardant le lot comme s'il s'agissait de choisir des chevaux de remonte, prenez le blond et le crépu...

De même qu'à Brienne, on le voit arpenter, seul, la cour, ou — l'hiver — les salles de récréation. Il ne fait aucune attention aux jeux qui l'environnent. « Ces méditations, nous dit des Mazis, lui donnent un air distrait. On le voit ainsi s'animer, marcher à plus grands pas, et rire ou gesticuler. Enfermé dans son rêve, il ne semble se réveiller que lorsque l'un de ses camarades le heurte en courant. » Des Mazis s'approche parfois de lui et la conversation « roule sur des choses sérieuses, il gémit sur la frivolité des élèves, les désordres qui règnent entre eux et le peu de soin qu'on apporte à nous surveiller et à nous préserver de la corruption... ». Son camarade est conquis « par l'originalité du caractère » de son nouvel ami. De son côté, Buonaparte « trouve quelqu'un qui le conçoit, l'apprécie, et à qui il peut, sans contrainte, manifester ses pensées ».

Seule la compagnie de des Mazis parvient à le sortir de ses rêves, et l'unique jeu de l'Ecole qui l'intéresse est celui de l'attaque ou de la défense des redoutes. « Alors, il se met à la tête d'un de ces partis et le commande avec une intelligence remarquable. »

Les jours de sortie, Buonaparte loge chez ses correspondants à Paris, les Permon, amis de la famille Buonaparte, qui demeurent à l'hôtel de Sillery, 13, place de Conti. S'il faut en croire la tradition, le cadet Buonaparte couche dans la mansarde située au troisième étage, dont la fenêtre donne à l'angle de la place et de l'impasse Conti. La fille cadette de Mme Permon, Laure, qui sera un jour Mme Junot, puis duchesse d'Abrantès, fait ainsi la connaissance du futur empereur. « Ce que Napoléon avait de charmant lorsqu'il devint jeune homme, écrit-elle, c'était son regard, et surtout, l'expression douce qu'il savait lui donner dans un moment de bienveillance. A la vérité, l'orage était affreux, et, quelque aguerrie que je fusse, jamais je n'ai regardé cette physionomie admirable, même dans la colère, lorsqu'elle était animée, sans éprouver un frisson ; son sourire était également captivant, comme le mouvement dédaigneux de sa bouche vous faisait trembler. Mais tout cela, mais le front qui devait porter les couronnes d'un monde, ces mains dont la plus coquette des femmes se serait enorgueillie et dont la peau blanche et douce recouvrait des muscles d'acier, des os de diamant, tout cela ne se distinguait pas dans l'enfant et ne se fit présumer que dans le jeune homme adolescent. »

Un jour, la mère de Laure et son oncle Démétrius Commène se rendent avec Napoleone à Saint-Cyr pour aller voir Maria-Anna Buonaparte. Dès l'arrivée des visiteurs la petite fille fond en larmes : l'une de ses camarades — Mlle de Montluc — doit quitter le couvent de Saint-Louis dans quelques jours. Un goûter d'adieu va être offert à cette occasion et la sœur de Napoleone ne possède pas un franc pour participer à la dépense. Le premier mouvement de l'élève-officier est de porter la main à sa poche ; mais « comme la réflexion lui dit qu'il ne trouverait pas ce qu'il y cherchait », il rougit en frappant du pied. Mme Permon offre alors les dix ou douze francs nécessaires pour calmer le chagrin de Maria-Anna. Lorsque les visiteurs remontent en voiture, Napoleone explose, éclatant en invectives contre l'administration des maisons comme Saint-Cyr et l'Ecole militaire qu'il qualifie de *détestable*. « On voyait, rapportera Laure, que l'humiliation de sa sœur lui avait fait mal. Mon oncle qui était extrêmement vif s'impatienta à la fin du ton d'amertume tranchant qu'il mettait dans son discours, et le lui dit assez sèchement. Napoleone se tut aussitôt... Mais son cœur était trop plein : il ramena bientôt la conversation sur le même sujet, et enfin ses expressions devinrent tellement offensantes que mon oncle lui dit :

— Tais-toi ! il ne t'appartient pas, étant élevé par la charité du roi, de parler ainsi que tu le fais. »

Le mot « charité » fit devenir blême le cadet, puis il rougit si violemment que Mme Permon crut qu'il allait étouffer. Lorsque Napoleone put enfin parler, ce fut pour déclarer d'une voix toute tremblante d'émotion :

— Je ne suis pas élève du roi, je suis élève de l'Etat.

Précisons que la « charité du roi » coûtait à Louis XVI, par cadet, quatre mille deux cent quatre-vingt-deux livres chaque année, soit cinq millions de nos anciens francs. Aussi M. de Commène s'écria-t-il :

— Je ne veux pas que tu parles ainsi de ton bienfaiteur devant moi.

— Je ne dirai rien qui vous déplaise, répondit l'élève-officier ; permettez-moi seulement d'ajouter que, si j'étais maître de rédiger les règlements, ils le seraient autrement et pour le bien de tous !

Si j'étais le maître !...

***

Le 23 mars 1785, Buonaparte apprend la mort de son père, survenue un mois auparavant, le 24 février, à Montpellier. Charles-Marie, atteint d'un inguérissable cancer à l'estomac, s'était rendu dans cette ville pour aller consulter un spécialiste. Mme Permon, dont le beau-père avait occupé une situation à la Trésorerie d'Ajaccio, se trouvait justement à Montpellier et avait assisté, avec Joseph et l'oncle Fesch, aux derniers moments de Charles Buonaparte, qui n'avait que quarante ans.

Selon la coutume, l'un des confesseurs de l'Ecole veut conduire Napoleone à l'infirmerie pour qu'il puisse être seul « dans ses premiers moments de la douleur ». Il refuse de s'y rendre, déclarant, farouche :

— J'ai assez de force d'âme pour supporter cette peine sans qu'on prît soin de me consoler.

Il est pourtant profondément affecté et se déclare hanté par le fait que son père soit mort « à cent lieues de son pays, dans une contrée étrangère, indifférente à son existence, éloignée de tout ce qu'il a de plus précieux... » Il attendra près d'une semaine pour écrire en ces termes à sa mère : « C'est aujourd'hui que le temps a un peu calmé les premiers transports de ma douleur, que je m'empresse de vous témoigner la reconnaissance que m'inspirent les bontés que vous avez toujours eues pour nous. »

En chef de famille — en réalité, c'était Joseph qui pouvait revendiquer cette charge — il ordonne :

« Consolez-vous, ma chère mère, les circonstances l'exigent. Nous redoublerons nos soins et notre reconnaissance, et heureux si nous pouvons, par notre obéissance, vous dédommager un peu de l'inestimable perte d'un époux chéri. Je termine, ma chère mère, ma douleur me l'ordonne, en vous priant de calmer la vôtre. Ma santé est parfaite, et je prie tous les jours que le ciel vous en gratifie d'une semblable. Présentez mes respects à Zia Geltruga, Minana Saveria, Minana Fesch... » Il s'agit de ses trois tantes, trois dames parfaitement insignifiantes.

Puis, dans ce post-scriptum, il annonce en ces termes la naissance du futur Louis XVII, au destin tragique :

« P.S. — La reine de France est accouchée d'un prince, nommé duc de Normandie, le 27 mars, à sept heures du soir. »

Et il signe :

« Votre très humble et affectionné fils, Napoleone de Buonaparte. »

Paul Bartel l'a démontré, la mort de son père, ce « complaisant des vainqueurs, allant des salons du gouverneur aux antichambres de Versailles », est pour Napoléon une manière de délivrance. Il pourra désormais ne plus mettre de bornes à son patriotisme presque excessif — à son chauvinisme corse.

Et, dès qu'il le pourra, revenir à Ajaccio en uniforme d'officier du roi.

Au début de cette année, on a annoncé aux futurs aspirants qu'il n'y aura pas, en 1785, d'examen de marine. Demeurer douze mois de plus à l'Ecole royale ? Buonaparte s'y refuse. Et, comme la plupart de ses camarades visés par cette suppression, Napoleone, toujours l'un des meilleurs de la classe de mathématiques, choisit le corps de l'artillerie.

Au mois de septembre — alors que la France se passionne pour l'affaire du Collier qui a éclaté le 15 août — s'ouvre le concours de sortie auquel participent les élèves de toutes les écoles royales de France. L'un des deux professeurs de mathématiques, Monge (1), aurait tracé cette note : « Napoleone de Buonaparte. Réservé et laborieux, préfère l'étude à toute espèce d'amusement, se plaît à la lecture des bons auteurs ; très appliqué aux sciences abstraites ; peu curieux des autres ; connaissant à fond les mathématiques et la géographie ; silencieux, aimant la solitude, capricieux, hautain, extrêmement porté à l'égoïsme, parlant peu, énergique dans ses réparties, ayant beaucoup d'amour-propre, ambitieux et aspirant à tout ; ce jeune homme est digne qu'on le protège. » De son côté, M. de l'Aiguille écrivait ces lignes prophétiques : « Corse de nation et de caractère, ce jeune homme irait loin si les circonstances le favorisaient. »

Le 28 septembre, les promotions sont publiées. Napoleone est follement heureux : il est reçu ! Sur cent trente-sept candidats, cinquante-huit sont admis comme lieutenants en second, dont quatre cadets de l'Ecole militaire de Paris : Picot de Peccaduc trente-

(1) A ne pas confondre avec le grand Gaspard Monge qui ne rencontrera Bonaparte que plus tard.

neuvième, Phélippeaux — le futur rival de Bonaparte à Saint-Jean-d'Acre : quarante-et-unième — Napoleone de Buonaparte : quarante-deuxième, enfin, in extremis, Alexandre des Mazis se trouve admis à la cinquante-sixième place.

Napoléon pourra dire plus tard :

— J'ai été officier à l'âge de seize ans et quinze jours.

Son brevet — signé par Louis XVI à Saint-Cloud et contresigné par le maréchal de Ségur — a, en effet, été antidaté et porte la date du 1er septembre. Le mois suivant, le lieutenant en second Buonaparte est affecté avec son ami des Mazis au régiment de la Fère, qui tient garnison à Valence.

Le 28 octobre, dès qu'il a revêtu son nouvel uniforme d'officier et reçu la boucle de col en argent et son épée, Buonaparte se précipite chez Mme Permon et va se montrer aux deux jeunes filles de la maison qui éclatent de rire en voyant ses jambes « alors fort grêles » perdues dans une gigantesque paire de bottes. Leur fou rire est tel que le nouvel officier se fâche.

— Puisque vous ceignez l'épée, lui dit Cécile, la plus âgée des deux sœurs, vous devriez être le chevalier des dames et vous trouver bien heureux qu'elles plaisantent avec vous.

— On voit bien que vous n'êtes qu'une petite pensionnaire, réplique Napoleone, dédaigneusement.

— Et vous, répond la jeune fille, vous n'êtes qu'un chat botté !

Il a bien du mal à maîtriser sa colère. Ce qui n'empêchera pas, le lendemain, le jeune officier de seize ans, sur ses maigres économies, d'offrir à la « petite pensionnaire » une jolie édition du *Chat Botté*, et, à Laure un pantin représentant le chat botté courant devant le carrosse de son maître, le marquis de Carabas.

Le 29 octobre, par un temps très couvert, un vent affreux et des rafales de pluie, — les archives de l'Observatoire nous l'indiquent — Napoleone va rendre visite à Mgr de Marbeuf, alors de passage à Paris et qui l'a déjà si souvent protégé. L'évêque d'Autun le reçoit au palais abbatial de Saint-Germain-des-Prés où il réside, et lui donne une recommandation pour Mgr Tardivon, abbé général de Saint-Ruf à Valence.

Le dimanche 30 octobre, le brouillard, puis de lourds nuages couvrent le ciel, mais à onze heures du soir, c'est par un temps merveilleux, un ciel très pur, que, escortés par un bas-officier, Buonaparte et Alexandre des Mazis quittent le Champ de Mars. Ils se rendent quai des Célestins, au bureau des Messageries où ils soupent et couchent aux frais de l'Ecole. Le lendemain à cinq heures du matin — le temps est toujours beau mais des nuages commencent à apparaître venant du sud-ouest — les deux jeunes officiers montent dans la diligence qui doit les conduire à Sens d'abord où aura lieu la *Couchée*, puis par Auxerre et Autun, jusqu'à Châlon-sur-Saône, où ils trouveront place dans le coche d'eau qui les déposera à Lyon.

C'est à Fontainebleau qu'ils prennent leur premier repas à leur compte. Sans doute — Lenotre l'a pensé — écourtent-ils leur dîner afin de donner un coup d'œil au château royal. « Quelques années plus tard, le pauvre cadet qui contemplait ce jour-là, le nez collé aux grilles, les vieilles façades du palais, sera le maître de ces splendeurs et y recevra à sa table le pape intimidé... »

« *LA PAILLE AU NEZ* »

Peu après Fontainebleau, lorsque la lourde diligence doit monter une côte au pas, les deux jeunes gens descendent de voiture. C'est alors que des Mazis voit son compagnon se mettre à courir comme un fou, à sauter et à gesticuler, tout en criant :

— Enfin, je suis libre ! Je suis libre !

La Casa Bonaparte. Le second étage est habité par une cousine, Marie Bossi, épouse d'Antonio Pozzo di Borgo. C'est elle qui, du haut de sa fenêtre, lancera un jour, par mégarde, des eaux sales sur Madame Laetitia... d'où une longue inimitié (pour ne pas dire une vendetta) qui n'a pris fin qu'à notre époque par la réconciliation du Prince Napoléon et du duc Pozzo di Borgo.

III

MONSIEUR LE LIEUTENANT EN SECOND « FOMENTE »...

Quand j'avais l'honneur d'être lieutenant en second, je déjeunais avec du pain sec, mais je verrouillais ma porte sur ma pauvreté.

NAPOLÉON.

LE 5 novembre, à Lyon, Bonaparte et des Mazis manquent le bateau-poste de Valence. En attendant le prochain départ, ils entrent chez un bouquiniste et dépensent sans hésiter ce qui leur reste des cent cinquante-sept livres qui leur ont été remises, à chacun, au départ de l'Ecole. Sans un officier d'artillerie qui a voyagé avec eux depuis Paris, et qui leur ouvre sa bourse, les écervelés auraient dû faire la route à pied.

Le lendemain, les deux lieutenants en second quittent Lyon dès l'aube par le bateau-poste et arrivent le même soir à Valence. Après s'être présentés à leur colonel — M. de Lance — ils se rendent auprès du secrétaire du présidial à l'hôtel de ville qui remet aux deux lieutenants en second le billet de logement suivant :

A Mademoiselle Claudine-Marie Bou,
angle de la Grand-rue et de celle du Croissant,
à Valence (en Dauphiné).
Au nom du Roi :

« Mademoiselle Claudine-Marie Bou, propriétaire du Café-Cercle, *est sommée de loger une fois deux lieutenants en second du régiment royal d'artillerie de La Fère et de leur fournir ce que de droit. »*

Mlle Bou — une vieille fille qui approche de la cinquantaine — a longtemps fabriqué des boutons en poils de chèvre, avant de tenir avec son père ce *Café-Cercle* — autrement dit *un café littéraire.*

L'imberbe et maigriot officier à la voix creuse et sourde, aux longs cheveux plats, fait la conquête de l'hôtesse. Il s'entend fort bien avec elle et loue, pour huit livres et huit sols par mois, une petite chambre située au deuxième étage, dont la fenêtre donne sur la Grand'Rue. Juste en face est située la fameuse *Maison des Têtes,* datant de la Renaissance, et qui existe encore. Là se trouve le libraire au nom prédestiné de Pierre-Marc Aurel, où Bonaparte se saoule des œuvres de Rousseau.

— Oh ! Rousseau ! s'écriera-t-il, pourquoi faut-il que tu n'aies vécu que soixante ans ! Dans l'intérêt de la vérité, tu aurais dû être immortel !

Plus tard, il changera d'avis.

Mlle Bou s'occupe du linge du jeune officier, mais c'est à l'hôtel voisin — celui des *Trois Pigeons,* rue Pérollerie, tenu par M. Gény — qu'il dîne avec des

Mazis. En dépit de la bonne chère qui lui est servie, il mange rapidement, adresse peu la parole à ses voisins, dédaigne les jeux qui succèdent au repas et a hâte de rentrer dans sa chambre pour se plonger dans ses livres. On le verra, avec des Mazis, s'adonner à une cure de laitage dont le résultat ne sera guère satisfaisant. A midi, il déjeune également chez Gény, à moins qu'il n'aille acheter deux pâtés à un sol que vend le pâtissier Corriol. Bonaparte n'a que quatre-vingt-treize livres par mois de solde et il lui faut être économe, surtout pour se permettre de satisfaire sa passion : la lecture. Il adressera un jour ce billet, à l'orthographe euphonique, au sieur Barde, libraire de Genève, pour le prier de lui envoyer « les ouvrages sur *liste* de Corse *ouque* vous pourriez vous procurer promptement. *Jentant* votre réponse pour vous envoyer *largent* à quoi cela montera. Vous pouvez m'adresser votre lettre à monsieur de Buonaparte, officier d'artillerie au régiment de la Fère, en garnison à Valence. »

Buonaparte a été placé dans la compagnie dite de « M. de Coquebert ». Joseph croit bien faire en écrivant au frère de des Mazis, capitaine au même régiment, pour lui demander d'être *le mentor de Napoleone.* Buonaparte fort choqué de la recommandation, déclare « qu'il ne sait pas de quoi son frère se mêle et qu'*il n'a pas besoin d'être mis en tutelle* ».

Napoleone et des Mazis ne se quittent pas lors de leurs instants de liberté. Un jour, leurs nouveaux camarades les voient avec épouvante enfourcher deux rosses de louage, et, encore revêtus de leur uniforme bleu de l'école, partir bravement afin de se familiariser avec l'équitation. Une fois les chevaux lancés, ils ne peuvent les retenir. Ils traversent un village à toute bride, « les cheveux épars, la poudre qu'ils renfermaient répandue sur leurs habits », ce qui les fait prendre « pour des contrebandiers ». Ils reviennent à Valence au même train et sont plusieurs jours à se remettre de leur équipée.

L'un des rares plaisirs du jeune officier est la promenade. On le voit visiter la Chartreuse de Bouvante ou monter au sommet de Roche-Colombe.

— J'aime m'élever au-dessus de l'horizon, explique-t-il.

Bien que sorti de l'Ecole militaire lieutenant en second, Napoléon a d'abord dû gravir ce que l'on appelle les « trois grades » : ceux de canonnier, de caporal et de sergent. Mais il ne lui a fallu que deux mois et cinq jours pour se trouver « instruit dans les matières de son service et digne de recevoir le grade d'officier ». Il peut enfin endosser l'uniforme d'artilleur de la Fère — « le plus beau du monde », dira-t-il plus tard. L'habit est bleu, à collet rabattu doublé de rouge, la culotte bleue elle aussi, les épaulettes losangées d'or et de soie. En cette tenue, il est parfois invité par quelques familles nobles de la ville. Napoléon le racontera à Las Cases : il est admis, entre autres, chez une certaine Mme du Colombier. C'est une femme de cinquante ans, qui « gouverne la ville et s'engoue fort, dès l'instant, du jeune officier d'artillerie ». Elle l'invite, à sa campagne de Basseaux et lui conseille de mener une vie moins austère.

— Ma mère n'a que trop de charges, lui répond-il, et je ne dois pas les augmenter par mes dépenses, surtout quand elles sont imposées par la folie stupide de mes camarades.

S'il aime « fréquenter » chez Mme du Colombier, c'est qu'il y rencontre la fille de son hôtesse, la fraîche et jolie Caroline à qui Napoleone conte fleurette. Les choses ne dépassèrent point les premières étapes de la carte du Tendre... « On n'eût pas pu être plus innocents que nous, précisera l'Empereur ; nous nous ménagions de petits rendez-vous. On le croira avec peine, tout notre bonheur se réduisit à manger des cerises ensemble. »

Après Mlle du Colombier, c'est le clair visage de Mlle de Saint-Germain qui attire Buonaparte. Le fermier général Joseph de Saint-Germain avait été royalement trompé. Sa femme, en effet, avait accueilli avec émotion les bontés du Bien-Aimé. Une fille en était née : Louise-Marie-Adélaïde, celle-là même dont le jeune Napoleone est tombé amoureux. Il demande sa main à M. de Saint-Germain qui refuse, pensant assurément que ce jeune lieutenant d'artillerie n'a aucun avenir. Et c'est ainsi que le futur empereur manqua de peu devenir, par la main gauche, le gendre de Louis XV... Quant à Louise-Adélaïde, elle épousera le comte de Montalivet dont l'Empereur fera son ministre de l'Intérieur.

Il lui arrive parfois de s'asseoir à une table de jeu pour faire une partie de reversi. Un jour qu'il se trouve attablé avec quatre personnes — dont la comtesse de Tournon — il perd douze francs. La comtesse de Tournon, à la fin de la partie « fit quelques façons de les accepter ». Le jeune officier est d'autant plus mortifié, que Mme de Tournon l'appelle son « petit ami »...

— Moi, Madame, s'exclame-t-il en redressant sa petite taille, je n'ai pas l'honneur de vous être attaché.

« Je mis douze francs sur la table, racontera-t-il, et sortis. Ce fut là le sujet de la conversation de toute la soirée. Les officiers m'approuvèrent beaucoup... »

Dans sa chambrette du *Café-Cercle*, il travaille à une *Lettre sur la Corse*. Il n'a pas encore commencé d'aimer la France et trace ces lignes sévères : « Français, non contents de nous avoir ravi tout ce que nous chérissons, vous avez encore corrompu nos mœurs. Le tableau actuel de ma patrie et l'impuissance de le changer est donc une nouvelle raison de fuir cette terre où je suis, par devoir, obligé de louer des hommes que, par vertu, je dois haïr. »

Et il ajoutera une autre fois, presque menaçant : « Les Corses ont pu, en suivant toutes les lois de la justice, secouer le joug génois et peuvent en faire autant de celui des Français. »

Sur ce même sujet, il écrit encore : « J'ai puisé la vie en Corse, et, avec elle, un violent amour pour mon infortunée patrie et pour son indépendance. »

En France — il l'avoue — il se sent toujours un déraciné, et, certains soirs où la mélancolie et les idées de mort s'abattent sur lui et lui étreignent le cœur, il pense avec nostalgie à l'île vers laquelle volent toujours ses pensées. Découragé, il rédige ce texte : « Quand j'arriverai dans ma patrie, quelle figure faire ? Quel langage tenir ? Quand la patrie n'est plus, un bon citoyen doit mourir. Si je n'avais qu'un homme à détruire pour délivrer mes compatriotes, je partirais au moment même, et j'enfoncerais dans le sein des tyrans le glaive vengeur de la patrie et des lois violées. La vie m'est à charge parce que je ne goûte aucun plaisir et que tout est peine pour moi. Elle m'est à charge parce que les hommes avec qui je vis et vivrai probablement toujours ont des mœurs aussi éloignées des miennes que la clarté de la lune diffère de celle du soleil. Je ne peux donc pas suivre la seule manière de vivre qui pourrait me faire supporter la vie, d'où s'ensuit un dégoût pour tout. »

Enfin une lueur d'espoir : le 12 août 1786, il obtient

son congé de semestre qu'il décide de passer en Corse. La Corse qu'il a quittée lorsqu'il avait neuf ans ! Et il va en avoir dix-sept ! Enfin, après plus de sept années d'absence, il va revoir la ville toute claire au soleil, étagée au bord de son golfe bleu et au cœur de sa couronne de montagnes. Malheureusement, ce même 12 août, il doit partir avec sa compagnie pour Lyon où des grèves ont éclaté.

Il sera logé, jusqu'à la fin d'août, chez des bourgeois lyonnais qui seront aux petits soins pour lui. Trop de soins, s'il faut l'en croire... Aussi propose-t-il à l'un de ses camarades d'échanger leurs logements :

— Je suis dans un enfer, gémit-il, mes hôtes ne me laissent ni entrer ni sortir sans m'accabler de prévenances. Je ne puis être seul un moment.

— Je voudrais bien être à ta place...

— Eh bien ! Changeons !

Il va alors habiter chez Mme Yves Blanc. Il est souffrant durant ce séjour. Heureusement une certaine Mlle Agier veille sur lui. Rétabli, nul obstacle ne s'opposant à son départ, il quitte Valence le 31 août, et fait ses adieux à Mlle Bou.

— Vous et mon père êtes logés là, lui dit-il en montrant son cœur. Dans cette place, les souvenirs ne changent pas de garnison.

Le lendemain, 1er septembre, le jeune officier passe par Aix où il embrasse son oncle Fesch et son frère Joseph. Il gagne ensuite Marseille où après un séjour place des Augustins, chez le négociant Allard, il s'embarque sur le « bateau de poste » qui va le conduire — le 15 septembre — jusqu'à Ajaccio.

Quelle joie pour Letizia de serrer dans ses bras le cher « petit Nabulio » revêtu de son bel habit bleu doublé de rouge ! C'est le premier Corse devenu officier du roi ! Il fait la connaissance des enfants nés en sa longue absence : Paolina ou Paoletta — la future princesse Pauline — Maria Annonciata — ou Carolina — qui deviendra un jour Caroline, reine de Naples, et Girolamo — Jérôme — qui n'a que deux ans et sera roi de Westphalie.

Il trouve sa famille aussi francophobe qu'il l'est lui-même — et tout le clan de communier dans une véritable haine contre « l'occupation française ». Cependant, M. le lieutenant en second découvre une Corse qui lui apparaît d'autant plus pauvre et attardée qu'il connaît maintenant plusieurs villes de France. Il parcourt toute l'île, habillé comme les gens du pays et errant avec les paysans dans le maquis. Mais il les estime trop soumis, acceptant la colonisation française avec une résignation qui le déçoit un peu.

— De ce moment, racontera-t-il à Alexandre des Mazis, j'ai commencé à être désabusé sur l'amour de la liberté que je croyais trouver dans les cœurs corses.

Lorsqu'il ne flâne pas à travers la campagne, il continue à dévorer tous les livres qui lui tombent sous la main. Il lit à haute voix Rousseau, Montesquieu, Montaigne, Corneille, Racine ou Voltaire. Dans sa petite bibliothèque sont réunies, traduites en français, les œuvres de Plutarque, de Platon, de Cicéron, de Cornelius Nepos, de Tite-Live, de Tacite.

Cependant la maisonnée de la rue Malerba se débat dans une gêne proche de la misère. Toutes les entreprises de Charles n'ont laissé à sa mort que des dettes. Letizia remet entre les mains de « l'arrière-cadet » la défense des intérêts de la famille. Il s'agit avant tout d'obtenir une indemnité de trois mille cinquante livres pour la greffe de la plantation de mûriers aux Milelli, maison de campagne des Buonaparte. Aussitôt, le jeune officier assiège les bureaux et signe pétition sur pétition. Bien sûr il y a l'oncle, l'archidiacre Lucien, qui pourrait aider le clan, mais, d'une rare avarice, l'archidiacre se refuse même à faire les quelques réparations nécessaires pour rendre habitables les Milelli.

— De l'argent, déclare-t-il à son neveu, mais tu sais bien que je n'en ai plus et que les expéditions de ton père ne m'ont rien laissé.

Buonaparte doit, pour son oncle, demander une consultation par lettre au docteur Tissot — il souffre surtout d'avoir soixante-dix-neuf ans — et trace un portrait savoureux du bonhomme : « N'ayant presque pas eu de maladies dans le cours de sa vie, je ne dirai pas comme Fontenelle, qu'il avait les deux grandes qualités pour vivre : bon corps et mauvais cœur ; cependant, je crois qu'ayant un penchant pour l'égoïsme, il s'est trouvé dans une situation heureuse qui ne l'a pas mis dans le cas d'en développer toute la force. »

Le docteur Tissot ne réussit pas plus à rendre une jeunesse au vieil oncle qu'à guérir ce « mauvais cœur »... La bourse de l'archidiacre demeure fermée et la situation de la famille devient catastrophique.

Aussi Buonaparte demande-t-il « pour le rétablissement de sa santé » une prolongation de congé « de cinq mois et demi à compter du 16 mai 1787, avec appointements, vu son peu de fortune et une cure coûteuse ». On le lui accorde. A cette époque, les officiers se trouvaient aussi souvent à leurs corps que dans leurs foyers...

Les semaines puis les mois passent. L'intendant de la Corse, lorsqu'on lui parle de verser des indemnités, oppose la force d'inertie. Assurément, c'est à Versailles ou à Paris qu'il faut s'adresser ! Aussi, le 12 septembre 1787, après une année de séjour en Corse,

Napoleone quitte Ajaccio. Il muse en cours de route car c'est seulement le 9 novembre qu'il arrive à Paris, où il descend à l'*Hôtel de Cherbourg,* rue du Four Saint-Honoré. L'hôtel est tenu par un sieur Védrine qui donne à l'officier la chambre n° 9, située au troisième étage. La maison est aujourd'hui démolie mais Lenotre a pu encore monter l'escalier qui s'éclairait « pauvrement sur un puits d'air creusé entre quatre murailles noires où s'ouvraient d'étroites fenêtres ».

On voit à cette époque le jeune lieutenant en second, la face glabre, sillonnée de rides prématurées, l'habit flottant autour d'un corps amaigri, se diriger aux heures des repas vers la maison du traiteur de la rue de Valois qui a pour enseigne : *Aux Trois Bornes,* à moins qu'il n'aille dîner, à cinq ou six sous la portion, dans une autre gargote située passage des Petits Pères. Gêné par la modicité de son addition, il enveloppe sa monnaie dans la « carte payante » du restaurant et la porte lui-même à la caisse sans prononcer une seule parole.

En dehors des heures de repas et de ses visites aux ministères où il quémande sans se lasser pour les mûriers et les pépinières de sa mère, il sort peu et écrit. Entre autres, il fait l'ébauche d'un roman dont l'action se situe en Corse :

« J'ai à peine atteint l'âge de l'aurore des passions, déclare-t-il, et cependant je manie le pinceau de l'histoire... mais peut-être, pour le genre d'écrits que je compose, c'est la meilleure situation d'âme et d'esprit... La vénalité de l'âge viril ne salira pas ma plume, je ne respire que la vérité... »

A la tombée de la nuit, le jeune lieutenant va parfois faire quelques pas pour se délasser dans les jardins du Palais-Royal tout proches. Un soir, le jeudi 22 novembre, sous les arcades scintillantes, il rencontre une fille qui sera son initiatrice... Il le racontera lui-même — et il faut ici lui laisser la parole :

« Je sortais des Italiens et me promenais à grands pas sur les allées du Palais-Royal. Mon âme, agitée par les sentiments vigoureux qui la caractérisent, me faisait supporter le froid avec indifférence ; mais l'imagination refroidie, je sentais les rigueurs de la saison et gagnais les galeries. J'étais sur le seuil de ces portes de fer quand mes regards errèrent sur une personne du sexe. L'heure, la taille, sa grande jeunesse ne me firent pas douter qu'elle ne fût une fille. Je la regardais : elle s'arrêta, non pas avec cet air grenadier (des autres), mais un air convenant parfaitement à l'allure de sa personne. Ce rapport me frappa. Sa timidité m'encouragea et je lui parlai, moi qui, pénétré plus que personne de l'odieux de son état, me suis toujours cru souillé par un seul regard... Mais son teint pâle, son physique faible, son organe doux ne me firent pas un moment en suspens. Ou c'est, me dis-je, une personne qui me sera utile à l'observation que je veux faire, ou elle n'est qu'une bûche.

— Vous aurez bien froid, lui dis-je, comment pouvez-vous vous résoudre à passer dans les allées ?

— Ah, Monsieur ! l'espoir m'anime. Il faut terminer ma soirée.

L'indifférence avec laquelle elle prononça ces mots, le flegmatique de cette réponse me gagna et je passai avec elle.

— Vous avez l'air d'une constitution bien faible. Je suis étonné que vous ne soyez pas fatiguée du métier.

— Ah ! dame ! Monsieur, il faut bien faire quelque chose.

— Cela peut-être, mais n'y a-t-il pas de métier plus propre à votre santé ?

— Non Monsieur, il faut vivre !

Je fus enchanté, je vis qu'elle me répondait au moins, succès qui n'avait pas couronné toutes les tentatives que j'avais faites.

— Il faut que vous soyez de quelque pays septentrional car vous bravez le froid.

— Je suis de Nantes en Bretagne.

— Je connais ce pays-là... Il faut, mademoiselle, que vous me fassiez le plaisir de me raconter la perte de votre p...

— C'est un officier qui me le prit.

— En êtes-vous fâchée ?

— Oh ! oui, je vous en réponds. (Sa voix prenait une saveur, une onction, que je n'avais pas encore remarquée). Je vous en réponds. Ma sœur est bien établie actuellement. Pourquoi ne l'eussé-je pas été ?

— Comment êtes-vous venue à Paris ?

— L'officier qui m'avilit, que je déteste, m'a abandonnée. Il fallut fuir l'indignation d'une mère. Un second se présenta, me conduisit à Paris, m'abandonna et un troisième, avec lequel je viens de vivre trois ans, lui a succédé. Quoique Français, ses affaires l'ont appelé à Londres et il y est... Allons chez vous.

— Mais qu'y ferons-nous ?

— Allons, nous nous chaufferons et vous assouvirez votre plaisir.

J'étais bien loin de devenir scrupuleux. Je l'avais agacée pour qu'elle ne se sauvât point quand elle serait pressée par le raisonnement que je lui préparais en contrefaisant une honnêteté que je voulais lui prouver ne pas avoir... »

Bonaparte n'a pas conté la suite. Je gage cependant que, lorsque selon l'usage, la fille pénétrant dans la chambre n° 9 de l'*hôtel de Cherbourg*, demanda comment s'appelait son client, elle fut passablement étonnée en l'entendant répondre : *Napollioné*.

Les affaires de Buonaparte traînent toujours et il se voit contraint de demander une nouvelle prolongation de son congé pour six mois. Celle-ci lui est accordée jusqu'au 1er juin 1788, et il décide, puisqu'il n'a rien pu obtenir à Paris, de retourner en Corse.

Sa famille vit toujours dans une grande pénurie d'argent. Letizia qui a encore près d'elle quatre enfants à élever et assume les dépenses de Joseph parti pour l'Université de Pise, et celles de Lucien au Séminaire d'Aix, fait des prodiges d'économie domestique. Napoléon le dira plus tard — non sans fierté d'ailleurs : « le principe était de ne pas dépenser ». La *Madre* s'astreint aux travaux ménagers et l'argent ne sort de la poche que pour ce qui est absolument indispensable : le café, le sucre ou le riz que l'on est bien obligé d'acheter chez l'épicier. Pour le reste, on vit des produits de la propriété. Les Bonaparte possèdent un moulin banal où tous les villageois vont moudre et donnent en échange une certaine quantité de farine. Il en est de même pour la location du four qui est acquittée « avec des poissons ». Le vin est fourni par la vigne, le fromage par les chèvres, la viande par le maigre troupeau. « On n'aurait pas acheté des gâteaux, précisera l'Empereur, c'eût été mal vu. La famille tenait à honneur de n'avoir jamais acheté ni pain, ni vin, ni huile. » De tous les fruits, ceux que le petit officier aime le plus sont des cerises génoises : « Il me semble n'avoir jamais mangé rien d'aussi bon. »

Repris par son pays, la France lui paraît toujours « l'Etranger ». Devant se rendre à Bastia pour obtenir le paiement de la redevance à sa mère, il rencontre quelques officiers de son régiment dont un bataillon a été détaché en Corse. Son aversion pour « les « envahisseurs de sa patrie » — les stupéfie.

— Est-ce que vous useriez votre épée contre le représentant du Roi ? lui demande-t-on.

Il ne répond rien... et ce silence qui en dit long paraît à ses camarades comme un acquiescement. Ils trouvent l'esprit de Napoleone « si sec et si sentencieux pour un jeune homme de son âge » que, l'un d'eux déclarera : « Je n'eus jamais la pensée d'en faire un ami. » La figure de Buonaparte leur est peu agréable, et son caractère encore moins...

Après vingt mois de congé prolongé, le lieutenant Buonaparte rejoint le régiment de La Fère qui tient maintenant garnison dans la place forte d'Auxonne. Le lieutenant en second est plus pauvre que jamais car il essaye d'envoyer à sa mère quelques louis tous les mois. Pour épargner, il loue la chambre la plus modeste qu'il puisse trouver dans le pavillon sud où logent les officiers subalternes. Après la chambre n° 16, escalier 1, il y occupera la chambre n° 10, escalier 3, meublée d'un « châlit à colonnes, sa paillasse et ses tringles », de quelques chaises en paille, d'un vieux fauteuil et d'une petite table. Il n'y a que deux serviettes et une seule paire de draps. A notre époque, les quatre murs de la pièce ont été classés « monument historique ».

Payer son dîner qu'il prend avec des Mazis chez le traiteur Dumont, pose toujours autant de difficulté. Il est servi à trois heures. S'asseoir à une table à heure fixe, commander les plats et, surtout, consacrer plus de dix minutes à un repas, c'est trop demander à Buonaparte. Bien souvent, complètement désargenté, il se contente pour quelques sols de dîner avec des « gaudes » — de la bouillie de maïs — que lui prépare une paysanne du cru. Le matin, un morceau de pain lui suffit. Il doit cependant s'habiller décemment et l'on a retrouvé cette note du « sieur Riaute », tailleur :

« *Doit, M. de Buonaparte :*
« *fait culotte de drap* ......2 *livres.*
« *deux caleçons* ....1 *livre,* 4 *sols.*
« *fait redingote bleue* ....4 *livres.*
« *bordure* ....1 *livre.*

Il emploie toutes ses heures de liberté à travailler sans débrider, soucieux de rattraper ses nombreux mois de congé. En dehors de sa besogne militaire et des travaux techniques qu'il pousse au-delà de ce qui est exigé, il comble ses loisirs en écrivant une *Histoire de la Corse* et une *Dissertation sur l'autorité royale* dans laquelle on peut lire cette phrase, qui ne manque pas de piquant quand on connaît la suite :

« Il n'y a que fort peu de rois qui n'eussent pas mérité d'être détrônés. »

On possède encore de lui un *Dialogue sur l'amour,* sentiment qu'il considère comme « nuisible à la société ». En quelques mois, il dévore, en les commentant et en les analysant, plus de trente volumes. Ouvrages d'Histoire, ancienne et classique, traités d'économie et de politique qu'il emprunte ou — jour béni — qu'il peut parfois acheter. Aussi ce séjour à Auxonne aura-t-il pour sa formation, ses goûts, ses idées, une importance considérable. « Pour ne pas faire tache parmi mes camarades, racontera-t-il, je vivais comme un ours, toujours seul dans ma petite chambre avec mes livres, mes seuls amis... Quand, à force d'abstinence, j'avais amassé deux écus de six livres, je m'acheminais avec une joie d'enfant vers la boutique d'un libraire qui demeurait près de l'évêché. Souvent, j'allais visiter ses rayons avec le péché d'envie. Je *convoitais* longtemps avant que ma bourse me permît d'acheter. Telles ont été les joies et les débauches de ma jeunesse. »

L'une de ses rares distractions sera de faire, avec des Mazis, un voyage à pied vers le Creusot. Après quelques heures de marche, Buonaparte, des ampoules aux pieds, déclare qu'il ne peut faire un pas de plus. Aussi les deux jeunes gens décident-ils de louer des chevaux. A Chagny, ils passent une soirée fort agréable dans la famille d'un camarade de Napoleone, comme lui élève de Brienne, qui les reçoit à merveille. Buonaparte aimait à se rappeler son voyage sentimental ; il fut même tenté de l'écrire à la façon de Sterne. Devenu empereur et se promenant un jour avec des Mazis dans les jardins de Saint-Cloud, il lui dit :

— Nous avons une dette, des Mazis.

L'ancien condisciple de Buonaparte réfléchit... mais en vain.

— Vous souvenez-vous, reprit l'Empereur, que nous nous fîmes faire la barbe avant d'arriver au Creusot ? Ayant remis à payer à notre retour, ayant pris un autre chemin, nous ne nous sommes pas acquittés.

On affirme que Napoléon chercha à retrouver le barbier, mais il était mort et sa famille partie sans laisser d'adresse.

Au mois de janvier 1789, la rivière déborde à Auxonne et Napoleone souffre d'une fièvre paludéenne dont il attribue la cause à cette inondation. « Ce pays-là, écrit-il à sa mère, est très malsain à cause des marais qui l'entourent et des fréquents débordements de la rivière qui remplissent le fossé d'eau exhalant des vapeurs empestées ». Sans doute la ville est-elle encerclée d'eaux plus ou moins dormantes, mais, en réalité, le jeune officier est atteint depuis l'été précédent, d'accès de fièvre, qui sont probablement dus à la sous-alimentation et au surmenage. Il le confirme à un ami : « Je me couche à dix heures et me lève à quatre heures du matin... Je ne fais qu'un repas par jour, cela me fait très bien à la santé. » Pourtant, il ne va guère et travaille, en effet, avec une ardeur qui effraie ses rares amis.

Un camarade, Bussy, loge au-dessus de lui et a pris le « goût funeste » de donner du cor. Il assourdit à un tel point Buonaparte que celui-ci ne parvient plus à travailler. Les deux officiers se rencontrent un jour dans l'escalier, et Buonaparte lance :

— Mon cher, vous devez bien vous fatiguer avec votre cor ?

— Mais non, pas du tout !

— Eh bien, vous fatiguez beaucoup les autres !

— J'en suis fâché !

— Mais vous feriez mieux d'aller donner de votre cor plus loin.

— Je suis maître dans ma chambre.

— On pourrait vous donner quelque doute là-dessus !

— Je ne pense pas que personne fût assez osé...

Le duel est cependant arrêté ; le conseil des camarades examine l'affaire et prononce qu'à l'avenir « l'un ira jouer du cor plus loin, et que l'autre sera plus endurant ».

Vingt-cinq ans plus tard, au cours de la campagne de France, Napoléon retrouvera Bussy dans un petit village de l'Aisne. Ils ne s'étaient jamais revus. Bussy, revenu d'émigration, n'avait point quitté ses terres.

— Eh bien, Bussy, lui demandera l'Empereur, vous sonnez toujours du cor ?

— Oui, Sire, et toujours aussi faux.

Le lendemain, il guidera Napoléon sur le champ de bataille de Craonne. Napoléon le nommera colonel et Bussy suivra l'Etat-Major habillé en civil, n'ayant pas eu le temps de se faire tailler un uniforme. Les grognards l'appelleront le *pékin de l'Empereur*. Ce « pékin » ne quittera Napoléon qu'au lendemain de l'abdication.

***

L'art militaire se trouvait à ce moment révolutionné par les nouvelles théories tactiques du comte de Guilbert — rapidité, surprise de l'ennemi, supériorité numérique sur un point prévu — qui devaient séduire Buonaparte et avoir, sur la stratégie impériale, une influence décisive.

Le rôle réservé à l'artillerie devint primordial et connut une pleine évolution. Aussi, le maréchal de camp, commandant l'école d'artillerie et la place d'Auxonne, Jean-Pierre du Teil, frappé par l'intelligence du lieutenant Buonaparte, le nomme membre d'une commission chargée d'étudier « le jet de bombes avec canon ». Napoleone est le plus jeune et le seul lieutenant en second qui participe à cette commission. M. de Lombard, professeur de mathématiques à l'Ecole d'artillerie d'Auxonne est émerveillé par la science de ce petit officier malingre qui n'a pas encore vingt ans ! Sans doute les plans ne sont-ils pas établis par lui. « Il n'y entendait rien, nous confie des Mazis. Un sergent les exécutait. Il les signait. Il protestait qu'il ne pouvait pas plus s'astreindre à tracer des lignes qu'à bien écrire. » Mais les rapports sont entièrement de sa main et du Teil, après les avoir lus, s'écria :

— Décidément, cet officier parviendra à une des premières places du corps royal d'artillerie !

La considération dont il est l'objet franchit les murs de la caserne. Sa femme de ménage, le 1er janvier 1789, « lui souhaite de devenir un jour général ». Et Buonaparte de répondre en soupirant :

— Général ? Général ! Ah ! ma pauvre Thérèse, je serais bien satisfait si j'arrivais au grade de commandant. Je n'en demanderais pas davantage.

Du Teil met bientôt deux cents hommes sous ses ordres et le charge de construire au polygone « plusieurs ouvrages qui exigent de grands calculs ». « Cette marque inouïe de faveur, fera savoir avec orgueil Buonaparte à son oncle Fesch, a un peu irrité contre moi les capitaines qui prétendent que c'est leur faire tort que de charger un lieutenant d'une besogne si essentielle... Mes camarades aussi montrent un peu de jalousie, mais tout cela se dissipe. »

Plus tard — bien plus tard — sur son lit d'agonie, il tracera ces lignes du quatrième codicille de son testament : « Au fils ou au petit-fils du baron du Teil, lieutenant général d'artillerie, ancien seigneur de Saint-André, qui, avant la Révolution, avait commandé l'école d'Auxonne, nous léguons la somme de cent mille francs, en reconnaissance pour les soins que ce brave général a pris de nous lorsque nous étions sous ses ordres. »

•

Avoir vingt ans et vivre en 1789 ! Quoi de plus exaltant ? Cependant, pour l'instant, Buonaparte doit réprimer l'agitation naissante... et cette agitation commence, en Bourgogne, par une affaire de vin. L'abbaye de Cîteaux cultive les célèbres vignobles de Clos-Vougeot. Puisque la liberté est à l'ordre du jour, les moines demandent qu'une part de la précieuse récolte — due à leur labeur et réservée alors à quelques privilégiés — leur soit attribuée. Le Supérieur refuse, les moines s'insurgent et l'abbé appelle les troupes à son secours. Buonaparte, qui se trouve alors avec son détachement à Seurre — il loge rue aux Oies, aujourd'hui rue Dulac — se met en route et, de sa propre initiative, donne raison au chef de la Congrégation, fait arrêter les moines les plus excités, et les met au cachot.

A Paris, la Révolution, en prenant la Bastille, commence à faire le lit du futur empereur. « L'égalité qui devait m'élever me séduisit », dira-t-il... mais cette liberté ne lui paraît séduisante que dans le cas où elle pourrait être mise au service de son pays « occupé » par les Français.

Pour l'instant — il l'écrit le 15 juillet à l'archidiacre Lucien — les nouvelles qu'il reçoit de Paris lui semblent « étonnantes et faites singulièrement pour alarmer ». Il réprouve l'anarchie. En soldat discipliné, il n'admet pas l'insurrection surtout lorsqu'elle se produit dans l'armée. C'est alors de la rébellion et il a assisté avec peine à la révolte des canonniers du régiment de la Fère. Ils sont venus réclamer les économies faites sur les allocations attribuées au régiment et le baron du Teil a dû composer avec les meneurs. Mais les époques troublées, les effervescences populaires ne nuisent pas à l'avancement : « Les révolutions, écrit-il, sont un bon temps pour les militaires qui ont de l'esprit et du courage. »

S'il n'apprécie pas les mutineries et approuve les répressions, il n'applaudit pas moins la transformation des Etats généraux en Assemblée nationale. Il n'a pas pu cacher sa joie en apprenant les décisions prises au cours de la nuit délirante du 4 août : l'abolition des privilèges qui annule du même coup le décret pris par le ministre de la Guerre — le comte de Ségur — en 1780, décret interdisant aux roturiers la carrière des armes, et limitant « les petits nobles » aux cadres inférieurs. Tous les espoirs sont donc permis au « petit noble » Buonaparte, mais il ne pense nullement à faire carrière en France. Il n'a que la Corse en tête et dès qu'il peut prendre son second congé de semestre, annonce son départ pour Ajaccio.

Le 12 septembre 1789, il passe par Valence et va voir d'anciens amis dont l'abbé de Tardivon qui lui aurait dit en souriant :

— Du train que prennent les choses, chacun peut devenir roi à son tour ; si vous devenez roi, Monsieur de Buonaparte, accommodez-vous de la religion chrétienne, vous vous en trouverez bien.

Pour la troisième fois Napoleone revient dans son île. Il va y vivre quinze mois. A part Maria-Anna, demeurée à l'Ecole de Saint-Cyr, toute la famille est maintenant réunie. Joseph a été reçu avocat, mais Lucien et Louis se trouvent sans occupation. Chacun est dans l'inquiétude et dans l'attente des événements que la Révolution ne va pas manquer de déclencher.

Des troubles ont déjà éclaté dans l'île. Trois tendances se partagent les opinions corses : le parti royaliste — celui du gouvernement et de l'administration française —, le parti national, fidèle à Pasquale Paoli dont on espère le retour — il est exilé en Angleterre —, enfin le parti populaire — demain républicain, avec Salicetti à sa tête. Pour eux la Corse doit s'intégrer définitivement à la France. Ils ont compris que s'ouvre une ère nouvelle. Napoleone estime lui aussi que la liberté de l'île ne pourra éclore hors de la nouvelle France et, faisant taire « son paolisme », il se rallie au point de vue des « avancés ». Il va tenter de dissiper la torpeur attardée de ses compatriotes.

— Comment, s'exclame-t-il, quand partout s'organisent en France des Gardes nationales, la Corse ne fait même pas mine d'en organiser une ! Quand partout la cocarde tricolore a remplacé les couleurs de l'ancien pouvoir, les troupes qu'on rencontre portent encore la cocarde blanche ! Quand, en prévision de nouvelles élections, partout les électeurs de France se réunissent ou se constituent en clubs et en comités, la Corse reste inerte sous le joug de ses administrateurs d'Ajaccio !

Joseph a été nommé commissaire au comité des « Trente-six », tandis que Napoleone nourrit le secret désir de prendre le commandement des milices communales — ce désir, on le sait, ne devait pas être réalisé. Cependant, Buttafuoco — représentant de la noblesse de Corse aux Etats généraux — demande au maréchal de camp Gaffori, son beau-frère, de remettre un peu d'ordre dans Ajaccio, trop sollicité à son gré par le parti de Salicetti, « cette innovation malsaine », ainsi qu'il appelle les opinions des républicains. On interdit la création du Comité central et Napoleone Buonaparte, le soir venu, convoque la population dans l'église Saint-François pour lui lire cette adresse qu'il va envoyer à l'Assemblée nationale :

— Nous avons, nos Seigneurs, tout perdu, en perdant la liberté, et nous n'avons trouvé dans le titre de vos compatriotes que l'avilissement et la tyrannie. Un peuple immense attend de vous son bonheur. Nous en faisons partie. Nous sommes plus vexés que lui. Jetez un coup d'œil sur nous, ou nous périssons.

Le 5 novembre 1789, Napoleone se trouve à Bastia pour conférer avec les officiers municipaux sur l'opportunité de la formation d'une garde nationale, lorsque des troubles éclatent — à l'instar des journées de Paris, qui, le mois précédent, ont fait de Louis XVI le prisonnier de la Révolution. Les troupes gouvernementales reçoivent l'ordre de charger à travers la ville. L'échauffourée dégénère en fusillade, et les habitants de Bastia se ruent sur la citadelle pour la piller.

A la suite de ces incidents, les patriotes envoient une lettre aux députés corses siégeant à l'Assemblée, leur demandant d'être « régis par la même constitution que les Français ». L'émotion, à la Constituante, est grande en apprenant cette anomalie qu'elle ignorait, et les représentants décident que la Corse fera désormais partie de « l'Empire français ». A cette nouvelle, la joie éclate à Ajaccio parmi les fidèles de Salicetti et de Cesari. Buonaparte fait tendre sur la chère Casa une banderole portant ces mots : « *Vive la Nation ! Vive Paoli ! Vive Mirabeau !* »

Il est heureux. On le voit ensuite participer activement aux élections municipales. Parmi les nouveaux élus, le maire est parent de la famille Buonaparte. L'un de ses meilleurs amis, Jean-Jérôme Lévie, est également désigné comme conseiller, tandis que Joseph est nommé officier municipal. Napoleone voit l'avenir en rose. Une inconnue demeure cependant : quelle sera l'attitude de Paoli dont on annonce le prochain retour en Corse ?

Se trouvant encore à Auxonne, Bonaparte avait écrit à Paoli réfugié à Londres : « Trente mille Français vomis sur nos côtes, noyant le trône de la liberté dans des flots de sang, tel fut le spectacle odieux qui vint le premier frapper mes regards. Les cris du mourant, les gémissements de l'opprimé, les larmes du désespoir environnèrent mon berceau dès ma naissance. Vous quittâtes notre île, et avec vous, disparut l'espérance du bonheur : l'esclavage fut le prix de notre soumission. Accablé sous la triple chaîne du soldat, du légiste et du percepteur d'impôts, nos compatriotes vivent méprisés.

« Permettez-moi, général, de vous offrir les hommages de ma famille. Eh ! Pourquoi ne dirais-je pas de mes compatriotes ? Ils soupirent au souvenir d'un temps où ils espérèrent la liberté. Ma mère, Madame Letizia, m'a chargé surtout de vous renouveler le souvenir des années écoulées à Corte... »

Pasquale Paoli n'a jamais répondu à cette lettre. Pour lui ce « petit lieutenant » n'est qu'un « intrigant » ou un « échauffé »... Napoleone ne lui en a point tenu rigueur et, le 17 juillet 1790, il se réjouit en apprenant l'arrivée de Paoli qu'il croit ami du clan Buonaparte. Il s'imagine même que la Madre a aimé autrefois le Babbo.

— Allons, aujourd'hui que c'est passé, a-t-il dit à Letizia, convenez que vous avez eu quelque galanterie avec Paoli !

— Oh ! non, répondra-t-elle. S'il y avait eu quelque chose ce serait avec ma sœur ; mais entre nous, nous autres femmes, nous savions qu'il ne *pouvait rien...*

Napoleone rencontre le vieux chef corse à Ponte Nuovo. Rencontre qui désappointe le jeune Buonaparte ! Paoli est gras, blanc, et a plus l'apparence d'un Anglais que d'un Corse. De plus, il n'est point partisan de la Révolution française. Le Babbo n'en profite pas moins des circonstances pour se faire élire à Orezza — en présence de Buonaparte — commandant des milices corses et président du directoire du Département.

Napoleone lui conserve sa confiance et tente de lui

prouver son zèle. Le 6 janvier 1791, il assiste à la première séance du club *Globo patriottico* — dévoué au Babbo. On y attaque particulièrement le comte Buttafuoco. Féru de ses privilèges — à son excuse il est l'un des rares nobles authentiques de l'île — Buttafuoco, on l'a vu, est hostile à toutes les idées nouvelles. Il a osé traiter Paoli de « charlatan politique ». Aussi verra-t-on le lieutenant Napoleone, totalement insconcient, accuser le maréchal de camp « d'être entré au service de la France » et même de n'être que « le commis d'un satrape » — un satrape nommé Louis XVI qui avait accordé une bourse d'études au cadet Buonaparte !... Napoleone est chargé de rédiger une lettre à l'intention de Buttafuoco exprimant la réprobation des « patriotes corses ». De la propriété familiale des Milelli, il l'écrira en ces termes deux semaines plus tard :

« Eh quoi ! Votre cœur fut-il donc sans mouvements à la vue des rochers, des arbres, des maisons, des sites, théâtre des jeux de votre enfance ? Arrivé au monde, elle vous porta sur son sein, elle vous nourrit de ses fruits. Arrivé à l'âge de raison, elle mit en vous son espoir, elle vous honora de sa confiance, elle vous dit : « Vous voyez, mon fils, vous voyez l'état de misère où m'a réduit l'injustice des hommes, volez mon fils, volez à Versailles, éclairez le grand Roi, dissipez ses soupçons, demandez-lui son amitié. »

Le « satrape » est devenu « grand Roi » !...

Buonaparte se multiplie, prend la parole, signe des pétitions, affirme que la Corse est victime de « persécutions » et qu'elle se trouve « arrosée du sang de ses martyrs ». Enfin, oubliant que son père a été l'un des pionniers de la collaboration avec le royaume, il fustige « ces âmes basses qui furent les premiers à se jeter dans les bras des Français ».

Aussi, le commandant de la place d'Ajaccio, M. de la Férandière, en rappelant que Napoleone et Maria-Anna ont été élevés dans les écoles royales et que leur mère a été « comblée de bienfaits », écrit, non sans raisons, au ministre de la Guerre :

« Le lieutenant Buonaparte serait mieux à son corps car il fomente sans cesse... »

Un des rares portraits — ici un médaillon de terre cuite — du « capitaine instruit » Bonaparte, œuvre anonyme exécutée en 1793.

(Collection particulière).

IV

CORSE OU FRANÇAIS ?

Mes compatriotes chargés de fers et qui baisent en tremblant la main qui les opprime...

BUONAPARTE.

LA fin du mois de janvier 1791 le congé du lieutenant en second Buonaparte est terminé depuis un trimestre. Il lui faut regagner sa garnison s'il ne veut pas être porté déserteur — ou émigré. Afin de venir en aide à Mme Letizia, il emmène avec lui son jeune frère Luigi — Louis, âgé de douze ans et demi. Louis — sans enthousiasme d'ailleurs — se destine à la carrière des armes et Napoleone a décidé de se charger de son entretien et de son instruction.

Le 10 février, les deux frères arrivent à Auxonne et s'installent dans deux petites pièces que leur loue

M. Bauffre, demeurant rue Vauban. Dès le lendemain, Buonaparte présente Louis à ses camarades du régiment :

— Voici un jeune homme, leur dit-il avec cette « simplicité » de bon ton de l'époque, qui vient observer une nation tendant à se détruire ou à se régénérer.

Il a évolué vers les tendances nouvelles : il admire « les soldats patriotes », et stigmatise « les officiers aristocrates », mais ne s'étonne pas outre mesure en voyant les femmes « partout royalistes », puisque « la liberté est une femme plus jolie qui les éclipse... »

L'économie est pour le jeune officier à l'ordre du jour : la charge de Louis est lourde. Plus qu'auparavant, il est obligé de retrancher tout superflu de sa vie et de restreindre encore sa nourriture. Le soir, il prétexte les soins et les leçons qu'il doit donner à son frère pour éviter les frais de sortie et, de nouveau, « se verrouiller sur sa pauvreté »... A deux, il leur faut vivre avec trois francs cinq centimes par jour ! Il leur arrive de prendre un repas chez le traiteur Goguet, — l'enseigne, ornée de bouteilles et de verres, nous en a été conservée — mais, le plus souvent, ils dînent dans leur chambre. Napoleone met lui-même le pot au feu et le surveille tout en travaillant (1). Parfois, lorsque le service libère Buonaparte, les deux frères partent en promenade, vont boire un verre de lait dans les fermes avoisinantes ou dans un café qui s'appelle aujourd'hui le *Café Bonaparte.*

Dans le petit musée napoléonien d'Auxonne se trouve un jeton d'ivoire : un nom y est maladroitement gravé, celui de Manesca Pillet. C'est le prénom

(1) Quelques émouvants souvenirs, la modeste table et les deux chaises qui servirent au futur empereur, et à celui qui sera un jour roi de Hollande, sont conservés au musée d'Auxonne.

d'une jeune fille qui plut à M. le lieutenant en second... Il demanda sa main, mais on lui fit comprendre que Manesca espérait mieux ! Buonaparte en eut, dit-on, un profond chagrin.

— L'amour m'ôte la raison, soupira-t-il, je ne la retrouverai jamais, on ne guérit pas de ce mal-là...

Napoleone qui a fait imprimer sa *Lettre à Buttafuoco* chez l'imprimeur Jean-Baptiste Joly à Dôle — il s'y rend à pied pour corriger les épreuves — en adresse plusieurs exemplaires à Paoli. « La lettre, lui répond Paoli, eût fait meilleur effet si elle eût montré moins de partialité. » Napoleone a également prié le Babbo de lui envoyer des documents qui lui permettraient d'écrire une *Histoire de la Corse*. Nouvelle déception en recevant la réponse à sa demande : « L'Histoire, déclare sèchement Paoli, ne s'écrit pas dans les années de jeunesse. »

A cette époque, Buonaparte se rend plusieurs fois à Nuits pour y retrouver son ancien ami de Brienne, Le Lieur de Ville-sur-Arce, en détachement dans cette ville sous les ordres du capitaine Gassendi. Ces relations l'amènent à rencontrer chez son camarade quelques nobles des environs et les discussions qui s'ensuivent entre eux et le « patriote Buonaparte » prennent un tour passionné. Le voici devenu plus sociable, et, à des Mazis qui s'étonne et se réjouit, à la fois, de le voir moins farouche, il répond :

— Il ne suffit pas de connaître les hommes par les livres, il faut, pour les étudier, vivre avec eux.

On le voit encore se rendre à souper chez Mme Marcy qui reçoit toute l'aristocratie du canton, bien que la maîtresse de maison ne soit que l'épouse d'un marchand de vins. Le ménage possède une belle fortune — et ceci compense cela... d'autant plus que Mme Marcy se trouve être douée « des meilleures manières ». Bref, « c'est la duchesse de l'endroit », ainsi que le dira plus tard Napoléon.

Un soir — il l'avouera — ayant donné dans ce « vrai guêpier » royaliste, il lui faut « rompre force lances ». Lorsque, au plus fort de la discussion, on annonce l'arrivée du maire de Nuits... « Je crus que c'était un secours que le ciel m'envoyait dans ce moment de crise, racontera Napoleone, mais il se trouva le pire de tous. Je vois encore ce maudit homme, dans son bel accoutrement du dimanche, bien boursouflé sous un grand habit cramoisi : c'était un misérable. Heureusement la générosité de la maîtresse de maison — peut-être une secrète sympathie d'opinions — me sauvèrent. Elle détourna constamment avec esprit les coups qui eussent pu porter. Elle fut sans cesse le bouclier gracieux sur lequel les armes venaient perdre leurs forces ; enfin, elle me préserva de toute blessure, et il m'est toujours resté d'elle un agréable souvenir pour le service que j'en reçus dans cette espèce d'échauffourée. »

Parfois, il emmène avec lui son frère Louis dont il commence à être très fier : « Il a pris un petit ton français, propre, leste, dira Napoleone, il entre dans une société, salue avec grâce, fait les questions d'usage avec le sérieux et une dignité de trente ans. »

Depuis le début d'avril 1791, de nouveaux règlements régissent l'armée. Le régiment de La Fère ne porte plus qu'un numéro. Il est devenu le 1er Régiment d'Artillerie, mais Buonaparte va devoir le quitter. Il est affecté — le premier juin — au 4e Régiment d'Artillerie cantonné, à son tour, à Valence. Il reçoit le grade de premier lieutenant et la solde de cent livres au lieu de quatre-vingt-treize...

Deux semaines plus tard, il reprend — avec Louis cette fois — le chemin de la vallée du Rhône.

*
**

A Valence, le « premier lieutenant » retrouve avec joie l'hospitalité de Mlle Bou qui va soulager le jeune officier de ses charges domestiques envers Louis. Tandis que Buonaparte rejoint ses camarades et prend avec eux ses repas aux *Trois Pigeons,* rue Perollerie, le futur roi de Hollande est servi par Mlle Bou dans l'arrière-cuisine du café. Le jeune garçon — il a seulement treize ans — a reçu du colonel l'autorisation de porter l'uniforme du régiment, mais sans épaulettes. Un petit galon d'argent le différencie d'avec les soldats — appelés maintenant canonniers, tandis que les bas officiers sont devenus, depuis le 1er avril, des sous-officiers. « Louis était fort joli ! rapportera Napoléon. Toutes les femmes le baisotaient. En jouant aux cartes, il perdit un jour quatre francs. Je ne lui donnais guère que six francs par mois pour ses menus plaisirs. Je lui conseillai de dire à la maîtresse de maison :

— Madame, voulez-vous que je sois de moitié avec vous ?

Elle y consentit. Depuis ce jour, il gagna régulièrement ses trente ou quarante sous. On savait qu'elle trichait... »

Les deux frères aiment aller boire de temps en temps quelques tasses de café chez une limonadière qui leur fait crédit. Devenu empereur, Napoléon dira un jour à son ancien camarade Montalivet :

— Je crains, mon cher, de n'avoir pas exactement payé toutes les tasses de café que j'ai bues chez elle ; voici cinquante louis que vous lui ferez passer de ma part.

Buonaparte a repris le chemin de la librairie de

la *Maison des Têtes.* Là, il trouve les gazettes de Paris... Des gazettes qui sentent la poudre. Il apprend ainsi — avec colère — la fuite de la famille royale. Cette fuite qui fera naître le parti républicain que le jeune officier déclare alors « impossible en France ». Quelques jours plus tard — le 3 juillet — vingt-trois sociétés populaires, venant de l'Ardèche, de la Drôme et de l'Isère, se réunissent à Valence afin d'aligner leur attitude à la suite de l'arrestation du roi à Varennes et de son retour à Paris. Napoleone, membre de la Société des Amis de la Constitution, société locale sans doute plus ou moins franc-maçonne, y assiste et s'indigne contre Bouillé qu'il traite « d'infâme général » et de « complice de l'enlèvement de Louis XVI » — c'était, on le sait, la formule que l'on avait trouvée spontanément pour ne pas imputer au roi la faute d'avoir abandonné la nation. Voici le jeune lieutenant tout exalté maintenant par les idées nouvelles : « S'endormir la cervelle pleine de la chose publique et le cœur ému des personnes que l'on estime et que l'on a un regret sincère d'avoir quittées, c'est une volupté que les grands cœurs seuls connaissent »...

Evénement important dans la vie du futur chef d'Etat : le 14 juillet 1791, au champ de mars d'Auxonne, il prête le *serment civique* « à la Nation, à la Loi et au Roi ». Il n'hésite plus maintenant à embrasser la cause de la Révolution. « Jusque-là, avouera-t-il, si j'eusse reçu l'ordre de tourner mes canons contre le peuple, je ne doute pas que l'habitude, le préjugé, l'éducation, le nom du roi, ne m'eussent porté à obéir ; mais le serment national, une fois prêté, c'eût été fini, je n'eusse plus connu que la nation. Mes penchants naturels se trouvaient alors en harmonie avec mes devoirs et s'arrangeaient à merveille de toute la métaphysique de l'Assemblée. »

Plusieurs de ses camarades ne partagent point ses opinions et envisagent d'émigrer.

— Emigrer, leur déclare Napoleone, s'exaltant à cette pensée, c'est vider les provinces de leur noblesse. C'est surtout une aventure périlleuse dont vous ne tarderez pas à vous repentir.

L'Académie de Lyon ouvre un concours pour un sujet de discours. Question : *Déterminer les vérités et les sentiments qu'il importe le plus d'indiquer aux hommes pour leur bonheur.* Napoleone décide de se présenter et se met au travail, dans la fièvre. « Le secret du bonheur, écrit-il, est avant tout dans le courage, dans la force où consiste la vertu. L'énergie est la vie de l'âme comme le principal essor de la raison. L'homme fort est bon. Le faible seul est méchant. Le père dit à son fils : « Sois homme, mais sois-le vraiment. »

Il trace ensuite ces lignes concernant les « tyrans » : « Ils peuvent, ces ambitieux parvenus, faire du bien. Est-il rien de plus consolant pour la raison que de pouvoir dire : « Je viens d'assurer le bonheur de cent familles, je me suis agité, mais l'Etat va mieux, mes concitoyens vivront tranquilles par mon inquiétude, sont heureux par mes perplexités, gais par mon chagrin ? » On trouve encore, dans son texte, cette phrase prophétique : « Les hommes de génie sont des météores destinés à brûler pour éclairer leur siècle. »

Malheureusement, nombreux sont les passages dont le style est fâcheusement ampoulé. Son manuscrit — le numéro quinze — sera d'ailleurs déclaré par le jury « au-dessous du médiocre »...

Son chef, le colonel de Campagnol, n'a point voulu accorder un nouveau congé de semestre au lieutenant Buonaparte qui abuse véritablement des permissions ! Des bruits de guerre circulent — auxquels Napoleone ne croit guère — mais le colonel désire avoir auprès de lui tout son monde. Buonaparte voudrait se trouver en Corse au moment des élections, afin de soutenir la candidature de son frère Joseph, qu'il aimerait voir siéger à la nouvelle assemblée locale. Aussi, avec l'espoir de parvenir à ses fins, se rend-il au château de Pommiers, dans l'Isère, demeure du maréchal de camp du Teil, son ancien commandant d'Auxonne qui vient d'être promu inspecteur général d'artillerie. Napoleone lui expose son cas avec tant de ferveur que M. du Teil, plus compréhensif que M. de Campagnol, accorde volontiers une permission de trois mois au jeune officier. Après le départ de Buonaparte, il dira, paraît-il, à sa fille :

— Voilà un homme de grand moyen et il fera parler de lui.

Avant son départ pour Ajaccio, Napoleone se rend à Grenoble — il aurait logé à l'*hôtel des Trois Dauphins,* rue Montorge — puis ensuite, à Tain, en face de Tournon, afin d'aider — *manu militari* — à l'installation du nouveau curé constitutionnel. Opération délicate qui se passe sans trop de heurts... et c'est en carriole — celle d'un certain M. Olive — que le lieutenant fera les quatre lieues et demie qui le séparent de Valence.

Au début du mois de septembre 1791, il arrive en Corse à temps pour recueillir, le 15 octobre, le dernier soupir de l'oncle Lucien qui laisse à sa belle-sœur et à ses neveux une assez jolie fortune cachée dans sa paillasse. On eut d'ailleurs bien du mal à découvrir le magot... S'il faut en croire Joseph, l'archidiacre, avant de mourir, aurait dit au futur empereur :

— Toi, Napoleone, tu seras un homme.

Il a bien entendu prononcé *Napollione...* et c'est même avec cette orthographe que l'héritier signera l'acte devant notaire.

La situation dans l'île n'est guère brillante. « Affranchis par la Révolution, précise un rapport officiel, les Corses se sont trouvés, sans aucune instruction préalable, saisis du droit de s'administrer. Par ressentiment et par esprit national, ayant chassé tous les employés français, les pouvoirs sont tombés aux mains des chefs de famille qui, pauvres, avides, inexpérimentés, ont commis beaucoup d'erreurs ou de fautes et les ont tenues secrètes par crainte et par vanité... »

Après le décret du 12 août 1791, quatre bataillons de la Garde nationale ont pu être formés en Corse. L'ambition de Napoleone est désormais de parvenir au grade d'adjudant-major d'un bataillon de volontaires — fonction réservée aux militaires de carrière. L'un de ses cousins éloignés, le maréchal de camp Rossi, transmet sa demande au ministre de la Guerre. Celui-ci — le comte de Narbonne — donne son consentement, mais une loi du 3 février 1792 décrète que les officiers employés dans les bataillons de volontaires — à quelque arme qu'ils appartiennent — devront rejoindre leur corps, au plus tard, le 1er avril suivant. Seuls, les lieutenants-colonels sont exemptés de cette mesure. Buonaparte qui, soit dit en passant, aurait dû rejoindre Valence depuis le 1er janvier, décide cependant d'accéder à ce grade et pose sa candidature. En face de lui, il a comme concurrents Perraldi et Pozzo di Borgo, soutenus tous deux par Paoli.

Grâce à l'héritage de l'archidiacre, Buonaparte mène sa campagne électorale avec un acharnement sans bornes — et sans regarder à la dépense.

— Autant vaut ne rien faire que de faire les choses à demi, s'exclame-t-il.

Il veut parvenir à ses fins, intrigue, s'agite, fait agir le clan, le domine, sans admettre la moindre contradiction et s'emporte « à la plus petite résistance » venant de l'un des siens. Il se livre à des manœuvres électorales qui étonnent ceux qui connaissent mal le caractère ardent, passionné et entier des électeurs natifs de l'île de Beauté... Il le clame — et il est sincère : ses adversaires sont des tyrans ! La Casa Buonaparte sert de lieu de réunion à tous ses partisans. Napoleone y tient table ouverte, reçoit les paysans, et ceux-ci — son principal soutien — campent dans toute la maison, se comportant, rue Malerba, comme en pays conquis. Letizia voit avec angoisse fondre la petite fortune laissée par l'archidiacre.

— Je suis presque à bout de ressources, déclare-t-elle à son fils, et, à moins de vendre ou d'emprunter...

Et, comme Buonaparte essaie de la tranquilliser, elle explique :

— Oh ! ce n'est pas la pauvreté que je crains, Napoleone, c'est la honte.

Deux commissaires, envoyés pour contrôler les opérations de votes logent, l'un, Grimaldi, chez les Buonaparte, l'autre, Murati, chez l'adversaire Peraldi. Napoleone n'hésite pas : à la veille des élections, il fait littéralement « enlever » par ses partisans le commissaire Murati, et il l'installe à la Casa.

— J'ai voulu, lui explique le jeune officier avec une désarmante mauvaise foi, que vous fussiez à votre aise, libre, entièrement libre. Vous ne l'étiez pas chez Peraldi. Ici vous êtes chez vous. Personne ne vous parlera de l'objet de votre mission. D'ailleurs, vous êtes libre d'aller chez qui il vous plaira.

Le 28 mars se déroulent les élections dans l'église du couvent de Saint-François. Après une séance orageuse, Quanza est élu premier lieutenant-colonel et Napoleone Buonaparte lieutenant-colonel en second. Les élections, on s'en doute, n'ont nullement apaisé les esprits. Toute l'île est en proie aux troubles. La nouvelle loi sur la constitution civile du clergé fait exploser la colère des Ajacciens. La ville est divisée en un salmigondis d'opinions. Tous s'affrontent : paysans et citadins, paolistes et anti-paolistes, francophiles et francophobes, bataillon des Volontaires et soldats de l'armée régulière. Et Buonaparte crie plus fort que tous les autres réunis !

Une semaine plus tard, le jour de Pâques — 8 avril — un prêtre non jureur célèbre la messe au couvent de Saint-François. Pour beaucoup c'est un acte de provocation et le feu est mis aux poudres ! Une véritable insurrection éclate alors dans les rues d'Ajaccio. On se bat « à coups de stylets ». Buonaparte — « pour rétablir l'ordre », affirme-t-il — veut faire battre la générale. L'officier de garde refuse « cette mesure de prudence » qui aurait jeté encore plus de monde dans les rues ! On le clame : les élections ont — bien sûr ! — été truquées. On l'affirme :

— *Napoleone a causa di tutto !*

Le sang coule. Devant la maison Ternano, près de la Cathédrale, Buonaparte voit tomber à ses côtés le lieutenant Rocca della Sera, tué par « des citoyens ». Lui-même et son « état-major » doivent se réfugier au Séminaire pour échapper à la fois aux Paolistes, et — on croit rêver ! — aux soldats de l'armée régulière !

M. le lieutenant-colonel de la Garde nationale corse a complètement oublié qu'il est lieutenant au 4e Régiment d'Artillerie ! Il l'oublie au point d'ameuter la foule afin de créer un soulèvement populaire et de s'emparer de la citadelle tenue par des troupes françaises...

Pourtant — il le répète — : il n'a qu'un but, la paix ! Ce qui ne l'empêchera pas, dans la nuit, d'essayer de s'installer à la maison Benielli, position stratégique qui domine toute la ville. Ce même soir, il dicte un rapport destiné aux commissaires du Directoire — Pietri et Arrighi — et les appelle à l'aide tout en essayant de justifier son action. L'affaire est si embrouillée qu'il faut lui donner la parole : « Partout on a assiégé les officiers et soldats de la Garde nationale, partout ils ont couru des périls éminents, partout ils ont été vilipendés... L'on ne peut douter que ce n'ait été un complot formé, fomenté par la religion. Le commandant des troupes de la place a refusé de nous recevoir dans la citadelle. Nous lui avons proposé d'y aller désarmés, nous lui avons demandé des munitions, mais encore inutilement... Notre désolation est extrême et les ennemis communs doivent être joyeux de nos maux. Ne tardez pas un moment à nous faire venir des forces considérables... Le feu se fait de tous côtés... »

Le feu que Buonaparte a lui-même tant contribué à allumer !

Le 11 avril, il poursuit son projet : occuper la citadelle avec ses gardes nationaux. Il monte à cheval, galvanise ses miliciens, les répartit avec science dans les différents postes, puis, à la tête de ses Volontaires, il tente en vain de se faire ouvrir les portes de la forteresse dont les canons sont toujours braqués sur la ville. Il échoue également en essayant de débaucher les soldats français du 42e. Le lendemain, Napoleone fait annoncer que les deux commissaires du Directoire du département répondant à son appel, vont arriver à Ajaccio afin d'arbitrer le différend. Aussitôt Buonaparte demande à la municipalité d'obtenir des troupes royales de retirer les canons menaçant la cité. Le maire accepte de jouer « monsieur bons-offices », le commandant des troupes — le colonel Maillard — s'incline et les esprits se calment. Pietri et Arrighi, dès leur arrivée, rétablissent l'ordre en faisant arrêter trente-quatre Ajacciens particulièrement échauffés et en envoyant le bataillon des Volontaires — cause de tout le mal — résider à Corte.

Grâce à l'anarchie qui règne dans l'île, Buonaparte n'est pas inquiété, alors que normalement il relevait du peloton d'exécution. Le colonel Maillard, adresse d'ailleurs un rapport à Paris. Lejard, le nouveau ministre de la Guerre, après en avoir pris connaissance, répond que le colonel Quenza et le lieutenant-colonel Buonaparte avaient assurément été « infiniment répréhensibles. On ne peut dissimuler, poursuit-il, qu'ils aient favorisé tous les désordres de la troupe qu'ils commandaient. Si les délits commis eussent été purement militaires, je n'aurais pas hésité à prendre les ordres du roi pour faire traduire ces deux officiers devant une cour martiale. » Fort heureusement le ministre se contente d'envoyer le rapport au ministère de la Justice où, en cette veille de la chute de la royauté, il va, fort heureusement pour Buonaparte, sommeiller...

Napoleone, devenu une manière de rebelle, risque, au même moment de comparaître devant une autre juridiction, pour désertion cette fois. En effet, le premier janvier dernier, à Valence, lors de la revue de son régiment, le premier lieutenant Buonaparte a été porté « irrégulièrement manquant ». Napoleone est donc menacé d'être rayé des cadres de l'armée et risque de se trouver porté sur la liste des émigrés.

« Il paraît instant que tu ailles en France », lui a

conseillé Joseph. Aussi, Napoleone, abandonnant avec désinvolture son bataillon de volontaires corses, prend-il la décision, non de rejoindre Valence où il risquerait de se voir mettre aux arrêts, mais de rallier Paris. C'est au ministère qu'il veut plaider sa cause et il se munit, à cet effet, d'une recommandation de Rossi. Il ne s'embarque pas moins, assez inquiet, pour le continent.

⁂

Le 29 mai, il écrit à Joseph : « Je suis arrivé hier. Je me suis, en attendant, logé à l'hôtel où logent Pozzo di Borgo, Leonetti et Peraldi, c'est-à-dire rue Royale : *Hôtel des Patriotes Hollandais.* »

Pour être « patriote », même hollandais, on n'en est pas moins hôtelier, et le jeune officier se trouve « trop chèrement logé ». De sorte, annonce-t-il, « qu'aujourd'hui ou demain » il changera d'hôtel. « Paris, ajoute-t-il encore, est dans les plus grandes convulsions. Il est inondé d'étrangers et les mécontents sont très nombreux. Voilà trois nuits que la ville reste éclairée. L'on a doublé la Garde nationale qui restait aux Tuileries pour garder le roi... » Ultime recommandation : « Tiens-toi fort avec le général Paoli. Il peut tout et est tout. »

Le même jour — première leçon pour le futur chef d'Etat — il assiste à une séance de l'Assemblée législative où il retrouve son ami Bourrienne — son camarade de Brienne venu chercher une place dans les « Affaires étrangères ». Leur amitié se renoue comme s'ils s'étaient quittés la veille. Ils ne sont pas plus fortunés l'un que l'autre et la chance semble s'être détournée d'eux. Que faire pour sortir de ce marasme ? Buonaparte voudrait se lancer dans une « utile spéculation ». Pourquoi, avec leur maigre avoir, ne pas louer plusieurs maisons en construction dans la rue Montholon, pour les sous-louer ensuite ? Mais les demandes des propriétaires sont trop exorbitantes et, ainsi que le dira le futur empereur : « tout nous manqua »...

Dès le 30 mai les deux amis vont demeurer à l'*Hôtel de Metz,* situé rue du Mail. Buonaparte dîne alors chez un traiteur du nom de Justat qui, en dépit du coût de la vie, ne lui prend que six sous par repas. Sans aller jusqu'à prévoir la chute de la royauté, il sent que les bouleversements sont proches et écrit à son frère Joseph : « Ne te laisse pas attraper, il faut que tu sois de la Législation prochaine, ou tu n'es qu'un sot... Ce pays-ci est tiraillé dans tous les sens par les partis les plus acharnés. Il est difficile de saisir les fils de tant de partis différents, je ne sais comment cela tournera, mais cela prend une allure bien révolutionnaire ».

Le 20 juin, Buonaparte n'est pas loin de savoir « comment cela tournera »... Ce matin-là, Bourrienne et Buonaparte se sont donné rendez-vous chez un restaurateur, rue Saint-Honoré, non loin du Palais-Royal. En sortant, ils voient arriver du côté des Halles et se dirigeant vers les Tuileries, une troupe qui paraît à Napoleone forte de cinq à six mille hommes. « Ils étaient, raconte Bourrienne, déguenillés et burlesquement armés, vociférant, hurlant les plus grossières provocations... C'était, certes, ce que la population des faubourgs avait de plus vil et de plus abject. »

— Suivons cette canaille, lance Buonaparte à son ami.

Ils réussissent à prendre les devants et se postent sur la terrasse du bord de l'eau. De là, ils assistent à l'invasion du château par le peuple des faubourgs. Buonaparte est en proie à la « surprise et à la révolte ». Ce jour-là, ses sentiments penchent vers la royauté. « Il ne revenait pas de tant de faiblesse et de longanimité, remarque Bourrienne. Mais, lorsque le roi se montra à l'une des fenêtres qui donnent sur le jardin, avec le bonnet rouge que venait de placer sur sa tête un homme du peuple, l'indignation de Buonaparte ne put se contenir ». Son ami l'entend s'écrier :

— Che coglione ! Comment a-t-on pu laisser entrer cette canaille ? Il fallait en balayer quatre ou cinq cents avec du canon, et le reste courrait encore !

Deux badauds se trouvent là, à deux pas ; Napoleone les aborde en s'écriant :

— Si j'étais roi, cela ne se passerait pas de même !

L'un des deux hommes est l'avocat Lavaux. Il le racontera plus tard : il avait été surpris par « le ton soldatesque et le teint bilieux » du jeune officier dont les yeux brillaient d'étrange façon.

Le soir, au cours du dîner — payé, comme le plus souvent, par Bourrienne — Buonaparte ne cesse de parler du spectacle auquel il a assisté. Cette « insurrection non réprimée » le met hors de lui. « Il en prévoyait et développait avec sagacité toutes les circonstances... ».

Le surlendemain, il écrira à son frère Joseph : « Le Roi s'est bien montré... Il n'en est pas moins vrai que tout cela est inconstitutionnel et de très dangereux exemple... M. de la Fayette, une grande partie des officiers de l'armée, tous les honnêtes gens, les ministres, le département de Paris sont d'un côté , la majorité de l'Assemblée, les Jacobins et la populace sont de l'autre... Les Jacobins sont des fous qui n'ont pas le sens commun !... »

Le 3 juillet, Napoleone écrira encore : « Il faut avouer que lorsqu'on voit tout cela de près, que les hommes valent peu la peine que l'on se donne tant de souci pour mériter leur faveur... » Mais le « rebelle » et le « déserteur » Buonaparte n'en avait pas moins diablement besoin d'eux !... « Les Français, ajoute-t-il, sont un peuple vieux, sans liens. Chacun cherche son intérêt et veut parvenir à force d'horreurs, de calomnies... Tout cela détruit l'ambition... » Non pour lui et les siens, bien sûr ! Toujours à propos de la création d'une nouvelle Assemblée il pense à son frère aîné — car l'avenir du clan est sa préoccupation première. Il doute cependant que Joseph soit à la hauteur de sa tâche. Son frère lui a, en effet, communiqué le texte d'un discours qu'il a prononcé à Ajaccio, et Buonaparte lui répond avec franchise : « Tu cours après le Pathos. Ce n'est pas ainsi que l'on parle aux peuples. »

« Ceux qui sont à la tête sont de pauvres hommes », avait-il écrit à son frère... Pourtant, Servan — et ce sera l'un des derniers actes du ministre de la Guerre du roi Louis XVI — réintègre, le 10 juillet, le lieutenant en premier Buonaparte dans son arme. Bien plus, le 30 juillet, onze jours avant la chute de la royauté, Lajard — ce même ministre qui voulait le traduire en cour martiale — lui décerne (sans doute sans le lire) un brevet de capitaine daté du 6 février précédent — ce qui lui permettra de toucher un appréciable arriéré de solde. De ce fait, tout en combattant à Ajaccio les soldats du roi de France, M. de Buonaparte se trouve payé par ce même roi... La nomination est signée *Louis* — assurément l'une des dernières signatures données par l'infortuné souverain — et elle concerne son futur successeur !

Buonaparte n'est pas pour rien le fils de son père : il a parfaitement manœuvré dans les bureaux. Non seulement il ne reçoit aucun blâme pour avoir tiré l'épée contre les troupes françaises, mais encore le voici récompensé d'avoir été porté « irrégulièrement manquant » le premier janvier précédent.

La chance va-t-elle enfin lui sourire ?

***

A l'aube du 10 août, dès qu'il entend sonner le tocsin, Napoleone dégringole l'escalier de son hôtel de la rue du Mail et, — il le racontera bien plus tard à Las Cases — court vers le Carrousel où demeure le frère de Bourrienne. En chemin, rue des Petits-Champs, il se heurte à « un groupe d'hommes *hideux* promenant une tête au bout d'une pique ». Trouvant à Buonaparte « l'air d'un monsieur », ils viennent à lui pour lui faire crier : *Vive la Nation* !... « Ce que je fis sans peine, comme on peut bien le croire. »

En arrivant au Carrousel, le capitaine Buonaparte voit le château « attaqué par la plus vile canaille ». Le roi n'aurait pas eu près de lui sa famille qu'il serait peut-être resté à la tête de ceux qui allaient mourir pour lui. « Si Louis XVI s'était montré à cheval, la victoire lui fût restée », écrira ce soir-là Napoleone à Joseph. Mais — premiers pas vers l'échafaud — Louis XVI préfère suivre le conseil de Roederer et aller — sans grandeur et presque peureusement — se réfugier dans le sein de l'Assemblée qui devait le livrer deux jours plus tard à la Commune insurrectionnelle de Paris.

La bataille s'est maintenant arrêtée, le pillage commence. Tandis que l'on jette par la fenêtre les corps des Suisses massacrés, le jeune capitaine se hasarde dans le jardin. « Jamais, dira-t-il, aucun de mes champs de bataille ne me donna l'idée d'autant de cadavres que m'en présentèrent les masses de Suisses. » Toute sa vie Napoléon aura une telle horreur de la foule déchaînée qu'il perdra devant elle une partie de ses moyens — le 19 brumaire entre autres — et pourra même — comme en 1814, sur les routes de Provence — donner l'impression de connaître lui aussi la peur. Ce dernier jour de la royauté c'est avec dégoût qu'il voit des femmes « bien mises, se porter aux dernières indécences sur les cadavres des Suisses »...

Afin de prendre le vent, il entre dans l'un des nombreux cafés qui pullulent aux environs de l'Assemblée. On devine la fermentation qui doit y régner en cette journée chargée d'Histoire où meurt la monarchie vieille de tant de siècles. « L'irritation » contre la cour qui, disait-on, a tiré sur le peuple, y est extrême, et « la rage se montre sur toutes les figures ». Le visage du jeune capitaine ne reflétant que le calme et la curiosité attire des regards « hostiles et méfiants ». Cet inconnu à l'allure étrange, à l'œil sombre, et marchant à grands pas, ne peut être qu'un suspect...

Après la suspension du roi, en apprenant la prochaine nomination d'une Convention, Buonaparte estime que son frère n'a pas le droit de laisser échapper une pareille occasion : il doit se présenter à la future assemblée. Mais Joseph, seul en face de ses adversaires, ne sera pas capable de mener à bien sa campagne — du moins Napoléon le pense. Aussi estime-t-il sa présence en Corse une fois de plus indispensable, alors que la « patrie est en danger », que les frontières de la France sont envahies et que les coalisés marchent sur Paris ! M. de Buonaparte ne se considère pas encore comme Français. La violence sanglante des vainqueurs des Tuileries lui donne la nausée. Le mouvement révolutionnaire ne l'intéresse que dans la mesure où celui-ci va lui permettre de jouer un rôle dans son île. Son ambition ne dépasse pas encore le clocher de sa ville natale !

Mais peut-il obtenir un nouveau congé, alors qu'il vient d'être gracié pour ses absences illégales et qu'il a été récemment promu, par le roi il est vrai, au grade de capitaine ? A la fin du mois d'août, Napoleone trouve le prétexte qui va lui permettre de retourner à Ajaccio : il se rend à l'école de Saint-Cyr d'où Maria-Anna est renvoyée puisque « l'établissement d'aristocrates » doit fermer ses portes. Il demande au maire — Ambru — un certificat affirmant qu'il paraît « prudent que cette jeune demoiselle, obligée de regagner son pays lointain, soit accompagnée dans son voyage par un des siens ». Bien mieux, le capitaine perçoit pour la longue randonnée une somme de trois cent cinquante-deux livres — une livre par lieue de Versailles à Ajaccio.

Durant leur séjour à Paris, à l'*hôtel de Metz* — et en attendant de pouvoir louer deux places dans la diligence — ils sont souvent réveillés par des perquisitions. Revêtu de son habit de commandant de la Garde nationale, Napoleone n'a pas trop d'ennuis. Il n'en est pas de même de Maria-Anna.

— Où est son passeport ? D'où vient-elle ?

— Du couvent Saint-Louis à Saint-Cyr.

— Tu es donc une ci-devant ?

Avant de partir il conduit sa sœur devenue presque bigote... à l'Opéra.

— Je l'y menai malgré elle, racontera-t-il à Sainte-Hélène, parce que j'étais jeune alors et que cette occasion pouvait ne plus se retrouver d'être à Paris. Elle *se* fermait les yeux, puis voyant tout ce monde à l'Opéra, elle fut fort détrompée. Ce n'était pas le diable ni ce qu'elle s'était imaginé.

Ils quittent Paris le 9 septembre au lendemain des

affreux massacres qui l'ont écœuré. Décidément, il n'est point de ce parti !

Tout le long de la route, cette jeune fille sortant de Saint-Louis à Saint-Cyr fait mauvaise impression. Quelquefois une plaisanterie achève l'interrogatoire :

— Ta sœur ? Ah ! Ah ! alors, passe !

S'étant arrêtés à Marseille plus d'un mois, ils ne débarquent à Ajaccio que le 15 octobre. Quelques jours plus tard, le « lieutenant-colonel » Buonaparte prend le commandement de six compagnies de volontaires toujours en résidence forcée à Corte, mais qui espèrent, d'ici peu, pouvoir entrer en campagne. Depuis le 20 avril 1791, la France se trouve, en effet, en guerre « contre les rois ». Louis XVI au Temple, le Conseil Exécutif provisoire a décidé d'opérer une diversion contre le roi Victor-Amédée de Savoie. Tandis que l'armée des Alpes envahirait le Piémont, on effectuerait une descente en Sardaigne où l'on trouverait assurément bétail, blé et vin. Le 8 janvier 1793, l'expédition commandée par l'amiral Truguet quitte Ajaccio pour Cagliari. Mais Buonaparte ne fait point partie de l'aventure, et il en est désespéré. Phalange marseillaise, marins français et, d'autre part, volontaires corses — dont l'un des bataillons est commandé par Napoleone — en sont venus aux mains. Aussi, trouve-t-on plus prudent de se passer de la participation locale et, seules, les troupes de ligne ont-elles été embarquées.

Et pendant ce temps, à Paris, place de la Révolution, la tête de Louis XVI roule sur l'échafaud...

La première expédition de Sardaigne est un échec. Au mois de février, une seconde opération est tentée contre l'île de la Maddalena, position clef des Bouches de Bonifacio (1). Cette fois, le lieutenant-colonel Buonaparte fait partie de l'unité de débarquement à la tête de trois cent cinquante hommes composant le XIe bataillon corse. Il est chargé de la petite artillerie de « l'armée » commandée par un ami et agent de Paoli : Colonna Cesari.

De Bonifacio, dans la nuit du 19 au 20 février 1793, on lève l'ancre. A l'aube, l'escadre se trouve devant l'îlot San Stephano, en face du port de Maddalena, mais les vents sont contraires et l'expédition rebrousse chemin. Seule la corvette *La Fauvette,* où se trouve Napoleone, croisera en attendant un temps plus propice.

Le 22 février, après deux jours de mal de mer, le lieutenant-colonel Buonaparte débarque sur l'îlot de San Stephano. Les Sardes se replient. C'est alors que le futur empereur — il combat pour la première fois les ennemis de la France — propose d'attaquer immédiatement la Maddalena et de s'en emparer à la faveur de la nuit. Mais Colonna Cesari refuse... « On perdit le moment favorable qui, à la guerre, remarquera Buonaparte, décide de tout. »

Cependant, le lendemain, tout l'îlot est entre les mains du jeune lieutenant-colonel. Durant deux jours, avec sa petite artillerie, il pilonne Maddalena défendu par un demi-millier de miliciens sardes et, se souvenant des leçons reçues à Brienne, pointe lui-même les pièces. Grâce à la précision du tir, la panique s'installe dans l'île. Bientôt, les deux fortins qui protègent le port sont réduits au silence. De mauvaise grâce — le 25 février — Colonna Cesari accepte le plan de Buonaparte : *La Fauvette* créera une diversion en essayant de débarquer des hommes sur la

(1) Au mois d'août 1943, Mussolini y fut détenu durant trois semaines avant d'être transféré au Gran Sasso d'où Hitler le fera délivrer par O. Skorzeny.

côte, tandis que le reste des forces françaises attaquera le village et les deux fortins.

Buonaparte prend la tête du débarquement.

Tout se passe bien jusqu'au moment où l'on vient avertir les combattants que la corvette fait demi-tour. Son équipage refuse de débarquer comme prévu ! Un gendarme se trouvant à bord a été tué par un boulet sarde, et *La Fauvette* a décidé de prendre le large et de remettre le cap sur San Stephano ! C'est aussitôt la débandade parmi les « forces de débarquement »... et, la rage au cœur, Napoleone doit abandonner son artillerie — trois petites pièces, aujourd'hui principal ornement du musée sarde de la ville voisine d'Alghero... Le lendemain, volontaires corses et grenadiers français évacuent également San Stephano et la flottille n'a plus qu'à mettre le cap sur la Corse. Le 27, le « corps expédionnaire « vaincu sans presque avoir combattu, débarque, piteux et mécontent, à Santa-Manza. On ne sait trop pourquoi l'équipage de la *Fauvette* est au plus mal avec le jeune lieutenant-colonel et veut l'assassiner... Rentré sain et sauf à Bonifacio, Buonaparte est si découragé qu'il plante là son bataillon — cela devient décidément une habitude — et considérant sa présence « inutile » ainsi qu'il le déclare de sa propre autorité à son « colonele », il décide de prendre le chemin d'Ajaccio « afin, prétend-il, de pouvoir conseiller à ses camarades le parti qu'ils doivent prendre ».

Etrange soldat, en vérité ...

Ce fut sans doute au cours du mois de mars 1793 que Buonaparte eut une entrevue décisive avec Paoli, au couvent de Merusaglia dans le Rostino. La discussion aurait été assez violente. Paoli a en effet soutenu, avec mollesse, les deux expéditions contre la Sardaigne et Buonaparte, avec tout le respect qu'il lui porte, le lui a reproché. Visiblement, le cœur de Paoli est ailleurs. Il espérait que la Révolution donnerait la liberté à la Corse — et par ce mot de liberté il entendait l'autonomie... Il n'en avait rien été et le Babbo semble vouloir maintenant jouer la carte anglaise. Il essaye d'entraîner à sa suite Buonaparte.

— *Tu sei un uomo antico della Storià di Plutarco,* lui dit-il.

Mais Napoleone défend la Révolution et la France dont, selon son expression, il « respire » désormais les idées.

Paoli est de plus en plus en coquetterie avec Albion, aussi, le mois suivant, est-il mis « hors la loi » par la Convention — principalement à la suite d'une maladroite dénonciation envoyée de Toulon par Lucien. On demande à Paoli de venir s'expliquer à Paris. La nouvelle parvient le 18 avril en Corse et l'île — il fallait s'y attendre — va se soulever pour la défense du Babbo.

Ce n'est certes pas ainsi que l'on aurait dû agir... et Napoleone, voulant malgré tout défendre celui qui a été son dieu — et dont il connaît cependant les sentiments aujourd'hui antifrançais — écrit à la Convention : « Le décret contre Paoli a profondément affligé les citoyens de la ville d'Ajaccio, parce que, en ordonnant à un vieillard septuagénaire, accablé d'infirmités, de se traîner à la barre de la Convention, on le confond un instant avec le scélérat conspirateur ou le coupable ambitieux. Pourquoi Paoli aurait-il été conspirateur ? Est-ce pour se venger des Bourbons qui l'avaient obligé à l'exil ? Etait-ce pour rétablir l'aristocratie mobilière et sacerdotale ? Mais n'avait-il pas lutté toute sa vie contre l'une et l'autre ? Etait-ce pour donner la Corse à l'Angleterre ? Mais ne l'avait-il pas refusée même à la France, malgré les offres de Choiseul, qui ne lui eût mesuré ni trésor, ni faveurs ? ».

Paoli n'aura aucune reconnaissance pour son défenseur. « Les fils de Charles sont alliés aux brigands des clubs », affirmera-t-il, et il refusera de lire une lettre amicale que lui adressait Lucien, en s'exclamant : « Je me soucie peu de son amitié ».

La vendetta entre Napoleone et Paoli est ouverte.

Cependant, afin que sa démarche auprès de la Convention ne puisse pas le faire considérer comme un partisan de la politique suivie par Paoli, Buonaparte lance à tous les Corses cet appel d'union avec la France : « Citoyens, nous sommes menacés d'une guerre civile et extérieure. Notre ville est malheureusement divisée et l'union peut seule nous sauver... Tous les citoyens veulent mourir républicains français. Il sera beau de le manifester par un serment solennel dans une réunion de tous les citoyens... ».

Mais la proposition ne rencontre pas le succès escompté. Tout n'est plus que confusion dans l'île de Beauté. Paolistes, partisans de l'Indépendance ou francophiles continuent à s'affronter. Les premiers ont, pour l'instant, l'avantage. Napoleone a choisi cette fois la cause française. Avec l'aide des troupes républicaines casernées dans la capitale corse, il essaye, mais en vain, de reprendre la citadelle d'Ajaccio maintenant occupée par les Paolistes.

Pour ces derniers, le capitaine Buonaparte est devenu l'homme à abattre.

Le 29 avril, il manque d'être assassiné alors qu'il se rend presque en « touriste » aux îles Sanguinaires. Il veut se réfugier à Corte, mais, le 3 mai 1793, Napoleone doit quitter précipitamment la ville : les Paolistes se sont jetés sur lui en hurlant :

— *A morte le traditore de la patria* !

Le « traditore », après s'être caché dans une grotte, atteint trois jours plus tard Ajaccio, où il parviendra à se dissimuler derrière une alcôve, chez son ami Lévie. Il échappera ainsi à une perquisition effectuée par des gendarmes, devenus partisans, eux aussi, de Paoli et, par conséquent, antifrançais.

Le 8 mai, une gondole — celle d'Illario Felici — le mènera à Bastia où il va retrouver, le lendemain, les commissaires de la Convention, Salicetti et Lacombe-Saint Michel, envoyés tous deux en Corse afin de percer le jeu de Paoli. Buonaparte les met au courant de la situation et la marche des troupes françaises sur Ajaccio est décidée.

Le 23 mai, quatre cents hommes et quelques trop rares pièces d'artillerie s'entassent sur le brick : *le Hasard* et sur la corvette *la Belette*. A l'heure même où les bâtiments quittent Bastia, la Casa de la rue Malerba est mise à sac par des paysans paolistes descendus des montagnes. La maison est pillée et en partie brûlée, les vignes et les troupeaux que la famille possède dans les environs de la ville sont détruits. A l'unanimité on vote une motion mettant au ban de la nation « ces Buonaparte nés dans la fange du despotisme et élevés sous les yeux et aux frais d'un pacha luxurieux... » C'est, on l'a deviné, M. de Marbeuf qui se trouve ainsi stigmatisé !

Le 31 mai 1793, la corvette et le brick transportant « l'expédition » ayant à sa tête les commissaires et Joseph Buonaparte, pénètrent dans le golfe d'Ajaccio, sous le feu de la citadelle. Napoleone Buonaparte, embarqué sur un chebek, s'est porté au-devant de la flottille. Arrivé non loin d'Ajaccio, à la hauteur de la tour de Capitello, il aperçoit sur le rivage tout un groupe de réfugiés qui, à la vue du drapeau tricolore flottant à la poupe font des signaux de détresse. Napoleone, poussé par une sorte de pressentiment, se dirige vers la côte et découvre Mme Letizia et ses enfants. Ils ont été chassés d'Ajaccio le 23, et, depuis, ont pris le maquis. Buonaparte, la nuit venue, les embarquera à bord de son chebek qui recevra l'ordre de transporter la Madre vers Calvi. Quant à lui, il va se joindre aux troupes qui vont tenter un débarquement.

Le lendemain, l'opération se solde par un échec. Trente républicains seulement se rallient aux commissaires de la Convention. Le 2 juin, Buonaparte gagne Calvi à cheval et décide de quitter l'île pour regagner son régiment. En sept années et demie de service, il n'a passé que trente mois à son corps.

Le 3 juin, avec tous les siens, il s'embarque pour Toulon. Il ne reverra la Corse qu'au retour de la campagne d'Egypte.

Cette fois — et pour toujours — Napoleone a choisi la France.

La batterie la Montagne, établie sur la position de la Garenne, a atteint une frégate ennemie et oblige les Anglais à évacuer la Seyne. Nous voyons ici Bonaparte — qui a pu porter ses canons jusqu'à Brégaillon, au bord de la rade — ouvrir le feu sur la flotte anglaise.

V

LE CAPITAINE CANON

> « *Si on était ingrat avec lui, cet officier avancerait tout seul* ».
>
> DUGOMMIER.

ARRIVANT à Toulon le 13 juin 1793, Buonaparte installe sa mère, Louis, Jérôme et ses trois sœurs dans une petite maison du bourg de La Valette. Les futures princesses Elisa et Pauline vont laver leur linge à la fontaine car la famille n'a pour vivre — chichement — que les secours accordés aux réfugiés corses et la maigre solde de Napoleone. Fort heureusement, au début du mois suivant, des amis — les Clary — recueillent les Buonaparte à Marseille, tandis que le jeune capitaine rejoint son régiment.

Grâce au général Jean du Teil, frère de l'ancien commandant d'Auxonne, le capitaine Buonaparte n'est point considéré comme déserteur et on l'affecte à la 12e compagnie du IVe d'artillerie qui se trouve alors à Nice, formant partie de cette armée des Alpes chargée de faire une diversion en attaquant le Piémont.

On le retrouve le 27 juillet en Avignon. Le 28, il reçoit l'ordre d'occuper Beaucaire. Le soir — un soir de foire — l'officier dîne dans une auberge avec quatre marchands, partisans des fédérés marseillais. La conversation roule sur les mesures prises et appliquées par Carteaux pour rétablir l'ordre en Provence.

— Voilà ce que c'est que la guerre civile, s'écrie le jeune capitaine, l'on se déchire, l'on s'abhorre, l'on se tue sans se connaître.

Ses interlocuteurs traitent Carteaux d'assassin. Buonaparte le défend — alors qu'il ne le connaît que de loin — en rappelant que le général veille scrupuleusement « sur l'ordre et la discipline ». A Saint-Esprit ou à Avignon, « on n'a pas pris une épingle ». Carteaux n'a-t-il pas fait emprisonner un sous-officier qui avait arrêté un Marseillais sans en avoir reçu l'ordre ? Un soldat n'a-t-il pas été, lui aussi, incarcéré pour vol ?

— Votre armée des fédérés, au contraire, s'exclame Buonaparte, a tué, et assassiné plus de trente personnes, a violé l'asile des familles et a rempli les prisons de citoyens, sous le prétexte vague qu'ils étaient des brigands.

Sans doute déteste-t-il toujours autant ces « brigands », mais il semble être devenu sincèrement républicain... Et comment n'apprécierait-il pas « l'égalité chérie », lui qui au temps des « tyrans » ne pouvait espérer dépasser le grade de chef de bataillon ?

Rentré chez lui — il loge chez le pharmacien Renaudet — il écrit le fameux *Souper de Beaucaire,* où, pour la première fois, Bonaparte se devine sous Buonaparte : « Ne vous effrayez point de l'armée, écrit-il, elle estime Marseille parce qu'elle sait qu'aucune ville n'a tant fait de sacrifices à la chose publique... Secouez le joug du petit nombre d'aristocrates qui vous conduisent, reprenez des principes plus sains, et vous n'aurez pas de plus vrais amis que les soldats... Vous suivez, dites-vous, le drapeau tricolore ? Paoli aussi l'arbora en Corse pour avoir le temps de tromper le peuple, d'écraser les vrais amis de la liberté, pour pouvoir entraîner ses compatriotes dans ses projets ambitieux et criminels : il arbora le drapeau tricolore et il fit tirer contre les bâtiments de la République, et il fit chasser nos troupes des forteresses, désarma celles qui y étaient, pilla les magasins, ravagea et confisqua les biens des familles les plus aisées parce qu'elles étaient attachées à l'unité de la République et il se fit nommer généralissime... et cependant, il avait l'impudence de se dire l'ami de la France et bon Républicain... Vos bataillons sont pleins de pareilles gens et votre cause ne serait pas la leur, si elle était celle de la République. »

La brochure sera publiée, mais plus tard, le Premier Consul fera détruire tous les exemplaires que la police parviendra à découvrir...

Marseille est repris et la ville est « noyée dans le sang ». Grâce à Georges Roux, nous savons aujourd'hui que Napoleone fit partie des troupes chargées de la terrible répression puisque l'on a retrouvé son billet de logement « *chez le citoyen Chauvet, rue Rameau, maison N° 1, derrière la comédie* ». Il demeure là du 23 août jusqu'à son départ pour Nice. Le 15 septembre, il reçoit, en effet, l'ordre de rejoindre l'armée d'Italie, afin d'y organiser le transport des poudres. En passant au Beausset — à dix-sept kilomètres de Toulon — il apprend la présence de Salicetti avec qui il a fait la « campagne » d'Ajaccio au mois de mai précédent. Le représentant se trouve en mission en compagnie de son collègue à la Convention, Gasparin. La République essaye de reprendre Toulon qui, le 28 août, « menacée d'exécution » par la Convention, a préféré ouvrir ses portes aux Anglais et aux Espagnols.

Bonaparte arrive là fort à propos :

L'artillerie du siège n'a plus de chef : son commandant — le chef de bataillon Dommartin — a été grièvement blessé lors de la prise d'Ollioules. Salicetti apprécie fort les Buonaparte : il les a vus à l'œuvre. Par ailleurs, le jeune officier plein de prévenances, lui « fait la cour ». Aussi le représentant estime-t-il que « le hasard l'a servi à merveille ». Il offre au « capitaine instruit Buonaparte » le commandement de l'artillerie du siège de Toulon. C'est ainsi que sonnera l'heure de la chance pour le futur empereur.

Le 17 septembre, le nouveau commandant se rend aussitôt au quartier général, à Ollioules, où il fait la connaissance de ce braillard de Carteaux, ex-peintre en bâtiments, ancien gendarme devenu dragon, et qui un soir d'émeute, a ramassé ses étoiles de général dans la rue. Il plastronne « doré depuis les pieds jusqu'à la tête ». Le *capitaine instruit* Buonaparte l'aborde et lui annonce qu'il vient d'être désigné pour diriger, sous ses ordres, les opérations de l'artillerie :

— C'est bien inutile, lance le général sans-culotte, tout en frisant sa moustache ; nous n'avons plus besoin de rien pour nous emparer de Toulon. Cependant, soyez le bienvenu. Vous partagerez la gloire de brûler la ville demain, sans en avoir pris la fatigue.

En attendant, il l'invite à « partager » son dîner.

Autour de la table, trente personnes prennent place, mais, seul, le général est « servi en prince ». Le reste des convives meurt de faim ; ce qui, dans ces temps d'égalité — Napoléon le rapportera plus tard — choque étrangement le nouveau venu, et il commence à regretter d'avoir défendu ce grotesque l'autre jour à Beaucaire.

Le lendemain matin, Carteaux monte avec Buonaparte en cabriolet « pour aller admirer, déclare-t-il, les dispositions offensives ». Sur les hauteurs qui dominent d'assez loin la rade, on s'arrête. L'escadre anglaise occupe la grande et la petite rade, et, ainsi que le précisera Marmont, « complète par son feu ce magnifique et vaste ensemble de défense ». C'est contre une pareille place, bien défendue par une armée, que Carteaux a décidé d'essayer « son incapacité et sa complète, mais confiante ignorance ». Il y a là quelques pièces de canon vaguement protégées par un « remuement de terre ». Le général, appuyé un bras sur la crinière de son cheval, une bête magnifique provenant des écuries du prince de Condé, l'autre bras sur son sabre — « attitude à dessiner » se rappellera Bonaparte plus tard — interroge son aide de camp.

— Dupas, demande-t-il fièrement, sont-ce là nos batteries ?

— Oui, général !

— Et notre parc ?

— Là, à quatre pas.

— Et nos boulets rouges ?

— Dans les bastides voisines où deux compagnies chauffent depuis ce matin.

— Mais comment transporterons-nous ces boulets tout rouges ?

Le général et l'aide de camp ne parviennent pas à résoudre ce délicat problème et finissent par demander à « l'officier d'artillerie si, par ses principes, il ne saurait pas quelque remède à cela ».

Buonaparte croit d'abord qu'il s'agit d'une plaisanterie, mais les deux officiers semblent le plus sérieux du monde, aussi, avec tout le ménagement et la gravité possibles, il essaye de leur faire comprendre que, « avant de s'embarrasser de boulets rouges », il faut « essayer à froid pour bien s'assurer de la portée ».

Il ne parvient à les convaincre qu'en employant l'expression technique de *coup d'épreuve,* qui frappe beaucoup les deux ignorants et les oblige à se ranger à son avis. Le « coup d'épreuve » tiré, atteignant à peine le tiers de la distance, prouve que les batteries se trouvent placées infiniment trop loin du but. Carteaux et Dupas accusent bien sûr ces « coquins de Marseillais » et les aristocrates de Toulon qui auront, malicieusement, sans doute, « gâté les poudres ». Ils vocifèrent à qui mieux mieux... L'arrivée du représentant Gasparin met fin à cette scène burlesque. Buonaparte — s'il faut l'en croire — se redresse, « interpelle le représentant, le somme de lui faire donner la direction absolue de sa besogne ; démontre sans ménagement l'ignorance inouïe de tout ce qui l'entoure, et saisit, dès cet instant, la direction du siège, où dès lors, il commanda en maître ».

C'est là quelque peu excessif ! Il paraît tout aussi difficile d'ajouter foi au récit de Barras — alors lui aussi représentant en mission aux armées, qui prétendra avoir *découvert* le « lieutenant Buonaparte »... et l'avoir nommé capitaine — lorsqu'on sait que, plus d'un an auparavant, Louis XVI avait signé la promotion du nouveau commandant de compagnie...

Quoi qu'il en soit, le capitaine se met au travail et Salicetti pourra annoncer au Comité de Salut public : « Pendant la nuit de mardi à mercredi, le capitaine Buonaparte établit sa batterie — la *Mon-*

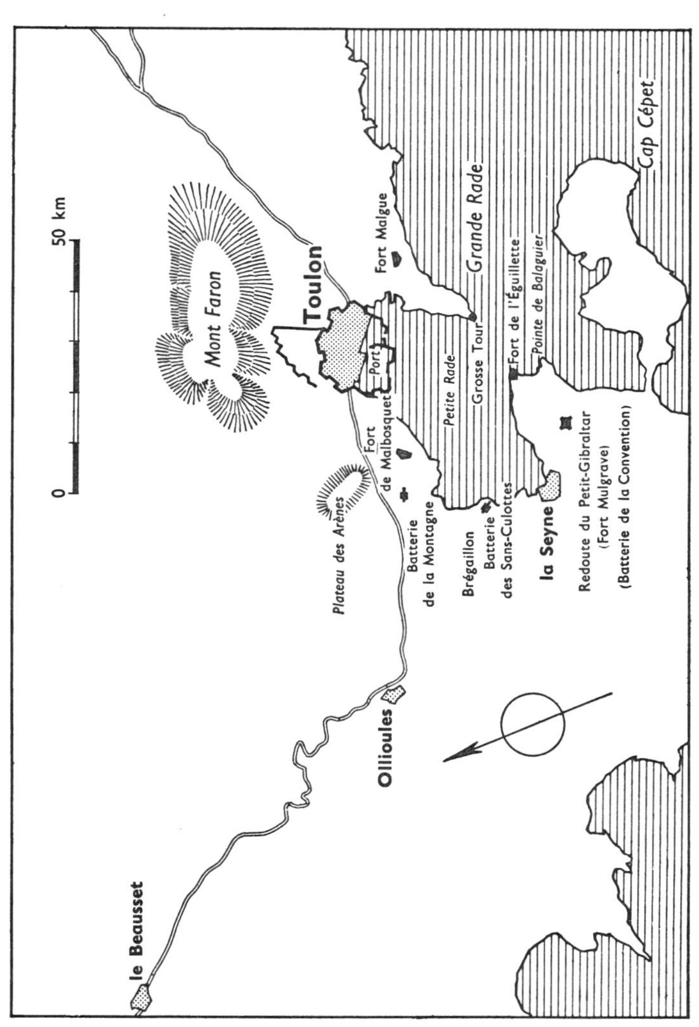
0
50 km
Mont Faron
Toulon
Port
Fort Malgue
Grande Rade
Cap Cépet
Petite Rade
Grosse Tour
Fort de l'Éguillette
Pointe de Balaguier
Fort de Malbosquet
Plateau des Arènes
Batterie de la Montagne
Brégaillon
Batterie des Sans-Culottes
la Seyne
Redoute du Petit-Gibraltar
(Fort Mulgrave)
(Batterie de la Convention)
Ollioules
le Beausset

tagne — à la Guarène, au-dessus des Poudrières. » Ses canons sont fort bien placés, et il obligera, le 19, une frégate qui voulait entrer dans le port à faire demi-tour. Barras affirmera qu'il avait « apaisé les préventions de Salicetti... » En lisant la dépêche de Salicetti au Comité de Salut public, on voit que le collègue de Barras n'avait aucune « prévention » contre le jeune capitaine corse qu'il avait vu agir à Bastia et à Ajaccio. Mais le futur roi des pourris, le vicomte Paul de Barras, voudra faire croire que Buonaparte lui devait tout : « Je lui donnai devant tout le monde des preuves de ma bienveillance et l'autorisai à achever la construction de sa batterie. »

Le 20 septembre, Buonaparte fait avancer ses canons. « La batterie des Sans-Culottes » placée à Brégaillon, « tout à fait sous la chapelle, au bord de la mer », tient une partie de la rade sous son feu en tirant à boulets rouges, et l'ennemi évacue la Seyne. Est-ce ce jour-là que le « capitaine instruit » constatera :

— Il en est des systèmes de guerre comme des sièges de places : il faut réunir ses feux contre un seul point.

Quelques jours plus tard — le 29 septembre — le capitaine Buonaparte est proposé pour le grade de chef de bataillon, nomination qui sera confirmée le 19 octobre.

Napoleone a déclaré à Carteaux, dès le jour de son arrivée :

— Prenez le fort de l'Eguillette et avant huit jours vous entrerez dans Toulon.

Quel était le plan de Buonaparte ? Selon lui, Toulon ne pouvait être pris par un assaut de l'infanterie. Louis Madelin l'a expliqué : « Du jour où l'escadre ennemie serait menacée d'être bombardée à boulets rouges, celle-ci serait forcée d'évacuer la petite rade ; de cette heure, Toulon tomberait comme un fruit mûr entre les mains des « républicains », la prise de la ville serait donc, par excellence, opération d'artillerie, simplement secondée par les attaques d'infanterie... Il n'était d'ailleurs nullement nécessaire d'attaquer de tous les côtés, il fallait, profitant de la trouée faite à Ollioules, s'approcher par bonds successifs du petit massif du Caire, avancer progressivement les batteries, sans cesse renforcées et multipliées, vers le rivage occidental de la petite rade, les pousser ainsi jusqu'aux pointes de l'Eguillette et de Balaguier, que l'ennemi ne semblait encore occuper que faiblement, s'y installer, bombarder de là l'escadre ennemie et l'amener, par la crainte de se voir fermer le goulet, à évacuer la rade : alors tout serait fini. »

C'est là ce que Raymond Recouly a appelé une idée d'artilleur. C'était avant tout une bonne idée...

— A la guerre, dira Buonaparte, il n'y a qu'un moment favorable ; le grand talent est de le bien saisir.

Carteaux suit le conseil donné par celui qu'il appelle « le Capitaine Canon », mais si mollement que l'opération échoue. Au lieu de reconnaître son manque de « mordant », l'ancien peintre en bâtiment se fâche :

— L'artillerie ne m'est pas soumise et son chef Buonaparte fait tout en sens contraire, mais attaquer le chef de l'artillerie c'est attaquer les représentants eux-mêmes.

On comprend à quel point le capitaine Canon pouvait être furieux en recevant de l'incapable Carteaux des ordres de ce genre :

— Je vous conseille de bien placer vos batteries

et d'attendre pour les faire jouer que le vent soit favorable...

Un jour que Napoleone se trouve aux avant-postes avec Barras, il lui ouvre, paraît-il, son cœur :

— Tout va mal. Je dois, citoyen-représentant, vous rendre compte de l'état des choses... Je crois n'être pas sans quelques connaissances dans l'arme de l'artillerie. J'invoque vos lumières : tout ce que je propose d'utile est écarté. J'ai reçu l'ordre de suspendre la construction d'une batterie que je commençais à former sur un mamelon que l'ennemi a négligé d'occuper et qui nous mettrait à même de fermer ce passage et de garantir d'une surprise le bataillon commandé par Victor.

Napoleone est écouté et les représentants pensent adjoindre à l'insuffisant Carteaux un « haut officier du génie ». Pourquoi ne pas nommer Buonaparte ? Mais, ainsi que les commissaires l'expliquent au Comité de Salut public, « Buona Parte (*sic*) le seul capitaine d'artillerie qui soit en état de concevoir ces opérations, a déjà trop d'ouvrage de la conduite de toutes les parties de l'artillerie... »

Le siège piétine, on n'avance guère.

Le 14 octobre, le chef de bataillon Buonaparte repousse de justesse une attaque anglaise, au plateau des Arènes. Aussi les représentants décident-ils enfin de se débarrasser de Carteaux. Son successeur, Doppet — un ancien médecin guère plus « mitrailleur » que son prédécesseur — arrive au quartier général le 11 novembre. Ce général improvisé, député de l'Assemblée générale des Allobroges, médecin savoyard, « coryphée de la Société des Jacobins », selon l'expression de Napoléon — est peut-être parvenu à reprendre Lyon aux insurgés, mais Buonaparte ne le considère pas moins comme « aussi ignorant » que Carteaux « dans tout ce qui est l'art militaire ». Cependant, Doppet — il admet sa propre incompétence — est fortement impressionné par l'intelligence de Buonaparte, qu'il sent supérieure à la sienne. Il le racontera plus tard, il est conquis par son « intrépidité rare » et sa « plus infatigable activité ». « Je l'ai toujours trouvé à son poste, ajoutera-t-il ; s'il avait besoin d'un moment de repos, il le prenait sur la terre et enveloppé dans son manteau ; il ne quittait jamais ses batteries. »

Le 15 novembre, un incident se produit : les Espagnols ayant malmené un Français prisonnier, les soldats se précipitent à l'assaut du Fort Mulgrave occupé par l'ennemi. Il s'agit du régiment de la Côte d'Or, qui entraîne derrière lui toute la division. Buonaparte juge la situation périlleuse, mais lance à Doppet :

— Le vin est tiré, il faut le boire !

Le nouveau commandant en chef est peut-être trop sensible pour un général. La vue d'un de ses officiers, éventré à côté de lui, l'émeut et il donne l'ordre de cesser l'attaque. Buonaparte fulmine :

— Le jean-foutre qui a fait battre la retraite nous fait manquer Toulon ! crie-t-il à Doppet...

Le général plein d'humilité, le reconnaît .

— Je ne crois pas, avoue-t-il, posséder les compétences nécessaires pour des opérations aussi considérables.

Et le lendemain, Doppet est, à son tour, remplacé par le général Jean-François Coquille du Gommier, qui écrit son nom à la mode du jour : Dugommier. Enfin un vrai soldat ! Les canonniers de Buonaparte ne pourront plus s'écrier :

— Allons-nous toujours avoir pour nous commander des peintres et des médecins !

Marmont, alors capitaine devant Toulon, affirme que Dugommier subissait « complètement l'ascendant » du jeune chef de bataillon. Les sympathies sont réciproques et Napoléon dira plus tard de Dugommier :

— Il aimait les braves et en était aimé. Il était bon, quoique vif, très actif, juste, avait le coup d'œil militaire, le sang-froid et l'opiniâtreté dans le combat.

Buonaparte a fait établir devant la redoute du Petit Gibraltar une batterie — dite « batterie de la Convention » — afin de « contre-battre » le fort. Son objet : faire diversion. Déjà, le jeune commandant sait manier ses soldats, et il baptise la position « batterie des hommes sans peur ».

Le 30 novembre, les Anglais opèrent une vigoureuse sortie sur la batterie, mais prêts de s'en emparer, sont rejetés avec de lourdes pertes. L'ennemi laisse de nombreux prisonniers, parmi lesquels le général O'Hara. Buonaparte exulte :

— La matinée a été belle ! dit-il.

Ce soir-là, en envoyant son rapport à Paris, Dugommier signale « le citoyen Buonaparte » parmi ceux « qui se sont le plus distingués » — et, le 1er décembre, le nomme adjudant-général.

Au quartier général, le plan de Buonaparte est accepté : on attaquera le Caire, puis l'Eguillette, enfin le Balaguier. Du 11 au 16 décembre, les batteries de Napoleone font pleuvoir un feu intense sur le goulet. Est-ce ce jour-là que, se trouvant dans une batterie où l'un des chargeurs a été tué, il prend le refouloir et charge lui-même la pièce à douze coups ?

L'ennemi riposte...

Le sergent Andoche Junot — quelques semaines auparavant, Napoleone l'a remarqué à la fois pour son courage et sa belle écriture — est en train de recopier les ordres de son chef Buonaparte. Un boulet tombe à deux pas et couvre le papier de terre.

— Bon, s'exclame paisiblement le futur duc d'Abrantès, je n'aurai point besoin de sable.

C'est en se souvenant de ce mot-là que Buonaparte fera un jour de Junot le gouverneur de Paris.

Le 16 décembre, il est une heure du matin, sous une pluie diluvienne et un vent violent, l'infanterie escalade le Caire. Buonaparte s'est mis à la tête d'un bataillon. En dépit d'un coup de baïonnette au mollet — il est soigné par Jean-Mathieu Chargé — il fonce... Il est « à tout et partout ». Les chefs de détachement n'ont qu'une parole dans la bouche :

— Courez au commandant d'artillerie, demandez-lui ce qu'il faut faire, il connaît mieux les localités que personne.

Tandis que la tempête fait rage, le fort du Petit Gibraltar — aujourd'hui fort Napoléon — est emporté. Marmont, sur l'ordre de Buonaparte, retourne les canons anglais contre l'ennemi. Soutenus par les batteries mises en position au Caire, les fantassins attaquent maintenant l'Eguillette et le Balaguier qui commandent le goulet. L'ennemi évacue les deux forts sans avoir eu le temps de rendre les canons inutilisables. De ce fait, la rade, le port et la ville sont maintenant sous les feux des pièces de Buonaparte :

— Demain, au plus tard après-demain, s'écrie-t-il, nous souperons à Toulon !

Le 17 décembre, les remparts du fort de Malbosquet sont écrêtés. Buonaparte et ses hommes se lancent à l'assaut, pénètrent dans l'ouvrage et tournent, là aussi, les pièces ennemies contre la ville. Il en est de même de la puissante forteresse du Mont-Faron : le même jour elle est conquise.

Dans Toulon, c'est le sauve-qui-peut.

Les Anglo-Espagnols, avant de s'embarquer, ont mis le feu à l'Arsenal et aux bateaux français qui leur avaient été livrés avec Toulon. Les Toulonnais royalistes se précipitent dans des barques chargées à couler bas et, canonnés par Buonaparte, essayent de fuir devant l'avance républicaine. « Une frégate qui était plus mauvaise voilière, ayant un peu tardé à sortir, racontera Napoléon, s'est trouvée à portée du canon au moment où nos batteries de l'Eguillette ont été finies ; nous l'avons chauffée à boulets rouges, et, à la grande satisfaction de tous les républicains, et à la vue de toute l'escadre, nous l'avons brûlée. »

Après l'incendie des vaisseaux et des magasins, dans le crépitement et les explosions des entrepôts à poudre, les portes de Toulon s'ouvrent enfin mais, seuls, quelques rares habitants viennent au-devant des vainqueurs. Aussitôt les troupes se répandent dans la ville qui, nous disent les Représentants, « offre le spectacle le plus affreux ». Le pillage est autorisé et la Terreur se trouve là comme chez elle. « La vengeance nationale se déploie ». « On ordonne à tous les habitants de se réunir sur la place, racontera Marmont. On demande à ceux-ci quels sont les ennemis de la République... et là, chacun indique ses ennemis personnels ou ses créanciers ; ceux-ci à l'instant, sont saisis et mis à mort. » La « ville infâme » aux trois quarts rasée par douze mille terrassiers venus des départements voisins, s'appellera désormais *Port de la Montagne.*

Buonaparte a été nommé, le 22 décembre, au grade provisoire de général de brigade. Assurément il est républicain et n'a alors pas de mots assez durs pour fustiger les royalistes, mais c'est avec horreur qu'il assiste aux « fusillades à force », et — grâce à ses nouveaux galons — parvient, nous racontera encore Marmont, à sauver plusieurs victimes.

Avec délectation Fouché, accouru à Toulon, pourra écrire à son ami Collot d'Herbois : « Nous n'avons qu'une manière de célébrer cette victoire ; nous envoyons ce soir deux cent treize insurgés sous le feu de la foudre. Adieu, mon ami, les larmes de la joie coulent de mes yeux et inondent mon âme. »

Le nouveau général tourne le dos au massacre ordonné par celui qui sera un jour son ministre, — cela ne le concerne pas — mais il ne se repose point sur ses lauriers. Il le précisera : il met la ville et le port en état de se défendre et place en batterie au Balaguier quinze pièces de canon « avec une bonne forge à boulets rouges ». Puis, il installe dix pièces à l'Eguillette et douze à la Grosse Tour. Trois bricks espagnols de dix-huit canons, ignorant les événements, entrent de nuit dans la petite rade. « Nous les avons pris tous les trois, à leur grand étonnement », racontera Buonaparte.

Le nom du jeune général est sur toutes les lèvres. « Je manque d'expressions pour te peindre le mérite de Buonaparte, écrit le général du Teil au ministre de la Guerre : beaucoup de science, autant d'intelligence et trop de bravoure, voilà une faible esquisse des vertus de ce rare officier ; c'est à toi, ministre, de le consacrer à la gloire de la République. »

— Si on était ingrat envers lui, déclare de son côté Dugommier avec une étonnante prescience, cet officier avancerait tout seul...

On n'est point ingrat.

Son grade « provisoire » de général de brigade est confirmé et, le 26 décembre, on le charge de procéder à l'inspection des côtes de Marseille à Nice. En quatre mois, il est passé du grade de capitaine à celui de général — et même d'inspecteur général ! Pour obtenir un avancement aussi rapide, le 19 janvier 1794, il lui a fallu répondre à un questionnaire dont peu d'historiens ont fait état (1). Cet « état des services du citoyen Buonaparte » est conservé aux Archives de la Guerre et sa lecture réserve quelque surprise. Sans doute *Napoleone Buonaparte* se vieillit-il d'un an, sans doute parle-t-il de son commandement « lors de la *prise* de la Magdeleine » — la Maddalena — or, l'île n'a jamais été prise ! Mais, ce qui nous paraît plus décevant et regrettable, c'est d'avoir caché son passage à l'Ecole militaire de Paris réservée aux *ci-devant noble ou non noble ?* » et d'avoir répondu à cette dernière question en traçant ces deux mots : *Non noble.* Il ne manquait pourtant pas dans l'armée républicaine d'anciens aristocrates, tel, par exemple, Alexandre de Beauharnais à qui Napoleone succédera un jour dans le lit de Joséphine...

Mais pour être nommé général à vingt-quatre ans, que ne faut-il point faire ? Surtout lorsqu'on se trouve guidé par l'ambition — cette ambition que ses chefs lui reprochent déjà...

Napoleone commence son travail d'inspecteur des côtes et on le verra, durant ces deux premiers mois de l'année 1794, galoper de Marseille à Nice. A Marseille, le fort Saint-Nicolas, flanquant l'entrée du Vieux-Port avec le fort Saint-Jean, date de Vauban et se trouve en pitoyable état. Sa valeur militaire est nulle mais, en cas de troubles, l'ouvrage pourrait tenir la ville en respect. Aussi, dès le 4 janvier 1794, Buonaparte écrit-il au ministre : « Il est indispensable de remettre le fort Saint-Nicolas en état de défense, au moins contre les efforts de quelques malveillants. Il faudrait relever une des trois enceintes.

(1) Hors le colonel Iung et, tout dernièrement, M. Georges Roux.

Je vais faire placer des canons pour maîtriser la ville. »

La lettre aussitôt arrivée à Paris, un courrier reprend le chemin de Marseille portant ordre du Comité de Salut public de faire arrêter ce général par trop agité qui parle de canonner Marseille, puis de faire conduire ce buveur de sang, de brigade de gendarmerie en brigade de gendarmerie, « jusqu'à la Conciergerie, à Paris ».

Cependant, protégé par Augustin Robespierre et Salicetti, Buonaparte, nous racontera Chaptal, est seulement mis « en arrestation chez lui, sous la garde d'un gendarme ». Le frère de l'Incorruptible l'assure « qu'il espère un bon résultat de ses démarches ». Junot, enfermé avec son chef, lui propose « d'étouffer leur cerbère », de s'emparer d'une barque et d'aller se réfugier en Corse. Napoleone refuse — et il a raison puisque Maximilien et son frère le font libérer.

A cette époque, Napoleone, à son tour, fait la connaissance de la famille du négociant Clary, demeurant rue des Phocéens, et qui s'est occupée l'été dernier de Letizia et de ses enfants. Joseph semble assez épris d'une des filles de la maison : Désirée. Elle est brune, piquante, gracieuse, possède de beaux yeux noirs. Jolie ? Disons qu'elle possède cette beauté du diable qui vaut souvent mieux que les traits chers aux sculpteurs grecs... Une sœur de Désirée — Julie — sert de chaperon. Napoleone fait tout d'abord rire les deux jeunes filles. Le visage jaunâtre aux os saillants du jeune général est encore encadré de longs cheveux noirs qu'un peigne et qu'une brosse paraissent n'avoir jamais approchés. Son uniforme flotte sur son corps amaigri et ses bottes percées et ridées semblent avoir été achetées chez un quelconque fripier. Mais lorsqu'il sourit, lorsqu'il vous regarde de ses yeux brillants, tout son visage s'éclaire et on ne voit plus rien d'autre... Et bientôt, Désirée découvre que son cœur bat un peu plus vite au seul nom de Napoleone.

Dès son arrivée à Marseille, le jeune général se sent en confiance entre son frère et les deux jeunes filles. Si Joseph doit épouser la coquette et expansive Désirée, il semble probable que Napoleone convolera avec la grave Julie. Jusqu'au jour où le futur empereur déclare aux trois jeunes gens :

— Dans un bon ménage, il faut que l'un des deux cède à l'autre. Toi Joseph, tu es d'un caractère indécis, et il en est de même de Désirée, tandis que Julie et moi nous savons ce que nous voulons. Tu feras donc mieux d'épouser Julie. Quant à Désirée, ajoute-t-il en prenant la jeune fille sur ses genoux, elle sera ma femme.

« C'est ainsi, racontera plus tard Désirée, que je devins la fiancée de Napoléon. » Joseph s'inclinera de bonne grâce et, quelques mois plus tard, le 1er août, épousera Julie dont on ignore d'ailleurs les réactions à la suite de ce chassé-croisé sentimental. Quant au mariage de Désirée et de Napoleone, on n'ose point encore en parler ouvertement. Sans doute Buonaparte vient-il d'être nommé — le 7 février — commandant de l'artillerie de l'armée d'Italie, sans doute, le 16, reçoit-il son brevet d'officier général, mais sa situation n'en est pas moins médiocre, et Désirée garde toujours à l'esprit cette exclamation de sa mère :

— J'ai déjà bien assez d'un Buonaparte dans ma famille !

Exclamation qui ne manque pas de sel lorsqu'on connaît la suite... Par ailleurs, Joseph semble, dans toute cette « affaire », n'avoir guère aidé son frère. Quoi qu'il en soit, rien n'est encore décidé entre les deux jeunes gens lorsque Buonaparte s'installe avec son état-major — Junot, Marmont, Muire, Charbonnel et Louis, devenu capitaine — au Château-Sallé qu'il s'offre le luxe de réquisitionner. Une bastide, un mas plutôt où il fait venir sa famille. Grâce à sa solde de quinze mille livres, grâce à ses six rations de vivres, on mène enfin une existence agréable.

Mais Napoleone, tout en gardant ses fonctions d'inspecteur des côtes, doit rejoindre son poste à l'armée d'Italie. Aussi, tandis que sa mère et ses sœurs demeurent au Château-Sallé — où Junot est tombé éperdument amoureux de Paoletta — Buonaparte s'installe à Nice, au numéro 1 de la rue de Villefranche — aujourd'hui le 6 de la rue Bonaparte. Il a loué un appartement chez Joseph Laurenti, un riche négociant.

— Quelle chance, lui a-t-il dit, en voyant la bibliothèque de son hôte, de posséder tant de livres !

— Mon général, a répondu Laurenti, ils sont à votre disposition. Prenez et lisez ce qu'il vous plaira.

Lorsqu'il ne lit pas, lorsqu'il ne travaille pas — et en attendant la reprise des opérations contre le roi de Sardaigne — le jeune général aime faire de longues promenades dans le vaste jardin des Laurenti, presque un parc planté d'orangers et de citronniers. A ses côtés, marche à petits pas la fille de la maison, la brune Emilie aux yeux de braise qui n'a que quinze ans. Le futur empereur la trouve charmante... si charmante que le souvenir de Désirée commence à s'estomper.

Le 5 avril, la veille de l'entrée en campagne — cette première et modeste campagne d'Italie — Augustin Robespierre écrit à son frère Maximilien : « J'ajoute aux patriotes que je t'ai déjà nommés, le citoyen Buonaparte, général en chef de l'artillerie, *d'un mérite transcendant.* Ce dernier est Corse ; il n'offre que la garantie d'un homme de cette nation qui a résisté aux caresses de Paoli, et dont les propriétés ont été ravagées par ce traître. »

Napoleone, depuis sa nomination à l'armée d'Italie, a travaillé à un plan d'opérations qui « ouvrirait le Piémont aux armées de la République ». Le plan enthousiasme Robespierre jeune et son collègue Ricord, et les deux représentants l'imposent au général en chef de l'armée d'Italie : le général Dumerbion. « Un homme de soixante ans, d'un esprit droit, brave de sa personne, assez instruit, dira Buonaparte, mais rongé de goutte et presque constamment au lit. »

Le 6 avril, la division Masséna occupe Vintimille. Le surlendemain, abandonnant provisoirement ses batteries, Buonaparte se met à la tête de trois brigades d'infanterie et attaque le fort d'Oneille — ou d'Oneglia. Les soldats piémontais et anglais sont décimés. Le 9, à la tête de ses hommes, il pénètre dans Oneille et, quelques jours plus tard, il participe à la prise d'Orme — ou d'Ormea.

Tandis que Masséna bat les Autrichiens à Muriato et commence sa marche victorieuse vers le col de Tende, Buonaparte a repris — le 25 avril — le chemin de Nice. Il s'installe de nouveau chez les Laurenti. Il trouve Emilia si exquise qu'un soir, étant seul avec Mme Laurenti — il l'appelle *maman* — il prend son courage à deux mains et lui demande sa fille en mariage. Mme Laurenti, fort troublée par cette démarche imprévue, répond qu'elle va en parler à son mari.

Celui-ci fait la grimace. Un petit général sans-culotte ? Protégé au surplus par les actuels maîtres sanguinaires de la France ? Et qui n'a pour vivre que sa solde ? Il ne peut en être question !

— Vous avez certes un beau commandement, déclare-t-il à Buonaparte, vous êtes un militaire de métier et appelé, je crois à un bel avenir, mais qui répond que vous reviendrez sain et sauf de cette campagne d'Italie ? Il est bien tôt pour engager aussi vite l'avenir de notre fille. Soyez assez raisonnable pour renoncer à ce projet de mariage : si vous persistez, nous en reparlerons à votre retour. D'ici là, vous verrez votre position se dessiner. Nous-mêmes, aurons eu le temps d'interroger Emilia, de savoir où vont ses goûts, ses préférences. Je suis certain que vous me comprendrez.

Buonaparte ne « comprit » point et se retira chez lui très « affecté », sans adresser la parole à la famille Laurenti.

Buonaparte insiste auprès du valétudinaire Dumerbion pour obtenir des renforts. Il faut profiter de l'avantage obtenu ! Certes, il ne s'agit encore que d'escarmouches, mais elles sont de bon augure !

Cependant les choses ne se présentent pas aussi simplement. Il existe alors une rivalité entre l'armée d'Italie et l'armée des Alpes, soutenue par Salicetti et dont le champ d'action se trouve plus au nord. Celle-ci voit avec fureur sa rivale favorisée grâce à la présence du frère de l'Incorruptible. Augustin détourne en effet, pour « son » armée, vivres, effectifs et matériel... L'action conjuguée entre les deux corps, prônée par certains à Paris, paraît d'autant plus difficile à réaliser que Robespierre jeune désire être seul à cueillir les lauriers, et estime que l'attaque par la Riviera doit primer celle sur Turin. Un autre problème empêche d'exploiter les premiers succès : quelle sera l'attitude du doge de Gênes ?

Pour le savoir et afin de connaître l'importance des

forces génoises et la puissance de leurs fortifications, Augustin Robespierre et Ricord — le 11 juillet — envoient Buonaparte à Gênes. Puisqu'il parle l'italien, il est l'homme rêvé. Il devra également, au cours de cette mission à la fois politique et de renseignements, « approfondir la conduite civique et politique du ministre de la République française, Tilly ».

Buonaparte revient de Gênes le 27 juillet, rapportant les renseignements demandés. Augustin Robespierre est reparti depuis une quinzaine de jours pour Paris, rappelé par son frère qui sent peut-être monter la crise. Le 27 juillet correspond, en effet, au 9 Thermidor... et, à l'heure même où Napoleone, tout heureux d'avoir bien rempli sa mission, arrive à Nice, Maximilien a été déclaré hors la loi, et son frère s'est joint volontairement à lui. Cette même nuit, Augustin sautera du haut d'une corniche de l'Hôtel de Ville et se brisera la cuisse. Le lendemain, il sera porté à l'échafaud et mourra le second de la fournée.

Le 5 août, au camp de Sieg, Buonaparte apprend la nouvelle qui le prive de ses protecteurs. Le lendemain, il écrit à Tilly, chargé d'affaires de France à Gênes, une lettre bien dans le style du temps : « J'ai été un peu affecté de la catastrophe de Robespierre que j'aimais et que je croyais pur, mais fût-il mon frère, je l'eusse moi-même poignardé s'il aspirait à la tyrannie. » Plus tard, l'empereur Napoléon n'en fera pas moins donner une pension à la sœur des frères Robespierre tombée dans la misère.

A-t-il été *robespierriste ?* Certes non, mais *le Souper de Beaucaire* le prouve : au « joug des aristocrates », il préfère la liberté républicaine ! Le hasard, à son arrivée à Nice, l'a mis sous les ordres et sous la protection du frère de l'Incorruptible. Sans approuver la Terreur, les événements — et son intérêt — l'ont poussé à embrasser la cause extrémiste. Il serait puéril de le nier.

Salicetti, de qui dépend maintenant également l'armée d'Italie, a pris ombrage de la protection accordée par les frères Robespierre à Buonaparte. Peut-être le jeune général a-t-il commis quelque maladresse à l'égard de son compatriote ? Est-il exact qu'il l'aurait, ainsi que le Représentant l'a raconté au nouveau Comité de Salut public, « à peine regardé du haut de sa grandeur » ?... Toujours est-il que Salicetti écrit, le 6 août, à son collègue Berthier : « J'ai appris la mort du nouveau tyran et de ses complices, et je t'assure que mon cœur s'est dilaté de plaisir. Tu sais comme Ricord et Augustin Robespierre dominaient despotiquement l'armée d'Italie. Quels abus y régnaient dans les finances... »

Buonaparte « favori de Robespierre » ne peut que se trouver compromis. « Je suis certain, avait encore ajouté Salicetti, qu'à mon arrivée à Nice je trouverai Ricord parti et peut-être Buonaparte. S'ils sont encore à Nice, nous avons décidé de les faire mettre en arrestation et de les expédier immédiatement à Paris. Il y a sur lui de forts motifs de suspicion, de trahison et de dilapidation. » Ce même 6 août, les représentants Albitte et Laporte, que Salicetti a retrouvés à Barcelonnette, traitent le plan de campagne de Robespierre jeune — plan proposé par Buonaparte — de « liberticide ».

« Buonaparte était leur homme, précisent-ils dans leur lettre au Comité, leur faiseur de plans auquel il nous fallait obéir. Une lettre, anonyme, mais datée de Gênes nous a prévenus qu'il y avait un million en route pour corrompre un général. Tenez-vous sur vos gardes, nous disait-on. Salicetti arrive. Il nous apprend que Buonaparte s'est rendu à Gênes, autorisé par Ricord. Qu'allait faire ce général en pays étranger ? Tous nos soupçons se fixent sur sa tête... » Il est certain — Napoléon l'avouera plus tard —, que sa faveur auprès des représentants en mission en place avant thermidor était grande ; Augustin Robespierre ne prenait guère de décisions concernant l'armée d'Italie avant de consulter le jeune général.

Sans attendre les ordres du Comité, les trois commissaires « considérant que le général Buonaparte a totalement perdu leur confiance par la conduite la plus suspecte, et surtout par le voyage qu'il a dernièrement fait à Gênes », arrêtent ce qui suit : « Le général de brigade Buonaparte, commandant en chef l'artillerie de l'armée d'Italie, est provisoirement suspendu de ses fonctions. Il sera par les soins et sous la responsabilité du général en chef de la dite armée, mis en état d'arrestation et traduit au Comité de Salut public, à Paris, sous bonne et sûre escorte. Les scellés seront apposés sur tous les papiers et effets... »

Buonaparte « se juge perdu ». Il n'est cependant pas conduit au Fort-Carré d'Antibes, ainsi qu'on l'a affirmé durant tant d'années. Laurenti — nous le savons par ses *Mémoires* — « s'occupe de lui », offre « sa caution » et le général en disgrâce est simplement condamné « à garder les arrêts de rigueur dans la maison de ses hôtes ». Une sentinelle à sa porte, il fait les cent pas dans sa chambre de la rue de Villefranche, tout en rongeant son frein. Si, au moins, Emilia se trouvait là ! Mais, avec prudence, M. et Mme Laurenti ont envoyé leur fille dans leur maison de campagne de Saint-Martin, au-dessus de Grasse.

Que faire sinon écrire aux représentants ? « Me voici flétri sans avoir été entendu, leur déclare-t-il le 12 août... J'ai sacrifié le séjour de mon département ; j'ai abandonné mes biens, j'ai tout perdu pour la République. Depuis, j'ai servi sous Toulon avec quelque distinction et j'ai mérité de l'armée d'Italie la part des lauriers qu'elle a acquise à la prise de Saorgio, d'Oneille et de Tararo... Entendez-moi ! Délivrez l'oppression qui m'environne et restituez-moi l'estime des patriotes... »

On « l'entend ». L'enquête innocente et libère Buonaparte. Et Salicetti l'avoue avec franchise : « Par l'examen de ses papiers, et tous les renseignements que nous avons pris, nous avons reconnu que rien de positif ne pouvait faire durer sa détention plus longtemps. »

Le général Dumerbion approuve cette libération. Il a besoin des « talents de ce militaire qui, nous ne pouvons le nier, précise-t-il, deviennent très nécessaires dans une armée dont il a, mieux que personne, la connaissance ». Des hommes de sa valeur — son chef le reconnaît — sont « extrêmement difficiles à trouver ». Dumerbion n'ose pas encore réintégrer Napoleone officiellement dans l'armée, mais lui demande, avec une gentillesse toute paternelle :

— Mon enfant, présentez-moi un plan de campagne tel que vous savez les faire et je l'exécuterai de mon mieux.

Ce plan de campagne sera celui qu'il mettra en action lui-même dans un peu plus d'une année et demie et qui donnera l'Italie à la France. Mais, pour l'instant, on devine la stupéfaction de Volney et du conventionnel Turreau de Lignières, — ce dernier est venu sur la Côte en voyage de noces —, lorsqu'ils entendent au cours d'un dîner, à la fin du mois d'août 1794, le jeune général leur déclarer qu'il se charge, si on veut bien porter les forces de l'armée de 40 000 hommes à 55 000, de conquérir l'Italie.

Turreau lui fait alors observer que l'armée française, en voyant même ses effectifs renforcés, serait encore très inférieure en nombre à celle du général autrichien Beaulieu. L'armée de Dumerbion se trouve en outre fort mal approvisionnée. Assurément Beaulieu fortifiera ses positions et les Français, en moins d'un mois, se trouveront cernés par les armées piémontaises et autrichiennes.

— Tout est prévu, répond allègrement Buonaparte. Dès mon début, je livre bataille à Beaulieu et la gagne. Je porte la terreur dans le cœur du Piémont qui m'est découvert, je me fais livrer ses places fortes pour garantir ses Etats, et je marche sur Beaulieu sans lui donner le temps de se reconnaître ni d'encadrer ses renforts. Mes soldats ne manqueront plus de rien, les victoires en doubleront le nombre et le courage ; de conquête en conquête, j'arrive aux portes de Vienne, où je dicte la Paix...

Turreau finit — s'il faut en croire Chaptal — par ne plus considérer ce plan « comme un acte de forfanterie de la part d'un jeune homme », il le croit réalisable et « promet de l'envoyer au Comité de Salut public ».

En attendant que la guerre reprenne, Napoleone se rend fréquemment de Nice à Antibes où il retrouve Désirée venue voir sa sœur, maintenant Mme Joseph Buonaparte. Napoleone est de nouveau sous le charme. L'amourette reprend... Le 5 septembre, il quitte Nice à la suite de l'Etat-Major, tandis que Désirée regagne Marseille. C'est là qu'il lui adressera cette première lettre écrite d'Oneille (1) :

« La douceur inaltérable qui vous caractérise, l'heureuse franchise qui n'appartient qu'à vous, m'inspirent, bonne Eugénie, de l'amitié, mais absorbé par

(1) Correspondance que M. Girod de l'Ain, arrière-petit-neveu de Désirée, a retrouvée et publiée à notre époque. On remarquera que Napoléon appelle Désirée par son second prénom : Eugénie.

les affaires, je ne devais pas penser que ce sentiment devait recevoir dans mon âme une cicatrice plus profonde. Etranger aux passions tendres je ne devais pas me méfier au plaisir de votre société. Le charme de votre personne, de votre caractère, a gagné insensiblement le cœur de votre amant. Vous avez depuis lu dans mon âme. Vous m'avez même promis de l'amitié. Il est vrai que vous ne vous êtes pas moins éloignée de vos amis avec précipitation. Mais de mon côté, le devoir m'entraîne à vous quitter. Vous ne serez donc pas surprise que je déjoue l'éloignement en vous épanchant mon âme. Il est nuit, tout promet les vents à la mer et demain, nous serons encore plus éloignés de dix lieues. Je ne penserai que plus souvent à Eugénie ; mais elle, dans l'âge et du sexe de l'inconstance, partagera-t-elle ma solitude, mes peines, mon amour ? ! ! ! C'est par l'absence que les sentiments vacillent et les caractérisent (*sic*). Eugénie est-elle tout entière à son amant ? »

Amant ! Dans le sens donné à ce mot au XVIIIe siècle bien sûr... D'ailleurs, les sentiments qu'il porte à Désirée Clary ne l'empêchent pas de faire la cour à la jeune femme de Turreau de Lignières. Elle se nomme Louise — Louise Gauthier. Le jeune général la trouve « extrêmement jolie et fort aimable »... Si aimable qu'elle se donne à Buonaparte.

— J'étais heureux, dira-t-il plus tard, et fier de mon petit succès...

La seconde lettre qu'il écrira à Désirée n'est guère tendre. Il lui conseille de s'adonner à la musique qui « de tous les talents, est celui qui tient le plus aux sentiments » et lui recommande de se livrer à la lecture qui « meublera sa mémoire ». Il ne parle plus de son amour — et Désirée est en droit de lui répondre que « la plus sensible des femmes aime le plus froid des hommes ». Cette fois, touché à vif, Buonaparte se défend :

« Si vous étiez témoin, Mademoiselle, des sentiments que m'a inspirés votre lettre, vous seriez convaincue de l'injustice de vos reproches... Il n'est pas un plaisir auquel je ne désire vous associer. Il n'est pas un rêve que vous ne soyez de moitié. Soyez donc bien sûre que « la plus sensible des femmes aime le plus froid des hommes » est une phrase inique de méchanceté et d'injustice que vous n'avez pas crue en écrivant. Votre cœur la désavouait lorsque votre main l'écrivait. »

Mais la fin de la lettre prend de nouveau un petit ton « magister ». Il lui recommande de « s'accoutumer à chanter la gamme par une note quelconque ». Il explique sa méthode, qui est d'ailleurs inapplicable... Et il termine sa lettre par ces trois mots inattendus : *Souvenir, gaieté, santé.*

Après la carte du Tendre, voici celle des opérations guerrières. La campagne contre les Piémontais et les Autrichiens reprend sans la moindre envergure. On oblige simplement l'ennemi à se replier sur Dego et l'on « bouscule » les arrière-gardes autrichiennes. L'archiduc Ferdinand avait raison d'écrire le 3 septembre précédent en parlant du « général Bonaparte » : « C'est un Corse hardi, entreprenant, qui, certainement, voudra risquer quelque attaque. »

Ainsi que l'a remarqué Louis Madelin, c'est la première fois que le nom de Bonaparte — orthographié comme le fera Napoléon dix-huit mois plus tard — apparait sous la plume d'un prince de la Maison d'Autriche qui devait, fait alors bien imprévisible, devenir en 1810 son cousin par alliance.

De son côté, le général Dumerbion reconnaît les mérites de Napoleone :

— C'est aux talents du général de l'artillerie que je dois les savantes combinaisons qui ont assuré le succès.

Un succès sans éclat — surtout si nous le comparons à la future campagne d'Italie. Cependant les Français, au mois de novembre, ne s'en sont pas moins installés au Caire et à Carcare. De là, selon Buonaparte, on pourrait partir favorablement pour entreprendre une nouvelle offensive... Mais Carnot, à Paris, et Salicetti dans le Midi, ne pensent qu'à reconquérir la Corse livrée aux Anglais par Paoli. Aussi, à la fin de 1794, et au début de 1795, voilà Buonaparte obligé de préparer, à contrecœur, l'expédition contre la Corse. D'après lui — et il voyait juste — jamais la flotte française ne pourrait percer la croisière anglaise. Mais — Napoleone l'annonce à Désirée : « Salicetti est rappelé à Paris ; un autre représentant le remplace. Il est probable que cela retardera l'expédition de quelques jours. »

C'est en effet seulement le 2 mars que la flotte française quitte Toulon pour la Corse. A la hauteur du cap Noli, l'escadre rencontre la flotte anglo-napolitaine composée de dix-sept navires. Après un bref combat, les Français perdent deux vaisseaux — *La Ira* et *Le Censeur* — et se hâtent de mettre le cap sur Toulon. L'expédition a échoué. La conquête de la Corse est remise à plus tard.

Au printemps 1795, Napoleone revoit Désirée à Marseille et à Montredont, où se trouve la bastide des Clary. Cette fois l'amourette fait place à l'amour. Le général semble vraiment épris, mais le service l'oblige à voyager ; il ne peut consacrer tout son temps à Désirée comme il le voudrait. Il n'a que la possibilité de lui écrire et, cette fois — le 11 avril — le ton est tout autre : « Je reçois à l'instant ta lettre du 13 (1) qui m'a fait le plus tendre plaisir. J'ai reconnu à chacune de tes paroles mes propres sentiments, mes propres pensées. Je n'ai pas cessé de t'avoir présente à ma mémoire. Ton portrait est gravé dans mon cœur. Je n'ai jamais douté de ton amour, ma tendre Eugénie, pourquoi te vient-il à l'esprit que je puisse jamais ne plus t'aimer ? Je pars à l'instant pour Tarascon, d'où je t'écrirai ce soir plus en détail. Il est quatre heures de l'après-midi. A toi pour la vie. »

Napoléon, dans une de ses lettres futures, parlera de « promenades où l'amour, précisait-il, nous unissait sans nous contenter »... Assurément Désirée avait accordé à son « ami » quelques privautés. Ils s'étaient promenés dans un bois au clair de lune. Le futur empereur fait également allusion à « une soirée enchanteresse ». S'agit-il de cette soirée où il trouva Désirée cachée sous son lit et où se déroula l'inévitable ? Soirée à laquelle il fera allusion à Sainte-Hélène, en se confiant au grand maréchal Bertrand, en ces termes précis et peu poétiques :

— C'est parce que j'ai pris à Désirée le sexe et le pucelage que j'ai fait Bernadotte maréchal, prince et roi !

Et Napoléon confiera encore à son compagnon d'exil :

— J'avertis sa mère...

Aussi, le 21 avril 1795, se fiance-t-il officieusement avec Désirée. Il ne peut encore être question de fixer une date pour les noces. Bonaparte se trouve alors sans affectation. Comme il y a surnombre de généraux d'artillerie, on l'a désigné, lui le dernier nommé, pour exercer un commandement contre « les bri-

(1) Germinal.

gands » de Vendée, mais il n'a nullement l'intention de rejoindre son poste. Est-il gêné de combattre des Français insurgés, alors que la Terreur n'est plus à l'ordre du jour ? On l'a si souvent affirmé que l'on a fini par croire à cette légende. N'est-il pas descendu avec entrain dans les rues d'Ajaccio ? N'a-t-il point participé à la répression de Marseille ? N'a-t-il pas lui-même proposé de placer des batteries « pour maîtriser la ville » si elle osait bouger ? Et dans quelques mois, hésitera-t-il à pulvériser à coups de canon les sectionnaires royalistes de Paris marchant sur la Convention régicide ? Participer à une guerre civile ne l'effraye pas, mais l'artillerie ne peut être d'aucune utilité en Vendée, dans cette guerre de haies et de bocages... Sans doute lui offrira-t-on de commander une brigade de lignards, mais il ne veut point changer d'arme. Il ne retirerait d'un tel commandement aucune gloire qui puisse servir son ambition. Ce sont là les véritables raisons de son attitude qu'il compte expliquer verbalement au ministre. C'est pourquoi, il décide de partir pour Paris avec Louis, en s'adjoignant comme aides de camp — et de sa propre autorité — Junot et Marmont. Avec l'appui de Ricord, il espère bien recevoir un autre poste.

Lorsqu'il monte en voiture, le 8 mai, Désirée est anéantie. Elle lui glisse un médaillon de ses cheveux qu'il place contre son cœur. Puis, sanglotante, elle se jette sur son écritoire et trace ces lignes : « Chaque instant me perce l'âme. Il m'éloigne du plus chéri des amis. Mais tu es toujours présent à mon cœur. Mon imagination croit te voir dans tous les chemins où je passe. Ta pensée me suit partout et me suivra jusqu'au tombeau. Oh ! mon ami, puissent tes serments être aussi sincères que les miens et puisses-tu m'aimer autant que je t'aime. Voici une demi-heure que tu es parti. L'heure de la promenade approche, mais mon ami ne vient pas me chercher. Ah ! que j'ai du regret de t'avoir laissé partir. Cependant, il fallait que vienne le moment, il fallait bien quitter ce bon ami à qui je ne puis dire combien... Il n'y a que l'idée de te savoir toujours fidèle... Il y a une heure que tu es parti ; elle paraît autant de siècles. Recevoir de tes nouvelles et l'assurance que tu m'aimes, voilà ce qui peut me faire supporter une si longue et si pénible absence... »

Sur le brouillon de sa lettre, qui a été conservé, Désirée a tracé de nombreux *B... B... B... B...* qui se transforment en *Buonaparte... Buonaparte... Buonaparte...*

Au verso de la lettre, elle ajoute :

« Je ne vois plus la voiture. Chaque instant me perce le cœur puisqu'il m'éloigne de toi... Il m'éloigne de mon ami le plus chéri... de cet ami qui... mais je te suis, je cours la poste avec toi... mon imagination court, te voit dans les chemins où tu passes... »

La Durance a débordé et c'est assez tard que Napoleone arrive, le 9 mai, en Avignon. Il loge à l'hôtel du *Palais ci-devant Royal.* Il dîne — avec l'adjudant général Grillon et son adjoint, un certain Hippolyte Charles qu'il retrouvera plus tard... Puis il écrit à Désirée :

« J'arrive à Avignon bien affligé de l'idée de devoir être si longtemps loin de toi. La route m'a paru bien maussade. L'espérance que ma bonne Eugénie pensera souvent à son bon ami et lui conservera les sentiments affectueux qu'elle lui a promis, peut seule alléger ma peine et rendre ma situation supportable. Je ne recevrai point de tes lettres avant Paris. Cela hâtera ma route le plus possible. Fais en sorte que j'en reçoive au moins dès l'instant que je serai arrivé...

Adieu ma bonne et tendre amie. Souvenir et amour, par celui qui pour la vie est à toi. »

Et il lui rappelle son adresse :

« *Au général Buonaparte, commandant l'artillerie de l'Armée de l'Ouest, actuellement à Paris, poste restante.* »

Nicolas-le-Turc écrivait au Caire, dans son Ode à Bonaparte : « Le chef qui marche à leur tête est impétueux et terrible ; son nom épouvante les rois ; les rois fléchissent leur tête altière devant l'invincible Bonaparte, devant le lion des combats. Son courage maîtrise les destinées irrévocables et les cieux de la gloire s'abaissent devant lui. »

(Caisse Nationale des Monuments Historiques).

VI

LE GÉNÉRAL VENDÉMIAIRE

Ceux qui ne savent pas se servir des circonstances sont des niais.

NAPOLÉON.

Ses compagnons sont émerveillés : Napoleone parle — et parle d'abondance. Il se trouve debout, appuyé à une console de marbre, entre les deux fenêtres du salon de M. et Mme de Marmont — les parents de son aide de camp qui demeurent au Châtelot, à Châtillon-sur-Seine — et bavarde durant quatre heures avec une voisine de ses hôtes, la jeune Victorine de Chastenay portant le titre de chanoinesse — ce qui lui confère le droit d'être appelée *Madame.* La première impression n'a pas été bonne : il s'est montré fort taciturne, n'a émis que des monosyllabes, faisant sèchement remarquer à la jeune fille qu'elle s'exprime mal en italien, et a « prescrit » à son frère Louis de calculer le logarithme de 44 ! Mme de Chastenay, la mère de Victorine, a dû intercéder pour obtenir la permission d'envoyer le jeune homme se distraire en visitant la forge de Sainte-Colombe.

Et voici que, brusquement, ce pion morose et ennuyeux s'anime et entrouvre son cœur. Aussi bien « l'état-major » que la jeune chanoinesse s'étonnent : ce n'est plus un ancien officier du roi ou un général sans-culotte qu'ils ont devant eux, mais un homme se plaçant au-dessus des partis.

— Veut-on étudier les événements de Lyon, et même ceux de Toulon, déclare-t-il ? Aucune prévoyance, aucun plan dans la résistance lyonnaise. Le courage, l'énergie des plus beaux caractères y ont perdu leur influence par le défaut des conceptions et l'incertitude du but. A Toulon, les négociants avaient commencé par placer sur des vaisseaux une grande part de leurs richesses, prêts eux-mêmes à mettre la voile si la chance tournait contre eux. Ce n'est pas ainsi qu'on fait une guerre civile...

Napoleone est apprivoisé. Il aide la chanoinesse à faire un bouquet de bleuets et accepte de participer aux petits jeux. « Par suite d'un gage touché, racontera encore la jeune fille, je vis à genoux, devant moi, celui qui vit bientôt l'Europe aux siens. Nous dansâmes des rondes. Notre compatriote Junot, alors aide de camp du général et, depuis, général et duc d'Abrantès, nous beugla la ronde si connue : « *Mon berger n'est-il pas drôle ?* », et ce fut une très bruyante joie. »

Le 23 mai, en mettant Buonaparte et son petit état-major en voiture, M. de Marmont lui aurait glissé ce conseil :

— Donnez le temps à cette révolution de s'assagir, vous ne savez pas ce qui peut vous arriver en traversant le faubourg Saint-Germain.

Un conseil peut-être apocryphe... Offrir son épée aux royalistes ? Buonaparte n'y pensait pas plus que le faubourg Saint-Germain ne pensait à lui. Son nom ne disait encore rien à personne !

Napoleone roule maintenant vers Paris où il va entrer dans l'Histoire...

Buonaparte et ses compagnons débarquant dans la capitale le 25 mai 1795, vont d'abord s'installer 11, rue des Fossés-Montmartre, à l'*hôtel de la Liberté*. Ils ont trouvé la ville se réveillant à peine d'une nouvelle « journée » tumultueuse. Paris a faim... Il faudra bientôt, pour subsister un seul jour, plus de « papier » qu'il ne fallait autrefois de métal pour vivre une année. On verra le louis d'or monter de cent francs *par heure*. Aussi les « ventres creux », cinq jours auparavant, ont-ils marché sur les « ventres pourris », c'est-à-dire les députés siégeant aux Tuileries. Le premier prairial, la foule a envahi la Convention et massacré le député Féraud qui essayait de s'interposer. Boissy d'Anglas présidait. Tout en bégayant, il affirmait si souvent que les « subsistances étaient assurées » — alors que l'on mourait de faim — qu'il avait été appelé *Boissy-Famine*. C'est principalement en saluant, froidement, ce premier prairial, la tête de Féraud, qu'il passera à la postérité.

L'émeute a proscrit les derniers Jacobins — tel Ricord, le meilleur appui de Buonaparte. Aussi Napoleone va-t-il rendre visite à Aubry, le ministre de la Guerre. Celui-ci a dû, je pense, avant de recevoir Napoleone consulter la fiche concernant « *Buonaparte (breveté)* » et a pu lire ces mots : « ayant un peu trop d'ambition et d'intrigue pour son avancement ». Il estime bien rapide la carrière de ce petit protégé de Robespierre et ne lui offre, en attendant son départ pour l'Ouest, qu'une vague fonction à l'Etat-Major.

Le Ministre doit être tout heureux de tenir la dragée haute à ce général artilleur de vingt-cinq ans — qui, au surplus, fait des fautes de français « assez grossières » — alors que lui-même, également artilleur, n'a pas encore, à quarante-cinq ans, dépassé le grade de capitaine.

— Citoyen représentant, déclare Buonaparte, on vieillit vite sur le champ de bataille et j'en arrive !

Ce « petit Italien » — au surplus jacobin, du moins il passe pour tel — a fait une fâcheuse impression. Rien n'est devenu guerrier dans son allure. Il est toujours pâle, frêle, osseux, le teint jaune, — laid, dira même la future duchesse d'Abrantès. Ses mains sont « maigres, longues et noires ». Laure se souviendra plus tard de cette pauvre silhouette traversant d'un pas « assez gauche et incertain » la cour de l'*hôtel de la Tranquillité,* où demeuraient les Permon, « ayant un mauvais chapeau rond enfoncé sur ses yeux, et laissant échapper ses deux oreilles de chien, mal poudrées ». Il se refuse à porter des gants, parce que, dit-il, « c'est une dépense inutile ». Ses bottes sont grossièrement taillées, presque jamais cirées. On sourit quand on voit cette ancienne créature de Robespierre harceler les bureaux, « frapper à toutes les portes », contant à tous ses projets, injuriant à mi-voix les Muscadins qu'il traite de « mauvais Français », et rapportant les injustices dont il se prétend victime. Il se dit malade — son congé de maladie expire d'ailleurs le 15 juillet — et, en attendant, il multiplie les démarches pour éviter de rejoindre son poste.

Le jeune artilleur — il l'écrira à Joseph le 13 juin — ne parvient pas à accepter l'idée de ce commandement de l'armée de Vendée en qualité de « général de ligne ». Plein de rancœur, « froid et sombre », il déclare :

— Je me jette en arrière, satisfait de ce que l'injustice que l'on fait aux services est assez sentie par ceux qui veulent les apprécier.

Même au spectacle il n'abandonne pas son air taciturne. Il a retrouvé Bourrienne qui l'entraîne au Théâtre-Français et, au milieu des éclats de rire, Napoleone garde un « silence glacial ».

Seule — ou presque seule — une jeune femme inconnue admira le « très beau regard » de ce général au nom singulier, qui « s'animait en parlant ». Elle pensait que ce provincial pouvait peut-être avoir « quelque mérite ». S'il n'eût été maigre « au point d'avoir l'air maladif et de faire de la peine, racontera-t-elle, on eût remarqué des traits remplis de finesse. Sa bouche, surtout, avait un contour plein de grâce. Un peintre, élève de David, me dit que ses traits avaient une forme grecque, ce qui me donna du respect pour lui. »

Une seule consolation : les lettres de Désirée. « J'ai reçu tes deux charmantes lettres, lui écrit-il, elles ont rafraîchi mon âme et lui ont fait goûter un instant de bonheur. Triste illusion, que ton éloignement et l'incertitude de l'avenir ont dissipée. Je sens cependant bien qu'avec l'amour de ma bonne amie l'on ne peut être malheureux... Je t'en conjure, ne passe pas un jour sans m'écrire, sans m'assurer que tu m'aimes toujours... »

Mais Désirée a dû partir pour Gênes avec sa mère. Buonaparte qui ignore encore ce départ, est désemparé de se trouver sans nouvelles : « Plus de lettres de toi, mon adorable amie. Comment as-tu pu rester onze jours sans m'écrire ? Aurais-tu resté tout ce temps-là sans penser à moi ? Hâte-toi de m'écrire et de soulager mon cœur des incertitudes où ton silence le laisse... »

Et, deux jours plus tard, reprenant cette fois le

vouvoiement, il lui écrit encore : « Vous serait-il déjà indifférent de m'écrire et apprendriez-vous déjà de mes nouvelles sans intérêt ? J'éloigne de moi l'idée qui empoisonnerait ma vie et froisserait mon cœur. Si vous ne sentez pas la peine que m'a causée votre silence, c'est donc que vous ne l'éprouvez pas... »

Enfin il reçoit une lettre de sa petite fiancée marseillaise et apprend son départ. Il se croit abandonné — et se complaît, semble-t-il, à jouer au personnage revenu de tout : « Tu n'es plus en France, ma digne amie ; nous n'étions donc pas assez éloignés ? Tu t'es résolue à mettre la mer entre nous. Je ne te le reproche pas ; je sais que ta position était trop délicate, et ta dernière lettre m'a vivement affecté par la peinture touchante de tes peines. Tendre Eugénie, tu es jeune. Tes sentiments vont s'affaiblir d'abord se décaleront, et quelque temps après tu te trouveras changée. Tel est l'empire du temps. Tel est l'effet funeste, infaillible de l'absence. Je sais que tu conserveras de l'intérêt pour ton ami, mais ce ne sera plus que de l'intérêt, de l'estime. Ne pense pas que je puisse t'accuser d'injustice. Sois heureuse et ton bon ami te justifie. Un cœur froissé par les orages des passions de l'âge viril n'était pas digne de toi. »

Pour la première fois, le futur empereur a perdu la foi en son étoile.

Au mois de juillet, après un bref séjour dans un hôtel de la rue de la Michodière, il est allé s'installer dans une petite chambre à trois francs par semaine, à l'*hôtel du Cadran Bleu,* 10, rue de la Huchette, au troisième ou au quatrième étage. Ses fenêtres donnent sur la Seine, de l'autre côté de l'immeuble. Celui-ci existe d'ailleurs toujours — sordide et lugubre. Officier en disponibilité, Buonaparte a d'autant moins d'argent qu'il tient à envoyer quelques subsides à sa mère. Il ne fait qu'un repas par jour qui lui coûte vingt-cinq sous.

— Je vivais alors seul comme un ours, seul, dira-t-il, seul avec mes livres, mes seuls amis d'alors.

Ses lettres à Joseph reflètent sa peine ; il ne se croit plus aimé : « Désirée me demande mon portrait, je vais le faire faire ; tu le lui donneras si elle le désire encore, sans quoi, tu le garderas pour toi. »

Il s'attendrit — ce qui est rare chez lui : « Dans quelque événement que la fortune te place, écrit-il à son frère, tu sais bien, mon ami, que tu ne peux avoir de meilleur ami, à qui tu sois plus cher et qui désire plus sincèrement ton bonheur. La vie est un songe léger qui se dissipe. Si tu pars, et que tu penses que ce puisse être pour quelque temps, envoie-moi ton portrait. Nous avons vécu tant d'années ensemble, si étroitement unis, que nos cœurs se sont confondus, et tu sais mieux que personne combien le mien est entièrement à toi. Je sens en retraçant ces lignes, une émotion dont j'ai eu peu d'exemples dans ma vie. Je sens bien que nous tarderons à nous voir et je ne puis plus continuer ma lettre. »

Parfois le famélique général s'achemine avec Junot vers le boulevard Italien, où se réunissent les royalistes — ses futurs adversaires de Vendémiaire. Ces « émigrés de l'intérieur » conspirent ici sous les ombrages, d'où le nom donné à la promenade de *Petit Coblentz*... Et Buonaparte, parlant de la « belle affaire de Quiberon », dira tout heureux :

— Cette affaire a un peu chagriné le petit Coblentz.

Il s'assied sur l'un des sièges disposés là par les marchands de glaces. En voyant passer devant lui, les *Incroyables* jurant *paole parfumée* ou *paole d'honneur,* il pousse sa chaise « de manière qu'elle aille tomber sur les jambes de l'*Incroyable* ».

— Et ce sont de pareils êtres, s'exclame-t-il, qui jouissent de la fortune !

Il n'a pas plus de sympathie pour les sectionnaires qui ont faim et réclament la « Constitution de 1793 ».

— Elle a du bon dans un sens, déclare Bonaparte à Mme Permon, mais tout ce qui tient au carnage ne vaut rien !

D'autres fois, il se dirige, toujours en compagnie de Junot, vers le Jardin des Plantes :

— En y entrant, on y respire la paix.

Enhardi, le lieutenant Junot se confie à son cher général. Il aime toujours Paulette Buonaparte à la folie. Napoleone n'a ni accueilli, ni rejeté la demande, mais il estime que le mariage sera seulement possible le jour où Junot pourra offrir à sa future femme « un établissement non pas riche, mais enfin suffisant pour ne pas avoir la douleur de mettre au jour des enfants qui fussent malheureux... »

Le futur duc d'Abrantès, de plus en plus enhardi, révèle à son chef qu'il a reçu la veille une lettre de son père. M. Junot annonce à son fils qu'à la vérité il n'avait rien à lui donner pour le moment, mais que sa part d'héritage serait un jour de vingt mille francs.

— Je serai donc riche, s'exclame Junot, puisque avec mon état, j'aurai douze cents livres de rentes, mon général, je vous en conjure, écrivez à la citoyenne Buonaparte...

« En sortant du Jardin des Plantes, racontera la future femme de Junot, ils avaient passé l'eau dans un batelet, et, à travers les rues, ils avaient gagné le boulevard. Ils étaient parvenus vis-à-vis des bains chinois, et se promenaient dans la contre-allée »...

— Je ne puis écrire à ma mère pour lui faire cette demande, explique Napoleone, car enfin, tu auras douze cents livres de rentes, c'est bien, mais tu ne les as pas. Ton père se porte parbleu bien, et te les fera attendre longtemps. Enfin, tu n'as rien, si ce n'est ton épaulette de lieutenant. Quant à Paulette, elle n'en a même pas autant. Ainsi donc, résumons : tu n'as rien, elle n'a rien, quel est le total ? Rien. Vous ne pouvez donc pas vous marier à présent, attendons. Nous aurons peut-être de meilleurs jours, mon ami. Oui, nous en aurons, quand je devrais aller les chercher dans une autre partie du monde.

A-t-il vraiment prononcé ces derniers mots en ce début de l'été 1795 ? Quant à ses propres amours, elles vont mal. Désirée garde son mutisme et il en souffre... Enfin la « silencieuse » — c'est ainsi qu'il l'appelle — trace pour lui des lignes pleines de tendresse. La lettre a quitté Gênes le 6 juillet, mais ne parvient à son destinataire qu'au début de ce mois d'août :

« Si Eugénie t'a été chère, pourquoi ne te le serait-elle plus à présent ? L'Italie n'a pas changé mon cœur ; oh ! mon ami, je t'aime davantage s'il est possible. Tu es le seul objet de mes pensées. Je gémis en ton absence. Ainsi tout en mon âme est triste et il n'y a pas un seul moment qui ne t'appartienne. Ainsi, mon ami, notre bonheur est retardé, il est vrai, mais pas pour toujours. Si tu veux m'aimer autant que je t'aimerai, il attendra que des événements plus heureux nous réunissent... Je voudrais te voir persuadé que j'aurai, pour la vie, tendresse, amour, et qu'Eugénie aura toujours pour toi, en plus de l'estime, le plus tendre amour pour toi. Tout ce que tu me dis sur celui que je pourrais aimer est inutile : tu sais bien que je ne puis aimer que toi. C'est toi seul, oh ! mon bien-aimé, à qui je dirai toute ma vie : « Je t'adore ».

En dépit de l'amour que lui voue sa fiancée, Buonaparte est retombé dans son marasme. Ses lettres reflètent son état d'âme. Si Désirée en aime un autre, qu'elle n'hésite pas à abandonner le pauvre petit général sans brigade ! Qu'elle ne contraigne pas son âme ! Qu'elle ne s'impose pas de devoirs. Pauvre Désirée ! Elle aime avec fraîcheur, franchise et pureté et comprend mal les réactions pessimistes de son « amant » et ses drames de conscience. Aussi continue-t-elle à jurer à Buonaparte qu'elle l'aime de toutes ses forces. Malheureuse loin de lui, elle le supplie de l'aimer toujours comme elle l'aime : « c'est-à-dire autant qu'on peut aimer... »

Mais, ces déclarations ne rendent nullement à Napoleone son courage. En ce même début du mois d'août, il écrit encore à Joseph pour lui ouvrir son cœur : un cœur désabusé comme il ne le fut — et ne le sera jamais. Affirmant être « très peu attaché à la vie », il explique qu'il est constamment dans la situation d'âme où l'on se trouve la veille d'une bataille, convaincu par sentiment que lorsque la mort y est tapie pour tout terminer, s'inquiéter est folie. Il envisage, sinon le suicide, du moins — il l'affirme — il ne s'écartera pas du chemin si la mort devait se présenter à lui : « et si cela continue, mon ami, je finirai par ne pas me détourner lorsque passe une voiture ».

Joseph pourrait être surpris — on le serait à moins — aussi Buonaparte précise : « Ma raison en est quelquefois étonnée, mais c'est la pente que le spectacle moral de ce pays et l'habitude des hasards ont produite sur moi. »

Il espère cependant que « dans le mouvement perpétuel des gens en place », quelqu'un finira par s'intéresser à lui. Cela paraît d'autant moins probable que, le 16 août, Napoleone reçoit une véritable mise en demeure lui enjoignant de partir pour la Vendée. Le ton est comminatoire : « J'ai tout lieu de présumer que vous êtes en état de vous mettre en route et je vous invite à vous rendre, au plus tôt, à votre poste où votre présence devient de jour en jour plus nécessaire. Si votre santé ne vous permet pas de servir activement, marquez-le moi et je proposerai votre remplacement au Comité. »

C'est sans doute après avoir reçu cette sommation qu'il se rend le 18 août 1795 au Comité de Salut public. La chance tournerait-elle ? Il parvient à se faire écouter et explique quelle pourrait être l'action de l'armée d'Italie si l'on voulait bien suivre son plan.

Doulcet de Pontécoulant, nouveau ministre de la Guerre, écoute avec attention son exposé et déclare :

— Général, vos idées sont brillantes et hardies, mais elles demandent à être examinées avec le calme de la réflexion avant de songer à leur exécution. Veuillez donc prendre votre temps et, à tête reposée, me faire un rapport que je soumettrai au Comité.

— Du temps ? s'exclame Buonaparte, il n'en est pas besoin, mon plan est tellement mûri dans ma tête qu'une demi-heure peut me suffire à en développer tous les détails. Une plume, deux feuilles de papier, voilà tout ce que je réclame de votre indulgence.

On le lui donne et, à l'instant même, sur le bout de la table du Comité, il trace d'une écriture rapide et — bien sûr — à peine déchiffrable, tout le plan de la campagne d'Italie, qu'il réalisera huit mois plus tard :

— Il faut prendre la ligne de Borghetto qui est courte, bien appuyée et facile à défendre.

On lui demande d'établir lui-même la lettre destinée à Kellermann, alors commandant l'armée d'Italie. « Je fis la lettre, racontera-t-il, et gourmandai Kellermann pour les fautes qu'il avait commises et le parti qu'il proposait, indiquai la position qu'il devait prendre. Et comme la lettre devait être signée par le président du Comité, je l'écrivis du ton que je pourrais l'écrire aujourd'hui, ce qui plut beaucoup au

Comité. » Il est également entendu par Sieyès et Letourneur. Il les séduit, et le jeune général est engagé — hélas point pour l'armée d'Italie :

— Vous êtes mis en réquisition du Comité pour contribuer de votre zèle, de vos lumières, aux travaux des plans de campagne et des opérations de l'armée de terre.

Le voici donc attaché au bureau topographique du Comité de Salut public. Cela ne l'amuse guère et c'est sans enthousiasme qu'il mande ces nouvelles à son frère. Il envisage même alors de s'expatrier et de prendre du service à Constantinople, « comme général d'artillerie, envoyé par le gouvernement pour organiser l'artillerie du Grand Seigneur, avec un bon traitement et un titre d'envoyé très flatteur. » Il se voit déjà parti pour la Porte Ottomane : « Je te ferai nommer consul », promet-il à Joseph...

Mais Pontécoulant, qui a paru l'apprécier, le laissera-t-il s'éloigner ?

Le 30 août, il reçoit une nouvelle lettre de Désirée : « Ne crois pas que je sois heureuse — puis-je l'être loin de toi ? Le souvenir de nos charmantes promenades est sans cesse présent à mon cœur, ainsi que le bois au funeste pressentiment... » Ce bois où sans doute les deux fiancés avaient évoqué les obstacles qui semblaient encore devoir les empêcher de se marier. « Hélas, il n'était que trop fondé, poursuit-elle, puisque nous devons être séparés si longtemps, c'est le destin qui l'a voulu ainsi... »

Dès le lendemain, Napoleone lui répond : « J'ai reçu ta charmante lettre, ma bonne amie, elle me fait le plaisir que m'inspire toujours ton souvenir. Souvent, au milieu des bruyants plaisirs de cette immense commune, je pense à mon aimable Eugénie. Mon idée franchit les mers, brave les tourments attachés à la distance et court se reposer auprès de toi... »

Il a repris une manière d'existence mondaine. Hormis les heures consacrées au travail — « depuis deux heures après-midi à quatre heures et depuis une heure après minuit à deux heures », — ses nouvelles fonctions lui ont permis de fréquenter quelques salons à la mode. Il est ébloui et écrit à Joseph : « Le luxe, le plaisir et les arts, reprennent d'une manière étonnante. Les voitures, les élégants reparaissent, ou plutôt, ils ne se souviennent plus que comme d'un long songe, qu'ils aient jamais cessé de briller... »

« Les femmes sont partout, lui avait-il annoncé quelque temps auparavant : aux spectacles, aux promenades, aux bibliothèques... Une femme a besoin de six mois de Paris pour connaître ce qui lui est dû et quel est son empire. » Il n'ignore donc pas à quel point il doit cultiver ses relations féminines. Aussi est-il allé revoir Thérésia Tallien qu'il avait rencontrée autrefois. Il lui a exposé ses soucis vestimentaires de général en disponibilité. La toute-puissante Notre-Dame de Thermidor ne pourrait-elle pas lui obtenir un uniforme ?... Ou au moins une paire de culottes ? Thérésia a trouvé plaisant de s'occuper de l'affaire, et a recommandé son protégé à l'ordonnateur Lefèvre, de la 17ᵉ division. Et elle accueille quelques jours plus tard Napoleone en lui lançant à travers son salon ces mots, dont le futur empereur se souviendra plus tard :

— Eh bien, mon ami, vous les avez vos culottes !

Est-ce en pensant à cette scène qu'il parle avec quelque restriction de Mme Tallien à Désirée : « J'ai dîné avant-hier chez Mme Tallien. Elle est toujours assez aimable, mais je ne sais par quelle fatalité ses charmes se sont effacés à mes yeux. Elle a un peu vieilli. Elle t'aimerait si elle te connaissait. J'ai remarqué dans ce dîner une coterie d'une vingtaine de femmes. Je ne vois jamais chez elle que des femmes plus laides et plus âgées. Il y a ici, ma bonne amie, un peu de mouvement dans les têtes, mais tout est du reste fort tranquille. Il faut espérer que cela ira bien. »

Il lui trace un tableau de Paris qui risque d'inquiéter Désirée. Dans ce tourbillon de plaisirs, le souvenir de sa fiancée va-t-il pouvoir se maintenir ? Devinant peut-être son inquiétude, il prend les devants : « Quant à moi, je t'assure que si je pouvais être heureux loin de toi, je le serais. J'ai des amis, beaucoup de considération, des fêtes, des parties. Mais, loin de ma tendre Eugénie, il peut exister pour moi quelque plaisir, quelque jouissance, mais pas de bonheur. Jouissons donc bien vite, ma bonne amie, hâtons-nous d'être heureux, le temps vole, les saisons se renouvellent et la vieillesse arrive. Je t'embrasse un million de fois. Ton cher ami pour la vie. »

Au mois de septembre, il retourne chez Mme Tallien. Et c'est là qu'un soir, il fait la connaissance d'une amie de Thérésia : la jolie Rose de Beauharnais, qui sera un jour prochain « l'incomparable Joséphine ». Née Tascher de la Pagerie, originaire des Trois-Ilets, hameau de la Martinique, elle est veuve d'Alexandre de Beauharnais. Son premier et ennuyeux mari, vicomte de sa propre autorité, avait été élu président de l'Assemblée constituante, avant de se faire guillotiner par la machine que — comme tant d'autres apprentis-sorciers — il avait contribué à lancer. Intime de Thérésia, cette jolie créole à la mode avait été enfermée pendant la Terreur et, depuis sa libération, mène une existence assez légère. Elle a frôlé la mort et s'étourdit aujourd'hui, à la fois pour essayer de ne plus penser au cauchemar et pour trouver le protecteur qui l'aidera à vivre. Elle n'a plus l'éclat de ses vingt ans, mais elle est si adroite pour se maquiller qu'elle attire, bien plus aujourd'hui qu'autrefois, le regard des hommes. Elle connaît l'art de marcher, de s'asseoir, de s'étendre en mettant en valeur son corps souple et sa grâce langoureuse de créole, l'art enfin de poser sur ceux qu'elle veut séduire, son regard « irrésistible »... Elle possède au surplus ce « bon ton » de l'Ancien Régime. Mais Buonaparte n'est pas encore conquis, à moins qu'il n'ose point lever les yeux jusqu'à cette pseudo-vicomtesse qui est peut-être déjà la maîtresse de Barras. Est-ce à la veille ou au lendemain de Vendémiaire que commença la liaison entre la veuve joyeuse et le roi des pourris ? On ne sait au juste... Elle a été aimée par le général Hoche alors qu'ils étaient tous deux enfermés sous la Terreur dans la prison des Carmes. Mais ces amours de derrière les barreaux semblent déjà bien oubliées... Ouvrard le racontera : Hoche est justement là le soir où Buonaparte prend le ton et les manières d'une cartomancienne et s'empare de la main de Mme Tallien en débitant « mille folies ». Chacun sollicite les services du diseur de bonne aventure. Jalousie ou rivalité : quand vient le tour de Hoche, il paraît « s'opérer un changement dans son humeur. Buonaparte examine attentivement les signes de la main qui lui est présentée, et, « d'un ton solennel, dans lequel perce une intention peu bienveillante », il prédit :

— Général, vous mourrez dans votre lit.

Hoche manque se mettre en colère, ses yeux lancent des étincelles, mais une plaisanterie de Joséphine fait « renaître la gaieté ».

Par ses nouvelles relations, Napoleone espère bien « arriver ». Quand finira sa disgrâce ? Bourrienne le voit d'autant plus frémir d'impatience que son protecteur Pontécoulant quitte le Comité. Il laisse fort heureusement derrière lui une note concernant Buonaparte — une note qui vaudra un jour à son auteur les places de préfet impérial, de sénateur et de commissaire extraordinaire. « Je déclare avec plaisir, avouait Pontécoulant, que je dois à ses conseils la plus grande partie des mesures utiles que j'ai proposées au Comité de l'Armée des Alpes et d'Italie ; je le recommande à mes collègues comme un citoyen qui peut utilement être employé pour la République, soit dans l'artillerie, soit dans toute autre arme, soit même dans la partie des relations extérieures. »

Aussi, ce même jour, un arrêté sanctionne-t-il le projet déjà ancien de quelques semaines et décide-t-il d'envoyer une mission militaire en Turquie et de la placer sous les ordres du général Buonaparte. Mais les différents bureaux s'ignorent entre eux et un autre décret, émanant celui-ci du service des cadres de l'armée, précise : « Le général de brigade Buonaparte, ci-devant mis en réquisition près du Comité, est rayé de la liste des officiers généraux employés, attendu le refus de se rendre au poste qui lui a été désigné. »

Le voici destitué ! Et l'arrêté est signé par Cambacérès qui sera un jour second Consul et archichancelier de l'Empire !

Cependant, le 26 septembre, le projet de départ pour Constantinople prend corps. « Il est question plus que jamais de mon voyage, annonce-t-il à Joseph, cela serait même décidé s'il n'y avait pas tant de fermentation ici. »

⁂

Pour beaucoup la mort de Robespierre marque la fin de la Révolution, puisque le sang des victimes a cessé de couler. On ne va maintenant plus s'abreuver que du sang des meurtriers ! Sans doute les heures qui sonneront durant les années suivantes n'auront-elles plus le même écho de grandeur tragique, mais la Révolution ne s'est pas achevée par le cri horrible poussé par Maximilien lorsque Sanson lui arracha le bandage qui enveloppait sa mâchoire fracassée. C'est la Terreur qui est morte, mais non la République qui va encore avoir à subir ses inévitables maladies d'enfance, dont la dernière — impériale celle-ci — l'emportera.

Pour terminer la Révolution, pour lui donner son sens, pour parachever son œuvre, il faudra la dictature, à la fois celle de l'épée, puisque l'Europe se prépare à la curée, et celle du génie, puisque tout est à faire, à créer et à construire. Une dictature d'autant plus indispensable que la France qui s'est réveillée le matin du 9 thermidor est, non seulement chaos, désordre et confusion, mais se trouve gouvernée par une noire cohorte d'hommes « perdus de dettes et de crimes », par d'affreux tripoteurs, par ces thermidoriens que Robespierre avait le droit de regarder avec mépris.

Sans doute la Convention a-t-elle perdu tout prestige, cependant sa longévité, sa vieillesse encore vigoureuse stupéfient. Elle a tant crié, tant discuté, si tenacement poursuivi son œuvre d'autodestruction ! Mais l'extraordinaire assemblée n'a-t-elle pas surtout sauvé la France, créé un nouvel univers, travaillé comme jamais ne le fit — et ne le fera jamais — une réunion parlementaire ? Et c'est dans son œuvre passée qu'elle puise sa force présente pour louvoyer et utiliser tantôt l'extrême droite, tantôt l'extrême gauche qui relèvent alternativement la tête, croyant venue, à tour de rôle, l'heure de la revanche.

En cette fin du mois de septembre 1795, la fermentation, dont parlait Buonaparte, couve déjà depuis quelque temps. La Convention, qui a sauvé à tant de reprises la France, agonise cette fois. Onze de ses membres se sont mis au travail et, le 5 fructidor — 27 août 1795 — une nouvelle Constitution, celle de l'an III, a été votée. Le Directoire va prendre le pouvoir. Mais les Conventionnels thermidoriens veulent sauver leurs sinécures. Aussi décident-ils que les deux tiers des membres du Conseil des Cinq-Cents et du Conseil des Anciens seront pris parmi les députés de la Convention. Les sections royalistes, qui espéraient bien voir les régicides survivants disparaître du pouvoir, manifestent contre les décrets des *Deux-Tiers*. Paris, une fois de plus, ressemble d'autant plus au pont d'un navire au moment du branle-bas, que l'on doit voter *pour* ou *contre* la Constitution. Il y a tant d'abstentions — les quatre cinquièmes des inscrits — que le nouveau mode de gouvernement est accepté. Assurément, on le murmure, puis on le crie : les Comités ont falsifié les chiffres.

L'émeute va mûrir et éclater...

Déjà, depuis quelques jours, on voit des jeunes gens à cadenettes, coiffés « à la victoire », dont les collets sont aux couleurs du comte d'Artois, courir et s'agiter dans les rues en criant : *A bas les deux tiers !* Les Conventionnels se rendent compte, selon leur expression, « que la foudre révolutionnaire s'est éteinte entre leurs mains ». Ils ne s'en déclarent pas moins « en permanence » et confient leur sort au général baron Menou, déjà maréchal de camp sous l'Ancien Régime.

Et Buonaparte ?

Le matin du 12, — un matin bien pluvieux — il est passé chez les Permon. Il a mangé une grappe de raisin et bu une grande tasse de café.

— J'ai déjeuné fort tard, explique-t-il. On a tant et tant parlé de politique, que je n'en puis plus. Je vais aller aux nouvelles ; si j'apprends quelque chose d'intéressant, je viendrai vous le dire.

Cette fois les têtes sont vraiment « en mouvement ». La section royaliste des Filles Saint-Thomas — ou Le Pelletier — est réunie en armes, et se montre menaçante. Menou monte à cheval et, au lieu de cerner le quartier, entasse rue Vivienne infanterie et artillerie. Il parlemente, refuse d'agir vigoureusement et se contente de pénétrer dans l'enceinte de l'ex-couvent des Filles Saint-Thomas. Ainsi que le racontera le futur général Thiébault, alors officier d'état-major, « Menou, faible par caractère, ayant des relations avec le parti, une entente peut-être avec les chefs et avec une foule de gens qu'il est chargé de combattre, capitule au lieu de commander, laisse au bataillon de la section ses armes sous la promesse de se disperser... » Ce qu'il ne fera évidemment pas.

La nuit tombe — sinistre. Il fait un temps affreux, mais les abondantes rafales de pluie, le fort vent d'ouest (1), n'incitent nullement les manifestants à rentrer chez eux. Les tambours des sections révoltées battent sans relâche, appelant aux armes contre la Convention. Menou — seule action énergique — ordonne vers deux heures du matin à Thiébault de prendre une centaine de cavaliers, et de balayer la rue de la Grange-Batelière jusqu'au faubourg Montmartre où les tambours s'en donnent à cœur joie. Ainsi fut fait. Ce n'est qu'un répit. On frappe à toutes les portes, appelant aux armes. Les Conventionnels affolés — « ces terroristes couverts de sang », disent les royalistes — destituent Menou et nomment général en chef de l'armée de l'Intérieur, Barras, qui, le 9 thermidor, a marché sur l'Hôtel de Ville contre Robespierre. Barras accepte et annonce aux députés

(1) Les archives de l'Observatoire nous l'indiquent. Tout allait mal d'ailleurs durant ces deux journées, car le scribe chargé des observations sur « l'état de l'air » a noté sur son registre : « *Des curieux ont dérangé la boussole* »... Alors que Paris allait se battre des « curieux » n'en visitaient pas moins l'Observatoire !

qu'il est prêt à sauver la patrie « de l'attaque des stipendiés de l'aristocratie ». C'est la langue de l'époque et personne n'a envie de rire. D'ailleurs le cœur n'y serait pas !...

— Je suis à mon poste, assure-t-il, que chacun soit au sien !

L'ancien sous-lieutenant des troupes coloniales de Louis XVI sachant bien qu'il n'est qu'un général d'occasion sans la moindre expérience, veut s'adjoindre un général — un vrai — et de préférence, un artilleur.

— Buonaparte ! lance Turreau.

Fréron — l'ancien don Juan de la Terreur, amoureux lui aussi de Paulette Buonaparte — approuve, et Barras, qui a vu Napoleone à l'œuvre lors du siège de Toulon, accepte.

— Va le chercher, dit-il à Fréron.

Mais Buonaparte est introuvable. S'il faut en croire Barras, Napoleone s'en est allé prendre le vent du côté des royalistes qui n'ont point voulu de lui... Une fois de plus, le vicomte est surpris en flagrant délit de mensonge. Buonaparte ne vient-il pas d'écrire à son frère : « Quelques sections sont agitées ; ce sont quelques aristocrates qui voudraient profiter de l'état d'affaissement où l'on a tenu les patriotes pour les expulser et arborer la contre-Révolution ; mais les vrais patriotes, la Convention en masse, les armées, sont là pour défendre la Patrie et la Liberté ».

Selon d'autres témoins, plus dignes de foi, — et d'après le futur empereur lui-même — Napoleone se trouvait ce soir-là au théâtre Feydeau, où l'on donnait le *Bon Fils,* — une pièce larmoyante — lorsque le bruit courut que les sections royalistes marchaient contre la Convention. Le jeune général s'en fut alors rôder dans les couloirs de l'Assemblée. Puis — il le racontera à Sainte-Hélène — il prit place dans une tribune de la Convention. « C'est alors que dans une discussion, un membre proposa de me donner le commandement. On m'envoya chercher...» On l'amène au Carrousel, quartier général de Barras.

— Quelle est la destination que vous m'avez réservée dans cette lutte ? lui demande-t-il.

Le futur directeur aurait répondu :

— Toutes mes positions sont commandées par les officiers qui sont arrivés les premiers : vous serez l'un de mes aides de camp.

Si l'on veut serrer de plus près la vérité, il faut rendre la parole à Buonaparte. C'est lui qui a demandé à Menou :

— Combien de troupes avez-vous ?

— Cinq mille.

— C'est bien peu. Et votre artillerie ?

— Il y a quarante pièces de canon.

— Où sont-elles ?

— A la plaine des Sablons.

Buonaparte appelle un officier de cavalerie. Se présente « un beau jeune homme », c'est Murat qui reçoit l'ordre célèbre :

— Prenez deux cents chevaux, allez sur-le-champ à la plaine des Sablons, amenez les quarante pièces de canon et le parc. Qu'elles y soient. Sabrez, s'il le faut, mais amenez-les. Vous m'en répondez ! Partez !

Son activité, « le laconisme et la promptitude au dernier point impératifs », surprennent puis enthousiasment les officiers de la garnison qui regardent stupéfaits s'agiter « ce petit homme » dont « le désordre de sa toilette, racontera Thiébault, ses longs cheveux pendants et la vétusté de ses hardes révélaient encore sa détresse ».

Il est six heures du matin, ce 13 vendémiaire an IV, ou 5 octobre 1795, *vieux style*. Maintenant une pluie fine a succédé aux rafales et tombe inexorable. Le vent souffle toujours. Quelles sont les forces en présence ? Trente mille sectionnaires contre cinq mille soldats, quinze cents gendarmes et policiers, enfin quinze cents hommes formant un « bataillon sacré » ou baptisé « terroriste », selon les opinions.

Buonaparte a également fait parvenir huit cents armements complets destinés aux députés. Dès que le feu commence, le président Legendre s'écrie :

— Recevons la mort avec l'audace qui appartient aux amis de la liberté !

Et, en tremblant quelque peu, les Représentants glissent une balle dans leurs fusils.

Napoleone a fait placer deux pièces de huit dans la rue Neuve-Saint-Roch, en face de l'église. Le tir des boulets enfile la rue, racontera Thiébault. « Les canons ayant de cette sorte renversé ou écarté tout ce qui s'était trouvé en vue, mille hommes du bataillon des patriotes, suivis d'un bataillon de la ligne, débouchent du cul-de-sac et abordent ceux des sectionnaires qui se trouvent encore devant le portail et qui occupent la rue Saint-Honoré. Le choc est violent, on combat corps à corps. Nos troupes néanmoins gagnent du terrain ; six pièces d'artillerie sont aussitôt mises en batterie, trois à la droite, trois à la gauche du cul-de-sac, et achèvent de mettre en déroute les sectionnaires, qui en toute hâte se retirent vers la place Vendôme et vers le Palais-Royal... Le combat est dirigé par le général Bonaparte en personne. »

Voilà qui est net et précis alors que Barras racontera allégrement : « Buonaparte me suivait, il n'exerça dans la journée du 13 Vendémiaire, d'autres fonctions que celles de mon aide de camp. J'étais à cheval, il était à pied et ne pouvait, par conséquent, suivre tous mes mouvements... Je n'ai point omis le trait qui indiquait pourtant un coup d'œil militaire assez prompt lorsque me tirant par un pan de mon habit et m'entraînant à quelques pas de la position qui m'exposait au premier feu, il me dit avec une vivacité inspirée par le moment :

— Si vous étiez tué, tout serait perdu ; le drame roule sur vous seul ; personne ne pourrait vous remplacer : que décidez-vous ?

C'est alors que j'ordonnai à Brune de tirer le canon, et que Buonaparte, me serrant la main, ajouta :

— La République est sauvée ! »

Ainsi, s'il faut en croire le vicomte, c'est simplement pour avoir suivi en trottinant *à pied* le cheval de Barras que Buonaparte va recevoir le commandement de l'armée de l'Intérieur !

Au récit du futur directeur, écrit sous la Restauration, combien est-il préférable de lire sous la plume de Buonaparte ces simples lignes tracées dans la nuit du 5 au 6 octobre : « Les Comités m'ont nommé pour commander en second. Nous avons disposé nos troupes ; les ennemis sont venus nous attaquer aux Tuileries, nous leur avons tué beaucoup de monde. »

Depuis onze heures la pluie s'est calmée, mais le temps demeurait couvert. Le vent ne cessera de souffler que dans la soirée. Les Tuileries offrent un pénible spectacle : le vestibule et le rez-de-chaussée sont pleins de blessés étendus sur de la paille. Des chirurgiens s'affairent. Beaucoup d'épouses de députés sont venues se réfugier au château afin de partager le sort de leurs maris ou pour fuir la fureur des sectionnaires. « De ce nombre, rapportera le baron Thiébault, les plus âgées servaient d'infirmières, les plus jeunes faisaient de la charpie. C'était donc à la fois un sénat, un gouvernement, un quartier général, un hôpital, un camp, un bivouac. »

Cinq jours plus tard, la Convention, sur la proposition de Barras, commandant en chef de l'armée de l'Intérieur, nomme le *général Buona-Parte*, ainsi que l'écrit le *Moniteur*, commandant en second, et le 16, Napoleone est promu général de division. Le 26 octobre, Barras devenant directeur — l'un des cinq rois du nouveau régime — démissionne de son emploi et Buonaparte lui succède au commandement de l'armée de l'Intérieur.

Eblouissante promotion qui stupéfie tout le monde — sauf lui !

Il a quitté, depuis quelques jours déjà, l'*hôtel du Cadran bleu* — peut-être trop onéreux pour sa bourse — et demeure dans un hôtel borgne : A *l'Enseigne de la Liberté*, rue des Fossés-Montmartre, notre actuelle rue d'Aboukir. C'est de là qu'il partira pour aller s'installer rue des Capucines, dans la belle résidence attachée à son poste et dont la façade donne place des Piques — ci-devant place Vendôme, autrefois Louis-le-Grand — où un jour s'élèvera la nouvelle colonne trajane de Napoléon.

***

A la suite du 13 Vendémiaire, un ordre du jour défend sous peine de mort, aux habitants de Paris, de conserver des armes. Le fils de Joséphine, Eugène de Beauharnais, bouleversé à l'idée de se séparer du sabre qu'il tenait de son père, se présente chez Buonaparte qui, ému par les larmes du jeune officier — et sachant qu'il a devant lui le fils d'une amie de Thérésia Tallien et de Barras — lui fait rendre l'épée.

Le lendemain, Rose — puisque tel est alors le nom de Joséphine — fait une visite à Napoleone pour le remercier, et sans doute, le surlendemain, le général se rend à son tour rue Chantereine où Mme de Beauharnais vient de s'installer. Buonaparte reviendra voir la mère d'Eugène. Cependant, il espace bientôt ses visites. Peut-être le souvenir de Désirée le retient-il encore ?

Le nouveau commandant de place possède un bel équipage, il invite à « des déjeuners somptueux où se trouvent parfois des dames », nous dit Bourrienne, il reçoit, parle avec assurance — et cela à l'étonnement de tous. « On se demande, déclare un contemporain, d'où il vient, ce qu'il a été, par quels services extraordinaires il s'est recommandé. » Il ne paraît nullement grisé et semble même avoir parfaitement conscience de son incompétence dans le domaine du commandement de la place et de général en chef de l'armée de l'Intérieur. Thiébault, qui l'a vu au lendemain du 13 Vendémiaire, nous le peint pénétrant dans son bureau de l'état-major général avec son petit chapeau, surmonté d'un « panache de hasard » assez mal attaché d'ailleurs, sa ceinture tricolore plus que négligemment nouée, son habit fait à la diable, et un sabre « qui, en vérité, ne paraissait pas l'arme qui dut faire sa fortune ». Il jette son chapeau sur la grande table occupant le milieu de la pièce et aborde un vieux général nommé Krieg, extraordinaire comme « homme de détail » et auteur d'un livret faisant autorité, intitulé : *Manuel des Guerres et des Soldats Républicains*. Il le fait asseoir à côté de lui, et, la plume à la main, se met à l'interroger sur une foule de faits ayant rapport au service et à la discipline. « Certaines de ces questions prouvent une telle méconnaissance que les officiers présents ne peuvent dissimuler leurs sourires. » Thiébault, frappé du nombre de ces questions, de leur ordre, de leur rapidité, est surtout saisi par le fait de voir un général en chef mettant « une entière indifférence à montrer à des subordonnés, combien, en fait de métier, il ignorait des choses que le dernier d'entre eux était censé savoir parfaitement. Ce fait, conclut-il, le grandit à mes yeux de cent coudées. »

Buonaparte — bien sûr — n'abandonne pas le clan. Il demande une place de consul en Italie pour Joseph. Lucien, déjà adjoint à Fréron envoyé en mission à l'armée du Rhin, a été nommé commissaire des guerres dès le 28 octobre. Deux jours auparavant Napoleone a fait nommer Louis, lieutenant d'artillerie, et le 12 novembre, l'a appelé près de lui, comme aide de camp. Il va se charger en outre du petit Jérôme et le mettra au collège à la fin de l'année. « Tu le sais, avait-il écrit à son frère Joseph, je ne vis que pour le plaisir que je fais aux miens. »

Puisque le voilà sorti d'affaire, il fait parvenir de l'argent à la famille : « cinquante ou soixante mille francs, argent, assignats, chiffons, annonce-t-il. Elle ne manque de rien... Elle est abondamment pourvue de tout... Je ne puis faire plus que je ne fais pour tous. »

Assurément, le clan peut être satisfait, mais le clan — et il en sera ainsi jusqu'à la fin de l'extraordinaire aventure — trouve qu'il ne fait jamais assez pour lui.

Et Désirée ?

L'aime-t-il encore ? Sans doute — dans une lettre adressée le 9 novembre à Joseph — il recommande à son frère d'embrasser Désirée de sa part mais, tout en pensant à celle qu'il appelle encore sa fiancée, il envisage d'épouser l'amie de sa mère, Mme Permon-Comnène, son ancienne correspondante alors qu'il se trouvait à l'Ecole militaire. Il s'agit d'une veuve encore charmante, mais dont l'âge ne concorde nullement avec le sien.

La petite Laure Permon, future duchesse d'Abrantès, se trouvait dans une pièce voisine lorsque Buonaparte avait fait son étrange déclaration. Elle entendit sa mère éclater de rire, puis, après un moment de « stupéfaction », répondre en ces termes à son soupirant inattendu :

— Mon cher Napoleone, parlons sérieusement. Vous croyez connaître mon âge ? Eh bien, vous ne le connaissez pas. Je ne vous le dirai pas, parce que c'est ma petite faiblesse. Je vous dirai seulement que je serais non seulement votre mère, mais celle de Joseph. Laissons cette plaisanterie : elle m'afflige devant vous.

— Tout ceci est très sérieux, reprit Napoleone, et d'après ma manière de voir ; l'âge de la femme que j'épouserai m'est indifférent si, comme vous, elle ne devait point paraître avoir trente ans. J'ai réfléchi mûrement à ce que je viens de vous dire. Je veux me marier. On veut me donner une femme qui est charmante, bonne, agréable, et qui tient au Faubourg Saint-Germain. Mes amis de Paris veulent ce mariage. Mes anciens amis m'en éloignent. Moi, je veux me marier, et ce que je vous propose me convient sous beaucoup de rapports. Réfléchissez.

« Ma mère, conclut Laure, rompit la conversation en lui disant, en riant, que ses réflexions étaient toutes faites... »

C'est donc vraisemblablement poussée par le ménage Tallien — les « amis de Paris » — que Joséphine — la femme « qui tenait au faubourg Saint-Germain » — aurait fini par envoyer, dans le courant du mois de décembre 1795, ce billet célèbre destiné à relancer celui qui semblait l'avoir oubliée :

« Vous ne venez plus voir une amie qui vous aime ; vous l'avez tout à fait délaissée ; vous avez bien tort, car elle vous est tendrement attachée. Venez demain septidi déjeuner avec moi. J'ai besoin de vous voir et de causer avec vous sur vos intérêts.

« Bonsoir, mon ami. Je vous embrasse.

« Veuve Beauharnais. »

S'il ne s'agit pas d'un complot entre Thérésia et Rose, quels sentiments poussent Mme de Beauharnais ? Peut-être n'a-t-elle pas oublié ce que lui a dit un jour son ami Ségur :

— Ce petit général pourrait devenir un grand homme !

Assurément, elle avait déjà succombé aux avances de Barras, dont elle était maintenant la maîtresse et qui passait à l'époque pour un grand homme. Mais elle n'ignorait pas que la protection de son amant était provisoire. Il lui fallait mieux ! quelqu'un qui puisse faire face à ses dépenses — ce tonneau des Danaïdes. Et puis, elle trouvait Buonaparte drôle — elle prononçait *drolle* de sa voix chantante de fille des îles.

Rabroué par Mme Permon, croyant la veuve Beauharnais fortunée, Buonaparte se rend ce fameux septidi de frimaire, an IV, dans le délicieux petit hôtel situé non loin de la Chaussée d'Antin, plus précisément rue Chantereine, appelée ainsi parce qu'autrefois les reinettes y croassaient. Joséphine l'avait acheté à Julie Carreau, ex-Louise-Julie Talma. Avec adresse, Rose essaye d'abord de persuader Napoleone qu'il n'y a rien qu'une grande amitié entre Barras et elle. Tout ce que l'on colporte dans Paris n'est que calomnie. Buonaparte est déjà prêt à tout croire... Puis il parle de « ses intérêts », sans doute de ce commandement de l'armée d'Italie qu'il espère toujours recevoir, en dépit de ses nouvelles grandeurs.

Il revient à plusieurs reprises rue Chantereine. Le luxe — un luxe tout extérieur de demoiselle à la vertu légère — l'éblouit. Il admire la manière exquise qu'elle a de dire à chacun exactement ce qu'il faut et le tact avec lequel elle conduit une conversation. Il ne se doute pas qu'il n'y a ici que des dettes, que les domestiques sont rarement payés, et les fournisseurs encore moins... Devant cette « dame » il se sent bien petit provincial... et de bien petite noblesse. Il ignore alors que le titre de vicomtesse dont se pare la « veuve Beauharnais » est usurpé... Il est sous le charme de « l'incomparable Joséphine ». Car c'est déjà ainsi qu'il l'appelle, ne voulant plus employer son prénom de Rose prononcé par trop de lèvres masculines.

Elle joue de sa coquetterie avec un art et une habileté consommés... et il l'aime, maintenant — lui, sans expérience — comme il n'a jamais aimé. Il l'avouera à Sainte-Hélène :

— C'était une vraie femme... Elle avait un je ne sais quoi qui plaisait.

Et il précise ce *je ne sais quoi* de bien peu convenable façon :

— Elle avait le plus joli c... qui fût possible. Il y avait là les *Trois-Ilets* de la Martinique.

Car — on s'en doute — elle s'est donnée à lui, un soir de janvier — ce qui lui a coûté bien peu — et elle a été stupéfaite, le lendemain matin, en déchiffrant sa première lettre :

« 7 *heures du matin :* Je me réveille plein de toi. Ton portrait et le souvenir de l'enivrante soirée d'hier n'ont point laissé de repos à mes sens. Douce et incomparable Joséphine, quel effet bizarre faites-vous sur mon cœur ! Vous fâchez-vous ! Vous vois-je triste ! Etes-vous inquiète ? Mon âme est brisée de douleur, et il n'est point de repos pour votre ami... Mais, en est-il donc davantage pour moi, lorsque me livrant au sentiment profond qui me maîtrise, je puise sur vos lèvres, sur votre cœur, une flamme qui me brûle. Ah ! c'est cette nuit que je me suis bien aperçu que votre portrait n'est pas vous ! Tu pars à midi, je te verrai dans trois heures. En attendant, *mio dolce amor*, reçois un millier de *baisé* : mais ne m'en donne pas, car il brûle mon sang. »

Le voici ensorcelé.

Hortense — car Joséphine a également une fille âgée d'un peu plus de douze ans — fait la connaissance du nouvel amant de sa mère. Elle avait été invitée chez Barras et placée entre Mme de Beauharnais et Buonaparte qui, « pour lui parler, racontera-t-elle, s'avançait toujours avec tant de vivacité et de persévérance qu'il me fatiguait et me forçait de me reculer. Je considérai ainsi, malgré moi, sa figure qui était belle, fort expressive, mais d'une pâleur remarquable. Il parlait avec feu et paraissait uniquement occupé de ma mère. »

Comment Napoleone va-t-il maintenant se défaire de sa petite fiancée marseillaise ? Sans élégance, il lui écrit que si elle n'obtient pas le consentement de sa mère et de son frère Nicolas pour la célébration immédiate de leur mariage, il est préférable « de rompre toute liaison avec lui ». Désirée est anéantie :

« Par où commencerai-je, écrit-elle, pour vous peindre l'affreuse situation dans laquelle votre lettre m'a plongée ? Mais quelle était votre intention ? Etait-ce de m'accabler ? Ah ! vous n'avez que trop réussi. Oui, cruel, vous m'avez réduite au désespoir. Ce mot « de rompre toute liaison » me fait frémir. Je croyais avoir trouvé en vous un ami que j'aurais aimé pour la vie. Pas du tout, il faut que je cesse de vous aimer ; car mon imagination ne trouve aucun expédient pour faire consentir à notre union. Jamais je ne pourrai me décider de parler à mes parents... »

Pourquoi ?

C'est là l'attitude d'une jeune fille du XVIIIe siècle, de cette époque où l'on ne se mariait point mais où l'on vous mariait. C'était à Napoleone à faire une démarche. En demandant à sa « fiancée » de parler elle-même à ses parents, il ne pouvait s'attirer une autre réponse. C'est d'ailleurs tout ce que l'amant de Joséphine désirait, puisqu'il s'apprêtait à suivre les conseils de ses « amis de Paris ».

— Il paraît, lui dit Barras, que tu as pris la Beauharnais pour l'un des soldats du 13 Vendémiaire, que tu devais comprendre dans la distribution. Tu aurais mieux fait d'envoyer cet argent à ta famille qui en a besoin, et à laquelle je viens encore de faire passer des secours.

S'il faut en croire Barras, Buonaparte aurait rougi comme un écolier, puis s'était défendu :

— Je n'ai point fait de cadeaux à ma maîtresse. Je n'ai point voulu séduire une vierge. Je suis de ceux qui aiment mieux trouver l'amour tout fait que l'amour à faire... Eh bien, dans quelque état que soit Mme de Beauharnais, si c'était bien sérieusement que je fusse en relations avec elle, si ces présents que vous me reprochez d'avoir faits, c'étaient des présents de noces, citoyen directeur, qu'auriez-vous à redire ?

— Est-ce bien sérieux ce que tu viens de m'avancer ?

— D'abord Mme de Beauharnais est riche !

Et Barras de répondre :

— Ma foi, puisque tu me consultes ici sérieusement, je te répondrai par tes propres paroles : pourquoi pas ? Tu es isolé, tu ne tiens à rien. Ton frère Joseph t'a montré la route du mariage, le voilà tiré de la misère avec la dot Clary... Marie-toi, un homme marié se trouve placé dans la société, il offre un peu plus de surface et de résistance à ses ennemis.

Selon Napoleone — il le racontera à Sainte-Hélène — Barras aurait encore ajouté :

— Elle tient à l'ancien régime et au nouveau ; elle te donnera de la consistance, sa maison est la meilleure de Paris.

En apprenant les projets de sa mère, la petite Hortense est désespérée.

— Elle ne nous aimera plus autant, dit-elle à son frère.

Napoleone remarque une certaine froideur de la part de la fillette à son égard et fait « quelques frais pour la dissiper ». Il se plaît à la tourmenter, et se moque d'elle parce qu'elle va faire sa première communion :

— Vous êtes une petite dévote, lui lance-t-il.

— Vous l'avez bien faite, pourquoi, répond-elle avec logique, ne la ferais-je pas ?

Il éclate de rire. Son amour et son avancement commencent à faire de lui un autre homme. Son orgueil satisfait ne risquait plus d'être meurtri, l'air morose n'est plus de mise. Il devient plus expansif. Sa conversation « est toujours marquée de quelques traits et, jusqu'aux histoires de revenants qu'il raconte quelquefois, il a l'art de les rendre intéressantes par l'originalité de ses récits ». On l'admire — et c'est un sentiment si nouveau pour lui ! Certes, il n'a point cessé d'être susceptible. Un soir de février, Joséphine a osé lui reprocher de l'avoir recherchée par intérêt — peut-être pour obtenir ce fameux commandement de l'armée d'Italie... Il le prend très mal. Plus tard, il aura pourtant la franchise d'avouer, parlant de son union :

— Pour moi, c'était une excellente affaire.

Du moins il le croyait.

— Elle disait qu'elle avait 1 ou 2 000 000 de francs à la Martinique, expliquera-t-il ; elle n'avait que 500 000 francs que je n'ai jamais vus...

Le soir de leur discussion — elle marquera assurément car ils en reparleront plus tard — il trace ces lignes sitôt rentré chez lui. « Je vous ai quittée emportant avec moi un sentiment pénible. Je me suis couché bien fâché. Il me semblait que l'estime qui est due à mon caractère devait éloigner de votre pensée la dernière qui vous agitait hier au soir. Si elle predominait dans votre esprit, vous seriez bien injuste, Madame, et moi bien malheureux ! Vous avez donc pensé que je ne vous aimais pas pour vous ! ! ! Pour qui donc ? Ah ! madame, j'aurais donc bien changé ! Un sentiment si bas a-t-il pu être conçu dans une âme si pure ? J'en suis encore étonné, moins encore que du sentiment qui, à mon réveil, m'a ramené sans rancune et sans volonté à vos pieds. Certes, il est impossible d'être plus faible et plus dégradé. Quel est donc ton étrange pouvoir, incomparable Joséphine ? Une de tes pensées empoisonne ma vie, déchire mon cœur par les volontés les plus opposées, mais un sentiment plus fort, une humeur moins sombre me rattache, me ramène et me conduit encore coupable. Je le sens bien, si nous avons des disputes ensemble, tu devrais récuser mon cœur... ma conscience : tu les as séduits, ils sont encore pour toi. Toi cependant, *mio dolce amor,* tu as bien reposé ? As-tu seulement pensé deux fois à moi. Je te donne trois baisers : un sur ton cœur, un sur ta bouche, un sur tes yeux. »

Le 2 mars, Buonaparte est nommé commandant en chef de l'armée d'Italie. C'est le cadeau de noces de Barras. Napoleone gêné d'être l'obligé de l'ex-amant de sa femme, dira plus tard qu'il devait sa nomination à Carnot :

— Il connaissait mes grandes qualités, expliquera-t-il.

Peut-être se mirent-ils à deux pour convaincre leurs collègues...

Le 8 mars, c'est la signature du contrat de mariage de Napoleone et de Joséphine chez Me Raguideau, notaire de Mme de Beauharnais, qui désapprouve l'union de sa cliente avec un homme qui n'a, soupire-t-il, « que la cape et l'épée ». Le lendemain soir a lieu le mariage. Le ciel est sans nuages, mais la brume commence à monter à l'horizon et fait pâlir les étoiles. Dans le salon de la mairie, ancien hôtel de Mondragon (1), l'ex-Rose de Beauharnais — robe de mousseline ornée de fleurs tricolores — les témoins Barras, Tallien, Calmelet, homme de confiance de Joséphine, et le commissaire Collin-Lacombe qui, sans en avoir le droit, remplace le maire parti se coucher, attendent le marié depuis deux heures... Barras regarde la pendule, inquiet. Si Buonaparte avait changé d'avis ? Les folles dépenses de la créole vont-elles lui retomber sur les bras ? Soudain, on entend un bruit de sabre résonner dans l'escalier de pierre. La porte s'ouvre. C'est Buonaparte, suivi de son aide de camp et témoin Lemarois. Sans prendre la peine de s'excuser, il fonce sur le commissaire, le secoue pour le réveiller :

— Allons donc, mariez-nous vite !

Tout ensommeillé, Collin annonce cet extravagant acte de mariage où l'un des témoins — Lemarois — n'est point majeur et par conséquent ne peut être témoin, où le remplaçant du maire n'a aucune qualité

(1) 3, rue d'Antin. C'est aujourd'hui le bureau du directeur de la Banque de Paris et des Pays-Bas.

pour unir légalement deux conjoints, où enfin le marié se vieillit de dix-huit mois — ce qui le fait naître sujet génois — et où la mariée se rajeunit avec coquetterie de quatre années. Napoléon indiquera plus tard le procédé employé :

— On s'est servi pour l'impératrice Joséphine de l'acte de naissance de sa sœur qui était morte, parce qu'elle avait trois ou quatre ans de moins qu'elle et qu'elle voulait se rajeunir.

Pour lui, il ne s'agit point de galanterie vis-à-vis de sa femme :

— N'ayant pas mon acte de naissance, expliquera-t-il, on se servit de celui de mon frère aîné qui était à Paris pour quelque affaire.

Cinq minutes plus tard, on se dit bonsoir sur le trottoir de la rue d'Antin. Il fait plus froid, le thermomètre est descendu un peu au-dessous de zéro. Joséphine monte dans l'équipage de son mari et, en regagnant avec lui son petit hôtel de la rue Chantereine, entre à son tour dans l'Histoire...

En annonçant son mariage au président du Directoire, Buonaparte précisera qu'il voyait là un nouveau lien qui l'attacherait désormais à la patrie ; « c'est un gage de plus de ma ferme résolution de ne trouver de salut que dans la République... »

Est-ce parce que la jolie vicomtesse a été tout récemment la maîtresse de l'un des directeurs du nouveau régime qu'elle peut être considérée comme « un gage » du républicanisme de son époux ? Les « cinq rois » — et surtout Barras — durent bien rire...

« Vous êtes donc marié, écrira Désirée à Buonaparte. Il n'est plus permis à la pauvre Eugénie de vous aimer, de penser à vous, et vous disiez que vous m'aimiez, et un retard de lettre vous brouille sans retour avec celle que vous nommiez votre chère Eugénie, vous engage à vous marier avec une autre. Vous, marié ! Je ne puis m'accoutumer à cette idée, elle me tue. Je ne puis la supporter. Je vous ferai voir que je suis plus fidèle à mes engagements et malgré que vous ayez rompu les liens qui nous unissaient, jamais je ne m'engagerai avec un autre, jamais je ne me marierai. Mes malheurs m'apprennent à connaître les hommes et à me méfier de mon cœur. Je vous fis demander par votre frère mon portrait, je vous renouvelle ma demande ; il doit vous être bien indifférent, surtout à présent que vous possédez celui d'une femme, sans doute chérie. La comparaison que vous devez faire ne peut être qu'à mon désavantage, votre femme étant supérieure en tout à la pauvre Eugénie, qui peut-être ne la surpassait que par son extrême attachement pour vous. Après un an d'absence, moi qui croyais toucher au bonheur, qui espérais vous revoir bientôt et devenir la plus heureuse des femmes en vous épousant... je ne désire que la mort. La vie est un supplice affreux pour moi, depuis que je ne peux plus vous la consacrer. »

Tendre et douce Désirée qui souhaite la mort, qui ne se mariera jamais... Or, deux années et cinq mois plus tard, Désirée épousera un ambassadeur de France, l'ancien sergent Bellejambe, autrement dit le général Bernadotte, dont la carrière s'annonçait alors aussi belle que celle de Napoleone. Nous les retrouverons lorsqu'ils deviendront prince et princesse de Porte-Corvo, par la grâce de S.M. Napoléon Ier, et, un jour, roi et reine de Suède et de Norvège.

Quelle belle revanche pour la petite délaissée !...

VII

LA GUERRE ET L'AMOUR

En amour, la seule victoire, c'est la fuite.

NAPOLÉON.

— PATIENTE, ma bonne amie, nous aurons le temps de faire l'amour après la victoire.

Et, penché sur la table ronde du petit salon-salle à manger de l'hôtel de la rue Chantereine, une table en acajou dont les pans peuvent se rabattre, une table toute jonchée de cartes, Buonaparte renvoie sa femme à ses colifichets et aux glaces — innombrables — qui ornent son boudoir aménagé en rotonde. Il met ainsi la dernière main à cette campagne à laquelle il pense depuis plus de deux années, depuis que Augustin Robespierre lui a procuré le commandement de l'artillerie de l'armée d'Italie — ce plan qu'il avait conçu au mois de mars 1794 et qui avait enthousiasmé le représentant Ricord et le frère du dictateur. Maintenant qu'il est le chef de l'armée d'Italie, Napoleone ne doute pas de pouvoir le réaliser. Alors — il ne l'ignore point — qu'il n'aura entre les mains qu'une troupe sans discipline, sans pain et sans chaussures !

Pourquoi le Directoire a-t-il décidé de porter une guerre dite « de diversion » au Piémont et en Lombardie ? Tout simplement pour remplir les caisses désespérément vides. Déjà, le 19 janvier précédent, Carnot avait écrit à Schérer, alors commandant de l'armée d'Italie : « Il n'y a pas d'argent... Trouvez donc le moyen de vous en passer ou d'en prendre là où il y en a... L'abondance est derrière une porte qu'il s'agit d'enfoncer... » Mais lorsqu'on avait transmis à Schérer le plan du « petit Buonaparte », il avait répondu : « Que celui qui l'a conçu vienne l'exécuter ! ».

On l'avait pris au mot !

C'est donc une expédition de rapines et de pillages organisés que l'on charge Buonaparte d'accomplir. On ne lui demande nullement d'aller porter « le flambeau de la liberté », ou d'aller « faire trembler les despotes couronnés » de l'autre côté des monts. Le gouvernement est aux abois — et c'est là tout !

Le soir du 11 mars 1796, on vient annoncer à Buonaparte que la chaise de poste l'attend au bout de la petite allée bordée de tilleuls, reliant la maison à la rue Chantereine. Déjà Junot, son aide de camp, et Chauvet, ordonnateur de l'armée d'Italie, y ont pris place. Au moment de quitter Joséphine, la gorge de Napoleone se serre. Le rejoindra-t-elle dès que la situation en Italie le lui permettra ? Elle le tranquillise. Bien sûr, elle quittera Paris lorsqu'il l'appellera auprès de lui. Mais abandonner son existence faite toute de plaisirs pour mener la vie des camps, se trouver loin de son coiffeur, de son couturier et de ses marchandes de frivolités lui paraît pure folie ! Et tandis que Napoleone prend tristement dans le brouillard qui tombe le chemin de la barrière d'Italie, Joséphine va se coucher dans son lit en bois bronzé, murmurant probablement selon son habitude et avec son accent créole qui ravit son mari :

— Qu'il est *drolle* ce Buonaparte !

Le nouveau marié, en descendant vers le Midi, n'a pourtant que son image et leurs souvenirs en tête : « Chaque instant m'éloigne de toi, écrit-il de Chanceaux le soir du 14 mars. Tu es l'objet perpétuel de ma pensée ; mon imagination s'épuise à chercher ce que tu fais. Si je te vois triste, mon cœur se déchire et ma douleur s'accroît. Si tu es gaie et folâtre avec tes amies, je te reproche d'avoir bientôt oublié la douloureuse séparation de trois jours ; tu es alors légère, et dès lors, tu n'es affectée par aucun sentiment profond. Comme tu vois je ne suis pas facile à contenter ; mais, ma bonne amie, c'est bien autre chose, si je crains que ta santé ne soit altérée, ou que tu aies des raisons d'être chagrine que je ne puis deviner. Alors je regrette la vitesse avec laquelle on m'éloigne de ton cœur...

« Que mon génie qui m'a toujours garanti au milieu des plus grands dangers, t'environne, te couvre, et je me livre découvert... Ecris-moi, ma tendre amie, et bien longuement, et reçois les mille et un baisers de l'amour le plus tendre et le plus vrai. »

Il trace au dos le nom de la « *citoyenne Beauharnais* ». Craint-il que le courrier ne trouve pas la maison de la « citoyenne Buonaparte » ?

En arrivant à Marseille le 20 mars, il va voir Mme Letizia, annonce son mariage, lui remet une lettre de Joséphine et arrache à sa mère la promesse de répondre à cette bru qui lui est imposée. Et quelle bru ! Une vicomtesse ! Une femme à la mode ! Une veuve de six années plus âgée que Napoleone ! Une femme dont la légèreté est célèbre ! On en parle même dans les gazettes ! Et dont il faudra entretenir les deux enfants ! Le clan se trouve d'un seul coup augmenté de trois personnes qui mangeront le principal de la solde du cher Nabulio ! Aussi, est-ce avec une mauvaise humeur évidente que Letizia mettra plus d'une semaine pour écrire à la nouvelle citoyenne Buonaparte ! A la citoyenne Bonaparte plutôt, puisque son fils vient de décider d'abandonner l'orthographe italienne de son nom et de son prénom.

Quatre jours plus tard, il passe par Toulon. Un ami, le capitaine de vaisseau Decrès, qui sera nommé contre-amiral en 1798, se trouve là. Il a beaucoup connu Buonaparte à Paris et « se croit en familiarité » avec lui. « Plein d'empressement », il se précipite pour le voir. La porte du salon s'ouvre, Decrès va s'élancer, lorsque « l'attitude, le regard, le son de sa voix » clouent net le malheureux sur place. Bonaparte a tenu immédiatement à marquer la distance entre le chétif quémandeur « capitaine Canon » et le général en chef d'une des armées de la République, qui vient de sauver le régime et est aimé — du moins le croit-il — par une des plus jolies femmes de Paris.

Le 25 mars, Napoléon s'arrête à Antibes et loge à l'*auberge Agarrit* où l'accueille Berthier, chef d'état-major de l'armée d'Italie. Celui-ci est petit, contrefait, mais dans sa grosse tête tout est classé avec méthode. Bonaparte qui, d'un regard, jauge un homme, devine que cet officier infatigable saura le débarrasser de tous les détails. Il s'installe à Nice dans la maison du citoyen Sauvaigo, 4, rue François-de-Paule, qui abritait la Préfecture des Alpes-Maritimes et, le 27 mars, reçoit Masséna, Sérurier, Laharpe et Augereau, généraux de division, qui regardent de haut ce « gringalet » de vingt-six ans et demi qui leur a été imposé pour maître. Un militaire d'antichambre ! Un intrigant ! Un général d'alcôve ! Ce « petit bamboche à cheveux éparpillés », qui, avec trente-sept mille loqueteux, sans solde, l'estomac creux et chaussés de paille tressée, prétend vouloir combattre l'empire d'Autriche et le royaume de Piémont ! Masséna le toise. « Sa petite taille, raconte-t-il, sa figure chétive ne nous prévinrent pas en sa faveur. Le portrait de sa femme qu'il tenait à la main, et qu'il fit voir à tous, son extrême jeunesse par-dessus tout, nous persuadèrent que cette nomination était encore l'œuvre de l'intrigue... » Ce qui est d'ailleurs quelque peu exact... Tout, dans l'attitude des quatre généraux qui se tiennent devant leur nouveau chef, montre qu'ils savent parfaitement que leurs troupes forment en quelque sorte la dot de « la générale ». Méprisants, ils ont gardé leur chapeau emplumé de plumes tricolores sur la tête. On raconte que Bonaparte en se découvrant les força à l'imiter, puis qu'il aurait mis sa coiffure sans que les autres aient oser se recouvrir. Légende ou vérité ? Fait certain, Masséna nous assure que, lorsque Napoléon se recoiffa, il parut « grandir de deux pieds ».

Les divisionnaires se taisent... mais sont stupéfaits en entendant Bonaparte les questionner avec une étonnante compétence « sur la position de leur division, leur matériel, l'esprit et l'effectif de chaque corps ». Puis « il trace la direction que devront suivre les différentes unités » :

— Demain, je passerai l'inspection de tous les corps et après-demain je marcherai sur l'ennemi.

Ce fut exact, à trois ou quatre jours près...

Après les officiers, les hommes !

En arrivant à Nice, Bonaparte sait assurément qu'il va avoir à commander une armée démunie de tout, mais pas au point de l'effarante réalité. Pas un franc en caisse. « L'on vivait au jour le jour, il n'existait pas de moyens de transports ; seulement les routes d'étapes du Rhône au Var se trouvaient approvisionnées. » Dans ses *Souvenirs* encore inédits, l'adjudant Dupin relate comment un jour, pour nourrir les trois officiers et le sergent-major de sa compagnie, il ne reçut que trente-neuf haricots — il les avait comptés !... En quarante-huit heures, le nouveau commandant en chef réussira à se procurer « pour six jours de pain, de viande et d'eau-de-vie, ainsi que douze mille paires de souliers ».

Les hommes ayant à manger, il faut rétablir la discipline. « Je maintiendrai l'ordre, écrit Bonaparte au Directoire, ou je cesserai de commander à ces brigands... » L'ordre s'établira et les « brigands » seront les meilleurs soldats du monde. Un bataillon ayant refusé, avant d'avoir reçu sa solde, de quitter Nice pour se rendre à son poste, se trouve dissous et réparti dans les autres corps. « Cet acte d'autorité, nous dit encore Masséna, imprima tout d'abord du respect aux troupes pour l'autorité du jeune général. »

Sur la place de la République, pour donner une âme à son armée, il passe ses troupes en revue. Il circule entre les rangs, interroge ses hommes familièrement et les stimule en leur promettant que bientôt ils pourront dire avec orgueil : « J'étais de l'armée d'Italie. » Puis, remontant à cheval, il lance des phrases lapidaires qui vont devenir immortelles :

— Soldats, vous êtes nus, mal nourris ; le gouvernement vous doit beaucoup, il ne peut rien vous donner... Votre patience à supporter toutes les privations, votre bravoure à affronter tous les dangers, excitent l'admiration de la France ; elle a les yeux tournés sur vos misères. Vous n'avez ni souliers, ni habits, ni chemises, presque pas de pain, et nos magasins sont vides ; ceux de l'ennemi regorgent de tout : c'est à vous de les conquérir. Vous le voulez, vous le pouvez, partons !

Certes les chefs républicains savaient s'adresser à leurs troupes, mais jamais aucun n'avait encore employé des mots qui enthousiasment les cœurs et résonnent dans le souvenir.

« Mes soldats me marquent une confiance qui ne s'exprime pas », écrit-il. Est-ce l'amour qui lui donne cette flamme ? Est-ce la pensée de Joséphine qui ne le quitte point ? Il le lui a écrit le 30 en adressant cette fois-ci sa lettre « *à la citoyenne Bonaparte, chez la citoyenne Beauharnais* »... : « Au milieu des affaires, à la tête des troupes, en parcourant les camps, mon adorable Joséphine est seule dans mon cœur, occupe mon esprit, absorbe ma pensée... »

Chaque nuit, il rêve qu'il la serre dans ses bras : « Je n'ai pas pris une tasse de thé sans maudire la gloire et l'ambition qui me tiennent éloigné de l'âme de ma vie. » Il n'ignore pas le genre d'existence que la créole, « bâtie de dentelle et de gaze », a pu mener. Lui est-elle fidèle ? Bien que « la Nature », affirme-t-il, lui ait fait « l'âme forte et décidée », les « craintes » qui envahissent son cœur « le rendent malheureux ».

Il a reproché à sa femme la froideur de ses lettres. Aussi, trace-t-elle avec son sang — du moins elle affirme que c'est le sien... — quelques lignes brûlantes et érotiques.

« Y penses-tu, mon adorable amie, de m'écrire en ces termes ? lui répond-il. Crois-tu que ma position n'est pas déjà assez cruelle, sans encore accroître mes regrets, et bouleverser mon âme ? Quel style ! Quels

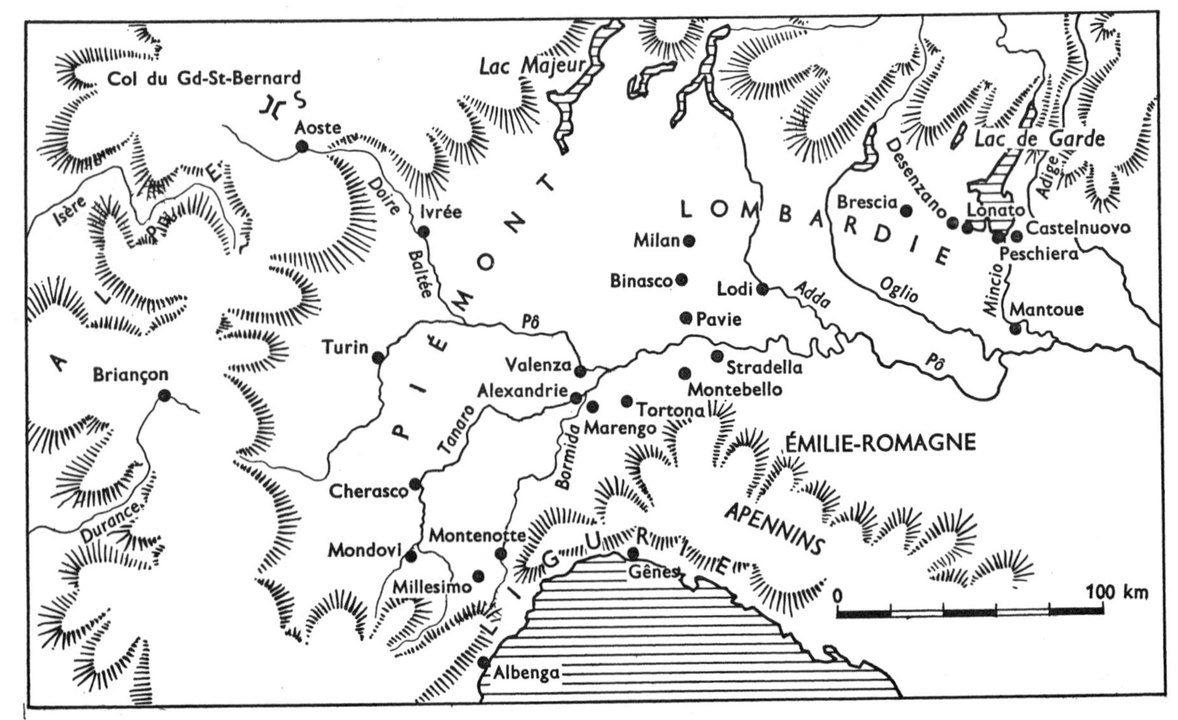
Col du Gd-St-Bernard
Aoste
Lac Majeur
Lac de Garde
ALPES
Isère
Doire
Baltée
Ivrée
PIÉMONT
LOMBARDIE
Milan
Binasco
Lodi
Pavie
Adda
Brescia
Desenzano
Lonato
Castelnuovo
Peschiera
Adige
Oglio
Mincio
Mantoue
Pô
Turin
Valenza
Alexandrie
Stradella
Montebello
Tortona
Marengo
Briançon
Tanaro
Bormida
ÉMILIE-ROMAGNE
Cherasco
APENNINS
Durance
Mondovi
Montenotte
Millesimo
LIGURIE
Gênes
Albenga
0
100 km

sentiments que ceux que tu peins ! Ils sont de feu, ils brûlent mon pauvre cœur ! »

Dans sa lettre il le lui répète : elle est son unique pensée. Lorsque « le tracas des affaires » l'ennuie, lorsque les hommes le dégoûtent, lorsqu'il se sent prêt « à maudire la vie », il met la main sur son cœur : « Ton portrait y bat ; je le regarde... ».

Au son des fanfares, le 2 avril 1796, l'épopée commence : Bonaparte quitte Nice par la route de la Corniche — alors un simple chemin. Il a le sourire. Son optimisme s'explique par le fait — il le révélera plus tard — que parmi les membres des états-majors ennemis se trouvent plusieurs officiers qui lui sont « dévoués et vendus ».

— Par eux, j'ai su non seulement leurs plans, mais encore leurs projets.

Voici qui ternit un peu la légende...

Ce même soir, il passe la nuit à Menton, au 3 de l'actuelle rue Bréa. Le lendemain il sera à Port-Maurice, et le surlendemain à Albenga où se trouve son quartier général. Le voici déjà à vingt lieues de Menton. « Les deux armées se remuent, annonce-t-il à sa femme, nous cherchons à nous tromper. Au plus habile la victoire ! » Il ajoute — et on devine son sourire : « Je suis assez content de Beaulieu ; il manœuvre bien, il est plus fort que son prédécesseur. Je le battrai, j'espère, de la belle manière... » Beaulieu a en effet divisé ses forces, tandis que l'armée française se trouve placée de manière à se fondre rapidement en un seul bloc et à tomber en masse sur l'un ou l'autre des corps ennemis. Cela se passera ainsi le 12 avril à Montenotte — le Mont de la Nuit, situé à quatre lieues au nord-ouest de Savone.

— Ayez l'œil ouvert sur Montenotte, avait ordonné Bonaparte ; surveillance et jactance, c'est le cas.

L'un des corps autrichiens sera, en effet, fortement battu, l'autre se trouvera dans l'absolue nécessité de se retirer... La déroute de l'ennemi est complète.

— Quels sont vos aïeux ? demandera-t-on un jour à Napoléon.

— Ma noblesse date de Montenotte, répondra-t-il.

Cette première victoire prouve la valeur de son plan. Il s'agit maintenant d'élargir la brèche grâce au « coin » ainsi enfoncé dans le dispositif austro-sarde. C'est, le lendemain, le combat de Millesimo, qui va ouvrir les routes de Turin et de Milan. Le marquis de Provera, Lombard au service de l'Autriche, se réfugie avec son arrière-garde dans un vieux castel en ruine et s'y barricade solidement... Il faudra trois jours pour lui faire hisser le drapeau de la reddition, et le déloger.

Le 16 avril, l'armée française atteint les hauteurs de Montezemolo. Bonaparte découvre ce jour-là les immenses et fertiles plaines du Piémont où serpentent le Pô, le Tanaro et « une foule d'autres rivières. » Au loin, les Alpes neigeuses cernent à l'horizon cette terre promise qu'il a fait espérer à ses soldats depuis sa prise de commandement.

— Annibal a forcé les Alpes, s'exclame-t-il avec fierté. Nous, nous les aurons tournées !

Les Piémontais de Colli continuent à battre en retraite devant la poussée française. Après une poursuite — sous la pluie — après l'entrée de Sérurier à Ceva, Bonaparte atteint son adversaire devant Mondovi. Le 20 avril au soir, il apprend la « formidable » position tenue par les troupes piémontaises. « Environné de deux rivières profondes et torrentueuses, racontera Bonaparte, l'ennemi avait coupé tous les ponts et garni leurs bords de fortes batteries. » Il n'en donne pas moins l'ordre, le lendemain matin, à huit heures, de l'attaque générale. De la Chapelle de la Croix il a une vue d'ensemble de la bataille. Il faut d'abord emporter la redoute formant le centre du dispositif. Elle est enlevée, et, à dix-neuf heures, les Sardes ayant abandonné la petite ville, leur cavalerie en retraite vers Turin, c'est l'entrée triomphale à Mondovi. Soldats et Mondoviens crient : *Vive la République !* et la troupe aide les habitants à planter des arbres de la liberté.

« Victoire ! Victoire complète ! » ainsi que peut l'écrire Joubert à son père.

Le matin du 23 avril, Bonaparte reçoit du général Colli une offre d'armistice. Il lui répond en lui posant ses conditions : la remise de trois forteresses : Alexandrie, Coni et Tortone. Ce même jour il annonce à Barras : « Jusqu'aujourd'hui, j'ai livré six batailles à l'ennemi. Je lui ai fait, en dix jours, deux mille prisonniers. Je lui ai tué six mille hommes, pris vingt et un drapeaux et quarante canons. Tu vois que je n'ai pas perdu mon temps et que j'ai répondu à votre confiance. J'ai trouvé dans Mondovi des ressources considérables et qui me mettront à même de faire cesser le pillage horrible auquel se livre une troupe manquant de tout. » Mais les Autrichiens se renforcent tous les jours. Ils sont « forts, braves et bien outillés ». Et le vainqueur termine en implorant l'expédition de « grands secours pour ne pas être exposé à des revers ».

Le 25 avril, il envoie à Paris son frère Joseph ainsi que Junot, pour apporter au Directoire les vingt et un drapeaux pris à l'ennemi à Montenotte et à Mondovi. Le soir, sous une pluie toujours battante, il part pour Cherasco où il adressera, le lendemain, la célèbre proclamation à l'Armée d'Italie :

« Soldats ! Vous vous étiez, jusqu'ici, battus pour des rochers stériles, illustrés par votre courage, mais inutiles à la Patrie... Dénués de tout, vous avez suppléé à tout. Vous avez gagné des batailles sans canons, passé des rivières sans ponts, fait des marches forcées sans souliers, bivouaqué sans eau-de-vie et souvent sans pain. Les phalanges républicaines, les soldats de la liberté étaient seuls capables de souffrir ce que vous avez souffert ! Grâce vous en soit rendue... »

Et, après avoir rappelé qu'il leur demandait « de respecter les peuples » récemment « délivrés » et de cesser le pillage — celui-ci est réservé au gouvernement... — il lance ces phrases qui vont se marteler dans les mémoires comme avec un burin :

— Soldats ! La Patrie a le droit d'attendre de vous de grandes choses ! Justifierez-vous son attente ?... Vous avez encore des combats à livrer, des villes à prendre, des rivières à passer... Vous n'avez rien fait puisqu'il vous reste encore à faire...

Il pouvait compter sur eux ! Ce ne sont assurément point là des compliments gratuits. Déjà, il y avait, en effet, dans la contenance des soldats de Bonaparte « quelque chose de si ferme et de si formidable, dira un témoin, que l'on sentait que, marcher au combat avec eux, c'était marcher au succès ».

Le matin du mercredi 27 avril, le roi de Sardaigne envoie au vainqueur, alors à Cherasco, à dix lieues de Turin, une nouvelle proposition d'armistice. Bonaparte répond par un ultimatum dans lequel il glisse une clause lui réservant « la faculté de passer le Pô à Valenza » et lui assurant le libre passage à travers les Etats du roi de Sardaigne, chemin qui lui permettrait de gagner la Lombardie et d'attaquer l'Autriche. Pour la première fois, Napoléon va se muer en homme politique et avoir en face de lui, comme interlocuteurs, des gentilshommes de l'Ancien Régime.

A dix heures et demie du soir, au palais du comte Salmatoris, où est logé Bonaparte, arrivent les plénipotentiaires sardes — d'origine savoyarde : le vieux général-baron de la Tour, le marquis Henry et le jeune-colonel-marquis Costa de Beauregard, chef d'état-major du général Colli. Ce dernier a laissé un récit de cette longue soirée. Les trois plénipotentiaires sont surpris : aucune garde ne défend les abords de la maison, qui est presque sans lumières. Quelques soldats, écrasés de fatigue, dorment sur le seuil de la porte et sur les marches de l'escalier. Autour du palais, point de cette agitation habituelle aux quartiers généraux, point de chevaux, de fourgons ni de mulets d'équipage. Il n'y a même pas de domestiques pour accueillir les visiteurs ! Ceux-ci errent, jusqu'au moment où paraît « un jeune homme attaché à l'Etat-Major »...

Le jeune homme introduit les plénipotentiaires dans « une chambre à recevoir », où l'on a allumé un grand feu. Berthier les reçoit, les interroge sur l'objet de leur mission, disparaît afin de mettre le général en chef au courant, et, seulement une demi-heure plus tard, Bonaparte paraît enfin : il est botté, mais ne porte point de sabre. Son maintien paraît aux Savoyards grave et froid. Il écoute en silence le préambule du général-baron de la Tour.

— N'avez-vous pas copie des conditions que j'ai proposées au roi, répond Napoléon. Ces conditions ont-elles été acceptées par lui ?

Les diplomates se plaignent alors de « la dureté de ces conditions ».

— Depuis que je les ai offertes, reprend sèchement Bonaparte, j'ai pris Cherasco, j'ai pris Fossano, j'ai pris Alba. Je ne renchéris point sur mes premières demandes ; vous devriez me trouver modéré.

— Nous craignons que Sa Majesté ne soit forcée

peut-être vis-à-vis de ses alliés actuels, à quelques mesures contraires à la délicatesse et à la loyauté de ses principes.

— A Dieu ne plaise que j'exige de vous rien de contraire aux lois de l'honneur !

Beauregard, La Tour et Henry essayent alors de lui démontrer « le peu d'utilité qu'il retirerait de certaines concessions exigées, et particulièrement du passage sur le Pô à Valenza », Napoléon relève la tête et lance alors, avec « un peu d'aigreur », et en élevant le ton :

— Ma République, en me confiant le commandement d'une armée, m'a cru assez de discernement pour juger de ce qui convient à ses intérêts, sans que j'aie à recourir aux conseils de mon ennemi.

A une heure du matin, Bonaparte tire sa montre, et, voyant que la discussion se prolonge sans amener rien de décisif, tranche :

— Messieurs, je vous préviens que l'attaque générale est ordonnée pour deux heures et que, si je n'ai pas la certitude que Coni sera remise dans mes mains avant la fin du jour, cette attaque ne sera pas différée d'un moment. Il pourra m'arriver de perdre des batailles, mais on ne me verra jamais perdre des minutes par confiance ou paresse.

En trois mois, comme il a changé ! C'est en maître qu'il parle.

Les plénipotentiaires doivent s'incliner. On se met avec rapidité à écrire les articles de l'accord, et le chevalier de Seyssel part au galop pour apporter au roi la nouvelle de l'armistice et obtenir la permission de remettre Coni et Tortone entre les mains du vainqueur.

De son côté, Bonaparte fait expédier par Berthier le contrordre de l'attaque... Le général-baron de la Tour ayant alors demandé du café, Bonaparte ordonne qu'on en cherche dans la ville. On le voit tirer lui-même deux tasses de porcelaine d'un petit nécessaire de voyage qui se trouve sur un sofa près de son épée. Costa de Beauregard remarque avec étonnement que le général français ne possède pas de cuillers à café en argent. On doit utiliser « des cuillers en cuivre jaune, à l'usage des soldats ».

Après la signature, Bonaparte présente aux Savoyards les généraux Murat, Marmont, Despinoy, et deux ou trois officiers de l'Etat-Major. Salicetti, commissaire du Gouvernement, n'arrivera que lorsque tout sera terminé... Puis l'on passe dans une salle à manger où a été préparée « une espèce de médianoche sur une table chargée d'une multitude de flambeaux ». Le plat principal surprend encore Costa de Beauregard : « une jatte de bouillon clair. Il y avait, en plus, deux ou trois plats de viande grossière, quelques entremets fort médiocres et du pain de munition »... L'entremets « fort médiocre » se composait de *gimblettes* offertes par les religieuses de Cherasco. Le tout fut arrosé de vin de l'Astéran.

A l'aube, les plénipotentiaires regagnent Turin, escortés par des dragons français : « Le jour éclairait alors les troupes bivouaquées de l'avant-garde française, racontera Costa. Tout y présentait l'aspect du plus grand délabrement ; on n'y voyait pas de canons, les chevaux y étaient rares, maigres et harassés, mais le maintien du soldat exprimait une espèce d'indifférence leste et gaie... Le sentiment de la victoire réparait tout ! »

Bonaparte, à sa fenêtre, regarde partir les diplomates. Il parvient mal à cacher sa joie : pour la première fois, après la victoire militaire, il a remporté une victoire civile.

Cependant, l'attitude de Joséphine et ses billets « froids comme l'amitié » assombrissent la joie du vainqueur. Il note avec amertume qu'elle a interrompu sa lettre « pour aller à la campagne ». Et, dans les quelques lignes qu'il a lues et relues, il n'a pas trouvé « ce feu qui animait ses regards ». Avec naïveté, il s'exclame : « Tu ne peux m'avoir inspiré un amour sans bornes sans le partager. »

Pourvu qu'elle ne soit pas malade ! Elle qui gémit volontiers — elle se croira valétudinaire jusqu'à sa mort — ne prend plus le temps de se plaindre ! Serait-elle, cette fois, réellement souffrante ? « Tu ne me parles pas de ton vilain estomac ; je le déteste... »

Le 24 avril, il l'a suppliée de prendre le chemin de l'Italie. Il l'a même demandé à Barras après la prise de Mondovi — comme s'il s'agissait d'une récompense.

« Tu vas venir, n'est-ce pas ? a-t-il écrit le lendemain à sa chère créole. Tu vas être ici à côté de moi, sur mon cœur, dans mes bras, sur ma bouche. » Il termine : « Un baiser au cœur et puis un peu plus bas, *bien plus bas !* »

Et il a souligné les trois derniers mots...

De Cherasco, le 29, Murat se rend à Paris pour porter au Directoire les accords signés avec le Piémont. Bonaparte lui demande de remettre cette lettre à Joséphine :

« Comment veux-tu, ma vie, que je ne sois pas triste ! Pas de lettre de toi. Je n'en reçois que tous les quatre jours. Au lieu que si tu m'aimais, tu m'écrirais deux fois par jour. Mais il faut jaser avec les petits Messieurs visiteurs, dès dix heures du matin, et puis écouter les sornettes et les sottises de cent freluquets jusqu'à une heure après minuit... Adieu Joséphine, tu es pour moi un monstre que je ne puis expliquer... Que Murat est heureux... Petite main... Ah ! si tu ne viens pas ! ! ! Ce sera un jour heureux que celui où tu passeras les Alpes. C'est la plus belle

L'hôtel de la rue Chantereine, une délicieuse « folie » de fille entretenue.

(Photo Josse-Lalance).

récompense de mes peines et des victoires que j'ai remportées... »

Joséphine ne met aucun empressement à rejoindre son mari. C'est le cadet de ses soucis. Elle a bien autre chose en tête, car elle est tombée éperdument amoureuse d'un certain lieutenant Hippolyte Charles, de neuf ans plus jeune qu'elle. Il est irrésistible ! De plus, il l'amuse follement ! Et Napoléon n'y est jamais parvenu ! — parfois, peut-être involontairement... Le souvenir de son mari ne la gêne nullement. Le nom du général Bonaparte se trouve sur toutes les lèvres... sauf sur celles de sa femme.

Armand Arnault était reçu par Joséphine lorsque Murat lui apporta la lettre : « Je l'entends encore lisant un passage dans lequel, semblant repousser des inquiétudes qui, visiblement, le tourmentaient, son mari lui disait : « S'il était vrai pourtant ! Crains le poignard d'Othello ! » Je l'entends dire avec son accent créole, en souriant :

— Il est *drolle,* Bonaparte ! »

Le 6 mai, à Tortone — « la glace du portrait de sa femme qu'il portait toujours, se cassa, racontera Marmont : il pâlit d'une manière effrayante et l'impression qu'il ressentit fut des plus douloureuses ».

— Marmont, ma femme est bien malade ou infidèle.

Puis il enfonce ses éperons dans le ventre de son cheval... Il est cependant plein d'espoir à la pensée de serrer bientôt Joséphine dans ses bras. Il a en effet été convenu qu'elle prendrait la route d'Italie en compagnie de Murat. Que va faire l'infidèle ? Le futur roi de Naples qui attend que la générale Bonaparte se décide enfin à partir, s'impatiente, il doit regagner son poste. Joséphine s'interroge. Doit-elle abandonner son cher Hippolyte ? Jamais ! Alors elle invente un prétexte pour ne pas se mettre en route :

— Je suis enceinte !

Il ne met pas en doute sa parole, aveuglé par les souvenirs de la petite chambre de la rue Chantereine — avec un art consommé, n'est-elle point parvenue à le persuader que c'est à lui qu'elle devait sa science merveilleuse ? Effectivemnt, quand il apprend la nouvelle de sa grossesse, il lui mande, ébloui : « Il est donc vrai que tu es enceinte ? Murat me l'écrit. Mais il me dit que cela te rend malade et qu'il ne croit pas prudent que tu entreprennes un aussi long voyage. Je serai donc encore privé du bonheur de te serrer dans mes bras... » Le voici tout attendri. Il voudrait voir comment elle « porte les enfants ». On devine son émotion à travers ces lignes : « Serait-il possible que je n'aie pas le bonheur de te voir avec ton petit ventre ? Cela doit te rendre intéressante ! Tu m'écris que tu as bien changé. Ta lettre est courte, triste et d'une écriture tremblante. Qu'as-tu mon adorable amie ?... Je croyais être jaloux, mais je te jure qu'il n'en est rien. Plutôt que de te voir mélancolique, je crois que je te donnerais moi-même un amant... »

Pourquoi se gênerait-elle ?

Le Directoire ne s'est pas arrêté au fait que Bonaparte, sans l'en aviser, avait traité directement avec le roi de Sardaigne, le gouvernement ne voit qu'une chose : la « porte », dont on avait parlé autrefois au général Schérer, a été « forcée » et les caisses se remplissent ! Mais Bonaparte peut encore faire mieux ! « Gênes, lui suggère-t-on, ne doit pas être éloigné de plus de quarante-cinq lieues de Lorette : ne pourrait-on pas enlever la Casa-Santa et les trésors immenses que la superstition y amasse depuis quinze siècles ?... » On lui recommande au surplus : « C'est le Milanais surtout qu'il ne faut pas épargner. Levez-y des rémunérations en numéraire sur le champ ! »

Pour cela il faut anéantir l'armée impériale autrichienne. En ayant demandé aux Piémontais « la faculté de passer le Pô à Valenza », Bonaparte savait bien ce qu'il faisait ! Le général autrichien Beaulieu a été complètement abusé. Leurré comme un blancbec d'état-major, il est allé, en se frottant les mains, se porter en face de Valenza, tandis que Bonaparte — le 7 mai — n'ayant devant lui que deux escadrons autrichiens — passe paisiblement le fleuve vers Plaisance, manœuvre qui va permettre aux Français de tourner merveilleusement l'ennemi. Le 9 mai, après avoir signé un armistice avec le duc de Parme, Bonaparte peut écrire au Directoire : « J'espère, si les choses vont bien, pouvoir vous envoyer une dizaine de millions... » Le lendemain, il quitte sa maison de Casalpusterlengo où il a établi son quartier général — elle existe toujours — et va livrer la bataille de Lodi qui lui donne toute la Lombardie. La riche province tombe comme un fruit mûr...

Napoléon commence à tisser sa gloire...

— Après Lodi, dira-t-il à Sainte-Hélène, je me regardai, non pas comme un simple général, mais comme un homme appelé à influer sur le sort d'un peuple. Il me vint l'idée que je pus bien devenir un acteur décisif sur notre scène politique.

Le pont de Lodi s'inscrit dans la légende, ce pont où l'on a vu — ou cru voir — le général en chef, sous une grêle de balles, « marchant le premier un drapeau à la main ». Les Autrichiens, en pleine déroute, rétrogradent vers l'Oglio et Crémone. Le même soir, les plus anciens soldats de l'armée se réunissent et donnent un grade à leur chef : celui de caporal. Désormais, il sera pour eux le « Petit

Caporal » et jamais « le sergent », grade que les grenadiers lui donneront après Castiglione.

La victoire de Lodi lui ouvre les portes de Milan, que l'archiduc Ferdinand a quitté précipitamment, emportant son or et ses collections. Le 11 mai, au palais Ghisi de Lodi — *Corso Roma* — le comte Melzi vient lui apporter les clefs de la ville « aurore de l'épopée napoléonienne, levain fécond de l'unité italienne », selon l'inscription que l'on peut lire encore sur la façade du palais, à droite de la porte d'entrée.

L'Europe est éberluée.

Comme l'écrira Marmont à son père : « C'est avec une armée dépourvue de tout, sans habits, sans souliers, sans artillerie, souvent sans cartouches, douze jours sans pain, mais toujours avec courage, que nous avons obtenu ces succès. » Les Directeurs s'essoufflent à suivre l'armée d'Italie et s'inquiètent. Les victoires de Bonaparte feront-elles également vaciller leurs propres trônes ? Le gouvernement veut remettre « le petit Bonaparte » dans le rang et lui ordonne d'abandonner Milan... pour laisser la ville aux mains de Kellerman ! « Si vous rompez en Italie la pensée militaire, écrit-il à Paris, je vous le dis avec douleur vous avez perdu la plus belle occasion d'imposer des lois à l'Italie... » Et il offre sa démission que les directeurs n'osent pas accepter : « S'ils l'osaient, s'exclame Napoléon avec raison, ils soulèveraient contre eux toute la France ! »

Le 15 mai, jour de la Pentecôte, Masséna, qui a précédé son chef à Milan, l'accueille à la porte de la ville — la *Porta Romana* — où flamboient ces mots tracés en italien : *A la vaillante Armée française...* « La République, dira-t-il aux autorités venues le saluer, fera tout pour vous rendre heureux... » L'archevêque et le chef des décurions sont stupéfaits en voyant leur vainqueur, coiffé d'un chapeau orné d'une plume tricolore, toujours aussi maigre ; les cheveux à demi poudrés tombant en oreilles d'épagneul sur ses épaules, Napoléon descend de la voiture qui l'a amené de Lodi et monte à cheval — un cheval appelé *Bijou*. Le clair soleil de floréal éclaire la scène. La garde urbaine fait la haie et présente les armes. Au palais archiducal, le vainqueur préside un banquet de deux cents couverts et, en italien, lance ces promesses :

— Vous serez libres ! Vous serez libres et vous serez plus sûrs de l'être que les Français. Milan sera votre capitale ; l'Oglio et le Serio seront vos barrières ; vous aurez cinq cents canons, l'amitié éternelle de la France. La Romagne vous demeurera ; vous embrasserez les Deux Mers ; vous aurez une flotte. Trêve aux regrets et aux querelles... Il y aura toujours des riches et des pauvres... Mais craignez les prêtres, éloignez-les des fonctions publiques... Si l'Autriche revenait à la charge, je ne vous abandonnerais pas.

Les Milanais crient leur enthousiasme. Dans les rues c'est du délire. On acclame le nom de celui qui vient d'arracher Milan à la griffe autrichienne ! On crie, on danse, on allume des feux de joie.

Viva la libertà !

Et, de nouveau, on commence à planter des arbres de la liberté.

Ce soir-là Napoléon a une discussion assez violente avec Berthier. Bonaparte, sorti de la pièce, l'ordonnateur en chef de l'Armée, Denniée, qui a succédé à Chauvet tué au début de la campagne, s'exclame :

— Savez-vous bien que cet homme a des emportements intolérables ?

— Vous avez raison, mon cher Denniée, réplique

calmement Berthier, mais souvenez-vous qu'un jour, il sera beau d'être le second de cet homme-là.

— Eh bien ! Marmont, demande Bonaparte en se mettant au lit au palais de l'Archevêché, eh bien ! Marmont, que croyez-vous qu'on dise à Paris ?

— L'admiration doit être à son comble...

— Ils n'ont encore rien vu, et l'avenir nous réserve des succès bien supérieurs à ce que nous avons déjà fait. La fortune ne m'a pas souri aujourd'hui pour que je dédaigne ses faveurs : elle est femme et plus elle fait pour moi plus j'exigerai d'elle. Dans peu de jours nous serons sur l'Adige, et toute l'Italie sera soumise. Peut-être alors, si l'on proportionne les moyens dont j'aurai la disposition à l'étendue de mes projets, peut-être en sortirons-nous promptement pour aller plus loin. De nos jours, personne n'a rien conçu de grand : c'est à moi d'en donner l'exemple.

« Déjà, dira un témoin, il avait marqué sa place et établi les distances. » Il se trouvait armé d'un regard qui« traversait les têtes », expliquera plus tard Cambacérès. Trois mois après sa prise de commandement personne n'osait plus dire qu'il était « le protégé de Barras et des femmes ».

Le lendemain, tel un souverain, il s'installe au palais Serbelloni — il se dresse toujours 22 *Corso Venezia* — et, la semaine suivante, il calme le Directoire en lui écrivant : « Nous tirerons de ce pays dix millions. » Sans parler de vingt tableaux pris au duc de Parme et de vingt toiles enlevées au duc de Modène « à la tête desquelles se trouve le célèbre *saint Jérôme* du Corrège... »

*
**

Sa joie serait complète s'il pouvait avoir sa femme près de lui. Il le lui écrit : elle embellirait l'Italie, « A mes yeux du moins. Tu le sais, quand ma Joséphine est quelque part, je ne vois plus qu'elle ! » Aussi, avant de quitter Milan pour reprendre le commandement de l'armée, essaye-t-il de rendre la chère créole jalouse en lui parlant des jolies femmes qui l'entourent et « cherchent à lui plaire »... Mais il ne peut s'empêcher d'avouer : « Je ne voyais que toi, je ne pensais qu'à toi. Cela me rendit tout insupportable, et une demi-heure après... je me suis en allé me coucher tristement, en me disant : « Voilà ce réduit vide, la place de mon adorable petite femme » « ... Je me figure sans cesse te voir avec ton adorable petit ventre ; cela doit être charmant... »

Le jour même où il trace ces lignes — le 23 mai — il part pour Lodi où se trouve le quartier général de l'armée, mais à peine est-il arrivé qu'il doit regagner Milan : des séditions violentes ont éclaté. A Pavie, dans les faubourgs de Milan, à Binasco aussi, c'est la révolte ! Les partis autrichiens et piémontais ont relevé la tête et le peuple a suivi. Non sans raison ! Les lampions éteints, les Milanais ont été saignés à blanc, écrasés d'impositions et de réquisitions, le séquestre a été mis sur le Mont-de-Piété et les vainqueurs — ô sacrilège ! — ont dirigé vers la France les œuvres de Vinci et de Michel-Ange ! Comme le dira Stendhal : « Le bon peuple milanais ne savait pas que la présence d'une armée, même libératrice, est toujours une calamité. » Une armée qui de surcroît est gueuse comme Job, et se trouve chargée de conquérir le pays pour le piller afin de remplir les caisses de son gouvernement !

L'insurrection massacre les soldats isolés et Bonaparte lance des ordres de répression : « Les généraux feront marcher contre les villages les forces nécessaires pour les réprimer, y mettre le feu et faire fusiller tous ceux qu'ils trouveront les armes à la main. » On exécute quelques municipalités récalcitrantes, on brûle le village de Binasco où — Lannes l'avouera — l'on a réprimé la révolte d'horrible façon. Avant de quitter Milan, Bonaparte convoque les autorités de la ville et leur annonce qu'ils doivent répondre sur leur tête de toute nouvelle insurrection. Le lendemain, il s'installe à Pavie, au collège de Novarèse. Pour punir l'émeute qui a soulevé la ville, il autorise un pillage de trois heures. Il donne l'ordre d'épargner toutefois les maisons du biologiste Spallanzani et du physicien Volta — l'inventeur de la pile. La rébellion est ainsi noyée dans le sang et le feu. Napoléon le dira :

— En dernière analyse, il faut être militaire pour gouverner ; on ne gouverne un cheval qu'avec des bottes et des éperons.

S'avançant vers l'est, il pénètre à Brescia, sur le territoire de la république de Venise. Masséna reçoit l'ordre d'occuper Vérone — la ville ne s'est-elle pas permis d'héberger « Louis XVIII », celui qui a le front de se proclamer roi de France ? Augereau investit Mantoue. Quant à lui — le 31 mai — il bat les Autrichiens à Castelnuovo. De Peschiera, au bord du lac de Garde, où il s'est installé au château fortifié, dont la puissante silhouette se reflète toujours dans les eaux du lac, il peut annoncer — le 1er juin — au Directoire :

« Voilà donc les Autrichiens entièrement expulsés de l'Italie. Nos avant-postes sont sur les montagnes de l'Allemagne. Tout est aujourd'hui parfaitement tranquille... *Deux millions en or sont en route, en poste, pour se rendre à Paris... Le ministre des* Finances peut tirer des lettres de change pour quatre ou cinq millions. » Voilà qui va bien faire l'affaire du Directoire désargenté...

Après avoir vu à Vérone la maison que « le prétendu roi de France » — a dû quitter précipitamment, Bonaparte repart pour Milan avec la certitude que Joséphine s'y trouve déjà — et ce sera pour lui une nouvelle déception !...

Il revient à Brescia où l'attend Belmonte-Pignatelli, envoyé du roi de Naples. Le roi « Nasone » désire en effet quitter la coalition et signer une suspension d'armes avec la France. Assurément, on la lui fera payer bien cher... En descendant de cheval, Napoléon trouve Miot, comte de Melito, homme d'Etat et écrivain, venu pour préparer l'entrevue avec le ministre napolitain. Le diplomate — il le racontera — fut étrangement surpris, lors de sa réception par le vainqueur de l'Italie : « Rien n'était plus éloigné de l'idée que mon imagination s'en était formée. J'aperçus, au milieu d'un état-major nombreux, un homme au-dessous de la taille ordinaire, d'une maigreur extrême. Ses cheveux poudrés coupés d'une manière particulière et carrément au-dessous des oreilles, tombaient sur ses épaules. Il était vêtu d'un habit droit boutonné jusqu'en haut, orné d'une petite broderie d'or très étroite et portait à son chapeau une plume tricolore. Au premier abord, la figure ne me parut pas belle. Mais des traits prononcés, un œil vif et inquisiteur, un geste animé et brusque, décelaient une âme ardente, et un front large et soucieux, un penseur profond. Il me fit asseoir près de lui et nous parlâmes de l'Italie. Son parler était bref et, en ce temps, très incorrect. »

Dès le début de la conversation, Napoléon évoque Mantoue puissamment occupée par les Autrichiens.

— Rien ne sera fini, tant qu'on n'aura pas Mantoue... Alors seulement je pourrai me dire maître de l'Italie. Un siège aussi difficile ne pourra être que très long et, pour le moment, il faut me contenter de resserrer la place. L'Autriche va mettre du temps pour rassembler une armée de secours. Nous avons par conséquent un mois devant nous pour nous avancer vers le centre de l'Italie et nous en rendre maîtres.

Enhardi, Miot annonce alors au général en chef la présence à Brescia, du prince napolitain Belmonte-Pignatelli.

— Je ne vois aucun inconvénient à traiter d'un armistice, riposte Bonaparte.

« Il se servit, nous rapporte Miot de Melito, du mot *amnistie* et fit dans toute la conversation presque toujours cette faute. » Il la commettra d'ailleurs durant toute sa vie...

— Ce qu'il faut stipuler pour le moment, reprend Bonaparte, c'est que Naples retirera sur-le-champ les troupes qu'elle a dans l'armée autrichienne. L'infanterie ne vaut rien. Mais savez-vous qu'ils ont quatre régiments de cavaliers excellents qui m'ont donné beaucoup de mal et dont j'ai à cœur de me débarrasser le plus tôt possible. Faites-moi venir M. de Belmonte. Le traité sera bientôt fait.

Deux heures plus tard, l'accord est, en effet, signé.

Au tour du Saint-Siège, à présent. Le 22 juin, le vainqueur reçoit à Bologne les commissaires de Pie VI. Bonaparte, très exigeant au début des entretiens, finira par se radoucir. Les conditions imposées au souverain temporel de Rome n'en sont pas moins fort dures : « Les ports des Etats du Pape seront fermés aux bâtiments des puissances en guerre avec la République, et ouverts aux bâtiments français.

— L'armée française continuera de rester en possession des légations de Bologne, Ferrare, et évacuera celle de Faenza. — Le Pape livrera à la République française cent tableaux, vases ou statues... Notamment le buste en bronze de Junius Brutus et celui en marbre de Marcus Brutus, tous les deux placés au Capitole et cinq cents manuscrits. Le Pape payera à la République française vingt et un millions de livres, monnaie de France, dont quinze millions et cinq cent mille en espèces ou lingots... et les cinq millions cinq cent mille restants, en denrées, marchandises, chevaux, bœufs... — Le Pape sera tenu de donner le passage aux troupes de la République... »

Le Directoire est enchanté. L'invasion fiscale — l'expression est d'Albert Sorel — marche à souhait. « Ne laissez rien en Italie », recommande-t-on au conquérant. Les Italiens doivent payer cher leur liberté ! Ce n'est plus une guerre, mais une razzia !

La semaine suivante, à Florence, Bonaparte — seizième descendant du gibelin Guillaume Buonaparte chassé de Florence en 1267 — fait la connaissance du grand-duc Ferdinand, oncle d'une petite fille nommée Marie-Louise... Inconnu quelques mois auparavant, le voici reçu à l'égal d'un souverain. Le grand duc de Toscane envoie au Palazzo, via Porta Pinti, où est descendu le général français, une compagnie d'infanterie avec drapeau. Il le reçoit à dîner. Dans les rues, les Florentins admiratifs — mais en silence — regardent passer l'homme « célèbre déjà par tant d'exploits prodigieux ».

Et Joséphine ?

Quelques jours auparavant, il lui avait encore écrit : « Depuis un mois, je n'ai reçu de ma bonne amie que deux billets de trois lignes chacun... Bon Dieu, dis-moi, toi qui sais si bien faire aimer les autres sans aimer, saurais-tu comment on guérit de l'amour ? Je paierais ce remède bien cher. Tu devais partir le 5 prairial ; bête que j'étais, je t'attendais le 13. Comme si une jolie femme pouvait abandonner ses habitudes, ses amis, sa Madame Tallien, et un dîner chez Barras, et une représentation d'une pièce nouvelle, et Fortuné, oui, Fortuné ! (1) Tu n'aimes plus du tout ton mari ; tu n'as pour lui qu'un peu d'estime et une portion de cette bienveillance dont le cœur abonde. Tous les jours, récapitulant tes torts, je me bats les flancs pour ne plus t'aimer, bah ! Voilà-t-il pas que je t'aime davantage... Je vais te dire mon secret : moque-toi de moi, reste à Paris, aie des amants, que tout le monde le sache, n'écris jamais, eh bien ! je t'en aimerai dix fois davantage. Si ce n'est pas là folie, fièvre, délire ? Et je ne guérirai pas de cela (oh ! si pardieu j'en guérirai) mais ne va pas me dire que tu es malade, n'entreprends pas de te justifier. Bon Dieu ! Tu es pardonnée, je t'aime à la folie, et jamais mon pauvre cœur ne cessera de donner son amour... »

Il a deviné que sa grossesse n'était qu'une fable et il souffre affreusement : « Joséphine, où te remettra-t-on cette lettre ? écrit-il le 11 juin. Si c'est à Paris, mon malheur est donc certain, tu ne m'aimes plus ! Je n'ai plus qu'à mourir !... Tant d'amour promis ne peut pas être évanoui en deux mois. » C'est assurément la capitale et ses blondins qui sont la cause de sa froideur ! Le tourbillon des plaisirs a tout emporté et il écrit : « Je déteste Paris, les femmes et l'amour... »

Le même jour, il apprend que Joséphine n'a pas encore quitté Paris et il se jette de nouveau sur son

(1) Fortuné est le petit chien de Mme Bonaparte. Il couchait sur le lit de sa maîtresse et avait mordu le mollet du général, considérant Napoléon comme un intrus.

écritoire : « Tu m'as aimé par un léger caprice ; tu sens déjà combien il serait ridicule qu'il arrête ton cœur. »

Se doute-t-il de la présence du beau hussard à ses côtés ?

« Il paraît que tu as fait ton choix et que tu sais à qui t'adresser pour me remplacer... Quant à toi, que mon souvenir ne te soit pas odieux. Mon malheur est de t'avoir peu connue. Le tien est de m'avoir jugé comme les hommes qui t'environnent. »

Et il termine :

« Cruelle ! ! ! Pourquoi m'avoir fait espérer un sentiment que tu n'éprouvais pas ! ! ! Mais le reproche n'est pas digne de moi. Je n'ai jamais cru au bonheur. Tous les jours la mort voltige autour de moi... La vie vaut-elle la peine de faire tant de bruit ! ! ! Adieu, Joséphine, reste à Paris, ne m'écris plus et respecte au moins mon asile. Mille poignards déchirent mon cœur, ne les enfonce pas davantage. Adieu mon bonheur, ma vie, tout ce qui existait pour moi sur la terre. »

Le 14 juin, apprenant qu'elle se déclare de nouveau malade, il trace encore ces lignes : « Murat veut me convaincre que ta maladie est légère ; mais tu ne m'écris pas ; il y a un mois que je n'ai reçu de tes lettres. Tu es tendre, sensible, et tu m'aimes. Tu luttes entre la maladie et les médecins... Si ta maladie continue, obtiens-moi une permission de venir te voir une heure. Dans cinq jours, je suis à Paris, et le douzième, à mon armée. Sans toi, je suis sans toi, je ne puis plus être utile ici. Aime qui veut la gloire, serve qui veut la Patrie, mon âme est suffoquée dans cet exil ; et lorsque ma bonne amie souffre, est malade, je ne puis froidement calculer la victoire... Mes pleurs inondent ton portrait ; lui seul ne me quitte pas... »

Rien ne parvenant à apitoyer la maîtresse d'Hippolyte, le pauvre mari écrit à Joseph : « Mon ami, je suis au désespoir. Ma femme, tout ce que j'aime dans le monde, est malade. Ma tête n'y est plus... Je l'aime à la fureur et je ne puis rester plus loin d'elle... »

Barras, alerté par Joseph, demande alors à Carnot de calmer Bonaparte en rejetant la responsabilité de l'absence de Joséphine sur le Directoire « dans la crainte que les soins que lui donnerait son mari ne le détournassent de ceux auxquels la gloire et le salut de la patrie l'appellent... »

Mais il fallait maintenant que, coûte que coûte, la créole se décidât ! Bonaparte dans ses lettres, n'avait-il pas annoncé que si sa femme était réellement malade, il accourrait à Paris ? N'avait-il pas déclaré que sans Joséphine, il estimait ne plus être utile à l'Italie ? Bref, il était prêt à laisser là les diplomates implorant alors l'armistice et à abandonner son armée à qui voudrait la prendre ! Ainsi, toute la conquête dépendait des coucheries de Joséphine ! Certes, tout avait jusqu'à présent marché à miracle, mais il y avait la suite : les Autrichiens ne s'apprêtaient-ils pas à tendre la main à Mantoue encerclée ? Or rien, jusqu'alors, n'avait pu convaincre la créole à abandonner son cher et bel Hippolyte qui la faisait rire aux larmes, et savait si joliment la chiffonner dans son boudoir en rotonde !

Cette fois les cinq directeurs se fâchent et — le 24 juin — mettent de force Joséphine dans sa voiture. « Plongée dans un chagrin extrême, fondant en larmes », nous dit un témoin, elle quitte enfin Paris. Mais, dès les premiers tours de roue sur le chemin d'Italie, ses larmes sèchent : en face d'elle, touchant ses genoux, se trouve Hippolyte, le joyeux — et beau — boute-en-train.

Elle a emmené son amant avec elle !

Et Napoléon ? Il est rayonnant. Dès qu'il a appris la merveilleuse nouvelle, il s'écrie :

— Berthier : elle vient ! Vous entendez, elle vient ! Je savais bien à la fin qu'elle se déciderait !

Il la suit par la pensée. Le 11 juillet, il lui écrit de Vérone, la croyant déjà arrivée à Milan : « A peine parti de Roverbella, j'ai su que l'ennemi se présentait à Vérone. Masséna faisait des dispositions qui étaient très heureuses. Nous avons fait six cents prisonniers, et nous avons pris trois pièces de canon. Le général Brune a eu sept balles dans ses habits, sans avoir été touché par aucune : c'est jouer de bonheur. Je te donne mille baisers. Je me porte très bien. Nous n'avons eu que dix hommes tués et cent blessés. »

Mais ce même soir, à neuf heures, en arrivant à Milan, il est douloureusement surpris de ne pas encore la voir. Le surlendemain — 13 juillet — un courrier lui annonce qu'il précède d'une heure « l'incomparable Joséphine ». Il saute à cheval pour se porter au-devant d'elle. Aux portes de Milan, il la tient enfin dans ses bras ! Il est tellement fou de désir, il pense avec tant de flamme à ce corps tout en langueur et en fossettes, qu'il va serrer tout à l'heure contre lui, qu'il ne remarque même pas près de sa femme la présence d'Hippolyte Charles... Mieux : on le verra durant les deux premiers jours qu'il passera avec elle à Milan, accueillir l'amant à sa table et dans son salon.

L'incorrigible et insatiable Joséphine a amené avec elle de Paris deux « affairistes » pour leur faire obtenir des marchés avec l'armée, et prélever évidemment une dîme au passage. « Je savais à quoi m'en tenir sur le sieur Charles, racontera l'un d'eux. Je me sentais mal à l'aise, en voyant ce jeune général, déjà couvert d'une gloire qu'il réfléchissait sur sa femme,

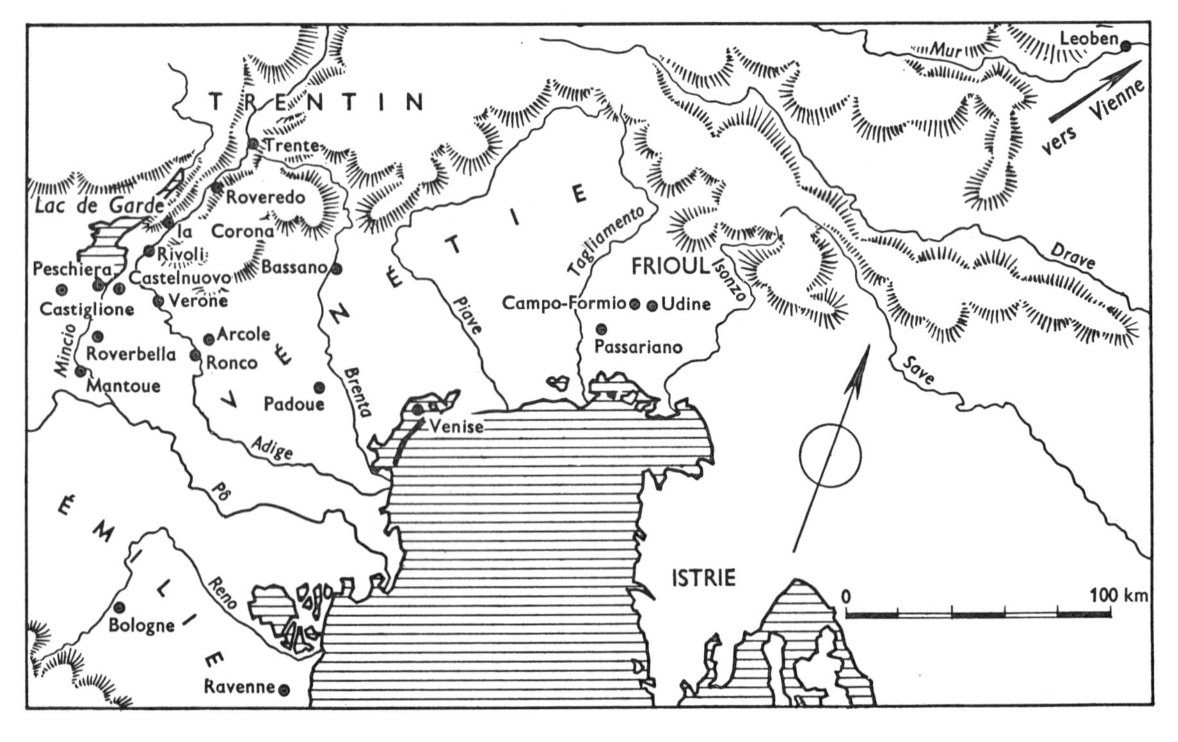
TRENTIN
Trente
Roveredo
Lac de Garde
la Corona
Rivoli
Peschiera
Castelnuovo
Bassano
Castiglione
Verone
Arcole
Roverbella
Ronco
Mincio
Mantoue
Padoue
Brenta
Adige
Pô
VÉNÉTIE
Piave
Tagliamento
FRIOUL
Isonzo
Campo-Formio
Udine
Passariano
Venise
ÉMILIE
Reno
Bologne
Ravenne
ISTRIE
Mur
Leoben
vers Vienne
Drave
Save
0
100 km

rival malheureux d'un gringalet qui n'avait pour lui que sa jolie figure et une élégance de garçon perruquier. »

On ne peut ressentir qu'un sentiment de malaise en lisant sa première lettre écrite après leur nouvelle séparation : « Je croyais t'aimer il y a quelques jours ; mais, depuis que je t'ai vue, je sens que je t'aime mille fois plus encore. Depuis que je te connais, je t'adore tous les jours davantage... Ah ! je t'en prie, laisse-moi voir quelques-uns de tes défauts ; sois moins belle, moins gracieuse, moins tendre, moins bonne, surtout ; surtout, ne sois jamais jalouse, ne pleure jamais ; tes larmes m'ôtent la raison, brûlent mon sang... » Ainsi, pour donner le change, lui avait-elle fait croire qu'elle était jalouse...

Il ajoute : « Repose-toi bien. Rétablis vite ta santé. Viens me rejoindre ; et, au moins ,qu'avant de mourir, nous puissions dire : Nous fûmes tant de jours heureux ! ! ! »

Comment pourrait-elle être heureuse : Charles a dû — lui aussi — rejoindre le quartier général. En dépit des « fêtes superbes » que lui offrent les Milanais, Joséphine regrette ses amis parisiens, elle « s'ennuie à mort » — elle l'écrira à Thérésia Tallien — et ajoutera : « Mon mari ne m'aime pas, il m'adore ; je crois qu'il deviendra fou. »

Le même jour où elle trace ces lignes il lui a écrit : « Mille baisers aussi brûlants que mon cœur, aussi purs que toi. Je fais appeler le courrier ; il me dit qu'il est passé chez toi, et que tu lui as dit que tu n'avais rien à lui ordonner. Fi ! méchante, laide, cruelle, tyranne, petit joli monstre ! Tu te ris de mes menaces, de mes sottises ; ah ! si je pouvais, tu sais bien, t'enfermer dans mon cœur, je t'y mettrais en prison... »

L'enfermer dans son cœur ! Se souvient-il d'avoir écrit autrefois à Valence : « Je crois en définitive que l'amour fait plus de mal que de bien et que ce serait un bienfait d'une divinité protectrice que de nous en défaire et d'en délivrer les hommes » ?

Sur le plateau de Rivoli, les charges commandées par Murat achèvent la victoire. A la tête de son régiment le jeune colonel Lasalle — il avait vingt-trois ans — fit merveille. Aussi le soir venu, lorsque Bonaparte le vit prêt à défaillir de fatigue, il lança en montrant le « tas » des drapeaux ennemis : « Couche-toi dessus, Lasalle, tu l'as bien mérité. »

(Photo Josse-Lalance).

VIII

ARCOLE ET RIVOLI

Malheur au général qui vient sur le champ de bataille avec un système.

NAPOLÉON.

BONAPARTE est parti le 15 juillet rejoindre les forces françaises qui, depuis un mois, ont investi Mantoue. Devant l'étendue d'eau protégeant en partie la ville — les trois lacs formés par le Mincio — Napoléon n'a que neuf mille hommes, autant que d'Autrichiens à l'abri derrière les murailles de la vieille cité lombarde. Dès le 17 juillet, il pensait bien prendre Mantoue « par un coup hardi et heureux ». « Je comptais, expliquera-t-il, faire embarquer huit cents grenadiers, et j'espérais pouvoir m'emparer d'une porte de la ville ; mais les eaux ayant diminué, dans vingt-quatre heures, de plus de trois pieds, il n'a pas été possible de tenter ce coup de main. »

Le lendemain, il fait bombarder la place avec des boulets rouges : « Toute la nuit, cette misérable ville a brûlé. Ce spectacle était horrible et imposant. Nous nous sommes emparés de plusieurs ouvrages extérieurs... »

Mais Mantoue résiste toujours. Napoléon en a vite assez de piétiner ainsi sur place — il a horreur des sièges — et, le 19, il part pour le quartier général qui se trouve à Castiglione. Mais, à son arrivée, il doit entre deux combats, et deux lettres passionnées à Joséphine, régler les problèmes civils — il se considère comme le proconsul de la nouvelle Italie. Certains commissaires de la République — tel l'ancien constitutionnel Pierre-Anselme Garreau — font peser sur les négociants le poids d'une dure occupation. « On les traite, annonce Bonaparte au Directoire, avec plus de rigueur que vous n'avez l'intention que l'on se conduise avec les négociants anglais mêmes ; cela alarme le commerce de toute l'Italie et nous fait passer à ses yeux pour des vandales... »

C'est pourquoi, le même jour, il tance, sévèrement, Garreau : « Quand vous étiez représentant du peuple, vous aviez des pouvoirs illimités ; tout le monde se faisait un devoir de vous obéir. Aujourd'hui, vous êtes Commissaire du Gouvernement, investi d'un très grand caractère, mais une instruction positive a réglé vos fonctions ; tenez-vous-y... »

Ce ton — de maître — sera désormais le sien.

Beaulieu a été remplacé par le maréchal Wurmser, Alsacien au service de l'Autriche. Avec une armée de soixante-dix mille austro-hongrois, il descend des montagnes. Ses troupes s'infiltrent de chaque côté du lac de Garde. Son projet ? Prendre dans un étau les quarante mille Français désarçonnés par la résistance de Mantoue.

Au même moment, le 29 juillet, à Vérone, Bonaparte exulte. Il est tout à son bonheur : Joséphine est près de lui. Après s'être tant fait prier, elle a accepté de quitter Milan et de venir le retrouver. Tout en prenant le café sur le balcon de la modeste maison que le comte de Provence avait occupée — et d'où l'on découvre la campagne avoisinante — il serre de près la langoureuse créole qui rit, répétant en leitmotiv :

— Finis donc, Bonaparte !

Les assistants détournent la tête, gênés... soudain l'un d'eux pousse un cri :

— Les Autrichiens !

Les « habits blancs » de Wurmser chargés de délivrer Mantoue — descendent, en effet, en longues files, de la montagne. Qu'a donc fait Masséna, chargé de garder les vallées commandant les plaines lombardes et vénitiennes ? Tandis que Joséphine, sous la conduite de Junot, fuit vers Desenzano, Bonaparte reçoit estafettes sur estafettes et possède bientôt une vue d'ensemble de la situation. Elle n'est guère brillante ! — et les ordres de pleuvoir :

Au général Augereau :

« L'ennemi a forcé le poste de la Corona. L'on s'occupe en ce moment à le reprendre. Il est indispensable, quelle que soit l'issue de cette tentative, d'attaquer l'ennemi et de le battre. »

Au général Masséna, responsable de l'échec :

« Le sort des armes est journalier, mon cher général ; nous rétablirons demain ou après, ce que vous avez perdu aujourd'hui... Brûlez votre pont ; réunissez vos forces ; éloignez-vous pendant la nuit... Rien n'est perdu tant qu'il reste du courage. La garnison de Vérone a bien étrillé les ennemis. »

Au général Gaultier :

« Les circonstances sont assez critiques. La journée de demain sera, je l'espère, plus honorable. Faites évacuer tous les malades par Crémone, Plaisance et Milan, et en général, tous les effets appartenant à la République... »

Au général Sérurier :

« Une partie de la division du général Masséna a été obligée de se replier. Je me rends cette nuit à Castelnuovo, avec plusieurs demi-brigades. Peut-être rétablirons-nous les affaires ; cela m'oblige cependant à de sérieuses précautions pour la retraite. »

Après avoir traversé Peschiera et Castelnuovo, il arrive à Desenzano dont les rues étroites sont encombrées de cadavres. Là il apprend que, non loin de la presqu'île de Sirmione, les Autrichiens, dont les embarcations sillonnent le lac de Garde, ont pris comme cible la voiture de Joséphine. « Wurmser me paiera cher les craintes qu'il vient de te causer », annonce-t-il à sa femme.

Les mauvaises nouvelles abondent : la route de Milan est coupée, Brescia a été repris, Lannes et Murat faits prisonniers. Après avoir expédié Joséphine vers Florence — sous la protection d'une escorte de dragons — il réunit un conseil de guerre. Les choses vont mal... très mal. Certains croient déjà l'Italie perdue pour les Français ! Le bruit court que les Napolitains et le Pape ont l'intention de rompre l'armistice et de marcher vers le nord.

Le plan de Bonaparte ?

C'est la stratégie napoléonienne : puisque l'ennemi a divisé ses forces, en deux armées, il les battra l'une après l'autre ! Il l'expliquera plus tard à Las Cases :

— Dès ce moment, le plan d'attaque de Wurmser se trouvait dévoilé. Seule contre toutes ces forces, l'armée française ne pouvait rien : on n'était pas un contre trois, mais seule contre chacun des corps ennemis, il y avait égalité.

Aussi, ce soir-là, de Roverbella, donnera-t-il l'ordre d'abandonner provisoirement Mantoue. Sérurier devra enclouer (1) ses canons. La contre-offensive est commencée. Avec quarante-deux mille hommes il va en battre quatre-vingt mille ! Et les courriers s'élancent dans toutes les directions :

« Ce n'est pas à vous, écrit-il à Masséna, que l'on a besoin de recommander, dans une circonstance si essentielle, de montrer de l'audace ; telle chose qu'il arrive et qu'il puisse en coûter, il faut coucher demain à Brescia. »

« Faites-moi prévenir, ordonne-t-il au général Kilmaine, du moment où vous attaquerez. Demain matin, il ne sera plus temps... Je me rends à l'instant à Goito, et à Roverbella pour y connaître l'état des choses. »

Enfin, sur la route de Roverbella à Goito, après avoir manqué tomber dans une embuscade croate, il écrit à Augereau : « Il faut, général, faire votre retraite sur Roverbella. Voici la malheureuse position de l'armée : l'ennemi a percé notre ligne sur trois points... Nos communications sont coupées avec Milan et Vérone... »

Pendant ce temps, Wurmser croit l'affaire dans le sac et fait dans Mantoue une entrée glorieuse... Il ne se doute pas que Bonaparte rassemble toutes ses forces entre le Mincio et l'Oglio. Durant la nuit du 31 juillet au 1er août, Napoléon marche sur Brescia avec tout ce dont il peut disposer comme forces. Les Autrichiens refusent le combat et « se retirent en toute hâte » en voyant toute l'armée française s'avancer vers eux. « Nous avons essuyé des revers, explique

(1) L'opération consistait à enfoncer dans la lumière de l'arme un gros clou afin d'empêcher l'ennemi d'utiliser la pièce.

Bonaparte aux « citoyens-directeurs », mais déjà la victoire commence à revenir sous nos drapeaux... ».

Et c'est la contre-offensive foudroyante de l'armée républicaine.

Quasdanovitch et ses Autrichiens attaquent Lonato. Napoléon, avec l'infanterie de Masséna et tout ce qu'il a pu réunir de dragons, se porte sur la ville et coupe l'armée autrichienne en deux tronçons : l'un est rejeté sur le Mincio, l'autre vers le lac de Garde. Junot charge l'armée autrichienne en déroute, jusqu'à Salo. Et Quasdanovitch n'a d'autre ressource que de ramener les débris de son armée au nord du lac ! Bonaparte a fait deux mille prisonniers, et il peut annoncer au Directoire que les « choses prennent une tournure satisfaisante ».

Au tour de Wurmser, maintenant !

A six heures du matin, le 5 août, à Castiglione, les deux armées sont en présence. Bonaparte recule pour attirer l'ennemi à lui, et les Autrichiens, tombant dans le piège, attaquent sur leur droite et dégarnissent leur centre. Marmont, avec vingt pièces d'artillerie légère crachant à mitraille, enlève une redoute faite par les « habits blancs » au milieu de la plaine. La canonnade redouble, la gauche de Wurmser recule, et Augereau entre dans la danse avec une fougue et un allant qui vaudront un jour à ce fils d'une fruitière et d'un domestique, le duché de Castiglione. Wurmser essaye de se maintenir vers la tour de Solferino, mais, emporté par la déroute de ses troupes, il se retire vers Trente. Tout le lac de Garde, position clef, est entre les mains de Bonaparte !

— A la guerre, dira-t-il un jour, l'audace est le plus beau calcul du génie !

Le vainqueur retourne à Vérone et peut écrire fièrement au Directoire : « L'armée autrichienne qui, depuis six semaines, menaçait d'invasion l'Italie, a disparu comme un songe, et l'Italie qu'elle menaçait est aujourd'hui tranquille... » Il ajoute dans cette même lettre : « A Castelnuovo, pays vénitien, on a assassiné un volontaire ; j'ai fait brûler la maison, et sur ses débris, j'ai fait inscrire : « *Ici on a fait assassiner un Français...* »

Les ailes qui poussent à Bonaparte gênent toujours certains membres du gouvernement, lesquels, sans l'avouer, voudraient les lui voir rogner... Ne semble-t-il pas, insinuent-ils, avoir l'ambition de conquérir l'Italie, bien plus pour jouer au dictateur et au conquérant que pour la grandeur de la République ? Bonaparte les devine : « Il me paraît, écrit-il à Carnot le 9 août, qu'un grand nombre de personnes désirent me faire du tort, et que l'on emploie toute l'intrigue pour accréditer des bruits aussi bêtes que méchants... » Aussi, afin d'avoir désormais les coudées franches, menace-t-il de nouveau de s'en aller : « La chaleur est ici excessive. Ma santé un peu affaiblie. S'il est en France un seul homme pur et de bonne foi qui puisse suspecter mes intentions politiques et mettre du doute sur ma marche, je renonce à cet instant même au bonheur de servir ma patrie. » Mais que l'on ne s'imagine pas qu'il est homme à demeurer inactif : « Trois ou quatre mois d'obscurité calmeront l'envie, rétabliront ma santé et me mettront à même d'occuper avec plus d'avantage les postes que la confiance du Gouvernement pourrait me confier. » Et il ajoute : « Ne pas laisser vieillir les hommes (dans leur emploi) doit être le grand art du Gouvernement. »

Dès ses premières victoires, dès la montée de sa

popularité, dès qu'ils eurent entendu ses premières paroles de chef, les dirigeants ont deviné que ce « petit bamboche aux cheveux éparpillés » pourrait bien devenir leur maître. Ils n'auront plus qu'une idée en tête : le tenir éloigné de la capitale. Aussi, durant trois années et demie, en brandissant le spectre de sa présence à Paris, Bonaparte obtiendra-t-il du Directoire tout ce qu'il voudra — même l'aberrante et folle équipée égyptienne !

*
**

— Profitez des faveurs de la fortune lorsque ses caprices sont pour vous, dira-t-il un jour ; craignez qu'elle ne change de dépit : elle est femme !

Aussi, le repos sera-t-il bref : une nouvelle campagne va s'ouvrir à la fin de ce même mois d'août. Le 25 août, il part pour Vérone afin de « pousser la victoire jusqu'à son dernier résultat » : refouler l'armée de Davidovitch vers le Tyrol, tout en donnant le coup de grâce à Wurmser dont l'armée s'est évidemment reformée avec un espoir qui sera vite pulvérisé.

En passant par Brescia — le 30 août — il écrit d'abord à Joséphine : « Il n'est pas possible que tu te peignes mon inquiétude. Je t'ai laissée triste, chagrine et demi-malade. Si l'amour le plus profond et le plus tendre pouvait te rendre heureuse, tu devrais l'être... Je suis accablé d'affaires. » Il lance, en effet, ce même jour, une proclamation aux habitants du Tyrol qui va être envahi : « Vous sollicitez la protection de l'armée française, il faut vous en rendre dignes... Tyroliens, quelle qu'ait été votre conduite passée, rentrez dans vos foyers, quittez des drapeaux tant de fois battus et impuissants pour les défendre... Nous nous sommes rendus redoutables dans les combats ; mais nous sommes les amis de ceux qui nous reçoivent avec hospitalité. »

Il quitte Brescia pour Vérone la mort dans l'âme car il n'a reçu aucune lettre de l'indifférente et dolente Joséphine : « Cela me met dans une inquiétude affreuse, lui dit-il. Tu étais un peu malade lors de mon départ. Je t'en prie ne me laisse pas dans une pareille inquiétude. Tu m'avais promis plus d'exactitude. Ta langue était cependant bien d'accord alors avec ton cœur... Pense à moi, vis pour moi, sois souvent avec ton bien-aimé et crois qu'il n'est pour lui qu'un seul malheur qui l'effraie ce serait de ne plus être aimé de sa Joséphine. Mille baisers, bien doux, bien tendres, bien exclusifs. »

Exclusifs !

Le 1er septembre, le voici à Peschiera. De là il s'apprête à foncer vers Trente où Wurmser s'est replié. Pour cela, il lui faut atteindre le nord du lac de Garde. Ayant occupé Ala, il annonce à Joséphine, avant de faire jeter un pont sur l'Adige : « Nous sommes en pleine campagne, mon adorable amie ; nous avons culbuté les postes ennemis ; nous leur avons pris huit ou dix chevaux avec un pareil nombre de cavaliers. La troupe est très gaie et bien disposée. J'espère que nous ferons de bonnes affaires et que nous entrerons dans Trente le dix-neuf. »

Le 19 fructidor, c'est-à-dire, le 5 septembre... Il tiendra parole.

Les « affaires » ont été « bonnes », grâce à la victoire, le 4 septembre, de Roveredo. Après avoir quitté les défilés de Marco, les Autrichiens s'étaient retirés dans Roveredo au débouché de la Vallarsa. « Une position inexpugnable, expliquera Bonaparte au Directoire : l'Adige touche presque à des montagnes à pic et forme une gorge qui n'a pas quarante toises de largeur, fermée par un village, un château élevé, une bonne muraille qui joint l'Adige à la montagne... Le général Dommartin fait avancer huit pièces d'artillerie légère pour commencer la fusillade ; il trouve une bonne position d'où il prend la gorge en écharpe... Trois cents tirailleurs se jettent sur les bords de l'Adige pour commencer la fusillade, et trois demi-brigades, en colonnes serrées, et par bataillon, l'arme au bras, passent le défilé. L'ennemi, ébranlé par le feu vif de l'artillerie, par la hardiesse des tirailleurs, ne résiste pas à la marche de nos colonnes ; il abandonne l'entrée de la gorge ; la terreur se communique dans toute la ligne, notre cavalerie le poursuit... Six ou sept mille prisonniers, vingt-quatre pièces de canon, cinquante caissons, sept drapeaux, tel est le fruit de la bataille de Roveredo, une des plus heureuses de la campagne. Notre perte ne va pas à deux cents hommes tués ou blessés ; celle des ennemis doit avoir été considérable. »

Le lendemain, 5 septembre, en annonçant dans une nouvelle lettre la prise de Trente, il ajoute : « Citoyens Directeurs, le 22 (fructidor), je serai à Bassano. Si l'ennemi m'y attend, il y aura une bataille qui décidera du sort de tout ce pays-ci... »

Il a annoncé la prochaine bataille ! Il a même donné la date et le nom qu'elle porterait dans l'histoire : Bassano, 22 fructidor — 8 septembre ! Il est si heureux que pour la première fois — hors deux lignes affectueuses — il n'adressera à Joséphine que ce bulletin de victoire : « L'ennemi a perdu, ma chère amie, dix-huit mille hommes prisonniers ; le reste est tué ou blessé. Wurmser, avec une colonne de quinze cents chevaux et cinq mille hommes d'infanterie, n'a plus d'autre ressource que de se jeter dans Mantoue. Jamais nous n'avons eu de succès aussi constants et aussi grands : l'Italie, le Frioul, le Tyrol, sont assurés à la République. Il faut que l'Empereur crée une seconde armée ; artillerie, équipages de pont, bagages, tout est pris. »

L'occupation de Bassano — Bassano del Grappa — a permis à Bonaparte de « fermer » la retraite des troupes autrichiennes vers Trente. Celles-ci — il l'avait prédit — ont été contraintes d'aller se réfugier dans Mantoue, dont le siège recommence aussitôt. En trois semaines, les Autrichiens ont ainsi perdu vingt-sept mille hommes et Marmont peut partir pour Paris emportant avec lui vingt-deux drapeaux. Ce même jour Ferrare, Bologne, Reggio et Modène se réunissent et forment la République *Cispadane*. Milan — où Bonaparte retrouve durant deux jours Joséphine — va devenir la capitale de la république lombarde, ou *Transpadane*, en attendant de prendre le nom de *Cisalpine* — souvenir de la conquête des Gaules par César.

Le 26, Bonaparte lance une proclamation aux Italiens : « Le temps est arrivé où l'Italie va se montrer avec honneur parmi les nations puissantes... Courez aux armes ! La partie de l'Italie qui est libre est peuplée et riche. Faites trembler les ennemis de vos droits et de votre liberté.

A cette lecture, le Directoire fait la grimace. Telle n'est pas la politique que Paris voudrait suivre en Italie ! Aussi Bonaparte, quelques jours plus tard — le 8 octobre — explique-t-il au Gouvernement : « Notre position en Italie est incertaine, et notre système politique très mauvais. On gâte tout. Je crois imminent, très imminent, que vous adoptiez un système qui puisse nous donner des amis, tant du côté des princes que du côté des peuples... »

Qu'on lui fasse confiance et qu'on le laisse diriger : « On n'attribuera pas ce langage à l'ambition, poursuit-il : je n'ai que trop d'honneurs et ma santé est tellement délabrée que je vais être obligé de vous demander un successeur. »

Il s'agit — bien sûr — d'une nouvelle menace. Que Paris lui donne carte blanche et il remplira les caisses du gouvernement ! Puisque, pour le Directoire, c'est là le principal ! Dans ce domaine, les cinq rois ne peuvent se plaindre : depuis le mois d'avril, l'armée d'Italie a drainé vers la République « quarante à cinquante millions ».

Le 12 octobre, il quitte Milan, ou, plutôt, il s'arrache aux délices de Joséphine... et va demeurer deux jours à Modène. Seul compte Mantoue. Le 15, il décide d'explorer les environs de la ville. Il travaille — ainsi qu'il le fera si souvent plus tard — dans une berline équipée pour les besoins de la cause, une véritable voiture-bureau. Avec son frère Louis, avec Salicetti et Berthier, il parcourt la région entre Mantoue et Guastalla. La campagne est inondée. A un certain moment, il doit descendre de voiture et avoir recours à un Italien — le guide Bellentini — qui le porte sur son dos. Il a pris froid et le soir, en rentrant à Modène, il se sent fiévreux. Il sera malade durant deux jours. Berthier en avise même Joséphine le 16 octobre. Le « général » a une manière de grippe, accompagnée d'une violente migraine — ce qui ne l'empêche pas de tenir la plume et chaque jour lettres, rapports et ordres partent dans toutes les directions — et des billets brûlants s'envolent vers Joséphine.

Durant plus d'un mois, jusqu'au 14 novembre, il ne regagnera pas Milan et se tiendra surtout à Modène et à Vérone, d'où il refoulera à de nombreuses reprises les assiégés qui tenteront des sorties. Par deux fois — entre le 10 et le 13 novembre — Bonaparte sera même obligé de battre en retraite et Wurmser sera persuadé que les Français vont abandonner ce maudit siège.

Le 14, Napoléon quitte de nouveau Vérone, traverse l'Adige et atteint le village de Ronco. De là, trois chaussées traversent les marais. Celle du centre passe devant un bourg où l'on pénètre par un pont qui enjambe l'Alpone. Un pont et un bourg appelés Arcole. Arcole, que Wurmser, quittant une fois de plus Mantoue, vient d'occuper. Or, il est de la plus haute importance de s'emparer d'Arcole puisque, de là, les Français pourront déboucher sur les derrières des Autrichiens... mais le pont, il existe toujours — bien occupé par l'arrière-garde ennemie, résiste à toutes les attaques.

Impossible de le franchir, en dépit des généraux français qui se précipitent à la tête de leurs colonnes. On voit Augereau empoigner un drapeau et parvenir à le porter jusqu'à l'extrémité du pont en criant à ses troupes :

— Lâches, craignez-vous donc tant la mort !

Mais les troupes ne suivent pas... « Cependant, a raconté Bonaparte, il fallait passer ce pont ou faire un détour de plusieurs lieues, qui nous aurait fait manquer toute notre opération ; je m'y portai moi-même, je demandai aux soldats s'ils étaient encore les vainqueurs de Lodi, ma présence produisit sur les troupes un mouvement qui me décide encore à tenter le passage... »

Napoléon, « indigné par l'hésitation de ses soldats », ainsi que nous le rappelle l'inscription gravée sur la colonne commémorative d'Arcole, s'empare alors d'un drapeau et réussit à le planter sur le pont. Electrisés, cette fois, les grenadiers s'avancent et parviennent jusqu'au milieu de l'ouvrage, lorsqu'un feu de flanc crépite. Et la scène qui suit est assez loin de la légende qui montre Bonaparte, saisissant ce drapeau sous un déluge de mitraille et de balles, et s'avançant sur le pont en entraînant ses hommes avec lesquels il va vaincre le monde... Napoléon rétablira les faits en racontant à Las Cases : « Les grenadiers de la tête, abandonnés par la queue, hésitent ; ils sont entraînés dans la fuite, mais ils ne veulent pas se dessaisir de leur général ; ils le prennent par les bras, les cheveux, les habits, et l'entraînent dans leur fuite, au milieu des morts, des mourants et de la fumée. Le général en chef est précipité dans un marais ; il y enfonce jusqu'à moitié du corps et au milieu des ennemis ». Un grand cri monte :

— Soldats, en avant pour sauver le général !

Repêché, revenu à la tête de ses hommes, Bonaparte fonce maintenant sur l'ennemi et le force à évacuer le village. Mais la victoire — la victoire d'Arcole — n'aura lieu que le surlendemain — le mercredi 17. Les Français peuvent alors se dégager de ces effroyables marais et culbuter l'ennemi en plaine.

Napoléon le dira : c'est à la suite de cette journée d'Arcole que lui viendra « la grande ambition ». Le matin du 15, il n'était que le chef d'une horde en retraite ! Et si le pont d'Arcole est entré, ce lundi 15 novembre 1796, dans l'Histoire, lui est entré dans la légende !

Six mille Autrichiens ont été tués, cinq mille faits prisonniers. Le ministre Thugut, après avoir reçu à Vienne la nouvelle de la défaite autrichienne, pourra écrire : « Quand on considère que nous avons été deux contre un ! Que Bonaparte, jeune homme de vingt-sept ans, sans aucune expérience, avec une armée qui n'est qu'un ramassis de brigands et de volontaires, de moitié moins forte que la nôtre, bat tous nos généraux, l'on doit tout naturellement gémir sur notre décadence et sur notre avilissement... »

Ce même 17 novembre, la Grande Catherine rendait le dernier soupir. Avant de mourir, elle avait donné l'ordre à Souvarov de faire marcher soixante mille hommes au secours des Autrichiens. Mais le nouveau tsar — Paul Ier — prussien jusqu'à la moelle, ordonne à l'armée de faire demi-tour et informe Vienne que : « l'amitié dure, mais l'alliance tombe ».

Tout sourit à Bonaparte qui pourrait être le plus heureux des hommes s'il n'y avait Joséphine — Joséphine, ce lancinant tourment !

Le 19 novembre, harassé, ainsi qu'il le dira au Directoire, il rentre à Vérone par la porte de Venise. Il est accueilli en triomphateur : « Vive le libérateur ! » crie-t-on sous ses fenêtres.

Un jour, Prométhée enchaîné sur son rocher, il soupirera : « Oui, j'ai été heureux Premier Consul — lors de mon mariage, à la venue du roi de Rome, mais alors, je n'étais pas d'aplomb... Peut-être ai-je réellement plus joui après mes victoires en Italie. Quel enthousiasme, que de cris de « Vive le libérateur de l'Italie ! » A vingt-sept ans ! Dès lors, j'ai prévu ce que je pouvais devenir ! Je voyais déjà le monde fuir sous moi, comme si j'étais emporté dans les airs... »

Fonder une dynastie ? Certes pas ! Il ne pense encore qu'à devenir « le Brutus des rois et le César de la République ». Oui, tout paraît réuni pour faire de Bonaparte le plus heureux des hommes. Tout, sauf Joséphine. Le soir du 21, avant de retrouver son lit de camp, il lui écrit une nouvelle lettre passionnée : « Je vais me coucher, ma petite Joséphine, le cœur plein de ton adorable image, et navré de rester tant de temps loin de toi ; mais j'espère que, dans quelques jours, je serai plus heureux et que je pourrai, à mon aise, te donner des preuves de l'amour ardent que tu m'as inspiré. Tu ne m'écris plus, tu ne penses plus à ton bon ami, cruelle femme ! Ne sais-tu pas que sans toi, sans ton cœur, sans ton amour, il n'est pour ton mari ni bonheur ni vie. Bon Dieu ! que je serais heureux si je pouvais assister à l'aimable toilette, petite épaule, un petit sein blanc, élastique, bien ferme ; par-dessus cela, une petite mine avec le mouchoir à la créole, à croquer. Tu sais bien que je n'oublie pas les petites visites, tu sais bien, la petite forêt noire, je lui donne mille baisers et j'attends avec impatience le moment d'y être. Tout à toi, la vie, le bonheur, le plaisir ne sont que ce que tu les fais.

« Vivre dans une Joséphine, c'est vivre dans l'Elysée. Baiser à la bouche, aux yeux, sur l'épaule, au sein, partout, partout... »

Il peut enfin — le 25 novembre — quitter Vérone et mettre le cap sur Milan, après avoir écrit à sa chère créole deux autres lettres. Comme chaque jour, il lui crie son amour et son désir, il lui reproche son éternel silence, il la menace même : « Quel peut être ce merveilleux, ce nouvel amant qui absorbe tous vos instants, tyrannise vos journées, et vous empêche de vous occuper de votre mari ? Joséphine, prenez-y garde, une belle nuit, les portes enfoncées, et me voilà ! »

Le cœur battant — le 29 — sa voiture approche de Milan. Il a bien du mal à ne pas se pencher à la portière pour crier :

— Plus vite ! Plus vite !

Enfin, après ces six longues semaines, il va pouvoir la tenir dans ses bras. Le vainqueur d'Arcole aura sa récompense !...

Mais en arrivant il apprend qu'elle est partie pour

Gênes — sans doute avec l'espoir d'y retrouver Charles. Est-ce en pensant à cette désillusion qu'il dira :

— L'amour est une sottise faite à deux ?

La gorge serrée, les larmes prêtes à jaillir, il écrit à l'infidèle : « J'arrive à Milan, je me précipite dans ton appartement, j'ai tout quitté pour te voir, te presser dans mes bras... tu n'y étais pas : tu cours les villes avec des fêtes ; tu t'éloignes de moi lorsque j'arrive ; tu te ne soucies plus de ton cher Napoléon. Un caprice te l'a fait aimer, l'inconstance te le rend indifférent... »

Avec rage, il trace ces dernières lignes :

« Ne te dérange pas, cours les plaisirs, le bonheur est fait pour toi. Le monde entier est trop heureux s'il peut te plaire, et ton mari seul est bien, bien malheureux. »

Le lendemain, il lui dira encore :

« Quand j'exige de toi un amour pareil au mien, j'ai tort ; pourquoi vouloir que la dentelle pèse autant que l'or... mais ce que je mérite de la part de Joséphine ce sont des égards, de l'estime, car je l'aime à la fureur et uniquement... Adieu femme adorable, adieu, ma Joséphine. Puisse le sort concentrer dans mon cœur tous les chagrins et toutes les peines ; mais qu'il donne à ma Joséphine des jours prospères et heureux. Qui le mérite plus qu'elle ? Quand il sera constaté qu'elle ne peut plus aimer, je renfermerai ma douleur profonde, et je me contenterai de pouvoir lui être utile et bon à quelque chose. »

Craignant de lui avoir fait de la peine, il rouvre sa lettre « pour lui donner un baiser », et il ajoute : « Ah ! Joséphine, Joséphine ! »

Il était ce jour-là, nous dit un témoin, « hâve, maigre, la peau collant aux os, les yeux brillants d'une constante fièvre ». Ce nouveau coup de griffe lui a déchiré le cœur. La blessure est encore légère, cependant, depuis ces quatre jours où il a vainement attendu son retour, il s'est rendu compte avec quelle indifférence elle lui a manqué d'égards — le mot est de lui — il lui écrira sans doute encore tendrement, mais ne lui enverra plus de lettres enflammées...

***

Le Directoire s'inquiétait chaque jour davantage. « Vous êtes plus heureux que le peuple français, vous pouvez arriver à la liberté sans les révolutions et les crimes, écrira Bonaparte, le 1er janvier 1797, aux députés italiens réunis à Ferrare. »

On devine quelle sera la réaction des cinq directeurs — tous régicides — en lisant ces lignes. Le mot « crime » aura bien du mal à passer... Ils en ont maintenant la certitude. Bonaparte veut être le maître — et le maître absolu — même hors le champ de bataille.

Déjà, on s'en souvient, le 8 octobre, il avait traité de « très mauvais » le système politique ordonné par le Directoire en Italie et, afin qu'il ne puisse y avoir aucune ambiguïté, Bonaparte précisait encore : « Toutes les fois que votre général en Italie ne sera pas le centre de tout, vous courrez de grands risques... On n'attribuera pas ce langage à l'ambition. »

Il les avait quelque peu apaisés en leur rappelant la semaine suivante que la seule campagne d'été lui avait permis d'envoyer vingt millions vers Paris — en dépit de nombreuses « impostures de la Trésorerie ». Il leur faisait miroiter, en outre, la perspective de voir l'Italie « en produire le double », si on lui laissait les coudées franches.

L'image de ce pactole, passé et futur, ne parvenait point à apaiser les craintes du Directoire. Il estima que pour mettre fin à la dictature du nouveau proconsul, rien ne vaudrait mieux que la paix. Ainsi les raisons de l'indépendance politique exigée par le général en chef de l'armée d'Italie se trouveraient supprimées. C'est pourquoi le gouvernement chargea l'élégant général Clarke d'une double mission : d'abord négocier dès que possible l'arrêt des hostilités avec l'Autriche, ensuite contenir les ambitions de celui qui, au Luxembourg, faisait trembler les cinq rois. Fort heureusement, à Turin, Clarke rencontra quelques difficultés pour obtenir un passeport lui permettant de gagner Vienne et il n'eut d'autre ressource que de se rendre à Milan où son séjour allait surtout lui permettre de *découvrir* Bonaparte.

Il en était resté au petit protégé de Barras sorti des pavés de Vendémiaire. Aussi n'avait-il pour cet ambitieux qu'une estime médiocre ! Soudain Clarke se trouve en présence d'une manière de César, parlant de *son* armée et de *sa* politique, légiférant entre deux victoires, organisant ses conquêtes, créant des républiques-sœurs, changeant ses plans avec une extrême promptitude « lorsque les circonstances imprévues le commandent », dictant, tout en combattant, trente lettres ou ordres par jour. Il paraît à l'homme de confiance du Directoire aussi extraordinaire à la tête de ses commis que, l'épée à la main, lorsqu'il semble dicter à l'ennemi jusqu'à ses propres mouvements. A Clarke qui s'étonne de rencontrer une telle dualité chez le même homme, il aurait pu expliquer, comme il le dira plus tard :

— Qu'est-ce qui fait la force d'un général ? Ses qualités civiques, le coup d'œil, le calcul, l'esprit, les connaissances administratives, l'éloquence et enfin la connaissance des hommes : tout cela est civil !

Après quelques jours, Clarke, véritablement fasciné, commence à comprendre les raisons de l'admiration montant vers le général victorieux, ainsi que l'extraordinaire ascendant qu'il exerce sur « tous les individus qui composent l'armée républicaine ». Il est assurément le maître absolu de ceux qui l'entourent. Tout part de lui et tout converge vers lui ! Sans doute joue-t-il au proconsul, mais Clarke, bien que peu républicain, ne l'en estime pas moins « l'homme de la République » et « sans autre ambition que celle de conserver la gloire qu'il s'est acquise ».

Le visiteur se trompe assurément en affirmant que *jamais* Napoléon ne sera « dangereux à son pays », c'est-à-dire au régime — Brumaire prouvera le contraire — mais Clarke possède un don de voyance lorsqu'il remarque que Bonaparte ne pourrait devenir « l'homme d'un parti ». Napoléon ne semble pas plus appartenir aux royalistes qui le calomnient, qu'aux anarchistes qui auraient peut-être bien voulu en faire leur homme, mais que l'ancien lieutenant en second, nommé à ce grade par Louis XVI, n'aime guère. Il est *lui-même*, il est coulé en un moule à part et on ne peut le comparer à personne ! Clarke semble bien près de découvrir le bonapartisme.

« Ne pensez pas, conclut l'envoyé du Directoire à ses maîtres, que j'en parle par enthousiasme. C'est avec calme que j'écris et aucun intérêt ne me guide que celui de vous faire connaître la vérité : Bonaparte sera mis par la postérité au rang des plus grands hommes. »

Ainsi, pour la première fois, se trouve porté sur Napoléon un jugement qui sera ratifié par la postérité. D'autres contemporains commencent à deviner l'avenir. Au même moment, Lebrun, le futur consul alors député des Anciens, déclare à la tribune de l'Assemblée :

— J'attends Bonaparte à l'Histoire ; c'est elle qui

lui assignera son véritable rang. Elle dira beaucoup du guerrier et mieux de l'homme d'Etat.

Le futur empereur achèvera la conquête de Clarke en lui démontrant qu'il fallait encore infliger quelques défaites à l'Autriche avant de songer à traiter avec elle. Pour obtenir une meilleure paix, il faut faire toucher terre aux Habsbourg des deux épaules ; or ils n'ont encore qu'un genou appuyé sur le sol ! Le jour ne tardera pas où ils devront demander merci.

⁂

Le plan de l'ennemi était simple : dix-sept mille Autrichiens se trouvaient enfermés dans Mantoue avec Wurmser. Le maréchal Alvinczy avec quatre-vingt mille hommes devait venir délivrer la vieille cité toujours assiégée par Bonaparte. Puis, avec cette centaine de milliers d'hommes — François II le pensait — rien ne serait plus simple que de pulvériser les Français et de reprendre Milan... Un plan devant d'autant plus réussir que l'on savait Bonaparte malade et « jaune à faire plaisir ». L'on voyait même les Autrichiens lever leurs verres « à sa mort prochaine ».

Brûlant de fièvre, les yeux cernés, les joues creuses et blafardes, il ne s'en juche pas moins sur un cheval et prend, le 7 janvier, le chemin de Vérone qui va le conduire à Rivoli. En passant, il s'arrête à Mantoue, lance quelques ordres, ne s'attarde pas et repart vers Vérone. Il a, bien entendu, deviné la pensée de l'ennemi : descendre vers Mantoue par la vallée de l'Adige, *couler* du nord au sud de Trente à Vérone. Toujours harcelé par la fièvre — ce qui ne l'empêche pas d'avoir trois chevaux morts d'épuisement sous lui — il place ses troupes au nord de Vérone, du lac de Garde jusqu'aux bords de l'Adige, en passant par la citadelle de la Corona et par Rivoli qui commande l'entrée du défilé.

Le paysage est d'une prenante beauté, mais il s'agit bien de cela ! La situation est grave ce samedi 14 janvier.

Combien de stratèges se pencheront sur la bataille de Rivoli, et essayeront d'expliquer comment une armée considérable, forte de quatre-vingt mille hommes, a pu être battue par des troupes deux fois moins nombreuses ! Au milieu de la matinée, la position des Français paraît cependant bien compromise. La veille, Joubert a été rejeté sur le plateau de Rivoli — ou plutôt, comme le précise un combattant, le *bassin* de Rivoli — et l'ennemi semble maintenant vouloir contourner les troupes françaises, et même les encercler... Lorsque les combattants voient en effet les crêtes des montagnes se couvrir de troupes autrichiennes qui s'applaudissent elles-mêmes à grands claquements de mains, l'inquiétude, l'angoisse font porter tous les yeux vers Bonaparte qui, après avoir regardé l'avalanche prête à l'engloutir, se contente de déclarer avec calme :

— Ils sont à nous !

Il faut toute la confiance aveugle que les officiers témoignent à leur chef pour ne pas se demander si la fièvre n'est pas en train de jouer un mauvais tour à leur idole. Assurément, prise comme dans un moule à gaufre, l'armée française va être écrasée ! Paisiblement, il répète :

— Ils sont à nous !

Quelle folie ! De tous les côtés, ne se trouve-t-on pas cerné, alors que Bonaparte n'a avec lui que les seules divisions de Joubert et de Masséna ?

— Ils sont à nous !

Il ne remarque même pas les boulets qui, tirés de

l'autre côté de l'Adige, tombent sur la position française. Soudain, on voit arriver de l'ouest une nouvelle colonne. Cette fois l'encerclement sera total ! Mais Bonaparte, souriant, répète :

— Ils sont à nous !

La colonne est française ! Il s'agit de la 18e demi-brigade. Son chef, le général Mounier, ayant vu l'ennemi se glisser entre ses hommes et Bonaparte, a pris sur lui d'attaquer l'arrière-garde autrichienne et, étant parvenu à la vaincre, débouche ainsi sur le champ de bataille, musique en tête et drapeaux déployés. Cette arrivée, racontera un témoin, « fit un effet dont nous avions besoin et, retournant le moral des soldats, changea notre situation au point de faire succéder chez le plus grand nombre, l'enthousiasme au découragement. »

Bonaparte, « incapable de ne pas tirer le plus grand parti de cette arrivée », se porte aussitôt au galop sur le front de la demi-brigade.

— Bravo 18e ! crie-t-il, vous avez cédé à un noble élan, vous avez ajouté à votre gloire ; pour la compléter, en récompense de votre conduite, vous aurez l'honneur d'attaquer les premiers les troupes qui ont eu l'audace de nous tourner.

Des vivats lui répondent et la 18e demi-brigade, en colonne d'attaque par bataillons, accompagnés de quelques troupes disponibles et tout en tirant « de bas en haut », fonce vers les crêtes occupées par l'ennemi, en arrière des positions de Bonaparte. Les assaillants entendent avec joie le sourd grondement des boulets français passer par-dessus les têtes et préparer le terrain au sommet. Haletants, ils débouchent sur les positions autrichiennes et jouent avec tant d'ardeur de la baïonnette que, nous rapporte le futur général Thiébault, « la terre est jonchée de cadavres, des centaines d'ennemis sont précipités dans les abîmes ». Murat galope à la tête de ses escadrons, fonce sur l'ennemi et achève la victoire, cette victoire qui assure non seulement « le sort des troupes présentes, mais aussi de toute notre armée ». Les conquêtes françaises, fort compromises une heure auparavant, sont sauvées !

A la tête de son régiment, le jeune colonel Lasalle, âgé de vingt-trois ans, fait merveille. Aussi, le soir venu, lorsque Bonaparte le voit prêt à défaillir de fatigue, il lui dit en souriant, en montrant le « tas » des drapeaux ennemis :

— Couche-toi dessus, Lasalle, tu l'as bien mérité !

Le lendemain — dimanche 15 janvier — Bonaparte fait « achever » les dernières troupes ennemies — celles d'Alvinczy — puis se met au lit à Roverbella et écrit à sa femme : « J'ai battu l'ennemi. Kilmaine t'enverra la copie de la relation. Je suis mort de fatigue. Je te prie de partir tout de suite pour te rendre à Vérone. J'ai besoin de toi, car je crois que je vais être bien malade. Je te donne mille baisers. Je suis au lit. »

Bien que « mort de fatigue », dès le lendemain il monte à cheval, se tourne vers Mantoue, et y « jette » Masséna. A La Favorite, « l'enfant chéri de la victoire » — le surnom a été donné à Masséna par son chef — bat les troupes de Provera qui tentent de délivrer la ville, et le général autrichien se rend avec ce qui reste des débris de son corps.

Wurmser, dès le lendemain, capitule. Mantoue ouvre ses portes aux Français.

A Paris, la nouvelle de la bataille de Rivoli et l'annonce de la chute de Mantoue, venant après les dépêches de Lodi et d'Arcole, déclenchent un immense enthousiasme. Peu importe que les royalistes témoignent leur rancœur en traitant le vainqueur d'Arcole de « bâtard de Mandrin » et ses victoires de « gloire de tréteaux » ! Les agents de Louis XVIII ont beau se faire l'écho de prédictions envoyant « le jeune héros » se faire fusiller place de la Révolution, la joie populaire est indescriptible et ne se trouve ternie que par la crainte de voir Bonaparte trop s'exposer aux balles ennemies. Les gazettes placent Napoléon « au-dessus de l'homme », et le Directoire, ne pouvant plus endiguer le flot, prend le parti de se laisser emporter par lui. Il ne saurait maintenant plus être question de mettre le vainqueur de l'Italie en tutelle ! Les directives lui sont adressées avec d'infinies précautions. « Ce n'est point au surplus un ordre que vous donne le Directoire exécutif, lui écrira-t-on, c'est un vœu qu'il forme. » On recommande même à Clarke de ne point prêter l'oreille aux propositions autrichienne « sans l'avis de Bonaparte ».

***

En attendant de traiter avec Vienne, il faut abattre la puissance de Rome. Le Pape — on le comprend — ne s'est pas remis des conditions draconiennes qui lui ont été imposées l'été dernier. Il a relevé la tête. Tous les anciens griefs de la France contre la Papauté reviennent sur le tapis : Pie VI — Jean-Ange Braschi — avait lancé des brefs contre la Révolution, avait accordé sa protection aux prêtres réfractaires et, en 1793, avait laissé assassiner Basseville, envoyé de la République !

Déjà deux mois auparavant, Carnot avait écrit à Bonaparte pour lui recommander « de briser le trône de la bêtise » et « de planter sur sa capitale l'étendard de la liberté ». On incitera d'abord les sujets des Légations — Bologne, Ferrare et la Romagne — à secouer le joug papal. Puis, — le 22 janvier, une semaine après Rivoli — le général en chef ordonne au ministre de la République à Rome de quitter la Ville Eternelle puisque le Saint-Siège l'a « abreuvé d'humiliations... et a mis tout en usage pour l'en faire sortir ».

Le même jour, il écrit au secrétaire d'Etat, le cardinal Mattei : « Les étrangers qui influent la cour de Rome, ont voulu et veulent encore perdre ce beau pays ; les paroles de paix que je vous charge de porter au Saint-Père ont été étouffées par ces hommes pour qui la gloire de Rome n'est rien, mais qui sont entièrement vendus aux cours qui les emploient. Nous touchons au dénouement de cette ridicule comédie. Vous êtes témoin du prix que j'attachais à la paix et du désir que j'avais de vous épargner les horreurs de la guerre... » Il ajoute cependant à sa lettre ces lignes apaisantes : « Quelque chose qui puisse arriver, je vous prie d'assurer Sa Sainteté qu'elle peut rester à Rome sans aucune espèce d'inquiétude. Premier Ministre de la religion, il trouvera à ce titre, protection pour lui et son Eglise... »

Il n'est donc pas question de marcher sur la Ville Eternelle, mais plus modestement contre les légations !

Le mercredi premier février, de Bologne où Joséphine est venue le retrouver, il déclare la guerre au Pape et, dès le lendemain, se dirige vers Faenza, possession romaine qui va tomber comme un fruit mûr. Une seule division commandée par Junot — après une canonnade presque symbolique — fait mettre bas les armes « avec docilité » aux soldats de Pie VI. Bonaparte peut marcher vers Ancône qui se rendra, ainsi qu'il l'annoncera à Joséphine, après une « petite fusillade et un coup de main ».

Ebloui lui-même par ses prouesses, il peut écrire le 10 février, au Directoire : « Nous avons conquis en peu de temps la Romagne, le duché d'Urbino et la marche d'Ancône... la ville d'Ancône est le seul port qui existe depuis Venise, sur l'Adriatique ; il est, sous tous les points de vue, très essentiel pour notre correspondance de Constantinople : en vingt-quatre heures on va d'ici en Macédoine ! ».

Ayant des vues encore plus larges, il précisera la semaine suivante : « Il faut que nous conservions le port d'Ancône à la paix générale, et qu'il reste toujours français ; cela nous donnera une grande influence sur la Porte Ottomane et nous rendra maîtres de la mer Adriatique... ».

Son rêve de grandeur commence à se tisser.

Il se porte le 16 février à Tolentino à la rencontre des trois cardinaux désignés par le Pape « pour signer un traité » qui, affirme Bonaparte, donnera au Saint-Père « de longs repentirs sur sa levée de boucliers ». Dans le sévère palais Parisani — aujourd'hui Bezzi — on montre toujours la *sala* et la *camera di Napoleone* où Bonaparte se mit au travail « avec cette prêtraille », se forgeant, selon son expression, un masque terrible et « un parler de croquemitaine ». Les conditions qu'il veut imposer au Pape sont si dures que le cardinal Mattei se jette à genoux. Bonaparte cède sur des points qu'il a exigés uniquement pour terrifier les plénipotentiaires. Finalement il obtient le principal : Bologne, Ferrare, la Romagne, Ancône, la fermeture des ports romains aux Anglais... sans parler d'innombrables objets et d'un joli monceau d'or qui va réjouir les Directeurs. Il en parlera le lendemain dans sa lettre adressée au Luxembourg, en expliquant pourquoi il avait préféré ne pas marcher sur la Ville Eternelle : « Trente millions valent pour nous dix fois Rome, dont nous n'aurions pas tiré cinq millions... Cette vieille machine se détraquera toute seule. »

La papauté se « détraquera » en effet. L'année

suivante, après le meurtre du général Duphot à Rome, le pape, devenu le prisonnier de la jeune république sera contraint de quitter la Ville Eternelle occupée par Berthier (1).

Bonaparte adresse également un bulletin de victoire à Joséphine — désespérément silencieuse — et la supplie de venir lui apporter, à Ancône ou à Rimini, la récompense du vainqueur. Puis il ajoute, le chagrin le serrant à la gorge : « Pas un mot de ta main, bon Dieu ! qu'ai-je donc fait ? Ne penser qu'à toi, n'aimer que Joséphine, ne vivre que pour ma femme, ne jouir que du bonheur de mon amie, cela doit-il mériter de sa part un traitement si rigoureux ? Mon amie, je t'en conjure, pense souvent à moi, et écris-moi tous les jours. Tu es malade, ou tu ne m'aimes pas ! Crois-tu donc que mon cœur soit de marbre ? Et mes peines t'intéressent-elles si peu ? Tu me connaîtrais bien mal ! Je ne puis le croire. Toi, à qui la nature a donné l'esprit, la douceur et la beauté, toi qui, seule, pouvais régner dans mon cœur, toi qui sais trop, sans doute, l'empire absolu que tu as sur moi ! Ecris-moi, pense à moi, et aime-moi... Pour la vie tout à toi. »

Le 24 février, après être passé par Ravenne et Rimini, il arrive à Bologne où il retrouve enfin sa femme qui, bien entendu, n'a pas voulu descendre jusqu'à l'Adriatique ainsi qu'il le lui avait demandé.

Après cinq nuits d'amour, il gagne Mantoue où il prépare sa campagne décisive : la marche sur Vienne, qui, dans sa pensée, après Arcole et la chute de Mantoue, doit amener la maison d'Autriche à Canossa et apporter la paix, tant sur le Rhin que sur les Alpes. Grâce aux renforts apportés par Bernadotte, Bonaparte a maintenant sous ses ordres soixante-quatorze

(1) Pie VI, après un séjour à Sienne, mourut en 1799 à Valence, dans la Drôme, à l'âge de 81 ans.

mille hommes. En face de lui, il trouvera l'armée autrichienne commandée par un adversaire de taille : l'archiduc Charles, fils de Léopold II, neveu de Marie-Antoinette, qui a été nommé maréchal après la campagne de 1793. Il a battu Moreau à Rastadt et Jourdan à Amberg et à Wurtzbourg. Le 9 mars, Bonaparte quitte Mantoue et porte son quartier général à Bassano. Bien secondé par Masséna, il forme le projet de s'avancer au cœur des Etats autrichiens. Il fera frémir ainsi celui qui sera un jour son beau-père.

Le 10 mars, du quartier général, il lance cet ordre du jour à l'Armée, véritable bilan de la dernière campagne : « Vous avez remporté la victoire dans quatorze batailles rangées et soixante-dix combats ; vous avez fait plus de cent mille prisonniers, pris à l'ennemi cinq cents pièces de canon de campagne, deux mille de gros calibre, quatre équipages de pont. Les contributions mises sur les pays que vous avez conquis ont nourri, entretenu, soldé l'armée pendant toute la campagne ; vous avez, en outre, envoyé trente millions au ministère des Finances pour le soulagement du Trésor public. Vous avez enrichi le Muséum de Paris de plus de trois cents objets, chefs-d'œuvre de l'ancienne et nouvelle Italie, et qu'il a fallu trente siècles pour produire... ».

La nouvelle campagne va s'ouvrir.

Point n'est question, cette fois, de se comporter comme en pays conquis. Les Français en progressant vers le centre de la mosaïque autrichienne trouveront « un brave peuple accablé par la guerre qu'il a eue contre les Turcs, et par la guerre actuelle ». Selon le général en chef, les habitants des états autrichiens gémissent victimes « de l'aveuglement » et de « l'arbitraire » de leur gouvernement. Sans rire, Bonaparte essaye de faire croire à ses hommes qu'il n'y a pas un sujet de l'empereur François qui ne soit convaincu que l'or de l'Angleterre a corrompu les ministres viennois !

Vous respecterez leur religion et leurs mœurs, recommande-t-il aux vainqueurs de l'Italie ; vous protégerez leurs propriétés : c'est la liberté que vous apportez à la brave nation hongroise !

Le 12 mars, en dépit d'un temps exécrable, — on se trouve en ventose, le bien nommé — l'armée suivant son chef, remonte la vallée de la Piave. La rivière a quitté son lit et est devenue torrent. Bonaparte et ses hommes franchissent l'obstacle, de l'eau jusqu'aux aisselles, — « en se donnant le bras », nous dit l'adjudant Dupin — et poursuivent l'Archiduc qui s'est replié vers la Tagliamento. Le fleuve — il donnera bientôt son nom à un département franco-italien, chef lieu Trévise... — est d'une largeur de huit cents à neuf cents mètres, et ses eaux sont en crue. Des aides de camp de Bonaparte l'explorent. Des gués sont trouvés et la division de Bernadotte passe la première, sur l'autre rive, fouettée par la voix chaude de son chef :

— Soldats de Sambre et Meuse, l'armée d'Italie vous contemple !

Grâce à la cavalerie de Murat qui prend les uhlans autrichiens à revers, l'archiduc Charles est obligé, de nouveau, de se replier et repasse l'Isonzo. La route de Vienne est ouverte ! Le général en chef pourra l'écrire au Directoire : « Jusqu'à cette heure, le prince Charles a plus mal manœuvré que Wurmser et Beaulieu... »

Tout en donnant l'ordre à ses troupes de poursuivre leur marche victorieuse, il adresse à l'Archiduc ces mots, dignes de la légende qu'il tisse avec tant de science :

« Monsieur le général en chef, les braves militaires font la guerre en désirant la paix... Avons-nous assez tué de monde et commis assez de maux à la triste humanité ?... Je me trouverais plus fier de la couronne civique que je m'estimerais avoir méritée que de la triste gloire qui peut revenir des succès militaires. »

C'est la sagesse. Et peut-être y pensera-t-il lorsqu'il s'exclamera un jour :

— Dans les temps héroïques, le général c'était l'homme le plus fort ; dans les temps civilisés, le général, c'est le plus intelligent des braves !

L'armée de Bonaparte se trouve en effet affaiblie par les garnisons laissées derrière elle en Italie. Ainsi qu'il l'écrit à Clarke : « On n'a pas prétendu qu'avec cinquante mille hommes, je garderais l'Italie, et que je culbuterais la maison d'Autriche !... »

Il n'en continue pas moins à progresser, ayant battu — et bien battu — les deux armées de l'empereur d'Autriche. Le 6 avril, il sera à trente lieues de la capitale autrichienne. A Vienne, « on fait circuler par ordre de la cour d'énormes pancartes chez tous les grands ministres, les grandes maîtresses, dans toutes les antichambres de la famille impériale, portant ordre d'emballer au plus vite et de se tenir prêts à partir ». Comme l'a dit Albert Sorel, « la peur l'emporte ». Aussi Thugut décide-t-il de traiter. Et le 7 avril — à minuit — à Judenburg, un armistice de cinq jours est signé.

Le 13 avril, à dix-sept heures, se déroule à Leoben la première entrevue entre Bonaparte et les généraux autrichiens Merveld et Beauregard. Les conférences se tiendront dans un pavillon « neutralisé » situé dans un jardin du faubourg de Münchthal, — le jardin Dietel — environné de bivouacs français. Un monument représentant un Amour trompettant perpétue encore le souvenir de la rencontre — mais il a été élevé à la seule gloire du vaincu...

Cinq jours plus tard, les célèbres « préliminaires » de Leoben sont prêts à être signés. On relit pour la dernière fois le texte. Mais Bonaparte fronce les sourcils : les commissaires autrichiens ont placé en tête du traité que « l'Empereur reconnaissait la République française... »

— Effacez, s'exclame Napoléon, l'existence de la République est aussi visible que le soleil ; un pareil article ne pourrait convenir qu'à des aveugles ; nous sommes maîtres chez nous, nous voulons y établir le gouvernement qu'il nous plaît, sans que personne y trouve à redire.

« Les idées de l'Empereur et celles du Directoire différaient essentiellement, expliquera Clarke au gouvernement. Il fallait donc trancher le nœud gordien. Un nouvel Alexandre l'a fait avec l'intention de servir efficacement la République. »

Dès le lendemain des échanges de signatures des préliminaires de paix entre la République française et l'Empereur et roi, Bonaparte écrit au Directoire : « Je vous demande du repos, ayant acquis plus de gloire qu'il n'en faut pour être heureux... une carrière civile sera, comme ma carrière militaire, une et simple. »

Napoléon a fait un nouveau pas. C'est bien là une menace à peine voilée... Autrement dit : ou vous me laissez maître de régir nos conquêtes et de traiter avec l'ennemi, où je viens prendre votre place.

Le Directoire s'incline, mais fait la grimace — d'autant plus que les Préliminaires signés avec précipitation, laissent « une infinité d'objets indéterminés ».

Comment pouvait-il en être autrement ? L'Italie se soulevait, Joubert se trouvait, au Tyrol, en fâcheuse posture et le Pape mettait tout en œuvre pour prouver que « la vieille machine » existait encore. Quant aux Autrichiens, ils ne voyaient qu'une chose : gagner du temps et éloigner les baïonnettes françaises de la route de Vienne. Cependant, en dépit de cette hâte, une conférence avait été prévue — elle aura lieu quelques mois plus tard dans le Frioul — et l'Autriche avait déjà admis le principe de céder la rive gauche du Rhin et de reconnaître ainsi les frontières de la terrible république. L'Empereur, non sans soupirer, acceptait de renoncer à la Lombardie, mais demandait des compensations.

Une compensation pour avoir été battu ? On lui promit de mettre la question sur le tapis lors de la signature du traité de paix.

Un mois auparavant, encore à Palmanova, Napoléon avait reçu le Vénitien Pezzaro, chef du parti autrichien qui dirigeait les affaires de la République de Venise. La ville venait alors d'ouvrir ses portes et les drapeaux français flottaient à Tarvis, au-delà de l'Isonzo.

— Ai-je tenu parole ? avait dit Bonaparte à Pezzaro ; le territoire vénitien est couvert de mes troupes ; les Allemands fuient devant moi ; je serai sous peu de jours en Allemagne. Que veut votre république ? Je lui ai offert l'alliance de la France, l'accepte-t-elle ?

— Non, répondit Pezzaro. Venise se réjouit de vos triomphes, elle sait bien ne pouvoir exister que par la France ; mais, fidèle à son antique et sage politique, elle veut rester neutre. D'ailleurs, à quoi pourrions-nous être bons ?... Avec des armées si immenses, avec des populations entières sous les armes, quel cas pourriez-vous faire de nos secours ?

— Mais, continuerez-vous vos armements ?

— Il le faut bien... Brescia et Bergame ont levé l'étendard de la rébellion. Nos fidèles sujets sont menacés à Crema, à Chiari, à Vérone ; Venise même est agitée.

— Eh bien, s'était exclamé Napoléon, tout cela n'est-il pas une raison de plus pour accepter les propositions que je vous ai faites ? Elles termineront tout. Songez-y : le moment est plus décisif pour votre république que vous ne pensez ; je laisse en Italie plus de forces qu'il n'en faudrait pour vous soumettre, je quitte l'Italie pour m'enfoncer en Allemagne ; s'il y avait sur mes derrières des troubles par votre faute, si mes soldats étaient insultés par l'impulsion que vous donnez aux vôtres contre les Jacobins, ce qui n'eût pas été un crime quand j'étais en Italie, en serait un irrémédiable sitôt que je serais en Allemagne ; votre république cesserait d'exister, vous auriez prononcé sa sentence. Si j'ai à me plaindre de vous, vainqueur ou vaincu, je ferai la paix à vos dépens !

Pezzaro « s'étendit en vœux, en justifications, protestations », et on s'était séparé...

Le doge, s'imaginant que Bonaparte, tout occupé par sa marche sur Vienne ne pouvait s'inquiéter de Venise, n'avait pas tardé à jeter le masque et, le 9 avril, à Judenburg, Bonaparte apprit que la ville s'était révoltée contre les Français. Il avait aussitôt donné l'ordre à Junot de redescendre vers Venise avec cette lettre adressée à la vieille République :

« Croyez-vous que, dans un moment où je suis au cœur de l'Allemagne, je sois impuissant pour vous faire respecter le premier peuple de l'Univers ? Croyez-vous que les légions d'Italie souffriront le massacre que vous excitez ! Le Sénat de Venise a répondu par la perfidie la plus noire aux procédés généreux que nous avons toujours eus avec lui. Si vous ne prenez pas sur-le-champ les moyens de dissiper les rassemblements ; si vous ne faites pas arrêter et livrer en mes mains les auteurs des assassinats qui viennent de se commettre, la guerre est déclarée ».

Les choses depuis une semaine ne se sont guère arrangées et à Vérone, ville de l'Etat de Venise, la veille de la signature des préliminaires, le jour même de Pâques, le peuple se soulève à la suite des maladresses du général Belliard. Ces « Pâques Véronaises » vont se prolonger par le massacre des blessés français dans les hôpitaux, tandis qu'à Venise, le fort de San Andrea tire sur le navire français *Libérateur d'Italie,* qui était parvenu à pénétrer dans la lagune. La plus grande partie de l'équipage est massacrée. Cependant Bonaparte ne donne par l'ordre de brûler Vérone, mais de reprendre la ville tombée aux mains d'Andrea Erizzo.

— Qui payera l'écot ? faisait dire l'auteur d'un dessin satirique à un aubergiste s'adressant à Bonaparte partant sans payer.

— Tais-toi, c'est la République de Venise.

La superbe Venise fit plus que « payer l'écot ». Les Pâques véronaises coûtent la vie à la République.

— Ces coquins-là me le payeront ! s'exclame Bonaparte. Leur république a vécu.

Le dernier doge est « démissionné » le 12 mai, et, le 14, les soldats français défilent place Saint-Marc.

Le 7 avril 1796, à Albenga — il avait quitté Nice la semaine précédente à la tête d'une horde de loqueteux — Bonaparte décidait d'attaquer les passages où les Apennins se détachent des Alpes : la campagne d'Italie commençait. Le 7 avril 1797, à Judenburg, alors que seuls les monts du Semmering le séparaient de Vienne, Bonaparte signait la suspension d'armes qu'il avait offerte aux Autrichiens.

En une année, le « général Vendémiaire » est devenu le maître de toute l'Italie du nord, et, véritable proconsul, il va y régner durant six mois.

Le Musée Masséna de Nice conserve ces extraordinaires croquis à la plume de David. Ils sont peut-être parmi les plus ressemblants que nous possédions sur le général Bonaparte lors de la campagne d'Italie.

(Photo M. de Lorenzo).

IX

LA GRANDE AMBITION

En guerre comme en amour, pour en finir il faut se voir de près.

NAPOLÉON.

Aux Crivelli, non loin de Milan, Bonaparte entraîne, dans le délicieux parc du château de Mombello, le ministre de France en Toscane, Miot, comte de Melito, et le comte milanais Gaetan Melzi. Tous deux le regardent avec une profonde admiration. « Ce n'était déjà plus le général d'une république triomphante, dira le diplomate, c'était un conquérant pour son propre compte, imposant ses lois aux vaincus !... » Napoléon fait maintenant plus que percer sous Bonaparte. C'est déjà un chef d'Etat que les deux hommes ont devant eux — et qui parle durant deux heures d'horloge avec une étonnante prescience de l'avenir :

— Ce que j'ai fait jusqu'ici n'est rien encore. Je ne

suis qu'au début de la carrière que je dois parcourir. Croyez-vous que ce soit pour faire la grandeur des avocats du Directoire, des Carnot, des Barras, que je triomphe en Italie ? Croyez-vous que ce soit aussi pour fonder une république ? Quelle idée ! Une république de trente millions d'hommes ! Avec nos mœurs, nos vices ! Où en est la possibilité ? C'est une chimère dont les Français sont engoués mais qui passera comme tant d'autres. Il leur faut de la gloire, les satisfactions de la vanité. Mais la liberté, ils n'y entendent rien. Voyez l'Armée ! les victoires que nous venons de remporter, nos triomphes ont déjà rendu le soldat français à son véritable caractère. Je suis tout pour lui. Que le Directoire s'avise de vouloir m'ôter le commandement, et il verra s'il est le maître. Il faut à la Nation un chef, un chef illustré par la gloire, et non par des théories par lesquelles les Français n'entendent rien. Qu'on leur donne des hochets, cela leur suffit. Ils s'en amuseront et se laisseront mener, pourvu cependant qu'on leur dissimule adroitement le but vers lequel on les fait marcher !

Les deux hommes qui l'écoutent sont abasourdis, et « aussi pénétrés d'attendrissement que l'admiration ».

« Je cherche dans les annales des peuples tant anciens que modernes, écrira de son côté le diplomate Trouvé, des modèles à lui comparer pour les talents militaires, politiques, administratifs, et je ne vois pas d'homme qui, en les réunissant tous au même degré que lui, ait jamais fait autant de grandes choses en si peu de temps. »

Le poète Arnault le dira également : « Cet homme-là est un homme à part. Tout fléchit sous la supériorité de son génie... Il est né pour dominer comme tant d'autres sont nés pour servir. S'il n'est pas assez heureux pour être emporté par un boulet, avant quatre ans d'ici, il sera en exil ou sur un trône. »

Le trône : le mot est lancé ! Et il est certain que l'on trouve déjà à Mombello une « ambiance de cour ». Bonaparte pense-t-il déjà à un règne possible ? Quoi qu'il en soit, il croit en son étoile et a pleinement conscience de sa valeur. Dans cette résidence royale, il agit tout naturellement en souverain. Il dîne seul. A distance, et debout, se tiennent les ministres des gouvernements italiens et les magistrats ; ses officiers, Berthier, Kilmaine, Clarke, Augereau même, attendent que leur chef daigne leur adresser la parole — une faveur que tous n'obtiennent pas. Pendant le repas — déjà fort rapide — les habitants du pays ont le droit de défiler devant lui, comme autrefois lors des grands couverts de l'Archiduc. Joséphine, avec cette faculté qu'elle possède au plus haut point, s'est adaptée à la situation. Elle joue elle aussi à la souveraine, avec autant d'aisance qu'elle parvient à tromper son mari presque sous ses yeux avec Charles, sans qu'il s'en aperçoive. Avec la même aisance, elle continue à « tripoter » dans les fournitures destinées à l'armée, comme si c'était là chose toute naturelle pour la femme d'un général en chef. Vêtue de blanc, coiffée d'une simple guirlande de lierre ou de quelques fleurs de prairial entremêlées de gaze enroulée en turban, elle reçoit à merveille.

La famille rejoint la cour de Mombello où Pauline fait déjà des ravages. Le 1er juin, la toujours grave Letizia débarque au château et fait la connaissance de sa belle-fille. Joséphine semble fort à l'aise dans son rôle de proconsulesse, alors que la Madre se sent gênée et gauche. Les deux « citoyennes Bonaparte » ne seront jamais en sympathie. La Madre considérera Joséphine comme une ennemie et, entre intimes, l'appellera toujours ironiquement *Mme de Beauharnais !...*

Mme Letizia est accompagnée de Jérôme, de Maria-

Annonciata, de Maria-Anna. La future Elisa, physiquement de loin la plus déshéritée des trois sœurs, est devenue maigre, hommasse, revêche et vient d'épouser civilement un grand dadais : le capitaine corse Félix Bacciochi. Bonaparte trouve ce mariage absurde. Fort heureusement, au grand désespoir de Junot, il mariera Pauline selon ses goûts : il la destine en effet à son sous-chef d'état-major, Victor-Emmanuel Leclerc, le courageux combattant de Toulon et de Rivoli, qui reçoit les étoiles de général comme cadeau de noces. Il était temps, d'ailleurs, de marier l'ensorcelante petite païenne, « singulier composé de ce qu'il y avait de plus complet en perfection physique, nous dit Arnault, et de ce qu'il y avait de plus bizarre en qualités morales ! Si c'était la plus jolie personne qu'on pût voir, c'était aussi la plus déraisonnable qu'on pût imaginer. » Junot et l'élégant — et inverti — Fréron furent vite oubliés au profit du mari choisi par le frère.

Bonaparte fait bien les choses et ses deux sœurs reçoivent chacune quarante mille livres de dot le jour de la célébration du double mariage religieux. Si Elisa et son capitaine sont expédiés vers Ajaccio, le général en chef et Joséphine accompagnent les nouveaux époux Leclerc dans leur voyage de noces au bord du lac de Côme. Après cet intermède, le 8 juillet, la « cour » revient à Milan où vont se dérouler, dès le lendemain, les fêtes pour l'inauguration de la nouvelle république cisalpine.

La politique va reprendre la première place.

Les Parisiens remuent une fois de plus... Maintenant, ce sont les royalistes qui menacent le Directoire.

Sans doute Napoléon commence-t-il à devenir bonapartiste, mais, franchement républicain, il n'en déteste pas moins toujours les partisans de Louis XVIII, ce « club de Clichy » où se groupent les monarchistes. Ceux-ci critiquent son attitude dans l'affaire vénitienne, et vont jusqu'à demander sa destitution et son arrestation. Ils savent déjà qu'il ne jouera point les Monck. Ce que Bonaparte appelle « l'audace des ennemis de la République » l'irrite profondément, bien qu'il n'ait pour le Directoire, actuel gouvernement de cette république, que du mépris. Il accuse les Directeurs « de faiblesse, de marche incertaine et pusillanime, de dilapidations et de persistance dans un système vicieux et avilissant pour la gloire nationale. »

Napoléon n'ignore rien de ce qui se passe à trois cents lieues de Mombello.

— Je l'ai vu, racontera Bourrienne, décidé à marcher sur Paris par Lyon, avec vingt-cinq mille hommes, si les affaires lui eussent paru prendre une tournure défavorable à la république qu'il préférait à la royauté, parce qu'il espérait tirer meilleur parti de la première. Il faisait sérieusement son plan de campagne. A ses yeux, défendre ce Directoire tant méprisé, c'était défendre son propre avenir, c'est-à-dire un pouvoir qui semblait n'avoir plus d'autre mission que celle de lui garder la place jusqu'à son retour.

— Des montagnes, dit-il à ses soldats, nous séparent de la France, mais vous les franchirez avec la rapidité de l'aigle, s'il le fallait, pour maintenir la constitution, défendre la liberté, protéger le gouvernement et les républicains... Les royalistes, dès qu'ils se montreront, auront vécu !

Le 18 juillet, la situation se gâte, le Directoire claque des dents et se décide à appeler Bonaparte au secours. Mais le futur empereur refuse ; il ne tient nullement à venir ternir sa gloire toute neuve dans des dégradants combats de rues. Il n'est plus le général Vendémiaire, mais le proconsul de la République en Italie !

L'arrivée de feuilles royalistes crée, parmi les vainqueurs de l'armée d'Italie, une agitation qui permet à Bonaparte d'écrire à nouveau au Directoire, en poussant au noir les réactions de ses soldats. Selon lui, « l'indignation est à son comble ». Sachant manier avec adresse la langue violente et colorée de l'époque, il poursuit, décrivant l'angoisse qui étreint ses hommes : « Le soldat demande à grands cris si, pour prix de ses fatigues et de six ans de guerre, il doit être, à son retour dans ses foyers, assassiné comme sont menacés de l'être tous les patriotes. » Puis il ose déclarer aux « citoyens Directeurs » qu'il lui paraît « imminent » de les voir prendre un parti. Ce n'est pas l'ambition qui le pousse : « Je suis accoutumé à une abdication totale de mes intérêts ; cependant, je ne puis pas être insensible aux outrages, aux calomnies que quatre-vingts journaux répandent tous les jours et à toutes occasion... Je vois que le club de Clichy veut marcher sur mon cadavre pour arriver à la destruction de la République. N'est-il donc plus en France de Républicains ? Et, après avoir vaincu l'Europe, serons-nous donc réduits à chercher quelque angle de la terre pour y terminer nos tristes jours ? Vous pouvez d'un seul coup sauver la République... Faites arrêter les émigrés, détruisez l'influence des étrangers. Si vous avez besoin de force, appelez les armées... »

Une nouvelle fois — afin de prouver son absence d'ambition — il offre de rentrer dans la vie privée... c'est-à-dire la vie politique : « Quant à moi, Citoyens Directeurs, il est impossible que je puisse vivre au milieu des affections les plus opposées, s'il n'y a point de remède pour faire finir les maux de la patrie, pour mettre un terme aux assassinats et à l'influence de Louis XVIII, je demande ma démission. »

On la lui refusera, bien sûr...

A la faveur de l'insurrection, sans doute aurait-il pu devenir l'un des cinq Directeurs, persuadé, avec raison, « qu'il le serait bientôt seul ». L'Histoire eût été privée de l'expédition d'Egypte et Bonaparte aurait pu ceindre plus tôt la couronne impériale. Mais Napoléon n'avait pas l'âge requis pour devenir Directeur. La constitution de l'an III pourrait-elle être violée en sa faveur ? Il hésita... alors que cette constitution devait en voir bien d'autres ! Par ailleurs, l'un des cinq rois du Directoire accepterait-il de lui laisser sa place ? N'était-ce pas faire entrer le loup dans la bergerie ? Si tant est que ce gouvernement de pourris puisse être comparé à une innocente bergerie — l'étable fournissait une meilleure comparaison...

Mais les citoyens Directeurs font passer cette appréhension au second plan. Ils craignent pour leur vie. Les royalistes relèvent de plus en plus la tête. La flambée de fructidor va-t-elle brûler le régime ? Bonaparte, ils le lui demandent une nouvelle fois, veut-il se décider à venir mettre le holà ?

— Bonaparte n'arrivera que pour nous venger, soupire Barras, il nous trouvera pendus !

Le 7 août, ce n'est pas Bonaparte qui débarque à Paris, mais Augereau, le fils de maçon, est aussi brave que brutal. Envoyé d'Italie par son chef, il déclarera paisiblement en mettant pied à terre :

— Je suis venu pour tuer les royalistes.

— Quel fier brigand ! s'exclame alors Reubell, tranquillisé par la stature de ce colosse.

Augereau trempe sa plume dans l'encre du temps

pour apaiser les craintes de son chef : « Notre pureté et notre courage sauveront la République du précipice affreux où l'ont plongée les agents du trône et de l'autel. »

Quelque temps plus tard, les 3 et 4 septembre — autrement dit les 17 et 18 fructidor — le coup de barre à gauche réussit parfaitement. On condamne à mort, on fusille, on envoie au bagne conspirateurs et députés ennemis du régime. La rue demeure calme, ce qui permet à La Révellière-Lépeaux de s'extasier : « Pas une goutte de sang n'a été répandue. » Les cent soixante fusillés de la plaine de Grenelle ne furent peut-être pas tout à fait de cet avis... Assurément le coup d'Etat a criblé de tant de plomb le parti royaliste qu'il ne s'en relèvera pas. Il essayera bien de s'agiter sous le Consulat — même en lançant des bombes et en organisant des guet-apens — mais il faudra la chute de l'Empire pour lui rendre son existence.

« Mon général, écrit Augereau à Bonaparte, ma mission est accomplie... Paris est calme et émerveillé d'une crise qui s'annonçait terrible et qui s'est passée comme une fête... » Sauf, bien sûr, pour les trois cent vingt-neuf déportés dont cent soixante périront à Cayenne !

Le soudard est aux anges... et, comme le constate Thibaudeau :

— Il eût volontiers recommencé tous les matins un dix-huit fructidor.

On expédie Augereau en Allemagne afin de le calmer, et aussi afin de l'opposer éventuellement à Bonaparte...

*
**

Venant de Milan, Bonaparte est arrivé, le 27 août, à Passeriano où vont se dérouler les conférences avec l'Autriche. Il loge au bord du Tagliamento, dans une maison de campagne — presque un château — ayant appartenu à Manni, doge de Venise. Chaque jour il se rend à Udine où se trouvent les plénipotentiaires autrichiens. L'Empereur a longtemps tardé avant d'accepter l'ouverture des négociations — ce qui a permis à Napoléon de s'exclamer :

— Il est impossible de se moquer de nous avec aussi peu de pudeur...

Craignant même que ces atermoiements ne cachent le désir de reprendre les combats, il avait écrit à François II : « Serait-il donc possible que le fléau terrible de la guerre dût encore recommencer ? Et Votre Majesté voudra-t-elle donner le signal du ravage de l'Allemagne ? » Mais, au dernier moment, les événements de Paris lui ont fait craindre « que l'on ne s'amusât à gloser sur cette démarche » — et il n'a pas envoyé la lettre...

Enfin l'Empereur s'était décidé. En voulant maintenant conclure la paix le plus rapidement possible, François II espérait bien que son envoyé, l'ambassadeur de Cobenzl, aurait la tâche aisée. En attendant son arrivée, Bonaparte aurait en face de lui le violent et égoïste baron de Thugut. Fils d'un batelier, il avait été ministre plénipotentiaire à Paris au début de la Révolution, puis, ministre des Affaires étrangères et s'était déclaré ennemi acharné de la démocratie française. Une des clauses secrètes du traité de Loeben exigeait son renvoi... Par contre, la franchise du troisième plénipotentiaire — le Napolitain Marzio Mastrilli, marquis, puis un jour duc de Gallo — plut à Bonaparte. « Je fais préparer de beaux présents pour les plénipotentiaires de l'Empereur, en cas que la paix se fasse, annonce le général en chef à Talleyrand. Ce sont des garnitures de diamants formant des branches d'olivier, que l'on estime à quatre-vingts ou quatre-vingt-dix mille écus... »

En dépit des cadeaux, et en l'absence de Cobenzl, les choses se traînent. « Les négociations vont assez mal, écrit Bonaparte au Directoire le 6 septembre. Cependant, je ne doute pas que la Cour de Vienne n'y pense à deux fois avant de s'exposer à une rupture, qui aurait pour elle des conséquences incalculables... Mais si l'on passe le mois d'octobre, il n'y a plus de possibilité d'attaquer l'Allemagne ; il faut se décider promptement et rapidement. » Les pourparlers sont bientôt au point mort. Bonaparte en donne les raisons à Talleyrand : « L'on se figurerait difficilement l'imbécillité et la mauvaise foi de la cour de Vienne. Dans ce moment-ci nos négociations sont suspendues, parce que les plénipotentiaires de Sa Majesté Impériale ont envoyé un courrier à Vienne pour connaître l'ultimatum de l'Empereur. »

Le 26 septembre, un officier arrive de Paris porteur « d'une espèce de circulaire » — l'expression est de Bonaparte — adressée par Augereau aux généraux de division de l'armée d'Italie. Ainsi, Augereau, avec sans doute l'assentiment du Gouvernement, ose donner des directives par-dessus la tête de son ancien chef ! Bonaparte tient le prétexte qui va lui permettre, en menaçant une dixième fois de s'en aller, d'obtenir carte blanche pour traiter avec les Autrichiens et, nous révèle encore Bourrienne, « pour se faire supplier de conserver le commandement ».

« Il est constant — écrit Bonaparte — d'après tous ces faits, que le Gouvernement en agit envers moi à peu près comme envers Pichegru après Vendémiaire. Je vous prie, Citoyens Directeurs, de me remplacer et de m'accorder ma démission. Aucune puissance sur la terre ne sera capable de me faire continuer à servir après cette marque horrible de l'ingratitude du Gouvernement, à laquelle j'étais bien loin de m'attendre. Ma santé, considérablement altérée, demande impérieusement du repos et de la tranquillité. La situation de mon âme a aussi besoin de se retremper dans la masse des citoyens. Depuis trop longtemps un grand pouvoir est confié à mes mains. Je m'en suis servi, dans toutes les circonstances, pour le bien de la patrie, tant pis pour ceux qui ne croient point à la vertu et pourraient avoir suspecté la mienne ! Ma récompense est dans ma conscience et dans l'opinion de la postérité... » Trois jours plus tard, il récidive, précisant que « les arrangements » qu'il prenait à Udine seraient « le dernier service » qu'il estimait pouvoir rendre à la patrie : « Je me trouve sérieusement affecté de me voir obligé de m'arrêter dans un moment où, peut-être, il n'y a plus que des fruits à cueillir ; mais la loi de la nécessité maîtrise l'inclination, la volonté et la raison. Je puis à peine monter à cheval, j'ai besoin de deux ans de repos. »

Le Gouvernement se contente de déclarer : « Le Directoire croit à la vertu du général Bonaparte » — ce qui ne répond peut-être pas à la lettre du général en chef, mais n'en accorde pas moins, implicitement, au négociateur de Campo-Formio, la carte blanche demandée.

Bonaparte n'a d'ailleurs pas attendu ce blanc-seing pour poursuivre sa tâche, cette tâche rendue d'autant plus difficile que Cobenzl — le 26 septembre — est maintenant venu rejoindre la délégation en compagnie du général Merveldt. La première entrevue se passe fort mal. Laid et gros, — Napoléon le baptisera l'*Ours du Nord* — Coblenzl paraît à Bonaparte — il le confie à Talleyrand — « pas très accoutumé à discuter, mais bien à vouloir toujours avoir raison ». « Ces gens-là, précise-t-il, ont de grandes prétentions. » Aussi, sans plus tarder, Napoléon recommande-t-il au Directoire de se tenir éventuellement prêt à agir sur le Rhin.

Les « compensations » demandées par l'empereur François consistent à obtenir le territoire de Venise jusqu'à l'Adige. « Il paraît, annonce Bonaparte, que l'Autriche accorderait à la France Mayence : Je dis *il paraît,* précise-t-il, parce qu'en réalité, notre conversation avec M. le comte de Coblenzl n'a été, de son côté, qu'une extravagance. C'est tout au plus s'ils veulent bien nous faire la grâce de nous donner la Belgique ! Je vous fais grâce de ma réponse là-dessus, comme notre discussion, qui vous ferait connaître ce que ces gens-ci appellent diplomatie. »

Ce même soir, au cours de la réunion suivante, Bonaparte et Cobenzl ont une conversation longue de près de cinq heures. Raidissant sa position, Napoléon lui déclare qu'il ne peut consentir « sous aucun prétexte et dans aucune circonstance », à ce que l'Empereur devienne maître de Venise. Le diplomate qui croyait la chose acquise a un sursaut de véritable frayeur et, après un long silence, ses aplombs retrouvés, il demande d'une voix blanche :

— Si vous faites toujours cela, comment voulez-vous qu'on puisse négocier ?

Mais le général en chef — il le répète — préférerait envisager « jusqu'à la rupture plutôt que de leur bonifier Venise ». Maintenant, il menace :

— La République française ne se départira jamais des lois décrétées par elle ; avec les moyens qu'elle a, elle peut en deux ans faire la conquête de toute l'Europe.

En voyant Cobenzl justement effrayé, il tempère sa pensée :

— Je ne dis pas que ce soit l'intention de la République française, mais nous ne ferons pas la paix sans Mayence, et nous ne rendrons pas les forteresses d'Italie sans Mayence !

— Et moi, je ne signerai pas la paix sans la stipulation de la prompte évacuation de toutes les provinces qui doivent nous appartenir.

— De cette manière, conclut Bonaparte, votre séjour à Udine ne sera pas de longue durée...

Le 6 octobre, les négociations paraissent « à peu près rompues » et Napoléon prévoit la reprise de la guerre avant douze jours. Puisque la vieille diplomatie autrichienne ne parvient point à se mettre à la nouvelle mode, la parole sera donnée au canon ! Le 9 octobre, Bonaparte menace les Autrichiens de mettre le cap sur Vienne et leur laisse deviner qu'il a reçu l'ordre du Directoire de marcher sur la capitale de l'Empire. C'est exact... mais Napoléon ne leur répète pas qu'il a répondu à Talleyrand : « Je vous avoue que je ferai tout pour avoir la paix, vu la saison très avancée et le peu d'espérance de faire de grandes choses. » Au cours de la discussion, Napoléon accroche par mégarde un cabaret de porcelaine et — toujours la légende — il affirmera ensuite l'avoir fait exprès :

— C'est ainsi que je vous briserai ! menace-t-il.

« Il s'est comporté comme un fou », rapporte Cobenzl horrifié et encore tout tremblant, à Vienne. La perte du cabaret est d'autant plus sensible au diplomate qu'il s'agit là d'un souvenir que la Grande Catherine lui avait offert. Pour obtenir la faveur de la souveraine, Cobenzl n'avait même pas hésité à jouer la comédie au théâtre de la cour. Etre ambassadeur n'est pas toujours une sinécure... Cependant Cobenzl aurait certes préféré à nouveau monter sur les planches plutôt que d'écouter Bonaparte. Comment discuter avec un tel homme ? Cette fois, il n'est même plus question de parler avec pudeur — et imprécision — des « frontières constitutionnelles » de la France. Le général en chef exige maintenant « toute la rive gauche du Rhin ». Et comme le malheureux Cobenzl, ne sachant plus quel argument invoquer, lui déclare que l'empereur d'Autriche ne peut agir *au nom* de l'empire d'Allemagne, Napoléon lance la phrase célèbre :

— L'Empire est une vieille servante habituée à être violée par tout le monde !

Son souffle revenu, Cobenzl reprend :

— Au moins, en échange de cette rive gauche, l'Autriche ne pourrait-elle pas avoir Venise ?

La discussion tourne à l'aigre. On se menace des deux côtés.

— Vous oubliez que vous négociez ici au milieu de mes grenadiers ! s'exclame Bonaparte.

Tandis que Cobenzl, qui a retrouvé son calme, répond :

— L'Empereur désire la paix, mais ne craint pas la guerre. Quant à moi, j'aurai la satisfaction d'avoir fait la connaissance d'un homme aussi célèbre qu'intéressant.

Le matin du 13 octobre 1797, en venant réveiller Bonaparte, Bourrienne lui annonce que les montagnes se sont couvertes de neige pendant la nuit. Napoléon ne veut pas le croire. Il se lève d'un bond, court vers la fenêtre et doit se rendre à l'évidence :

— Avant la mi-octobre ! Quel pays ! Allons, il faut faire la paix...

Marcher sur Vienne est devenu impossible.

— Comment résister à toutes les forces autrichiennes qui se porteront au secours de Vienne ? ajoute-t-il. Il faut plus d'un mois pour que les armées du Rhin me secondent, et dans quinze jours les neiges encombreront les routes et les passages. C'est fini, je fais la paix. Venise paiera les frais de la guerre et la limite du Rhin. Le Directoire et les avocats diront ce qu'ils voudront.

On donnera finalement Venise; l'Istrie et la Dalmatie à l'Empereur ; la République *cisalpine* s'étendra jusqu'à l'Adige, Mantoue et Peschiera, tandis que la France occupera Mayence et aura le Rhin comme frontière. Le vieil adage est accompli :

Quand la France boira le Rhin,
Toute la Gaule aura sa fin.

En somme, Cobenzl avait obtenu Venise, ce qui était pour lui le principal ! Il n'en maugréa pas moins :

— Il m'a paru qu'il serait cruel que le carnage recommençât, uniquement parce qu'un Bonaparte s'était enivré...

« Je ne doute pas, expliquera avec sagesse Napoléon à Talleyrand, que la critique ne s'attache vivement à déprécier le traité que je viens de signer. Tous ceux, cependant, qui connaissent l'Europe et qui ont le tact des affaires, seront bien convaincus qu'il était impossible d'arriver à un meilleur traité, sans commencer par se battre, et sans conquérir encore deux ou trois provinces de la Maison d'Autriche. Cela était-il possible ? Oui ! Probable ?... Non !... Le moment actuel nous offre un beau jeu. Concentrons toute notre activité du côté de la marine, et détruisons l'Angleterre. Cela fait, l'Europe est à nos pieds. »

Le 17 octobre, « une heure après minuit », les signatures sont échangées à Passeriano, mais le traité est daté de Campo-Formio, où personne n'a jamais mis les pieds, et qui se trouve à mi-chemin des deux résidences.

En prenant congé de Cobenzl, Bonaparte s'excuse d'avoir conduit les négociations d'une manière fort peu diplomatique :

— Je suis, dit-il en souriant, un soldat habitué à jouer ma vie tous les jours ; je suis dans tout le feu de ma jeunesse, je ne puis garder la mesure d'un diplomate accompli...

Et les deux hommes de s'embrasser... Ils se retrouveront.

Lorsque le 26 octobre, le texte du traité arrive à Paris, les Directeurs témoignent presque de la fureur. Ainsi Bonaparte a osé signer sans leur autorisation, et échanger avec les Autrichiens Venise qui avait été conquise, contre Milan qui leur avait été pris ! Mais que faire ? « Si le Directoire eût refusé sa ratification, expliquera La Révellière, il était perdu dans l'opinion. » Quelques « détails » arrondiront les angles. Une « commission des Arts » va diriger vers Paris le célèbre Lion de Venise, dont on ignore d'ailleurs l'origine, sinon qu'il fut hissé au XIIe siècle, place Saint-Marc, en haut d'une colonne venue de Syrie. Par contre, on sait que les célèbres chevaux de cuivre ornaient autrefois la loge impériale de Byzance. Les Croisés s'en étaient emparés lors de la IVe croisade. Les chevaux seraient également érigés à Paris lorsque sera terminé l'arc de triomphe du Carrousel. Et ceci consola de cela...

Le Gouvernement, faisant contre mauvaise fortune bon cœur, proclame que le traité remplit « tous ses vœux », et, ce même 26 octobre, pressé de se débarrasser de Bonaparte, lui donne le commandement de l'Armée de l'Angleterre, une armée chargée d'envahir un jour les Iles britanniques !... Puis, afin de ne pas entendre « le sabre » traîner bruyamment sur les parquets du Luxembourg, les Directeurs écrivent à Napoléon pour lui annoncer que le gouvernement « lui ménageait une autre récompense » : celle « de mettre lui-même la dernière main au grand ouvrage » qu'il avait « si fort avancé ». On le nommait, en conséquence, premier plénipotentiaire au congrès de Rastadt qui allait s'ouvrir et devait entériner les décisions datées de Campo-Formio, concernant l'Empire germanique. D'ailleurs, sitôt la nomination signée, le gouvernement le regretta. Assurément ce diable d'homme allait avoir tout le bénéfice de rapporter en France la rive gauche du Rhin ! Mieux valait peut-être le rappeler et récolter, lorsqu'il ne serait plus là, tout ce qu'il avait semé. Mais il était trop tard pour revenir sur la décision prise. Les cinq rois durent se résigner. Ainsi que l'a fort bien dit Albert Sorel : « Les Directeurs le trouvant à la fois embarrassant et indispensable, le voulaient toujours ailleurs que là où il était. » Au moins qu'il ne s'attarde pas à Rastadt ! Qu'il revienne à Paris afin que l'on puisse lui tenir la dragée haute ! Aussi François de Neufchâteau lui écrira-t-il : « Le Directoire est impatient de vous voir et de conférer avec vous sur les intérêts majeurs et multipliés de la patrie... Il désire vous témoigner publiquement son extrême satisfaction et être envers vous le premier interprète de la reconnaissance nationale. »

Celle-ci n'attend pas un ordre officiel pour se manifester. A Paris, le délire monte aux cerveaux. On compare le signataire de Campo-Formio à « l'un des plus grands hommes de l'Antiquité », tandis que Monge déclare que, depuis Vercingétorix, la France n'a possédé pareil héros...

Avant de prendre le chemin de Rastadt, Bonaparte donne en chef d'Etat ces conseils au peuple cisalpin :

« Ralliez-vous ; faites trêve à vos méfiances, oubliez les raisons que vous croyez avoir de vous désunir, et, tous d'accord, organisez et consolidez votre gouvernement... Pour être dignes de votre destinée, ne faites que des lois sages et modérées. Faites-les exécuter avec énergie... Il en est des Etats comme d'un bâtiment qui navigue et comme d'une armée ; il faut de la froideur, de la modération, de la sagesse et de la raison dans les conceptions des ordres, commandements et lois, de l'énergie et de la vigueur dans leur exécution. »

Si Napoléon n'est pas inquiet sur la manière dont la nouvelle république se comportera, il n'a pas la même tranquillité lorsqu'il pense à Rome dont la politique va toujours de « guingois »... Aussi adresse-t-il au cardinal Mattei cet avertissement menaçant : « Faites donc entendre à Sa Sainteté que, si elle continue à se laisser mener par le cardinal Busca, et d'autres intrigants, cela finira mal pour vous... » C'est le ton qu'il emploiera plus tard avec Pie VII.

Il a pris goût à distribuer des mises en demeure et des louanges. Ces activités vont bien lui manquer maintenant qu'il n'a plus à jouer au chef d'Etat. En passant le 19 novembre à Turin, il le dira à Miot de Melito, avec un étonnant sens prophétique :

— Je ne voudrais quitter l'Italie que pour aller jouer en France un rôle à peu près semblable à celui que je joue ici, et le moment n'est pas encore venu, la poire n'est pas mûre. Mais la conduite de tout ceci ne dépend pas uniquement de moi. Ils ne sont pas d'accord à Paris. Un parti lève la tête en faveur des Bourbons, je ne veux pas contribuer à son triomphe. Je veux bien affaiblir un jour le parti républicain, mais je veux que ce soit à mon profit.

Quant à la paix générale, c'est lui qui la fera :

— Si j'en laissais à un autre le mérite, ce bienfait

le placerait plus haut dans l'opinion que toutes mes victoires.

Hélas, hors le calme *amiénois*, du printemps 1802 au printemps 1803, au cours duquel les ennemis de la France reprendront leur souffle, Napoléon courra après cette paix jusqu'à la fin de l'épopée.

⁂

Le 21 novembre, passant par Genève, il se refuse à voir Necker installé au délicieux château de Coppet qui abritait encore les amours — orageuses, mais suivies de belles éclaircies — de Mme de Staël et de Benjamin Constant. L'un de ses compagnons de route — Lavalette — nous explique que son chef — il le dira en passant devant le château — désapprouvait le choix fait par Louis XVI d'appeler Necker au pouvoir. Il ne s'arrête pas non plus à Ferney, nourrissant des « griefs » contre Voltaire. Ainsi, il s'abstient de faire l'un et l'autre pèlerinage. Il préfère, ce même jour, écouter les jeunes filles de Lausanne l'accueillir avec des fleurs et lui réciter ce mauvais compliment de circonstance :

César asservit l'Italie
Et tu lui rends la liberté...
Prépare un chemin de lumière
Où vont s'élancer nos neveux.

Après avoir dîné le 22 à Rolle et couché à Mondon chez le bailli de la ville — le colonel Weiss — Bonaparte et ses compagnons prennent le lendemain matin la route de Berne. A une lieue de Morat, une roue de la voiture se brise — accident fréquent à l'époque — et Bonaparte et son état-major partent bravement à pied. En dépit de l'heure matinale et du froid de frimaire, la route est bordée de toute une foule qui a passé la nuit à la belle étoile pour tâcher d'entrevoir le vainqueur de l'Italie. Arrivé près de l'ossuaire où se trouvent déposés les restes des soldats bourguignons tués à la bataille de Morat, et après s'être fait expliquer comment les Suisses avaient vaincu le duc de Bourgogne, on entend Bonaparte s'exclamer :

— Il fallait que Charles le Téméraire fût un grand fou !

Le quartier général d'Augereau, qui vient de succéder à Hoche au commandement de l'armée du Rhin, se trouve à Offenburg, sur le chemin de Rastadt. Bonaparte s'arrête, se fait annoncer, désirant s'entretenir un moment avec le général. Augereau fait répondre à son ancien chef qu'il ne peut se déranger, étant à sa toilette. Napoléon le fera sans doute un jour maréchal et duc de Castiglione, mais jamais il n'oubliera l'insulte...

Dans la soirée du 26 novembre, Bonaparte, dans un carrosse tiré à huit chevaux et « enveloppé » par trente hussards, arrive à Rastadt, à mi-chemin de Baden-Baden et de Carlsruhe. Il s'installe au château, dans les mêmes appartements que ceux occupés par le maréchal duc de Villars, à la fin du règne de Louis XIV. « J'ai, comme vous voyez, voyagé en casse-cou, annoncera-t-il ce même soir au Directoire, et je n'ai pas été peu étonné de voir que ces ganaches de plénipotentiaires de l'Empereur n'étaient pas encore arrivés, hormis le général Merveldt. »

Le surlendemain, les plénipotentiaires autrichiens atteignent à leur tour Rastadt. Metternich, qui représente l'empereur d'Autriche, fait la grimace : il avait pensé que l'appartement du château lui serait réservé. Du côté français, le Directoire a envoyé l'ancien conventionnel Jean-Baptiste, futur comte de Treilhard. Il a juré « haine à la royauté » lors de sa nomination de président des Cinq-Cents — ce qui ne l'empêchera pas, à la fin du Consulat, d'être l'un des plus ardents « supporters » de l'établissement de l'Empire. La délégation française compte encore le farouche Bonnier d'Arco, enfin Merlin, flanqué de son épouse qui, nous dira Bonaparte « est tout ce qu'il y avait de plus bourgeoise ; elle ne me parla que de ses assiettes, et appelle son mari *Chouchou coquet*. C'est une vraie Madame Angot... »

Les représentants des puissances étrangères se moquent des chapeaux ronds des Français et de leurs souliers fermés avec des cordons en guise de rubans, mais, ainsi que nous le rapporte Lavallette, « il fallait plier devant la République française et les plaisanteries contre ces messieurs expiraient à leur arrivée ».

Le 28, s'installe également à Rastadt le baron d'Edelsheim. Reçu par Bonaparte, il lui annonce que le roi de Suède a désigné comme ambassadeur Axel Fersen, l'ami de Marie-Antoinette.

— C'est impossible, s'exclame Bonaparte ; ce serait manquer au Directoire que de traiter avec lui. Il a servi la France et a été la tête du parti le plus violent contre la Révolution.

Le baron — Axel nous le rapporte dans son *Journal intime* — essaye de défendre Fersen. N'a-t-il pas quitté le service en 1789 ?

— Vous ne savez pas tout, reprend Bonaparte, il a couché avec la Reine.

Edelsheim se met à rire :

— Je croyais que les époques de l'histoire ancienne étaient oubliées...

Napoléon accepte cependant de recevoir le lendemain l'envoyé de « Sa Majesté Suédoise ». « M. le comte de Fersen, racontera Bonaparte à Talleyrand, est venu me voir environné de toutes les fatuités d'un courtisan de l'Œil de Bœuf. » Après les compliments d'usage « que l'on dit de part et d'autre sans s'écouter », Napoléon n'y va point par quatre chemins :

— Monsieur, la République française ne souffrira pas que des hommes qui lui sont trop connus par leurs liaisons avec l'ancienne cour de France, portés peut-être sur la liste des émigrés, viennent narguer les ministres du premier peuple de la terre.

« Pendant ce discours, rapportera Bonaparte, M. le comte de Fersen changeait successivement de couleur ; il prit son parti en courtisan, il répondit que Sa Majesté prendrait en considération ce que je lui avais dit, et s'en alla. »

On devine comment celui que la reine appelait *son cher Rignon* reçut ce discours. « Tout son raisonnement, racontera de son côté Axel Fersen au roi suédois, fut débité fort lentement, cependant avec chaleur mais dans le style, le ton et la manière d'un parvenu, sans noblesse et sans dignité, et comme une leçon. »

« Je le reconduisis, précisera encore Bonaparte, comme de raison, avec le cérémonial d'usage. » Ce « cérémonial d'usage » ne fut pas très républicain... Nous savons par Fersen que Bonaparte appela indifféremment l'ancien ami de Marie-Antoinette : *Monsieur, Excellence,* ou *Elle...* « L'entretien terminé, ajouta Fersen, le général m'accompagna jusqu'à la porte du vestibule et ses aides de camp jusqu'en haut de l'escalier. »

Le 30 novembre 1797, la Convention est signée et vient confirmer les décisions prises à Udine : Venise est remise à l'empereur François, et Mayence devient française. La ville qui avait déjà été occupée par la France en 1644, en 1688 et en 1792, avait été perdue neuf mois plus tard. Elle était rendue aux Français et, jusqu'en 1814, Mayence sera le chef-lieu du département du Mont-Tonnerre.

Il y a là en germe toutes les causes des guerres napoléoniennes. L'Angleterre n'admettra jamais que la France occupe la rive gauche du Rhin. Quant à l'Autriche, chassée des Pays-Bas, elle ne pourra se résoudre à se trouver également frustrée de la plus grande part de son gâteau italien. Tant que la France ne sera pas muselée dans ses limites naturelles, sans cesse la guerre renaîtra... Et elle renaîtra d'autant plus que l'empire napoléonien repoussera ses frontières « françaises » jusqu'à l'Elbe et la mer Ionienne !

*
**

Après un voyage qui, selon Marmont, « fut un triomphe continuel », Bonaparte « habillé en bourgeois », passe la barrière de Paris — la barrière du Trône renversé — à la fin de l'après-midi du 5 décembre. Dès le lendemain, à onze heures, Talleyrand reçoit Napoléon à l'ancien hôtel de Gallifet — 73, rue de Grenelle — alors demeure du ministre des Relations extérieures. Les deux hommes se rencontrent pour la première fois. « Au premier abord, racontera le futur prince de Bénévent, il me parut avoir une figure charmante ; vingt batailles gagnées vont si bien à la jeunesse, à un beau regard, à de la pâleur, et à une sorte d'épuisement ! » Sitôt entré dans le cabinet du ministre, Bonaparte insiste « sur le plaisir qu'il avait eu à correspondre en France, avec une personne d'une autre espèce que les Directeurs », puis il poursuit :

— Vous êtes neveu de l'archevêque de Reims, qui est auprès de Louis XVIII ?

Talleyrand remarque que Bonaparte n'a point dit : du *comte de Lille*...

— J'ai aussi un oncle qui est archidiacre en Corse, poursuit Bonaparte, c'est lui qui m'a élevé. En Corse, vous savez qu'être archidiacre, c'est comme d'être évêque en France.

Puis, rentrés tous deux dans le salon qui s'est empli de monde — il y a là, entre autres, Mme de Staël et Bougainville — Napoléon lance à haute voix :

— Citoyens, je suis sensible à l'empressement que vous me montrez. J'ai fait de mon mieux la guerre, et de mon mieux la paix. C'est au Directoire à savoir en profiter, pour le bonheur et la prospérité de la République.

Le 10 décembre, à l'occasion de la remise des drapeaux conquis en Italie, les cinq membres du Directoire reçoivent Bonaparte avec magnificence en ayant soin de cacher combien ils ont été froissés de le voir signer sans autorisation le traité de Campo-Formio. Dans le fond de la cour a été construit un vaste amphithéâtre où se tiennent « ambassadeurs, ministres, généraux, officiers supérieurs de terre et de mer, tout ce qui avait rang, autorité, illustration ou notabilité ». Au fond, contre le vestibule principal, on a élevé « l'autel de la patrie », l'un de ces monuments symboliques dont l'époque possède le secret et qui se trouve surmonté des statues de la Liberté, de l'Egalité et de la Paix. En dépit du froid, les femmes décolletées comme l'exige la mode, c'est-à-dire au-delà du possible, se pressent aux fenêtres. « Et malgré ce luxe, ainsi que le disait un témoin, cette affluence, la recherche des costumes, la parure des femmes et ce que la mise des Directeurs avait de somptueux, ce fut un petit homme maigre, pâle, sec, jaune et simplement vêtu, qui fixa tous les regards et parut à lui seul remplir tout l'espace. »

Les fêtes en son honneur vont se poursuivre. Il respire tout cet encens, non avec joie — Bourrienne nous dit même qu'il semblait au supplice — mais en considérant l'adulation dont il est l'objet « comme un des inconvénients de sa position... il savait que, dans la disgrâce, il serait bientôt délivré de ce fléau ».

— Je ne dois qu'à la curiosité et à la nouveauté, toutes ces flagorneries officielles qui s'appliquent à tout le monde, en changeant seulement la date, le titre et le nom.

Une seule récompense lui fait plaisir : il est élu à l'Institut, classe des sciences physiques et mathématiques ; le fauteuil de Carnot ayant été déclaré vacant — non par la mort du titulaire, mais à la suite du coup d'Etat de Fructidor. Bonaparte eut onze rivaux. Le mécanisme adopté pour le vote — inventé par le mathématicien Borda — était si parfaitement incompréhensible qu'il est inexplicable... Aux Archives, on peut toujours lire cette note :

104 *Bulletins formant au total* 624 *votes.*

Le général Bonaparte obtient	305 votes
Le général Dillon	166 votes
Le citoyen Montalembert	123 votes
Total	624 votes

Or — Lenotre l'avait déjà remarquée — cette addition établie en présence des plus illustres mathématiciens de l'époque est fausse. Ce n'est pas 624 votes qu'il faut lire, mais 594... Ce qui n'en donnait pas moins à Bonaparte une copieuse avance sur ses concurrents !

— Le suffrage des hommes distingués qui composent l'Institut m'honore, déclare-t-il lors de la réception donnée en son honneur. Je sais bien qu'avant d'être leur égal, je ne serai longtemps que leur écolier.

Puis, ainsi que l'écrivait *le Narrateur* : « Bonaparte étonna par la variété et l'étendue de ses connaissances », parlant de mathématiques avec Lagrange et Laplace, de métaphysique avec Siéyès, de poésie avec Marie-Joseph Chénier, de politique avec Gallois, de législation avec Daunou. Durant des années il a dévoré tant de livres !

Le soir du 30 décembre, Bonaparte eut une surprise « pleine de grâces ». En rentrant chez lui, il vit des ouvriers occupés à changer la plaque portant le nom de la rue Chantereine. Désormais, elle s'appellera *rue de la Victoire*. Le nid de fille entretenue était d'ailleurs devenu méconnaissable. « Quel changement dans notre petite maison si tranquille autrefois, racontera Hortense. Elle était alors remplie de généraux, d'officiers. Les sentinelles avaient peine à repousser le peuple et les personnes de la société, impatientes et avides de voir le vainqueur de l'Italie. »

Joséphine avait ordonné des travaux coûteux. La chambre à coucher, située au premier étage, était devenue une tente aux tissus rayés, ornée de sièges-tambours. Les lits « à l'antique » se rapprochaient ou s'éloignaient selon un ingénieux ressort.

— Tout était de nouveau modèle, fait exprès, dira Bonaparte.

La frivole créole n'est d'ailleurs pas encore rentrée. Elle a quitté l'Italie après son mari, s'est fait acclamer et haranguer tout le long de la route, traiter de « vertueuse épouse » à chaque étape... et, le 25 décembre, entre Moulins et Nevers, a retrouvé son cher Hippolyte avec qui, depuis, elle muse, retardant le moment de regagner le domicile conjugal. Tout en roucoulant, les deux amants mettent sur pied une affaire de fournitures militaires — la compagnie Bodin — qui va permettre à Joséphine de se livrer à des dépenses, absolument indispensables à ses yeux, et tout aussi absolument inutiles à ceux de son mari. C'est seulement le 2 janvier que sa berline s'arrête dans la nouvelle rue de la Victoire.

Dès le lendemain, Bonaparte, qui a revêtu son habit vert de l'Institut, se rend à la fête donnée par Talleyrand à l'hôtel Gallifet, en l'honneur de la femme du général en chef de l'Armée d'Italie. La décoration, le service, le jeu, le buffet, sont dignes de l'Ancien Régime. Arnault, qui a dîné rue de la Victoire, accompagne Joséphine et son mari.

— Donnez-moi votre bras, lui dit Bonaparte en entrant dans la salle de bal. Je vois là nombre d'importuns prêts à m'assaillir. Tant que nous sommes ensemble, ils n'oseront pas entamer une conversation qui interromprait la nôtre. Faisons un tour dans la salle, vous me ferez connaître les masques, car vous connaissez tout le monde, vous...

La foule fait la haie, comme pour des souverains. On se croirait presque revenu à Versailles. Bonaparte est si entouré que Mme de Staël demande à Arnault de l'aider à approcher du grand homme. Arnault y parvient.

— Mme de Staël, prétend avoir besoin auprès de vous d'une autre recommandation que son nom, déclara-t-il à Bonaparte, et veut que je vous la présente. Permettez-moi, général, de lui obéir.

« Le cercle se resserre alors autour de nous, racontera Arnault, chacun étant curieux d'entendre la conversation qui allait s'engager entre deux pareils interlocuteurs... »

« Corinne » offre au vainqueur une branche de laurier :

— Il faut les laisser aux Muses, refuse froidement Bonaparte.

Assurément, ce bas-bleu de Corinne l'énerve. Elle insiste.

— Général, quelle est la femme que vous aimez le plus ?

— La mienne !

— C'est tout simple, mais quelle est celle que vous estimeriez le plus ?

— Celle qui sait le mieux s'occuper de son ménage.

— Je le conçois encore, mais enfin, quelle serait pour vous la première des femmes ?

— Celle qui fait le plus d'enfants, Madame !

Pendant le souper, Bonaparte et Talleyrand se tiennent derrière la chaise de Joséphine, comme pour la servir. Son mari, nous dit Stanislas de Girardin, « paraît être fort occupé d'elle, on dit même qu'il en est très amoureux et excessivement jaloux. Bonaparte, poursuit-il, n'a pas plus de cinq pieds, son visage est pâle, ses joues sont creuses, ses yeux petits et éteints, tout annonce qu'il est poitrinaire. »

Quelqu'un d'autre se trompe également ce soir-là — et lourdement : Mallet du Pan, qui affirme :

— Ce scaramouche à la tête sulfureuse n'a eu qu'un succès de curiosité. C'est un homme fini. Décidément fini !

C'est le lendemain de la bataille que les autorités envoyèrent une députation à Bonaparte pour lui annoncer leur capitulation. Le 24, il fit son entrée dans la ville et écrivit au Directoire : « Il est difficile de voir une terre plus fertile et un peuple plus misérable, plus ignorant et plus abruti. »

X

LE MIRAGE ÉGYPTIEN

L'Orient n'attend qu'un homme.

BONAPARTE.

L'ENCENS dont les Parisiens l'enveloppent ne l'a point grisé. Les acclamations qui saluent son arrivée au théâtre le gênent. Tôt désabusé, il confie à Bourrienne :

— On ne conserve à Paris le souvenir de rien. Si je reste longtemps sans rien faire, je suis perdu. Une renommée dans cette grande Babylone en remplace une autre ; on ne m'aura pas vu trois fois au spectacle qu'on ne me regardera plus.

Songe-t-il à prendre le pouvoir — ou, du moins à y participer en demandant une dispense d'âge pour devenir Directeur ? Barras — témoin suspect — affirmera qu'un soir Bonaparte lui parla « avec une singulière vivacité, de la docilité des peuples italiens, de l'ascendant qu'il avait sur eux ».

La suite de la confidence est moins croyable :

— Ils ont voulu me faire duc de Milan et roi d'Italie.

« Je fus peu maître de ma sensation dès le commencement de ce discours, poursuivit Barras. Bonaparte, s'apercevant, avec sa promptitude incomparable, que je sentais la sonde, se reprit, comme en paraissant continuer, et me dit :

— Mais je ne pense à rien de semblable dans aucun pays.

— Vous faites bien de ne pas y songer en France, car le Directoire vous enverrait demain au Temple pour récompenser une pareille idée ; il n'y aurait pas quatre personnes qui songeassent à s'y opposer. Il faut vous souvenir que nous sommes en République.

Toujours selon Barras, au lendemain de Rastadt, chaque fois que Bonaparte se rendait au Directoire, « il avait l'air de frémir et il trépignait quand on le laissait attendre quelques instants. Nous mettions même quelquefois de la malice à le faire attendre un peu. Lorsque, entré, il voulait se mettre directorialement à notre table, comme un collègue, nous repoussions sa familiarité par un excès de politesse, en lui donnant un siège qui n'était pas le nôtre. »

Une autre idée l'anime.

Dès son arrivée d'Allemagne, Bonaparte s'est mis au travail afin de préparer l'expédition contre l'Angleterre dont il doit prendre le commandement. Sans enthousiasme il donne les ordres nécessaires pour rassembler les flottes à Brest.

Il l'explique à son compagnon de Brienne :

— Bourrienne, tout s'use ici, je n'ai déjà plus de gloire, cette petite Europe n'en fournit pas assez. Il faut aller en Orient : toutes les grandes gloires viennent de là. Cependant, je veux auparavant faire une tournée sur les côtes, pour m'assurer, par moi-même, de ce que l'on peut entreprendre. Je vous emmènerai, vous, Lannes et Sulkowsky. Si la réussite d'une descente en Angleterre me paraît douteuse, comme je le crains, l'armée d'Angleterre deviendra l'armée d'Orient, et je vais en Egypte.

L'Egypte ! Le nom est lancé. Le Proconsulat italien s'éloignait — et le pouvoir personnel, cette véritable royauté qu'il avait exercée, lui manquait. Seul l'Orient, à défaut de la France, pouvait lui apporter ce qu'il avait perdu. Déjà, le 18 août, six mois auparavant, il avait écrit au Directoire :

« Les temps ne sont pas éloignés où nous sentirons que, pour détruire véritablement l'Angleterre, il faut nous emparer de l'Egypte. Le vaste empire ottoman, qui périt tous les jours, nous met dans l'obligation de penser de bonne heure à prendre des moyens pour conserver notre commerce du Levant. »

Durant ses longues promenades avec Bourrienne ou avec Monge, dans le parc de Passeriano, il avait, à plusieurs reprises, déclaré :

— L'Europe est une taupinière ; il n'y a jamais eu de grands empires et de grandes révolutions qu'en Orient, où vivent six cent millions d'hommes.

Il était allé plus avant dans sa pensée et, dans une lettre en date du 13 septembre, avait de nouveau parlé de l'Egypte à Talleyrand : « L'on pourrait partir d'ici avec vingt-cinq mille hommes, escortés par huit ou dix bâtiments de ligne ou frégates vénitiennes, et s'en emparer. L'Egypte n'appartient pas au Grand Seigneur. » Il avait même ajouté : « Je désirerais, Citoyen Ministre, que vous prissiez à Paris, quelques renseignements pour me faire connaître quelle réaction aurait sur la Porte, notre expédition d'Egypte. »

Dès son retour, en voyant l'état de la France et du

gouvernement de l'an IV, il avait vite compris qu'il fallait choisir « entre cette hasardeuse entreprise ou sa perte ». L'Egypte, ainsi que le dira son confident Bourrienne, lui paraissait « propre à entretenir sa renommée et à rehausser encore l'éclat de son nom... »

Cependant, avant de convaincre le Directoire que, pour abattre Albion-la-Perfide, il valait mieux faire flotter le drapeau français en haut des minarets du Caire que sur la Tour de Londres, il fallait faire semblant d'inspecter l'armée destinée à envahir l'Angleterre. Aussi, le 8 février 1798 — avec Lannes, Bourrienne et Sulkowsky — il monte en voiture. Son voyage sera plus sérieux qu'on l'a affirmé. Il visite Etaples, Ambleteuse, Boulogne, Calais, Dunkerque, Furnes, Newport, Ostende, Anvers et l'île Walcheren. Partout il interroge, nous dit Bourrienne, « avec cette patience, cette présence d'esprit, ce savoir, ce tact, cette perspicacité qu'il possédait à un si haut degré », matelots, caboteurs, pêcheurs et jusqu'aux contrebandiers. « Il fait des objections et écoute attentivement les réponses. »

— Eh bien, général ! lui demande Bourrienne sur le chemin du retour, que pensez-vous de votre voyage ? Etes-vous content ? Pour moi, je vous avoue que je n'ai pas trouvé de grandes ressources et de grandes espérances dans tout ce que j'ai vu et entendu.

Bonaparte secoue la tête :

— C'est un coup de dés trop chanceux, je ne le hasarderai pas. Je ne veux pas jouer ainsi le sort de cette belle France.

Après être passé par Bruxelles, il regagne Paris le 17 février — et non le 18 ou le 20 comme on l'a dit. Trois jours plus tôt, Talleyrand, à la demande de Bonaparte, a remis au Directoire un rapport conseillant une expédition française vers l'Egypte.

L'Egypte était bien déchue de ses splendeurs d'antan. Au VIIe siècle, l'invasion arabe avait submergé la vieille terre des Pharaons et mis en servitude les coptes descendants des anciens égyptiens. Au XIIIe siècle, un sultan avait commis l'imprudence d'introduire en Egypte douze mille esclaves géorgiens, arméniens ou circassiens. Juste retour des choses, ces *hommes achetés,* autrement dits des mamelouks, étaient à leur tour devenus les maîtres et la vallée du Nil avait retrouvé quelque peu sa magnificence. Puis était venue l'inévitable décadence et, au début du XVIe siècle, la Sublime Porte, autrement dit la Turquie, avait conquis l'Egypte et la Syrie sur les Mameluks mais en leur laissant, toutefois, une partie de leur autorité. Aussi leurs chefs, au nombre de vingt-quatre, continuaient-ils à gérer les provinces avec le titre de bey. Leur gouvernement — ou *diwan* — était présidé par un gouverneur turc, dit le pacha à neuf queues, représentant le sultan de Constantinople. Cependant, depuis bientôt un demi-siècle, l'autorité de la Porte, tombée en quenouille, consistait simplement à voir son représentant accueilli en grande pompe au Caire et, pratiquement, les Mameluks — dix à douze mille hommes — se trouvaient les seuls maîtres du pays. Assurément, il y avait une carte à jouer en affirmant que l'on venait, non en conquérant, mais en qualité d'ami du Sultan, pour libérer la population indigène du joug des Mameluks.

Cette opération se présentait comme une folie. Mais Bonaparte n'était point fou...

— Je mesurais mes rêveries au compas de mon raisonnement, dira-t-il.

Quels arguments pouvait-il employer pour défendre son projet ? D'abord les entraves que les beys mameluks — puisque Constantinople et Paris s'entendaient fort bien — apportaient avec un malin plaisir au commerce français. La vie des négociants français installés en Egypte se trouvait, en effet, de plus en plus précaire. Ensuite, l'annexion éventuelle de l'Egypte permettrait de contrôler les routes conduisant vers l'Arabie et les Indes, et remplacerait les colonies perdues sous le règne de Louis XV. Sans aucun doute, si la France ne s'emparait pas de l'Egypte, une autre puissance européenne — autrement dit l'Angleterre — le ferait. Ainsi que l'avait déjà déclaré le comte de Choiseul-Gouffier : « L'Egypte est à notre porte, l'Egypte n'est plus aux Turcs; le pacha n'y est rien ; elle n'appartient à personne. »

Vouloir atteindre l'Angleterre dans son empire des Indes était alors une idée en avance sur son temps. « Cependant, écrit Talleyrand, la fougue de son imagination et sa loquacité naturelle l'emportant hors de toute prudence, il parlait quelquefois de revenir en Europe par Constantinople, ce qui n'était pas trop le chemin de l'Inde. Et il ne fallait pas une grande pénétration pour deviner que, s'il arrivait à Constantinople en vainqueur, ce ne serait pas pour laisser substituer à l'empire ottoman une république une et indivisible ».

Il y eut tout d'abord de la part du Directoire quelques timides observations. L'extravagance du projet fit sursauter certains, et Bonaparte parla, une fois de plus, de rentrer dans la vie privée :

— Avancez, général ! lança alors Rewbell, voulant le prendre au mot. Voici une plume. Le Directoire attend votre lettre.

« François de Neufchâteau et moi-même, affirme Barras, nous mîmes le holà. Bonaparte ne signa nullement sa démission... »

Napoléon réussit d'abord à intéresser le pape des « Théophilanthropes », le Directeur La Révellière-Lépeaux, médiocre « illuminé », qui se posait en rival du pontife de Rome et souhaitait faire de Bonaparte un adepte de sa « religion ». Peut-être souhaitait-il aussi, grâce à l'appui du général victorieux, que le culte nouveau soit propagé en Afrique et en Asie ?

Les autres Directeurs qui considéraient le projet comme une idée absurde, ne virent qu'une chose : « éloigner le sabre ». Rien de plus dangereux « qu'un héros en chômage », ainsi que le dira Christopher Herold ! Bonaparte, expédié, à sa demande, à des milliers de kilomètres de la France, sa popularité n'empêcherait plus le gouvernement de dormir. Et si les Autrichiens reprenaient les armes ? Qu'importe ! Il fallait tout faire pour écarter le spectre de la dictature militaire ! Et le 5 mars — deuxième anniversaire du départ de Bonaparte pour l'Italie — le nouveau général en chef de l'armée d'Egypte recevait « tous pouvoirs pour réunir trente mille hommes à Toulon, y rassembler une escadre pour le transport et la sûreté de l'expédition ». Mais la destination de l'entreprise devait demeurer secrète. Bonaparte obtenait ainsi carte blanche pour organiser ce que les gens sensés appelaient son suicide : entraîner la meilleure armée française au bout du monde pour nuire à l'Angleterre... dont on voyait les côtes par temps clair, du haut des falaises françaises ! Comme le dit avec raison Bourrienne : « Une victoire sur l'Adige aurait mieux valu qu'une victoire sur le Nil. »

« La terre lui brûle les pieds », ainsi que le rapportera l'un des Directeurs, et Napoléon se jette dans les préparatifs de l'expédition avec passion. Lorsqu'on lit les ordres que Bonaparte va envoyer dans toutes les directions, on demeure pantois. Les moindres détails sont prévus, jusqu'au nombre de paires de bas que chaque homme devra emporter...

Le 26 mars, il écrit au ministre de l'Intérieur : « Je vous prie, en conséquence, de vouloir bien donner l'ordre aux citoyens, dont la liste est ci-jointe, de se tenir prêts à partir au premier ordre qu'ils recevront... » Les « citoyens » ainsi cavalièrement désignés n'étaient point des militaires, mais des savants, égyptologues, astronomes, géomètres, naturalistes, minéralogistes. Le plus célèbre d'entre eux était Monge, à qui, l'un des premiers, Bonaparte avait confié ses projets en le priant de lui procurer des caractères typographiques arabes. La mission accomplie, Bonaparte lui demanda de lui trouver des interprètes. Monge obéit. Mais, lorsque le général lui fit part de son désir de le prendre avec lui, le savant refusa : il avait cinquante-deux ans et jamais sa femme ne l'autoriserait à partir. Bonaparte n'insista pas et alla rendre visite à Mme Monge. La domestique qui lui ouvrit la porte prit ce gringalet pour un élève du professeur. L'erreur dissipée, le général attaqua Mme Monge qui, bien à contrecœur, finit par s'incliner.

Le chimiste et médecin Claude-Louis Berthollet accepta lui aussi de courir l'aventure. En Egypte, non seulement il rendra par sa science d'immenses services à l'expédition, mais ses études sur les grands lacs lui permettront d'établir les lois des combinaisons qui conserveront son nom.

Brusquement, entre deux ordres lancés vers Toulon, Brest ou Gênes, Bonaparte apprend par Louise Compoint, femme de chambre que Joséphine a congédiée, la randonnée amoureuse de son épouse et d'Hippolyte Charles de Paris à Milan pour venir le retrouver un an et demi auparavant. « Je me serais bien passé de cette confidence », avouera-t-il plus tard. Lorsque son époux lui parle de ce qu'il vient d'apprendre, Joséphine nie, bien sûr. Plus tard, il dira :

— On ne doit jamais s'emporter avec les femmes : c'est en silence qu'il faut les entendre déraisonner.

Mais, aujourd'hui, il harcèle Joséphine :

— Dis la vérité, il n'y a pas grand mal à cela et puis on peut coucher dans la même auberge, faire route ensemble sans...

— Non, ce n'est pas vrai !

Mais, le 21 mars 1798, Joseph à son tour ouvre les yeux de son frère. Tout ce que lui a dit Louise est exact. Bien plus : Joséphine continue à le tromper et voit Charles presque chaque jour... Bonaparte entre en ouragan dans le boudoir de sa femme :

— Connais-tu le citoyen Bodin où loge le capitaine Charles ?

Elle connaît fort bien la compagnie de fournitures militaires Bodin, mais n'en affirme pas moins à son mari — avec un merveilleux aplomb féminin — que la jalousie l'égare. Bonaparte lui révèle alors qu'il sait parfaitement que sa femme se rend tous les jours au 100 de la rue Saint-Honoré où Bodin leur a prêté sa garçonnière. Son mari est bien renseigné, aussi la créole prend-elle le parti d'éclater en sanglots :

— Je suis la plus infortunée des femmes et la plus malheureuse !

Pour soulager son cœur meurtri, elle écrit à son amant et associe dans la même « haine » — elle emploiera le mot — son mari et son beau-frère : « Je les *abhorre*... Qu'ai-je donc fait à ces monstres ? Mais ils auront beau faire, je ne serai jamais la victime de leurs atrocités. »

« Qu'ai-je donc fait à ces monstres » ? Elle donne elle-même la réponse dans la suite de sa lettre : « Dis, je t'en prie, à Bodin qu'il dise qu'il ne me connaît pas ; que ce n'est pas par moi qu'il a eu le marché de l'armée d'Italie ; qu'il dise au portier du n° 100 que lorsqu'on lui demandera si Bodin y demeure, il dise qu'il ne le connaît pas. » Elle soupire et s'accroche à l'amour de son cher hussard : « Ah ! ils ont beau me tourmenter, ils ne me détacheront jamais de mon Hippolyte ; mon dernier soupir sera pour lui. »

Joséphine, le premier instant passé, sent tout ce qu'elle perdrait à n'être plus « la citoyenne Bonaparte », aussi parvient-elle à convaincre son mari qu'il a été trompé par Louise et par Joseph. Tout cela n'est qu'une affreuse calomnie ! Napoléon s'apaise, s'excuserait presque ! Charles n'est pas le moins du monde inquiété et la compagnie Bodin poursuit son trafic. Comment la maîtresse d'Hippolyte est-elle parvenue à ses fins ? Sans doute en demandant à son mari de partir avec lui pour l'Egypte. D'ici le départ — l'avenir le prouvera — elle trouvera bien le moyen de rester en France et de reprendre avec son beau hussard son duo interrompu par les « atrocités » de « ces monstres »... Mais la tragédie ne s'en est pas moins installée rue de la Victoire. « Ma belle-sœur, dira Pauline, a failli en mourir de chagrin ; moi, j'ai consolé mon frère qui était bien malheureux. » C'est assurément en pensant à ces heures pénibles qu'il dira :

— Le mariage ne dérive point de la nature.

Il se console en se jetant avec fièvre dans ses préparatifs.

— Mon général, demande Bourrienne à Bonaparte, combien d'années voulez-vous rester en Egypte ?

— Peu de mois, ou six ans, tout dépend des événements. Je coloniserai ce pays, je ferai venir des artistes, des ouvriers de tout genre, des femmes, des acteurs... Nous n'avons que vingt-neuf ans, nous en aurons trente-cinq, ce n'est pas un âge. Ces six ans me suffisent, si tout me réussit, pour aller dans l'Inde.

A la randonnée vers l'Inde, qui paraît alors être une autre planète, Bourrienne eût préféré voir son ancien camarade de Brienne prendre le pouvoir dans son pays — et Bonaparte répond encore :

— J'ai tout tenté. Ils ne veulent pas de moi. Il faudrait les renverser et me faire roi ; mais il n'y faut pas penser encore, les nobles n'y consentiraient jamais. J'ai sondé le terrain, le temps n'est pas venu : je serais seul. Je veux éblouir encore ces gens-là.

Avant de partir pour Toulon, il joue de nouveau au souverain. Entraînant dans une promenade en voiture son aide de camp Lavalette, il lui déclare :

— Je ne peux vous faire chef d'escadron, il faut donc que je vous marie : je veux vous faire épouser Emilie de Beauharnais, elle est très belle et bien élevée. La connaissez-vous ?

L'aide de camp a déjà vu deux fois cette cousine de Joséphine.

— Mais, mon général, s'exclame-t-il, je suis sans fortune et nous allons en Afrique, et je pourrai bien y être tué ; que deviendra la pauvre veuve ? Je n'ai d'ailleurs pas de goût pour le mariage !

— Il faut se marier pour avoir des enfants, c'est le grand but de la vie. Etre tué, cela est possible, alors elle sera la veuve d'un de mes aides de camp, d'un défenseur de la patrie ; elle aura une pension et pourra s'établir avantageusement... Causez ce soir avec Madame Bonaparte : la mère a donné son consentement, dans huit jours la noce, et je vous donnerai quinze jours de bon temps. Vous viendrez me rejoindre à Toulon.

Lavalette ne peut s'empêcher de rire :

— Enfin, je ferai tout ce que vous voudrez. Mais la jeune personne voudra-t-elle de moi ? Je ne veux pas la contraindre...

— C'est une enfant qui s'ennuie à la pension...

Allons, c'est une affaire arrangée. Dites au cocher de retourner à la maison.

« La jeune personne » — future héroïne de l'amour conjugal — ne fut guère enthousiasmée en voyant son fiancé — Lavalette était assez disgracié par la nature — mais il n'était déjà point question de discuter les ordres de Bonaparte !

***

Le 9 mai 1798, devant la garde qui veille à l'entrée de Toulon s'arrête un cavalier qui ordonne d'ouvrir les portes :

— Je suis le général en chef Bonaparte !

A Toulon l'attendent l'armée, la flotte, les savants, et une partie du futur empire : Louis, Eugène, Murat, les généraux Berthier, Davout, Lannes, Marmont, Duroc, Bessières. Il y a aussi Kléber et Desaix qui disparaîtront tous deux en 1800.

La flotte achève son rassemblement. En mer, l'armada couvrira huit à dix kilomètres carrés. Lorsque les convois venus de Gênes, de Civita-Vecchia et d'Ajaccio auront rejoint Toulon, les forces d'invasion réuniront quatre cents vaisseaux, frégates, bricks, avisos, transports ayant à leur bord cinquante cinq mille hommes, mille vingt-six canons, mille pièces d'artillerie de campagne, quatre cent soixante-sept véhicules, mille chevaux — sans parler de nombreuses femmes embarquées, outre les cantinières, plus ou moins clandestinement. Un témoin, qui verra la flotte mouiller devant Alexandrie prétendra que, « saisi d'une frayeur inimaginable », il ne voyait plus la mer « mais seulement des vaisseaux et le ciel ».

Faire traverser à une telle concentration la Méditerranée sur presque toute sa longueur, était une opération dangereuse. Si l'escadre anglaise de Nelson, déjà alertée, rencontrait la flotte de Bonaparte, l'expédition risquait d'être anéantie ou, du moins, si diminuée, que plans et projets pouvaient s'effondrer. Pourrait-on même combattre avec ces bateaux surchargés de terriens ?

— De quelle manière se fera le branle-bas en cas d'attaque ? demande Bonaparte à l'amiral Brueys.

— Si cette circonstance arrivait, général, je donnerai des ordres pour que tout le monde jette ses malles à la mer.

Dès son arrivée, Bonaparte a harangué ses troupes :

— Officiers et soldats, il y a deux ans que je vins vous commander. A cette époque, vous étiez dans la rivière de Gênes, dans la plus grande misère, manquant de tout, ayant sacrifié jusqu'à vos montres pour votre subsistance : je vous promis de faire cesser vos misères, je vous conduisis en Italie. Là, tout vous fut accordé... Ne vous ai-je pas tenu parole ?

Une grande clameur lui répond.

— Eh bien, poursuit Bonaparte, je vais actuellement vous mener dans un pays où, par vos exploits futurs, vous surpasserez ceux qui étonnent aujourd'hui vos admirateurs et rendrez à la patrie des services qu'elle a le droit d'attendre d'une armée invincible. Je promets à chaque soldat qu'au retour de cette expédition il aura à sa disposition de quoi acheter six arpents de terre.

— Vive la République immortelle ! crient d'une seule voix cinquante mille hommes.

Durant une semaine, le général en chef ronge son frein : les vents sont forts et contraires. Joséphine met à profit ce retard pour invoquer des raisons de santé qui l'obligent à se rendre aux eaux. Une fois de plus, Bonaparte cède ; il l'enverra chercher plus tard... Une promesse qui, au grand contentement de la créole, ne se réalisera pas.

Le 19 mai, il gravit les trente-deux échelons conduisant au pont de l'*Orient* et peut écrire au Directoire : « Il est sept heures du matin. L'escadre légère est sortie, le convoi défile et nous levons l'ancre avec un très beau temps. »

Après avoir reçu cette nouvelle, Barras notera, soulagé :

— Il est enfin parti. Le sabre s'éloigne...

Aussi peu croyable que cela puisse paraître, rares sont ceux parmi les compagnons de Bonaparte qui connaissent le but réel du voyage. Certains pensent à la Sicile ou à Naples. Seuls, les plus aventureux envisagent une expédition vers le Levant. Cependant, pour l'instant, la plupart des passagers, en proie au mal de mer, entassés, mangeant mal, regrettent la terre et oublient leurs maux en se moquant des six arpents promis par le général en chef...

Lui aussi est incommodé par le roulis. Il passe le plus clair de son temps dans sa cabine. Bourrienne lui fait la lecture. Dès qu'il apprend qu'un bâtiment neutre a été arraisonné, il interroge le capitaine — ici un Suédois commandant la *Marie-Sophie* — et les questions pleuvent :

— Quand êtes-vous parti de Londres ?

— Où avez-vous relâché ?

— Combien de temps ?

— Depuis quand avez-vous quitté cette ville ?

— Avez-vous vu dans la Manche une escadre anglaise ?

— Avez-vous vu quelques bâtiments dans votre passage de la Manche au détroit ?

— Depuis quand et quel jour êtes-vous passé devant Gibraltar ?

— Avez-vous entendu parler d'une escadre anglaise dans la Méditerranée ?

— Avez-vous vu des vaisseaux portugais ?

— Avez-vous vu l'escadre anglaise ? Où ? Combien de voiles ?

Lorsque le temps le permet, il monte sur le pont. Un soir, tandis que le soleil se couche, il se promène sur la dunette avec Bourrienne. Ce dernier est tout agité : il croit voir le sommet des Alpes. Bonaparte se moque de lui et appelle l'amiral Brueys. Celui-ci prend sa lorgnette et confirme les dires de Bourrienne. « Les Alpes ! A ce mot-là, rapportera le secrétaire, je crois voir encore Bonaparte ; je le vois longtemps immobile et, sortant tout à coup de son extase :

— Je ne puis voir sans émotion la terre de l'Italie ! Ces monts dominent les plaines où j'ai eu le bonheur de conduire tant de fois les Français à la Victoire. Avec eux, nous vaincrons encore ! »

Au début, les compagnons de Bonaparte tuent les heures en jouant gros jeu, mais « l'argent de tous se trouve bientôt réuni dans quelques poches pour n'en plus sortir ». Alors l'état-major se rejette dans la lecture, et la bibliothèque dont Arnault a la garde est d'une grande ressource. La collection de romans suffit à peine. Entre le déjeuner et le dîner, les officiers, installés sur un divan qui fait le tour de la pièce, lisent sans lever les yeux. Parfois, Bonaparte apparaît dans la bibliothèque « joutant pour l'ordinaire avec celui-ci et avec celui-là, c'est-à-dire tirant les oreilles de l'un, ébouriffant les cheveux de l'autre, ce qu'il pouvait se permettre sans inconvénient, chacun, à commencer par Berthier, ayant adopté la coiffure héroïque comme on sait ».

Il demande :

— Que tenez-vous là, Bessières ?
— Un roman !
— Et toi, Eugène ?
— Un roman !
— Et vous, Bourrienne ?
— Un roman !

« M. de Bourrienne, racontera Arnault, tenait *Paul et Virginie,* ouvrage que, par parenthèse, il trouvait détestable. Duroc aussi, lisait un roman, ainsi que Berthier qui, sorti par hasard dans ce moment-là de la petite chambre qu'il avait auprès du général en chef, m'avait demandé quelque chose de bien sentimental et s'était endormi sur les passions du jeune Werther. »

— Lectures de femmes de chambre ! s'exclame le général avec humeur.

Puis, se tournant vers Arnault :

— Ne leur donnez que des livres d'Histoire. Des hommes ne doivent pas lire autre chose.

— Pour qui garderons-nous les romans, général, car nous n'avons pas ici de femmes de chambre ?

Bonaparte ne sait que répondre et rentre dans sa cabine.

Le soir, il invite les savants à dîner à sa table avec les chefs de l'armée et son état-major. Il désigne « trois ou quatre personnes pour soutenir une proposition et autant pour la combattre ». Ainsi il connaîtra mieux ses compagnons. « Chose qui ne paraîtra pas singulière à ceux qui ont vécu avec Bonaparte dans son intimité, rapportera Bourrienne ; après ces luttes d'esprit, il donnait la préférence à ceux qui avaient défendu avec habileté une proposition absurde, sur ceux qui s'étaient faits les défenseurs de la raison... Un jour, il demandait si les planètes étaient habitées ; un autre jour, quel était l'âge du monde ; puis, il donnait pour objet de la discussion, la probabilité de la destruction de notre globe, soit par l'eau, soit par le feu ; enfin la vérité ou la fausseté des pressentiments et l'interprétation des rêves. »

C'est là ce qu'il appellera son *Institut*. « Quelques incidents bouffons, racontera encore Arnault, avaient tempéré parfois le sérieux de ces séances, qui n'étaient pas du goût de tout le monde, et auxquelles le général en chef avait presque exigé que tout le monde assistât. Ils provenaient presque tous de Junot à qui le général passait beaucoup de choses, et qui s'en permettait beaucoup. »

Un jour, Junot feint de s'endormir, ou s'endort peut-être...

— Qui est-ce qui ronfle ici ? demande le général.

— C'est Junot ! répond Lannes.

— Réveillez-le !

On réveille Junot qui, un moment plus tard, ronfle de plus belle.

— Réveillez-le donc, vous dis-je !

Junot ouvre un œil.

— Qu'as-tu donc à ronfler ainsi ? demande Bonaparte.

— Général c'est votre sacré fichu Institut qui endort tout le monde, excepté vous.

— Va dormir dans ton lit !

— C'est ce que je demande, s'exclame en se levant l'aide de camp.

Prenant cela pour un congé définitif, Junot se crut dès lors autorisé à ne plus assister aux séances de l'Institut d'Egypte.

Le 9 juin, après trois semaines de mer, l'*Orient* et l'escadre française arrivent devant le port de La Valette. « Jamais, racontera un témoin, Malte n'avait vu dans ses eaux une flotte aussi nombreuse. La mer était au loin couverte de bâtiments de toutes grandeurs, dont les mâts ressemblaient à une immense forêt. » Aussitôt l'ancre jetée, Bonaparte envoie Desaix à Ferdinand Hompesh, Grand Maître de l'Ordre, pour lui demander de « permettre à l'escadre de faire de l'eau ». La réponse du Grand Maître est loin d'être satisfaisante : il n'accorde la permission de débarquer qu'à quatre bâtiments à la fois. La nuit suivante, le consul de France à Malte — le citoyen Caruson — appelé à bord du vaisseau amiral, écrit à Hompesh : « Quel temps ne faudrait-il pas à cinq ou six cents voiles pour se procurer de cette manière, l'eau et d'autres choses dont elles ont un pressant besoin ? Le général Bonaparte est résolu à se procurer de force ce qu'on aurait dû lui accorder, en suivant les principes de l'hospitalité... »

Les chevaliers de Malte peuvent-ils résister ? Ils sont trois cent trente-deux — dont deux cents Français — et les dix à douze mille hommes de la garnison maltaise n'ont aucune allure guerrière. L'artillerie — un millier de canons — est inutilisée depuis un siècle, cependant Hompesh hésite. Bonaparte n'est pas d'humeur à attendre sous l'orme. Et l'ordre est donné d'attaquer les premières défenses de La Valette. Une résistance de ces vieux débris du Moyen Age chrétien — même de quelques jours — eût certes fort ennuyé Bonaparte qui s'attendait toujours à voir apparaître les voiles de Nelson. Fort heureusement, la peur fait perdre la tête au Grand Maître et il prend le parti de capituler. Malte est cédé à la France moyennant l'octroi de pensions au Grand Maître et aux Chevaliers.

« L'armée est prévenue que l'ennemi s'est rendu, déclare Bonaparte ; l'étendard de la liberté flotte sur les forts de Malte. »

Il peut se féliciter. En examinant les fortifications

ceinturant le port et la ville, le chef du génie, le général Caffarelli, lui déclare :

— Il est fort heureux qu'il se soit trouvé des gens dans la place pour nous en ouvrir les portes ; car, si elle eût été déserte, tous les efforts de l'armée n'auraient pu lui en procurer l'entrée.

Durant la semaine où il restera à Malte, Bonaparte, « avec l'impétuosité d'un cyclone » — l'expression est de Herold — dicte cent soixante-huit rapports. Il organise, légifère, s'occupe de l'aménagement des hôpitaux, de la religion, de la garde nationale, des impôts, de la poste, du costume, de la justice, des pensions. Il réquisitionne de l'argent, des armes, des vaisseaux, des frégates, des galères de l'Ordre et renvoie vers le continent les chevaliers — sauf trente-quatre qui s'engagent dans l'armée d'Egypte. Les expulsés ont seulement le droit d'emporter avec eux deux cent quarante francs pour leurs frais de voyage.

Le 17 juin, l'avant-veille de son départ, il peut écrire au Directoire : « Quoi qu'il en soit, nous avons, dans le centre de la Méditerranée, la place la plus forte de l'Europe, et il en coûtera cher à ceux qui nous délogeront. »

Le 19 juin, Bonaparte quitte Malte. Nelson court toujours après lui sans le joindre. Dans la nuit du 22 au 23, les vaisseaux de l'amiral anglais, marchant deux fois plus vite que ceux de Bonaparte, passent sans s'en apercevoir à quelques milles de distance des Français. Le 25, la flotte d'invasion est en vue de la Crète — ce qui fournit au général en chef un nouveau thème de discussion : « les fables ingénieuses de la Mythologie et la décadence de l'empire d'Orient ». Le 29 juin, Nelson, avec quatorze vaisseaux, entre dans le port d'Alexandrie. Point de flotte française ! Ulcéré, les nerfs à bout, il repart vers la Sicile.

Il en reviendra.

Deux jours plus tard, à la pointe du jour, Bonaparte a devant lui la côte de l'Egypte. Alexandre et César avaient connu avant lui ce même spectacle. La vue de ce pays plat et brûlé par le soleil fait naître parmi la troupe la plaisanterie bientôt classique :

— Regarde ! voilà les six arpents de terre qu'on t'a décrétés !

Sur chaque unité de l'armada, on lit la proclamation écrite par le général : « Soldats ! Vous allez entreprendre une conquête, dont les effets sur la civilisation et le commerce du monde, sont incalculables. Vous porterez à l'Angleterre le coup le plus sûr et le plus sensible, en attendant que vous puissiez lui donner le coup de mort... »

Bonaparte recommande ensuite aux athées républicains, à ceux qui, il n'y a guère longtemps, acclamaient la déesse Raison, d'avoir des égards — et même du respect — pour les Croyants : « Les peuples avec lesquels nous allons vivre sont mahométans ; leur premier article est celui-ci : *Il n'y a pas d'autre Dieu que Dieu et Mahomet est son prophète.* Ne les contredisez pas ; agissez avec eux comme nous avons agi avec les Juifs, avec les Italiens ; ayez des égards pour leurs muphtis et leurs imans, comme vous en avez eu pour les rabbins et les évêques ; ayez pour les cérémonies que prescrit l'alcoran, pour les mosquées, la même tolérance que vous avez eue pour les couvents, les synagogues, pour la religion de Moïse et celle de Jésus-Christ... »

Il y a deux ans, il montrait à ses soldats en guenilles les riches plaines d'Italie où ils allaient pouvoir se livrer au pillage. Aujourd'hui, il l'interdit :

« Le pillage n'enrichit qu'un petit nombre d'hommes, il nous déshonore, il détruit nos ressources, il nous rend ennemis des peuples qu'il est de notre intérêt d'avoir pour amis. La première ville que nous allons rencontrer a été bâtie par Alexandre : nous trouverons à chaque pas de grands souvenirs, dignes d'exciter l'émulation des Français. »

La nouvelle de la prise de Malte a créé fermentation et inquiétude à Alexandrie. Aussi les Mameluks ou, pour être plus précis, les deux principaux beys — Mourad, chef de l'armée, et Ibrahim, chef de l'administration — ont-ils fait trompetter le branle-bas de combat à travers la province de Bahyreh.

Le débarquement se présente mal. Le vent est grand, frais, et la mer extrêmement houleuse. L'amiral Brueys veut attendre douze heures. Et si Nelson revenait ?

— Amiral, s'exclame Bonaparte, impatienté, nous n'avons pas de temps à perdre, la fortune ne me donne que trois jours, si je n'en profite pas, nous sommes perdus !

Les divisions commandées par Berthier, Menou et Bon commencent à débarquer. Les hommes doivent « se laisser glisser le long du vaisseau avec une corde et y rester suspendus jusqu'à ce que la vague remontât la chaloupe qu'elle venait de faire descendre ». Une nuit entière est nécessaire pour atteindre le rivage, nombreuses sont les embarcations qui chavirent sur les récifs. Le mal de mer se met de la partie et les noyades sont assurément plus nombreuses que ne l'affirmera Bonaparte.

A son tour, à une heure du matin, le 2 juillet — 14 messidor, an VI — Napoléon prend pied sur la terre égyptienne, non loin de la plage du Marabout. A trois heures du matin, il passe en revue cinq mille hommes.

Leur moral est exécrable.

Toute l'armée est même « en insurrection », précisera Bonaparte. Pas plus le ravitaillement que le

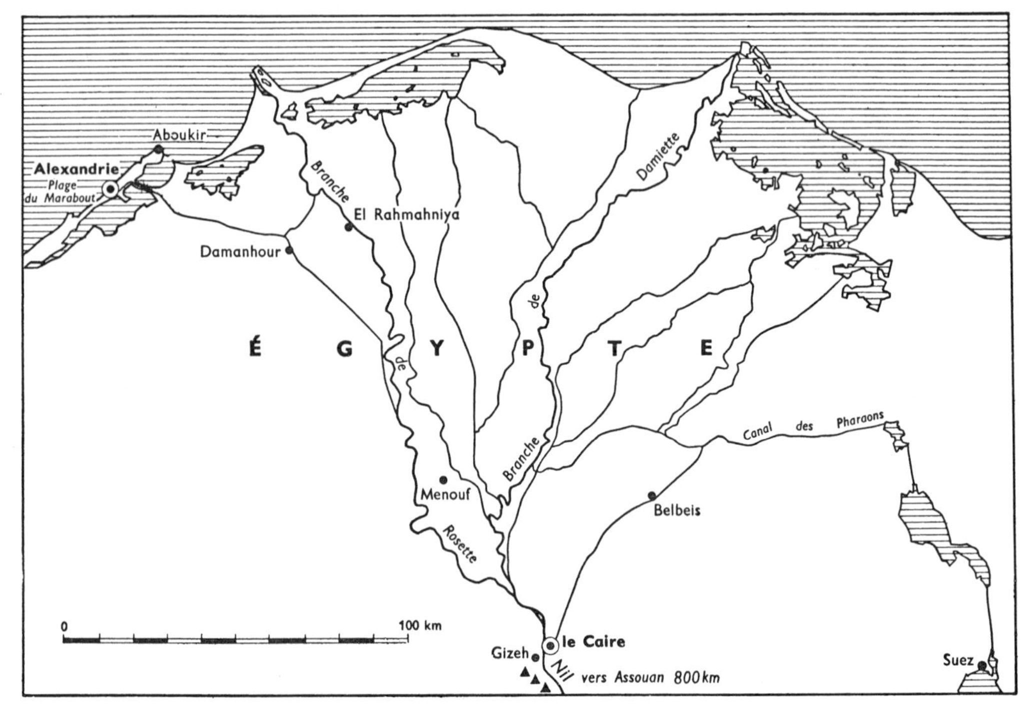
Aboukir
Alexandrie
Plage du Marabout
Damanhour
Branche de Rosette
El Rahmahniya
Menouf
ÉGYPTE
Branche de Damiette
Canal des Pharaons
Belbeis
le Caire
Gizeh
Nil
vers Assouan 800 km
Suez
0
100 km

matériel, pas plus les chevaux que l'artillerie n'ont été débarqués. Les puits sont vides... Pas une goutte d'eau à trouver. « Entre nous, écrira le lieutenant Thurman à sa famille, je puis vous assurer que la soif de nos soldats fut le premier mobile de la prise d'Alexandrie. Au point où l'armée en était, il fallait trouver de l'eau ou périr. »

Et l'on se met en marche vers la ville. Des cavaliers bédouins tourbillonnent sur les côtés et sur les arrières de la colonne. Les traînards — parmi lesquels se trouvent plusieurs femmes — sont faits prisonniers. « Lorsque les captifs furent restitués quelques jours plus tard, le récit qu'ils firent se propagea dans l'armée entière et supprima toute envie de rester à la traîne lors des marches qui suivirent. Les prisonniers mâles, par leur peau blanche et douce, avaient provoqué l'admiration de leurs ravisseurs, décharnés mais vigoureux, qui les avaient abondamment violés ; les femmes, elles, avaient seulement été battues. Les goûts des personnes qui se nourrissent toute l'année de lait de chameau sont imprévisibles... (1) »

A la pointe du jour, l'avant-garde arrive devant Alexandrie. Bonaparte ne pense plus à la soif : il vient de voir se dresser dans la claire lumière de l'aube, la fière colonne de granit rouge de Pompée. Il court vers elle et escalade le socle. Il regarde les deux obélisques de Cléopâtre et les remparts arabes d'où émergent les minarets et les coupoles.

L'Orient de ses rêves est devant lui...

Des murailles, on commence à parlementer avec les défenseurs assez mal armés. « Tout à coup, racontera le lieutenant Desvernois, éclatent des hurlements effroyables d'hommes, de femmes et d'enfants et une décharge d'artillerie nous fait connaître les intentions des Arabes. Bonaparte fait alors sonner la charge et

(1) Ch. Herold. *Bonaparte en Egypte*, (Plon).

les hurlements redoublent. A onze heures du matin, cheiks et ulémas livrent la ville. Dès son arrivée, « Bonaparte, membre de l'Institut national, général en chef », lance aux Egyptiens une solennelle proclamation dans laquelle il précise fort habilement :

« Peuples de l'Egypte, on vous dira que je viens détruire votre religion ; ne le croyez pas ! Répondez que je viens vous restituer vos droits, punir les usurpateurs et que je respecte, plus que les Mameluks, Dieu, son prophète et l'Alcoran... Dites-leur que tous les hommes sont égaux devant Dieu ; la sagesse, les talents et la vertu mettent seuls de la différence entre eux. Or, quelle sagesse, quels talents, quelles vertus distinguent les Mameluks, pour qu'ils aient exclusivement tout ce qui rend la vie aimable et douce ? Y a-t-il une belle terre ? Elle appartient aux Mameluks. Y a-t-il une belle esclave, un beau cheval, une belle maison ? Cela appartient aux Mameluks. Si l'Egypte est leur ferme, qu'ils montrent le bail que Dieu leur en a fait. Mais Dieu est juste et miséricordieux pour le peuple... »

Napoléon le reconnaîtra plus tard avec franchise : il s'agissait là d'une forme de démagogie qu'il appellera de nouveau du « charlatanisme ». Et il s'exclamera :

— Il faut être charlatan ! Ce n'est que comme cela qu'on réussit.

Il lui faut l'être, assurément, pour enjoliver la première — et détestable — impression. La chaleur est épouvantable et la poussière qui flotte dans l'air, desséchant gorge et poitrine, se trouve si dense que l'on « voit à peine le disque du soleil ». Le ravitaillement est inexistant, aussi Bonaparte, le 5 juillet, fait-il venir plusieurs cheiks. Après un interminable marchandage, il est décidé, contre paiement en espèces, que les Bédouins fourniraient trois cents chevaux et cinq cents chameaux... mais l'accord conclu, rien ne se présente.

Il l'avouera plus tard, « il n'en revient pas d'étonnement » en voyant la médiocrité du port d'Alexandrie.

— Six flûtes ne pouvaient pas y entrer ; je croyais pouvoir y mettre ma flotte en sûreté !

Il demeure là jusqu'au 7, ignorant encore le drame qui se joue sur la route du désert. Le 4 juillet, la division Desaix, envoyée en avant-garde, s'est enfoncée à travers le désert de Bahyreth pour joindre Le Caire par Damanhour, une marche, racontera le soldat François, « dans une campagne de sable, plate, stérile, sans arbres, sans maisons, et par une chaleur insupportable, qui nous oblige à consommer en peu d'heures, le peu d'eau que nous avions pu recueillir... Vers les quatre heures de l'après-midi, halte près de deux puits qu'a fait nettoyer le général Desaix. En cinq minutes, ces puits ont été taris ; des soldats se pressaient pour y descendre en si grand nombre que plusieurs ont été étouffés ; d'autres ont été écrasés par la foule. Plus de trente soldats sont morts autour de ces puits. Plusieurs, ne pouvant avoir de l'eau, se sont suicidés. »

Epouvanté, Desaix prévient Bonaparte : « Si toute l'armée ne passe par le désert avec la rapidité de l'éclair, elle périra ».

Napoléon est bien de cet avis. Il a sans cesse présent à l'esprit l'exemple de Saint Louis qui, devant ce même désert « passa huit mois à prier, alors qu'il eût fallu les passer à marcher, à combattre et à s'établir dans le pays ».

Il faut battre rapidement l'armée des Mameluks ! Après avoir organisé la « base » d'Alexandrie, Bonaparte part à son tour pour Damanhour où l'avant-garde est en train de se refaire. Dans cette bourgade misérable — bien des villages égyptiens d'aujourd'hui étalent un semblable dénuement — les hommes ont pu acheter des galettes plates, non contre des pièces de monnaie mais contre des boutons de leurs uniformes. Les Egyptiens croient dur comme fer que les mameluks vont bientôt rejeter les envahisseurs à la mer. Que se passera-t-il quand les futurs vainqueurs découvriront par la présence des pièces que les marchands ont commercé avec les Français ? En montrant des boutons d'uniformes, les Egyptiens pourront affirmer avoir massacré les Infidèles...

Bonaparte s'installe chez le cheik local dans une maison dont l'intérieur est « dans un délabrement inimaginable ». Le propriétaire possède cependant quelque bien et le général en chef s'étonne.

— Il y a quelques années, explique le cheik, que j'ai fait restaurer ma maison et acheté quelques meubles : on l'a su au Caire, on a exigé de l'argent, parce que ces dépenses prouvaient que j'étais riche. J'ai refusé, on m'a maltraité, il a fallu payer. Depuis ce temps, je me réduis au plus strict nécessaire et je ne répare plus rien.

Le 10 juillet, le quartier général arrive à Rahmahanie'h, sur les bords du Nil. Les soldats se précipitent pour boire l'eau du fleuve et s'y baigner, puis dévorent les pastèques qui poussent dans les champs avoisinants. On devine le résultat : toute l'armée est bientôt atteinte de dysenterie.

Pendant ce temps, Bonaparte « inspecte » le Delta.

— Si j'étais le maître de ce pays, dit-il à Desaix, pas une goutte d'eau du fleuve ne se perdrait dans la mer.

Le 13 juillet, à Chebreïss, pour la première fois, il rencontre les Mameluks de Mourad-Bey. Ces terribles cavaliers sont persuadés qu'ils vont faire de ces soldats français exténués de la « poussière de paille ».

Au moment où va s'engager la bataille, Bonaparte ordonne de former plusieurs carrés au centre desquels se placent l'artillerie et le peu de cavalerie dont il dispose. « Au lever du soleil, raconte un témoin, une musique guerrière retentit tout à coup. Le général en chef avait donné l'ordre de jouer *La Marseillaise,* dont il connaissait bien l'effet sur la troupe. Cet admirable chant excite l'audace des soldats, allume leur patriotisme et leur fait comprendre que l'heure de se plaindre est passée et qu'il faut vaincre. »

La formation en carré intrigue les Mameluks. Avec leurs magnifiques chevaux couverts d'or et d'argent, ils essayent bien de charger, mais, chaque fois, l'artillerie, du centre même de ces fortins vivants, les cloue sur place.

Pendant ce temps sur le Nil, le duel entre canonnières françaises et mameluks se poursuit. Elles échangent quinze cents coups de canon, jusqu'au moment où le principal bateau ennemi saute, envoyant son équipage « en l'air, comme des oiseaux ».

C'est la victoire.

Bonaparte est devenu pour les indigènes, admiratifs et respectueux, « le père du feu »... De nouveau, il insiste sur la protection d'Allah.

— Retourne à la mosquée remercier Dieu de ce qu'il a donné la victoire à la juste cause, déclare-t-il au cheik de Chebreïss.

Le 14 juillet, il passe la nuit à Chadour, puis, dès le lendemain, reprend la route du Caire. Il presse la marche — une marche épuisante sous l'écrasant soleil — tandis que l'on massacre allégrement des villages entiers « afin, nous dit encore le soldat François, de donner un exemple terrible à ce pays demi-sauvage et barbare ».

Le 19, Bonaparte se trouve à Wardan — ou

Ouârdan. Bourrienne qui se tient à quelque distance de son général — il se trompera en situant la scène plus tard — voit Bonaparte parler à Berthier, puis à son aide de camp Julien, et surtout à Junot. Bonaparte est pâle, plus pâle que de coutume. Il y a même, remarquera Bourrienne « quelque chose de convulsif dans la figure, d'égaré dans son regard ». A plusieurs reprises, il se frappe la tête. Soudain, le visage défait par la colère, blême, Bonaparte s'avance vers lui et lui lance, « d'une voix altérée » :

— Vous ne m'êtes point attaché. Les femmes !... Joséphine !... Si vous m'étiez attaché, vous m'auriez informé de tout ce que je viens d'apprendre par Junot : voilà un véritable ami. Joséphine !... Et je suis à six cents lieues... Vous deviez me le dire !... Joséphine !... M'avoir trompé !... Elle !... Malheur à eux ! J'exterminerai cette race de freluquets et de blondins !... Quant à elle ! Le divorce !... Oui, le divorce ! Un divorce public, éclatant !... Il faut que j'écrive... Je sais tout !... C'est votre faute ! Vous deviez me le dire !

Il sait tout, en effet, et il a affreusement mal... Eugène l'écrira à sa mère : « Il a été affecté plus que je ne le croyais de cette conversation. Tous les mots que j'ai entendus (reviennent) à ce que Charles est rentré dans ta voiture jusqu'à trois postes de Paris, que tu l'as vu à Paris, que tu as été aux Italiens avec lui dans les quatrièmes loges, qu'il t'a donné son petit chien, que même il est en ce moment près de toi ; voilà en mots entrecoupés tout ce que j'ai pu entendre. »

Quels que soient les sentiments qui l'animent, Bonaparte doit faire taire son cœur et reprendre la poursuite des Mameluks. Le 20 juillet, il peut annoncer au Directoire : « Nous avons marché pendant huit jours, privés de tout, et dans un des climats les plus brûlants du monde. Au matin, nous aperçûmes les Pyramides. Au soir, nous nous trouvâmes à six lieues du Caire, et j'appris que les vingt-trois beys, avec toutes leurs forces, s'étaient retranchés à Embâbeh, qu'ils avaient garni leurs retranchements avec plus de soixante pièces de canon. »

Un écrasant spectacle s'offre aux yeux éblouis de l'armée, à l'aube du 21 juillet — 3 thermidor an VI — : d'un côté les pyramides, colossaux et majestueux triangles qui scintillent sous le soleil, de l'autre, derrière le Nil et les remparts, les trois cent cinquante minarets du Caire et, coiffant le tout, la citadelle de Saladin. Douze mille fellahs occupent Embâbeh, plusieurs dizaines de milliers de combattants grouillent dans la plaine, tandis que devant le fleuve occupé par les canonnières d'Ibrahim, la longue ligne de six mille Mameluks étincelants qui s'apprêtent à charger. Bonaparte a-t-il alors dit :

— Soldats, du haut de ces Pyramides, quarante siècles vous regardent ?...

En tous les cas, l'armée occupant un front de plusieurs kilomètres, le fameux discours ne fut assurément entendu que par quelques unités ! Les officiers donnent l'ordre : *A vos rangs !* En un instant les hommes sont disposés en carré sur six rangs de profondeur, prêts à soutenir le choc. L'ennemi fonce. Lorsqu'il est à cinquante pas, une grêle de balles et de mitraille l'accueille. Le carnage est affreux. Bientôt, les Mameluks en fuite se jettent dans le Nil L'effroyable boucherie s'achève dans le fleuve. « Le combat, racontera un combattant ennemi — Nicolas le Turc — n'avait pas duré plus de deux heures — mais quelles heures de terreur indescriptible ! Les gens sanglotaient, se frappaient le visage en hurlant : « Malheur à nous ! Nous voici prisonniers des Français ! »

Les quarante siècles peuvent maintenant contempler un extravagant spectacle. Un gigantesque bazar s'établit sur le champ de bataille ; on dépouille, on vend, on troque. « Les uns, nous dit un témoin, se coiffent de turbans, tout sanglants encore ; les autres se drapent fièrement dans des pelisses fourrées de zibeline ou dans des vestes brodées d'or. »

Au Caire — immense cité dont la superficie est plus grande que celle de Paris — c'est la consternation. Mourad et Ibrahim se sont enfuis, tandis que le pacha Abou-Bekr, pâle représentant du sultan de Constantinople, suit leur exemple. Aussi les cheiks arabes et les Ulémas décident-ils de capituler et, le 24 juillet, Bonaparte fait son entrée dans la ville. Il est à cheval, ayant à son côté le général Kléber, splendide soldat aux formes athlétiques, et qui attire bien davantage l'admiration des Arabes que le petit général au teint jaune et à l'allure chétive. Il établit son quartier général dans la maison de Mourad-Bey.

Le Caire le déçoit quelque peu. Que le voilà loin du décor des Mille et Une Nuits qu'il croyait trouver dans la fameuse cité ! « Il est difficile, écrit-il au Directoire, de voir une terre plus fertile — c'est, bien entendu, de l'étroite vallée dont il parle — et un peuple plus misérable, plus ignorant et plus abruti. » Pour lui, les trois cents mille habitants du Caire forment la « plus vilaine populace du monde ».

Il devrait être tout à la joie de sa victoire, mais, à son frère Joseph, il trace ces lignes désabusées : « Je peux être en France dans deux mois, je te recommande mes intérêts. J'ai beaucoup de chagrin domestique, car le voile est entièrement déchiré. Toi seul me restes sur la terre. Ton amitié m'est bien chère. Il ne me reste plus pour devenir misanthrope qu'à la perdre et à te voir me trahir... C'est une triste position que d'avoir à la fois tous les sentiments pour une même personne dans un même cœur... Tu m'entends... Fais en sorte que j'aie une campagne à mon arrivée, soit près de Paris ou en Bourgogne. Je compte y passer l'hiver et m'y enfermer. Je suis ennuyé de la nature humaine. J'ai besoin de solitude et d'isolement. Les grandeurs m'ennuient. Le sentiment est desséché. La gloire est fade. A vingt-neuf ans, j'ai tout épuisé, il ne me reste plus qu'à devenir bien vraiment égoïste. Je compte garder ma maison. Jamais je ne la donnerai à qui que ce soit. Je n'ai plus de quoi vivre. Adieu, mon unique ami, je n'ai jamais été injuste envers toi. Tu me dois cette justice, malgré le désir de mon cœur de l'être !... Tu m'entends ! Embrasse ta femme. »

Ces deux lettres, celle d'Eugène et celle de Bonaparte à son frère — ainsi que tout le courrier de l'armée d'Orient —, seront interceptées par Nelson, expédiées à Londres et, peu élégamment, publiées en anglais et en français, le 24 novembre, par le *Morning Chronicle.*

Pour ne plus penser à l'infidèle, Bonaparte se grise de travail. Il commence par organiser l'Egypte et, ici comme en Italie, les ordres pleuvent... Au général Zajonchek, gouverneur de la province de Menouf : « Vous avez dû recevoir hier les ordres pour l'organisation de votre province. Il faut que vous traitiez les Turcs avec la plus grande sévérité ; tous les jours, ici, je fais couper trois têtes et les promener dans Le Caire, c'est le seul moyen de venir à bout de ces gens-ci. »

Le lendemain, 31 juillet, ce n'est plus trois prisonniers mais « cinq ou six » qu'il donne l'ordre de décapiter, ainsi qu'il le précise au général Menou : « Les Turcs ne peuvent se conduire que par la plus grande sévérité. Tous les jours, je fais couper cinq ou six têtes dans les rues du Caire. Nous avons dû les ménager jusqu'à présent pour détruire cette réputation de terreur qui nous précédait. Aujourd'hui, au contraire, il faut prendre le ton qui convient pour que les peuples obéissent. Et obéir, pour eux, c'est craindre. »

Le 8 août, il quitte Le Caire pour Belbeïs à la poursuite d'Ibrahim-Bey. En chemin, il croise la caravane pour la Mecque ; les pèlerins l'appellent « le roi de France ». Le matin du 14 août, à Belbeïs, au nord du désert du Sinaï, un paysan tend à Lavalette une lettre que lui avait remise un officier français venu d'Alexandrie, et dont le cheval épuisé ne pouvait plus avancer. L'aide de camp pâlit en jetant les yeux sur le billet : c'est la nouvelle du désastre d'Aboukir : toute la flotte française, à l'ancre, surprise par Nelson, a été détruite ou capturée. Bonaparte lut à son tour le billet avant de passer à table...

— Vous savez ce qu'il contient, déclare-t-il à Lavalette, gardez le secret.

Le déjeuner est fort gai. Les troupes viennent d'enlever aux mameluks tout le butin qu'ils avaient pris à une caravane. Bonaparte décide que les soldats pourront vendre les marchandises à leur profit, dès le retour au Caire. Tous les convives ont le sourire lorsque, au milieu du repas, il annonce paisiblement :

— Eh bien, vous vous trouvez bien dans ce pays, cela est heureux car nous n'avons plus de flotte pour nous ramener en Europe...

La consternation est générale et chacun repousse son assiette, tandis que Bonaparte essaye de rendre moins dramatique la situation :

— Eh bien, nous voilà dans l'obligation de faire de grandes choses ! Nous les ferons ! De fonder un grand empire. Nous le fonderons ! Des mers dont nous ne sommes pas maîtres nous séparent de la patrie, mais aucune mer ne nous sépare ni de l'Afrique ni de l'Asie. Nous sommes nombreux, nous ne manquerons pas d'hommes pour recruter nos cadres. Nous ne manquerons pas de munitions de guerre, nous en aurons beaucoup ; au besoin, Champ et Conté nous en fabriqueront.

Sans doute a-t-on perdu les vaisseaux de ligne, mais les bateaux de transport se trouvent toujours dans le port d'Alexandrie. Et puis, la flotte française de l'Atlantique ne se portera-t-elle pas à leur secours ? Que le désastre d'Aboukir ne leur fasse pas oublier les victoires remportées par l'Armée ! Paris recevra en même temps les deux nouvelles et les noms prestigieux des Pyramides, du Caire et du Nil sauront éclipser celui d'Aboukir qui ne dit rien à personne.

Seul avec Bourrienne, Bonaparte ne dissimule pas son découragement. Son ami le raisonne : le malheur est grand sans doute, mais il eût été bien plus grand si Nelson avait rencontré la flotte à Malte, ou s'il l'eût attendue vingt-quatre heures devant Alexandrie ou en pleine mer :

— Tout était alors perdu sans ressources. Puisque nous sommes bloqués ici, il faut nous suffire à nous-mêmes. Il y a des vivres et de l'argent. Attendons l'avenir, et ce que fera le Directoire.

— Pour votre Directoire, interrompt vivement Bonaparte, c'est un tas de j... f... Ils m'envient et me haïssent, ils me laisseront périr ici. Et puis, ne voyez-vous pas toutes ces figures ? C'est à qui ne restera pas !

C'est à qui ne restera pas ?

Mais que pouvaient-ils faire ? Bonaparte et ceux qu'il avait entraînés dans cette folle aventure, se trouvaient prisonniers de leur conquête — d'une conquête qui était d'ailleurs bien loin d'être accomplie.

Bonaparte ne porta qu'un jour la robe orientale dont nous parle Bourrienne... mais un aquarelliste eut le temps d'exécuter ce portrait assez inattendu du futur empereur que les Egyptiens appelaient le Grand Sultan — le sultan El Kébir.

(Photo Josse-Lalance).

XI

LE SULTAN EL KEBIR

La supériorité de Mahomet est d'avoir fondé une religion en se passant de l'enfer.

NAPOLÉON.

IL est aujourd'hui quasi impossible à l'occidental de demeurer longtemps à flâner dans le sud de l'Egypte à travers les « rues » d'Assouan ou d'Edfou. L'odeur y est à tomber et l'écœurement monte à la gorge. Seuls les nauséeux quartiers des tanneurs de Fez ou de Marrakech peuvent leur être comparés. Assurément Le Caire — lorsque l'on quittait les palais d'albâtre et de marbre — devait, du temps de Bonaparte, être tout aussi peu fréquentable...

« Entré au Caire, qu'y trouvez-vous ? nous dit le chef de bataillon Detroye. Des rues étroites, non pavées et sales, des maisons en ruine et d'un aspect sombre, des bâtiments publics comme des donjons, des boutiques comme des étables... une atmosphère chargée de poussière et de saleté, des hommes aveugles, des hommes à demi aveugles, des hommes barbus ; quelques femmes du peuple, hideuses et dégoûtantes, cachant une figure décharnée sous des haillons puants et montrant une gorge pendante à travers les déchirures de leurs vêtements ; des enfants jaunes et malingres, couverts de suppuration et rongés par les mouches ; une insupportable odeur résultant de la saleté des maisons, de l'agitation de la poussière et des fritures de mauvaise huile dans des bazars non aérés. Pénétrez, après cette course, dans la maison que vous habitez. Nulle distribution commode, nul appartement agréable. Les mouches, les moucherons, mille insectes vous attendent, pour s'emparer de vous pendant la nuit. Trempé de sueur, épuisé de fatigue, vous passez dans les démangeaisons et les ébullitions le temps consacré au repos. Vous vous levez dans le plus grand malaise, l'œil gros, l'estomac affaibli, la bouche mauvaise et la peau couverte de boutons ou plutôt d'ulcères. La journée qui va se passer ressemblera à celle de la veille. »

En se penchant sur la liste des « articles » que le général en chef demande au Directoire de lui faire parvenir de France, on se rend compte des besoins de l'armée. Les « envahisseurs » réclament aussi bien du savon, de l'huile, des draps, du vin, des « graines de toutes espèces de légumes », que des chirurgiens, des médecins, des pharmaciens, des liquoristes, des distillateurs, et même — exigence des plus inattendues — des danseuses et des montreurs de marionnettes...

En attendant la « livraison », lors de l'inauguration de l'Institut d'Egypte, le général en chef bombarde les savants de questions :

— Peut-on apporter quelque amélioration aux fours employés par l'armée ? Et comment ?

— Peut-on fabriquer de la bière sans houblon ? (qui ne pousse pas en Egypte).

— Quels sont les moyens usités pour purifier l'eau du Nil ?

— Quel est, au Caire, le plus convenable à construire, du moulin à eau, ou du moulin à vent ?

— Y a-t-il en Egypte des ressources pour la fabrication de la poudre ?

Bref on manque de tout et cette situation ne met point les cœurs à l'aise. « Je dirai parce que cela est, écrira Bourrienne, et que beaucoup de témoins l'affirmeraient, que, dès que l'armée eut mis le pied sur la terre d'Egypte, le dégoût, l'inquiétude, le mécontentement, la nostalgie, s'emparèrent de presque tout le monde. L'illusion de l'expédition avait disparu dès le commencement. Il ne restait plus que la réalité : elle était triste. Que de plaintes amères n'ai-je pas entendu exhaler à Murat, à Lannes, à Berthier, à Bessières et à tant d'autres ! »

Dégoût du pays, lassitude et désir de rentrer chez soi : tel est alors l'état d'esprit des troupes, celui des officiers et même des généraux. Lors d'un dîner chez le général Dugua, Bonaparte interpelle Murat :

— Comment vous trouvez-vous en Egypte ?

— A merveille, répond le sabreur qui tremble devant son chef.

— Tant mieux ! Je sais que plusieurs d'entre vous prêchent la révolte : qu'ils prennent garde ! La distance d'un général et d'un tambour à moi est la même. Et si le cas se présentait, je ferais fusiller l'un comme l'autre. Quant à vous, Murat, si vous bronchez, je vous ferai mettre du plomb dans la tête.

Il est plus facile d'ordonner que de se résigner ! Bonaparte ne veut pas s'attarder à regarder en arrière et s'organise. Il est bien logé. La maison de Mohamed-Bey-el-Elfi, place Ezbekieh où il s'est installé — le palais de Mourad-Bey ayant été incendié — est moderne et même somptueusement aménagée : escalier de marbre, fontaines, mosaïques. Pour oublier l'infidèle Joséphine, il se fait livrer un lot de femmes d'Asie. Leur obésité, leurs « abats canailles », selon son expression, et surtout l'odeur qui émane d'elles, les lui fait renvoyer sans les avoir consommées. Il fait une exception : la fille du cheik El-Bekri, âgée de seize ans. Ses brèves amours avec Bonaparte lui valurent d'être arrêtée après le départ des Français. « Interrogée sur sa conduite, nous rapporte un témoin, elle répondit qu'elle s'en était repentie. On demanda ensuite l'avis du père ; il répondit qu'il désavouait sa fille. On coupa alors le cou à la malheureuse. »

Vers le 1er décembre, le général en chef est intéressé par la toute jeune et toute blonde Pauline Fourès, épouse d'un sous-lieutenant au 22e chasseurs à cheval qu'elle a suivi en Egypte sous un déguisement masculin. Afin d'éloigner le mari, on l'expédie sur l'aviso *le Chasseur* pour aborder à un port quelconque du continent ». Débarrassé de l'époux, Bonaparte, au cours d'un dîner s'affiche avec Pauline. Puis il renverse sur la robe de la jeune femme une carafe d'eau : ce qui lui permet d'aller réparer le dommage dans ses appartements... Lorsqu'un peu plus tard — le 29 décembre — le vaisseau britannique *Lion* intercepte le *Chasseur*, les Anglais, tout en riant sous cape, s'empressent de déposer le mari berné sur les côtes égyptiennes en lui souhaitant « bonne chance ». Il revient au Caire, c'est pour apprendre que le général en chef vit avec sa femme, que les soldats appellent la Cléopâtre de Bonaparte, et les officiers : *Bellilotte*, de son nom de jeune fille — Bellisle.

Bonaparte parviendra à faire divorcer le ménage

Fourès et proposera même à sa maîtresse de l'épouser si elle lui donnait un enfant. Car Bonaparte se désolait :

— La petite sotte n'en peut pas faire !

— Ma foi, répondait-elle en riant, ce n'est pas de ma faute !

On traitera Pauline de « souveraine de l'Orient », et nombreux alors sont ceux qui la croient prête à succéder à Joséphine. Du moins, Bonaparte avec cette liaison n'est pas mécontent de faire oublier son emploi de mari trompé, qui ne lui plaît guère.

De leur côté, nombreux sont les soldats qui, mariés en France — et à la stupéfaction des Egyptiens qui préfèrent les jeunes garçons — prennent « légalement » une concubine, puisque les cheiks ont décrété tout mariage valable si le marié voulait bien déclarer :

— Il n'y a pas d'autre Dieu que Dieu et Mahomet est son prophète.

Cette profession de foi ne peut guère gêner les anciens soldats de l'an II — puisque les femmes demandées en France par leur général tardent à être expédiées !

Administrer le pays conquis fut, dès l'arrivée de Napoléon au Caire, son souci majeur. Il avait tout d'abord posé cette question :

— Quelle est en Egypte la situation de la jurisprudence, de l'ordre judiciaire civil et criminel et de l'enseignement, et qu'elles améliorations pourrait-on y porter, que la population désirât ou acceptât ?

Dès le lendemain de son entrée dans la ville, il crée à son tour un *diwan*, ou — moins joliment dit — un Conseil de gouvernement. Son but ? Rendre légale la politique française. « En captivant l'opinion des grands cheiks du Caire, mande-t-il à Kléber, on a l'opinion de toute l'Egypte et de tous les chefs que ce peuple peut avoir. Il n'y en a aucun moins dangereux pour nous que des cheiks, qui sont peureux, ne savent pas se battre et qui, comme tous les prêtres, inspirent le fanatisme sans être fanatiques. »

Si les Français apportent aux Egyptiens certaines inventions qui leur manquent — aussi simples que la brouette ou le moulin à vent — il n'est nullement question de gouverner à l'Occidentale, et les bourreaux ne chôment point.

Pour commander la police, Bonaparte choisit un personnage extravagant, un chrétien grec du nom de Barthélemy. Toujours flanqué de sa femme galopant à ses côtés, suivi d'une bande d'estafiers-janissaires, faisant sauter les têtes avec entrain, il inspire la terreur. « Quand on le voyait marcher vers la citadelle, le cimeterre nu, dira Belliard, suivi de ses patients garrottés, c'était un spectacle à refouler au fond de bien des cœurs toute intention mauvaise. » C'était bien, là aussi, suivre la tradition en vigueur dans le pays...

Bonaparte, le 18 septembre, quitte Le Caire pour Gizeh et inspecte les troupes et les fortifications. Le lendemain, il se dirige vers les Pyramides. Il est accompagné dans sa visite de quelques officiers et généraux, dont Berthier. Personne n'ignore plus à l'armée d'Egypte l'amour passionné, pour ne pas dire l'adoration, que le chef d'état-major porte à la belle Mme Visconti qu'il a laissée en France... Or, Berthier, ce jour-là, tombe en arrêt devant la Grande Pyramide et, tout en hochant sa grosse tête et en bafouillant un peu, comme à son ordinaire, il se penche vers son voisin :

— Est-il bien nécessaire d'aller jusque-là haut ? murmure-t-il. Moi, je vois très bien d'ici. Si nous restions là ?

Bonaparte entend la phrase lancée à Geoffroy Saint-Hilaire. Avec malice, il se retourne :

— Ah ! mon pauvre Berthier, lui dit-il, si seulement *Elle* était au sommet de la Pyramide, vous y seriez déjà ! Hélas, *Elle* n'y est pas...

On organise ensuite pour la troupe des excursions et — fâcheuse manie — certains, tel le sergent fourrier François, graveront leur nom sur les monuments.

Les Egyptiens semblent séduits par l'intérêt que Bonaparte porte à leurs coutumes et à leur histoire. Ils paraissent avoir accepté leur nouveau maître. « Les soldats français, rapporte le grave El Djabarti, se promenaient dans les rues du Caire sans armes et n'y inquiétaient personne. Ils plaisantaient avec le peuple et achetaient, à des prix très élevés, tout ce dont ils avaient besoin. Ainsi ils payaient une poule un *talaro,* un œuf quatorze *paras,* c'est-à-dire ce que coûtaient ces choses dans leur pays... De sorte que les boutiques et les cafés se rouvraient peu à peu. »

Bonaparte émut la population en présidant la fête du Nil le 18 août. Ce jour-là, — le *nilomètre* de l'île de Roudah indiquait que le fleuve avait atteint le niveau de vingt-cinq pieds — on devait rompre solennellement la digue qui se trouvait à la naissance du canal du Caire et qui livrait passage aux eaux du fleuve. Accompagné de tous les généraux et de l'état-major de l'armée, du Kiaya du Pacha, de l'aga des janissaires, Bonaparte se rend à six heures du matin au Mekias. Un peuple immense couronne tous les monticules bordant le Nil et le canal.

Le canon tonne, une statue représentant la fiancée du Nil est jetée dans les eaux. C'est le signal du bain rituel. On trempe même dans le fleuve les futurs linceuls. Et les poètes arabes psalmodient :

O Républicain génial
A la mèche légendaire,
Tu as apporté à l'Egypte la lumière
Brillante comme une lampe de cristal,
Ya Sallam ! (1)

« Toute la flottille pavoisait, racontera le « reporter » du *Courrier d'Egypte,* et une partie de la garnison sous les armes formait un coup d'œil aussi grand, aussi imposant qu'agréable ; l'arrivée du cortège au Mekias fut marquée par plusieurs salves, la musique française et arabe jouait plusieurs airs pendant le temps qu'on travaillait à la coupée de la digue. Un instant après, le Nil franchit la digue et entra comme un torrent dans le canal. »

Surnommé par le peuple le sultan *El Kébir* — le Grand Sultan — ou plus familièrement *Abounaparte,* il croit devoir revêtir un turban et une robe orientale, mais devant l'éclat de rire de l'état-major, il ne porte son déguisement qu'un seul jour. Il se contente donc de respecter l'Islam et préside la fête de Mahomet. Durant trois jours, le tintamarre est assourdissant. On compose, dira encore le commandant Detroye, « des airs baroques, accompagnés par une musique plus baroque encore, chantant, criant, faisant un tapage infernal ».

La bonne volonté de Bonaparte, ce désir touchant de se plier aux coutumes islamiques et de se métamorphoser en sultan El Kébir devrait — du moins le général en chef le pense-t-il — lui concilier les

(1) Cité par Benoist-Méchin dans son admirable *Bonaparte en Egypte.*

bonnes grâces de ses administrés et leur faire oublier qu'ils ont été « conquis » les armes à la main.

Bonaparte se trompe.

A côté de ces tentatives louables de collaboration, les Egyptiens voient avec fureur certaines mosquées transformées en cafés. Le grand reproche qu'ils adressent aux Français est celui d'être des Infidèles. Les massacrer est donc une œuvre pie qu'Allah doit approuver et qui relève de la guerre sainte. Depuis le début du mois d'octobre, les muezzins, nous raconte Bourrienne, « substituaient aux chants religieux des appels à la révolte, et cette espèce de télégraphe verbal transmettait la provocation aux extrémités nord et sud de cette vaste contrée. Par ce moyen, et par celui des émissaires secrets qui échappaient à notre faible police, et qui répandaient des firmans vrais ou fabriqués du grand-seigneur, démentant le prétendu accord entre la France et la Porte Ottomane, et excitant à la guerre, on organisa peu à peu, dans tout le pays, le plan d'une insurrection générale. »

L'ultime signal de la rébellion est donné dans la nuit du 20 au 21 octobre. « Un beau jour, rapportera un témoin — Nicolas-le-Turc — un quelconque cheik d'El Azhar se met à parcourir les rues en criant que tous ceux qui croient à l'unité de Dieu se rendent à la mosquée d'El Azhar. C'est aujourd'hui le jour de combattre les Infidèles. »

A cinq heures du matin, on vient réveiller Bonaparte pour lui annoncer que le général Dupuy, commandant la place, a été tué d'un coup de lance. Le général en chef saute à cheval, et les ordres fusent : « Ordre au général Bon d'envoyer une partie de sa division bivouaquer sur la place du château et une autre à la place Ezbekieh... » — « Ordre au commandement de la 22e à El Qobbeh, de venir occuper les hauteurs entre Le Caire et El Qobbeh. Le mouvement qui a lieu de matin nécessite le rapprochement des troupes... » — « Ordre au général Dumas de monter à cheval au jour et de faire une patrouille... » — « Ordre au général Bon de faire jeter à terre pendant la nuit, la grande mosquée, en brisant quelques colonnes... »

Il envoie également Sulkowsky, l'aide de camp qu'il apprécie particulièrement, porter un message au général Dumas. Dans la banlieue du Caire, le cheval de l'officier glisse, Sulkowsky tombe, il est massacré et son corps jeté aux chiens. Le canon se met de la partie et pilonne les quartiers où règne l'émeute, particulièrement celui qui entoure la mosquée El Azhar. Puis cavaliers et fantassins « nettoyent » le terrain et la rébellion est enfin matée.

Le général Bon n'a pas jeté à bas la grande mosquée et s'est contenté d'exécuter des représailles — du moins s'il faut en croire El Djabarti qui écrira : « Ils entrèrent dans la mosquée d'El Azhar avec leurs chevaux qu'ils attachèrent au *kiblah* — la colonne montrant la direction de la Mecque. Ils brisèrent les lampes, les veilleuses et les pupitres des étudiants ; ils pillèrent tout ce qu'ils trouvèrent dans les armoires, ils jetèrent sur le sol les livres et le Coran et marchèrent dessus avec leurs bottes. Ils urinèrent et crachèrent dans cette mosquée ; ils y burent du vin, y cassèrent des bouteilles qu'ils jetèrent dans tous les coins. Ils déshabillèrent toutes les personnes qu'ils y trouvèrent pour s'emparer de leurs vêtements. »

Trois cents morts français, deux mille cinq cents à trois mille rebelles tués, tel est le bilan.

— Je sais que beaucoup d'entre vous ont été faibles, dira Bonaparte aux cheiks et imans venus implorer sa clémence, mais j'aime à croire qu'aucun n'est criminel.

Cela ne l'empêche pas, le matin du 23 octobre,

d'adresser cet ordre au général Berthier : « Vous voudrez bien, Citoyen général, donner l'ordre au commandant de la place de faire couper le cou à tous les prisonniers qui ont été pris les armes à la main. Ils seront conduits cette nuit au bord du Nil, entre Boulâ et le Vieux-Caire, leurs cadavres sans têtes seront jetés dans la rivière. » Six jours plus tard, il écrira encore au général Reynier : « Toutes les nuits nous faisons couper une trentaine de têtes et de beaucoup de chefs ; cela leur servira, je crois, de bonne leçon. »

Le calme revenu, Bonaparte, hanté par le canal qui unissait autrefois la mer Rouge à la Méditerranée — et également désireux de se concilier les Arabes de Thor, du Hedjaz et du Yemen — décide de se rendre à Suez que le général Bon a occupé le 7 décembre. Suez est au surplus le seul port que les Anglais ont dédaigné de bloquer. Il n'emporte comme vivres que trois poulets rôtis enveloppés dans du papier... Pour arriver aux sources de Moïse, *Abounaparte* emprunte le gué praticable à marée basse, où passèrent autrefois les Hébreux. Mais, au retour, la mer ayant monté, le général en chef et son escorte manquent d'être noyés comme le pharaon de la Bible. Il s'en faut également de peu que le général Caffarelli — il avait une jambe de bois — ne disparaisse sous les yeux de ses camarades. « Je l'avais confié à deux guides, excellents nageurs, racontera Napoléon, la nuit était obscure, la marée montait, nous avions pris la lumière de la canonnière des savants pour la terre, nous étions perdus si nous ne retrouvions le rivage. J'entendis, à quatre-vingts toises en arrière, les cris de Caffarelli. Je crus qu'on l'avait abandonné, j'y courus, il ne voulait plus suivre ses guides, il leur disait de le laisser mourir, qu'il était inutile de faire périr d'aussi braves gens qu'eux. Je lui donnai, de colère, un bon coup de cravache dans la figure. Sans moi, il était perdu. »

Bonaparte, sur le point d'être à son tour submergé, ne doit son salut qu'à un guide de son escorte qui l'emporte sur ses épaules...

Le 30 décembre, il découvre les vestiges du canal des Pharaons. Par deux fois — il reviendra là le 3 janvier — il suit au galop les traces du canal. Ses compagnons l'entendent s'exclamer :

— La chose est grande, mais ce n'est pas moi qui maintenant pourrais l'accomplir.

C'est en lisant cette phrase qu'un jour, au début du Second Empire, Ferdinand de Lesseps se mettra à rêver — et de ce rêve naîtra le canal de Suez...

***

Déjà, depuis quelques mois, les Egyptiens voyaient des uniformes français s'enfoncer toujours plus au sud du pays. Au mois d'août, Desaix avait, en effet, reçu l'ordre de partir avec deux mille huit cent soixante et un hommes et deux canons à la poursuite de Mourad-Bey et de ses trois à quatre mille Mameluks — une poursuite qui l'entraînera, tout en livrant bataille, jusqu'à la première cataracte, à neuf cents kilomètres du Caire.

Ce fut une extraordinaire épopée.

Pour s'en convaincre, il suffit de lire les lettres envoyées par Desaix à Bonaparte : « Les maux d'yeux sont vraiment un fléau effroyable, ils m'ont privé de quatorze cents hommes. J'ai traîné avec moi dans mes marches dernières, cent de ces malheureux aveugles, tout à fait... Nous sommes tout nus, sans souliers, sans rien ; en vérité, les troupes ont besoin de repos. Des subsistances et des moyens, et nous irons encore... Que voulez-vous que je fasse ? »

Continuer, bien sûr ! Et ils continuèrent !

« Nous sommes harassés de fatigue, écrira encore Desaix, mais nous irons toujours, battant les gens de la Mecque, les Mameluks et les paysans. »

Denon se trouvait avec ces héros méconnus et, grâce à ses talents de dessinateur et d'écrivain, nous possédons des croquis et des descriptions des monuments et paysages de l'Egypte depuis les Pyramides jusqu'à l'île Eléphantine d'Assouan et jusqu'au temple de Philae ! Si Desaix suppliait qu'on lui envoyât des objets de première nécessité, Denon — souffrant pourtant d'ophtalmie — ne demandait que des crayons !

Le capitaine Desvernois était un extraordinaire combattant que *dix-neuf* blessures reçues au début d'un combat n'empêchèrent pas de continuer à se battre... *Seul,* il capturera un jour les huit cent quatre-vingt-dix-sept chameaux d'une caravane ! Il faut lire le texte par lequel il nous raconte l'émotion qui s'empara de la division — elle était forte alors de 4 000 hommes — lorsqu'elle découvrit le temple de Karnak à Thèbes, et, peu au-delà, celui de Louksor. « Sans qu'un ordre fût donné, rapporte-t-il, les hommes formèrent les rangs et présentèrent les armes, au son des tambours et des clairons. »

Hors les dessins et les descriptions de Denon, les résultats de cette étonnante campagne furent négatifs. Mourad-Bey ne sera jamais atteint. Il reviendra de la Haute Egypte et pourra même, une nuit de juillet 1799, douze jours avant Aboukir, échanger des signaux lumineux, du sommet de la pyramide de Chéops, avec sa femme installée sur le toit de leur maison du Caire.

Sur les murs des temples, sur les falaises de granit

bordant le Nil on peut toujours lire les noms gravés par les compagnons de Desaix et de Belliard. Ceux de Poudrat, de Tricot, de Guibourg, voisinent avec ceux de leurs « prédécesseurs » : Julius Tenax, Valerius Priscus ou Quintus Viator.

« Un homme du nom de Buonaparte, qui se donne pour général français, a porté la guerre dans la province turque d'Egypte. » C'est en ces termes que le sultan Selim III (1) avait annoncé, à Constantinople, le débarquement de Napoléon à Alexandrie et la prise du Caire.

Le 5 décembre, la Porte Ottomane, après avoir conclu une alliance avec la Russie, devenait l'alliée de l'Angleterre et se préparait à marcher contre les Français. Ce serait mal connaître Bonaparte que d'imaginer qu'il allait paisiblement attendre les Turcs à l'ombre des Pyramides...

— Un général en chef, disait-il, ne doit jamais laisser se reposer ni les vainqueurs ni les vaincus.

Aussi décide-t-il de se lancer dans une contre-offensive hardie et d'aller attaquer les Turcs et les Anglais au-delà de l'isthme de Suez, c'est-à-dire en Syrie, formée alors de cinq *pachaliks* : Alep, Damas, Tripoli, Saint-Jean-d'Acre et Jérusalem. Dès la fin du mois de janvier, il détache de son armée les divisions Kléber, Lannes et Reynier, ainsi qu'une partie de la cavalerie de Murat — soit treize mille hommes, dont quatre cents soldats montés sur dromadaires.

(1) Le monde est bien petit : Selim III avait comme favorite une lointaine cousine et amie de pension de Joséphine, également née à la Martinique. Nommée Aimée du Buc de Rivery, capturée par des corsaires alors qu'elle se rendait en Europe, elle avait été offerte au commandeur des Croyants qui en avait fait la sultane Validé.

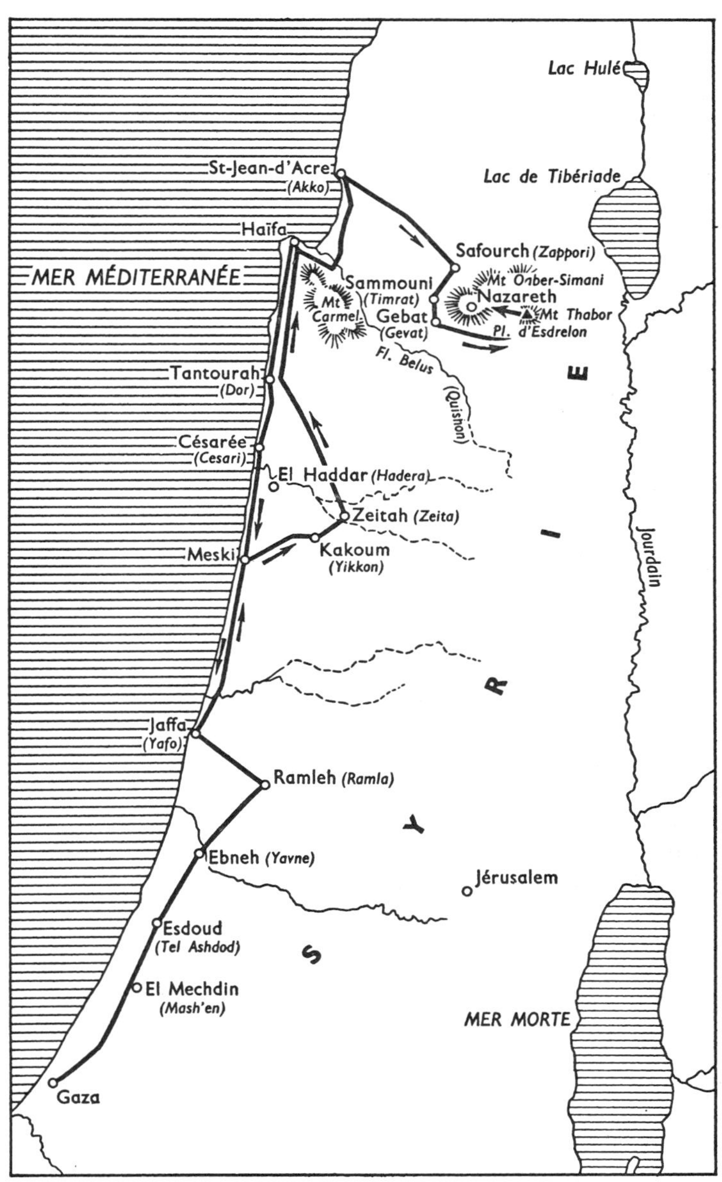

Lac Hulé
Lac de Tibériade
St-Jean-d'Acre
(Akko)
Haïfa
MER MÉDITERRANÉE
Safourch (Zappori)
Sammouni
(Timrat)
Mt Carmel
Gebat
(Gevat)
Nazareth
Mt Thabor
Pl. d'Esdrelon
Fl. Belus
(Quishon)
Tantourah
(Dor)
Césarée
(Cesari)
El Haddar (Hadera)
Zeitah (Zeita)
Meski
Kakoum
(Yikkon)
Jourdain
S Y R I E
Jaffa
(Yafo)
Ramleh (Ramla)
Ebneh (Yavne)
Jérusalem
Esdoud
(Tel Ashdod)
El Mechdin
(Mash'en)
MER MORTE
Gaza

Sans compter médecins, commissaires, interprètes et — nous sommes en Orient — une foule de serviteurs.

Le 24 janvier 1799, les premières troupes de « l'armée de Syrie » — armée de Palestine eût été géographiquement plus juste — quittent Le Caire et retrouvent les mêmes difficultés qu'elles avaient supportées en traversant les plaines désertiques de Bahyreh : la soif se met de la partie et l'artillerie de siège s'enlise dans les sables. On décide de l'embarquer à Damiette vers Saint-Jean-d'Acre.

Le 10 février, Bonaparte quitte Le Caire en annonçant qu'il reviendra dans un mois...

Il demeurera en réalité quatre mois absent.

Après être passé par Mesoudiak, où règne une chaleur infernale, le général en chef arrive le 17 février à El Arich, un gros fortin devant lequel Reynier, qui ouvre la marche, est arrêté, depuis le 9, par un parti de Mameluks d'Ibrahim et de fantassins albanais occupant à la fois le fort et un camp. Si les assiégeants souffrent de la faim, les assiégés, pourtant bien approvisionnés, jeûnent du lever au coucher du soleil, car l'on est en plein Ramadan. On commence par enlever le campement où l'on massacre quatre ou cinq cents hommes, puis les canons se mettent en demi-cercle et pilonnent le fortin. La garnison se défend avec héroïsme et — une brèche ayant pu être faite — capitule après deux jours de canonnade. La vie des vaincus est épargnée et les drapeaux turcs sont envoyés vers Le Caire.

Ayant assouvi leur faim, les troupes reprennent leur marche. Le 22 février, Bonaparte quitte El Arich et le 24 février, arrive devant Gaza. La ville occupée après un bref combat, on poursuit, le 28 février, l'avance vers le nord. Cette fois, le temps est mauvais. L'eau et la boue entrent dans la danse. Bonaparte trouve que le climat lui rappelle Paris à la même époque. Douze kilomètres après Gaza, Napoléon franchit l'actuelle frontière de l'Etat d'Israël, et le soir, il couche à Esdoud, autrefois la ville philistine d'Azoth dont nous parle Josué dans la Bible en nous disant qu'elle était « le lieu d'élection des Géants ». Le village, dont les maisons arabes ont été construites avec les pans de murs subsistant de la vieille cité, s'appelle maintenant Tel Ashod (1) *Tel* signifiant une colline artificielle formée par les ruines d'une ville.

Le 1er mars, il est à Ramleh, l'ancienne capitale arabe de la Palestine, au temps de l'occupation des Omeyyades, qui deviendra, en 1948, Ramla. Comme son nom l'indique pour ceux qui comprennent l'arabe, il s'agit d'une ville « assise sur le sable ». Ramleh, entourée d'orangeries magnifiques, est, fort heureusement pour l'expédition, au carrefour des routes caravanières et se trouve abondamment pouvue d'eau et de vivres. Bonaparte y installe son quartier général et loge dans une petite cellule blanche du couvent des Franciscains, à l'ouest de la ville... une petite chambre passée à la chaux et que l'on montre encore aux visiteurs.

Le 3 mars, l'état-major atteint les murs, tout blancs au soleil, de Jaffa, la Yafo actuelle qui n'est plus qu'un gigantesque marché aux puces, un souk formant le principal faubourg de Tel Aviv. *La Belle Jaffa* d'où était parti autrefois le prophète Jonas — un voyage qui, on le sait, se termina momentanément dans le ventre de la plus célèbre des baleines !... *Jaffa-la-Belle* qu'un autre général, nommé Marc Antoine, avait donnée en gage d'amour à une autre belle appelée Cléopâtre !... Les souvenirs du passé sont relégués

(1) A ne pas confondre avec la ville voisine d'Ashod appelée à devenir le second port d'Israël, après Haïfa.

au deuxième plan. Il faut, en effet, mettre le siège devant cette « bicoque » ainsi que Bourrienne baptise dédaigneusement la célèbre cité. La place résiste durant deux jours. Prise d'assaut, elle est livrée à un pillage atroce. Les deux mille hommes qui la défendaient sont passés au fil de la baïonnette. Le dromadaire François — c'est ainsi que l'on désignait ces cavaliers du désert — l'écrit : « Des cris, des lamentations se font entendre de toutes parts, poussés par ceux qui n'ont pu s'échapper et sont, en partie, égorgés à leur tour ». Trois à quatre mille Albanais — ou Arnautes, ainsi que les appellent les Turcs — se sont réfugiés dans la citadelle. Les vainqueurs les entourent. Bonaparte envoie deux de ses aides de camp — son beau-fils Beauharnais et Croisier — « pour calmer autant que possible la fureur des soldats ». Dès qu'ils aperçoivent les deux officiers portant leur écharpe blanche, les assiégés « crient des fenêtres qu'ils veulent bien se rendre si on veut leur assurer la vie sauve et les soustraire au massacre auquel la ville est condamnée » :

— Sinon, nous faisons feu et nous nous défendrons jusqu'à la dernière extrémité.

Beauharnais et Croisier acceptent de les faire prisonniers — « malgré l'arrêt de mort prononcé contre toute la garnison de la ville prise d'assaut » — et les conduisent vers le camp français.

Bonaparte, en voyant arriver cette masse d'hommes, lève les bras au ciel :

— Que veulent-ils que j'en fasse ? Ai-je des vivres pour les nourrir ? Des bâtiments pour les transporter en Egypte ou en France ? Que diable m'ont-ils fait là ?

Eugène et Croisier essayent de se défendre :

— Nous étions seuls au milieu de nombreux ennemis et ne nous avez-vous pas recommandé d'apaiser le carnage ?

— Oui, sans doute, réplique Bonaparte, pour les femmes, les enfants, les vieillards, les habitants paisibles, mais non pas pour des soldats armés ; il fallait mourir et ne pas m'amener ces malheureux.

Et il répète avec force :

— Que voulez-vous que j'en fasse !

On fait asseoir les prisonniers pêle-mêle devant les tentes. On leur donne un peu de biscuit et de pain prélevés sur les provisions déjà fort maigres de l'armée. Puis on leur attache les mains derrière le dos.

Bonaparte tient conseil avec tous les divisionnaires. Un conseil qui se prolongera durant plusieurs heures. Que faire de ces trois ou quatre mille hommes ?

— Renvoyons-les en Egypte ?

— Il faudrait leur donner une nombreuse escorte et notre petite armée au milieu d'un pays ennemi en serait trop affaiblie. Comment d'ailleurs les nourrir avec leur escorte jusqu'au Caire, sur une route ennemie que nous venons d'épuiser ?

— Faut-il les embarquer ?

— Où sont les navires ? Où en trouver ? Tous les instruments d'optique braqués sur la mer n'y découvrent jamais une seule voile hospitalière.

— Peut-on leur rendre la liberté ?

— Mais ces hommes iront tout de suite à Saint-Jean-d'Acre renforcer le pacha, ou bien ils se jetteront dans les montagnes de Naplouse, nous feront beaucoup de mal sur nos arrières et sur notre flanc droit et nous donneront la mort pour prix de la vie que nous leur aurons laissée. Cela est incontestable. Qu'est-ce qu'un chien de chrétien pour un Turc ?

Et trois jours passèrent ainsi. Le quatrième, Bonaparte prend une décision sans appel : le massacre

— sauf pour quatre à cinq cents Egyptiens et artilleurs turcs que l'on espère pouvoir enrégimenter.

Berthier essaye de démontrer à son chef la cruauté de cet ordre. Les prisonniers n'ont-ils pas été admis à « une sorte d'hospitalité » dans le camp français ?

— Tenez, répond Bonaparte en lui montrant un couvent de capucins, entrez-là, et si vous m'en croyez, n'en sortez jamais.

Et il ajoute :

— Allons, monsieur le major général, faites exécuter mes ordres, entendez-vous ?

Et ce fut la tuerie.

On conduit les hommes entravés au bord de la mer : le premier jour — le 8 mars — on fusille. Certains, nous raconte Bourrienne, « parvinrent à gagner à la nage quelques récifs assez éloignés pour que la fusillade ne pût les atteindre. Les soldats posaient leurs armes sur le sable et employaient, pour les faire revenir, les signes égyptiens de réconciliation en usage dans le pays. Ils revenaient, mais à mesure qu'ils avançaient, ils trouvaient la mort et périssaient dans les flots. »

Puis, durant trois autres jours, afin d'épargner la poudre, les baïonnettes achèvent le travail. Ecœuré et révolté, Peyrusse, le futur trésorier de l'Empire, alors adjoint au payeur général, écrivit à sa femme : « Que dans une ville prise d'assaut, le soldat effréné pille, brûle et tue tout ce qu'il rencontre, les lois de la guerre l'ordonnent et l'humanité jette un voile sur toutes ces horreurs ; mais, que deux ou trois jours après un assaut, dans le calme de toutes les passions, on ait la froide barbarie de faire poignarder trois mille hommes qui se sont livrés à notre bonne foi, la postérité fera sans doute justice de cette atrocité, et ceux qui en auront donné l'ordre auront leur place parmi les bourreaux de l'humanité... On a trouvé parmi les victimes beaucoup d'enfants qui, en mourant, s'étaient attachés aux corps de leurs pères. Cet exemple va apprendre à nos ennemis qu'ils ne peuvent compter sur la loyauté française, et, tôt ou tard le sang de ces trois mille victimes retombera sur nous... »

Il « retomba » dès le lendemain...

Le 11 mars, la peste commence ses terribles ravages. Sept à huit cents hommes vont périr. Ce même jour, Bonaparte, suivi de son état-major, vient visiter les hôpitaux — ce qui permettra un jour à Gros de peindre son fameux tableau.

Napoléon se joue de la mort et de la vie. Avec le même calme que les jours précédents où il avait ordonné l'atroce carnage, il risque aujourd'hui son existence. « Se trouvant dans une chambre étroite et très encombrée, il aide à soulever le cadavre hideux d'un soldat dont les habits en lambeaux étaient souillés par l'ouverture d'un bubon abcédé. » Et Desgenettes, qui nous rapporte ce fait, s'y connaissait en héroïsme ! Médecin-chef de l'armée, il est assurément le héros du corps médical qui accompagne Bonaparte. Il brave tous les dangers, et sa réputation de courage sera si grande que, fait prisonnier lors de la campagne de Russie, le Tsar le libérera, au seul énoncé de son nom.

Le 14 mars, Bonaparte quitte sa chambre de Jaffa — on visite, bien entendu, toujours le bâtiment qu'il occupait — et l'armée met le cap sur Saint-Jean-d'Acre. L'itinéraire passe d'abord par Tel Naskin — un jour Tel Napoléon — et suit un chemin transformé en autoroute, un siècle et demi plus tard... puis l'armée infléchit sa marche vers l'ouest. Le lendemain, on livre un combat à Kakoum — la pittoresque Yikkon — et le soir, Napoléon campe près de la tour de Zeithat où passera, lors de la création d'Israël, la frontière de la Jordanie. On remet le lendemain le cap au nord et, le 18, Bonaparte, après avoir occupé Haïfa — abandonné par le pacha El Djezzar-le-Boucher — installe son quartier général à Tel Chiqmona dans un village de pêcheur, au milieu des marécages et des dunes. Sans doute fera-t-il l'ascension du Mont-Carmel qui domine la région (1). Non loin de son bivouac, près de Bat Gallim, se trouve la grotte du prophète Elie où un autre conquérant offrit, un jour, un sacrifice aux dieux. C'était Vespasien qui, en l'an 67, effectuait, pour le compte de Rome, la reconquête de la Galilée...

De ce bivouac, Napoléon peut également monter jusqu'en haut du promontoire où il embrasse toute la baie d'Haïfa, fermée à l'est par les collines et, au nord, par Saint-Jean-d'Acre, ceinturée de ses remparts, une ville couleur de miel qui semble surgie de la mer. C'est de la crête qu'il aperçoit deux vaisseaux anglais — le *Tigre* et le *Zealous* — dominant de leurs masses des canonnières britanniques et turques. Bonaparte pousse un cri : il a donné l'ordre au commandant Standelet d'amener à Saint-Jean-d'Acre une flottille, rescapée d'Aboukir, et transportant vingt-quatre pièces d'artillerie de siège. Mais il est déjà trop tard pour prévenir Standelet qui, sans se douter du danger, s'apprête à doubler le cap Carmel. Comble de malchance, une brume soudaine s'abat sur la baie et la flottille française continue d'avancer, insconsciente, ne voyant toujours pas l'ennemi qui l'attend tapi dans le léger brouillard. Et c'est le combat... Un combat malheureux : six navires sont pris, trois seulement parviennent à s'échapper !

(1) On peut se rendre au sommet du Mont-Carmel par un métro construit par un ingénieur français, c'est peut-être pourquoi la station terminus porte le nom inattendu de *Place de Paris.*

Le 19 mars, le Belus franchi — le fleuve a été rebaptisé le Qishon — l'armée arrive enfin devant Saint-Jean-d'Acre — la moderne Akko. Qui commande ce misérable « petit tas de pierres » ? El Djezzar, sir Sidney Smith et, surtout un émigré français : Phélipeaux, l'ancien camarade de jeunesse de Bonaparte à l'Ecole militaire de Paris... Phélipeaux que le petit Corse ne pouvait pas souffrir autrefois et à qui, pendant les cours, il donnait de furieux coups de pied sous la table ! A la tête des excellentes troupes turques de Djezzar Pacha et ravitaillé par la flotte anglaise — huit cents marins ont été débarqués — c'est Phélipeaux qui va tenir en échec son ancien condisciple.

Tandis que l'armée cantonne sur les mamelons situés hors de portée des canons de Phélipeaux, Bonaparte installe son artillerie sur la Butte aux Poteries, Tel Harassim — aujourd'hui la colline Napoléon. Saint Louis et Richard Cœur-de-Lion y avaient campé avant lui ! De cette éminence on peut voir l'intérieur de la ville assiégée, ces vieux quartiers arabes dont la physionomie n'a guère changé et qui se trouvent toujours dominés par la mosquée de Jazzar où, dans un coffret damasquiné, on conserve précieusement quelques poils de la barbe de Mahomet... La ville que Bonaparte a devant lui est construite sur une langue de terre qui s'avance dans la mer et se trouve ceinte de remparts crénelés, flanqués de tours, et truffés de canons. Ces fortifications ont été construites à l'aide de matériaux provenant des anciennes et puissantes murailles en ruines depuis des siècles, et élevées là autrefois par les Croisés. Du côté de la mer qui baigne la ville de trois côtés, la cité est imprenable. Demeure le quartier qui fait face à la Butte aux Poteries... C'est contre celui-ci que, le 28 mars, Napoléon livre le premier assaut. Il est brisé. Deux jours plus tard, une sortie de l'ennemi est repoussée tandis que Djezzar-le-Boucher, imitant Bonaparte, fait étrangler ses prisonniers — en dépit, paraît-il, des protestations de Phélipeaux et de Sidney Smith. Deux cent cinquante canons — plus quelques pièces amenées par les Anglais — crachent leurs boulets sur les Français. Les assiégés n'épargnent point les munitions : ils sont abondamment ravitaillés. Bonaparte, lui, n'a que sa petite artillerie de campagne ; les grosses batteries de siège ne sont pas encore arrivées, mais le général en chef est pressé. L'artillerie française manque bientôt d'approvisionnement, aussi Bonaparte invite-t-il les soldats à aller ramasser les boulets envoyés par l'ennemi, « disant qu'ils seraient payés selon le calibre : ceux de 24 : douze sols ; ceux de 18 : neuf sols ; ceux de 12 : huit sols ; ceux de 6 : six sols ; et ceux de 4 : quatre sols ».

Durant la semaine sainte, le siège « s'installe ». Tandis que les artilleries continuent leur duel et que l'on renvoie à la garnison assiégée ses propres boulets, on creuse des tranchées, trop peu profondes paraît-il. Et, chaque jour, de nouveaux cas de peste se déclarent ! Le 1er avril le deuxième assaut est donné à la ville — sans autre résultat que de voir Bonaparte manquer d'être tué par un mur qui s'effondre à côté de lui. Les morts et les blessés sont nombreux. Une semaine plus tard, les assiégés tentent une nouvelle sortie qui est également repoussée. Les cadavres s'accumulent devant les positions françaises. « Ces cadavres putréfiés, qui nous servaient de retranchements », ainsi que l'écrira le dromadaire François.

Bonaparte, comme autrefois devant Mantoue, ne tient pas en place ; il aime trop le mouvement et s'ennuie prodigieusement. Aussi, le 15 avril se met-il en route. Il quitte Saint-Jean-d'Acre pour quelques jours afin de voler au secours de Kléber, qui n'a que deux mille hommes avec lui, et se trouve menacé par une contre-attaque du pacha de Damas dans la plaine d'Esdrelon — Umm El Ghanam — dominée par la verrue du célèbre Mont-Thabor. Les Ottomans sont trente-cinq mille. Durant dix heures, Kléber se bat à un contre dix-sept. « Nous eussions bien échangé le peu de pain que nous avions pour de la poudre et des balles, racontera le chasseur Pierre Millet, car nous n'avions pas le temps de le manger. Quand même nous eussions eu le temps, nous n'eussions pu en jouir, car nous étions si exténués de la soif et de la fatigue que nous n'en pouvions plus parler. » Soudain, les combattants entendent trois coups de canon. Un cri parcourt la champ de bataille !

— Bonaparte !

D'une hauteur du massif d'Oaber-Simani, Napoléon a deviné la situation et, au grand galop, accourt vers le lieu du combat.

Les troupes musulmanes « voyant le secours arriver au général Kléber, racontera Nicolas-le-Turc, comprirent qu'elles étaient entourées elles-mêmes, et cherchèrent leur salut dans la fuite. Les Français, en les voyant courir dans les montagnes, se mirent à rire de leur frayeur. Cette armée, ayant ainsi été dispersée, le général en chef vint trouver le général Kléber. Les deux généraux se jetèrent dans les bras l'un de l'autre en s'embrassant. » D'après le même témoin, le général Bonaparte envoie cinq cents hommes avec ordre de piller et de brûler le gros village de Genin, coupable d'avoir aidé l'ennemi. Deux hameaux de la montagne de Naplouse subissent le même sort.

Puis Bonaparte se dirige vers Nazareth. Il s'arrête près de la fontaine de la Vierge et s'installe à l'hostellerie franciscaine — la Casa-Nova — où l'on est d'ailleurs toujours fort bien accueilli. C'est également là que furent soignés les blessés de la bataille et il est, aujourd'hui, bien émouvant de consulter les registres paroissiaux où l'on trouve les noms de quelques soldats de Bonaparte, morts là, en dépit des soins prodigués par les Pères.

Les soldats de la République se souviennent qu'ils sont chrétiens. Un soldat ayant eu un doigt arraché, l'enterre en disant :

— Je ne sais ce que deviendra mon cadavre, mais j'aurai toujours un doigt inhumé en Terre Sainte !

Il est à peu près certain que, le 17 avril, Bonaparte ne manqua pas l'occasion de faire l'ascension du mont Thabor que Nabuchodonosor avait gravi et où le Christ s'était transfiguré. Dans la senteur des térébinthes et des cyprès, il a dû monter péniblement le mont sacré — le Mont des Taureaux, disent les Arabes — se piquant les jambes aux taillis, faisant rouler les pierres ou enfonçant ses pas dans une terre ocre et noire, sèche comme de la cendre... Mais quelle récompense arrivé au sommet ! En face de lui, il voit les monts sombres du Liban et les montagnes bleutées de Syrie, tandis qu'à perte de vue s'étalent les vallonnements de l'actuelle Jordanie sur laquelle souffle l'étouffant vent du sud, né au cœur du désert du Néguev...

Le 18 avril, Bonaparte est de retour devant Saint-Jean-d'Acre, où le siège interminable et les attaques continuent. Sans attendre l'artillerie, pourtant annoncée, Bonaparte ordonne l'offensive. La mine, nous dit Peyrusse, « n'eut d'autre effet que de faire crouler un coin de la tour... », ce qui n'empêcha pas « les grenadiers de monter hardiment la brèche, quoiqu'on vît clairement qu'il n'y avait pas d'issue ».

Enfin, l'artillerie débarque et est aussitôt mise en batterie sans guère plus de succès. Les assauts infructueux reprennent. A celui du 8 mai, nous raconte Bourrienne, « on criait déjà victoire ; mais la brèche prise à revers par les Turcs, ne fut plus abordée qu'avec un peu d'incertitude, et les deux cents hommes entrés dans la ville, ne furent pas appuyés ».

— Oui, Bourrienne ! s'exclame Bonaparte le lendemain, je vois que cette misérable bicoque m'a coûté bien du monde, et pris bien du temps. Mais les choses sont trop avancées pour ne pas tenter encore un dernier effort. Si je réussis, comme je le crois, je trouverai dans la ville les trésors du pacha, et des armes pour trois cent mille hommes. Je soulève et j'arme toute la Syrie, qu'a tant indignée la férocité de Djezzar, dont vous avez vu que la population demandait à chaque assaut la chute à Dieu. Je marche sur Damas et Alep. Je grossis mon armée, en avançant dans le pays, de tous les mécontents ; j'annonce au peuple l'abolition de la servitude et des gouvernements tyranniques des pachas. J'arrive à Constantinople avec des masses armées. Je renverse l'empire turc. Je fonde dans l'Orient un nouvel et grand empire qui fixera ma place dans la postérité et, peut-être, retournerai-je à Paris par Andrinople ou par Vienne, après avoir anéanti la maison d'Autriche !

Le lendemain, le rêve, une fois de plus, s'évanouit. Les grenadiers se jettent dans la brèche comme des forcenés, mais ils sont reçus par un feu meurtrier et l'ultime assaut — le huitième — échoue...

Bonaparte dès la veille avait pris sa décision :

— Si je ne réussis pas dans le dernier assaut que je veux tenter, je pars sur-le-champ, le temps me presse. Je ne serai point au Caire avant la mi-juin.

Devinant Aboukir, il avait prédit :

— Les vents sont alors favorables pour aller du Nord en Egypte. Constantinople enverra des troupes à Alexandrie et à Rosette, il faut que j'y sois. Quant à l'armée, qui viendra plus tard par terre, je ne la crains pas cette année. Je ferai tout détruire jusqu'à l'entrée du désert. Je rendrai impossible le passage d'une armée d'ici à deux ans.

Et, ce 20 mai, Bonaparte abandonne le siège ! A cause d'un misérable petit fort, il faut revenir en arrière ! Peut-être Kléber avait-il raison lorsqu'il soupirait :

— Nous attaquons à la turque une place défendue à l'européenne.

Ce n'est pas sans malaise qu'on lit la proclamation du 17 mai adressée aux survivants de la campagne de Palestine :

— Soldats, vous avez traversé le désert qui sépare l'Afrique de l'Asie avec plus de rapidité qu'une armée arabe. Les trente vaisseaux que vous avez vus arriver devant Acre, il y a douze jours, portaient l'armée qui devait assiéger Alexandrie ; mais, obligée d'accourir à Acre, elle y a fini ses destins ; une partie de ses drapeaux orneront votre entrée en Egypte. Enfin, après avoir avec une poignée d'hommes nourri la guerre pendant trois mois dans le cœur de la Syrie, pris quarante pièces de campagne, cinquante drapeaux, fait six mille prisonniers, rasé les fortifications de Gaza, Jaffa, Haïfa, Acre, nous allons rentrer en Egypte ; la saison des débarquements m'y rappelle. Encore quelques jours et vous aviez l'espoir de prendre le pacha même au milieu de son palais ; mais, dans cette saison, la prise du château d'Acre ne vaut pas la perte de quelques jours. Les braves que je devrais d'ailleurs y perdre sont aujourd'hui nécessaires pour des opérations plus essentielles. Soldats, nous avons une carrière de fatigues et de dangers à courir... Vous y trouverez une nouvelle occasion de gloire !

Et la même légende va couvrir le lamentable retour vers l'Egypte. La tragédie — sœur de la retraite de Russie — commence par l'abandon des pestiférés, « ce qui perça le cœur à l'armée, dira le chasseur Pierre

Millet, voyant qu'il fallait laisser nos malheureux frères d'armes à la merci des barbares, qui leur coupèrent la tête aussitôt que nous fûmes partis. Plusieurs de ces malheureux venaient criant après nous et nous conjurant de ne pas les abandonner. » Certains reçoivent de l'opium pour s'empoisonner, mais le résultat semble ne pas avoir été « satisfaisant »...

On enfouit tout le parc d'artillerie non loin du rivage, puis la longue colonne prend la route du sud, s'avançant péniblement dans les sables et sous un soleil de plomb. A Haïfa, on retrouve les pestiférés et les blessés laissés lors de la marche sur Saint-Jean-d'Acre.

« J'ai vu, racontera Bourrienne, abandonner dans les orges, des amputés, des blessés, des pestiférés, ou soupçonnés seulement de l'être. La marche était éclairée par des torches allumées pour incendier les petites villes, les bourgades, les villages, les hameaux, les riches moissons dont la terre était couverte... Nous n'étions entourés que de mourants, de pillards et d'incendiaires ; des mourants jetés sur les bords des chemins, disaient d'une voix faible : « Je ne suis pas pestiféré, je ne suis que blessé », et pour convaincre les passants, on en voyait rouvrir leur blessure ou s'en faire une nouvelle. Personne n'y croyait : on disait « Son affaire est faite ». Et l'on passait. »

Eux vivaient !

Bonaparte l'entend : ses hommes le blâment. Les grenadiers de la 69e demi-brigade, entre autres, ne mâchent pas leurs mots à l'égard de leur général. Napoléon s'adresse à Audibran, chargé de la construction des fours à l'armée :

— Que pense-t-on de la levée du siège de Saint-Jean-d'Acre ?

Il lui répond dans sa langue provençale :

— *Dian qu'avez foutu un pétard didans la fangue* (1)...

Le 21 mai, l'armée en retraite — pour ne pas dire en déroute — atteint Tantoura, la moderne Dor ; il fait ce jour-là une chaleur étouffante. Les hommes n'ont pour se reposer « que des sables arides et brûlants ; à leur droite, une mer ennemie et déserte ». Les pertes en blessés et malades sont déjà considérables, et Bonaparte, à peine sa tente dressée, appelle Bourrienne pour lui dicter une note : tout le monde doit désormais aller à pied !

— On donnera tous les chevaux, les mulets et les chameaux aux blessés, aux malades et aux pestiférés qui ont été emmenés, et qui manifestent encore quelques signes de vie... Portez cela à Berthier.

A peine Bourrienne est-il revenu que Vigogne, l'écuyer du général en chef, pénètre à son tour sous la tente en portant la main à son chapeau :

— Général, demande-t-il, quel cheval vous réservez-vous ?

L'apostrophe fait sursauter Bonaparte qui ne peut maîtriser sa fureur. D'un violent coup de cravache il cingle la figure de l'écuyer, en hurlant :

— Que tout le monde aille à pied, f...e ! moi le premier. Ne connaissez-vous pas l'ordre ? Sortez !

« Ce fut alors à qui ne donnerait pas son cheval pour les malades que l'on croyait attaqués de la peste, poursuit Bourrienne. On s'informait avec soin du genre de la maladie ; quant aux blessés et aux amputés, l'on ne faisait pas la moindre difficulté. J'avais un très bon cheval pour moi, une mule et deux chameaux ; je donnai le tout avec le plus grand plaisir ; mais j'avoue que je recommandai à mon domestique

(1) On dit que vous avez lancé un pétard dans la boue...

de faire tout son possible pour ne pas avoir un pestiféré sur mon cheval. »

On prend maintenant au plus court. L'armée longe la côte, évitant le crochet vers Zeitah fait à l'aller. Le ciel est obscurci par la fumée des villages incendiés par les Français. Le 22 mai, Bonaparte s'arrête aux ruines de l'amphithéâtre de Césarée. Il campe au milieu des murailles, où s'accroche la végétation, qui avaient été élevées là par les Croisés, et, pour la majeure partie, jetées à bas par le déferlement de la furie musulmane.

Le 24 mai, en retrouvant Jaffa et ses pestiférés, il est bien difficile au vaincu de Saint-Jean-d'Acre de croire encore en son étoile. Il retourne voir les malades, traversant rapidement les salles, frappant légèrement le revers jaune de sa botte avec la cravache qu'il tient à la main. Tout en marchant à grands pas, il répète :

— Les fortifications sont détruites. La fortune m'a été contraire à Saint-Jean-d'Acre. Il faut que je retourne en Egypte pour la préserver des ennemis qui vont arriver. Dans peu d'heures les Turcs seront ici, que tous ceux qui se sentent la force de se lever viennent avec nous, ils seront transportés sur des brancards et des chevaux.

Le silence absolu lui répond.

Que faire de ces malheureux ? « Les emmener dans l'état où ils étaient, dira Bourrienne, c'était évidemment inoculer la peste dans les restes de l'armée. » A ces survivants, du poison fut-il administré ? Le fait est nié par certains témoins, affirmé par d'autres, dont Bourrienne. Desgenettes précisera même : « Quelques-uns rejetèrent le poison par le vomissement, furent soulagés, guérirent et racontèrent tout ce qui s'était passé. » Quoi qu'il en soit, lorsque les Turcs entrèrent à Jaffa, ils ne trouvèrent que sept malades encore vivants.

Semant sa route de cadavres, l'armée quitte Jaffa pour le Caire le 28 mai. Bonaparte atteindra seulement « sa » capitale le 14 juin, en passant par Gaza et El Arich. Durant cette longue marche il a le loisir de penser à sa situation peu brillante : quarante-cinq mille hommes ont débarqué l'année précédente à Alexandrie ; il en reste seulement la moitié. Victoires et échecs ont opéré une terrible saignée. Aussi Bonaparte espère-t-il créer une armée de noirs. Il ordonnera à Desaix — qui se trouve encore en Haute Egypte — d'acheter « deux à trois mille nègres ayant plus de seize ans ». Il adressera la même demande — dans un mois — au sultan-négrier de Darfour.

Tout en avançant avec peine dans le sable brûlant, il doit se rendre à l'évidence : pour la première fois, il a été vaincu.

— Mon imagination est morte à Saint-Jean-d'Acre, dira plus tard l'Empereur.

Et il ajoutait :

— Mes projets, comme mes songes... L'Angleterre a tout détruit !

Mais cet échec passera presque inaperçu grâce à la visite du général victorieux à Nazareth, grâce aussi à cette victoire du mont Thabor là même où le passé — et quel passé ! — revivait sous ses pas... Un ton épique va transformer la défaite en journée de gloire. Les soldats de Rivoli seront comparés aux Croisés de Godefroy de Bouillon venus sauver les « lieux saints ».

Phélipeaux est mort de la peste et, seuls les Anglais croiront sir Sidney lorsqu'il prophétisera en écrivant à Nelson : « La plaine de Nazareth est le terme de l'extraordinaire carrière de Bonaparte. »

La rapide bataille d'Aboukir.
Lannes, sur les ordres de Bonaparte, vient d'enlever les collines qui protégeaient Aboukir et fait prisonnier le pacha Mustapha. On voit au second plan les 20.000 Turcs, fuir dans le désordre et jetés à la mer. Plus un Turc en armes ne demeurait sur le territoire de l'Egypte.

XII

LE GÉNÉRAL « BONATTRAPE »

Du triomphe à la chute, il n'est qu'un pas. J'ai vu dans les plus grandes circonstances, qu'un rien a toujours décidé des plus grands événements.

NAPOLÉON.

« IL est arrivé au Caire, le *Bien-Gardé*, le chef de l'armée française, le général Bonaparte qui aime la religion de Mahomet, annonce le Diwan. Nous l'avons tous vu de nos yeux et touché de nos mains. Il est arrivé bien portant et bien sain, remerciant Dieu des faveurs dont il le comble. »

— J'ai appris que des ennemis ont répandu le bruit de ma mort, déclare le général en chef aux chefs égyptiens venus l'accueillir aux portes de la ville. Regardez-moi bien et assurez-vous que je suis réellement Bonaparte.

Le cheik El Bekry, le premier et le plus respecté de la nombreuse famille issue de Mahomet, offre comme présent au général un superbe cheval arabe noir, couvert d'une housse brodée d'or, de perles et de pierres fines. Ce cheval est conduit à la main par un jeune Mameluk nommé Roustam, esclave du cheik, qui le donne également à Bonaparte. Sur-le-champ, *Abounaparte* saute à cheval et, prenant la tête du cortège pénètre triomphalement dans la ville, par la porte Bab-el-Nassar, dite de la Victoire.

« Entré au service du général en chef, racontera Roustam dans son récit pittoresque, M. Elias m'amène chez le général qui me reçut dans son salon. Première chose qu'il me fait, il me tire les oreilles. Il me dit si je sais monter à cheval. Je lui dis oui. Il me demande aussi si je sais donner des coups de sabre. Je lui dis :

— Oui, j'ai même sabré plusieurs fois les Arabes.

Roustam exhibe la blessure qu'il a reçue sur sa main.

— C'est très bien. Comment t'appelles-tu ?

— Yahia.

— Mais c'est un nom turc. Quel nom portais-tu en Géorgie ?

— Je m'appelle Roustam.

— Je ne veux pas que tu portes un nom turc. Je veux que tu portes le nom de Roustam.

« Après sa rentrée dans sa chambre, il m'apporte un sabre damassé, sur la poignée six gros diamants et une paire de pistolets garnis en or. Il me dit :

— Tiens, voilà pour toi ! Je te le donne et j'aurai soin de toi.

« Il me fait rentrer dans une chambre remplie de papiers. Il me fait emporter tout dans son cabinet. Je servis son dîner, le même jour, à huit heures du soir. Après dîner, il demanda sa voiture pour aller promener alentour de la ville. Il fait demander M. Lavigne, son piqueur, pour me faire donner un bon cheval arabe et une belle selle turque et nous avons été promener, que j'étais placé à côté de sa portière.

« Le soir même, il me dit :

— Voilà ma chambre à coucher. Je veux que tu couches à ma porte et tu laisseras entrer personne. Je compte sur toi.

« Je lui dis, par M. Elias, qui était à côté de moi :

— Je me trouve heureux d'avoir sa confiance et je mourrais plutôt que de quitter ma porte et laisser entrer du monde dans la chambre. Vous pouvez compter sur moi. »

Durant un mois — jusqu'au 14 juillet — Bonaparte ne quittera pas le Caire. Sent-il, après l'effroyable retraite, qu'il lui faut reprendre en main le pays ? Plusieurs agitateurs sont enfermés à la citadelle. Bonaparte décide de les faire fusiller. Le 23 juin, le général Dugua lui fait cette proposition : « Les fusillades devenant fréquentes à la Citadelle, je me propose, général, d'y substituer un coupeur de têtes. Cela ménagerait nos cartouches et ne ferait pas tant d'éclat. » « *Accordé* », trace Bonaparte en marge de la demande. Sept lettres que l'on préférerait ne pas trouver sous la signature du futur empereur...

Le 14 juillet, ayant appris que Mourad Bey campe aux Pyramides, Napoléon y transporte son quartier général, mais le lendemain une estafette lui annonce que, secondés par les Anglais de Sidney Smith, neuf à dix mille Turcs sont, au même moment, en train de débarquer et ont déjà occupé le fort d'Aboukir, non loin d'Alexandrie, dont ils ont massacré la garnison. Aussitôt, Bonaparte se met en route avec l'armée, forte de dix mille hommes. Il met une semaine pour atteindre Alexandrie, quitte le port le lendemain même de son arrivée et va passer la nuit à moins de deux lieues d'Aboukir. Le 25 juillet, les deux armées sont face à face : elles restent ainsi en présence durant deux longues heures, « dans ce calme avant-coureur de la tempête », a raconté Bonaparte.

— Cette bataille va décider du sort du monde, annonce-t-il à Murat.

La parole est tout d'abord donnée aux batteries françaises. Surprise par la violence du feu, la première vague turque perd contenance. Lannes fonce, bouscule les Ottomans, les repousse vers la plaine où les attend la cavalerie. En une heure, la première ligne turque est rejetée à la mer. Demeure la seconde ligne dont le centre occupe la redoute du mont Vizir et qui possède dix-sept bouches à feu. Dès le début de l'action, l'artillerie française prend l'ennemi à revers. Dans la trouée faite par les canons, Murat, suivi de six cents cavaliers, s'engouffre et fait un effarant massacre.

— Est-ce que la cavalerie a juré de tout faire aujourd'hui ? s'exclame Bonaparte.

Le 18e de Ligne combat cependant de son mieux, mais le régiment est débordé par les janissaires qui, touchant une aigrette d'argent par tête de Français abattu, travaillent furieusement du sabre, n'hésitant pas à achever les blessés. Irrité par ce spectacle, fouetté par l'exclamation de leur général, le 69e de Ligne vole au secours du 18e et parvient à pénétrer dans la redoute. La cavalerie de Lannes s'élance alors vers le camp de Mustapha-Pacha, le *séraskier* de Roumélie à barbe blanche, qui se bat en héros. Gravement blessé, il tient tête aux Français et, à l'instant de se rendre, blesse Murat à la mâchoire. Le futur beau-frère de Bonaparte riposte en coupant au Pacha deux doigts d'un coup de sabre, et Bonaparte bandera lui-même la main du vaincu avec son mouchoir...

La fin de la bataille ne sera plus qu'une boucherie :

« Sur les flots, racontera Napoléon, flottaient des milliers de turbans et d'écharpes que la mer rejetait au rivage. » Parmi les rares survivants se trouvait le futur khédive Mehemet-Ali, fondateur de la dernière dynastie égyptienne. Les Français n'avaient que deux cents morts à déplorer.

— Mon général, s'exclame Kléber, alors que le soleil descend sur le champ de bataille, vous êtes grand comme le monde, mais le monde n'est pas assez grand pour vous !

Napoléon le dira un jour :

— C'est une des plus belles batailles que j'aie vues.

Mais, dans sa lettre au Directoire, il avouera que le combat lui avait semblé « le plus horrible » auquel il lui avait été donné d'assister.

Après la bataille, Bonaparte a envoyé un officier à bord du vaisseau amiral anglais pour traiter un échange de prisonniers. L'amiral britannique remet au parlementaire la *Gazette Française de Francfort,* en date du 10 juin 1799. Depuis dix mois, Bonaparte se trouve sans nouvelles de France. Il parcourt le journal avec une hâte fébrile.

— Eh bien, déclare-t-il à Bourrienne, mon pressentiment ne m'a pas trompé : l'Italie est perdue ! ! ! Les misérables ! Tout le fruit de nos victoires a disparu. Il faut que je parte.

Il réclame la présence de Berthier et s'enferme durant quatre heures avec lui. Puis il fait appeler l'amiral Ganteaume, qui se trouvait l'année précédente à bord de *l'Orient,* incendié à Aboukir, et qui avait échappé, par miracle, au désastre. Devenu commandant en chef des forces navales employées sur le Nil et le long des côtes d'Afrique, ayant assisté à toutes les opérations, c'est tout naturellement à lui que Bonaparte va confier son destin pour regagner la France.

Ganteaume offre ce qu'il a de mieux : deux frégates vénitiennes, la *Muiron* et la *Carrère*, seuls bâtiments de guerre dans le port, en état de naviguer. Deux autres petits bâtiments — la *Revanche* et la *Fortune* — pourront être joints aux frégates.

Bonaparte reçoit ensuite Marmont qui s'est battu, tel un lion, durant toute la campagne, aussi bien aux Pyramides qu'à Alexandrie où, chargé de la défense de la ville, il a résisté victorieusement aux attaques des flottes anglaise et turque :

— Marmont, je me décide à partir pour retourner en France, et je compte vous emmener avec moi. L'état des choses en Europe me force à prendre de grands partis ; des revers accablent nos armées et Dieu sait jusqu'où l'ennemi aura pénétré. Le prix de tant d'efforts, de tant de sang versé, nous échappe. Aussi, que peuvent les gens incapables placés à la tête des affaires ?... Moi absent, tout devait crouler. N'attendons pas que la destruction soit complète : le mal serait sans remède. La traversée pour retourner en France est chanceuse, difficile, hasardeuse ; mais elle l'est moins que ne l'était notre navigation en venant ici et la fortune, qui m'a soutenu jusqu'à présent, ne m'abandonnera pas en ce moment. Au surplus, il faut savoir oser à propos ; qui ne se soumet à aucun risque n'a aucune chance de gain. On apprendra en France, presque en même temps, et la destruction de l'armée turque à Aboukir, et mon arrivée. Ma présence, en exaltant les esprits, rendra à l'armée la confiance qui lui manque et, aux bons citoyens, l'espoir d'un meilleur avenir. Il y aura un mouvement dans l'opinion tout au profit de la France. Il faut tenter d'arriver et nous arriverons !

Sans doute Bonaparte se trouve-t-il dans la quasi-impossibilité de demander une « permission » au ministre de la guerre, mais il n'en prend pas moins la résolution d'abandonner son poste et son armée.

Le 11 août, il est rentré au Caire et cache soigneusement son projet de départ. Il annonce simplement qu'il se rend pour une inspection dans le delta. Kléber, qui va pourtant succéder à Bonaparte, n'est même pas mis au courant. Une exception est faite pour Pauline Fourès qu'il n'emmènera pas avec lui :

— Je puis être pris par les Anglais, lui explique-t-il la veille du départ ; tu dois, toi-même, avoir soin de ma gloire. Que ne diraient-ils pas en trouvant une femme à mon bord ?

Le 18 août, il quitte le Caire et, à Boulak, une embarcation va l'emmener, par le Nil, jusqu'à Menouf. Le lendemain, avant de monter à cheval, il pousse la comédie jusqu'à écrire à Kléber qui se trouve à Damiette : « Vous recevrez une lettre le 3 ou le 4 fructidor soit le 20 ou le 21 août), partez, je vous prie, sur-le-champ, pour vous rendre, de votre personne, à Rosette... J'ai à conférer avec vous sur des affaires extrêmement importantes... »

Le 21 août, le fugitif fait semblant de se diriger vers Alexandrie mais, en réalité, prend la route de El-Rahmanyeh. « En chemin faisant, raconte Roustam dans sa langue colorée, nous avons rencontré une grande quantité d'Arabes qui barraient notre passage. J'ai demandé la permission au général pour charger sur les Arabes avec les guides qui étaient l'escorte du général. Il me dit :

— Oui, va et prends garde que les Arabes te prennent, car on ne te ménagera pas !

« J'avais un bien bon cheval, je craignais rien et j'étais bien armé : j'avais deux paires de pistolets, un sabre, un tromblon, et un casse-tête sur ma selle. Après la charge, le général a demandé à M. Barbanègre, qui commandait la charge, si je m'étais bien comporté. Il lui dit :

— Oui, c'est un brave soldat, il a blessé deux Arabes.

« Après ça, le général, il me fait donner un poignard d'honneur le même jour, qui m'a fait le plus grand plaisir. Depuis cette époque-là, il m'a jamais quitté. Nous sommes couchés, ce jour-là, dans le désert, sur le sable. »

Le 20 août, arrivé à trois lieues d'El-Rahmanyeh, Bonaparte ordonne au général Menou de quitter Rosette « une demi-heure après la réception du présent ordre » pour se rendre à la fontaine — là même où se trouvait le quartier général le jour de la bataille d'Aboukir. Le 21, Menou est fidèle au rendez-vous — et le dialogue s'engage :

— Où allez-vous, général ? demande-t-il à Bonaparte.

— En France.

— Y songez-vous ! Songez-vous que vous nous êtes nécessaire ?

— Je le serai davantage là-bas. J'arriverai à Paris, je chasserai ce tas d'avocats qui se moquent de nous et qui sont incapables de gouverner la République ; je me mettrai à la tête du gouvernement, je rallierai tous les partis, je rétablirai la République italienne et je consoliderai notre magnifique colonie.

Le 22 août, après avoir passé la nuit au puits de Ber-el-Gitas, Bonaparte et ses compagnons s'arrêtent non loin d'Alexandrie, sur la plage devant laquelle ont mouillé les deux frégates. Ganteaume, craignant que la voile anglaise, aperçue le matin voguant vers l'est, ne revienne sur sa route, demande que l'embarquement se fasse uniquement de nuit. Seuls quelques officiers, les domestiques et le détachement de guides montent à bord. En attendant, *Abounaparte* écrit au Diwan du Caire et, pour expliquer sa fuite, il invente toute une histoire...

« Ayant été instruit que mon escadre était prête et qu'une armée formidable était embarquée dessus ; convaincu comme je vous l'ai plusieurs fois dit que, tant que je ne frapperai pas un coup qui écrase à la fois tous mes ennemis, je ne pourrai jouir tranquillement et paisiblement de la possession de l'Egypte, la plus belle partie du monde, j'ai pris le parti d'aller me mettre à la tête de mon escadre, laissant le commandement en mon absence au général Kléber, homme d'un mérite distingué et auquel j'ai recommandé d'avoir pour les ulémas et les cheiks, la même amitié que moi. »

Bonaparte n'a même pas osé affronter « l'homme d'un mérite distingué ». Kléber n'a toujours pas été prévenu ! Par une lettre écrite en hâte, il lui annonce son départ, précipité par « la crainte que la croisière anglaise ne paraisse d'un moment à l'autre », et tente d'expliquer tant bien que mal ses raisons : « L'intérêt de la patrie, sa gloire, l'obéissance, les événements extraordinaires qui viennent de s'y passer, me décident seuls à passer au milieu des escadres ennemies pour me rendre en Europe. Je serai d'esprit et de cœur avec vous ; vos succès me seront aussi chers que ceux où je me trouverais moi-même, et je regarderais comme mal employés tous les jours de ma vie où je ne ferai pas quelque chose pour l'armée dont je vous laisse le commandement. »

Il lui donne également le conseil qui, à lui seul, démontre la faillite de l'inutile, et indéfendable, conquête :

« Si, par des événements incalculables, toutes les tentatives étaient infructueuses, et qu'au mois de mai vous n'ayez reçu aucun secours, ni nouvelles de France, et si, cette année, malgré toutes les précautions, la peste était en Egypte et vous tuait plus de quinze cents hommes, je pense que, dans ce cas, vous ne devez point vous hasarder à soutenir la campagne prochaine et que vous êtes autorisé à conclure la paix avec la Porte Ottomane, quand bien même l'évacuation de l'Egypte devrait en être la condition principale »...

Quand Kléber lut ces lignes embarrassées, il explosa :

— Notre homme est parti comme un sous-lieutenant qui brûle sa paillasse après avoir rempli du bruit de ses dettes et de ses fredaines, les cafés de la garnison.

L'armée, par contre, trouvant ce déménagement à la cloche de bois fort amusant, admirera le fabuleux retour de la frégate passant à travers les navires britanniques, et se contentera de baptiser son chef le *général Bonattrape*...

***

Au matin du 23 août, la *Muiron* et la *Carrère* lèvent l'ancre. A bord des deux petites frégates ont pris place Murat, Berthier, Duroc, Lannes et Marmont. Quel coup de filet pour une escadre anglaise ! Bonaparte empêche Ganteaume de prendre l'itinéraire habituel. Avec son extraordinaire prescience, il ordonne :

— Je veux que vous longiez autant que possible la côte d'Afrique, le long des rives de la Méditerranée. Vous suivrez cette route jusqu'au sud de la Sardaigne. J'ai ici une poignée de braves, j'ai un peu d'artillerie ; si les Anglais se présentent, je m'échoue sur les sables ; je gagnerai par terre avec ma troupe Oran, Tunis ou un autre port, et là je trouverai le moyen de me rembarquer.

Le lendemain du départ, Roustam demande à parler à son maître :

— Te voilà, Roustam ! Comment te portes-tu ?

— Très bien, mais très inquiet sur mon sort...

— Mais pourquoi ça ?...

— Tout le monde dit que quand je serai arrivé en France, on me coupera la tête parce que, quand les Mameluks prenaient les soldats français ils faisaient couper la tête, la même chose : ça me donne un peu d'inquiétude. Si c'est vrai, comme on dit, je voudrais que ce soit à présent, et qu'on ne me fasse pas souffrir jusqu'en France !

Bonaparte lui tire les oreilles, « comme tous les jours » :

— Ceux qui t'ont dit ça, sont des bêtes. Ne crains rien. Nous arriverons bientôt à Paris et nous trouverons beaucoup de jolies femmes et beaucoup d'argent. Tu vois que nous serons bien heureux, bien plus qu'en Egypte !

Pourtant, les vingt et un premiers jours, les vents, soufflant de l'ouest ou du nord-ouest, leur sont constamment contraires ; ils repoussent sans cesse vers les côtes de la Syrie ou vers Alexandrie les deux frégates — par ailleurs « mauvaises marcheuses », dira Napoléon. « Un instant, nous rapporte Bourrienne, il fut même question de rentrer dans le port d'où nous étions sortis ; mais Bonaparte déclara qu'il aimait mieux affronter toutes les chances que de revenir sur ses pas. Le jour, on courait des bordées jusqu'à une certaine distance dans le nord, le soir on se rapprochait de l'Afrique jusqu'à ce que l'on fût à la vue des côtes. »

Dès que la nuit tombe, on se garde bien d'allumer le moindre fanal, de peur de se voir repérer par l'un des bâtiments de Sidney Smith. Bonaparte, d'ailleurs, ne vit plus : son calme l'a abandonné ! « La crainte de tomber entre les mains des Anglais ne le quittait pas, dira l'un de ses compagnons, c'était ce qu'alors il redoutait le plus. » Enfin, le 13 septembre, les vents d'est se lèvent et les frégates quittent l'Afrique à la hauteur de Carthage pour remonter les côtes de Sardaigne.

Le voyage — il durera quarante-sept jours — paraît à tous interminable. Une seule distraction : les contes de revenants que Bonaparte excelle à raconter à ses compagnons. On joue aussi aux cartes — au jeu du vingt-et-un. La Révolution a transformé les rois en *génies,* les reines en *libertés,* les valets en *égalités* et les as en *lois.* On vit aussi les rois métamorphosés en *sages* ou en *philosophes* et les reines en *vertus...*

Le général en chef triche ouvertement. « Je dois dire, précisera Bourrienne, qu'il ne profitait point des petites violences qu'il faisait au hasard, qu'à la fin de la partie il rendait tout ce qu'il avait gagné et on se le partageait. Le gain, comme on peut le croire, lui était indifférent, mais la fortune lui devait, à point nommé, un as ou un dix, comme elle lui devait un temps favorable le jour d'une bataille. »

Bonaparte vogue ainsi vers l'inconnu. Les nouvelles de France paraissent déjà si vieilles ! Elles datent du début du mois de juin et l'on n'atteindra point Paris avant la mi-octobre. Quatre mois ! Trouvera-t-il le pays envahi ? Le Directoire renversé ? Comment sera-t-il accueilli ? Sa seule présence ne pourrait-elle pas être considérée comme un danger par ceux — connus ou inconnus — qui détiennent le pouvoir ? Puisque « le sabre » dont avait parlé Barras revient, ne profitera-t-on pas du prétexte de la « désertion », et de l'échec de la campagne syrienne, pour mettre fin à la carrière du postulant à la dictature ? Ses compagnons, tout aussi inquiets que lui — Bonaparte arrêté, leur avenir se trouverait du même coup plus que compromis — guettent ses paroles. Mais « rien encore dans ses discours ne perce de ce qu'il va faire », dira son aide de camp Lavalette. « Quelques mots échappés, quelques rêveries, et des insinuations indirectes » leur donnent seulement « beaucoup à penser ». Napoléon ne devient pas plus prolixe lorsqu'il parle du gouvernement du Directoire. Son dédain est total.

Le 1er octobre, la *Muiron* entre dans le port d'Ajaccio. Aussitôt toute une foule s'agite dans les barques autour de la chambre de poupe. Une vieille femme, vêtue de noir, tient ses bras élevés vers le général, en criant :

— *Caro figlio !*

Enfin, Bonaparte la distingue et crie :

— *Madre !*

C'est sa nourrice...

Pour la dernière fois de sa vie — mais qui pouvait alors prédire le plus extraordinaire destin de l'Histoire ? — Napoléon séjourne durant quelques jours dans sa ville natale et vit avec tout son état-major dans la chère *casa* qui a été remise à neuf selon ses ordres par Mme Letizia qui s'est occupé de tout. Il retrouve sa maison comme nous pouvons la voir encore aujourd'hui : sa petite chambre avec son lit de noyer, sa table de nuit Louis XVI, le plafond bas aux poutres apparentes. Le salon de la Madre est devenu presque somptueux. La nouvelle galerie, éclairée par douze fenêtres donnant sur la rue du Poivre et dont les murs sont peints à rayures bleues et jaunes, est inaugurée par un dîner de quarante couverts. Les invités apprécient particulièrement le vin de l'année déjà vendangé ; il est excellent et on le vend à Ajaccio deux sous la bouteille. Bonaparte se rend aussi aux Milelli, à la rencontre de ses souvenirs de jeunesse. La vue sur le golfe y est si belle...

Les vents ne sont point bonapartistes. C'est le calme plat et, seulement le 8 octobre, la brise permet à la flottille de reprendre la mer. Le soir, au moment du coucher du soleil, quatorze voiles anglaises se profilent à l'horizon. Les vaisseaux de Sidney Smith voient encore plus nettement les quatre nefs portant Napoléon et sa fortune : le soleil les éclaire de plein fouet. Assurément, les Anglais pourraient se placer entre la *Muiron* et la côte — et, dans ce cas, comment les canons des deux frégates auraient-elles pu lutter ? Ganteaume propose de faire demi-tour pour regagner la Corse.

— Non, lui réplique Bonaparte, non, faites force de voiles, tout le monde à son poste. Au nord-ouest, au nord-ouest, marchons !

Déjà le général désigne quelques personnes. Si la flotte anglaise se dirige vers les fugitifs, on mettra une chaloupe à la mer et l'on essayera, à force de rames, de gagner le rivage. La nuit se passe dans l'angoisse. Fort heureusement, au matin, les premiers rayons du soleil montrent l'escadre ennemie faisant franchement voile vers le nord-est. Les deux légers vaisseaux sont de construction vénitienne et les Anglais, n'ayant pu imaginer que ces frégates et les deux petits bâtiments qui les suivent, viennent d'Orient, les ont crus d'origine italienne.

Ce même jour, les quatre bateaux reçoivent une bordée des batteries françaises de la côte, ouvrant le feu sur la *Muiron* et la *Carrère*. On les prend, cette fois, pour des Anglais !... Fort heureusement, il n'y a point de dégâts et la flottille jette l'ancre devant Saint-Raphaël. La nouvelle du retour de Bonaparte se répand à terre et, aussitôt, la mer se couvre d'embarcations. Selon le règlement, tous ceux qui reviennent alors de l'Orient sont présumés pestiférés et doivent se plier à la traditionnelle quarantaine. « En vain, racontera l'un des compagnons de Bonaparte, nous les engagions à s'éloigner, nous fûmes enlevés et portés à terre, et si nous disions à la foule d'hommes et de femmes qui se pressaient autour de nous quel danger ils pouvaient courir, tous s'écriaient :

— Nous aimons mieux la peste que les Autrichiens ! »

Bien sûr, il n'est point question pour Bonaparte de demeurer quarante jours à bord de la *Muiron*. Dès qu'il est mis au fait de la situation intérieure et extérieure — les Autrichiens, les Russes et les Anglais reculent ou n'avancent plus grâce à Brune et à Masséna — il prend sans tarder le chemin d'Aix-en-Provence pour rejoindre — le 10 octobre — la route de Marseille à Paris. « Citoyens Directeurs, écrit-il au Directoire, depuis mon départ de France je n'ai reçu qu'une seule fois de vos dépêches ; elles me sont arrivées le 5 germinal, devant Acre ; elles étaient datées du 14 brumaire et du 5 nivôse ; elles me donnaient la nouvelle de nos succès contre Naples, ce qui me faisait conjecturer une guerre prochaine sur le continent ; et, dès lors, j'ai pressenti que je ne devais pas rester longtemps éloigné de la France. »

Il en arrive maintenant au principal — et le voici fort embarrassé. Comment expliquer l'échec devant Saint-Jean-d'Acre ? Comment transformer l'affreuse retraite en victoire ? Ecoutez-le : « Mais si j'avais détruit au cours de ma campagne de Syrie les armées qui menaçaient d'envahir l'Egypte en traversant le désert, il me restait à voir l'issue de l'expédition maritime qui se préparait avec beaucoup d'activité dans la mer Noire. Le débarquement ne pouvait s'opérer qu'à Alexandrie ou à Damiette et je me tins prêt à me porter sur Alexandrie. Vous avez vu dans mes dernières dépêches l'issue de la bataille d'Aboukir. »

Il termine en assurant qu'il a laissé « l'Egypte bien organisée » et « à l'abri de toute invasion ».

Enfin : « elle était déjà toute sous l'eau, et le Nil était plus beau qu'il ne l'avait été depuis cinquante ans ». Le général Bonattrape gouverne même les eaux du Nil ! De quoi le Directoire pourrait-il se plaindre ?

Persuadé que les cinq rois dont il va bientôt former le projet de prendre la place, vont accepter sans sourciller ses explications, Bonaparte prend le chemin de la Provence — et c'est alors qu'un orateur d'un club lui adresse ces paroles :

— Allez, général, allez battre et chasser l'ennemi, et après nous vous ferons roi.

Le jour suivant, à Avignon, l'enthousiasme est d'autant plus à son comble que la nouvelle de la victoire d'Aboukir vient de parvenir en France. « Spectacle électrisant », une foule immense se masse place de l'Oulle, devant l'hôtel du Palais National, où est descendu celui que l'on appelle déjà le sauveur. Le 12 octobre, à son passage à Valence, Mlle Bou, son ancienne logeuse, accourt à la maison de poste. Bonaparte lui offre un cachemire de l'Inde.

Le lendemain, il arrive à Lyon. Les postillons ont orné leurs chapeaux de rubans tricolores. Toutes les maisons sont illuminées et pavoisées de drapeaux. On tire des fusées, on danse dans les rues, on crie : *Vive Bonaparte qui vient sauver la patrie !*, on prépare au théâtre une pièce « de circonstance » en l'honneur de « *César et sa fortune* ». Marcelin Marbot, alors fort jeune, accompagne son père, le général de division, qui descend vers l'armée d'Italie. Bonaparte qui a occupé à l'hôtel les chambres retenues par Marbot, le prie de l'excuser et le reçoit longuement. « Nous les voyions tantôt gesticuler avec chaleur, tantôt parler avec plus de calme, rapportera le futur pair de France et général sous Louis-Philippe, puis Bonaparte, se rapprochant de mon père avec

La célèbre université suédoise d'Uppsala — ou d'Upsal — conserve ce beau portrait du Premier Consul.

(Paul P. Hendrickx).

un air patelin, passer amicalement son bras sous le sien, probablement pour que les autorités qui se trouvaient dans la cour et les nombreux curieux qui encombraient les croisées du voisinage, pussent dire que le général Marbot adhérait aux projets du général Bonaparte, car cet homme habile ne négligeait aucun moyen pour parvenir à ses fins ; il séduisait les uns et voulait faire croire qu'il avait gagné aussi ceux qui lui résistaient par devoir. »

⁂

Ce même jour, la nouvelle de son retour a atteint Paris et, ici, il faut donner la parole à Thiébault qui, ce soir-là, se promenait au Palais-Royal : « J'y étais à peine entré par la grande porte, quand, à l'autre extrémité du jardin, je vis un groupe se former et se grossir, puis, des hommes et des femmes courant à toutes jambes... sans doute on échangeait l'annonce d'une grande nouvelle, insurrection, victoire ou défaite. Pour abréger mon incertitude, j'avais hâté le pas ; je voulus même questionner quelques personnes qui, venant du rassemblement, me croisaient en précipitant leurs pas. Aucune ne s'arrêta, mais un homme, sans cesser de courir, me cria d'une voix tout essoufflée cette phrase :

— Le général Bonaparte vient de débarquer à Fréjus !

« Alors, à mon tour, je subis l'effet du vertige, et, après le premier instant de stupeur, qui me retint pendant quelques secondes fixé au sol, je pris ma course pour rejoindre mon cabriolet que j'avais laissé rue du Lycée... Cette nouvelle que le Directoire venait de faire annoncer aux Conseils par un messager précédé d'une musique, se propagea avec la rapidité fluide de l'électricité... La musique des garnisons de la capitale parcourait déjà Paris en signe d'allégresse, entraînant à leur suite des flots de peuple et de soldats. La nuit venue, des illuminations furent improvisées dans tous les quartiers, et ce retour aussi désiré qu'inattendu, fut annoncé dans tous les théâtres aux cris de : *Vive la République ! Vive Bonaparte !* »

Au même instant, Joséphine roule déjà à la rencontre de son mari, mais, en compagnie d'Hortense, elle a pris la route de Bourgogne alors que Bonaparte a choisi celle du Bourbonnais. Elle compte sur le souvenir de leurs étreintes pour éviter le divorce. En lisant la lettre écrite l'année précédente par Bonaparte à son frère, elle a appris que son mari « savait tout ». Au mois de mars dernier, Louis en revenant d'Egypte lui avait confirmé la détermination que son frère avait prise. Le futur roi de Hollande avait apporté une lettre pour Joseph : « Aie des égards pour ma femme, recommandait le mari trompé, vois-là quelquefois ; je prie Louis de lui donner quelques bons conseils. » Ces conseils — donnés ou non — n'avaient pas pour autant interrompu la folle aventure de l'amoureuse créole avec son cher Hippolyte. Avec une inconscience aussi féminine que désarmante, elle avait écrit à Eugène le 4 octobre — Bonaparte se trouvait alors à Ajaccio : « Je n'aurais plus rien à désirer, surtout si je retrouve Bonaparte tel qu'il m'a quittée et qu'*il aurait toujours* dû être pour moi... »

A moins que par une ruse assez classique, dont elle était bien capable, elle ne veuille imputer les torts à Bonaparte pour amoindrir les siens ! En fait, elle était bien la cause du seul reproche qu'elle pouvait lui faire. Car ce n'est qu'après avoir connu son infortune que son mari s'était affiché, en Egypte, avec *Bellilotte.*

Bonaparte roule vers Paris avec l'intention bien

ancrée de divorcer. Sa résolution sera encore affermie en voyant la maison vide, à son arrivée le 16 octobre, à six heures du matin, rue Chantereine, — où il retrouve le froid brouillard parisien ; dans une semaine on sera en brumaire... On a beau lui dire que Joséphine est partie à sa rencontre, il hausse les épaules. Sa colère est profonde et terrible. Il est torturé à l'idée que Charles, cette fois encore, est peut-être du voyage ?

— Les guerriers d'Egypte, s'exclame-t-il, sont comme ceux du siège de Troie : leurs femmes ont gardé le même genre de fidélité.

— Vous lui pardonnerez, général, lui affirme le fournisseur de l'armée d'Italie, Collot.

— Moi ? Lui pardonner ? Jamais ! Si je n'étais pas sûr de moi, j'arracherais mon cœur et je le jetterais au feu !

— Quoi ? s'exclame le financier, vous voulez vraiment quitter votre femme ?

Une paire de pincettes à la main, tout en tisonnant avec rage le feu de bois de son bureau, Bonaparte lui lance :

— Ne l'a-t-elle pas mérité ?

— Je l'ignore, mais est-ce le moment de s'en occuper ? Songez à la France. Elle a les yeux fixés sur vous. Elle s'attend à voir tous vos moments consacrés à son salut. Si elle s'aperçoit que vous vous agitez dans des querelles domestiques, votre grandeur disparaît, vous n'êtes plus à ses yeux qu'un mari de Molière. Laissez là les torts de votre femme et commencez par relever l'Etat.

— Non ! interrompt Bonaparte avec violence, elle ne mettra plus le pied dans ma maison. Que m'importe ce qu'on en dira ! On en bavardera un jour ou deux, le troisième on n'en parlera plus. Au milieu des événements qui s'amoncellent, qu'est-ce qu'une rupture ? La mienne ne sera point aperçue...

Collot tente encore de lutter :

— Tant de violence me prouve que vous en êtes toujours épris. Elle paraîtra, s'excusera, vous lui pardonnerez, et vous serez plus tranquille.

— Moi ? dit-il en criant et en brandissant sa paire de pincettes. Lui pardonner !... Jamais... jamais... Entendez-vous, jamais !...

Rien ne peut le calmer. Pas plus les supplications d'Eugène que la visite du vieux marquis de Beauharnais. Le clan sent approcher le moment où celle qu'il appelle *la vieille* va enfin être expulsée et redouble d'efforts. Joseph et Mme Letizia n'ont qu'un nom à la bouche : celui de Charles, ce freluquet ! Comme le dira Barras dans ses *Mémoires*, la tribu attend « les dépouilles » de Joséphine. Ce sont « autant d'oiseaux de proie ! »

Le soir de son arrivée, alors que le brouillard s'apesantit sur la ville, Napoléon va voir Barras. Il y retourne le lendemain après-midi. Le Directeur lui parle de l'Egypte et de la France, il répond en évoquant ses « chagrins domestiques ». Il parle, raconte, précise, donne « les plus intimes détails sur sa position conjugale relativement à la conduite de sa belle en son absence ».

— Soyez donc philosophe, conseille Barras.

— Cela est bien aisé à dire, répond-il en poussant « de gros soupirs » — ce qui étonna son interlocuteur.

Habituellement, Napoléon ne se livrait pas à ce genre de « démonstration ». Aujourd'hui, il se lance dans un long monologue, ouvrant son cœur, rapportant tout ce qu'il sait, par Joseph et par Lucien, à l'ex-amant de sa femme qui doit bien rire sous cape :

— Lors de mon mariage, je n'ai point ignoré que

Mme de Beauharnais, séparée de son premier mari, avait vécu avec Hoche, avec ses aides de camp et même avec des inférieurs. Mais, en l'épousant, j'ai cru qu'au moins tout cela était fini, et ne recommencerait plus. Elle a été une veuve, eh bien, une veuve c'est comme une fille libre : l'une et l'autre sont maîtresses de leurs actions ; il n'en est pas de même lorsqu'on a convolé en mariage ; il faut s'y soumettre, il y a là une discipline obligée par l'ordre social. Après tout ce que j'ai pardonné à ma femme de ses antécédents, j'étais en droit de croire à une meilleure conduite. Je croyais qu'elle aurait fait balai neuf. Au lieu de cela, ses déportements n'ont pas eu un moment de repos.

La colère l'étouffe, il salit sa femme presque à plaisir, poussant au pire la légèreté de sa créole... à moins que ce ne soit Barras en rapportant la scène :

— A l'armée d'Italie même où je l'avais fait venir pour l'avoir près de moi. C'était tantôt un officier de cavalerie ou d'infanterie ! C'étaient des conscrits. C'était, dernièrement encore, ce petit Charles pour lequel elle a fait toutes sortes de folies, et à qui elle a donné des sommes énormes, et jusqu'à des bijoux, se conduisant comme une fille !

« Les frères Bonaparte avaient pu exagérer la mauvaise conduite de Madame Bonaparte, reconnaît Barras, mais le fond en était extrêmement vrai. »

— C'est pour moi une source de chagrin, reprend Napoléon. En fait de folies il n'y a que les plus courtes qui sont les plus excusables, aussi je veux en finir de celle de mon mariage... J'ai promis à mes frères de la condamner sans même l'entendre. Je divorcerai.

— Si large que peut être la loi du divorce, remarque Barras, je ne connais pas, dans la société, de personnes se respectant un peu qui en ont usé, et qui veulent en user encore — à commencer par moi, et je ne suis pas un saint...

Le lendemain, Napoléon fait entreposer toutes les affaires de sa femme chez le concierge de l'hôtel de la rue Chantereine, avec interdiction de laisser pénétrer « la belle ». Mais le soir du 18, rentrant de sa randonnée manquée, par un épais brouillard, Joséphine force la consigne, gravit l'escalier et se heurte à la porte fermée de la chambre. Il est là, couché. Et durant plusieurs heures Bonaparte — elle l'appelle toujours ainsi — l'entend pleurer, supplier, tambouriner, lui affirmer que tout est faux, qu'elle n'aime que lui, que le petit Hippolyte n'a jamais été qu'un ami. Elle n'hésite pas à appeler Eugène et Hortense, qui descendent de leurs chambres, et mêlent leurs larmes à celles de leur mère. Il se bouche les oreilles pour ne pas entendre... Et puis — enfin — il faiblit, il ouvre, il regarde son visage bouleversé... et referme ses bras sur elle.

Pour elle aussi, il sera ce soir-là le général *Bonattrape.*

Lui n'oubliera jamais. Bien plus tard, sorti un matin, à pied, avec Duroc, un cabriolet « qui allait fort rapidement » dépassa les deux hommes sur le boulevard. L'Empereur avait passé son bras sous celui de son compagnon et le grand maréchal du palais — il le racontera — sentit Napoléon lui presser le poignet et s'appuyer sur lui de tout le poids de son corps. Il était forp pâle...

— Ce n'est rien, murmura-t-il : tais-toi !

C'est Charles qui se trouvait à bord du cabriolet...

Le pardon fit cependant mauvais effet aux yeux de certains, telle Mme Reinhard, l'épouse du comte Reinhard, né en Wurtemberg et devenu diplomate au service de la France. Au moment du coup d'Etat de Brumaire, il était, depuis le 20 juillet précédent, ministre des Affaires étrangères et sa femme se trouvait fort bien placée pour voir, observer... et, un jour, se souvenir des impressions qu'elle avait ressenties en apprenant la jobardise du mari berné : « Cet homme qui a toutes les audaces et tous les courages, écrira-t-elle, tolère que son nom soit déshonoré et traîné dans la boue. L'amour-propre, la crainte du ridicule le retiennent... Pourtant, son calcul est faux, car, quand les scandales sont aussi notoires, il est ridicule, pour ne pas dire pitoyable, de les tolérer. »

Voire ! Joséphine allait assurément aider son mari de toutes ses forces — et elles étaient appréciables — à prendre la France... qui ne demandait d'ailleurs qu'à être prise.

Joséphine ! « Elle était pleine de grâce pour se mettre au lit, dira Napoléon, j'aurais voulu qu'un Albane la vît pour la dessiner. »

(Photo Josse-Lalance).

XIII

BRUMAIRE AN VIII

Une Révolution est une opinion qui trouve des baïonnettes.

NAPOLÉON.

C'EST son changement de coiffure que les journalistes semblent tout d'abord avoir signalé : « Il a adopté les cheveux courts et sans poudre. » Napoléon perce sous Bonaparte...

Puis les gazettes nous donnent le pouls de la capitale, ce 17 octobre : « Rien n'égale la joie que répand le retour de Bonaparte. C'est, avec nos dernières victoires, le seul événement qui, depuis longtemps, ait rallumé l'enthousiasme populaire. On boit, à ce retour, jusque dans les cabarets ; on le chante dans les rues. » La province suit le mouvement : « La nouvelle de l'arrivée de Bonaparte a tellement électrisé les républicains, écrit l'*Administration municipale de*

Pontarlier, que plusieurs d'entre eux ont versé des larmes et que tous ne savaient si c'était un rêve. »

Au Palais-Bourbon, le retour a été annoncé d'étrange façon. Après avoir parlé longuement de faits d'importance secondaire, le messager du gouvernement déclare — en incidente :

— Le Directoire vous annonce avec plaisir, citoyens représentants, qu'il a aussi reçu des nouvelles de l'armée d'Egypte. Le général Berthier a débarqué le 17 de ce mois à Fréjus avec le général en chef Bonaparte.

Mais, aussitôt, l'Assemblée entière, debout, applaudit, crie *Vive la République !* et lève la séance « au son des airs chéris de la liberté ».

Seul Fouché — déjà ! — avait prévu que Bonaparte « tomberait des nues » avec la rapidité de l'éclair, et se trouvait préparé à l'événement. Seul — il l'affirme — il ne fut pas frappé « par la surprise ». Les Directeurs, eux, demeurèrent d'abord indécis. Que fallait-il faire ? Traiter Bonaparte en rebelle, en vaincu ou en héros victorieux ?

— Eh bien, déclare paisiblement Sieyès, c'est un général de plus ; mais avant tout, ce général a-t-il de son gouvernement la permission de revenir ?

Le normand Moulin, l'un des Directeurs, veut faire arrêter et condamner le général en chef de l'armée d'Egypte pour désertion. Boulay de la Meurthe renchérit :

— Eh bien, je me charge de le dénoncer demain à la tribune et de le faire mettre hors la loi.

— Mais, réplique Sieyès, ce n'est pas moins que le fusiller, ce qui est grave, quoiqu'il le mérite.

— Ce sont des détails où je n'entre pas, conclut l'expéditif Boulay de la Meurthe, s'il est mis hors la loi par nous, qu'il soit, après, guillotiné, fusillé ou pendu, c'est un mode d'exécution : peu m'importe.

On leur fait entendre raison et, tout en grimaçant, les « cinq rois », craignant les réactions de la foule si on ternissait l'image de leur dieu, choisissent de recevoir le « glorieux général » en séance publique. Le 17 octobre, par un jour brumeux, Bonaparte y apparaît revêtu d'un habit assez singulier : mi-militaire, mi-civil. Son costume reflète, en outre, quelque chose d'oriental. Le côté « civil » tient en son chapeau, tube en feutre — ce que l'on appelait alors le « chapeau rond » — la tenue militaire est représentée par la redingote de teinte verdâtre, avec la pointe d'orientalisme donnée par un cimeterre turc pendant à la ceinture par une cordelette de soie.

— Ils m'ont offert le choix de l'armée que je voudrais commander, raconte-t-il à Bourrienne à son retour, je n'ai pas voulu refuser, mais je leur ai demandé quelque temps pour rétablir ma santé.

Se battre pour ces « gens-là » ? Pour sauver leur « trône » ?

— A quoi cela servirait-il ? expliqua-t-il à Marmont. Après avoir exécuté des prodiges, nous ne pourrions compter sur aucun appui. Quand la maison croule, est-ce le moment de s'occuper des terrains qui l'environnent ? Un changement ici est indispensable.

Indispensable en effet. N'est-ce pas la nouvelle de la France envahie, des conquêtes perdues, qui lui ont fait quitter le Caire ?

— Pour éviter d'autres offres embarrassantes, ajoute-t-il, je me suis retiré. Je ne retournerai plus à leurs séances.

Il a mieux à faire ! Dans quel état n'avait-il pas retrouvé le pays ! Le *margouillis* national — l'expression est du temps — se trouve partout. La France n'est plus que dégoût et plaintes, les villes — telle Lyon — ruines et décombres. Comme un corps frappé de pourriture, ses membres gangrenés sont prêts à tomber. La république semble inerte. Le vice est à la mode et s'est installé complaisamment. Un rapport de police le note : « La dépravation des mœurs est extrême et la génération nouvelle est dans un grand désordre dont les suites malheureuses sont incalculables pour la génération future. L'amour sodomiste et l'amour saphique sont aussi effrontés que la prostitution et font des progrès déplorables. »

A Paris, les enrichis — agioteurs, fournisseurs, spéculateurs — déguisés plutôt qu'habillés, ayant à leurs bras leurs compagnes en robes transparentes ou aux allures garçonnières, éclaboussent de leur luxe ceux qui ne peuvent manger que de temps en temps. La province singe la capitale. « Hélas, écrit l'évêque constitutionnel Le Coz, que notre société se déprave ! La fornication, l'adultère, l'inceste, le poison, le meurtre, tels sont les fruits affreux du philosophisme, même dans nos campagnes. Des juges de paix m'assurent que si on n'arrête ce torrent d'immoralité, beaucoup de communes ne seront bientôt plus habitables. »

Seuls les brigands, bandits de grands chemins, détrousseurs masqués de diligence, dévaliseurs de courriers, chauffeurs, fraudeurs, maraudeurs, voire criminels, sont merveilleusement organisés, pour rançonner, voler et tuer. La rapine s'est installée en souveraine incontestée. Le brigandage règne comme chez lui. Se rendre de Nice à Marseille sans se faire dévaliser est un exploit. Les bagages de Bonaparte, eux-mêmes, n'ont pas été respectés lors de sa traversée de la Provence. Bien entendu, piller les deniers publics est considéré par certains comme œuvre pie. L'administration, totalement dépassée, laisse faire et essaye d'attraper les miettes du gâteau. « Les autorités actuelles et surtout l'administration centrale, dira le général Moncey, sont devenues, à force de malversations, une calamité publique. Tout est entravé par l'action administrative, tout y est refroidi par ses insinuations, même par sa seule présence. » Plus de routes, plus de canaux, plus de digues ! En dix années, la France semble revenue à l'état sauvage.

Les impôts sont fort mal payés — ou bien on les acquitte en papier n'ayant plus qu'une valeur symbolique. Et pourquoi les payerait-on ? Pour engraisser les gouvernants ?

On le verra, un député — un certain Cornet — parlera le 18 brumaire des « mains des vautours » se disputant « les membres décharnés du squelette de la République ». On ne craignait alors point les images hardies, mais il n'en est pas moins vrai que la bande des thermidoriens nantis, tous plus ou moins régicides — il y avait eu tant de nuances dans le vote du 21 janvier 1793, que personne, pas même eux, ne savait au juste ce qu'ils avaient voulu voter — il n'en est pas moins vrai, que ce véritable *gang* veut vivre — et bien vivre — aux dépens de ce régime, dit républicain, qu'ils affirment avoir sauvé mais qui n'est plus qu'un cadavre. Depuis bientôt cinq années, cette oligarchie qui n'est révolutionnaire que de nom, parvient à survivre à l'aide de coups d'Etat et de changements de majorité, de coups de barre vers la droite et de coups de barre vers la gauche. Sans parler des conspirations et des mutineries qui permettent de changer de cap une fois de plus et de fouetter cette vieille rosse de république.

Quant au peuple, on l'a à un tel point gorgé de promesses illusoires et de grands mots qui l'ont fait descendre dans la rue que, dégrisé, dégoûté de cette révolution si belle sous la Royauté, il ne croit plus à rien et ose à peine espérer qu'il croira un jour à quelque chose — ou à quelqu'un. « Nos revers, précisait un rapport, ne font naître ni joie, ni inquiétude ;

il semble qu'en lisant l'histoire de nos batailles, on lise l'histoire d'un autre peuple. »

Mais il ne faut point croire qu'en échange les Français se trouvent libres. Sans doute le général Bonaparte ne leur apporte-t-il pas cette liberté après laquelle ils aspirent depuis la réunion des Etats généraux, mais on ne pourra pas lui reprocher, en donnant le coup de balai de Brumaire, d'avoir voulu tordre le cou à la liberté. Celle-ci ne pouvait pas être étranglée pour la bonne raison qu'elle n'existait plus — et cette situation ne datait pas d'hier ! La liberté s'est changée en un mot vide de sens. Les mœurs sont libres, la corruption s'étale au grand jour, mais on interdit de s'amuser le décadi ! « Où est donc la liberté, s'interrogent les habitants du département de l'Yonne, si nous ne pouvons pas danser quand nous voulons ! »

La Révolution — Cambacérès le notera — est parvenue à inspirer un écœurement unanime. « Les neuf dixièmes des Français sont devenus contre-révolutionnaires, disait il y a déjà quelque temps Benjamin Constant. Si d'ici deux mois, il n'arrive quelque incident qui remettra la République à flot, il n'y a aucune espérance à avoir et cet événement même peut être une calamité par ses conséquences. »

Sans l'avouer ouvertement, la France est prête à accepter la dictature. Le despote n'a qu'à paraître pour être salué du nom de sauveur ! « Tout va finir, déclarent des paysans en apprenant le retour de Bonaparte, nous allons avoir un roi, ce n'est pas la peine de faire partir les conscrits. »

« Nous vous ferons roi ! », lui avait crié un Provençal... il avait protesté, bien sûr, mais la flagornerie était trop significative pour qu'il l'oubliât.

La légende l'auréole déjà. Ses fulgurantes victoires italiennes, et même l'inutile expédition d'Egypte — elle prenait avec le recul et la méconnaissance de la réalité l'allure d'une épopée — ont rejeté dans l'ombre la manière dont le général est sorti des pavés de Vendémiaire. La victoire terrestre d'Aboukir, a fait oublier le désastre maritime d'Aboukir, comme les Pyramides ont effacé le cuisant échec de Saint-Jean-d'Acre. Pour tous, Bonaparte est le héros. Quand les Français de la fin de 1799 parlent du « général », il ne peut s'agir d'un autre chef que lui.

« Paris est calme, note un rapport en date du 12 brumaire, les ouvriers, surtout au faubourg Antoine, se plaignent de rester sans ouvrage, mais les bruits généralement répandus paraissent avoir sur l'esprit public une influence très favorable. » Etrange réaction, en effet : l'arrivée du général Bonaparte fait croire que la paix est prochaine. Alors que la France devra attendre près de quinze années pour voir la guerre prendre fin avec le départ de celui que l'on appelle, en cette veille de Brumaire, « le précurseur de la Paix ». Comme le dira Marmont, Bonaparte « était le soleil levant ; tous les regards se tournaient vers lui ; on ne pouvait se méprendre sur le rôle immense qu'il allait jouer. Aux yeux de tout homme sensé, il ne devait pas se borner au commandement des armées, mais une grande part à la direction des affaires devait lui être accordée, et il ne fit aucun mystère de ses intentions à cet égard. »

Comment agir ? Quel plan choisir ? Essayer d'entrer dans le Directoire ? Ou plutôt créer un nouveau gouvernement ? Cependant, il fallait « se décider pour le plus sûr, tout peser, tout balancer, tout maîtriser au milieu de tant d'intérêts et de passions contraires, et tout cela en vingt-cinq jours ». Fouché avait raison de dire que parvenir à un tel but supposait « une grande habileté, un caractère tenace, une décision prompte ».

Mais à quelle porte faut-il tout d'abord s'adresser ?

A celle de Barras, bien sûr ! Elle est à première vue la plus attirante. Et Fouché le lui conseille. Barras — ce panache du Directoire, selon la si juste expression d'Albert Vandal — déployait un luxe de l'Ancien Régime. Il habitait et recevait dans ses salons dorés du Luxembourg, alors que certains de ses prédécesseurs — tels La Révellière ou Carnot — vivaient, le premier dans la cuisine d'un ami, le second se contentait de lancer des invitations « à manger la soupe ». Barras adorait mentir pour le plaisir et tromper par bassesse. Sa veulerie dépassait l'entendement. Une âme de fille dans un corps de bel homme — l'expression est encore de Vandal. Bonaparte ne l'ignore point, mais le roi des pourris n'en est pas moins celui qui lui a mis le pied à l'étrier et l'a en quelque sorte « découvert ».

Et puis — et puis surtout — que faire ? Aussi Bonaparte commence-t-il des visites d'information.

« C'est à cette perplexité des premiers moments de Bonaparte à son arrivée à Paris, expliquera plus tard Barras, que j'ai dû certainement l'espèce de priorité qu'il m'a donnée pour accourir chez moi de suite et sans étiquette, aussitôt qu'il a mis le pied à Paris. Il vient accompagné de Marmont, qui semble lui tenir lieu de tout, même de valet de chambre en ces premiers moments car il en remplit tout à fait l'office envers le général Bonaparte quand ils vinrent au Luxembourg. Marmont soutient son maître descendant de sa voiture, il l'aide quand il monte l'escalier ; il lui ôte sa redingote quand il entre, la lui remet quand il sort... ».

L'ironie dédaigneuse, presque la condescendance, que Barras emploie vis-à-vis de lui n'échappe pas à Bonaparte. De plus, il se rend vite compte que le trop pourri Barras, le trop repu, le trop honni Barras, a trop servi — surtout lui-même — et est devenu inutilisable tout en se croyant indispensable. Aussi le général décide-t-il de réserver peut-être pour plus tard son ancien protecteur et de poursuivre son tour de piste afin de s'informer — tout en jouant avec adresse le rôle du soldat « qui n'aspire plus qu'au repos »...

Il n'en était pas moins nécessaire, si l'on voulait prendre le pouvoir, « d'organiser le coup d'Etat de l'intérieur » et d'avoir, par conséquent, dans la place — c'est-à-dire parmi les gouvernants — un ou deux complices — ou plutôt un ou deux meneurs. Le peu malin Gohier, qui était tombé amoureux de Joséphine, pourrait peut-être suivre mais non prendre le commandement. Il en était de même de l'insignifiant Roger Ducos.

Dès le 23 octobre, Bonaparte va voir le général Moulins, alors lui aussi Directeur. Sans doute ce nom ne dit-il rien aujourd'hui à personne ; il ne disait pas davantage en 1799... Chacun savait que, seule, la politique lui avait valu un grade, mais peut-être pourrait-il jouer un rôle de second ?

— Il faut, lui affirme Bonaparte, un gouvernement ferme et qui ait la confiance de tous ceux qui sont intéressés à maintenir la République ; et je me flatte que, si j'étais à la place de Sieyès, le Directoire retrouverait tout à la fois et la force et la confiance dont il a besoin. Gohier, à qui j'en ai parlé, m'y verrait avec plaisir ; mais un seul scrupule l'arrête : la Constitution exige quarante ans pour entrer au Directoire...

Peu intelligent, Moulins se garde bien de mordre à l'hameçon qui lui est tendu. Il ne peut changer la Constitution, n'est-ce pas ? Bonaparte n'a pas l'âge requis ! Il n'y a qu'à le laisser vieillir un peu... Mais Napoléon n'est point homme à se laisser vieillir ! Semblable réaction chez ce barbon de Gohier qui, lui aussi, refuse de comprendre, même à la pensée que Joséphine, devenue l'épouse d'un Directeur, pourrait venir habiter près de lui...

— Il est certain, déclare-t-il à Bonaparte, que vous eussiez réuni tous les suffrages, si un article précis de la Constitution n'avait pas mis obstacle à votre élection. Il n'est pas douteux, qu'après avoir défendu la République, vous êtes destiné, un jour, à la tête du gouvernement, dont vos victoires auront assuré invariablement la stabilité. Mais notre pacte social exige impérieusement quarante ans pour entrer au Directoire.

Ayant du mal à garder son calme, Bonaparte demande :

— Et vous tiendriez vous-même à cette disposition réglementaire qui pourrait priver la République d'hommes aussi capables de la gouverner que de la défendre ?

— Rien à mes yeux, général, ne pourrait excuser l'atteinte qui y serait portée.

— Président, c'est vous attacher à la lettre qui tue !

Cette lettre tuera ce trop digne bourgeois pot-au-feu qui ne veut plus se souvenir qu'il a été jacobin.

Demeurait Sieyès.

Depuis tout un temps déjà, l'ex-abbé, alors Directeur, Sieyès, cherchait une épée qui pourrait mettre fin à la situation. Mais une épée dont il aurait tenu la garde ! Aussi avait-il pensé successivement à Jourdan, à Joubert, puis à Moreau. Lorsque ce dernier apprit l'arrivée de Bonaparte à Saint-Raphaël, il déclara froidement à l'ancien ecclésiastique :

— Voilà votre homme, il fera votre coup d'Etat bien mieux que moi.

Sieyès fit la grimace. Sans doute estimait-il le revenant d'Egypte « comme le plus civil des soldats », mais c'est une épée qu'il cherchait et celle de Bonaparte lui semblait beaucoup trop longue.

Durant quelques jours, Bonaparte hésite entre Barras et l'ex-prêtre. Maintenant qu'il a revu à plusieurs reprises le fastueux vicomte Paul de Barras, le général n'a pour lui que de la répulsion :

— Il dit partout qu'il est l'auteur de ma fortune, explique Napoléon, il aura toujours de la répugnance à jouer un rôle inférieur, et moi, je ne céderai jamais à un tel homme ; n'a-t-il pas la folle ambition d'être le soutien de la République ? Que ferait-il de moi ? Barras ne pense qu'à lui ; Sieyès, au contraire, est sans ambition politique.

Assertion qui était tout de même quelque peu excessive concernant un homme qui sera successivement chanoine, vicaire général, pamphlétaire, député de la Convention, ministre des Relations extérieures, président des Cinq-Cents, ministre plénipotentiaire, Directeur, Consul, président du Sénat, comte de l'Empire et membre de la Chambre des Pairs...

Mais il faut d'abord rapprocher le général et l'abbé : Lucien, poursuivant sa mission de « citoyen bons offices », affirme à Sieyès que Bonaparte ne demanderait pas mieux que de tenir le manche du balai dans l'affaire qu'il préparait. Sieyès laisse tomber du haut de son orgueil quelques phrases polies que Lucien, devant son frère, transforme en paroles émues et généreuses. Bonaparte lui aurait alors assuré :

— Je servirai de bouclier aux sages de la République contre l'émeute des faubourgs, comme j'ai servi de bouclier à la Convention, contre l'émeute des sections royalistes en Vendémiaire. Remerciez Sieyès de sa confiance.

— Quand et où voulez-vous le rencontrer ? Il le désire beaucoup !

— Il est inutile de nous voir maintenant autrement qu'en public au Luxembourg. Les choses ne sont pas assez avancées. Quand tout sera convenu, nous nous rencontrerons secrètement... J'arrive à peine, il faut me laisser respirer.

Cependant, le lendemain, au Luxembourg, les deux futurs complices se trouvent face à face et les choses se passent fort mal. « J'ai affecté, à un dîner que j'ai fait hier chez Gohier, racontera Bonaparte à Bourrienne, de ne pas regarder Sieyès qui en était, et j'ai vu toute la rage que ce mépris lui causait. »

— Etes-vous sûr qu'il soit contre vous, demande Bourrienne ?

— Je n'en sais rien encore, mais c'est un homme à système que je n'aime pas.

L'humeur atrabilaire de l'orgueilleux et pusillanime Sieyès, son éternel persiflage, sa démarche lente et molle, cette « indisposition naturelle qui lui interdit le commerce des femmes », selon l'expression de Talleyrand, tout ceci n'est pas étranger à l'antipathie éprouvée par Bonaparte.

Sieyès avait fort mal pris le manque de courtoisie de Bonaparte. Dès le lever de table, l'ex-abbé s'était éclipsé en disant à Gohier :

— Avez-vous remarqué la conduite de ce petit insolent envers le membre d'une autorité qui aurait dû le faire fusiller !

Le lendemain, 23 octobre, ce n'est guère plus brillant... Bonaparte se rend au Luxembourg faire une visite particulière à Sieyès et à Roger Ducos. Selon Grouvelle, le général aurait été tout d'abord furieux de ce que les tambours n'aient pas battu aux champs à son arrivée au palais, et qu'on l'ait fait ensuite attendre, enfin qu'on n'ait point ouvert la porte à deux battants pour l'introduire auprès des Directeurs. L'atmosphère se serait pourtant détendue et le général aurait plaisanté avec Sieyès de leur petite querelle de préséance, ressemblant à celle de « duchesses autour d'un tabouret »...

Le lendemain, les deux Directeurs rendent à Bonaparte la visite qu'il leur a faite — puis regagnent le Luxembourg.

L'on n'avance pas : pis, on recule ! En effet, le 26, Bonaparte est convoqué par les cinq Directeurs qui ont l'intention, après avoir beaucoup hésité, de lui rogner les ailes en lui reprochant d'avoir abandonné son armée à mille lieues de la France. Avant la séance, Sieyès, vexé d'avoir été dédaigné par le candidat dictateur, conseille à ses collègues :

— Au lieu de nous plaindre de son inactivité, félicitons-nous en plutôt : loin de mettre des armes entre les mains d'un homme dont les intentions sont aussi suspectes, loin de vouloir le replacer sur un nouveau théâtre de gloire, cessons de nous occuper de lui davantage et tâchons, s'il est possible de le faire oublier.

Aussitôt en présence des « cinq rois », Bonaparte prend les devants et engage l'action :

— On a avancé ici que j'avais assez bien fait mes affaires en Italie pour n'avoir pas besoin d'y retourner ; c'est un propos indigne, auquel ma conduite militaire n'a jamais donné lieu.

Puis il regarde Barras, en lançant :

— Au reste, s'il était vrai que j'eusse fait de si bonnes affaires en Italie, ce ne serait pas aux dépens de la République que j'aurais fait ma fortune.

En réalité — sans parler des combinaisons de Joséphine — Bonaparte avait ramené deux millions en or d'Italie... Mais la présence de Barras aurait dû faire taire Gohier. Parler de corde dans la maison d'un pendu n'est guère souhaitable. Au lieu de cela le bonhomme précise :

— J'ignore qui a pu vous rapporter le propos qui vous blesse. Personne ici n'incrimine votre conduite en Italie, mais je dois vous faire observer que, commandant au nom de la République et pour la République, vous ne pouviez conquérir qu'en son nom et pour elle ; que les effets précieux renfermés dans les caissons du général en chef ne lui appartiennent pas plus que la poule dans le sac du malheureux soldat qu'il fait fusiller. Si vous aviez réellement fait fortune en Italie, ce ne pourrait être qu'aux dépens de la République.

Bonaparte répond en affirmant avec aplomb :

— Ma prétendue fortune est une fable que ne peuvent croire ceux mêmes qui l'ont inventée.

— Le Directoire, reprend Gohier, est bien persuadé, général, que les lauriers dont vous vous êtes couvert sont les plus précieux que vous ayez rapportés d'Italie, et c'est pour vous offrir de nouvelles occasions de gloire qu'il a désiré vous entretenir. Un général tel que vous ne peut rester inactif quand, de toutes parts, les armées de la République combattent et triomphent. Votre présence plus longtemps à Paris serait tout à la fois un sujet d'inquiétude et de mécontentement pour les amis de la République qui ne se sont réjouis de votre retour que dans l'espoir de vous revoir à la tête de ses défenseurs. Ils ne nous pardonneraient pas, ils ne pardonneraient pas à vous-même, si leurs vœux tardaient à être remplis.

Et, de nouveau, le Directeur précise :

— Le Directoire vous laisse le choix de l'armée dont il a arrêté de vous donner le commandement.

Il s'agit bien de cela !

Il ne faut maintenant plus tergiverser ! Assurément, s'il ne choisit pas un commandement, le Directoire lui en donnera un — et il faudra bien alors quitter Paris ! Aussi Bonaparte décide-t-il — enfin —

de franchir le Rubicon, et, puisqu'il ne peut pas faire autrement, de le franchir, malgré sa répugnance, en compagnie de Sieyès. Le « chemin civil » pour prendre le pouvoir s'avérant impraticable, il mettra donc l'épée à la main. Napoléon paraît étrangement calme, et l'explique cette même semaine à Roederer :

— Il n'y a pas un homme plus pusillanime que moi quand je fais un plan militaire ; je me grossis tous les dangers et tous les maux possibles dans les circonstances ; je suis dans une agitation tout à fait pénible. Cela ne m'empêche pas de paraître fort serein devant les personnes qui m'entourent.

Il précise :

— Je suis comme une fille qui accouche. Et quand ma résolution est prise, tout est oublié !

Sa résolution est en effet prise — et bien prise : marcher avec Sieyès « l'étayerait » dans l'opinion qui ne voulait plus de ce corrompu de Barras !

— Vous croyez la chose possible ? demande-t-il à Roederer.

— Elle est au trois quarts faite, lui répond celui qui avait passé près de Louis XVI la dernière nuit de son règne.

Secondé par Roederer, tout animé de ce qu'il appelle une « patriotique conspiration », aidé par Talleyrand, qui commence ainsi une belle série de trahisons dans le sens de ses convictions, Bonaparte voit secrètement Sieyès au Luxembourg. Les choses se passent selon un scénario soigneusement mis au point. Le ministre des Relations extérieures conduit le postulant dictateur au Luxembourg, mais laisse Napoléon dans sa voiture et entre le premier chez Sieyès. Après s'être assuré que ce dernier se trouve seul et n'attend personne, il fait avertir Bonaparte que la voie est libre. Quelques instants plus tard la conférence commence entre les trois hommes.

Lors de la première entrevue, Bonaparte déclare à Sieyès :

— Citoyen, nous n'avons pas de constitution, du moins celle qu'il nous faut. C'est à votre génie qu'il appartient de nous en donner une. Dès mon arrivée, vous avez connu mes sentiments. Le moment d'agir est venu. Toutes vos mesures sont-elles arrêtées ?

L'abbé-Directeur, qui a toujours une constitution traînant dans ses poches, explique que l'on pourrait créer un consulat formé de trois consuls, tandis que Bonaparte assurerait le pouvoir militaire.

— Je connais tout cela par ce que m'a dit mon frère, interrompt Bonaparte, mais vous ne pensez pas, sans doute, présenter à la France une nouvelle Constitution toute faite, sans qu'elle ait été discutée posément et article par article. Ce n'est pas l'affaire d'un moment et nous n'avons pas de temps à perdre. Il nous faut donc un gouvernement provisoire, qui prenne l'autorité le jour même de la translation, et une Commission législative pour préparer une Constitution raisonnable et la proposer à la votation du peuple ; car je ne voudrai jamais rien qui ne soit librement discuté et approuvé par une *votation* universelle bien constatée... Occupez-vous de l'établissement d'un gouvernement provisoire. J'approuve que ce gouvernement soit réduit à trois personnes et, puisqu'on le juge nécessaire, je consens à être l'un des trois consuls provisoires, avec vous et votre collègue Roger Ducos.

Ainsi Bonaparte exigeait la place de consul ! L'abbé fait la grimace mais se résigne et, Bonaparte parti, il confie à Joseph :

— Le général semble ici sur son terrain comme au champ de bataille. Il faut bien suivre son avis : s'il se retirait, tout serait perdu et son acceptation du consulat provisoire assure le succès.

Cependant, avant de s'engager définitivement, Bonaparte tente une dernière démarche auprès de Barras qui pourrait peut-être faire partie du triumvirat à la place de Roger Ducos. Il va dîner chez lui le 30 octobre, « en petit particulier ».

« Nous n'étions que quatre, racontera plus tard Bonaparte à Gourgaud : le duc de Lauraguais, qui était là comme un bouffon, une espèce de préfet du palais, et moi. Au milieu du repas, Barras me dit :

— La République va mal, je suis vieux, je ne suis plus bon à rien, je veux me retirer des affaires. Vous, général, vous êtes heureux de n'y être pas. Votre lot, c'est le militaire. Vous allez vous mettre à la tête de l'armée d'Italie et réparer nos revers. La République est en si mauvais état qu'il n'y a qu'un président qui puisse la sauver, et je ne vois que le général Hédouville qui puisse nous convenir. Qu'en pensez-vous ? »

Lui préférer Hédouville ! L'ancien chef d'état-major de Hoche ! Le pâle gouverneur de Saint-Domingue ! Imaginer que ce personnage tout juste bon à faire un jour — sous l'Empire — un chambellan et un diplomate, puisse sauver la France ! Barras poursuit, sans remarquer le regard glacial de Napoléon posé sur lui :

— Quant à vous, général, notre intention est de vous rendre à l'armée ; et moi, malade, dépopularisé, usé, je ne suis bon qu'à rentrer dans la classe privée.

Le même soir, Bonaparte racontera la scène à Réal, à Fouché, à Talleyrand et à Roederer :

— Eh bien, savez-vous ce que veut votre Barras ? Il avoue bien qu'il est impossible de marcher dans le chaos actuel : il veut bien un président de la République, mais c'est lui qui veut l'être. Quelle ridicule prétention ! Et il masque son désir hypocrite en proposant d'investir de la magistrature suprême, devinez qui ? Hédouville, une vraie mâchoire ! Cette seule indication ne vous prouve-t-elle pas que c'est sur lui-même qu'il veut appeler l'attention ! Quelle folie ! Il n'y a rien à faire avec un tel homme.

— Ah ! la bête ! la bête ! s'exclame Réal.

— Je ne désespère pourtant pas, affirme alors Fouché, de faire sentir à Barras qu'il y aurait moyen de s'entendre pour sauver la chose publique. Nous irons, Réal et moi, lui reprocher sa dissimulation et son peu de confiance ; nous l'amènerons vraisemblablement à des dispositions plus raisonnables en lui démontrant qu'ici la ruse est hors de saison et qu'il ne peut rien faire de mieux que d'associer ses destinées à celles d'un grand homme. Nous nous faisons fort de l'amener à notre suite.

— Eh bien, faites, consent Bonaparte avec d'autant moins d'enthousiasme que son parti est pris.

Fouché et Réal courent chez Barras qui commence à le prendre de haut :

— Il est tout simple que je cherche des garanties ! Bonaparte élude sans cesse !

Les deux émissaires lui expliquent que le futur consul n'élude nullement. L'affaire se trouve déjà fort engagée : « Nous l'effrayâmes en lui faisant le tableau véridique de l'état des choses, et de l'ascendant qu'exerçait déjà le général sur tout le gouvernement. »

Voici Barras convaincu de son erreur.

— J'irai dès demain, de bonne heure, me mettre à sa disposition, affirme-t-il.

En effet, le lendemain matin, fidèle à sa promesse, Barras « avec son grand chapeau de travers suivant son ordinaire et sa canne », précise Napoléon, arrive dès huit heures du matin rue de la Victoire. Le général est encore couché, lui déclare-t-on. Le Directeur insiste : il a « quelque chose d'important à annoncer ».

« Je le fis entrer, racontera Bonaparte, il me dit qu'il venait me parler de la conversation de la veille, qu'il y avait bien réfléchi, qu'Hédouville n'était pas susceptible d'être élu président et qu'il n'y avait que moi à qui cela convînt. Je dissimulai à mon tour, l'assurai que j'obéirais à celui que la Nation choisirait, que, quant à moi, j'étais comme il le voyait, au lit, souffrant de la différence d'un climat sec à un climat humide et, comme il le disait hier, mon rôle était tout tracé : je me bornerais à me mettre à la tête de l'armée d'Italie. Il chercha encore à me mettre à son bord, disant :

— Voyez-vous, je serai ce que vous déciderez, blanc si vous voulez, noir si vous le désirez. »

Mais la volte-face du vicomte n'impressionne point Bonaparte. Elle l'irrite. Il n'a plus besoin de lui, puisqu'il a donné son accord à Sieyès. En effet, la veille, en sortant de chez Barras, le général n'a pas immédiatement quitté le Luxembourg. Il est passé chez l'ex-abbé pour lui dire qu'il pouvait définitivement compter sur lui. Pourquoi s'encombrer d'un troisième larron à la réputation détestable ? Et d'un larron qui, l'opération terminée, serait plus gourmand que le pâle Ducos ?

Maintenant la trame se tisse, l'intrigue se noue... et le public commence à se douter de quelque chose. « Personne n'ose rien entreprendre, déclare une note de police, on dit qu'il se prépare un nouveau coup. » Cependant, Bonaparte aurait bien voulu attirer dans le complot le beau-frère de Joseph : Bernadotte, qui, rappelons-le, avait épousé Désirée Clary, la laissée pour compte de Bonaparte lors de son mariage avec Joséphine. Il pourrait devenir un brillant second. Napoléon commence par lui faire des avances et, le 28 octobre, en sortant du Théâtre-Français, s'invite à prendre une tasse de café chez l'ancien sergent Bellejambe.

— Il m'a paru content de moi, raconta Bonaparte à son secrétaire. Que pensez-vous de cela, Bourrienne ?

— Mais général, je désire que vous le soyez de lui.

— Non ! non ! J'ai bien fait, soyez-en sûr, ça le compromettra chez Gohier. Souvenez-vous d'une chose : il faut toujours aller au-devant de ses ennemis et leur faire bonne mine, sans cela ils croient qu'on les redoute et cela leur donne de l'audace.

Le lendemain, chez Joseph, au château de Mortefontaine, Bonaparte parle à Bernadotte des maux dont souffre la République.

— Je ne désespère pas de la République, réplique sèchement le futur roi de Suède, et j'ai la conviction qu'elle résistera aux ennemis de l'intérieur et du dehors.

En dépit de cette réponse peu encourageante, Bonaparte décide de récidiver. Quelques jours plus tard, Bernadotte ayant été invité avec sa femme rue de la Victoire, Napoléon le lui répète :

— Changer le gouvernement est nécessaire.

— Il est impossible d'en changer, répliquera Bernadotte.

Le mari de Désirée parti, Bonaparte se précipite dans le cabinet où travaille Bourrienne. Ayant peine à se contenir, il s'exclame :

— Concevez-vous Bernadotte ? Vous venez de traverser la France avec moi ; vous avez vu l'élan que mon retour a causé ; vous m'avez vous-même dit que vous voyiez dans cet enthousiasme, le désir de tous les Français de sortir de la position désastreuse où les ont mis nos revers. Eh bien, ne voilà-t-il pas Bernadotte qui vante, avec une ridicule exagération, la situation brillante et victorieuse de la France ! Il m'a parlé des Russes battus, de Gênes occupé, d'innombrables armées qui se lèvent partout... Que sais-je encore ?... C'est un tas de balivernes !

— Je ne comprends rien à cette exagération, répond Bourrienne. Vous a-t-il parlé de l'Egypte ?

— Ah ! vous m'y faites penser. Ne m'a-t-il pas reproché de n'avoir pas ramené l'armée avec moi !... Mais, lui ai-je répondu, vous venez de me dire que vous regorgiez de troupes, que toutes vos frontières étaient assurées, que des levées immenses se faisaient, que vous auriez deux cent mille soldats, quarante mille hommes de cavalerie ! S'il en est ainsi, à quoi vous auraient servi. en France, quelques milliers d'hommes de plus, qui peuvent servir à conserver l'Egypte ? Il n'y avait rien à répondre à cela. Alors, cet homme tout fier d'avoir été ministre de la Guerre, a eu le front de me dire qu'il les considérait comme perdus. Il a fait plus, il a laissé percer des intentions !... Il a parlé d'ennemis extérieurs, d'ennemis intérieurs ; en disant ces derniers mots, il m'a regardé ; j'ai moi-même laissé échapper un regard !... Mais, patience, la poire sera bientôt mûre !... Vous connaissez Joséphine, sa grâce, son adresse ; elle était dans le salon. Le regard investigateur de Bernadotte ne lui a point échappé, elle a détourné la conversation. Bernadotte a vu à ma contenance que j'en avais assez et il est parti. Allons, je vous laisse travailler, je retourne auprès de Joséphine.

La douce créole a mis son charme au service de ceux que l'on appellera les brumairiens. Lorsque les conspirateurs ne prennent pas leur repas chez Rose — le restaurateur qui a mis sa carte en vers — elle les reçoit chez elle, attire rue de la Victoire certains indécis qu'il faut gagner, organise des rencontres, ménage des apartés, arrondit les angles, endort la méfiance de ceux — tel Gohier — dont on peut craindre les réactions. Cependant, vers quatre heures, elle reçoit son soupirant et déploie, pour lui, sourires, zézaiement et yeux doux, espérant toujours l'amener à rejoindre les conjurés. Mais le Directeur ne devine rien, et lorsqu'un jour Fouché arrive rue de la Victoire, il entend Gohier lui demander :

— Quoi de neuf, citoyen ministre ?

— De neuf, rien en vérité, rien.

— Mais encore ?

— Toujours les mêmes bavardages !

— Comment ?

— Toujours la conspiration !

— La conspiration ? demande Joséphine, jouant l'étonnée.

— Oui, la conspiration, explique Fouché en riant sous cape, mais je sais à quoi m'en tenir. J'y vois clair, citoyen Directeur, fiez-vous à moi : ce n'est pas moi qu'on attaque. S'il y a eu conspiration, depuis le temps qu'on en parle, on en aurait eu la preuve sur la place de la Révolution ou la plaine de Grenelle.

Gohier sourit et veut tranquilliser Joséphine, qui prend avec adresse une mine effarouchée :

— Le ministre parle en homme qui sait son affaire. Dire ces choses-là devant nous, Citoyenne, c'est prouver qu'il n'y a pas lieu de les faire ; faites comme le gouvernement, ne vous inquiétez pas de ces bruits-là ; dormez tranquille !

La conspiration est maintenant bien en marche. Comment procéderait-on ? A l'aide de plusieurs députés mis dans le complot par Lucien, on ferait croire aux deux Assemblées que les Parisiens préparaient un coup de main. Afin de pouvoir délibérer dans le calme, les Anciens et les Cinq-Cents, tout en confiant à Bonaparte le soin de les protéger, voteraient leur transfert à Saint-Cloud. Là, on s'arrangerait pour donner le croc-en-jambe au régime. Seuls, ainsi qu'il avait été prévu dès le début de l'affaire, deux des Directeurs feraient partie du nouveau pouvoir : Sieyès et Roger Ducos. Gohier, on l'espérait, entrerait grâce à Joséphine, et in extremis, dans le complot. On se désintéresserait de l'insignifiant général Moulins. Quant à Barras, une somme d'argent importante ferait assurément taire ses scrupules.

Cela paraissait très facile à première vue, mais à la réflexion, l'opération s'avérait hérissée de difficultés et d'inconnues. Les Directeurs qui ne se succéderaient pas, accepteraient-ils aussi facilement de se laisser détrôner ? Sans doute Barras n'avait-il point de conscience et on lui faciliterait bien les choses, mais ne se raccrocherait-il pas au pouvoir ? Tout était à craindre !

Et lui ?

Peut-être Bonaparte paraissait-il « simple comme quelqu'un qui peut prétendre à tout », dira Mme Reinhard, mais n'était-ce point là une attitude ? En réalité, au fur et à mesure que la date approchait, il se sentait « angoissé » plus qu'à la veille d'une bataille...

Afin de prendre le pouls des députés et, comme le dira Napoléon, « de leur laisser le temps de se convaincre que je puis faire sans eux ce que je puis faire avec eux », Lucien eut l'idée de mettre tout le monde en présence et de faire offrir par le Conseil des Anciens un banquet par souscription en l'honneur de Bonaparte. Deux cent cinquante personnalités politiques — dont les cinq rois de la chancelante république — acceptèrent de payer trente francs pour aller, le 6 novembre — 15 brumaire — par une pluie fine qui ne cessa de tomber, prendre place devant une immense table en fer à cheval installée dans la glaciale église « Sulpice » — transformée par la Révolution en temple de la Victoire. Bizarre festin ! Tout en claquant des dents — de froid et de peur — chacun regarde son voisin avec inquiétude et méfiance. « Je n'ai jamais vu, racontera Lavalette, d'assemblée plus silencieuse et où les convives montrassent moins de confiance et de gaieté. A peine parlait-on à son voisin et ceux qui étaient dans la confidence du complot, aimaient mieux se taire que de hasarder des conversations dangereuses avec des voisins qui pouvaient n'être pas dans le secret. » Bonaparte a « si peu de confiance dans le gouvernement, ou plutôt tant de défiance contre lui » qu'il a, sans nullement se cacher, fait apporter un pain et une demi-bouteille de vin. Après avoir avalé ce repas de spartiate, suivi de Berthier et de Bourrienne, il fait le tour des tables, adressant aux uns des paroles flatteuses, aux autres une phrase insignifiante. Au bout d'un quart d'heure, ses compagnons l'entendent murmurer :

— Je m'ennuie, allons-nous-en.

Dehors, il fait de plus en plus froid ; il tombe même du grésil.

Les Jacobins — surtout leur épée, le général Jourdan — commencent à s'agiter. Bonaparte va-t-il prendre le pouvoir sans leur aide ? Pourquoi ne ferait-il pas le « coup » avec eux ? Jourdan l'expliquait : il voulait se présenter chez Bonaparte et lui déclarer que ses amis étaient disposés à placer le vainqueur d'Italie à la tête du pouvoir exécutif, « pourvu, spécifiait-il, que le gouvernement représentatif et la liberté fussent garantis par de bonnes institutions ». Quelques farouches jacobins, dont Augereau, s'étaient récriés contre ce projet.

Le futur maréchal d'Empire n'en maintient pas moins son plan et accepte le 16 brumaire, l'invitation à déjeuner du général Bonaparte.

— Eh bien, général, lui demande Napoléon, que pensez-vous de la situation de la République ?

— Je pense, général, répond Jourdan, que si on n'éloigne pas les hommes qui gouvernent si mal et si on ne constitue pas un meilleur ordre des choses, il faut désespérer du salut de la patrie.

— Je suis bien aise de vous voir dans ces sentiments. Je craignais que vous ne fussiez du nombre de ceux qui sont entichés de notre mauvaise constitution.

Jourdan se récrie :

— Non, général, je suis convaincu que des modifications dans nos institutions sont nécessaires, mais il faut qu'elles ne portent aucune atteinte aux principes essentiels du gouvernement représentatif et aux grands principes de liberté et d'égalité.

— Sans doute, reprend Bonaparte, faut-il que tout soit fait dans l'intérêt du peuple, mais il faut un gouvernement plus fort.

Jourdan croit le moment venu de s'offrir :

— J'en conviens, général, et mes amis et moi, nous sommes prêts à nous réunir à vous, si vous voulez nous faire part de vos desseins.

Stupéfait — car il ne s'y attendait nullement — Jourdan entend Bonaparte lui répondre :

— Je ne puis rien faire avec vous et vos amis, vous n'avez pas la majorité. Vous avez effrayé le Conseil par la proposition de déclarer la patrie en danger et vous votez avec des hommes qui déshonorent vos rangs... Je suis convaincu de vos bonnes intentions et de celles de vos amis, mais, dans cette occasion, je ne puis marcher avec vous. Au reste, soyez sans inquiétude, tout sera fait dans l'intérêt de la République.

La scène a eu lieu l'avant-veille du coup d'Etat. Cependant, comme le dira Lavalette, « malgré les précautions que l'on avait prises pour garder le secret, il s'était cependant répandu dans toutes les classes élevées et parmi presque tous les militaires qui résidaient à Paris ». Les trois membres du Directoire qui ne se trouvaient point du côté du manche en furent plus ou moins instruits. Se rencontrèrent-ils le lendemain ? Se confièrent-ils leurs inquiétudes ? Mais que pouvaient-ils faire ? Donner l'ordre d'arrêter le futur dictateur ? Où l'aurait-on mis ? Aurait-on même trouvé des geôliers pour le garder ? Des juges pour le mettre en accusation et l'interroger ? Ils demeurèrent inertes. D'autant plus qu'en cette journée pluvieuse du 17 brumaire, ils ne pensaient nullement que le complot devait éclater dès le lendemain...

Eugène et Lavalette ont formé le projet d'aller ce soir-là passer la nuit au bal. Joséphine — vraie « rouerie de femme galante », selon l'expression de Bainville — a simplement demandé à son fils d'aller porter ce billet à Gohier : « Venez, mon cher Gohier, et votre femme, déjeuner avec moi à huit heures du matin. N'y manquez pas, j'ai à causer avec vous sur des choses très intéressantes. Adieu mon cher Gohier, comptez toujours sur ma sincère amitié. Lapagerie-Bonaparte. »

— En fait de conspiration, tout est permis, avait dit Bonaparte.

Son but était simple : avoir Gohier sous la main.

Sa mission remplie, Eugène est parti rejoindre Lavalette. Ils ne savent qu'une chose : le général les a convoqués, eux aussi pour le lendemain à huit heures du matin, avec les quarante adjudants de la Garde nationale et tous les officiers disponibles. Tandis que les deux aides de camp du général dansent avec entrain, Sieyès, tout courbatu par les leçons d'équitation prises en vue du grand jour, ainsi que les principaux conjurés — parmi lesquels se trouvent les deux présidents des Anciens et des Cinq-Cents — établissent les décrets, préparent les convocations qui seront portées aux députés en pleine nuit. De son côté Regnault de Saint-Jean-d'Angély écrit les textes des affiches et « adresses aux Parisiens » que le fils de Roederer fera composer.

Et Barras ?

Ce soir-là, il sent venir le danger et il demande à son ancien protégé de passer le voir avant de se mettre au lit :

— Je le lui ai promis, dira Bonaparte à Bourrienne, mais je ne veux pas y aller ; demain l'affaire sera faite. C'est peu de temps à gagner. Il m'attend à onze heures du soir : tout sera prêt pour me recevoir. Vous prendrez ma voiture, vous me nommerez et vous entrerez de suite. Vous lui direz qu'une grande douleur de tête m'a forcé de me mettre au lit, mais que je le verrai demain sans faute ; qu'il peut être tranquille ; que tout s'arrangera. Echappez tant que vous pourrez à ses questions, ne restez pas longtemps et montez chez moi à votre retour.

Bourrienne à l'heure dite arrive au Luxembourg dans l'équipage du général. La plus grande solitude et le plus profond silence règnent dans les appartements qui précèdent le cabinet de Barras. « Quand il me vit au lieu du général Bonaparte, racontera Bourrienne, son étonnement fut extrême ; il en eut l'air atterré. Je m'aperçus qu'il se regardait comme un homme perdu. » Suivant sa consigne, le secrétaire demeure peu de temps. Quand il se lève pour s'en aller, Barras lui dit en le reconduisant :

— Je vois que Bonaparte me trompe ; il ne reviendra pas, c'est fini ; c'est pourtant à moi qu'il doit tout.

« Je lui répétai qu'il viendrait certainement le

lendemain. Le mouvement négatif de sa tête me fit bien voir qu'il ne le croyait pas. »

Bourrienne rend compte et Bonaparte paraît satisfait. Il semble également heureux d'être parvenu à attirer Bernadotte. Du moins Joseph a promis que son beau-frère viendrait lui aussi, dès la première heure du lendemain, rue de la Victoire...

— D'après tout ce que je sais, déclare Bourrienne, s'il vient, il ne vous sera bon à rien.

— Je le crois, reconnaît Bonaparte, mais il ne peut plus me nuire, je vous assure, c'est tout ce qu'il me faut. Allons, bonsoir, soyez ici à sept heures du matin.

Le lendemain matin, dès sept heures, par un temps beau, mais frais — l'*Observatoire* a noté la première gelée blanche de la saison — le jardin et la petite allée étroite, longue de quatre-vingt-dix mètres, qui de la rue de la Victoire conduit au petit hôtel de Napoléon, regorgent d'officiers en grande tenue. En voyant l'affluence tous comprennent : « C'est pour aujourd'hui ! »

Le général Lefebvre qui commande la garnison de Paris — y compris la Garde nationale du Directoire — a été, bien entendu, lui aussi, convoqué. En apercevant la foule des officiers, il témoigne quelque surprise, mais Bonaparte lui offre le sabre qu'il portait en Egypte, lui parle de ces « b... d'avocats » d'où vient tout le mal, et le mari de Mme Sans-Gêne jure de les jeter tous « à la rivière ».

Le général Debelle apparaît en habit bourgeois...

— Comment, s'étonne un ami, tu n'es pas en uniforme ?

— Je ne savais rien... mais, attends, ce ne sera pas long.

Et, se tournant vers un canonnier, ordonnance d'un officier, il lui demande :

— Donne-moi ton habit, mon brave !

Et, en pleine rue, les deux hommes changent de costume. Bernadotte, que Joseph accompagne, pour plus de sûreté, est lui aussi, en civil. Bourrienne s'approche :

— Mon général tout le monde ici, excepté vous et moi, est en uniforme.

— Pourquoi y serais-je ?

A cet instant, Bonaparte quitte le groupe d'officiers qui l'entourent et s'exclame :

— Il vaudrait autant être en pantoufles !

Puis il demande avec vivacité à Bernadotte :

— Tiens ! vous n'êtes pas en uniforme ?

— Je suis ainsi tous les matins, quand je ne suis pas de service.

— Vous y serez dans un moment.

— On ne m'a rien dit, les ordres devraient m'être parvenus plus tôt.

Bonaparte entraîne alors le mari de Désirée vers un cabinet voisin et lui déclare :

— Le Directoire gouverne mal : il détruirait la République si nous n'y prenions garde... Le Conseil des Anciens m'a nommé commandant de Paris, de la Garde nationale et de toutes les troupes de la division : allez mettre votre uniforme, vous me joindrez aux Tuileries où je vais de ce pas.

Bernadotte fait la grimace. Napoléon martelle ses mots :

— Vous croyez peut-être compter sur Moreau, Macdonald, Beurnonville et quelques autres généraux ? Ils viendront à moi plus tôt que vous ne le pensez, car ils y sont déjà, et ils m'attendent depuis longtemps dans mon antichambre... Vous ne connaissez pas les hommes : ils promettent beaucoup et tiennent peu.

Bonaparte élève maintenant la voix :

— Votre Directoire est détesté, sa constitution usée. Il faut faire maison nette et donner une autre direction au gouvernement. Allez mettre votre uniforme. Je ne puis vous attendre plus longtemps !

— Je ne veux pas prendre part à une rébellion, réplique Bernadotte froidement.

— Une rébellion, s'exclamera Bonaparte quelques instants plus tard en racontant la scène à son secrétaire. Une rébellion, Bourrienne, concevez-vous cela ? Un tas d'imbéciles, des gens qui avocassent du matin au soir dans leurs taudis !

Le futur roi refuse toujours de « marcher ». Bonaparte n'obtient de lui qu'une chose : Bernadotte « n'entreprendra rien contre lui ».

— Oui, comme citoyen, je vous donne ma parole d'honneur de ne point agir.

— Qu'entendez-vous par là ?

— J'entends que je n'irai point dans les casernes et les lieux publics pour travailler l'esprit des soldats et du peuple mais si le Corps législatif et le Directoire me donnent l'ordre de les défendre et me confient le commandement de leur garde...

— Ah ! pour cela je suis bien tranquille, ils ne vous emploieront pas ; ils craignent plus votre ambition que la mienne ; moi, je suis certain de n'en avoir pas d'autre que celle de sauver la République.

Bonaparte n'aura guère plus de chance avec Gohier. Le directeur, surpris par l'heure matinale que Joséphine a indiquée dans son billet, — un déjeuner à huit heures du matin ! — avait préféré déléguer sa femme. Celle-ci, en arrivant rue de la Victoire et en voyant l'afflux de plumets et de galons, comprend aussitôt la situation.

— Quoi ! s'exclame Bonaparte en l'accueillant, le président ne vient pas ?

— Non, général, il ne lui est pas possible...

Napoléon l'interrompt :

— Il faut absolument qu'il vienne. Ecrivez, Madame, et je vais lui faire porter votre lettre.

— Je vais lui écrire, général, et j'ai des gens ici qui se chargeront de ma lettre.

Mme Gohier prend la plume et trace ces mots : « Tu as bien fait de ne pas venir, mon ami ; tout ce qui se passe ici m'annonce que l'invitation était un piège. Je ne tarderai pas à te rejoindre... »

Au tour de Joséphine d'essayer de convaincre la récalcitrante :

— Tout ce que vous voyez, Madame, doit vous faire pressentir ce qui doit infailliblement arriver. Je ne puis vous exprimer combien je suis désolée de ce que Gohier ne se soit pas rendu à mon invitation, concertée avec Bonaparte, qui désire que le Président du Directoire soit un des membres du gouvernement qu'il se propose d'établir. En lui envoyant ma lettre par mon fils, c'était assez marquer l'importance que j'y attachais.

— Je vais, Madame, aller le rejoindre, répond Mme Gohier, ma présence est de trop ici.

— Je ne vous retiendrai pas, poursuit Mme Bonaparte. En vous rendant auprès de votre mari, dites-lui qu'il réfléchisse bien et réfléchissez vous-même avec lui sur le vœu que j'ai été autorisée à vous manifester. Ce n'est pas son intérêt seulement, mais des intérêts qui lui sont plus chers encore que pourrait compromettre une opposition de sa part. L'influence que Sieyès et les siens vont avoir sur les événements qui se préparent dépend du parti que prendra le président. Employez, je vous en conjure, Madame, toute votre influence pour l'engager à venir.

Mais le ménage ne comprit pas où se trouvait ce matin-là son intérêt... et Gohier demeura au Luxembourg ! Il n'avait même pas été surpris par le départ, de grand matin, de la garde du Directoire qui, sous le prétexte de manœuvres, quitta le Luxembourg au son des tambours et des trompettes... La troupe ne prit d'ailleurs nullement le chemin du champ de tir, mais celui des Tuileries.

Il est plus de huit heures et les décrets transférant les assemblées à Saint-Cloud, et nommant Bonaparte commandant en chef, ne sont pas encore arrivés rue de la Victoire. A plusieurs reprises, Napoléon a envoyé aux nouvelles. Les Pères conscrits se feraient-ils tirer l'oreille ? On sait simplement qu'affublés du déguisement indescriptible dont David possédait le secret, ils se trouvent en séance depuis une bonne heure !

Tout marchait cependant comme prévu : les députés convoqués pour sept heures avaient écouté le rapport de Cornet, président de la Commission des Inspecteurs et qui avait été dûment chapitré par Sieyès :

— Les symptômes les plus alarmants se manifestent depuis plusieurs jours..., la patrie est consumée et ceux qui échapperont à l'incendie verseront des pleurs amers, mais inutiles, sur les cendres qu'il aura laissées sur son passage. Vous pouvez, représentants du peuple, le prévenir encore ; un instant suffit, mais si vous ne le saisissez pas, la république aura existé et son squelette sera entre les mains des vautours, qui s'en disputeront les membres décharnés.

« Les mains des vautours » n'avaient nullement fait éclater de rire les représentants et c'est avec la même attention qu'ils avaient écouté Régnier s'exclamer :

— La République est menacée par les anarchistes et le parti de l'étranger ; il faut prendre des mesures de salut public ; on est assuré de l'appui du général Bonaparte ; ce sera à l'ombre de son bras protecteur que les Conseils pourront délibérer sur les changements que nécessite l'intérêt public.

Où se rendrait-on avec ce « bras protecteur » ? A Saint-Cloud !

— Là, avait poursuivi Régnier qui, lui aussi, avait bien appris sa leçon, là, mis à l'abri des surprises et des coups de main, vous pourrez dans le calme et la sécurité, songer aux moyens de faire disparaître les périls actuels... Mais, surtout, vous n'épargnerez rien pour procurer à la France cette paix honorable achetée par tant et de si grands sacrifices.

La majorité de l'assemblée avait adopté alors le projet de décret proposé par Régnier : le transfert à Saint-Cloud et la nomination de Bonaparte.

Porteur de ces bonnes nouvelles, Fouché accourt rue de la Victoire, et entre dans la petite salle à manger en rotonde qui sert en même temps d'antichambre.

— Croyez à mon dévouement et à mon zèle, dit-il à Bonaparte. Je viens de faire fermer les barrières, d'arrêter le départ des courriers et des diligences.

— Tout cela est inutile, affirme le nouveau commandant en chef ; vous le voyez, l'affluence des citoyens et des braves accourant autour de moi vous dit assez que c'est avec et pour la Nation que j'agis ; je saurai faire respecter le décret du Conseil et maintenir la tranquillité publique.

Quelques instants plus tard, on voit arriver, en grand équipage, les inspecteurs du Conseil des Anciens, venus lire à Bonaparte les quatre décrets :

Art. 1er. — Le Corps législatif est transféré dans la commune de Saint-Cloud ; les deux Conseils y siégeront dans les deux ailes du palais. *Art.* 2. — Ils y seront rendus demain 19 brumaire, à midi. Toute continuation de fonctions, de délibérations, est interdite ailleurs et avant ce temps. *Art.* 3. — Le général Bonaparte est chargé de l'exécution du présent décret. Il prendra toutes les mesures nécessaires pour la sûreté de la représentation nationale. *Art.* 4. — Le général Bonaparte est appelé dans le sein du Conseil pour y recevoir une expédition du présent décret, et prêter serment.

Il lui faut donc sans tarder aller jurer fidélité au système qu'il s'apprête à jeter à bas :

— Suivez-moi ! crie-t-il en se retournant vers les officiers qui l'entourent.

Il veut, en effet, pour affirmer son loyalisme, se trouver entouré d'un nombreux état-major. Soudain, avant de descendre l'escalier, il revient vers Bernadotte et lui demande de partir avec lui. Le mari de Désirée secoue la tête : il préfère s'abstenir. Bonaparte l'abandonne à ses scrupules. Puis, tout en courant, il crie à Bourrienne :

— Gohier n'est pas venu, tant pis pour lui !

Napoléon saute sur un grand cheval noir à tête blanche prêté par l'amiral Bruix, et qui semble d'ailleurs quelque peu rétif. A la tête de ses généraux et officiers, il descend le boulevard. Le cortège passe sous les fenêtres du financier Ouvrard — fournisseur de la Marine — qui habite au coin de la rue de Provence et de la Chaussée d'Antin. Ouvrard a compris d'où va souffler le vent... Quittant sa fenêtre, il s'assied à son bureau pour écrire à l'amiral Bruix :

« Citoyen amiral, le passage du général Bonaparte, se rendant au Conseil des Anciens, quelques mouvements de troupes, me font pressentir qu'il se prépare du changement dans les affaires politiques ; cette circonstance peut nécessiter des besoins de fonds. Je vous prie, mon cher amiral, d'être l'interprète de l'offre que je fais d'en fournir... »

Pour la première fois, au Conseil des Anciens, Bonaparte doit prendre la parole devant des parlementaires et paraît mal à l'aise. Son débit est haché et hésitant :

— La République périssait, vous l'avez reconnu, déclare-t-il, vous avez rendu un décret qui va la sauver... Aidé de tous les amis de la liberté, de ceux qui l'ont fondée, de ceux qui l'ont défendue, je la soutiendrai. Le général Berthier, le général Lefebvre et les braves qui sont sous mes ordres, partagent mes sentiments. Vous avez rendu la loi qui promet le salut public ; nos braves sauront l'exécuter. Nous voulons une république fondée sur la liberté, sur l'égalité, sur les principes sacrés de la représentation nationale. Nous l'aurons, *je le jure !*

Les tribunes applaudissent à tout rompre, tandis que l'état-major du général Bonaparte crie d'une voix vibrante :

— Nous le jurons !

Fouché, lui, a quitté la rue de la Victoire et a pris le chemin du Luxembourg où il a annoncé au président Gohier le décret transférant les séances du Corps législatif au château de Saint-Cloud.

— Je suis fort étonné, s'exclame avec humeur l'amoureux de Joséphine, qu'un ministre du Directoire se transforme ainsi en un messager du Conseil des Anciens.

— J'ai pensé, répond Fouché en ayant du mal à ne pas rire, qu'il était de mon devoir de vous donner connaissance d'une résolution si importante, et en même temps, j'ai cru convenable de venir prendre les ordres du Directoire.

— Il était bien plus de votre devoir, reprend Gohier d'une voix émue, de ne pas nous laisser ignorer les intrigues criminelles qui ont amené une semblable résolution : elle n'est sans doute que le prélude de tout ce qu'on s'est proposé d'attenter contre le gouvernement dans les conciliabules, qu'en votre qualité de ministre de la Police vous auriez dû pénétrer et nous faire connaître.

— Mais les rapports n'ont pas manqué au Directoire ; je me suis même servi des voies détournées, voyant que je n'avais pas toute sa confiance ; le Directoire n'a jamais voulu croire aux avertissements ; d'ailleurs, n'est-ce pas de son sein même qu'est parti le coup ? Les directeurs Sieyès et Roger Ducos sont déjà réunis à la commission des inspecteurs des Anciens.

En effet, Sieyès, après une ultime leçon d'équitation, était parti — à cheval — pour les Tuileries où Roger Ducos, sous prétexte « d'aller aux nouvelles », l'avait rejoint.

— La majorité est au Luxembourg, affirme vivement Gohier en haussant la voix, et si le Directoire a des ordres à donner, il en confiera l'exécution à des hommes dignes de sa confiance.

Fouché parti, Gohier a mis Moulins au courant, puis tous deux se sont rendus chez Barras. Celui-ci trempe dans son bain et fait déclarer qu'il ne peut les recevoir. Lorsqu'il sortira de sa baignoire — après une heure de macération — le vicomte fera minutieusement sa barbe, puis il se déclarera malade et refusera de rencontrer ses deux collègues qui courent à la dérive. Il espérait recevoir, sinon la visite de Bonaparte, du moins celle de l'un de ses émissaires l'appelant aux Tuileries. Rien ne vint, si ce n'est son secrétaire Bottot qui lui rapporta la scène pénible qui venait de se dérouler dans le jardin des Tuileries.

Bonaparte avait, en effet, quitté la salle du Conseil des Anciens. Accompagné des généraux Beurnonville, Moreau, Macdonald, il s'était retrouvé dans le jardin des Tuileries, face aux dix mille hommes qui devaient le reconnaître comme commandant suprême. Et c'est alors qu'il avait aperçu, essayant de fendre la foule pour arriver jusqu'à lui, Bottot, envoyé par Barras. En un instant, Bonaparte, avec son instinct de metteur en scène de l'Histoire, avait compris le parti qu'il allait pouvoir tirer de la présence du malheureux Bottot. A défaut du maître, c'est le subalterne qui supportera le poids du courroux du général ! Ahuri, Bottot se vit entraîner face aux grenadiers. Bonaparte lui tenant le bras, l'œil enflammé, avait alors prononcé sa fameuse harangue :

— Qu'avez-vous fait de cette France que je vous avais laissée si brillante ? Je vous ai laissé la paix, j'ai retrouvé la guerre ! Je vous ai laissé des victoires, j'ai retrouvé des revers ! Je vous ai laissé des millions d'Italie, j'ai retrouvé partout des lois spoliatrices et la misère ! Qu'avez-vous fait des cent mille Français que je commandais, mes compagnons de gloire ? Ils sont morts ! Cet état de choses ne peut durer !... Il est temps enfin de rendre aux défenseurs de la patrie la confiance à laquelle ils ont tant de droits. A entendre quelques factieux, nous serions bientôt des ennemis de la République, nous qui l'avons affermie par nos travaux et notre courage, nous ne voulons pas de gens plus patriotes que les braves mutilés au service de la République !

Tandis que Bottot se hâte de prendre le chemin du Luxembourg afin de mettre Barras au courant, Bonaparte fait lire aux troupes le décret, puis il lance beaucoup plus à son aise que devant l'Assemblée :

— Soldats, le décret extraordinaire du Conseil des Anciens est conforme aux articles 102 et 103 de l'acte constitutionnel. Il m'a remis le commandement de la ville et de l'armée. Je l'ai accepté pour seconder les mesures qu'il va prendre, et qui sont tout entières en faveur du peuple. La République est mal gouvernée depuis deux ans. Vous avez espéré que mon retour mettrait un terme à tant de maux ; vous l'avez célébré avec une union qui m'impose des obligations que je remplis : vous remplirez les vôtres et vous seconderez votre général avec l'énergie, la fermeté et la confiance que j'ai toujours vues en vous.

Un grand cri de *Vive Bonaparte !* lui répond. Au loin, la foule regarde le spectacle. Le temps s'est réchauffé, le thermomètre marque 6° et un pâle soleil fait briller les ors des uniformes. Les Parisiens, à leur réveil ont pu lire sur les murs les affiches blanches posées par les soins de Roederer et de Regnault, au nom du département. C'est le procès du régime... En caractères gras ressortent ces mots : « *Ils ont tant fait...* », puis, un peu plus bas : « *Qu'il n'y a plus de constitution.* »

Une autre affiche va droit au but : « Il ne faut pas qu'un homme si éminent par ses services reste plus longtemps étranger aux affaires. Qu'on ne nous parle plus de l'envoyer à l'ennemi ; la patrie lui défend de s'éloigner de Paris. Qu'il n'expose plus au loin une gloire que l'impuissance même du gouvernement ne peut que compromettre. Sa gloire, son existence, ces grandes propriétés nationales nous sont nécessaires dans l'intérieur. Braves soldats de la République, c'est de Paris que les savantes combinaisons de Bonaparte peuvent le plus sûrement vous conduire à la victoire, s'il faut encore vaincre ; Citoyens, c'est à Paris que Bonaparte doit être pour vous donner la paix. »

Napoléon a quitté les jardins et a installé son poste de commandement aux Tuileries même, dans le salon des Inspecteurs des Anciens. Entrent Gohier et Moulins, qui, en désespoir de cause, ont pris le parti de venir eux-mêmes aux nouvelles. Le futur Consul vient d'apprendre que Santerre — le fameux brasseur — pourrait bien « faire donner le faubourg ». Bonaparte se rue sur Moulins :

— Général, vous êtes parent de Santerre ?

— Je ne suis point le parent de Santerre, mais je suis son ami.

— On me prévient qu'il agite les habitants du faubourg Saint-Antoine et veut se mettre à leur tête. S'il fait un mouvement, je le fais fusiller.

— En auriez-vous le pouvoir, général ?... Au reste, Santerre n'est point un agitateur ; il ne marcherait qu'autant qu'il en recevrait l'ordre d'une autorité que vous-même, jusqu'à ce jour, vous n'aviez pas méconnue.

— Il n'y a plus de Directoire.

Gohier intervient avec colère :

— Il n'y a plus de Directoire ? Vous vous trompez, général, et vous savez que c'est chez son président que vous avez pris l'engagement de dîner aujourd'hui. Serait-ce pour mieux cacher des projets hostiles que vous avez accepté cette invitation, que vous en avez vous-même fixé le jour ?

— Mes projets ne sont point hostiles. La République est en péril, il faut la sauver... Je le veux !... Et ce n'est qu'avec des mesures énergiques que nous y parviendrons. Seiyès et Ducos donnent leur démission, Barras a envoyé la sienne ; abandonnés tous les deux à votre isolement, vous ne refuserez pas la vôtre !

Mais les deux Directeurs ne veulent pas encore renoncer à leur cinquième de trône :

— Tout se règlera demain à Saint-Cloud ! s'exclame Gohier.

Bonaparte pose sur lui un tel regard que, deux

heures plus tard, Gohier enverra sa démission. « Moulins, qui n'avait jamais su pourquoi et comment il était entré au Directoire, nous rapporte Mme Reinhard, suivit l'exemple de celui derrière lequel il se rangeait toujours. »

Et Barras ?

En dépit du discours rapporté par Bottot, il ne se résoud pas encore à agir. Il demeure persuadé que Bonaparte n'osera le toucher et viendra le chercher. Il tombe de haut en recevant vers midi Bruix et Talleyrand, venus au nom du commandant en chef afin « de négocier sa retraite » :

— Bonaparte est déterminé à employer contre vous tous les moyens de force qui sont en son pouvoir, si vous essayez de faire la moindre résistance pour entraver ses projets...

Talleyrand lui tend alors une lettre toute rédigée, que Barras est censé adresser à la législature « pour lui notifier sa résolution de descendre à la vie privée ».

Il « descend » avec d'autant plus de bonne volonté « à la vie privée » que Talleyrand et Bruix ont pris la précaution de se munir d'une fort copieuse somme d'argent — l'argent d'Ouvrard. Quelques minutes plus tard, les dragons de Bonaparte font à l'ex-directeur une escorte, dite d'honneur pour l'accompagner jusqu'à son château de Grosbois. M. le vicomte de Barras, qui a mis à Bonaparte le pied à l'étrier, quitte pour toujours l'Histoire.

Déjà, durant cette longue journée, s'est fait jour l'autorité de Napoléon. On l'a entendu dire à Cambacérès :

— Plus de factions, je n'en veux, je n'en souffrirai aucune !

Puis :

— Je ne suis d'aucune coterie, je suis de la grande coterie du peuple français.

Le soir venu, certains députés commencent à s'inquiéter. Assurément, « tout ce que propose Bonaparte ou tout ce qu'il fait proposer par ses frères, sent la dictature du sabre ». Ils viennent parler de leurs craintes à Fouché.

— Mais c'est fait, leur répond-il, le pouvoir militaire est dans les mains du général Bonaparte, c'est vous-mêmes qui le lui avez déféré, et vous ne pourriez faire un pas sans sa dictature.

Certains voudraient bien maintenant « rétrograder »... Il est trop tard ! Et ce soir-là, Bonaparte pourra dire dédaigneusement :

— Dans ces Conseils, il y a peu d'hommes. Je les ai vus, entendus hier toute la journée ; que de pauvretés, quels vils intérêts !

Les timorés partis, les conjurés conviennent de l'établissement, le lendemain, de trois consuls provisoires : Bonaparte, Roger Ducos et Sieyès.

— Peut-être, suggère ce dernier, pourrait-on faire arrêter une quarantaine d'opposants ?

Bonaparte réfléchit. Fouché lui avait donné ce conseil :

— Dans les premiers pas que vous faites dans la carrière du pouvoir suprême, ne vous rendez pas l'instrument des fureurs d'un prêtre haineux.

Napoléon suit cet avis et répond :

— L'expédient est trop prématuré. Il n'y aura ni opposition, ni résistance.

— Vous verrez demain à Saint-Cloud, lance Sieyès d'un air piqué...

Sieyès n'avait point tort ; le lendemain, il faudra un miracle pour que l'affaire ne se termine point, plaine de Grenelle, devant le peloton d'exécution réservé aux généraux qui manquent leur coup et sont à jamais traités de traîtres par les manuels d'Histoire — s'ils le réussissent, chacun sait qu'ils deviennent alors les héros d'un peuple.

Aux Cinq-Cents la bagarre, dès l'entrée de Bonaparte, se **déchaîne** *avec une violence inouïe. Députés, spectateurs et soldats se battent comme des chiffonniers ; un des représentants se prend même le pied dans sa toge et tombe de tout son long. Bonaparte est à moitié évanoui et ne se rend plus compte de rien. Le dessinateur a mis un peu plus d'ordre dans sa composition...*

XIV

L'ART DE JETER LES DÉPUTÉS PAR LES FENÊTRES

On n'a rien fondé que par le sabre.

NAPOLÉON.

LE 10 novembre au matin — 19 brumaire — Bonaparte se fait toujours quelque illusion sur l'attitude des parlementaires. Il pense que Cinq-Cents et Anciens s'inclineront sans heurt. Il demeure persuadé qu'il pourra conquérir le pouvoir sans devoir sortir le sabre du fourreau ! On l'entend même s'exclamer :

— Etes-vous donc de ceux qui croient que nous allons nous battre ?

Dans quelques instants, il va quitter la rue de la Victoire pour Saint-Cloud, lorsqu'il voit Berthier vaciller :

— Qu'avez-vous ? Vous souffrez ?

— J'ai un clou qui perce et je suis couvert d'un cataplasme.

— Eh bien, restez !

— Non, certes, dussé-je me traîner et souffrir l'enfer, je ne vous quitte pas.

A Lannes, lui aussi, qui veut à tout prix l'accompagner, il adresse ces paroles affectueuses :

— Non, général, vous êtes blessé, nous serons longtemps à cheval.

Et comme Lannes insiste :

— Non, mon ami, ordonne-t-il, restez ici.

Alors qu'il s'apprête à partir, on lui annonce que Joséphine veut le revoir et l'attend dans sa chambre.

— A la bonne heure ! s'exclame-t-il, touché. J'y monterai, mais cette journée n'est pas une journée de femmes.

Il le répétera à Le Couteulx, qui lui offre l'hospitalité dans sa maison d'Auteuil pour le soir — si les événements l'exigeaient :

— Mais pas de femmes : l'affaire est trop grave. Partons !

Et il saute sur le cheval de l'amiral. La pluie a cessé, le vent d'ouest a dégagé le ciel, mais il fait froid et humide. « Je l'ai vu, racontera plus tard Couture, je le vois encore dans le jardin des Tuileries, partant pour Saint-Cloud, le visage basané, maigre et long, les cheveux plats coupés à deux pouces de l'oreille, le petit chapeau, le pantalon jaune, sur lequel s'étale une large tache à l'extérieur de la cuisse gauche, le petit uniforme, la botte à demi-jambe, et sous lui, un cheval de haute taille dont la robe était d'un gris fer et dont la tête était blanche, le général enfin, tel de sa personne, sans embonpoint alors... »

En passant par les Champs-Elysées, peut-être Bonaparte a-t-il pensé aux Parisiens toujours cabrés, à l'image des chevaux de Marly ? Quelles seront leurs réactions en se voyant imposer un nouveau régime ?

La route de Paris à Saint-Cloud est couverte d'officiers à cheval, de curieux, de voitures remplies de députés, de fonctionnaires, de journalistes — et surtout de troupes marchant en tenue de campagne. Les cuirassiers — on disait les *gros talons* — trottent lourdement et les canons — car il y avait des canons... — font en roulant un bruit d'enfer. Tous montent la rampe qui conduit aujourd'hui à l'entrée de l'autoroute de l'Ouest. Suivant les ordres conçus par Bonaparte, ils vont prendre position autour du château. Les grenadiers du Directoire et des Cinq-Cents font la haie dans la première cour, tandis que derrière eux se trouvent massées quatre compagnies de grenadiers parisiens et qu'une demi-brigade d'infanterie monte la garde près de la grande grille. La troupe bivouaque sous le pâle soleil, car il ne fait toujours pas chaud. Les conversations marchent bon train et cela permet de faire le point. Les soldats de la garnison de Paris ne mâchent pas leurs mots et s'exclament :

— Il est temps de f... dehors tous ces orateurs ; avec leur bavardage, ils nous laissent depuis six mois sans solde et sans souliers ; nous n'avons pas besoin de tant de gouvernants !

La garde des Cinq-Cents n'a, elle, aucune raison de jeter bas ses maîtres.

— Soyez tranquilles et comptez sur nous, lancent les grenadiers aux députés qui se dirigent vers le château.

Les badauds regardent Bonaparte qui, à son tour, gravit la rampe. Arrivé dans la cour, il se renseigne. Quel est le pouls des adversaires et de ceux qui ont promis de le soutenir ? Les conversations sont, paraît-il, fort animées. La plupart ignorent les projets des conjurés. Quant aux initiés ils en parlent d'une manière vague. On va sauver la République, affirment les uns ; la perdre, répondent les autres. On rapporte à celui qui interroge déjà en maître, que les nombreuses guinguettes ont accueilli — et trop bien soigné — les députés. Principalement Hugues Destrem, secrétaire du Conseil des Cinq-Cents, qui s'est complètement « enluminé ». Tout à l'heure il entrera dans la salle la toque sur l'oreille, regardant insolemment de côté et d'autre, en disant, comme Danton :

— Voyez, j'ai encore ma tête sur mes épaules.

— Ce n'est pas ce que tu as de mieux, lui répondra en riant l'un de ses collègues.

Les salles de séance — le *Grand Salon* pour les Anciens, l'*Orangerie* pour les Cinq-Cents — ne sont, hélas, pas prêtes. Les députés — les deux assemblées mêlées — commencent un fâcheux congrès en plein air. Ils bavardent, tout en regardant avec inquiétude la profusion d'uniformes. Les Anciens semblent plus résignés, mais les Cinq-Cents parlent haut et ferme :

— Ah ! il veut être un César, un Cromwell !... Il faut que cela se décide !

Les Anciens mollissent. Ceux qui font partie du complot n'osent plus parler aussi ouvertement. Un vent d'opposition commence à se lever. Vers une heure — on l'annonce à Bonaparte — le Conseil des Anciens, précédé de sa musique qui exécute la *Marseillaise,* entre dans le Grand Salon. Les conjurés essayent d'amuser le tapis. Tous savent que rien ne commencera *vraiment* avant que les Cinq-Cents puissent entrer en séance.

Le général Thiébault arrive de Paris et pénètre dans le salon où se tiennent les aides de camp. Soudain, la porte s'ouvre. C'est Bonaparte.

— Qu'on aille chercher le chef de bataillon X..., lance-t-il.

« Un aide de camp, racontera Thiébault, partit à l'instant et, peu après, revint avec ce chef de bataillon.

« Prévenu, le général Bonaparte reparut, et s'adressant avec la plus grande dureté à cet officier supérieur :

— Par quel ordre, lui dit-il, avez-vous déplacé tel poste ?

« Et l'officier nomma la personne qui lui avait donné cet ordre, observant que ce n'était pas le premier ordre qu'il eût reçu d'elle. La réponse avait été très convenable et, venant d'un officier supérieur, méritait considération, ce qui n'empêcha pas le général Bonaparte de reprendre sur le ton de la plus vive colère :

— Il n'y a d'ordres ici que les miens ; qu'on arrête cet homme et qu'on le mette en prison.

« Quatre ou cinq des séides présents poussant le zèle jusqu'à la brutalité, se jetèrent sur le chef de bataillon et l'entraînèrent... Je fus révolté ; d'autres sans doute le furent, mais ils surent se taire. Assez peu maître de moi à cette époque, je n'eus pas tant de sagesse :

— Et c'est pour être témoins de tels actes que nous sommes ici !

« Vu que personne n'ouvrit la bouche, que même les figures se rembrunirent, et que quelques-uns de mes voisins eurent l'air de s'éloigner de moi, ma tête achevant de se monter, et malgré le silencieux exemple d'un grand nombre de mes chefs, j'ajoutai :

— Comme de tels actes ne peuvent me convenir, je retourne à Paris.

« A ce moment, César Berthier, qui venait d'entrer dans le salon et qui m'avait entendu, se jeta sur moi, en disant :

— Général Thiébault, que faites-vous ?

— Vous êtes bon de le demander, répliquai-je, ne l'ai-je pas dit assez haut ?... »

Et Thiébault repartit pour Paris.

L'Orangerie est enfin prête. Il est déjà trois heures. Les Cinq-Cents ont revêtu leur toge et leur ample manteau rouge. Ils s'installent... et c'est immédiatement la tempête. Les cris montent :

— Point de dictature ! Nous sommes libres ici ! Les baïonnettes ne nous effrayent pas !

Le président — Lucien Bonaparte — essaie, mais en vain, de rétablir un semblant de calme. Fort heureusement, ces messieurs, qui se prennent pour des Romains, ont une prédilection pour les « scènes à effet ». L'un d'eux propose de prêter serment à la Constitution de l'an III. Peut-être un sang nouveau va-t-il être ainsi infusé au Directoire agonisant ? Lucien s'incline. Dans le dessein de gagner du temps, il est prêt à jurer fidélité au régime qu'il renversera tout à l'heure au profit de son frère. Chaque député monte donc à la tribune, étend le bras droit dans un joli mouvement de toge, prononce son serment et regagne sa place. Il est d'usage, lorsqu'on arrive au nom de Roberiot, l'un des malheureux ambassadeurs de Rastadt, de crier d'un ton sépulcral :

— Egorgé par la maison d'Autriche !

Tous les rites sont scrupuleusement respectés. Il y en a au moins pour cinq heures d'horloge !... Lavalette, témoin de la scène, va prévenir Bonaparte qu'il trouve se promenant avec assez d'agitation dans une pièce qui n'a pour tous meubles que deux fauteuils. Sieyès est seul avec lui, assis près de la cheminée, devant « un fagot d'auberge » qu'il tisonne avec un morceau de bois, car il n'y a même pas de pincettes.

— Eh bien ! s'exclame Bonaparte après avoir

écouté son aide de camp, vous voyez ce qu'ils font !

— Ho ! ho ! répond lentement Sieyès, jurer une partie de la constitution passe, mais toute la constitution, c'est trop !

Lavalette se retire dans la pièce voisine où il trouve Berthier et une trentaine d'officiers. Toutes les figures se sont allongées et, lorsque l'aide de camp raconte tout bas au chef d'état-major ce qui est en train de se passer aux Cinq-Cents, il le voit pâlir... L'affaire s'engage mal. Tout à coup, les deux battants de la porte s'ouvrent avec fracas. Bonaparte paraît, battant le parquet de sa cravache :

— Il faut en finir !

S'il n'intervient pas personnellement, tout est perdu ! Il décide de commencer par les Anciens. Ce sont eux, espère-t-il, qui entraîneront les Cinq-Cents ! Il se trouve déjà sorti de la pièce. Tous se précipitent sur ses pas et arrivent dans la cour où un régiment d'infanterie, venu de Paris, vient de se ranger en ordre de revue. On entend aussitôt crier : *Vive Bonaparte !* tandis que les tambours battent aux champs. « Il passe devant un beau corps de grenadiers, rapportera Coignet, salue tout le monde, nous fait mettre en bataille, et parle aux chefs. Il était à pied, il avait un petit chapeau et une petite épée... »

Sans doute trop revigoré par cet accueil, entre-t-il avec plus de violence qu'il n'en faudrait — et même avec colère — dans le Grand Salon. « Et cela ne me donna pas une bonne opinion de ce qu'il allait dire, nous raconte Bourrienne dont le témoignage a tout son prix. Le couloir par lequel nous pénétrâmes jusqu'au milieu de la salle était étroit ; nous tournions le dos à la porte ; Bonaparte avait le président à sa droite ; il ne pouvait le voir tout à fait en face. Je me trouvais à la droite du général ; et nos habits se touchaient ; Berthier était à sa gauche. »

Bonaparte commence à parler :

— Représentants du peuple, si j'avais voulu opprimer la liberté de mon pays, si j'avais voulu usurper l'autorité suprême, je ne me serais point rendu aux ordres que vous m'avez donnés, je n'aurais pas eu besoin de recevoir cette autorité du Sénat... Je vous le jure, représentants du peuple, la patrie n'a pas de plus zélé défenseur que moi ; je me dévoue tout entier pour faire exécuter vos ordres. Mais c'est sur vous seuls que repose son salut, car il n'y a plus de Directoire, quatre des membres qui en faisaient partie ont donné leur démission et le cinquième a été mis en surveillance pour sa sûreté. Les dangers sont pressants, le mal s'accroît...

— Et la Constitution ? hurle Lenglet.

— La Constitution ? reprend Bonaparte, elle est invoquée par toutes les factions et elle a été violée par toutes ; elle est méprisée par toutes ; elle ne peut être pour nous un moyen de salut parce qu'elle n'obtient plus le respect de personne. La Constitution ? n'est-ce pas en son nom que vous avez exercé toutes les tyrannies ? Et aujourd'hui encore c'est en son nom que l'on conspire. Je connais tous les dangers qui vous menacent...

— Vous venez de l'entendre, Représentants du peuple, s'exclame l'un des complices — Cornudet. Celui à qui vous avez décerné tant d'honneurs, à qui vous avez tant de fois transmis les expressions et la reconnaissance nationale, celui devant qui l'Europe et l'univers se taisent d'admiration est là, c'est lui qui vous atteste l'existence de la conspiration : sera-t-il regardé comme un vil imposteur ?

Des cris fusent :

— Qu'il nomme les conspirateurs ! Oui, nommez, nommez !

— S'il faut s'expliquer tout à fait, s'il faut nommer

les hommes, réplique Bonaparte, je les nommerai. Je dirai que les directeurs Barras et Moulins m'ont proposé de me mettre à la tête d'un parti tendant à renverser tous les hommes qui ont des idées libérales.

— Il faut créer un comité général pour entendre ces révélations, crient les uns.

— Non, non, s'exclament d'autres représentants, point de comité général ! On vient de dénoncer les conspirateurs, il faut que la France entende tout !

On demande alors à Bonaparte d'entrer dans le détail des vagues accusations qu'il vient de formuler contre Barras et Moulins :

— Vous ne devez plus rien cacher !

« C'est alors, poursuit Bourrienne, que ces interruptions, ces apostrophes, ces interrogations le troublèrent, et il se crut perdu. Au lieu de donner des explications sur ce qu'il avait dit, il accusa de nouveau... Qui ? Le Conseil des Cinq-Cents qui veut « des échafauds, les comités révolutionnaires, la Révolution tout entière ».

Il bredouille même :

— Si je suis un perfide, soyez tous des Brutus... Je déclare que, ceci fini, je ne serai plus rien dans la République que le bras qui soutiendra ce que vous aurez établi !

Les Anciens veulent bien être des Brutus, mais exigent d'autres noms que ceux des deux Directeurs démissionnaires. Comment Bonaparte pourrait-il en donner, puisque le prétendu complot terroriste n'existe pas ? Il se trouble, se sent ridicule et de plus en plus lamentable. Son discours devient vite une manière de conversation débridée, menée à bâtons rompus avec le président. Si les questions posées par celui-ci sont claires et précises, les réponses de Bonaparte sont « ambiguës et entortillées ». Après avoir évoqué ses frères d'armes et sa franchise de soldat, il parle de « volcans, d'agitations sourdes, de victoires, du 18 fructidor, de César, de Cromwell, de tyran ». A plusieurs reprises, on l'entendra affirmer, dans le tumulte qui monte :

— Je n'ai plus que cela à vous dire.

« Et il ne disait rien, constate Bourrienne désespéré, ou pas grand-chose. » On devine, plus qu'on ne comprend : « Liberté... Egalité... hypocrites... intrigants... Je ne le suis pas... J'abdiquerai le pouvoir, aussitôt que le danger qui menace la République sera passé... »

« On ne peut véritablement pas s'en faire une idée à moins d'avoir été présent, racontera Bourrienne. Il n'y avait pas la moindre suite dans tout ce qu'il balbutiait, il faut bien le dire, avec la plus inconcevable incohérence, Bonaparte n'étant point orateur. On peut bien supposer qu'il était plus accoutumé au bruit des batailles qu'à celui des discussions de tribune. Sa place était plutôt devant une batterie que devant le fauteuil du président d'une assemblée. »

Soudain, Bonaparte cesse de balbutier : il semble avoir trouvé un sujet et se met à menacer les représentants :

— Et si quelque orateur payé par l'étranger parlait de me mettre *hors la loi,* que la foudre de la guerre l'écrase à l'instant ! S'il parlait de me mettre *hors la loi,* j'en appellerais à vous, mes braves compagnons d'armes !

Il se tourne vers les quelques grenadiers demeurés au seuil de la porte :

— A vous, braves soldats, que j'ai tant de fois menés à la victoire ! A vous, braves défenseurs de la République, avec lesquels j'ai partagé tant de périls pour affermir la liberté et l'égalité ! Souvenez-vous que je marche accompagné du dieu de la Victoire et du dieu de la Fortune.

C'est là une phrase qu'il avait lancée avec succès au Diwan du Caire, mais, à Saint-Cloud, l'effet produit est déplorable. Bourrienne le tire par la manche et lui murmure — du moins il l'affirmera :

— Sortez, général, vous ne savez plus ce que vous dites !

Bonaparte balbutie encore quelques mots, puis s'exclame en se dirigeant vers la porte :

— Qui m'aime me suive !

Mais personne ne le suit que Bourrienne et Berthier... Aux Cinq-Cents, en dépit de la présidence de Lucien, c'est bien pis ! Dès l'entrée de Bonaparte, alors qu'il n'a encore rien dit, sa seule présence déclenche les hostilités. Les « tape-durs » de la Montagne se jettent sur lui, le martellent à coups de poing. Au milieu des cris poussés avec fureur par les Cinq-Cents, on devine :

— Hors la loi le dictateur ! A bas le dictateur !

— Quoi ! des baïonnettes, des sabres, des hommes armés ici !

— Mourons à notre poste ! Vive la République et la Constitution de l'an III !

« Il était tellement pressé entre les députés, son état-major, les grenadiers qui s'étaient précipités à l'entrée de la salle, raconte Lavalette, que je crus un instant qu'il allait être étouffé. Il n'y avait pas moyen d'avancer ou de reculer... »

Députés, spectateurs et soldats se battent maintenant comme des chiffonniers ; un des représentants se prend même le pied dans sa toge et tombe de tout son long. Au pied de la tribune se déroule une scène d'une violence inouïe. Les grenadiers se frayent un chemin pour venir dégager leur chef pris à partie par l'énorme Destrem — le député au visage enluminé — qui hurle aux oreilles de Napoléon :

— Est-ce donc pour cela que tu as vaincu ?

Destrem, dont on dit qu'un « coup de sa main » valait « un coup de poing d'un autre », empoigne le chétif Bonaparte par l'épaule au moment où celui-ci, à demi évanoui et ne se rendant plus compte de rien, est enfin dégagé et emmené par ses soldats. C'est une effroyable déroute ! Dans la pièce qui précède la salle du conseil, la confusion est telle que certains grenadiers perdent leurs bonnets et leurs armes.

Lucien essaye de défendre son frère :

— Il est naturel de croire que la démarche du général, qui a paru exciter de si vives inquiétudes, n'a pour objet que de rendre compte de la situation des affaires ou de quelques objets intéressant la chose publique ; il venait remplir l'obligation que ses fonctions lui imposent. Mais je crois qu'en tout cas nul de vous ne peut soupçonner...

Un député l'interrompt :

— Bonaparte s'est conduit en roi !

— Aucun de vous, poursuit Lucien, ne peut soupçonner de projets liberticides celui qui...

Une voix de stentor l'interrompt :

— Bonaparte a perdu sa gloire ! Je le voue à l'opprobre, à l'exécration des républicains.

Des cris d'approbation fusent sur tous les bancs. Une autre exclamation couvre le tumulte :

— Je demande que le général Bonaparte soit traduit à la barre pour y rendre compte de sa conduite.

— Et moi, s'exclame Lucien, je demande à quitter le fauteuil !

Lucien abandonne sa place au-dessous de la tribune, laissant la présidence à Chazal. Mais les choses ne s'arrangent pas pour autant. La confusion augmente, les cris redoublent et c'est enfin la proposition qui avait autrefois détrôné Robespierre :

— Aux voix, la mise *hors la loi* du général Bonaparte !

Lucien quitte alors sa place de député, remonte à la tribune et — théâtral, ainsi que l'exige l'époque — enlève sa toque et sa toge en déclarant :

— Il n'y a plus ici de liberté. N'ayant plus le moyen de me faire entendre, vous verrez au moins votre président, en signe de deuil public, déposer ici les marques de la magistrature populaire.

On le supplie de rester : il cède.

Bonaparte et Sieyès sont toujours dans le Grand Cabinet. En apprenant que l'apprenti dictateur se trouve maintenant *hors la loi,* l'abbé se retourne vers Bonaparte :

— Ils rêvent 93 !... Ils nous mettent hors la loi ! Eh bien, général, contentez-vous de les mettre hors la salle.

Bonaparte dégaîne, brandit son épée, ouvre la fenêtre et hurle :

— Aux armes !

Une seconde plus tard, le héros d'Italie apparaît dans la cour en criant :

— Mon cheval !

En voyant réapparaître son animal gris fer qui rue, piaffe et se cabre, Bonaparte qui n'a jamais été un cavalier brillant a un sursaut. Deux hommes ont du mal à maintenir la bête. Non sans difficulté, le général l'enfourche et essaie de cavalcader noblement. Dans sa fièvre il égratigne les boutons qui couvrent ses joues. Il saigne, ce qui lui permet d'affirmer que les Cinq-Cents ont voulu l'assassiner. Les soldats semblent prêts à « franchir le Rubicon », mais les grenadiers du Corps législatif sont hésitants. Il est plus de cinq heures, le jour baisse, une froide brume de novembre noie le parc, le ciel est de plus en plus couvert, il faut en finir avant la nuit. Lucien vient de faire passer à son frère un appel angoissé : « Avant dix minutes, il faut interrompre la séance où je ne réponds plus de rien. »

Bonaparte donne enfin des ordres précis.

Quelques instants plus tard, un peloton de grenadiers fait irruption dans la salle des séances. Lucien se demande d'abord si tout n'est pas perdu. Son frère a-t-il manqué son coup ? Vient-on l'arrêter ? Vient-on le délivrer ?

— Vous me parliez de réconciliation, lance-t-il aux députés, et vous me faites arrêter !

Mais les grenadiers se contentent de le conduire auprès de Bonaparte et de Sieyès. Pendant ce temps, dans la cour du château, le général Sérurier a tenté de galvaniser ses troupes :

— Les Anciens se sont réunis à Bonaparte, les Cinq-Cents ont voulu l'assassiner !

Une affaire de « civils » ! Les grenadiers sont demeurés impassibles. Puis Bonaparte leur a expliqué :

— J'allais leur indiquer les moyens de sauver la République et ils ont voulu m'assassiner !

Se tournant vers les grenadiers, il demande :

— Soldats, puis-je compter sur vous ? Je vais mettre les députés à la raison !

Le silence lui a répondu. Mais tout va changer avec l'arrivée de Lucien, puisque « l'apparence de la légalité » est ainsi venue rejoindre les conjurés. Plus prompt que son frère, Lucien ordonne :

— Un cheval pour moi, général !... Un cheval !... et un roulement de tambour !

Il saute à cheval et lance :

— Citoyens, soldats ! Le président du Conseil des Cinq-Cents vous déclare que l'immense majorité de ce conseil est dans ce moment sous la terreur de quelques représentants du peuple à stylets, qui assiègent la tribune, présentent la mort à leurs collègues et enlèvent les délibérations les plus affreuses. Je vous déclare que ces audacieux brigands, sans doute soldés par l'Angleterre, se sont mis en rébellion contre le Conseil des Anciens, et ont osé parler de mettre *hors la loi* le général chargé de l'exécution de son décret ; comme si nous étions encore à ce temps affreux de leur règne, où ce mot : *hors la loi,* suffisait pour faire tomber les têtes les plus chères à la patrie. Je vous déclare que ce petit nombre de furieux se sont mis eux-mêmes hors la loi par leurs attentats contre la liberté de ce conseil.

Un frémissement parcourt les rangs. Bonaparte sent que la chance commence à lui revenir.

— Au nom de ce peuple qui, depuis tant d'années est le jouet de ces misérables enfants de la terreur, poursuit Lucien, je confie aux guerriers le soin de délivrer la majorité de leurs représentants, afin que, délivrée des stylets par les baïonnettes, elle puisse délibérer sur le sort de la République. Général, et vous soldats, et vous tous citoyens, vous ne reconnaîtrez pour législateurs de la France que ceux qui vont se rendre auprès de moi ; quant à ceux qui resteront dans l'Orangerie, que la force les expulse ! Ces brigands ne sont plus les représentants du peuple, mais les représentants du poignard. Que ce titre leur reste, qu'il les suive partout !... et, lorsqu'ils oseront se montrer au peuple, que tous les doigts les désignent sous ce nom mérité de représentants du poignard ! Vive la République !

Cependant, malgré les cris de *Vive Bonaparte !* qui suivent cette harangue, l'hésitation qui règne dans la troupe se poursuit. Tourner leurs armes contre la représentation nationale — même qualifiée de « représentants du Poignard » — les fait hésiter. D'autant plus que l'on peut voir plusieurs députés qui, des fenêtres, crient en désignant Bonaparte du doigt :

— A bas le dictateur ! Hors la loi !

« Mais il fallait, a expliqué Thibaudeau, retourné dans la salle des séances, un de ces orateurs prépondérants dont la voix soulève une assemblée et en dispose. Cet homme-là manquait dans le Conseil. Avec un décret de mise hors la loi, Augereau et Jourdan qui étaient là tout prêts, et Bernadotte qui attendait en secret l'événement, se seraient probablement prononcés et auraient pu entraîner les grenadiers de la garde des Conseils, qui n'avaient pas l'esprit de l'armée, et ébranler les autres groupes. L'issue de la journée ne dépendait donc que d'un décret en une ligne ou d'un coup de poignard. L'inaction et l'imprévoyance du Conseil furent d'autant plus inconcevables qu'il fut bientôt informé qu'on se disposait à le dissoudre par la force. Les représentants trouvèrent de la grandeur à attendre la mort sur leurs chaises curules, ou plutôt les baïonnettes qui devaient les en chasser. »

Les baïonnettes vont en effet être plantées sur les canons des fusils.

— Soldats, déclare Bonaparte, je vous ai menés à la victoire, puis-je compter sur vous ?

Des cris encore trop rares fusent çà et là :

— Oui ! Oui !... Vive le général !... Qu'ordonnez-vous ?

— Soldats, on avait lieu de croire que le Conseil des Cinq-Cents sauverait la patrie, au contraire, il se livre à des déchirements. Des agitateurs cherchent à le soulever contre moi ! Soldats, puis-je compter sur vous ?

— Oui ! Vive Bonaparte !

— Eh bien ! je vais les mettre à la raison. Depuis assez longtemps, la patrie est tourmentée, pillée, saccagée ; depuis assez longtemps ses défenseurs sont avilis, immolés !

A nouveau, les hommes crient :

— Vive Bonaparte !

— Ces braves que j'ai habillés, payés, entretenus au prix de nos victoires, dans quel état je les retrouve !

Et il poursuit, fréquemment interrompu par des : *Vive Bonaparte !* :

— On dévore leurs subsistances ! On les livre sans défense au fer de l'ennemi ! Mais ce n'est pas assez de leur sang ! on veut encore celui de leurs familles ! Des factieux parlent de rétablir leur domination sanguinaire ! J'ai voulu leur parler, ils m'ont répondu par des poignards ! Il y a trois ans que les rois coalisés m'avaient mis hors la loi pour avoir vaincu leurs armées, et j'y serais aujourd'hui par quelques brouillons qui se prétendent plus amis de la liberté que ceux qui ont mille fois bravé la mort pour elle ! Ma fortune n'aurait-elle triomphé des plus redoutables armées que pour venir échouer contre une poignée de factieux ! Trois fois, vous le savez, j'ai sacrifié mes jours pour ma patrie ; mais le fer ennemi les a respectés : je viens de franchir des mers sans craindre de les exposer une quatrième fois à de nouveaux dangers ; et ces dangers je les trouve au sein d'un Sénat d'assassins !

Cette fois une immense clameur de *Vive Bonaparte !* monte jusqu'aux Cinq-Cents qui répondent en hurlant :

— Vive la République ! Mourons pour la liberté ! Hors la loi le dictateur ! Vive la Constitution de l'an III !

Lucien tire alors son épée et l'appuie sur la poitrine de Bonaparte en criant :

— Je jure de percer le sein de mon propre frère si jamais il porte atteinte à la liberté des Français !

Le geste a emporté les dernières hésitations. La garde acclame l'orateur et Bonaparte peut donner l'ordre de marcher. Les tambours battent le pas de charge. C'est le glas du régime. Quelques secondes plus tard, le général Leclerc entre dans l'Orangerie. A la porte on voit luire les baïonnettes :

— Citoyens représentants, dit Leclerc, on ne peut plus répondre de la sûreté du Conseil. Je vous invite à vous retirer.

Un des députés — Blin — s'avance vers les grenadiers et s'écrie :

— Soldats, qui êtes-vous, et que venez-vous faire ici ? Vous n'êtes que les gardiens de la représentation nationale, et vous osez attenter à sa sûreté et à son indépendance, sans songer que vous ternissez les lauriers cueillis par vous au champ de la victoire...

Leclerc reprend alors d'une voix de stentor :

— Représentants, retirez-vous, le général a donné l'ordre !

Puis, comme les députés ne semblent pas devoir obéir, il crie :

— Grenadiers, en avant ! Tambours, la charge !

Tandis que Murat, se retournant vers ses hommes lance un commandement moins réglementaire :

— Foutez-moi tout ce monde-là dehors !

Puis, s'adressant aux députés :

— Citoyens, leur dit-il, vous êtes dissous !

Avec rage les tambours frappent sur leurs caisses. Au pas de course, le colonel Dujardin et ses grenadiers traversent « le sanctuaire des lois ». Lorsqu'ils sont arrivés au bout de la pièce ils font demi-tour et foncent vers ceux qu'ils appellent les « pigeons battus ». C'est aussitôt, au milieu d'un nuage de poussière, un sauve-qui-peut général. Les Cinq-Cents enjuponnés, ridicules dans leur déguisement romain, sautent par les fenêtres, se perdent dans le parc. Quelques récalcitrants s'accrochent à leurs sièges ; les soldats les prennent à bras-le-corps et les déposent à l'extérieur. Ceux qui résistent par trop sentent l'acier des baïonnettes leur caresser l'échine.

« Nous voyons, racontera le capitaine Coignet, de « gros monsieurs » qui passaient par les croisées ; les manteaux, les beaux bonnets et les plumes tombaient par terre ; les grenadiers arrachaient les galons de ces beaux manteaux. »

Dehors, c'est la déroute, une fuite éperdue dans la nuit qui tombe sur les bosquets. Pour courir plus vite, les députés — « les factieux intimidés », dira Bonaparte — abandonnent leurs défroques dans les sauts-de-loup et sur les pelouses, taches pourpres traînant dans le brouillard...

A un député expulsé, errant tristement dans le jardin, Réal lance au passage :

— La farce est jouée !

Cette farce rend quelque importance aux Anciens que l'on a presque oubliés. « Incarnant par le fait toute la représentation nationale », ainsi que le leur affirme le président gagné à la conspiration, ils adoptent le décret suivant :

« Le Conseil des Anciens, attendu la retraite (*sic*) du Conseil des Cinq-Cents, décrète ce qui suit : Quatre des membres du Directoire exécutif ayant donné leur démission et le cinquième étant mis en surveillance, il sera nommé *une commission exécutive provisoire, composée de trois membres.* »

Ce n'est pas encore le Consulat. Le mieux ne serait-il pas d'essayer de retrouver quelques « Cinq-Cents », même sans leurs jupes ? Les huissiers partent à la découverte, vont dans les guinguettes des environs, cherchent à gauche et à droite et, bientôt, peuvent réunir une bonne poignée de députés qui, en attendant d'obtempérer aux ordres, somnolent sur les banquettes de l'Orangerie.

Peu après, Lucien monte à la tribune :

— Cet ancien palais des rois où nous siégeons en cette nuit solennelle atteste que la puissance n'est rien et que la gloire est tout. Si nous sommes indignes aujourd'hui du premier peuple de la terre ; si, par des considérations pusillanimes et déplacées, nous ne changeons pas l'affreux état où il se trouve ; si nous trompons ses espérances, dès aujourd'hui nous perdons notre gloire et nous ne garderons pas longtemps notre puissance : lorsque la mesure des maux se comble, l'indignation des peuples s'approche.

Les députés ont cessé d'être récalcitrants, ils sont prêts à tout, et pour le prouver ils commencent par exprimer leur reconnaissance à Bonaparte et proclament « que lui, Murat, Lefebvre, Gardanne et autres généraux ont bien mérité de la patrie ».

Sur la proposition de l'avocat Chazal, ancien girondin — qui récite la leçon soufflée par Bonaparte et Sieyès — ce nouveau parlement-croupion vote avec une totale docilité le décret final :

« Le Corps législatif crée provisoirement une commission consulaire exécutive, composée des citoyens Sieyès, Roger Ducos, ex-Directeurs, et de Bonaparte, général, qui porteront les noms de consuls de la République. »

En dorant la pilule, on la leur ferait plus aisément avaler, aussi Chazal propose-t-il que les indemnités parlementaires continuent à être versées aux représentants pendant les vacances « forcées ». Proposition, on s'en doute, adoptée avec enthousiasme... Puis, après quelques discours destinés à meubler la séance, Lucien déclare avec fougue :

— Entendez le cri sublime de la postérité : si la liberté naquit dans le Jeu de Paume de Versailles, elle fut consolidée dans l'Orangerie de Saint-Cloud ; les constituants de 89 furent les pères de la Révolution, mais les législateurs de l'an VIII furent les pères et les pacificateurs de la patrie !

De l'autre côté de la porte, Bonaparte piaffe. Fort heureusement il ne reste plus qu'à faire entrer, au son d'une sonnerie de trompettes, les trois consuls qui viennent prêter serment de « fidélité inviolable à la souveraineté du peuple, à la République française une et indivisible, à l'égalité, à la liberté et au système représentatif ».

Un serment de plus... que, bien entendu, Bonaparte ne pourra pas tenir !

***

Gohier et Moulins ont été gardés à vue durant toute la journée par Moreau. Pas la moindre velléité de protestation n'est sortie du Luxembourg. Les deux Directeurs démissionnés ont simplement estimé que Moreau les avait par trop incommodés avec la fumée de sa pipe... Bernadotte, de son côté, n'a pas bougé.

— Le concevez-vous ? demandera Bonaparte à Bourrienne. J'ai appris aujourd'hui bien des intrigues mises en usage auprès de lui. Le croiriez-vous, il ne demandait rien moins que d'être nommé mon collègue dans le commandement ? Il parlait de monter à cheval, de venir avec les troupes qu'on lui donnerait à commander ; il voulait, disait-il, maintenir la Constitution... Il y a plus, on m'a assuré qu'il avait eu l'audace d'ajouter que s'il était nécessaire de me mettre hors la loi, on le trouverait, et qu'il y aurait des soldats capables d'exécuter le décret !

Encore à Saint-Cloud, sur un coin de table, le nouveau Consul trace quelques lignes commençant par ces mots : « Proclamation du général en chef Bonaparte, le 19 Brumaire onze heures du soir. Tous les partis sont venus à moi, m'ont confié leurs desseins, dévoilé leurs secrets, et m'ont demandé mon appui ; j'ai refusé d'être l'homme d'un parti. »

A Paris dans les cafés, dans les théâtres, des ordonnances à cheval ont apporté aux Parisiens une déclaration rassurante établie par Fouché. On a interrompu les représentations et un acteur est venu lire cette proclamation aux spectateurs : « Les Conseils étaient réunis à Saint-Cloud pour délibérer sur les intérêts de la République et de la liberté, lorsque le général Bonaparte, étant entré au Conseil des Cinq-Cents pour dénoncer des manœuvres *contre-révolutionnaires,* a failli périr victime d'un assassinat. Le génie de la République a sauvé ce général ; il revient avec son escorte. »

En roulant vers Paris avec « son escorte », Bonaparte dépasse les troupes qui, le ventre creux, regagnent leurs quartiers sous la pluie qui tombera presque toute la nuit. Les soldats chantent les anciens refrains révolutionnaires.

Ah ! ça ira, ça ira, ça ira,
Les aristocrates à la lanterne
Ah ! ça ira, ça ira, ça ira,
Les aristocrates on les pendra.

La Révolution n'en est pas moins bien morte. En entrant dans la danse — au son des tambours — les baïonnettes du général en chef, prédites par Mirabeau voici déjà plus de dix années, ont achevé le régime.

Le lit est fait pour Bonaparte.

Gérard a représenté Napoléon derrière le cher château de Malmaison, résidence préférée de l'Empereur et de l'Impératrice.

XV

« NI BONNET ROUGE, NI TALON ROUGE ! »

Il n'y a rien de si difficile à harnacher qu'un peuple qui a secoué son bât.

NAPOLÉON.

Le lendemain, Paris se réveille sous le Consulat.

Le 20 brumaire se trouve être un décadi — le dimanche révolutionnaire — aussi les magasins sont-ils fermés et — il fait plus doux que la veille — les Parisiens, entre deux ondées, se promènent, lisent les affiches et commentent les nouvelles. Sans doute certains demeurent-ils méfiants, mais plus nombreux sont ceux qui arborent un sourire radieux. Un poids semble enlevé des poitrines. On respire... et, s'il faut en croire les journaux — tel l'*Ami des Lois* — « l'on s'embrassait sur les places publiques avec une effusion qui tenait du délire ». Mme Reinhard le dira de son côté :

« Le peuple est en liesse, et croit avoir reconquis la liberté. »

Le soir, en dépit de la pluie et d'un vent assez fort, tout Paris illumine, des cortèges d'officiers publics — commissaires et juges de paix — et de troupes précédés de leur musique parcourent la ville pour lire à la clarté des torches la loi votée la nuit précédente et créant le Consulat. Des cris de *Vive la République ! Vive Bonaparte ! Vive la Paix !* interrompent le discours. Dans les théâtres on applaudit des vers de circonstance — tels ceux-ci récités au théâtre Favart :

Plus de tyrans et plus d'esclaves
Trop longtemps ma noble patrie
Ploya sous un joug détesté,
Et le courage et le génie
Ont reconquis la liberté.

Et la province ? Dans les grandes villes, on applaudit Bonaparte et l'on conspue le régime défunt. Dans les petites villes, l'accueil est plus mitigé. On voit même des fonctionnaires refuser d'enregistrer la loi votée dans la nuit du 19 au 20 brumaire. Il n'y a cependant, dans la population, aucune véritable résistance. On en a tant vu depuis dix ans !

Le 11 novembre, dès dix heures du matin, après une nuit assez brève, Bonaparte, en civil — redingote d'un gris sombre, chapeau de castor noir — a pris place dans une voiture fort simple, entourée seulement par six dragons. C'est en ce modeste équipage qu'il se rend au Luxembourg pour son premier acte de chef d'Etat. Aux abords du palais, quelques badauds crient : *Vive Bonaparte !* Il semble n'avoir pas entendu et donne l'ordre d'arrêter sa voiture devant la porte du Petit Luxembourg, demeure de Sieyès.

A midi, après une conversation avec « l'abbé », a lieu la première réunion entre les trois consuls. Roger Ducos, ex-juge de paix, un peu surpris de se trouver encore chef d'Etat, déclare, en s'inclinant vers Bonaparte :

— Il est bien inutile d'aller aux voix pour la présidence, elle vous appartient de droit.

Sieyès fait la grimace et se mord les lèvres. Bonaparte, avec adresse, propose une présidence par roulement et par vingt-quatre heures. L'ordre alphabétique lui permet de prendre aussitôt le fauteuil pour cette séance historique. On nomme immédiatement les ministres. Cambacérès, qui depuis longtemps prépare un code civil, conserve le ministère de la Justice. Maret est nommé secrétaire général des consuls. En attendant que Talleyrand prenne sa place, Reinhard garde les Affaires étrangères. Berthier, l'homme de confiance, est nommé à la Guerre. Laplace reçoit le ministère de l'Intérieur, et celui de la Police générale est accordé à Fouché :

— Je sais qu'il n'a point rompu avec ses amis les terroristes, dit Bonaparte, il les connaît ; sous ce point de vue il nous sera utile.

Pour les Finances, Sieyès propose un homme ayant fait ses preuves. Déclinant jusqu'à présent toutes les offres, Gaudin se réservait pour l'avènement d'un « gouvernement sérieux ». Sieyès l'a fait appeler dès le matin et Gaudin attend dans un cabinet tout proche de la salle des délibérations.

Pour la première fois, il rencontre Bonaparte. Il remarque, comme tout le monde, la maigreur et le teint jaune du jeune général, mais également son activité et l'extraordinaire acuité de ce regard... « Je trouvai en effet un personnage qui ne m'était connu que par la haute renommée qu'il s'était déjà acquise, dira Gaudin ; d'une taille peu élevée, vêtu d'une redingote grise, extrêmement maigre, le teint jaune, l'œil de l'aigle, les mouvements vifs et animés. Il donnait, lorsque j'entrai, des ordres au commandant de la garde. » L'officier s'étant retiré, Napoléon vient à lui « de l'air le plus gracieux » :

— Vous avez longtemps travaillé dans les finances ?

— Pendant vingt ans, général, répond Gaudin.

— Nous avons grand besoin de votre secours, et j'y compte. Allons, prêtez serment, nous sommes pressés.

La formalité remplie, Bonaparte ajoute :

— Le dernier ministre du Directoire va être informé de votre nomination. Rendez-vous dans deux heures au ministère pour en prendre possession, et donnez-nous, le plus tôt que vous le pourrez, un rapport sur notre situation, en même temps que sur les premières mesures à prendre pour rétablir le service qui manque partout. Venez me voir ce soir à ma maison de la rue de la Victoire, nous causerons plus amplement de nos affaires.

Gaudin trouve dans la caisse du Trésor une somme de cent soixante-sept mille francs en numéraire provenant d'une avance de trois cent mille francs faite la veille. Or il y a quatre cent soixante-quatorze millions de dettes ! — sans parler des bons de réquisition impayés et des promesses d'inscriptions de rente non tenues ! Pour faire face aux premières dépenses, le nouveau ministre utilisera des traites d'adjudicataires des coupes de bois. Ces traites lui seront d'ailleurs protestées, car, depuis trois ans, aucune livraison n'a été faite !

La gabegie règne partout. Bonaparte explose :

— Quelles gens ! s'écrie-t-il devant Bourrienne. Quel gouvernement ! Quelle administration ! Concevez-vous quelque chose de plus pitoyable que leur système de finances ?

Lorsque Napoléon veut expédier un courrier, pas le moindre viatique à lui donner pour ses frais de route ! Le nouveau consul désire alors connaître la « force précise de l'armée ». Personne ne peut le renseigner.

— Mais, insiste-t-il, vous devez avoir des rôles au bureau de la guerre ?

— A quoi nous serviraient-ils, il y a eu tant de mutations dont on n'a pu tenir compte.

— Mais du moins vous devez avoir l'état de la solde qui nous mènera à notre but ?

— Nous ne la payons pas !

— Mais les états des vivres ?

— Nous ne les nourrissons pas !

— Mais ceux de l'habillement ?

— Nous ne les habillons pas !

Sieyès qui, lors de ce premier conseil, a vu Bonaparte parler avec science des finances, de l'administration, de l'armée, de la politique et des lois, sort absolument abasourdi en répétant :

— Messieurs, vous avez un maître ! Cet homme sait tout, veut tout et peut tout !

Le 15 novembre, premier pas vers le trône, Bonaparte s'installe dans ses appartements du Petit-Luxembourg, aujourd'hui résidence de la présidence du Sénat. Il a choisi les pièces occupées autrefois par Moulins, au rez-de-chaussée, à droite, en entrant par la rue de Vaugirard. Et Joséphine, devenue la femme de l'un des trois rois de la République, a désormais ses propres appartements : ceux de Gohier au premier étage où elle était venue si souvent voir son vieil amoureux. Un petit escalier dérobé lui permet de communiquer avec son mari. Trois ou quatre fois par semaine, le consul, pour se rendre au Conseil, descend les trois marches du perron dont l'aspect n'a pas changé, traverse la cour du Petit-Luxembourg et passe dans le palais de Marie de Médicis, ancienne demeure de Barras.

Il s'agit tout d'abord de remplacer la formule provisoire par un gouvernement définitif. Mais la future constitution s'élabore lentement. Le public se passionne : A quelle sauce les Français seront-ils mangés ? « Il n'y a pas jusqu'aux femmes, écrira le *Diplomate* qui, en plaçant une boule de domino, en chiffonnant une gaze, ne demandent quelle sera notre Constitution, et ne s'inquiètent du pouvoir exécutif. » Au Luxembourg les palabres s'éternisent. Ducos se range aux avis de Napoléon. Comme Sieyès s'étonne de cet abandon, Ducos explique :

— Comment voulez-vous que j'hésite entre le général et vous ? Vous avez peur toute la nuit, et lui est tranquille, lui seul peut gouverner.

La réponse n'arrange pas les choses entre l'ex-prêtre et Bonaparte. Aussi Talleyrand organise-t-il une réunion destinée à arrondir les angles. La discussion tourne vite à l'aigre. L'abbé se défend « au moyen d'aphorismes tranchants et dédaigneux ».

— Sieyès, dira Bonaparte le lendemain, croit posséder seul la vérité ; quand on lui fait une objection, il répond comme un prétendu inspiré et tout est dit.

Bonaparte, de son côté, s'est montré « agressif, emporté, acerbe ». C'est alors que Sieyès lui demande calmement :

— Voulez-vous donc être roi ?

On le devine, ils se séparent fort mécontents l'un de l'autre...

Les trois consuls et les trois commissions législatives se réunissent dans l'appartement de Bonaparte. Les conférences s'ouvrent à neuf heures du soir et se prolongent jusque bien avant dans la nuit.

Daunou est chargé de la rédaction. Sieyès qui, à la première séance, n'avait dit mot, se rattrape le 10 décembre. Ce jour-là « avec un ton d'oracle, l'ex-abbé, nous rapporte Fouché, déroula successivement les bases de sa constitution chérie : elle créait un Tribunat composé de cent membres appelés à discuter les lois ; un Corps législatif plus nombreux appelé à les admettre ou à les rejeter par le vote sans discussion orale ; et enfin un Sénat composé de membres élus à vie, avec la mission plus importante de veiller à la conservation des lois et des constitutions de l'Etat ».

Bonaparte ne fait pas d'objection, aussi adopte-t-on cette première partie de la proposition. Il en est de même pour le gouvernement qui garde ainsi l'initiative des lois. On crée, par ailleurs, un Conseil d'Etat, chargé de mûrir, de rédiger les projets et les règlements de l'administration publique. Demeure le principal : « On savait que le gouvernement de Sieyès devait se terminer en pointe, en une espèce de sommité monarchique plantée sur des bases républicaines, idée dont il était entiché depuis longtemps ; on attendait avec une curiosité attentive et même impatiente qu'il découvrît enfin le chapiteau de son édifice constitutionnel. »

Sieyès voulant se débarrasser du « sabre », propose alors à Bonaparte de le transformer en « chapiteau », c'est-à-dire de lui donner les fonctions de « Grand Electeur » chargé de désigner les deux consuls, avec un traitement de six millions, une garde de trois mille hommes et la résidence de Versailles.

A Versailles ?

— Je veux rester à Paris, s'exclame violemment Bonaparte. Cela ne sera pas ! Il y aura plutôt du sang jusqu'aux genoux !

Puis, il ne peut y tenir : « se levant et poussant un

éclat de rire, il prend le cahier des mains de Sieyès et sabre d'un trait de plume ce qu'il appelle tout haut des niaiseries métaphysiques » :

— Est-ce que je vous entends bien ? On me propose une place où je nommerai tous ceux qui auront quelque chose à faire et où je ne pourrai me mêler de rien... Cela est impossible ! Je ne ferai pas un rôle ridicule. Plutôt rien que d'être ridicule !

Il se tourne ensuite vers l'abbé piteux et humilié :

— Comment avez-vous pu croire, citoyen Sieyès, qu'un homme d'honneur, un homme de talent et de quelque capacité dans les affaires, voulût jamais consentir à n'être qu'un cochon à l'engrais de quelques millions dans le château royal de Versailles ?

« Le cochon à l'engrais » fait fuser les rires et le Grand Electorat est coulé à fond.

Le 12 décembre, nouvelle séance — capitale celle-ci. On revient à la formule des trois consuls, mais on ne rit plus comme l'avant-veille, nous raconte Fouché, « quand on voulut faire décider qu'il y aurait un premier consul investi du pouvoir suprême, ayant le droit de nomination et de révocation à tous les emplois, et que les deux autres consuls auraient voix consultative seulement ». On ne rit plus parce que Bonaparte prend fort mal l'opinion de certains membres qui osent affirmer :

— Si le général Bonaparte s'empare de la dignité de magistrat suprême sans élection préalable, il dénotera l'ambition d'un usurpateur, et justifiera l'opinion de ceux qui prétendent qu'il n'a fait la journée du 18 Brumaire qu'à son profit.

Bonaparte hausse les épaules. Il préfère écouter Talleyrand, redevenu ministre des Relations extérieures, et qui lui dit :

— Pour que la France soit bien gouvernée, pour qu'il y ait unité d'action, il faut que vous soyez le premier Consul et que le premier Consul ait dans sa main tout ce qui tient directement à la politique, c'est-à-dire les ministères de l'Intérieur et de la Police pour les affaires du dedans, mon ministère pour les affaires du dehors, et ensuite les deux grands moyens d'exécution, la Guerre et la Marine. Il serait donc de toute convenance que les ministres de ces cinq départements travaillassent avec vous seul... Les deux autres Consuls pourraient s'occuper de la Justice et des Finances. Cela les occupera, cela les amusera, et vous, général, ayant à votre disposition toutes les parties vitales du Gouvernement, vous arriverez au noble but que vous vous proposez, la régénération de la France.

— Savez-vous, Bourrienne, dira Bonaparte à son secrétaire, que Talleyrand est de bon conseil ; c'est un homme de grand sens.

— Général, c'est l'opinion de tous ceux qui le connaissent.

— Talleyrand n'est pas maladroit, il m'a pénétré. Ce qu'il me conseille, vous savez bien que j'ai envie de le faire.

Ainsi fait-on : on vote la création de deux consuls figurants — ils ne seront que les deux bras du fauteuil du Premier Consul.

Il s'agit maintenant d'élire les trois consuls : un étalon de décalitre, placé sur une table, sert d'urne. Pendant le scrutin, Bonaparte adossé à la cheminée, se chauffe. Au moment où on va commencer le dépouillement il s'avance vers la table, ramasse les bulletins, et, se tournant vers Sieyès il dit gravement :

— Au lieu de dépouiller, donnons un nouveau témoignage de reconnaissance au citoyen Sieyès en lui décernant le droit de désigner les trois premiers magistrats de la République, et convenons que ceux qu'il aura désignés seront censés être ceux à la nomination desquels nous venons de procéder.

Les bulletins sont bien vite brûlés. La Constitution de l'an VIII est faite : Sieyès s'élimine lui-même — Bonaparte le regrettera plus tard — Roger Ducos, se rendant compte qu'il ne fait pas le poids, s'efface et Bonaparte « désigné » par Sieyès, va choisir lui-même ses deux assesseurs-satellites. Il nomme d'abord Cambacérès qui a été président du Salut public et dont on disait qu'il était le plus propre à mettre de la gravité dans la bassesse... Talleyrand lui conseille ensuite de désigner Charles-François Lebrun, qui représente en quelque sorte ce qu'il y a de bon dans le passé, c'est-à-dire le « despotisme éclairé » à la sauce voltairienne.

Bonaparte ne connaît pas ce dernier et interroge Roederer :

— Qu'était Lebrun ?

— Il a d'abord été secrétaire du chancelier Maupeou, répond Roederer, ensuite homme de lettres distingué, constituant, président de l'administration de Versailles et législatif.

— Qu'a-t-il fait comme homme de lettres ?

— Il a traduit Homère et le Tasse.

— Quelle réputation a-t-il ?

— Il a passé pour royaliste, mais il a toujours eu et toujours justifié la confiance des patriotes. Quand une fois il s'est engagé à un parti, il y est fidèle, et il n'existe pas un homme plus sûr.

— N'est-il pas orléaniste ?

— A cent lieues de là !

— Fayettiste ?

— Encore moins !

— Est-il bon coucheur ?

— Excellent. C'est un homme modeste, paisible, doux, conciliant par nature.

— Il n'a pas la réputation de *patriote* ?

— Sachez franchir ces scrupules ; je me moquerais, à votre place, de ces réputations.

— Je ne demande que des hommes d'esprit, je me charge du reste... Lebrun est-il marié ?

— Je l'ignore, mais je le crois.

— Envoyez-moi ses œuvres, je veux voir son style.

— Quoi ? Ses discours à l'assemblée constituante et législative ?

— Non, ses œuvres littéraires.

— Et que verrez-vous là de décisif pour une place de consul ?

— Je verrai ses épitres dédicatoires.

— Pour le coup, conclut Roederer, voilà une curiosité à laquelle je ne m'attendais pas. J'ai souvent comparé vos questions sur les hommes et sur les choses à l'étude d'une poignée de sable que vous passez grain à grain à la loupe ; les épîtres dédicatoires de Lebrun sont le dernier grain de sable du tas.

Alors que Lebrun mènera un train de petit bourgeois, Cambacérès éclaboussera ses hôtes par son luxe royal. Cinquante à soixante laquais en livrée de drap bleu galonné d'or s'empresseront autour de ses invités — sans parler des nombreux maîtres d'hôtel, de soie vêtus. On mettra plaisamment ces mots dans la bouche de l'efféminé second magistrat de la République :

— J'allais voir les filles comme un autre, mais je n'y restais pas longtemps ; dès que mon affaire était finie, je leur disais : *adieu Messieurs !* et je m'en allais.

Quant « au citoyen et à la citoyenne Bonaparte », ils vivront fort simplement. Nul apparat au Petit-Luxembourg. On campera encore. Les domestiques n'auront ni galons ni livrées. Il n'y aura qu'un seul maître d'hôtel — ce qui sera surprenant pour l'époque.

« J'ai dîné chez le Premier consul avec Madame Bonaparte, rapporte Roederer, Louis Bonaparte, Madame Louis et mon collègue Portalis. Bonaparte n'est guère plus d'un quart d'heure quand il dîne avec peu de monde. Il n'est pas une demi-heure à la plus grande table. On ne sert qu'un seul service qui comprend : les entrées, le rôt, l'entremets ; vient ensuite le dessert. »

Quelque temps après sa nomination au Consulat, on lui représenta que ses dîners étaient trop brefs ; il les allongera de quelques minutes.

— Général, lui dit Roederer, vous êtes devenu moins expéditif à table.

Il répondit :

— C'est déjà la corruption du pouvoir.

La Constitution doit être soumise à un plébiscite, mais, ainsi que le dira Louis Madelin, « par une manière de second petit coup d'Etat », Bonaparte fait décréter, par les commissions législatives, que la Constitution entrera en vigueur dès le 4 nivôse — c'est-à-dire le 25 décembre, jour de Noël, une fête que l'on ne célébrait plus d'ailleurs...

Roederer vient lui porter le projet de proclamation destiné à être lu aux carrefours avec le texte de la Constitution.

— J'ai deux choses à remarquer, lui déclare le Consul ; la première, c'est que vous me faites promettre, et je ne veux rien promettre, parce que je ne suis pas sûr de tenir. La deuxième, c'est que vous me faites promettre pour une époque très prochaine ; et il y a beaucoup de choses pour lesquelles mes dix années suffiront à peine. Il faut dire simplement : je dois faire telle chose, mon devoir est de le faire, etc., et terminer par dire que le droit de tous les Français est d'observer si je consacre mes efforts de dix ans à remplir mes devoirs.

Nombreux furent ceux qui considérèrent la nouvelle Constitution comme transitoire. Tous sont persuadés que Bonaparte ne s'en tiendra pas là ! On prétendait qu'une municipalité de province avait ingénuement écrit aux « Citoyens Consuls » : « Nous nous empressons de vous accuser réception de la nouvelle constitution de l'an VIII. Nous vous promettons la même exactitude pour toutes celles qu'il vous plaira de nous envoyer à l'avenir. » Une autre histoire était colportée : on affirmait avoir entendu à un carrefour, lors de la lecture de la Constitution, une femme dire à son voisin :

— Je n'ai rien entendu !

— Moi, je n'ai pas perdu un mot.

— Eh bien, qu'y a-t-il dans la Constitution ?

— *Il y a Bonaparte !*

Ses projets de Premier consul, il les donne à Roederer :

— Voici le but où je dois atteindre pendant ma magistrature : consolider la République ; la rendre redoutable à ses ennemis. Pour consolider la République, il faut que les lois soient fondées sur la modération, l'ordre et la justice. La modération est la base de la morale et la première vertu de l'homme. Sans elle, l'homme n'est qu'une bête féroce. Sans elle, il peut bien exister une faction, mais jamais un gouvernement national.

Il commence sa politique de pacification. Un de ses premiers actes a été de signer l'abolition de la Loi des Otages — votée par le Directoire trois mois auparavant. Il tient à aller lui-même au Temple afin de rendre la liberté aux prisonniers.

— Une loi injuste vous a privés de la liberté, leur déclare-t-il ; mon premier geste est de vous la rendre.

Au nouveau Tribunat, deux semaines après leur première séance, Duveyrier s'est permis de s'exclamer :

— Dans ces lieux, si l'on osait parler d'une idole de quinze jours, nous rappellerions qu'on vit abattre une idole de quinze siècles...

Bonaparte croit se reconnaître dans « le tyran de quinze jours », et, au cours de la soirée, au Petit Luxembourg, on l'entend répéter :

— Avec cinquante de mes grenadiers, je ferai f... le Tribunat à la rivière.

— Je ne vous dis pas le contraire, général, ose remarquer quelqu'un, mais ce ne sera pas votre plus bel exploit.

Le même soir, il s'exclame aussi :

— C'est comme on croit que je vais me laisser gouverner par des p... Non, je ne me laisserai pas gouverner par des p... !

Allusion à Mme Tallien qu'il a interdit à Joséphine de revoir — pas plus d'ailleurs que ses folles amies du Directoire.

Au vrai, il veut qu'on le sache et que tous s'imprègnent bien de cette idée : le voici, presque en ce dernier jour du XVIIIe siècle, le maître — et le seul maître — de la France. L'officier de service lui demandera, la veille de Noël, le mot d'ordre — le premier du nouveau régime :

— Frédéric II et Dugommier, répondra-t-il.

« On fait dire à Bonaparte un mot neuf et hardi en révolution, annonce de son côté le *Diplomate,* le voici : « Les places seront ouvertes à tous les Français de toutes les opinions, pourvu qu'ils aient des lumières, de la capacité et des vertus. » Si ce mot est vrai et si celui qui l'a dit tient parole, nous sommes en effet à la fin de la Révolution. »

Le Consulat provisoire est achevé, et Bonaparte prononce les dernières paroles de cette brève magistrature :

— Citoyens, la Révolution est fixée aux principes qui l'ont commencée ; elle est finie.

***

Il inaugure son « règne » en adressant, dès le 25 décembre, une lettre au roi d'Angleterre et une autre à S.M. l'Empereur, roi de Hongrie et de Bohême, pour leur annoncer que « la Nation française » l'a appelé « à occuper la première magistrature ». « La guerre qui depuis huit ans ravage les quatre parties du monde, écrit-il au souverain britannique, doit-elle être éternelle ? N'est-il donc aucun moyen de s'entendre ? » A celui qui sera un jour son beau-père, il affirme : « Etranger à tout sentiment de vaine gloire, le premier de mes vœux est d'arrêter l'effusion de sang qui va couler... Le caractère connu de Votre Majesté ne me laisse aucun doute sur le vœu de son cœur... »

Bien des royalistes voient l'avenir avec découragement. Le coup d'Etat, sa politique de pacification à l'extérieur et à l'intérieur — ils le sentent obscurément — va leur enlever leurs dernières chances. L'un d'eux l'avoue alors de façon assez naïve :

— Bonheur peut-être pour la France, mais pas pour nous !

La France n'aura plus besoin de roi, puisque Bonaparte va lui apporter le repos.

Louis XVIII, maintenant exilé à Mitau, essaye de se consoler en lisant le portrait de celui qui, selon lui, occupe sa place et que lui a envoyé l'un de ses agents du Comité de Paris : « Il est difficile de dire ce qu'est Bonaparte ; je n'ai jamais trouvé personne qui eût des idées sur cet homme extraordinaire en beaucoup de choses. Il sait commander et se faire obéir : c'est un grand point. Il n'a pas trouvé le secret de se faire aimer ; il ne sait pas gouverner, c'est un grand tort... Dans le Conseil, il dispute sur tout et contre tout le monde : à ses audiences, il est gauche et embarrassé et n'a pas trouvé jusqu'à présent un seul mot que ses flatteurs pussent citer, il est chétif et ne plaît point au peuple. Il est arrogant, il est audacieux, tranchant et il fait trembler ses courtisans. »

— Il est trop grand pour écouter qui que ce soit, explique un autre agent moins désireux de faire plaisir à l'exilé.

D'autres, assurément plus réalistes, se raccrochent à un espoir : Bonaparte ne pourrait-il pas jouer les Monk et offrir sa place à Louis XVIII ?

Dès le 26 décembre, Bonaparte accepte de recevoir Hyde de Neuville, le chef de l'agence royaliste de Paris — un homme à l'œil vif, mine futée, cheveux poudrés, vingt-cinq ans — et qui a reçu plein pouvoir pour traiter avec le Premier consul non de la part de Louis XVIII ou du comte d'Artois, mais des chefs insurgés de l'Ouest. Talleyrand est allé prendre le conspirateur à un endroit convenu de la place Vendôme. Dans la voiture Hyde écoute d'une oreille distraite l'ex-prélat déjà prêt à trahir son maître, et qui demande à son compagnon de faire savoir au comte d'Artois qu'il lui est « tout dévoué » :

— Il n'y a pas d'homme plus aimable et plus digne d'être aimé...

Hyde ne retient qu'une phrase du ministre :

— Si Bonaparte passe une année, il ira loin.

Le petit salon dans lequel on introduit le royaliste est glacial. Le chauffage se ressent de la pauvreté du nouveau gouvernement ! Soudain, un homme petit, maigre, les cheveux collés aux tempes, la démarche hésitante, traverse la pièce, s'adosse à la cheminée et relève la tête.

C'est le Premier consul.

« Il me regarda avec une telle expression, racontera Hyde, une telle pénétration, que j'en perdis toute contenance. »

Ce jour-là, on ne va guère plus avant : rendez-vous est pris pour le lendemain. Bonaparte accepte de recevoir le général d'Andigné, commandant les troupes royalistes de l'Anjou. Peut-être, Hyde l'espérait — et se trompait lourdement — peut-être, si les deux Chouans parviennent à le convaincre, Bonaparte acceptera-t-il l'épée de connétable que veut lui offrir le « roi » Louis XVIII ?

Au début de la conversation, d'Andigné parle d'ailleurs à plusieurs reprises de celui qu'il considère comme le roi de France. Avec ironie, Bonaparte demande :

— Vous me parlez toujours du Roi, vous êtes donc royaliste ?

— Depuis dix ans, je combats pour la restauration de la monarchie française. Comment, d'après cela, pourriez-vous soupçonner que je ne suis pas royaliste !

— Mais moi je ne suis pas royaliste.

— Je voudrais que vous le fussiez.

Bonaparte répond par un sourire, puis, pensant aux frères de Louis XVI, déclare :

— Ils n'ont rien fait pour la gloire !

Il est certain que, tandis que Vendéens, Angevins, Bretons et, hors de France, Condéens et émigrés ne ménageaient point leur sang, les comtes de Provence et d'Artois se gardaient bien de risquer leur précieuse existence. Au lieu de servir ces princes ingrats, pourquoi Hyde, d'Andigné et leurs amis n'accepteraient-ils point de se rallier à la nouvelle France :

— Que voulez-vous être ? Voulez-vous être général, préfet ? Vous et les vôtres, vous serez ce que vous voudrez.

Les deux royalistes demeurent de glace. Bonaparte insiste :

— Les Bourbons n'ont plus de chance, vous avez fait pour eux tout ce que vous deviez faire. Vous êtes braves, rangez-vous du côté de la gloire, servez sous mes drapeaux !

Hyde et d'Andigné préfèrent le drapeau blanc.

— Rougiriez-vous de porter un habit que porte Bonaparte ?

On en vient à parler du principal : la paix dans l'Ouest qui, selon le consul, « peut se faire en cinq minutes ». Les deux Chouans ne sont pas de cet avis.

— Mais enfin, interroge Bonaparte, que vous faut-il pour faire cesser la guerre civile ?

— Deux choses, répond Hyde, Louis XVIII pour régner légitimement sur la France, et Bonaparte pour la couvrir de sa gloire.

Au milieu de la discussion, un huissier annonce :

— Le second consul de la République, Cambacérès.

— Qu'il attende, ordonne d'abord Bonaparte.

Puis, se ravisant :

— Non, qu'il passe !

Et Cambacérès traverse la pièce en baissant les yeux et presque en courant...

Bonaparte continue à faire les cents pas devant les deux royalistes demeurés debout et qui lui tiennent tête. Le ton de la conversation monte de plus en plus :

— Si vous ne faites pas la paix, je marcherai sur vous avec cent mille hommes.

— Nous tâcherons de vous prouver que nous sommes dignes de vous combattre, répondit d'Andigné.

— J'incendierai vos villes.

— Nous vivrons dans les chaumières.

— Je brûlerai vos chaumières.

— Nous nous retirerons dans les bois. Du reste, vous brûlerez la cabane du cultivateur paisible, vous ruinerez les propriétaires qui ne prennent aucune part à la guerre, mais vous ne nous trouverez que lorsque nous le voudrons bien, et avec le temps nous détruirons vos colonnes en détail.

— Vous me menacez ! s'exclame Bonaparte.

— Je ne suis pas venu pour vous menacer, mais tout au contraire pour vous parler de paix. En causant, nous nous sommes écartés de notre sujet. Quand vous le voudrez, nous y reviendrons.

On y revient, mais sans avancer d'un pas. La double entrevue se solde par un échec total : d'Andigné n'a plus qu'à reprendre le chemin de l'Ouest, tandis que Hyde et ses amis parisiens estiment que le mieux est de mettre au point un projet de meurtre contre le Premier consul.

Dès le 11 janvier, Bonaparte, pensant à ses interlocuteurs qu'il n'a pu séduire, écrit : « La sûreté de l'Etat et la sécurité du citoyen veulent que de pareils hommes périssent par le feu et tombent sous le glaive de la force nationale. »

Au même moment, les royalistes entament dans les rues de Paris une campagne de propagande contre le « Corse usurpateur ». Le 10 janvier, ils sèment des libelles dans la rue du faubourg Saint-Antoine et dans le quartier du théâtre des Italiens. Ils appliquent, ce même jour, des placards séditieux jusque sur « l'arbre de la Liberté » planté près de la rue des Lombards — cet arbre que le peuple appelle « l'arbre de la misère ». « Dans le quartier des Halles, précise un rapport de Police : plus de deux mille brochures ont été jetées dans les baquets des marchands de poisson. » Les muscadins — perruques blondes et collets noirs — sont partout ! Ils conspirent en échafaudant des plans qui tendent tous à exterminer Bonaparte. Leur audace est extrême : le matin du 21 janvier 1800, septième anniversaire de la mort de Louis XVI, on s'aperçoit que le portique de l'église de la Madeleine a été tendu pendant la nuit d'une immense draperie de deuil. Au centre, entre les colonnes, a été placée une croix blanche sur fond noir, entourée par les emblèmes de la royauté et ornée de fleurs de lys. On y lit cette inscription : « *Victimes de la Révolution, venez avec les frères de Louis XVI déposer ici vos vengeances.* » Au-dessous, a été mis en évidence le testament du roi-martyr.

L'église de Saint-Jacques-la-Boucherie a été décorée dans le même style, mais, lorsque la police arrive pour enlever les draperies, elle se heurte aux bouchers du quartier et une bagarre s'ensuit. Bonaparte apprend par un rapport de police daté du même jour que, dans les quartiers à la mode, de nombreuses élégantes arborent des toilettes de grand deuil et des plumes noires à leur chapeau.

Au même moment, Louis XVIII écrivait au Premier consul une lettre qu'il pensait lui faire passer par Berthier : « Vous ne pouvez penser, général, que j'aie appris avec indifférence les graves événements qui viennent de se passer. Mais vous ne pouvez être en doute sur le sentiment qu'ils ont excité en moi ; c'est celui d'un juste et ferme espoir. Dès longtemps, mes yeux sont fixés sur vous ; dès longtemps je me suis dit que le vainqueur de Lodi, de Castiglione, d'Arcole, le conquérant de l'Italie, de l'Egypte, sera le sauveur de la France ; amant passionné de la gloire, il la voudra pure ; il voudra que nos derniers neveux bénissent ses triomphes. Mais, tant que je vous ai vu n'être que le plus grand des généraux, tant que la fantaisie d'un avocat a suffi pour changer vos lauriers en cyprès, j'ai dû refermer mes sentiments en moi-même. Aujourd'hui que vous réunissez le pouvoir aux talents, il est temps que je m'explique, il est temps que je vous montre les espérances que j'ai fondées sur vous... Si je m'adressais à tout autre qu'à Bonaparte, j'offrirais, je spécifierais des récompenses. Un grand homme doit lui-même fixer son sort, celui de ses amis ; dites ce que vous désirez pour vous, pour eux, et l'instant de ma restauration sera celui où vos vœux seront accomplis. »

En remettant la lettre à son favori, le duc d'Avaray, « M. le comte de Lille » avait ajouté en soupirant :

— C'est un billet bien cher, joué à une loterie de fort peu d'espérances.

Ces tentatives de rapprochement n'empêcheront nullement le Prétendant d'écrire un peu plus tard à Cadoudal :

« J'ai appris avec la plus vive satisfaction que vous êtes enfin échappé des mains du *tyran* qui vous a méconnu au point de vous proposer de le servir... »

Mais d'Avaray ne parvient point à faire passer la lettre — et Louis XVIII récidivera plus tard. Bonaparte lui répondra alors : « J'ai reçu, Monsieur, votre lettre ; je vous remercie des choses honnêtes que vous m'y dites. Vous ne devez plus souhaiter votre retour en France ; il vous faudrait marcher sur cent mille cadavres... Sacrifiez votre intérêt au repos et au bonheur de la France ; l'histoire vous en tiendra compte. Je ne suis pas insensible aux malheurs de votre famille !... Je contribuerai avec plaisir à la douceur et à la tranquillité de votre retraite. »

— Une belle chose à mettre dans le *Journal de Paris*, ce serait une lettre que m'a écrite Louis XVIII, et ma réponse, dira-t-il à Roederer. La lettre est fort belle, vraiment fort belle ! mais j'ai ma réponse en conséquence, et elle est bien aussi.

— Général, cela me fait frissonner.

— Vous avez tort. Livrer la France à Louis XVIII serait l'action d'un traître...

Quelque temps auparavant, lors de sa conversation avec Bourmont, il avait dévoilé ses sentiments :

— Loin de lui nuire, je respecterai ses malheurs et lui rendrai tous les services que je pourrai — bien entendu excepté sa couronne ; elle est perdue pour sa maison ; l'histoire offre d'autres exemples d'un changement de dynastie. Je gouverne, je conserverai la puissance jusqu'à ma dernière heure.

Voilà pour le principe : il a conquis une manière de trône et tient à le garder :

— Les Français ne peuvent être gouvernés que par moi. Je suis dans la persuasion que personne autre que moi, fût-ce Louis XVIII, fût-ce Louis XIV, ne pourrait gouverner en ce moment la France.

Cependant, si le Prétendant était un autre homme que le comte de Provence ? Bonaparte accepterait-il une charge de connétable ?

— Si c'était un grand prince qui dût régner, s'il avait fait de grandes choses, s'il était comme le duc d'Enghien après la bataille de Rocroy, je me ferais honneur de servir sous lui, je ne balancerais pas à lui remettre un sceptre dont il serait digne ; mais on ne connaît pas le Roi : il est à Mitau, qu'il y reste.

Laisser sa place à un autre ? Même à un génie ? Assurément il ne parlait point sincèrement ce jour-là. Il faut plutôt le croire lorsqu'il s'exclamait :

— Si je restaure les Bourbons, ils m'élèveront une statue et mettront mon corps dans le piédestal !

Quant à Louis XVIII, il déclarait :

— Buonaparte est aujourd'hui le plus grand des guerriers dont la France s'honore ; il en sera le sauveur... La manière dont il m'a répondu ne m'empêchera pas assurément de lui adresser une nouvelle lettre.

Lorsque Joséphine — ou d'autres — parlent au consul de l'épée de connétable qui lui irait « fort bien », Bonaparte hausse les épaules :

— Je pourrais rappeler le roi et le faire monter sur le trône. J'y parviendrais en six mois. Mais à quoi cela servirait-il ? La difficulté n'est pas de rétablir le roi, mais la royauté.

Le matin où il se présente devant sa femme, revêtu pour la première fois de son costume rouge brodé d'or de Premier consul il lui demanda :

— Comment trouves-tu que me va cet habit ?

Elle répondit — sincère :

— Moins bien que celui de connétable !

On lui avait proposé de se coiffer, en sa qualité de consul, d'un bonnet rouge, mais il avait répondu — et ceci était également une profession de foi :

— Ni bonnet rouge, ni talon rouge !

Il était l'avenir et rien du passé ne pouvait lui convenir... Pensait-il déjà à ceindre lui-même la couronne ? George Washington venait de s'éteindre dans sa chère propriété du Mount Vernon, devant ce merveilleux paysage du large Potomac coulant vers son embouchure entre ses collines boisées. Voici ce qu'il pourrait peut-être devenir pour la France : « un Washington ». Certains le pensaient.

— Si j'eusse été en Amérique, dira-t-il plus tard, volontiers j'eusse été aussi un Washington, et j'y eusse eu peu de mérite ; car je ne vois pas comment il eût été raisonnablement possible de faire autrement. Mais si lui se fût trouvé en France, sous la dissolution du dedans et sous l'invasion du dehors, je lui eusse défié d'être lui-même, ou s'il eût voulu l'être, il n'eût été qu'un niais, et n'eût fait que continuer de grands malheurs. Pour moi, je ne pouvais être qu'un Washington couronné.

Et c'est bien dommage ! Peut-être, pour sa gloire, aurait-il mieux valu que Bonaparte ne coiffât point la couronne. La France — elle l'a prouvé sous le Consulat, qui fut un gouvernement de gauche sans étroitesse de vues — aurait parfaitement pu vivre commandée par un Washington non couronné. Quoi qu'il en soit, cette couronne « de gauche », il ne pouvait cependant point être question pour le futur empereur de la prendre dès maintenant. En février 1800, la mort de George Washington lui a permis simplement de parler « à toutes les troupes de la République » et d'évoquer la liberté : « Washington est mort. Ce grand homme s'est battu contre la tyrannie. Il a consolidé la liberté de sa patrie. Sa mémoire sera toujours chère au peuple français comme à tous les hommes libres des deux mondes, et spécialement aux soldats français qui, comme lui et les soldats américains, se battent pour l'égalité et la liberté. En conséquence, le Premier consul ordonne que, pendant dix jours, des crêpes noirs seront suspendus à tous les drapeaux et guidons de la République. »

Dix jours plus tard — le 17 février — le deuil est terminé et Bonaparte, premier pas vers cette « tyrannie » évoquée à l'occasion de la mort du grand Américain, décide d'aller s'installer aux Tuileries. A plusieurs reprises, il a parcouru le château et ordonné de badigeonner les murs couverts de graffiti révolutionnaires et de bonnets rouges. Bourrienne l'a entendu dire à Lecomte, alors architecte des Tuileries :

— Faites-moi disparaître tout cela, je ne veux pas de pareilles saloperies.

« Le Premier consul, poursuit Bourrienne, indiqua lui-même les légers changements qu'il fit faire dans l'intérieur de l'appartement qu'il s'était destiné. On plaça un lit de parade, qui n'était pas le lit de Louis XVI, dans la chambre faisant suite à son cabinet, en allant au midi vers le grand escalier du pavillon de Flore. Je dirai, en passant, qu'il n'y coucha que très rarement, car Bonaparte avait les goûts les plus simples pour son intérieur, et n'aimait le luxe extérieur que comme un calcul, que comme un moyen de plus d'en imposer aux hommes. »

— Comme les Tuileries sont tristes, général, remarqua Bourrienne.

— Oui, répondit-il, comme la grandeur.

Le 18 février, Murat, qui commande la garde des consuls, passe en revue les troupes qui doivent parader le lendemain lors des cérémonies qui marqueront l'installation solennelle de Bonaparte aux Tuileries. Les uniformes sont neufs en dépit de la solde qui n'a pas été payée et dont l'arriéré se monte à un mois.

Ce même jour, Bonaparte, vêtu en civil, se promène dans Paris, incognito, suivi seulement de deux officiers. A tous les carrefours, avec accompagnement de trompettes et de tambours, on publie les résultats du plébiscite approuvant la nouvelle Constitution. Aux Halles, la lecture est accueillie par le cri révolutionnaire de *Ça ira !* Dans les quartiers plus élégants — tel celui de la place Vendôme — on signale quelques cris de : *Vive le Roi !*

Le lendemain matin, le consul déclare à son ancien camarade de Brienne :

— Eh bien, Bourrienne, c'est donc enfin aujourd'hui que nous allons coucher aux Tuileries. Vous, vous êtes bien heureux, vous n'êtes pas obligé de vous donner en spectacle ; vous irez de votre côté. Moi, il faut que j'aille avec un cortège, cela m'ennuie, mais il faut parler aux yeux ; cela fait bien pour le peuple. Le Directoire était trop simple, aussi il ne jouissait d'aucune considération. A l'armée, la simplicité est à sa place ; dans une grande ville, dans un palais, il faut que le chef d'un gouvernement attire à lui les regards par tous les moyens possibles, mais il faut aller doucement. Ma femme ira voir la revue des appartements de Lebrun ; allez, si vous voulez, avec elle, mais soyez dans le cabinet aussitôt que vous m'aurez vu descendre de cheval.

Le ciel est malheureusement couvert — on est en Pluviôse et demain en Ventôse...

Dans les cours des Tuileries et du Carrousel se trouvent rangés trois mille hommes de troupe accompagnés de leur musique, et commandés par Lannes, Murat et Bessières. Le cortège débouche sur la place du Carrousel, une place alors relativement étroite et difforme où viennent converger les rues du quartier, serpentant alors entre le Louvre et les Tuileries. Après un piquet de grosse cavalerie, les Conseillers d'Etat se sont entassés dans des fiacres baptisés *carrosses* par les journaux du temps — les numéros des locatis ayant été cachés par des bandes de papier. Puis une musique militaire, composée de cinquante musiciens chamarrés et dorés, fait son entrée. Elle précède l'Etat-Major à cheval, tout emplumé et ceinturé de tricolore. Après les ministres — eux aussi installés dans des voitures de louage — on voit déboucher les guides de Bonaparte : cavaliers à colback et à dolman vert orné d'aiguillettes rouges. Roustam, caracolant sur son cheval arabe, précède les consuls. Leur voiture, entourée par des guides, trompettes sonnantes, est tirée par les six chevaux blancs, cadeau de l'empereur François au lendemain de Campo-Formio.

Un grand cri de *Vive Bonaparte !* retentit...

« Aussitôt que la voiture des consuls se fut arrêtée, Bonaparte en descendit rapidement, rapporte Bourrienne, et, sur-le-champ, monta, ou, pour mieux dire, sauta à cheval, et passa les troupes en revue pendant que les deux autres consuls étaient montés dans les appartements où les attendaient le Conseil d'Etat et les ministres. Un grand nombre de femmes, portant avec élégance le costume grec, qui était alors à la mode, occupaient avec madame Bonaparte les fenêtres du troisième consul, au pavillon de Flore. De toutes parts, il y avait une affluence de spectateurs impossible à décrire ; on avait loué très cher des croisées sur la place du Carrousel, et de toutes parts on entendait crier, comme d'une seule voix : *Vive le Premier consul !* Qui n'eût pas été enivré par tant d'enthousiasme ? »

Après avoir parcouru les rangs, il vient se placer auprès de la porte des Tuileries, ayant Murat à sa droite, Lannes à sa gauche, et massé derrière lui, un nombreux état-major de jeunes officiers brunis par le soleil d'Egypte et d'Italie, et qui, tous, « ont pris part à plus de combats qu'ils ne comptaient d'années ». Quand le consul voit passer devant lui les drapeaux de la quatre-vingt-seizième, de la quarante-troisième, et de la trentième demi-brigade, drapeaux ne présentant plus qu'un bâton et quelques lambeaux d'étoffes criblés de balles et noircis par la poudre, il ôte son chapeau et s'incline. Une immense acclamation monte vers lui.

Ce même jour — ordre symbolique — il ordonne d'arracher les nombreux arbres de la Liberté plantés dans la cour, sous le prétexte qu'ils ôtent de la lumière aux appartements. Il fait aussi gratter l'inscription que l'on pouvait lire jusqu'alors sur l'un des corps de garde flanquant la grille du Carrousel : *Le dix août* 1792, *la Royauté est abolie et ne se relèvera jamais...*

« *Jamais* » n'est pas, lui non plus, un mot français, comme Napoléon le dira un jour du mot *impossible.*

Evoquant les acclamations qui l'avaient salué ce jour-là, il constate :

— La joie du peuple était vraie, le peuple a raison. Et d'ailleurs consultez le grand thermomètre de l'opinion, voyez le cours des rentes : à onze francs, le 17 brumaire ; à seize francs le 29 ; et aujourd'hui à vingt et un francs ! Avec cela, je puis laisser caqueter les Jacobins. Mais qu'ils ne parlent pas trop haut !

Puis il ajoute :

— Ce n'est pas tout que d'être aux Tuileries, il faut y rester. Qui est-ce qui n'a pas habité ce palais ? Des brigands, des conventionnels. Tenez, montre-t-il à Bourrienne, en se penchant à une fenêtre du palais, voilà la maison de votre frère. N'est-ce pas là que j'ai vu assiéger les Tuileries, et enlever le bon Louis XVI ? Mais, soyez tranquille, qu'ils y viennent !

Quel chemin parcouru en seulement huit années !

Il ne peut s'empêcher, le soir du 19, au moment de se coucher pour la première fois aux Tuileries, d'évoquer le passé en disant à Joséphine, en riant peut-être, mais non sans orgueil :

— Allons, petit créole, venez vous mettre dans le lit de vos maîtres !

XVI

LE PREMIER CONSUL

L'égalité n'existe qu'en théorie.

NAPOLÉON.

LES journaux nés de la Révolution affectent de traiter avec dédain la « pompe consulaire » indigne, prétendent-ils, d'un vrai républicain. Et pourtant les Tuileries ne sont pas encore une cour. Elles en sont même loin ! Bonaparte, à cette époque, n'exige, selon son expression, « qu'un certain décorum ». Son nouvel appartement se compose d'une antichambre, du salon des aides de camp — où il prend ses repas — de son cabinet, de sa chambre à coucher suivie d'une salle de bains, enfin de son salon dans lequel il donne les audiences matinales. Hors ses secrétaires, hors Duroc, Lauriston et Clarke responsable du service des cartes, personne n'a accès au cabinet de Bonaparte. Il préfère en effet se déranger pour recevoir au salon les visiteurs. Son cabinet est son asile, le « laboratoire intime », un atelier, dira-t-il plus tard, où le métier de chef d'Etat « comporte ses outils » : ses dossiers, ses carnets, les états de situation.

Durant tout le mois de mars et d'avril 1801, le Conseil des consuls se tient presque tous les jours. Ces réunions ont lieu dans la salle des séances consulaires, siège du gouvernement. « Cabinet de l'Etat », précise le baron Fain. Bonaparte y siège devant une vaste table, entouré de ses deux collègues. Et Cambacérès qui aime paresser au lit, soupirera plus tard, en évoquant ces séances : « Il fallait y être rendu de bon matin. »

Face à Bonaparte, assis sur une chaise, le secrétaire d'Etat, Maret, dont la fonction consiste à se tenir toujours « sous la main » du maître pour la jonction avec les diverses autorités. Maret eut du mal au début à se plier à la discipline exigée par le Consul, qui grondait — selon Fain : « On ne sait jamais où le trouver ! » Mais bientôt, Maret fut entièrement dévoué à Bonaparte, s'attacha à lui, mit toutes les forces de son intelligence à s'assimiler, à s'absorber dans le Maître « comme la manivelle du gouvernail sous la main du pilote ».

Il demeura quatorze ans avec lui.

Le soir — à neuf heures trente — se succèdent les conseils : le *primidi* de chaque décade : Conseil général des Finances ; le *quintidi* : Conseil d'administration de la Guerre ; le *septidi* : Conseil d'administration de la Justice ; le 18, Conseil d'administration des Relations extérieures ; le 28, Conseil d'administration de la Police générale.

Les réceptions sont également réglementées : le 2

et le 17 de chaque mois, on accueille le Corps diplomatique ; le 2 de chaque décade on reçoit des sénateurs et généraux, le 4, les membres du Corps législatif et le 6 les membres du Tribunat et de la Cour de Cassation.

Peu à peu la simplicité, de mise au Luxembourg, évolue.

« Lorsque à dix heures, la porte s'ouvrit, rapportera Elisabeth Pétrowna Divow, et qu'un huissier cria : « Le Premier consul ! », je puis assurer que si une mouche eût volé dans la chambre, on l'aurait entendue. Tout le monde se leva pour le saluer, et c'est dans ce moment que je lui fus présentée. Il causa pendant quelques minutes d'une manière bien aimable avec moi, et tout le monde alla à table. Chaque cavalier donnait le bras à une dame. »

Il s'agit là d'un « petit dîner » qui se donnait chez sa femme, mais les grandes « cohues » réunissant deux cents personnes ont lieu tous les dix jours, au premier étage, dans la Galerie de Diane. Petit à petit, Bonaparte prendra l'habitude de passer le premier à table. Le repas est, bien sûr, toujours servi au pas de charge. Il se prolonge rarement au-delà de vingt minutes ou d'une demi-heure.

— Si l'on veut manger vite, déclare alors Bonaparte, il faut venir chez moi ; manger bien, chez le second consul, et manger mal, chez le troisième.

Les déjeuners sont plus animés et intimes. C'est ainsi qu'un jour on vient à parler d'une rafle de filles qui a été opérée au Palais-Royal. Les Parisiens s'imaginent qu'on va les expédier aux guerriers de l'armée d'Egypte... Roederer a noté la scène sitôt rentré chez lui : « J'ai été à midi et demi chez Bonaparte ; un aide de camp est venu de sa part me dire, dans le salon, de monter au déjeuner. Volney y était ; c'était le seul étranger. Bonaparte a dit :

— Où diable a-t-on pris que je voulusse faire déporter en Egypte les filles arrêtées au Palais-Royal ?

« *Mme Bonaparte.* — Le ministre de la Police m'a dit, ces jours passés, qu'elles étaient destinées pour l'Egypte.

« *Bonaparte.* — C'est une horreur ! Diable, on ne déporte pas ainsi !

« *Moi.* — Hier, Regnault m'a dit aussi que le ministre de la Police avait décidé leur déportation.

« *Bonaparte.* — Et où a-t-il pris cela ? Citoyen Roederer, je vous prie de faire un bon article pour détruire ce bruit-là ; mais un article bien détaillé, pas de deux lignes, afin que la chose reste... On peut bien vouloir réprimer la licence du Palais-Royal, mais on ne déporte pas ainsi.

« *Volney.* — Ces demoiselles veulent *être élargies...*

« *Bonaparte.* — Citoyen Volney, (riant) ah ! c'est un peu fort ! Vous parlez là comme un vieux garçon ! Nos troupes n'ont pas besoin des filles de Paris en Egypte ; ils en ont, et de belles ; ils ont des Circassiennes. (*Le Mameluk qui était derrière Mme Bonaparte sourit*). Ah ! il m'entend bien. N'est-ce pas que tu m'entends ? (*riant*) N'est-ce pas qu'il y a des filles en Egypte ?

Bonaparte se lève de table, répète sa question à Roustam et ajoute :

—Tu entends le français à cette heure, n'est-ce pas ?

« Il lui prend la tête dans ses deux mains, et la balance deux ou trois fois de droite à gauche. »

Après les dîners officiels, les personnalités invitées en « cure-dents » envahissent les salons, et l'ennui tombe sur les Tuileries. Nouvelle revue, nouvelles présentations, nouvelles banalités... Lui n'est guère aimable. Il s'intéresse cependant aux robes de ses invitées, mais pour des raisons politiques. Hortense nous le rapporte : « Le Premier consul, pour faire revivre les manufactures de Lyon et nous affranchir d'un tribut payé à l'Angleterre, nous défendait de porter de la mousseline et jetait au feu tout ce qui lui paraissait de fabrique anglaise. Quand ma mère et moi entrions fort parées, sa première question était toujours :

— Est-ce de la mousseline que vous portez là ?

« On répondait souvent que c'était du linon de Saint-Quentin ; mais un sourire nous trahissait et, à l'instant, ses doigts partageaient en deux la robe étrangère. Ce désastre des toilettes se répéta plusieurs fois, et il fallut en venir au satin et au velours. La mode acheva ce que le Consul avait commencé et ce qu'il n'eût pas obtenu sans elle, car les shalls de Cachemire, malgré les fréquentes menaces de les brûler, survécurent à la proscription. »

Qu'elle soit revêtue de mousseline anglaise ou de velours français, Bonaparte admire sa femme qui, dans son fameux salon jaune, évolue avec grâce, et sait mettre ses invités à l'aise — des ménages de fonctionnaires souvent un peu gênés de se trouver là... Elle connaît l'art de recevoir, cet art si difficile que, épouse séparée d'Alexandre de Beauharnais, elle a acquis à l'époque déjà lointaine où elle s'était réfugiée au couvent de Panthémont. Elle a *de l'esprit* — expression devenue intraduisible — et pour l'instant, Bonaparte qui ne pense pas encore à créer une dynastie, a abandonné l'idée de se séparer d'une auxiliaire précieuse qui tient fort bien sa place dans son œuvre de reconstruction. Il désire qu'elle soit pour le nouveau régime une manière de reine.

— Je veux que tu sois éblouissante de parure et richement habillée, entends-tu bien ?

Il ne fallait certes pas prier la « consulesse » pour

qu'elle se pare... Mais, ce jour-là, elle ne s'en exclame pas moins :

— Oui, et puis ensuite, tu fais des scènes, tu cries, tu raies mes *bon à payer* au bas de mes mémoires !

Et elle se met à bouder « comme une petite-fille, en faisant une mine toute gracieuse », nous dit un témoin. Elle était ainsi, paraît-il, irrésistible et il ne lui résistait point.

— Sans doute, reprend-il, je biffe quelquefois tes *bon à payer,* parce que tu te laisses parfois tellement attraper qu'il y a conscience à autoriser pareils abus. Si je te recommande d'être magnifique dans les occasions d'apparat, je n'en suis pas moins très conséquent avec moi-même. Et, comme il faut une balance pour peser tous les intérêts, je la tiens d'une main équitable quoique sévère.

Tenir cette balance lorsqu'il s'agissait des dépenses de sa femme devenait quasi impossible. L'addition se montait alors à six cent mille francs. C'est Talleyrand qui avait parlé au nouveau maître de la détestable impression que pouvait faire dans le public les factures impayées de la première dame de France. La colère du Premier consul fut terrible. Elle n'empêcha pas Joséphine, à qui Napoléon fit verser, chaque année des sommes de plus en plus considérables, de faire des dettes vertigineuses jusqu'à sa mort. Par comble — et là, on croit rêver — Fouché, pour savoir ce qui se passe dans « l'intérieur » du ménage consulaire, remet à la créole mille francs par jour pour espionner son mari... Et le ministre de la Police, pour être encore mieux informé de ce qui se dit et se fait dans le Cabinet du Consul, donne en outre la moitié de cette somme à Bourrienne. Ce dernier, selon le mot de Napoléon, « flairait l'argent », il le « humait » véritablement. Talleyrand, lui-même, trouva que le secrétaire exagérait dans ses tripotages avec les fournisseurs de l'armée.

— Vous allez bien vite... Vous vous perdrez !

— Oh non, répondit Bourrienne, c'est impossible. J'ai couché dans la tente de l'Empereur en Egypte.

« Talleyrand, rapportera Napoléon me demanda ensuite ce que cela voulait dire. »

— J'avais une tente composée de plusieurs pièces lui expliqua Bonaparte, les officiers d'état-major couchaient dans une partie...

« Pour peu que Bourrienne eût été joli garçon, poursuivra Napoléon, Talleyrand en eût conclu qu'il y avait eu des liaisons plus intimes. »

Le Premier consul chassera un jour son secrétaire, l'ayant surpris à plusieurs reprises la main dans le sac :

— Il volait trop impudemment ! Qu'on le regarde, s'exclamera le consul, on lui trouvera un *œil de pie !*

Bonaparte n'avait pas attendu le résultat du plébiscite — résultat sans précédent puisque trois millions douze mille cinq cent soixante-neuf Français, contre seulement quinze cent soixante-deux, avaient approuvé le changement de régime — il n'avait pas attendu pour réédifier cette France qui, nous l'avons dit, n'était plus qu'un amas de décombres. Sans doute certaines pierres demeuraient-elles bonnes, mais il fallait les retailler afin qu'elles puissent trouver leur place dans le nouvel édifice.

L'anarchie, on le devine, n'avait nullement cessé avec l'effondrement du Directoire. Pillages et rapines prenaient le plus souvent le visage affreux de la guerre civile. Fait divers entre cent : au son du tambour, brandissant le drapeau blanc, une bande arrive à Montpezat, dans l'Ardèche : « Ils sont entrés au nombre de cent, bien armés, entre onze heures et minuit, mandait un fonctionnaire du ministère, se sont emparés des rues et de la place, défendant aux citoyens de se mettre aux fenêtres avec menace de les y fusiller. Un détachement avec un de leurs chefs a forcé les portes du receveur de l'enregistrement... Ensuite, ils se sont fait conduire chez le percepteur dont ils ont brisé les portes et ne trouvant point de fonds, ils ont pris ses effets et ses armes. Tout cela s'est fait comme à l'ordinaire aux cris de : *Vive la Religion ! Vive Louis XVIII ! A bas la République !* formules très adroites et qui souvent paralysent ou tournent à leur profit l'action d'un peuple ignorant et superstitieux. »

Avant tout, pacifier l'Ouest de la France ! Il faut que le conflit ne s'éternise point. Une seule solution : trancher dans le vif pour en finir une fois pour toutes. Et les ordres partent des Tuileries :

Au général Gardanne : « Faites que j'apprenne bientôt que vous avez surpris à la pointe du jour les principaux rassemblements de Chouans, que vous les avez dispersés. »

Au général Chabot : « Que faites-vous, citoyen général ? Je n'entends point dire que vous ayez surpris aucun rassemblement de Chouans. »

Au général d'Arnaud : « Marchez ; que j'apprenne par votre premier courrier que vous avez dispersé, désarmé et détruit les brigands de la Sarthe... »

Cependant, il recommande au général Brune d'avoir « une grande tolérance pour les prêtres ».

Bientôt Bretons et Normands sont aux abois : l'un des premiers, Cadoudal, encerclé, accepte de livrer ses canons et ses fusils et de rencontrer le Premier consul. Bonaparte reçoit ce « gros Breton », ainsi qu'il a le tort de l'appeler, et essaye de le gagner au parti de la paix. Ils ne se plaisent ni l'un ni l'autre. « C'était un fanatique, racontera Bonaparte, je l'émus sans parvenir à le convaincre. Au bout d'une demi-heure, je n'étais pas plus avancé qu'au commencement. Il voulait conserver ses bandes et ses armes. Je lui répliquai qu'il ne pouvait y avoir un Etat dans l'Etat. »

Le consul ne parvient pas à convaincre le Chouan, en effet, car l'ex-cadet gentilhomme de Buonaparte traite si dédaigneusement ce fils de meunier que, ulcéré « Georges » — ainsi que tous l'appelaient — n'a désormais plus qu'une idée en tête : se venger, ranimer l'insurrection et surtout, montrer ce qu'il désignait par ces mots : « le coup essentiel », autrement dit l'assassinat de Napoléon. S'abouchant avec Hyde, il s'enfuira de Paris, gagnera Londres avant de revenir en France mettre au point ses projets.

Nous le retrouverons.

Les Vendéens accepteront d'être « pacifiés ». Aux termes du traité devant mettre fin à la guerre vendéenne, les combattants seront contraints de remettre leurs armes « sauf s'ils étaient fermiers et propriétaires ». Ils l'étaient dans une proportion de 99 % — et l'Ouest resta armé.

Subsistait encore, en Normandie, Frotté qui, menant dans l'Orne une véritable guérilla, tenait en échec les troupes consulaires.

— Jamais l'ordre de rendre les armes ne sortira de ma bouche ni de ma plume, déclare-t-il.

Mais les forces qui lui sont opposées vont obliger Frotté à entrer en pourparlers avec les généraux du Premier consul. Il consent, pour négocier, à se rendre à Alençon, muni d'un sauf-conduit. Par suite d'une erreur ou d'un quiproquo, Bonaparte croit que le chef chouan accepte une reddition sans conditions et donne des ordres en conséquence. Aussi le général Guidal, au mépris de la parole donnée, arrête-t-il Frotté et ses lieutenants et décide-t-il de les expédier, prisonniers, vers Paris. En cours de route — à Verneuil — un ordre du Premier consul vient à la rencontre du convoi : une commission militaire doit siéger sans désemparer et juger les « brigands ». Les membres de la commission, estiment que les conditions de la capture ne doivent point influencer leur jugement ; ils condamnent à mort les sept chouans qui sont aussitôt exécutés — ou plutôt affreusement massacrés ; le peloton ayant été insuffisamment composé...

Sans doute Bonaparte reconnut-il qu'il avait été trompé — il le dira à Hédouville — mais, comme plus tard pour le duc d'Enghien, il ne désavoua pas plus Guidal d'avoir manqué à la parole donnée, que la commission d'avoir agi avec une hâte criminelle. Il chargea Roederer d'annoncer à la Chambre « la prise de Frotté et de son état-major » :

— Voici, poursuivit Roederer, une partie des effets mobiliers pris sur lui ; ce sont des croix de Saint-Louis, des fleurs de lys, des cachets aux anciennes armes de France et des poignards de fabrique anglaise.

Ainsi que le remarquera Albert Vandal : c'étaient là de « tristes débris de guerre civile, vilains trophées ! Bonaparte en avait eu de trop beaux à montrer pour exhiber ceux-là. »

Si la faiblesse du Directoire obligeait le défunt régime à gouverner en donnant des coups de barre à droite, puis à gauche, afin de s'appuyer à tour de rôle sur les deux forces opposantes, et à les amoindrir du même fait, Bonaparte est contraint de museler presque simultanément Royalistes et Jacobins.

— Je traite la politique comme la guerre, dira-t-il, j'endors une aile pour battre l'autre.

« Considérant que la plupart des journaux de Paris sont aux mains des ennemis de la République », Napoléon exécute d'abord les feuilles royalistes. Les gazettes d'extrême gauche sont au début, laissées libres d'agir. Mais les Jacobins ne demeurent point tranquilles. Anciens révolutionnaires, terroristes que leur passé par trop rouge a exclus des places — on les appelle d'ailleurs des *exclusifs* — ils conspirent ferme contre le Premier consul. Eux aussi parlent de massacrer Bonaparte sans tarder. Ainsi que le précise un rapport de police : « si d'un côté les royalistes se remuent et cherchent à culbuter le gouvernement, il est démontré que les anarchistes visent au même but par des moyens beaucoup plus expéditifs » — ce qui n'était pas peu dire. Les mauvaises nouvelles reçues au début de germinal de l'armée d'Italie — Savone a été repris — ont permis à certains agitateurs des deux bords de faire souffler un vent de panique sur Paris : on parle d'arrestations de royalistes, de complot des jacobins, d'un attentat préparé contre le Consul. Les spéculateurs jouent à la baisse. Des estrades improvisées se dressent aux carrefours où les bateleurs politiques propagent les fausses nouvelles aux badauds. Les pamphlets circulent, hurlés par les crieurs — tel celui-ci : « Le passé m'a trompé, le présent me tourmente et l'avenir m'épouvante. »

Encore un tour de vis ! Il le faut, si l'on veut sauver le nouveau régime.

Le 5 avril 1800, Lucien Bonaparte reçoit cette note dictée par son frère : « Les Consuls de la République désirent, Citoyen Ministre, que vous fassiez connaître aux entrepreneurs des différents théâtres de Paris qu'aucun ouvrage dramatique ne doit être mis ou remis au théâtre qu'en vertu d'une permission donnée par vous... Le Premier consul verrait avec plaisir la suppression du couplet qui lui est personnel dans le vaudeville du *Tableau des Sabines.* »

A présent, des mesures plus sérieuses : ce même 5 avril, Bonaparte fait écrire à Fouché : « L'intention des Consuls de la République, Citoyen Ministre, est que le journal *Le Bien Informé,* celui des *Hommes Libres* et celui des *Défenseurs de la Patrie,* ne paraissent plus à moins que les propriétaires ne présentent des rédacteurs d'une moralité et d'un patriotisme à l'abri de toute corruption. Vous exigerez que chaque numéro de ces journaux soit signé du rédacteur avoué. »

La France est également mise à l'encan par ceux qui sont chargés de la gérer, aussi Bonaparte dicte-t-il cette nouvelle note destinée à Lucien : « Depuis 1790, les trente-six mille communes représentent en France trente-six mille orphelines... filles délaissées et pillées depuis dix ans par les tuteurs municipaux... En changeant de maires, d'adjoints et de conseillers, elles n'ont guère fait en général que changer de mode de brigandage ; on a volé le chemin vicinal, volé le sentier, volé les arbres, volé l'église, volé le mobilier de la commune, et on vole encore sous le masque du régime municipal. »

Le « tuteur » de ces « filles délaissées » celui qui est chargé de faire cesser le brigandage, sera bientôt désigné : c'est le préfet, qui « devra visiter ses communes au moins deux fois l'année ». Quant au sous-préfet, il sera dans l'obligation de se rendre dans les villes qui dépendent de lui, au moins quatre fois par an, « sous peine de destitution ».

La nouvelle administration est entrée en fonction

et se heurte aux difficultés de tous genres : « J'ai trouvé ici, annonçait Beugnot en arrivant au Havre, quatre-vingt-quatorze commis que j'ai réduits à trente, et je ne sais pas avec quoi je les payerai. »

Le corps préfectoral a été recruté peut-être d'une manière trop éclectique et les nouveaux préfets ne montrent pas tous l'impartialité exigée par le Premier Consul. Certains ne savent pas mettre au pas les maires, devenus par la force des choses des tyranneaux locaux. Ils n'osent pas révoquer ceux qui « par leur ignorance, ont augmenté les désordres de toute espèce ; par leur immoralité, ils se sont aliéné l'esprit de leurs administrés ». Cependant, la plus grande partie des préfets aurait pu signer ce texte de Beugnot : « Je dirai aux sages habitants de la Seine-Inférieure : j'apporte au milieu de vous l'amour du devoir, beaucoup de bonne volonté, quelque expérience ; travaillons de concert ; travaillons lentement, mais sans relâche, à sonder les plaies que la Révolution a faites... »

Surtout répandre, affirmer, répéter, que tout va aller mieux, que tout va *déjà* mieux. Bonaparte le leur recommandera :

— On ne conduit le peuple qu'en lui montrant un avenir : un chef est marchand d'espérance.

Par les rapports des préfets, le consul peut constater que la désorganisation a gangréné jusqu'aux écoles. Celles-ci sont désertes et certains établissements comptent plus de professeurs que d'élèves !

— De toutes nos institutions, dira Napoléon, la plus importante est l'instruction publique ; tout dépend d'elle, le présent et l'avenir.

Bonaparte découvre par degrés l'ampleur du désordre ; le manque d'unité apparaît dans les secteurs les plus inattendus. Si bourgeois et villageois sont bien obligés d'observer le repos du *décadi* républicain, loin des gendarmes, paysans et campagnards préfèrent chômer le dimanche. Partout l'on recommande aux préfets de ne pas heurter de front les goûts et les habitudes prises : « Vous ne trouverez sans doute pas mauvais que les jeunes filles aiment mieux danser le dimanche que le décadi. Vous mettrez dans tout cela de la prudence et du discernement. »

— Ma politique, dira Bonaparte, est de gouverner les hommes comme le plus grand nombre veut être gouverné ; c'est là, je crois, la manière de reconnaître la souveraineté du peuple.

Il affirmera encore :

— On ne fait de grandes choses en France qu'en s'appuyant sur les masses ; d'ailleurs un gouvernement doit aller chercher son point d'appui là où il est.

Il lui fallait aussi un autre « point d'appui » : de saines finances. Celles-ci n'étaient point en désordre : elles n'existaient toujours plus ! La pauvreté évoque un semblant de bien, aussi minime soit-il. Ici rien que le néant... et un effroyable passif. « Le Premier consul, lit-on dans un rapport du 24 février, invite le ministre des Finances à lui faire connaître sous le plus bref délai en quelles mains se trouve le *Régent.* » Le fameux diamant « égaré » parmi des prêteurs du Directoire !

Las de vivre à force d'expédients à la petite semaine — on vendait le bois du parc de Versailles, on transformait le métal des cloches en monnaie —, découragé en voyant le maigre résultat obtenu en comprimant toutes les dépenses possibles — sauf celles concernant l'armée — Gaudin ose déclarer à Bonaparte :

— Vous savez avec quelle peine nous avons marché, de décade en décade, à l'aide d'opérations qui, en décelant la pénurie du trésor public, s'opposent de plus en plus au rétablissement du crédit. Aussi, en conclusion, un seul remède : « les moyens extraordinaires me paraissent de la plus urgente nécessité pour assurer le service qui, sans eux, deviendrait impossible ». Et le ministre propose un « droit sur le sel » — la gabelle de triste mémoire ! — un impôt sur les boissons, « calculés de manière à rendre au moins quarante millions ». Enfin, il demande de pouvoir émettre « un emprunt de cent millions gagé tant sur le produit de ces impôts que sur les arrérages et rachat des rentes dues à la République ».

Bonaparte comptant sur le retour de la confiance pour faire revenir l'or dans les caisses — on sait que l'or, cette manière de « personnage », défiant, timide et timoré, se cache au moindre danger — refuse ces moyens rappelant par trop les expédients d'autrefois. Gaudin offre alors sa démission.

— C'est parce que nos besoins sont grands, et notre position délicate, répond Bonaparte, que vos talents, votre probité et votre zèle pour le bien public sont nécessaires. Vous avez déjà beaucoup fait. Il vous reste sans doute bien des obstacles à franchir, et quelques dégoûts à essuyer ; mais les beaux jours viendront ! Il faut que tout le bien qui reste encore à faire soit fait sous votre ministère.

Et, afin de ramener la confiance — afin d'avoir un établissement de crédit presque officiel sinon indépendant — Bonaparte crée, ou plutôt transforme l'ex-caisse des comptes courants, en *Banque de France.*

Pour arriver à cette résurrection, pour revenir à l'œuvre de la première Assemblée révolutionnaire, il fallait aller prudemment — et même avec calcul.

— Si je donnais trop d'élan, trop d'influence à

vos constitutionnels de 1791, à ceux que vous appelez exclusivement le *parti des gens de bien*, dira Napoléon à Mathieu Dumas, je ne tarderais pas à produire une réaction embarrassante. J'ai bientôt appris, en m'asseyant ici, qu'il faut bien se garder de vouloir tout le bien qu'on pourrait faire ; l'opinion me dépasserait ; le cheval amaigri bondirait bientôt dans la bonne pâture et deviendrait indomptable.

Sans doute l'herbe n'était-elle pas encore grasse et belle, mais la « pâture », bien ensemencée, allait lever. Déjà on pouvait dresser le bilan. « Ainsi, en moins de trois mois, comme à l'appel d'un magicien, écrira Louis Madelin, un énorme monument était sorti de terre, et d'une terre naguère bouleversée, encombrée de ruines. Cela paraissait presque un « *miracle* » — le mot fut maintes fois écrit — et le grand miracle, cependant, pour nous, n'est pas là ; il serait dans la durée singulière qu'allait connaître une œuvre construite dans de telles conditions, en quelques semaines et au milieu de ce qu'un tribun aura appelé « un tourbillon d'urgence ».

Ce tribun se nommait Sedillez, et il ajoutait :

— Ne vaut-il pas mieux céder à l'impétuosité de ce mouvement que de s'exposer à en entraver la marche ?

Lorsque les Alsaciens, qui avaient fui vers la rive droite du Rhin, revinrent chez eux sans en avoir sollicité la permission, la gendarmerie les arrêta mais, ainsi que l'annonçait le préfet du Bas-Rhin : « ils invoquent la justice et la loyauté du gouvernement actuel ; des femmes, des enfants, des vieillards sont avec eux et déclarent qu'on pourra les faire fusiller, mais non les forcer à quitter de nouveau la France : *Qu'on nous conduise au grand Bonaparte*, disent quelques-uns, il verra que nous sommes de bons citoyens. »

Tel est le résultat obtenu en ces premiers mois de l'année 1800.

Cependant, à cette France qui sortait à peine de ses ruines, à cette France encore exsangue, il fallait demander de nouveaux sacrifices — et d'argent et d'hommes puisque la guerre était là avec ses exigences — et ce sont les préfets qui y parviendront :

— Si nous sommes toujours cette nation qui a étonné l'Europe de son audace et de son succès, leur dira Bonaparte, si une juste confiance ranime nos forces et nos moyens, nous n'avons qu'à nous montrer et le continent aura la paix. C'est là ce qu'il faut faire sentir aux Français, c'est à un généreux et dernier effort qu'il faut appeler tous ceux qui ont une patrie et l'honneur à défendre.

Et au peuple — il ne dit pas encore : « mon peuple » — il déclare :

— Français, vous désirez la paix, votre gouvernement la désire avec plus d'ardeur encore. Le ministère anglais a trahi le secret de son horrible politique. Déchirer la France, détruire sa marine et ses ports ; l'effacer du tableau de l'Europe, ou l'abaisser au rang des puissances secondaires... Que les jeunes citoyens se lèvent. Ce n'est plus pour des factions, ce n'est plus pour le choix des tyrans qu'ils vont s'armer ; c'est pour la garantie de ce qu'ils ont de plus cher, c'est pour l'honneur de la France, c'est pour les intérêts sacrés de l'humanité.

Aussi décide-t-il de recourir au patriotisme des contribuables : « Le département qui, à la fin de germinal, décrète-t-il, aura payé la plus forte partie de ses contributions, sera proclamé comme ayant bien mérité de la patrie. Son nom sera donné à la principale place de Paris. »

Ce sera le département des Vosges...

Le soir, peu après huit heures, dans les boutiques de la rue de l'Arbre-Sec ou de la rue Saint-Honoré — les magasins restent ouverts l'été jusqu'à la nuit — on pouvait rencontrer un jeune homme à la mode, l'un de ces jeunes gens « qui se ressemblent tous », à l'habit très court orné de boutons jaunes. Sa chemise montait très haut et, tout en rehaussant le coin de sa cravate, il demandait d'un ton affecté :

— Votre boutique me paraît bien achalandée, il doit venir beaucoup de monde ici ? Voyons, que dit-on de ce farceur de Bonaparte ?

Parfois, certaines boutiquières mettaient le jeune homme à la porte — comment osait-on parler aussi cavalièrement de celui qui était en train de sauver la France ! Le jeune homme s'éclipsait alors en riant, et semblait ravi... car c'était Bonaparte lui-même !

⁂

Le Premier consul Bonaparte souffre de son inaction alors que la guerre — une guerre dont il n'est nullement responsable car le conflit est l'héritage de la Révolution — a repris avec violence en Italie et tend à s'allumer de nouveau en Allemagne. « Je suis aujourd'hui, écrit-il le 15 mars à Moreau, une espèce de mannequin qui a perdu sa liberté et son bonheur. Les grandeurs sont belles, mais en souvenir et en imagination. J'envie votre heureux sort ; vous allez, avec des braves, faire de belles choses. Je troquerais volontiers ma pourpre consulaire pour une épaulette de chef de brigade sous vos ordres. Je souhaite fort que les circonstances me permettent de venir vous donner un coup de main. »

La situation de Moreau à la tête de cent mille hommes, échelonnés de Strasbourg à Constance, est enviable. Que ne ferait pas Bonaparte avec une telle armée ! Malheureusement la Constitution de l'an VIII ne lui permet pas de s'emparer du commandement de l'armée... Son rôle se limite à « distribuer les forces » et à en « régler la direction ». Il ne doit pas prendre l'épée lui-même. Vis-à-vis des généraux, le Premier consul se trouve dans l'obligation de négocier avec eux, sans pouvoir les commander même de loin. Et le « coup de main » dont il parle dans sa lettre à Moreau est un hameçon lancé à son ancien rival. « Il n'est pas impossible, lui avait-il encore dit, si les affaires continuent à bien marcher ici, que je ne sois des vôtres pour quelques jours. » Mais Moreau, en lisant ces lignes, fait semblant de croire qu'il se trouve dessaisi de son commandement et s'exclame :

— Je ne veux pas d'un petit Louis XIV à mon armée !

Le « petit Louis XIV » ne l'estime guère et lui rend bien son antipathie. Il méprise principalement le manque de hardiesse de Moreau.

— Un général qui passe son temps à fumer n'est pas un général, dira-t-il plus tard en parlant du commandant de l'armée du Rhin.

Mais, pour l'instant du moins, mieux vaut le calmer. Bonaparte ne tient nullement à fournir un chef aux opposants. Il était convenu que Moreau traverserait le Rhin et foncerait vers Ulm. Pendant ce temps, Bonaparte, abandonnant son rôle de « mannequin », véritablement point fait pour lui, se mettrait, au dernier moment, à la tête d'une armée de réserve concentrée à Dijon, et dont le chef serait — officiellement — Berthier, remplacé par Carnot au ministère de la Guerre. Cette armée, l'armée de Marengo — car c'est vers l'Italie que l'on s'élancerait — serait grossie du tiers de l'aile droite des forces de Moreau, les trente mille hommes de Lecourbe. Le chef des forces massées sur le Rhin devrait s'incliner — il le fera même de bonne grâce — puisque, « distribuant » les forces de la République, le Premier consul demeurait dans le cadre de ses attributions.

Avec Masséna, tout acquis à Bonaparte — il commandait l'armée française en Italie — le chef de l'Etat n'avait pas à prendre tant de précautions. Déjà, le 5 mars 1800, Napoléon lui avait annoncé avec franchise : « Je réunis à Dijon une armée de réserve, dont je me réserve le commandement directement. Je vous enverrai d'ici huit à dix jours un de mes aides de camp avec le plan des opérations pour la campagne prochaine, où vous verrez que votre rôle sera beau et ne dépassera pas les moyens qui sont à votre disposition... Enfin je vous le répète, en votre place, je trouve votre position belle ; tirez-en parti. Ne vous effrayez pas si l'ennemi tend à se mettre sur vos derrières. Abandonnez tout de suite toutes les positions qu'il veut attaquer, pour vous trouver vous-même avec toutes vos forces sur une des ailes. »

Bientôt, pourtant, les nouvelles que Bonaparte reçoit sont mauvaises. Masséna, ayant sur les bras toute l'armée autrichienne de Melas, a été, on le sait, obligé d'abandonner Savone et s'est enfermé dans Gênes avec la moitié de ses forces, tandis que le reste recule vers Nice. L'œuvre du général Bonaparte en Italie semble perdue !

Pour tous... sauf pour Bonaparte.

Le 17 mars, Bourrienne le trouve, étendu à plat ventre sur la grande carte d'Italie, et piquant ses fameuses épingles rouges sur les points où il conduira ses troupes :

— Où croyez-vous que je battrai Melas ? demande-t-il à son secrétaire.

— Le diable m'emporte si j'en sais quelque chose.

— Vous êtes un nigaud ; regardez un peu : Melas est à Alexandrie où il a son quartier général. Il y restera tant que Gênes ne se sera pas rendue. Il a dans Alexandrie ses magasins, ses hôpitaux, son artillerie, ses réserves. Passant les Alpes ici (en montrant le Grand-Saint-Bernard), je tombe sur Melas, je coupe ses communications avec l'Autriche, et je le joins ici dans les plaines de la Scrivia.

En passant par le col du Grand-Saint-Bernard Bonaparte pourra arriver sur les derrières de l'ennemi. En « s'enfournant » sottement, selon son expression, sur Gênes et Savone, les Autrichiens ont ouvert le chemin de la haute Italie. Il faut s'y porter « à plein collier » ! L'armée doit quitter Dijon et prendre la route de Genève et du Valais !

Le 9 avril, il écrit à Berthier : « L'instant approche où les colonnes de l'armée du Rhin vont s'ébranler, et c'est l'armée de réserve à vos ordres qui, placée entre celle du Rhin et celle d'Italie, doit établir entre elles le concert d'opérations qui doit avoir lieu et former le centre de la grande ligne dont la droite est à Gênes et la gauche au Danube. »

L'instant malheureusement « n'approche » guère. Moreau perd du temps. Bonaparte — cela fait toujours partie des ses prérogatives — a beau envoyer Berthier à Bâle se concerter avec le commandant en chef de l'armée du Rhin pour « l'exécution du plan de campagne », l'auteur de l'admirable retraite sur le Danube, en 1796, traîne et Bonaparte doit le faire tancer — prudemment — par Carnot : « Faites lui sentir que ses retards compromettent essentiellement la sûreté de la République. »

Enfin l'entêté Moreau — il n'est point Breton pour rien... — franchit le Rhin. Ce même jour, « l'imprenable » fort de Hohenville capitule et — le 5 mai —

alors que Bonaparte s'apprête à aller inspecter « l'armée de Berthier », la nouvelle de la victoire de Stokach arrive à Paris : « Je partais pour Genève, écrit le Premier consul à Moreau, lorsque le télégraphe m'a instruit de la victoire que vous avez remportée sur l'armée autrichienne : gloire et trois fois gloire ! ». Mais que le chef de l'armée du Rhin n'en suive pas moins la promesse faite à Berthier ! Que le corps de Lecourbe rejoigne au plus vite l'armée de réserve ! Aussi lui adresse-t-il Carnot : « Le ministre de la Guerre arrivera quelques heures après ce courrier à votre quartier général, et de là viendra me joindre à Genève. La position de l'armée d'Italie et du Midi est assez critique : Masséna, renfermé dans Gênes, a des vivres jusqu'au 5 ou 6 prairial (25-26 mai) ; l'armée de Melas paraît assez considérable, quoique fortement affaiblie... »

Napoléon va ce même soir à l'Opéra où il fait lire la dépêche annonçant la victoire de Moreau à Stokach : il mêle ses applaudissements aux acclamations du public.

Il est toujours impossible au Premier consul d'avouer qu'il va prendre le commandement, aussi, ce soir-là, déclare-t-il aux membres du gouvernement :

— Lucien, préparez pour demain matin une circulaire aux préfets ; vous, Fouché, vous la ferez publier dans les journaux : dites que je suis parti pour Dijon où je vais inspecter l'armée de réserve ; vous pouvez ajouter que j'irai peut-être jusqu'à Genève, mais assurez positivement que je ne serai pas absent plus de quinze jours.

Il se tourne ensuite vers le second consul :

— Vous, Cambacérés, vous présiderez demain le Conseil d'Etat ; en mon absence, vous êtes le chef du gouvernement ; parlez dans le même sens au

Conseil, dites que mon absence sera de courte durée, sans rien spécifier... S'il se passait quelque chose, je reviendrais comme la foudre ! Je vous recommande à tous les grands intérêts de la France ; j'espère que bientôt on parlera de moi à Vienne et à Londres.

Un peu avant l'aube — détail significatif, son habit de consul sous son long manteau gris —, il monte dans une berline noire attelée en poste et prend la route de Bourgogne qu'il a déjà « parcourue tant de fois dans des circonstances bien différentes », rappellera Bourrienne qui se trouve encore à ses côtés. Le soleil se lève, il fait beau, le ciel est clair. Bonaparte qui, tout d'abord, semblait sommeiller, se réveille et commence à parler d'abondance. Avec Bourrienne c'est une conversation à cœur ouvert : la marche des Autrichiens, le sort de l'armée de Masséna, les trop faibles effectifs de l'armée de réserve, la traversée des Alpes, autant de thèmes d'inquiétudes.

Il déjeune à Sens à onze heures et, le soir, atteint Avallon ayant franchi deux cent-huit kilomètres en quinze heures. Arrivé de Gênes à l'instant, le commandant Franceschi l'attend. Il est parvenu le 28 avril à quitter en barque le port bloqué par la croisière anglaise, mais sur le point d'être pris par une corvette, a déchiré ses dépêches, s'est jeté à l'eau, son sabre entre les dents et, en cet équipage, a réussi à gagner à la nage un point de la côte occupé par Suchet. Il peut faire au Premier consul le tableau de la situation telle qu'elle se présentait neuf jours auparavant : elle est tragique. Les cinquante mille Autrichiens de Melas investissent Gênes défendue par quinze mille hommes affamés et qui sont devenus de véritables spectres, tandis que l'escadre de lord Keith empêche tout ravitaillement par mer.

Et Suchet ?

Il n'a qu'une poignée d'hommes et ne peut secourir Masséna. Déjà le 27 avril — veille du départ de Franceschi — on fabriquait du pain d'amidon et « des mercenaires arrachaient l'herbe poussée dans les cimetières pour la mettre au pilon avec des ossements blanchis ». Le matin, on ramassait les morts à pleins tombereaux. Cependant Masséna se refusait encore à envisager la capitulation.

Bonaparte, attristé et soucieux, se met au lit. Le 7 mai, de grand matin, il quitte Avallon. Le spectacle qu'il voit le long des routes n'est point fait pour le réconforter : des traînards appartenant à des demi-brigades devant rejoindre Dijon, faute de transports, clopinent ou sont étendus le long du chemin. A midi, il est à la préfecture de Dijon où Berthier s'efface, reprenant ses fonctions de chef d'état-major. Bonaparte passe en revue la 24e brigade légère, les 43e et 96e de ligne. Le moral des troupes est médiocre.

— Es-tu bien nourri ? demande-t-il à l'un des lignards.

— Comme ça, répond l'homme en faisant la moue.

Il avance vers un vieux caporal aux cheveux déjà gris :

— Tu étais en Italie avec moi ?

— Oui. A Arcole, au pont, à côté de Belliard. Ça chauffait dur, général ; et sans toi, y a pas à dire, nous étions flambés comme des poulets.

Bonaparte se tourne vers Chambarlhac :

— Que ce brave soit nommé sergent.

Le caporal se met à crier :

— Vive Bonaparte !

Le lendemain, dès huit heures du matin, dans les prairies détrempées qui bordent l'Ouche, nouvelle revue d'une division.

— J'ai offert la paix à l'Empereur, explique-t-il aux

soldats ; il ne l'a pas voulue. Il ne nous reste plus qu'à le prendre à la gorge.

Le 59e de ligne et le 30e de bataille manquent de baïonnettes. Les trois quarts des hommes de la 9e légère ne portent plus leur habit bleu ciel à revers et à parements chamois, leurs gilet et pantalon blancs, ni leur chapeau à forme haute orné d'une peau d'ours et d'un panache bleu ciel et noir. Au lieu de ce pimpant uniforme, les hommes sont en blouse, en pantalon de coutil et en sabots ! Seuls, des bonnets de police leur donnent une vague allure militaire. Pour tout arranger, il pleut à verse. Devant ce spectacle, la colère de Bonaparte est terrible. On le voit agiter fébrilement sa cravache, appelant le malheureux responsable :

— Citoyen Ricard, vous avez été nommé le 9 germinal en qualité de commissaire de l'habillement. Quarante jours après, le 28 floréal, on me présente des troupes couvertes de haillons. Puis-je demander aux hommes de la 9e de franchir en cet état les glaces éternelles des Alpes ?

— Citoyen consul, les magasins...

— Les magasins sont pleins. Vous avez à Lyon huit mille uniformes et des chariots pour les transporter. Ne m'interrompez pas, citoyen. Le général devrait, après tant de négligence, vous faire fusiller. Partez à l'instant ; et si le 20 la division Boudet n'est pas mieux habillée, ne reparaissez jamais devant moi.

La division formée en cercle, Bonaparte s'adresse aux hommes :

— Les champs d'Italie ressemblent à un grenier d'abondance. Je l'ai déjà dit à quelques-uns d'entre vous, il y a quatre ans. Dans ces champs, un arrogant ennemi nous donne rendez-vous. Tout comme vos devanciers qui me suivirent à Lodi et à Montenotte, vous êtes mal vêtus, mal nourris, encore sans solde. Dans quinze jours tout cela sera changé. Soldats, je vais vous demander un grand effort avant qu'il vous soit donné de rencontrer les Autrichiens. Suivez-moi avec confiance et vous reviendrez couverts de gloire, ayant sauvé, grâce à votre audace, la patrie que menacent encore les hordes de l'étranger.

Puis c'est Auxonne et ses souvenirs : les maisons familières, son ancien professeur de musique de 1786 qui vient le saluer. Il se retrouve dans la grande salle de la direction de l'artillerie et s'exclame en riant :

— Voilà une salle où j'ai fait bien des lotos !

La course reprend le long de la route où s'échelonne l'armée qui l'acclame au passage. Il passe ainsi à Dôle, à Champagnole, arrive à la nuit à Morez où toutes les fenêtres sont illuminées. Le maire, Perrad, s'approche de la voiture :

— Citoyen Premier consul, fais-nous le plaisir de te montrer.

Bonaparte paraît à la portière. Aussitôt des cris fusent :

— Bonaparte, montrez-vous aux habitants du Jura ! Est-ce bien vous ? Vous nous donnez la paix ?

— Oui, oui... répond-il d'une voix altérée, précise un témoin, qui ajoute : « Il avait l'air content. Le sourire était toujours sur ses lèvres, mais sa grande pâleur et les traces de fatigue et de travail imprimées sur son front nous pénétraient d'attendrissement et tous les yeux étaient humides de larmes.. »

A trois heures du matin — le 9 mai — il arrive à Genève — devenu le chef-lieu du département du Léman — où il loge chez le fils du naturaliste Horace-Bénédict de Saussure. Son hôte lui a fait préparer un repas froid qu'il mange « gaiement ». Cependant, il est toujours inquiet : il se méfie de Moreau dont il connaît les atermoiements, la jalousie, la volonté d'indépendance qui va devenir peut-être encore plus vive au lendemain de sa victoire de Stokach. Il se souvient avec énervement combien il a été long à mettre ses troupes en mouvement. Bonaparte n'a pas non plus confiance en Bernadotte à qui est dévolu le commandement de l'armée de l'Ouest. Les nouvelles de Vendée ne sont guère bonnes : Cadoudal serait revenu, dit-on... Le département des Alpes-Maritimes est envahi. Les Autrichiens occupent le col de Tende. Quant à Masséna, Bonaparte n'ose penser à la tragédie qu'il est en train de vivre ! Et ce n'est pas tout ! Napoléon sait le grand nombre d'ennemis — jacobins et royalistes ou simples intrigants — qu'il laisse à Paris en son absence, et craint la faiblesse de ses ministres et de ses deux collègues : Cambacérès qui n'est point « fort sur ses étriers », et le trop tiède Lebrun. « Je vous le recommande encore, leur écrit-il ce même jour, frappez vigoureusement le premier, quel qu'il soit, qui s'écarterait de la ligne. C'est la volonté de la nation entière. Je ne vous peindrai pas ce que j'ai éprouvé en traversant la France. Si je n'avais pas souvent changé de route, je ne serais pas arrivé de huit jours. »

Il n'est pas non plus sans appréhension pour l'armée commandée par Lannes. Celui-ci a beau affirmer que le Grand-Saint-Bernard est « un petit monticule facile à franchir au pas de course », parviendra-t-il, selon l'ordre que Bonaparte lui a donné le 10 mai, à faire passer le col à l'avant-garde et à « culbuter les postes avancés de l'ennemi » ?

Bonaparte n'ignore pas davantage la façon dont les Autrichiens parlent de son armée « de réserve » : « La cavalerie est montée sur des ânes, l'infanterie composée de vieillards invalides et d'enfants armés

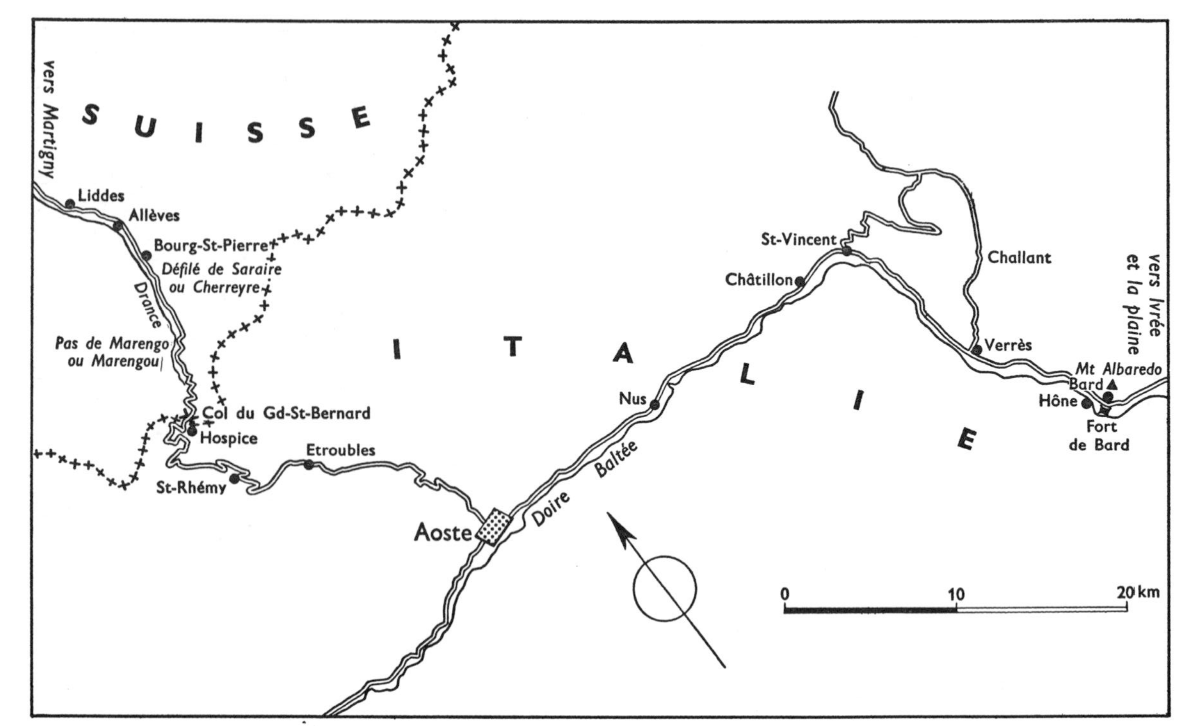
vers Martigny
SUISSE
Liddes
Allèves
Bourg-St-Pierre
Défilé de Saraire
ou Cherreyre
Drance
Pas de Marengo
ou Marengou
Col du Gd-St-Bernard
Hospice
St-Rhémy
Etroubles
ITALIE
Aoste
Doire Baltée
Nus
Châtillon
St-Vincent
Challant
Verrès
Mt Albaredo
Bard
Hône
Fort
de Bard
vers Ivrée
et la plaine
0
10
20 km

de bâtons avec des baïonnettes au bout ; l'artillerie consiste en deux espingoles du calibre d'une livre... »

Il lui faut une victoire ! Une victoire sur laquelle il joue tout : son avenir et celui de la France !

Le 12 mai, en fin d'après-midi, Bonaparte arrive à Lausanne, et le lendemain, à six heures du matin, près de Saint-Maurice du Valais, il va inspecter l'infanterie de Lannes qui après l'avant-garde s'apprête à prendre le chemin du Saint-Bernard. La pluie qui tombe depuis huit jours s'est arrêtée. Le soleil luit.

— Tout est-il bien ordonné ? demande-t-il à Lannes.

— Nous emportons peu de vivres et chaque homme n'a reçu que vingt cartouches au lieu de quarante. S'il le faut, on se battra à l'arme blanche pour épargner les munitions.

Bonaparte s'étonne. N'a-t-on pas envoyé cinq cent mille cartouches à Villeneuve ? Son cœur se serre également en voyant l'équipement de l'armée de Lannes. Nombreux sont encore les hommes qui partent en sabots à l'assaut des Alpes ! D'autres portent des chaussures neuves reçues à Dijon, mais qui les blessent à un tel point qu'ils préfèrent les enlever. Aussi, par bataillon, a-t-on formé des « pieds nus » qui, selon la coutume, espèrent bien se chausser dès le premier combat en déchaussant les morts... Mais, comment, en attendant, franchiront-ils le Grand-Saint-Bernard ? Bonaparte donne les ordres nécessaires.

Cinquante officiers sont en haillons et Bonaparte leur fait avancer un mois de solde afin qu'ils puissent paraître à leur avantage dans les villes italiennes. Il se rend ensuite aux magasins de l'armée à Villeneuve :

— Vous manquez d'ordre et de fermeté, déclare-t-il

au commissaire Geoffroy. Pourtant, le Gouvernement a payé fort cher des approvisionnements considérables et indispensables à l'armée. Ils ne sont pas arrivés, dites-vous ? C'est que vous avez dormi avec vos collaborateurs pendant que nous marchions sous la pluie jour et nuit. Moi, je considère qu'une armée qui entre en campagne sans vivres et sans munitions, cela par votre faute, est bien près d'être vaincue. Il m'est impossible de tolérer vos faiblesses plus longtemps. Désormais, j'agirai avec rigueur envers vous.

A son retour à Lausanne, il trouve Lescuyer arrivant de Gênes d'où il est parti le 29 avril. La situation, depuis le départ de Franceschi s'est, on s'en doute, encore aggravée :

— Au long des rues et des boulevards, on voyait des hommes fléchir à chaque pas ; de seuil en seuil, des femmes hagardes se traînaient pour demander du pain, et les cadavres jetés à la voirie faisaient, aux lueurs des flambeaux qu'on allumait le soir, d'indescriptibles spectacles...

Le jour même où Lescuyer a quitté Gênes, « on rationnait le pain de cacao et d'amidon à deux cents grammes par individu. Des milliers de citoyens se trouvaient torturés par une faim cruelle. » Et — le pire pour Masséna — les munitions vont commencer à manquer.

— Allez porter à Masséna, lui répond Bonaparte, que vous m'avez vu près du Saint-Bernard. Dans peu de temps l'Italie sera reconquise et Gênes délivrée.

Dans la lettre qu'il lui écrit, il précise : « Vous êtes dans une position difficile ; mais ce qui me rassure c'est que vous êtes dans Gênes : c'est dans des cas comme ceux où vous vous trouvez qu'un homme en vaut mille. Je vous embrasse. »

Peu après, il reçoit la nouvelle de la victoire de Moeskirch, remportée par Moreau, et le félicite d'avoir ainsi illustré les armes françaises : « Cela abattra un peu l'orgueil autrichien. » Il ne peut cacher plus longtemps à Moreau qu'il joue au « petit Louis XIV » : « L'armée de réserve commence à passer le Saint-Bernard. Elle est faible ; il y aura des obstacles à vaincre, ce qui me décide à passer moi-même en Italie pour une quinzaine de jours... »

Napoléon se montre ensuite pessimiste afin d'obliger Moreau à ne pas attendre davantage pour reporter vers la Suisse les troupes qu'il s'est engagé à détacher de son armée. N'a-t-il pas vaincu et suivi son plan avec succès ? Qu'il pense maintenant à l'aile droite des forces françaises ! Aussi Bonaparte lui précise-t-il : « Si la diversion que le Gouvernement a ordonnée pour le Saint-Gothard ne se fait pas avec toute la diligence et le zèle qu'exigent les circonstances, il pourra arriver que douze à quatorze mille hommes que nous avons dans Gênes soient faits prisonniers avec le quartier général, et que l'armée de réserve soit battue... Vous voyez, ajoute-t-il, les circonstances dans lesquelles nous nous trouvons. Le succès de la campagne peut dépendre de la promptitude avec laquelle vous opérerez la diversion demandée. Si elle s'exécute d'un mouvement prompt, décidé, et que vous l'ayez à cœur, l'Italie et la paix sont à nous. »

Il achève par une « caresse » calculée : « Je vous en dis déjà peut-être trop. Votre zèle pour la prospérité de la République et votre amitié pour moi vous en disent assez. »

Encore à Lausanne, il apprend le retour d'Egypte de son « cher Desaix » et lui écrit aussitôt : « Enfin vous voilà arrivé ; une bonne nouvelle pour toute la République, mais plus spécialement pour moi, qui vous ai voué toute l'estime due aux hommes de votre talent, avec une amitié que mon cœur, aujourd'hui bien vieux et connaissant trop profondément les hommes, n'a pour personne... Venez le plus vite que vous pourrez, me rejoindre où je serai... »

Et Desaix va prendre, lui aussi, le chemin de Marengo.

⁂

A Paris, au fur et à mesure que s'écoulent les jours, la crainte s'appesantit sur la ville. L'absence de Bonaparte suscite une véritable angoisse. Sans doute n'est-on point dupe et sait-on qu'il est parti pour se porter « à grands pas au secours de l'armée d'Italie ». Mais arrivera-t-il à temps pour tendre la main à Masséna ? Et s'il n'y parvenait point ? S'il était battu ? Dans quel chaos ne retomberait-on pas ? Les Royalistes reprennent espoir, se réjouissent et recommencent à comploter ferme. Des combinaisons s'échafaudent déjà. Anciens thermidoriens et brumairiens mécontents — tel Sieyès — préparent chacun un « gouvernement de rechange » dans le cas où « il » reviendrait battu... Les intrigues redoublent. Joseph, lui-même, refuse de se rendre aux Tuileries. Il se pose en « héritier présomptif » et ne veut pas « travailler avec les Consuls ». Il est certain que Cambacérès et Lebrun ne sont guère à la hauteur... Balzac aura raison de faire dire plus tard à l'un des personnages d'*Une ténébreuse affaire*, à propos de Bonaparte :

— Vainqueur, nous l'adorerons ; vaincu, nous l'enterrerons.

Ce dessin illustre ce texte dicté par Bonaparte : « Un simple arbre qu'on a creusé en forme d'auge, dans laquelle on a couché les pièces de 8 et les obusiers ; cent hommes s'attelaient à un câble, traînaient la pièce et mettaient deux jours pour lui faire passer le Saint-Bernard. »

(Photo Holzapfel).

XVII

MARENGO OU LA CONSÉCRATION DU RÉGIME

Les guerres inévitables sont toujours justes.

NAPOLÉON.

A Martigny, petite cité tapie dans la vallée du Rhône au pied du massif du Grand-Saint-Bernard, la maison des Bernardins, faisant face au chevet entouré de marronniers de l'église paroissiale, existe toujours. C'est la résidence du supérieur de la Congrégation — prélat portant crosse et mitre — un peu une maison de repos pour les chanoines qui mènent au célèbre hospice du col une dure existence, en luttant, aidés de leurs chiens, afin d'arracher à la mort les voyageurs égarés. Comme nous aujourd'hui, Bonaparte, le matin du 17 mai 1800, est reçu par les chanoines en soutane noire ornée d'un petit cordon blanc — dérivé du rochet des chanoines réguliers. Il monte les quatre marches basses du perron qui conduisent à la porte étroite, surmontée d'une imposte vitrée en demi-cercle. L'architecture rappelle celle que Napoléon verra à l'hospice : plafonds voûtés en croisés d'ogive, murs épais, dalles gris-bleu. Après avoir gravi les dix-huit marches de l'escalier — précédé par le prévôt, le chanoine Luder — il suit un couloir étroit, voûté lui aussi, et se trouve devant la magnifique grille de clôture séparant l'ancien bâtiment de celui qui vient, en 1800, d'être construit en retour d'équerre, et dans lequel Bonaparte va séjourner. Une grille dont de grandes fleurs de lys en fer forgé forment tout le décor, surmontée par les armes du prévôt franc-comtois Thévenot, entourées par le chapeau épiscopal de l'abbé mitré.

La pièce où Bonaparte a vécu quatre jours demeure — bien que repeinte et lambrissée — avec ses quatre fenêtres donnant sur la place ombragée. Elle sert aujourd'hui de réfectoire, elle était alors réservée à l'évêque de Sion lors de ses visites. Sur l'ordre de Bonaparte, les sapeurs élèvent une cloison de bois et construisent ainsi pour le Premier consul une manière de réduit où son valet de chambre, Hambard, place le lit de camp et le nécessaire de toilette. Sitôt installé, Bonaparte étale sur la table des cartes du Valais et du Piémont, et place sur elles tout une série de dés représentant l'emplacement des demi-brigades et des régiments. Bourrienne le voit sabrer de grands coups de crayon bleu les obstacles — naturels ou artificiels — que les troupes vont devoir rencontrer avant de déboucher dans la plaine.

Depuis deux ans déjà, le col, à deux mille quatre cent soixante-douze mètres, est occupé par un petit poste français. Deux pièces de canon sont braquées vers le val d'Aoste et tiennent en respect la petite garnison austro-sarde. Celle-ci, commandée par le prince de Rohan, et apprenant que les Républicains tiennent le défilé, est allée occuper le bourg de Saint-Rhémy, le premier village sur l'autre versant du col.

Du côté de la Suisse, l'avant-garde de Lannes, au milieu des rafales glacées et des menaces d'avalanches, est déjà en train de monter vers l'hospice. « Nous luttons contre la glace, la neige, les tourmentes et les avalanches. Le Saint-Bernard, étonné de voir tant de monde le franchir si brusquement, nous oppose quelques obstacles. » C'est en ces termes colorés que Bonaparte annonce à ses deux collègues-figurants le début d'une nouvelle épopée : l'exploit d'Annibal qu'il va renouveler, non sur un cheval cabré et presque en équilibre sur une roche comme le montre David, mais plus modestement sur une mule...

A l'hospice, les bons pères ont fait venir des deux vallées, mais surtout du versant suisse, une grande provision de fromage, de pain et de vin. Des tables sont dressées, entre la maison et la route ; et chaque soldat, en défilant, boit un verre de vin, prend du pain avec un morceau de fromage et laisse vite la place à celui qui le suit.

En trois jours, trente mille hommes, glissant, tombant, se relevant, vont grimper ainsi par des chemins exécrables et enneigés dès que l'on dépasse une certaine altitude. Il faut également qu'une centaine de canons et des milliers de caisses de vivres et de munitions franchissent le col. On s'aperçoit vite que, même en plaçant dix mulets à la file de chaque attelage, le verglas, la neige, les torrents débordés rendent l'opération impossible. C'est alors qu'intervient un paysan :

— J'ai ouï dire, au temps de ma prime jeunesse, déclare-t-il à un vieux caporal qui avait fait longtemps la guerre d'Italie, que pour passer du canon dans la montagne, il fallait d'abord tout démonter.

Ensuite on prend un tronc de gros sapin de sept pieds de long, on l'arrondit aux deux bouts pour qu'il ne pique pas en terre ; on creuse dedans afin de loger la pièce ; un piquet de fer permet de fixer des cordages. Sur ces cordages, on attelle des hommes ou des mulets ; et ça va tout seul, paraît-il.

Ainsi fait-on...

Ecouvillon, vis et accessoires sont également placés dans un seul tronc creusé en forme d'auge et traîné par trente hommes. Il en faut vingt pour l'affût, tandis que les roues sont transportées à dos de mulet ou bien à bras d'hommes — dix pour chaque roue. Un cauchemar pour les hommes, un calvaire pour les bêtes de somme, mais l'armée et son matériel passeront au milieu d'ouragans de neige et de tourbillons de vents glacés.

Durant trois jours, à Martigny, Bonaparte inspecte, harangue ou s'adresse avec une rude tendresse — si j'ose dire — à ses soldats. Le 18 mai, après avoir vu défiler la division Chambarlhac, il donne l'ordre de chasser les bandes de femmes qui, ceintes de tricolore et « en chapeaux d'incroyables », escortent les soldats. Celles-ci remettent une supplique à Duroc : elles demandent la protection du consul. Il donne l'ordre de les renvoyer sur Lausanne et trace sur la pétition : « Exemple à suivre : la citoyenne Bonaparte est restée à Paris. »

Avait-il oublié ces lignes qu'il avait écrites de Lausanne, le 15 mai, à Joséphine : « Je ne vois pas d'inconvénient, d'ici dix à douze jours, à ce que tu viennes à ma rencontre... » Bien sûr, l'indolente créole ne pensera pas à quitter Paris !

Ce même 18 mai, un courrier apporte enfin une bonne nouvelle : à la tête de l'avant-garde, Lannes, qui a dépassé l'hospice a occupé la ville d'Aoste, défendue par une poignée de Croates autrichiens.

Napoléon annoncera ainsi cette manière de victoire à Talleyrand : « Depuis Charlemagne, le Saint-Bernard n'avait vu une armée aussi nombreuse ; il a voulu surtout s'opposer au passage de nos grosses pièces de campagne, mais enfin la moitié de notre artillerie est à Aoste. »

Mais le « pas de course » de l'avant-garde est brusquement interrompu par la résistance du fort de Bard qui, tenu seulement par deux cents Autrichiens domine la vallée escarpée de la Doire, à la hauteur du mont Albaredo (1). La citadelle qui tient sous son feu le passage vers Ivrée et la plaine paraît imprenable... « Tentez l'impossible, mais passez », commande Bonaparte à Berthier. Et, sur la carte de sa chambre, les dés s'amoncellent devant le trait bleu représentant le barrage de Bard.

Aujourd'hui, la route, taillée dans le roc, passe à droite de l'énorme rocher en haut duquel se trouve construit le fort. L'ancienne route — elle existe toujours à l'état de chemin — traverse le village, bordée par deux rangées de maisons grises tapies, écrasées plutôt dans une faille entre la base du rocher et celle de la montagne ; elle rejoint le tracé actuel de la route au village suivant, à Donnaz, trois kilomètres plus loin. C'est par ce chemin, et sur un lit de paille afin de ne pas faire de bruit et ne pas alerter l'ennemi, que, de nuit, se faufilera une faible partie de l'artillerie. Au moindre bruit, les Autrichiens — des recrues croates — font en effet pleuvoir des projectiles du haut du fort sur le village. Et, s'apercevant du manège des Français, ils lanceront la nuit des jets de feu pour éclairer le défilé. L'infanterie escaladera alors l'Albaredo, par un terrible sentier montant à pic — parfois

(1) La Doire-Baltée, rivière qui donnera bientôt son nom à un département français et dont la préfecture sera Ivrée.

par des escaliers taillés dans le roc — jusqu'au sommet de la montagne surplombant le fort. Mais la majeure partie de l'artillerie et de la cavalerie demeurera bloquée devant l'écrasant obstacle.

Le 18 mai, alors que Bonaparte se met à table pour avaler son rapide repas, on amène au Consul une de ses vieilles connaissances : l'espion François Toli qui vient d'être arrêté dans le val de Bagnes.

— François Toli, lui déclare Bonaparte, tu m'as servi sous Mantoue et à Rivoli. Tu étais alors à la solde de Wurmser et à la mienne. Qu'es-tu venu chercher en Suisse ?

— Général, Moreau n'a pas su m'employer et Masséna est enfermé. Je me suis vendu à Wukassowich. Il faut bien vivre.

— Quel prix te paie le général autrichien ?

Toli se tait.

— Parle et je te récompense. Mais si tu restes muet, les Français te fusilleront dans dix minutes.

Et comme l'homme refuse, le Consul lance :

— Lauriston, voici un espion. Faites-le passer par les armes !

— Général Bonaparte, s'écrie alors Toli, j'ai sept enfants, je parlerai : je dois donner du pain à mes petits. Wukassowich m'a engagé il y a trois semaines à Milan et payé cent florins d'avance pour le renseigner sur la force des bataillons républicains massés en Suisse.

L'homme ayant raconté à Bonaparte comment il est parvenu, déguisé en prêtre, à traverser la montagne en soixante heures, le Consul le félicite :

— Veux-tu mille francs par mois pour me servir ? me servir aussi fidèlement que tu l'as fait en 1796 ? Oui, tu acceptes. Alors, je vais t'apprendre des nouvelles. Haddick, qui défendait la vallée d'Aoste, est en déroute. L'avant-garde de l'armée républicaine occupe Etroubles, Aoste et Chatillon. Bard s'est peut-être rendu entre nos mains. Mélas ne pourra m'opposer en Italie que soixante-sept mille hommes. Allons, ajoute-t-il en lui tirant l'oreille, nous serons bons amis.

Cependant, l'inaction et l'impatience rongent Napoléon. Il ralentit le passage de la cavalerie, « afin de ne pas trop vous encombrer de l'autre côté, écrit-il à Berthier, jusqu'à ce que je sache la prise de ce vilain castel de Bard. » En même temps il fait partir, du sombre couvent des Bernardins, une série d'ordres. « Les bœufs défilent à force, annonce-t-il à Berthier : la tête du parc des bœufs est arrivée à Lausanne... J'ai requis, il y a quatre jours, trois cents mulets et cent voitures... J'ai requis huit cents mulets dans le haut Valais. »

Au Conseiller d'Etat, Petiet, il ordonne : « Faites filer les deux cent mille premières rations de biscuits que vous aurez confectionnées, soit à Chambéry, soit à Genève, sur Aoste, en passant par le Petit-Saint-Bernard... Il faut également faire filer par la même voie deux cent mille cartouches... »

Il n'en peut plus d'attendre dans cette triste vallée où les rayons de soleil pénètrent avec une désolante discrétion. De l'autre côté des monts, le fort tient toujours, et rien n'annonce sa prochaine reddition :

— Je m'ennuie dans ce couvent, ces imbéciles-là ne me prendront jamais le fort de Bard, je veux aller voir par moi-même ; ils me forcent à m'occuper d'une pareille misère !

Et il écrit au général Dupont : « Faites sentir au général Lannes que le sort de l'Italie et peut-être de la République, tient à la prise du château de Bard. »

Demain, il partira !

Le 20 mai, à huit heures du matin, revêtu de sa

redingote grise, il quitte la maison des Bernardins et s'engage sur la route qui, dès la sortie de la petite ville, commence à monter. Alpiniste et savant botaniste, le chanoine Murith — futur prévôt, mais alors chanoine de l'hospice — descendu la veille du col, suit en char à bancs avec le R.P. Terretaz. On longe la Dranse coupée de cascades, et, lorsque la gorge se resserre, la route, par de petits ponts de bois ou de pierre, passe et repasse de la rive droite à la rive gauche du torrent. Après La Garde, on commence à monter. Orsières, ses vieilles maisons grises et son clocher quadrangulaire, voient passer le Premier consul à dix heures. A onze heures, il déjeune chez le curé de Liddes — bourg accroché, lui aussi, au flanc de la montagne.

A Saint-Pierre, on semble entrer dans un autre monde : celui des cimes. En face du chevet de la petite église, se trouve l'*Auberge de la colonne milliaire,* la vingt-quatrième jalonnant la route romaine du col et qui existe encore (1). Par le perron de six ou sept marches Bonaparte entre dans la salle de l'auberge — devenue aujourd'hui le *café Napoléon* — une salle commune basse de plafond et percée de petites fenêtres. C'est la dernière halte avant l'ultime montée. Il s'assied devant une table que l'on montre toujours aujourd'hui, ainsi que le fauteuil à oreillettes dont il s'est servi (2).

(1) Il subsiste une seconde colonne à Martigny.

(2) Le passage du Grand-Saint-Bernard est devenu d'actualité au mois de juin 1967. La *Feuille d'Avis du Valais,* en compulsant les archives de Sion, a découvert que le Premier consul avait demandé à la municipalité de Bourg-Saint-Pierre d'établir une « note de frais » pour les dégâts causés par le passage de ses troupes à travers le Val. Or cette facture — se montant aujourd'hui, avec les intérêts, à 45 millions de nos francs — n'aurait jamais été payée... « La dette est imprescriptible », auraient affirmé certains juristes suisses...

Bonaparte donne ses ordres à son état-major et boit ensuite du vin que lui apporte l'aubergiste, Mme Maret. Un grenadier lui offre un bouquet de roses des Alpes :

— J'ai cueilli ça pour toi, là-haut dans la montagne, lui dit-il. Tu verras la 59ᵉ se distinguer en Italie. Seulement, on nous esquinte à traîner un tas de choses. Et tu sais, citoyen, pas vu un morceau de viande depuis une grande semaine ! Et l'on peut tout te dire à toi : il y a des lieutenants qui cognent sur les pauvres bougres, des volées de bois vert. M'est avis que tu ne sais pas et qu'on oublie la fraternité.

Bonaparte l'apaise puis rejoint à la porte de l'auberge le guide Pierre Nicolas Dorsaz, qui l'attend auprès de sa mule et qui le prend pour un simple officier.

En route pour l'hospice !

La neige, de plus en plus épaisse, recouvre le sol. A un moment, impatient et ayant un peu pressé sa mule sur le chemin de Cherreyre — ou de Saraire — il manque glisser avec sa monture dans l'abîme de la Dranse et vide l'étrier. Fort heureusement, le guide le retient à temps et le remet en selle d'une poigne solide :

— N'ayez pas peur, capitaine, je suis là. Un bien mauvais endroit... Allez, ceux qui descendent au fond n'en reviennent pas. Dieu vous garde d'y aller, capitaine !

Il commence à faire froid et Bonaparte boutonne haut sa redingote. Le vent se lève. La montée est rude et les dragons de l'escorte mettent pied à terre pour tenir leurs chevaux par la bride. Le chemin, maintenant couvert de neige, devient de plus en plus étroit.

— Eh bien, mon garçon, dit Bonaparte à Dorsaz,

c'est là un chemin difficile. Je te félicite de la présence d'esprit que tu as eue à Cherreyre.

— Capitaine, ce n'est rien que cela. D'habitude, cette sacrée mule ne glisse jamais.

— Elle est à toi ?

— Mais oui. C'est mon meilleur bien avec quatre mauvais meubles : j'y tiens, vous pensez ; et je vous confierai que j'ai grande peur que les soldats ne la prennent tout à fait.

Selon son habitude, Bonaparte ne cesse pas de l'interroger sur les deux vallées, il entre dans tous les détails, pose des questions sur les moyens de vivre des habitants, leurs relations, et demande si les accidents sont aussi fréquents qu'on le raconte... Après avoir dévoilé son identité, le consul fera remettre à Dorsaz une somme d'argent et la légende précisera que le guide, à la suite de la générosité du général Bonaparte, pourra enfin se marier (1)...

Peu avant l'hospice, voici le pas de Marengou — que l'on devait bientôt transformer en pas de Marengo, comme si Bonaparte avait manqué à cet endroit précis rouler vers le précipice, alors que sa chute se fit dans le défilé de Saraire, ainsi que l'on orthographie aujourd'hui le chemin de Cherreyre. Bonaparte regarde à peine l'admirable paysage, il semble soucieux et triste, étonné de ne voir aucun courrier venir à sa rencontre de la vallée d'Aoste pour lui apporter la nouvelle de la prise du fort de Bard qui arrête toujours l'avant-garde dans sa marche vers la plaine.

(1) En réalité — les Bernardins me l'ont affirmé — Dorsaz était déjà marié et père, cette même année, d'une petite fille. Mais il demeurait à Allèves et, de ce fait, ne pouvait être inscrit sur le registre des guides de Bourg-Saint-Pierre. La générosité du Premier consul allait lui permettre de déménager et de faire construire une maison qui existe toujours.

Brusquement, niché au creux du col, coincé presque entre la Suisse et l'Italie, apparaît le bâtiment de l'hospice qui compte alors seulement deux étages et a été construit à l'emplacement, et peut-être même en partie avec les restes d'un temple consacré à Jupiter. La pierre du lourd édifice paraît encore plus grise sous l'épaisse couche de neige qui en cette saison l'enserre encore de toutes parts.

Le Père Murith, en poussant sa mule, a devancé Bonaparte et, à son arrivée, lui présente les chanoines. Le consul gravit les quelques degrés qui n'ont pas été recouverts par la neige et entre dans l'hospice. Un couloir conduit, à gauche, à quelques marches débouchant à la salle d'attente où une cloche annonce les visiteurs. La pièce où l'on introduit Bonaparte est aujourd'hui le vaste salon précédant le trésor, où les chanoines reçoivent leurs invités. C'était alors le réfectoire où se trouvait une grande table en fer à cheval. Le Consul y prend place : on lui sert du pot-au-feu, des légumes secs et un ragoût. Après avoir vu la chapelle, Bonaparte visite la morgue — aujourd'hui murée — où, vision apocalyptique, les corps des voyageurs morts égarés se décharnent par le froid en une lente putréfaction...

Bonaparte demande que l'on mette une chambre à sa disposition. Elle existe toujours, cette pièce étroite et voûtée où le consul se retira avec Bourrienne (1). Un feu de bois pétille dans la cheminée. Là, il dicte quelques ordres après avoir reçu de mauvaises nouvelles de Berthier : l'avant-garde se trouve toujours arrêtée par le fort de Bard. Bonaparte ne comprend pas. Il comprendra quelques jours plus tard lorsqu'il verra, à son tour, le fort barrer la vallée de sa lourde masse.

(1) Elle sert quelque peu de débarras. On y voit même un piano, don du roi Edouard VII, alors qu'il était encore prince de Galles.

Est-ce dans la bibliothèque, dans cette petite pièce, qu'il lut quelques pages d'un exemplaire de Tite-Live, racontant le passage d'Annibal à travers les Alpes ? S'agit-il du bel exemplaire in 4°, publié au XVIIIe siècle, que, en compagnie des chanoines, j'ai pu retrouver dans la bibliothèque de l'Hospice ? Les souvenirs du latin enseigné à Brienne étaient-ils demeurés assez vivaces chez l'arrière-cadet « la paille au nez » pour pouvoir lire Tite-Live dans le texte ?

A six heures, commence la descente. « Lorsque nous fûmes à l'extrémité du plateau, a raconté l'un des compagnons de Bonaparte, beaucoup d'entre nous s'assirent sur la neige, et se laissèrent glisser. Ceux qui passaient les premiers rendaient service à ceux qui les suivaient, parce qu'ils foulaient la neige et traçaient le chemin. Cette rapide descente nous faisait beaucoup rire : nous n'étions arrêtés que par la boue qui remplaçait la neige fondue, à environ cinq ou six cents toises. »

A la nuit, à Saint-Rhémy, hameau de quelques feux blottis entre deux pentes, Bonaparte retrouve son cheval. A neuf heures du soir, il arrive à Etroubles, bourg qui s'étage à mi-pente autour de l'église et d'un clocher carré. Pour passer la nuit, il se rend au presbytère — c'est aujourd'hui la maison de la poste, du moins telle est la tradition à Etroubles. Sa chambre est un vrai galetas. Pour fuir l'humidité, il fait poser un matelas sur deux bottes de paille, et dort mal, enroulé dans une couverture de coton, insuffisamment protégé du froid.

Après une nuit détestable, Bonaparte se remet en route pour Aoste. La vallée est souriante et les arbres sont en fleurs. Les soldats de l'armée de réserve ne sont pas dépaysés. Tout le val parle le français — et il en est encore ainsi aujourd'hui.

Le lendemain, tandis que l'arrière-garde traverse à

son tour le défilé, il arrive dans la vieille cité d'Aoste où il descend au palais épiscopal. Cagliani le trouve ce soir-là « mince, délicat, le blanc de l'œil comme du citron et la figure de même, son chapeau recouvert de toile cirée ». Et il précise : « Bien que jeune, il ne parlait pas, il était toujours triste et se retournait souvent pour voir si les troupes avançaient »...

Elles avançaient ! Toute l'armée est en effet passée, soit cinquante mille onze hommes, dix mille trois cent soixante-dix-sept chevaux, sept cent cinquante mulets, soixante-seize pièces d'artillerie et un même nombre de caissons, quarante-neuf affûts-traîneaux et cent trois voitures. Bilan des pertes : trois canonniers, un hussard, deux soldats de l'avant-garde, tués à l'attaque du petit poste autrichien de Saint-Rhémy, et un fusilier de la 96e mort de congestion.

Bonaparte quitte Aoste le matin du 25 mai pour rejoindre Berthier qui se trouve à Verrès, à une quarantaine de kilomètres de là. La route de Turin suit maintenant le fond de la vallée, coupée de défilés rocheux et plantée de vignes élevées en treilles et soutenues par des fûts de pierre ou de bois taillés. Après Saint-Vincent, la Doire tourne à droite pour franchir le défilé du mont Jovet. De Saint-Vincent, Bonaparte se dirige vers le col de Joux. Si Lannes est battu à Ivrée, peut-être pourrait-on se replier par ce chemin ? À son retour vers Saint-Vincent, dans le défilé du mont Jovet où, au pied des murailles escarpées coule la Doire, Bonaparte et Duroc distancent quelque peu leur escorte composée de vingt-cinq chasseurs. Soudain, suivi d'une dizaine de pandours — des uhlans — un lieutenant autrichien — il était d'origine belge et s'appelait Leclerc — descend au grand trot des hauteurs de Challant.

— Rendez-vous, crie-t-il à Bonaparte en le tenant au bout de son pistolet.

Napoléon arrête son cheval :

— Monsieur, demande-t-il, qui êtes-vous pour nous parler ainsi ?

— Nous sommes du corps des éclaireurs de Wukassovich.

Le consul tente de gagner du temps :

— Monsieur, je vais consulter mon camarade ; mais, par égard pour deux officiers décidés à ne pas vous opposer de résistance, priez vos soldats de ne plus nous menacer de leurs armes.

Sur un geste de l'officier, les pistolets regagnent les fontes. Au même moment, les chasseurs arrivent au galop.

— Maintenant, mon lieutenant, constate en souriant Bonaparte, vous êtes le prisonnier du Premier consul !

Il passe la nuit à Verrès où il apprend que le fort de Bard, à huit kilomètres de là, résiste toujours. Si l'infanterie, au prix de mille difficultés, a pu prendre un sentier qui, à travers la montagne, lui a permis de rejoindre la vallée de l'autre côté du défilé, l'artillerie demeure, elle, toujours immobilisée devant le fort.

Le Premier consul veut se rendre compte par lui-même et se remet en route.

Brusquement, surgit devant lui le fort de Bard : plusieurs bâtiments de pierre grise superposés, épais, trapus, percés de meurtrières coiffant un gigantesque rocher qui semble avoir basculé de la cime du mont Albaredo. De sa haute masse, il ferme la vallée. L'obstacle — encore aujourd'hui — paraît infranchissable. Bonaparte ordonne à sa maigre escorte de se mettre au galop pour gagner, sur la gauche « du vilain castel » un petit sentier de chèvres qui mène au mont Albaredo et qu'il gravit à pied. Arrivé sur le plateau qui domine de très près le fort, il se dissimule derrière les broussailles pour éviter les coups des assiégés et examine le fort avec la plus grande attention : l'ouvrage relié par des galeries souterraines à des batteries avancées, dont seize de fort calibre, est bardé d'enceintes, de fossés, de pont-levis, de tours, de corps de garde. Le capitaine Bernkopf commande une garnison de trois cent cinquante à quatre cents Sardes et Croates.

Il faut absolument enlever cette maudite forteresse ! Bonaparte indique l'emplacement d'une nouvelle batterie pour attaquer un point précis, « et garantit qu'aux premiers coups de canon le fort se rendrait ».

Ce n'est pas si simple ! Les trois colonnes de grenadiers et de carabiniers qui s'élancent sous ses yeux à l'assaut du fort, sont repoussées avec de lourdes pertes. Cependant, on parviendra, sous une pluie diluvienne, à monter des batteries à l'endroit désigné par Bonaparte et, dès le lendemain, prélude à la prochaine reddition, un terrible bombardement s'abattra sur la forteresse.

Bonaparte est allé passer la nuit chez les Augustins de Verrès. C'est là qu'il apprendra, le lendemain matin, que Lannes a enlevé à la baïonnette Ivrée occupé par deux mille Autrichiens. Le soir même, le Premier consul fait son entrée dans la petite ville construite au débouché des monts. La plaine est là, devant lui. Enfin !

Et maintenant quelle stratégie adopter ? Foncer vers Gênes et délivrer Masséna ? N'est-ce pas dans ce dessein que l'armée de réserve a quitté Dijon ? Une conférence réunit Bonaparte, Berthier et Murat. On décide plutôt de marcher sur Milan. Les Autrichiens doivent être chassés de la Lombardie ! Il faut conquérir la rive gauche du Pô et atteindre Brescia. On se portera ensuite vers Gênes « au pas de course ».

Le 29 mai, avant de quitter Ivrée, il écrit à Joséphine : « Je pars dans une heure pour Verceil. Murat doit être ce soir à Novare. L'ennemi est fort dérouté. Il ne nous devine pas encore. J'espère dans dix jours être dans les bras de ma Joséphine qui est toujours bien bonne quand elle ne fait pas la *Civetta* ».

La *Civetta* ? La coquette. L'ex-maîtresse d'Hippolyte Charles avait-elle de nouveau manqué à la promesse faite à la veille de Brumaire ? Il ne le semble pas — du moins aucune preuve d'une rechute n'est venue jusqu'à nous. Dans la pensée de Bonaparte, peut-être s'agit-il d'une allusion aux dépenses et aux dettes excessives de la chère créole ?

Espérant être libérés de l'occupation autrichienne, les Piémontais ne reviennent pas de leur surprise en voyant le Premier consul déboucher du haut des monts. Certains s'imaginaient que leur ancien maître s'était noyé dans la mer Rouge, d'autres, renseignés par les Autrichiens, croyaient — ce qui n'était pas tout à fait inexact — que « le général Bonaparte serait venu à l'armée commander les Français, mais qu'il avait été fait premier ministre à Paris, et que les ministres ne vont pas se battre... ».

En « mouvement perpétuel », selon son expression, Bonaparte est le 1er juin à Novare. Le lendemain, la journée est fertile en bonnes nouvelles. A l'*hôtel de France* de Turbigo, il apprend la chute du fort de Bard, puis un courrier expédié par Murat lui annonce que la citadelle de Milan vient de capituler. Napoléon décide aussitôt de faire, dans la capitale lombarde, une entrée digne de l'événement qui est considérable. C'est en chef d'Etat, et non en général, qu'il veut se montrer. On découvre, à Buffalora, un vieux carrosse appartenant au marquis Del Monte. On le répare — car il est quelque peu vétuste — on y attelle six chevaux blancs et, le 2 juin, l'équipage vient se ranger devant l'*hôtel de la Couronne de France*.

Bonaparte, monte dans le carrosse qui prend la

route, mais un orage épouvantable ayant brusquement éclaté, doit s'arrêter à l'entrée de Quarta-Cagnino. La pluie transperce le toit de la voiture dont les occupants sont obligés d'aller se réfugier dans une ferme. On repart, mais une nouvelle averse transperce une seconde fois le carrosse et transforme en barbets crottés et mouillés les hommes de l'escorte et l'état-major doré et emplumé qui suit à cheval. Devant ce spectacle, si loin de l'entrée triomphale du général Bonaparte en 1797, les Milanais sont d'autant moins enclins à s'enthousiasmer et à acclamer les Républicains qu'ils craignent encore un retour victorieux des Autrichiens. Quelles seraient alors les réactions de Melas ? Contenue par les cavaliers de Murat, la foule demeure muette, et à son arrivée au palais archiducal, Napoléon ne cache pas sa fureur. Le *Bulletin de l'Armée de Réserve* n'en affirmera pas moins, le 3 juin, que le « Premier consul et tout l'Etat-Major avaient fait leur entrée au milieu d'un peuple animé du plus grand enthousiasme ». Le soir même de son arrivée, Bonaparte retrouve l'espion Toli :

— Tu n'es pas encore fusillé ? lui dit-il en riant.

— Général, je suis également utile aux deux armées. Pourquoi désirer ma mort ?

— Allons, je te souhaite longue vie. Tu as quitté ton ami Wukassowich ?

— Mais, général, j'arrive de Turin.

— Bah ! Cela m'intéresse davantage.

— J'ai laissé le général Lannes à Chivasso pour m'aboucher avec Haddick qui, me trouvant un auxiliaire précieux, m'envoya trouver M. de Melas. Je n'ai rien tiré du généralissime autrichien, personnage très défiant, mais j'ai vu beaucoup de choses, écouté aux portes, pris des notes...

Le consul tend la main.

— Permettez, général, dit Toli, j'ai donné ma parole à M. de Melas de retourner auprès de lui après m'être assuré du nombre de vos soldats et reconnu les positions que vous occupez. Donc, je vous livre mes documents à la condition de recevoir ceux attendus.

— Soit... Mais je peux te tromper.

— Cela m'importe peu d'induire votre adversaire en erreur.

Et Bonaparte de dicter :

« L'armée française forte de quatre-vingt mille hommes se trouvait cantonnée le 4 juin : six mille hommes à Ivrée ; vingt mille à Chivasso ; dix mille à Pavie ; douze mille à Milan ; dix mille à Lodi ; quatre mille à Novare ; dix-huit mille à Côme, avec deux cents pièces de canon ».

— Ce billet, reprend Toli, me rapportera vingt mille francs, de l'argent facilement gagné. Je pourrai vous rejoindre, général, dans cinq ou six jours. A quel endroit ?

— A Pavie, le 10, si tu ne m'as pas trahi.

— Général, ma fidélité envers vous est entière.

Les Italiens qui avaient collaboré avec les Français et participé aux gouvernements des républiques sœurs avaient été malmenés par les Autrichiens, ce qui va permettre à Bonaparte de réchauffer les enthousiasmes en écrivant à l'intention de l'armée : « Les horreurs qui ont été commises par les agents de l'Empereur, à Milan, sont sans exemple. On n'a épargné ni le sexe, ni l'âge, ni les talents. Fontana, le célèbre mathématicien, gémissait sous le poids des chaînes. Son seul crime était d'avoir occupé une place dans la République... Tous les privilégiés ont paru vouloir, pendant cette année où leur règne était revenu, s'indemniser par toutes sortes de vexations et d'arrogances des trois ans d'égalité qu'ils avaient soufferts... »

Peu à peu, la confiance revient. L'état-major organise une soirée à la Scala où des acclamations sont commandées, ainsi que l'inévitable bouquet de fleurs et les cris de *Vive Bonaparte ! Vive le libérateur de l'Italie !*

« Le peuple de Milan paraît très disposé à reprendre le ton de gaieté qu'il avait du temps des Français, pourra annoncer le 2e *Bulletin.* Le général en chef — Berthier — et le Premier Consul ont assisté à un concert qui, quoique improvisé, a été fort agréable... »

D'autant plus « agréable » que lors de ce concert — le 3 juin — Bonaparte entend chanter la fameuse Grassini qu'il avait déjà rencontrée lors de son premier séjour à Milan. Mais, à cette époque, encore très amoureux de Joséphine, il n'avait prêté aucune attention à ce visage d'une rare beauté. Cette fois, il est tellement aimable pour elle que la diva s'étonne et lui rappelle « qu'elle avait débuté précisément lors des premiers exploits du général de l'armée d'Italie ».

— J'étais alors dans tout l'éclat de ma beauté et de mon talent. Il n'était question que de moi dans *La Vierge du Soleil.* Je séduisais tous les yeux, j'enflammais tous les cœurs. Vous seul étiez demeuré froid, et pourtant, vous seul m'occupiez ! Quelle bizarrerie, quelle singularité ! Quand je pouvais valoir quelque chose, que toute l'Italie était à mes pieds, que je la dédaignais héroïquement pour un seul de vos regards, je n'ai pu l'obtenir, et voilà que vous les laissez tomber sur moi aujourd'hui que je n'en vaux plus la peine, que je ne suis plus digne de vous !

La Grassini mésestimait ses charmes — elle avait vingt-sept ans ! — et le consul trouve que la cantatrice à la voix d'or vaut certes encore « la peine ». En effet, arrivant le lendemain matin dans la chambre de Bonaparte, Berthier surprend son général tout souriant, prenant son petit déjeuner avec la prima donna tout aussi satisfaite... (1).

Ce même jour, Napoléon réunit deux cents prêtres de la ville. Stupéfaits, ils entendent le Premier consul de cette République française qui passe toujours pour athée, leur déclarer :

— J'ai désiré vous voir tous rassemblés ici afin d'avoir la satisfaction de vous faire connaître par moi-même les sentiments qui m'animent au sujet de la religion catholique, apostolique et romaine. Persuadé que cette religion est la seule qui puisse procurer un bonheur véritable à une société bien ordonnée et affermir les bases d'un bon gouvernement, je vous assure que je m'appliquerai à la protéger et à la défendre dans tous les temps et par tous les moyens.

Et celui qui vient de passer la nuit entre les bras de la Grassini, ajoute :

— Nulle société ne peut exister sans morale ; il n'y a pas de bonne morale sans religion ; il n'y a donc que la religion qui donne à l'Etat un appui ferme et durable...

⁂

La prise de Milan n'est certes pas la victoire que Bonaparte est venue chercher au-delà des monts, pour affermir le régime : « Soldats ! déclare-t-il à ses hommes, le 6 juin, le premier acte de la campagne est terminé... Mais aura-t-on donc impunément violé le territoire français ? Laisserez-vous retourner dans ses foyers l'armée qui a porté l'alarme dans vos familles ?... Vous courez aux armes !... Eh bien, marchez à sa rencontre ; opposez-vous à sa retraite ; arrachez-lui les lauriers dont elle s'est parée, et par là appre-

(1) Elle suivra Bonaparte à Paris, mais elle le trompera alors ouvertement avec le violoniste Rode.

nez au monde que la malédiction du destin est sur les insensés qui osent insulter le territoire d'un grand peuple. Le résultat de tous nos efforts sera *gloire sans nuages et paix solide* ».

Le soir du 6 juin, une bien mauvaise nouvelle qui lui est portée par le jeune sous-lieutenant Marbot, vient l'assombrir : Masséna a été obligé de capituler. Le fils du général Marbot — celui-ci venait de mourir du typhus à Gênes — brosse à Bonaparte un tableau atroce des derniers jours du siège : « Le typhus avait fait d'affreux ravages ; les hôpitaux étaient devenus d'affreux charniers ; la misère était à son comble. Presque tous les chevaux avaient été mangés et bien que nombre de troupes n'eussent reçu depuis longtemps qu'une demi-livre de très mauvaise nourriture, la distribution n'était plus assurée ; il ne restait absolument rien lorsque, le 15 prairial, l'avant-veille, le général en chef avait réuni chez lui tous les généraux et les colonels, pour leur annoncer qu'il était déterminé à tenter de faire une trouée avec ce qui lui restait d'hommes valides afin de gagner Livourne. Mais tous les officiers lui avaient déclaré, à l'unanimité, que les troupes n'étaient plus en état de soutenir un combat, ni même une simple marche, si, avant le départ, on ne leur donnait assez de nourriture pour réparer leurs forces... et les magasins étaient absolument vides... ». Bref, Masséna avait dû ouvrir les portes de la ville, mais l'ennemi — l'amiral Keith — avait déclaré :

— Monsieur le général, votre défense est trop héroïque pour qu'on puisse rien vous refuser !...

« Il fut donc convenu que la garnison ne serait pas prisonnière, qu'elle garderait ses armes, se rendrait à Nice, et pourrait, le lendemain de son arrivée dans cette ville, prendre part aux hostilités. »

Sans doute ces conditions ne sont-elles pas mauvaises. Par ailleurs, Plaisance vient d'être enlevée. Cependant, victorieux au nord et battu au sud, le Premier consul se doit de remporter un succès définitif. Il n'ignore pas qu'à Paris la nouvelle de l'entrée dans Milan sera éclipsée par la perte cruelle de Gênes. Il faut au surplus une victoire rapide, car les vingt mille assiégeants de Gênes ne vont pas manquer d'aller grossir les troupes de Melas.

Le 9 juin, le ciel s'éclaircit : à Montebello, Lannes, « couvert de sang », se portant « au milieu du feu » à la tête de huit mille hommes, a pulvérisé dix-huit mille Autrichiens. Le lendemain, Bonaparte vient féliciter le futur duc de Montebello dans une pauvre auberge de Casteggio.

— C'était chaud, dira Lannes, très chaud : les os de mes grenadiers craquaient sous les balles autrichiennes comme un vitrage sous la grêle...

Le lendemain, à Stradella, Bonaparte passe l'armée en revue : elle est en piètre état. « Faites-nous faire des souliers, ordonne-t-il ce 10 juin au citoyen Petiet, conseiller d'Etat à Milan, car nous sommes tous pieds nus... » Le 11 juin, il marque la journée d'une pierre blanche : Desaix arrive de Toulon ! Le Premier consul s'enferme avec lui durant trois heures. Et, comme Bourrienne s'étonne, Bonaparte répond :

— Oui, j'ai été longtemps avec lui, mais vous savez que j'en fais le plus grand cas. Aussitôt mon retour à Paris, je le fais ministre de la Guerre : il sera toujours mon second : je le ferais prince si je pouvais ; je lui trouve un caractère antique.

Desaix lui raconte son odyssée. En dépit du sauf-conduit donné par le commandant anglais devant Alexandrie, l'amiral Keith l'avait arrêté à la hauteur de Gênes et insulté jusqu'au moment où le prisonnier lui avait déclaré :

— Délivrez-moi de votre présence ; mais faites

donner de la paille aux blessés qui sont avec moi ; les Turcs et les nègres avec qui j'ai traité n'insultaient pas les gens dans le malheur !

Dès le lendemain, Bonaparte confie à Desaix le commandement de deux divisions.

La situation est bonne. Brescia, Plaisance, Crémone, Pavie, sont occupées. L'armée de Melas, qui s'est enfermée dans Alexandrie, sera obligée de combattre face à la Lombardie, le dos vers les montagnes. Le 12, Napoléon décide de faire occuper par Lannes la Stradella, placée entre Alexandrie et Plaisance qui barre l'accès — à la fois — de Plaisance et de Parme. En tenant ferme ce défilé resserré, on coupera les communications de l'ennemi.

Le lendemain, à 10 heures, Bonaparte arrive à San Juliano, et aperçoit, au milieu de la plaine s'étendant devant Alexandrie, le petit village de Marengo, situé entre la route de Tortona, bordée de mûriers, et un ruisseau : le Fontanone. Bonaparte paraît perplexe. Sous une pluie d'orage, il monte au sommet de la tour de San Juliano pour observer la campagne. Là, il se rend compte que Marengo, le village qui va donner son nom, le lendemain, à la bataille, constitue la clef de la situation. Après s'être montré surpris de voir que l'ennemi n'a pas mieux défendu la place, il redescend de son observatoire, fait allumer un feu de fagots pour se sécher et va passer la nuit à Torre di Galifolo.

Avant de se mettre au lit, il envoie un officier d'état-major reconnaître si les Autrichiens n'ont pas jeté un pont sur la Bormida qui, avant de rejoindre le Tanaro, en aval d'Alexandrie, multiplie ses méandres entre la ville et Marengo. L'aide de camp revient peu après annoncer qu'il n'existe aucun passage. Bonaparte s'endort, tranquillisé. Cependant, il a trop élargi ses forces : Desaix est parti vers Novi et a repassé le Pô...

Napoléon est réveillé au matin par le canon : les Autrichiens sont sortis d'Alexandrie, ont jeté deux ponts sur la Bormida et sont en train de déboucher dans la plaine !

La colère de Bonaparte est affreuse, il accuse le malheureux officier de lâcheté : sans aucun doute, la peur l'a empêché de s'avancer suffisamment pour remplir sa mission et surprendre les préparatifs de l'ennemi ! En grande hâte, Napoléon envoie ces lignes à Desaix : « Je croyais attaquer l'ennemi ; il m'a prévenu ; revenez, au nom de Dieu, si vous le pouvez encore ».

Soucieux, anxieux même, il a sauté à cheval. Assurément, la situation n'est guère brillante. Et, ce 14 juin, il va jouer toute sa fortune ! Il ne possède que quinze canons tandis que, par ces deux maudits ponts, Melas a pu faire passer une centaine de pièces ! Rapidement la bataille fait rage. L'artillerie autrichienne — sept fois plus forte que celle de Bonaparte — tonne et fait de sanglantes trouées. Bientôt l'infanterie française se trouve dans l'obligation de battre en retraite sous la poussée de quarante mille Autrichiens. Les cartouches viennent à manquer, « lorsque, nous rapporte le brave Coignet, la garde consulaire arriva avec huit cents hommes chargés de cartouches dans leurs sarraux de toile ; ils passèrent derrière les rangs et nous donnèrent des cartouches. Cela nous sauva la vie. »

Le feu reprend avec intensité, mais de nouveau sans munitions, les bataillons fléchissent. Décimée, l'armée française est derechef contrainte de rétrograder devant les Impériaux. Du haut du clocher de San Giuliano, Bonaparte, affectant une tranquillité qui n'est pas dans son cœur, fait donner la Garde des consuls. Les grenadiers à cheval, en brillant uniforme, chargent au galop, culbutant la cavalerie ennemie. « Ah ! reprend Coignet, ça nous fit respirer un moment, ça nous donna de la confiance pour une heure ».

Le baron de Melas se bat avec acharnement : lui aussi joue tout son avenir : s'il est battu, il sera forcé de capituler ! Les Autrichiens se montrent admirables — Napoléon le rappellera à Sainte-Hélène — et reprennent l'offensive avec vigueur. Aussi le bref répit terminé, Coignet et ses camarades battent-ils encore en retraite — mais en bon ordre.

Il est midi.

Déjà Melas envoie d'Alexandrie un courrier de victoire à Vienne. « Regardant derrière nous, dit Coignet, nous vîmes le consul assis sur la levée du fossé de la grande route d'Alexandrie, tenant son cheval par la bride, faisant voltiger des petites pierres avec sa cravache. Les boulets qui roulaient sur la route, il ne les voyait pas. Quand nous fûmes près de lui, il monta sur son cheval et partit au galop derrière nos rangs :

— Du courage, soldats, dit-il, les réserves arrivent. Tenez ferme.

« Les soldats de crier : *Vive Bonaparte !* Mais la plaine était jonchée de morts et de blessés, car on n'avait pas le temps de les ramasser ; il fallait faire face partout. Les feux de bataillons par échelons en arrière les arrêtaient, mais ces maudites cartouches ne voulaient plus descendre dans nos canons de fusils ; il fallait encore pisser dedans pour pouvoir les décrasser. Ça nous faisait perdre du temps... Nous baissions l'oreille. Il était deux heures :

— La bataille est comme perdue, dirent nos officiers... »

Au même moment, autour de Bonaparte, l'état-major ne dissimule pas son inquiétude. Desaix qui débouche à cet instant sur le champ de bataille avec huit mille hommes de troupes fraîches, n'en répète pas moins, lui aussi :

— La bataille est perdue !

Bonaparte est descendu de cheval. Les boulets tombent comme grêle. Toujours apparemment aussi calme, le consul prend le bras de Desaix :

— Asseyons-nous un moment sur l'herbe.

— Oh ! s'exclame Desaix avec inconscience, les boulets ne me connaissent pas !

Et il répète lui aussi :

— La bataille est complètement perdue.

Cependant, il ajoute :

— Mais il n'est que deux heures, nous avons encore le temps d'en gagner une aujourd'hui. J'arrive, nous sommes frais, et s'il le faut nous nous ferons tuer.

Le consul donne ses ordres à Berthier afin de prendre maintenant l'offensive et essayer de transformer la retraite en assaut. Déjà, les Autrichiens sûrs de leur victoire, ont placé sur leurs shakos des feuillages et avancent l'arme sur l'épaule « comme s'ils faisaient route pour aller chez eux ». Ils ne font même plus attention aux Français qu'ils croient en pleine déroute. Mais les soldats de Bonaparte sont justement en train de reprendre courage : ils ont vu arriver, en rangs serrés, sur le champ de bataille, les troupes amenées par Desaix, marchant calmement, sans se hâter, « comme une forêt que le vent fait vaciller », l'artillerie dans les intervalles des demi-brigades et un régiment de grosse cavalerie fermant la marche. L'ennemi, de plus en plus assuré, semble vouloir les dépasser sans les voir, « lorsque, raconte encore Coignet, la foudre part sur leur tête de colonne... Mitraille, obus, feux de bataillon pleuvent sur eux, et on bat la charge partout ! Tout le monde fait demi-tour. Et de courir en avant ! On ne criait pas, on hurlait... »

A deux heures, tout n'était que désolation et angoisse. C'était la défaite, la fin peut-être de Bonaparte et de sa fortune ! A cinq heures, la victoire « redevenue fidèle au drapeau d'Arcole » fait briller les yeux et met la joie au cœur. Bonaparte a reconquis l'Italie pour la seconde fois... Mais Desaix a disparu : il est tombé près de San Giuliano. C'est en marchant à la tête de la 9e demi-brigade légère qu'une balle lui a traversé la poitrine. S'il faut en croire la légende, il aurait murmuré :

— Allez dire au Premier consul que je meurs avec le regret de n'avoir pas assez fait pour la postérité.

Savary cherche longtemps son corps au milieu des morts, il reconnait enfin son général à son abondante chevelure. L'enveloppant dans un manteau de hussard il le fait porter au quartier général. Bonaparte est bouleversé. On l'entend soupirer :

— Pourquoi ne m'est-il pas permis de le pleurer ?

Et comme Bourrienne s'exclame :

— Général, voilà une belle victoire ! Vous savez ce que vous me disiez l'autre jour du plaisir que vous auriez à revoir Paris après un grand coup porté en Italie ? Vous devez être satisfait ?

— Oui, Bourrienne, je suis satisfait ; mais Desaix !... Ah ! que la journée eût été belle si ce soir j'avais pu l'embrasser sur le champ de bataille !

Le même soir, il écrit aux Consuls : « Je serai bientôt à Paris. Je ne peux pas vous en dire davantage ; je suis dans la plus profonde douleur de la mort de l'homme que j'aimais et que j'estimais le plus. »

Il donnera l'ordre de faire inhumer le corps de son ami dans la chapelle de l'hospice du Grand-Saint-Bernard. Le monument, un bas-relief, sera prêt en 1805 et Bonaparte — étrange idée — fera envoyer aux Bernardins une truelle, un mortier et un tablier de franc-maçon pour sceller la dalle funéraire (1).

Le lendemain matin à quatre heures, des parlementaires autrichiens sortent d'Alexandrie et viennent demander l'armistice. Bonaparte le leur accorde à la condition d'évacuer immédiatement Mantoue, tout le Piémont et la Lombardie. Il le précise : les places devront être livrées avec leur artillerie. Le 18, Bonaparte écrit de Milan à ses deux collègues : « Aujourd'hui, malgré ce qu'en pourront dire nos athées de Paris, je vais en grande cérémonie au *Te Deum* que l'on chante à la métropole de Milan... J'espère, avait-il ajouté, que le peuple français sera content de son armée. »

Paris sera d'autant plus « content » que l'opinion publique revenait de loin.

Les bruits les plus pessimistes couraient en effet dans la capitale. Des nouvelles circulaient : on parlait d'une « terrible défaite », de la mort « d'un grand chef ». Le gouvernement semblait atterré. Mme Danjou écrivait à d'Avaray, le compagnon de Louis XVIII, pour annoncer que consuls et ministres s'étaient réunis afin de savoir qui remplacerait Bonaparte s'il était mort ou vaincu, « ce qui paraît très probable et synonyme ». On avait avancé les noms de La Fayette et de Pichegru. « Quelques voix s'étaient portées sur le duc d'Orléans, mais un cri d'opposition s'était élevé et le général Lefebvre avait mis la main sur son sabre. » D'autres parlaient de Carnot, seul capable, disait-on, « d'arracher la République au péril où la placent les succès de l'ennemi, sans lui faire, comme Bonaparte, acheter ce service au prix de sa liberté ».

(1) Le petit musée de l'Hospice les conserve toujours.

Les Consuls se trouvaient « dans la plus grande anxiété » et se demandaient quel visage ils feraient le 2 messidor — 22 juin — lors de la réception bi-mensuelle du corps diplomatique. Fort heureusement, ce même jour à onze heures un courrier, puis un second, enfin un troisième, annonçaient l'éclatante victoire de Marengo, que le *Moniteur* écrira d'ailleurs *Maringo.*

Ce fut du délire.

« Dès midi, nous dit un rapport de police, au premier coup de canon, les ouvriers ont pour la plupart quitté leurs ateliers, se sont rassemblés dans les rues et sur les places pour écouter avec avidité les nouvelles. Ils se groupaient en nombre autour des placards que le préfet de police avait, par ordre du gouvernement, fait poser dans la ville et surtout dans les faubourgs. Aux cris de *Vive la République ! Vive Bonaparte !* succédaient les propos les plus grivois, les saillies les plus gaies. Dans les faubourgs, on a été frappé de la franchise avec laquelle on a parlé du nombre d'hommes que nous avons perdus ou qui ont été faits prisonniers.

« — Ce n'est plus comme autrefois, disait-on dans la rue Victor ; au moins, à présent, nous savons tout.

« Les cabarets ont été pleins jusqu'à onze heures du soir, et il ne s'y est pas bu un verre de vin qui ne fût pour la République, le Premier consul et les armées. »

Durant deux jours, s'il faut en croire Miot de Melito, « Paris fut exactement dans l'ivresse ».

Le 25 juin, Bonaparte quitte Milan, le 26, il est à Turin, le 27, il traverse le Mont-Cenis et, déjà le 28, atteint Lyon, où il pose la première pierre d'une des maisons de la place Bellecour, rasée sur l'ordre de la Convention. Le 30 juin, en traversant la Bourgogne avec Bourrienne, il déclare à son secrétaire :

— Allons ! allons ! encore quelques grands événements comme cette campagne, et je pourrai passer à la postérité.

— Il me semble, réplique Bourrienne, que vous en avez déjà fait assez pour que l'on parle longtemps et partout de vous.

— Ah ! bien oui, assez fait ! Vous êtes bon ! J'ai conquis, il est vrai, en moins de deux ans, Le Caire, Paris et Milan ; eh bien, mon cher, si je mourais demain, je n'aurais pas, après dix siècles, une demi-page dans une histoire générale.

Il traverse Dijon dans un « délire de joie ». Deux jours auparavant, il avait écrit à Lucien : « J'arriverai à Paris à l'improviste. Mon intention est de n'avoir ni arcs de triomphe, ni aucune espèce de cérémonie. J'ai trop bonne opinion de moi pour estimer beaucoup de pareils colifichets. Je ne connais pas d'autres triomphes que la satisfaction publique. »

Cette satisfaction se manifestera au-delà de toutes ses espérances lorsque, le matin du 3 juillet, le canon annoncera aux Parisiens que le vainqueur a regagné les Tuileries dans la nuit. Aussitôt la foule se précipite. C'est une véritable mer humaine qui vient battre le château. On réclame le Premier consul. Il paraît au balcon tandis que la musique de la garde éclate. De longs cris d'enthousiasme montent vers lui. Soudain, il prend le bras de Bourrienne :

— Entendez-vous ? Eh bien, ces acclamations sont aussi douces à mon cœur que la voix de Joséphine.

Sa joie pourrait cependant être plus entière. Elle a été ternie en apprenant que, déjà, le croyant tué au combat, des plans avaient été échafaudés pour sa succession :

— Eh bien, on m'a cru perdu, et on voulait essayer encore du Comité de Salut public !... Je sais tout !... Et c'étaient des hommes que j'ai sauvés, que j'ai épargnés ! Me croient-ils un Louis XVI ? Qu'ils osent et ils verront ! Qu'on ne s'y trompe plus : une bataille perdue est pour moi une bataille gagnée... Je ne crains rien ; je ferai rentrer tous ces ingrats, tous ces traîtres dans la poussière... Je saurai bien sauver la France en dépit des factieux et des brouillons...

Le ton n'est plus celui de Bonaparte : c'est déjà, celui de l'Empereur.

Avec Cambacérès, la conversation sur ce sujet revêt un tour plus calme :

— N'avez-vous pas été embarrassé dans l'intervalle qui s'est écoulé entre les premières nouvelles de Marengo et l'annonce officielle de la victoire ?

— J'ai eu de vives inquiétudes et peu d'embarras, répondit placidement Cambacérès.

— Comment donc ? Et si j'avais été tué ?

— J'aurais considéré le malheur comme irréparable. Après avoir cédé à une juste douleur, je me serais occupé de donner au gouvernement de la République un autre chef. N'ayant pas la prétention de vous succéder, j'aurais eu toute liberté dans ma manière d'agir.

— Qu'auriez-vous fait ?

— Sur le compte rendu au Sénat de votre mort, je lui aurais proposé de nommer votre frère Joseph Premier consul. En France, on tient aux noms. Joseph est, dit-on, d'un caractère accommodant. Je me serais flatté d'avoir de l'influence sur lui et qu'il continuerait votre ouvrage. En procédant ainsi, le public aurait appris à la fois que le Premier consul n'existait plus et qu'il avait un successeur.

— Je sais, conclut Bonaparte en souriant, que vous êtes homme de ressource.

Ainsi, sans le vouloir, avait-il créé déjà une dynastie.

Deux jours plus tard, sous un clair soleil de messidor, tout Paris se porte au Carrousel pour la parade maintenant traditionnelle du Quintidi. Derrière un mameluk tenant un arc à la main, Bonaparte apparaît à midi précis, sous le porche du château. Une gigantesque ovation s'élève vers lui. Simplement vêtu de son habit gris, il monte un cheval blanc caparaçonné de velours nacarat. Derrière lui, c'est une cohue scintillante d'aides de camp empanachés et dorés. « Aucun de ses portraits n'est ressemblant, dira Charles Nodier qui le vit dans cette gloire ; il est impossible de saisir le caractère de sa figure, mais sa physionomie terrasse... Il a le visage très long, le teint d'un gris de pierre, les yeux fort enfoncés... »

Il fait beau — 18° à midi — et dans le ciel bleu passent quelques nuages. Bonaparte va se placer, selon l'usage consacré depuis ventôse, face au château, à l'endroit où s'élève aujourd'hui le petit arc de triomphe. Tandis que la musique militaire fait entendre ses marches lentes et solennelles, les troupes défilent, symphonie d'habits bleus, de buffleteries jaunes, d'épaulettes rouges, de jambes guêtrées de blanc, de plumets vermillon, de hauts bonnets à poil. De son regard « brillant comme du cristal », Bonaparte regarde ces hommes avec lesquels il va conquérir l'Europe...

Ces revues lui permettent de jouer son personnage déjà légendaire. On le voit s'arrêter devant un jeune tambour de seize ou dix-sept ans.

— C'est donc toi, lui dit-il, qui as battu la charge devant Zurich, ayant le bras percé d'une balle ?

— Oui, mon général, répond le tambour d'une voix tremblante, mais assurée.

— C'est encore toi qui à Veser, as fait preuve de présence d'esprit en sauvant ton commandant ?

— Oui, mon général.

— Eh bien, je dois acquitter la dette de la patrie, reprend le consul tandis que l'enfant devient de plus en plus rouge. Il te sera donné non pas des baguettes d'honneur, mais un sabre d'honneur. Je te fais sous-officier de la Garde des consuls. Continue à bien te conduire et j'aurai soin de toi.

La mère de Junot assistait à la scène d'une fenêtre du château et Laure l'entendit s'exclamer, les yeux humides :

— Comme on doit aimer cet homme-là. Ce pauvre enfant ! Voyez dans quel état il est.

Le tambour avait, en effet, dû s'appuyer sur l'épaule d'un camarade pour ne pas tomber évanoui...

Le 22 juin, Bonaparte, encore à Milan, avait écrit aux consuls : « Une partie de la Garde est partie aujourd'hui pour se rendre à Paris avec les drapeaux pris à Marengo. La route est calculée de manière qu'elle sera à Paris avant le 14 juillet. Il est nécessaire de s'étudier à rendre cette fête brillante, et d'avoir soin qu'elle ne singe pas les fêtes qui ont eu lieu jusqu'à ce jour. Un feu d'artifice serait un bon effet... » Bonaparte, en célébrant le 14 juillet — le 25 messidor — voulait assurément rappeler davantage le souvenir de la Fête de la Fédération — le plus beau des « quatorze juillet » — que celui de la prise de la Bastille ! Plus de défilés allégoriques dont on avait par trop abusé ! La statue de Louis XVI qui ornait la place Vendôme avait été abattue en 1792. Dès le Consulat, Bonaparte avait envisagé d'ériger à son emplacement une colonne trajane et de la surmonter de la statue de Charlemagne, enlevée, en 1794, d'Aix-la-Chapelle.

La première pierre en est posée le matin de ce 25 messidor — le 14 juillet 1800 — qui va être la fête de la *Concorde*. Sur l'ex-place de la Révolution, l'ex-place Louis XV, qui portera désormais le nom de Concorde, on a également élevé ce jour-là une « colonne nationale » à la gloire des armées de la République. Devant le Corps législatif a été dressé un Temple à colonnes sur lequel l'architecte s'est cru obligé de grouper tout un lot de pensionnaires d'un zoo : « l'amour de la patrie symbolisé par le pélican, le courage par le lion, la valeur par le cheval, la prudence par le cerf, la patience par le chameau, l'intrépidité par le sanglier, la tempérance par l'éléphant, le désintéressement par le chien, l'obéissance par le bœuf, la sagesse par la chouette, la vigilance par le coq... »

« Là, nous rapporte Norvins, parurent à cheval les trois consuls, les ministres, escortés de la Garde consulaire, et ces aides de camp de Bonaparte dont les noms devenaient historiques et glorieux à la suite du sien... ». Un long cortège suit maintenant Napoléon vers l'église des Invalides, devenue le temple de Mars, « car tout ce qui était de l'ordre civil, préfets, maires, magistrats, sénateurs, députés, tribuns, académiciens, dit encore Norvins, formaient une immense infanterie qui, au travers des flots d'une poussière torride, arriva comme une déroute à l'Hôtel des Invalides, ce qui parut alors à chacun de nous une hospitalité très convenable... »

Lucien prend la parole, célèbre le 14 juillet, le 18 brumaire et laisse la place à un chant du 14 juillet interprété par la Grassini qui, de sa voix d'or, glorifie ainsi la victoire de son amant « qui avait délivré l'Italie ».

Nouvelle halte au Champ de Mars, où Bonaparte reçoit les vingt-trois drapeaux autrichiens pris lors de la brève campagne. Le soir, après les jeux et réjouissances, tandis que Paris n'est que démonstrations de joie, illuminations, orchestres et feux d'artifice, aux Tuileries le consul lève son verre « au quatorze juillet, au peuple français, notre souverain à tous. » Et cinq cents convives lui répondent d'une seule voix : *Vive Bonaparte !*

Vive Bonaparte !...

La confiance renaît et — le 13 août — à leur grand étonnement, les rentiers, qui n'avaient touché depuis la Révolution que « des papiers », prennent connaissance de l'Arrêté suivant — qui leur prouve que le gouvernement de Bonaparte tient ses engagements : « A compter du second semestre de l'an VIII, les rentes et pensions de l'Etat seront acquittées en numéraire. »

Les *Te Deum* se succèdent dans toute la France. Les rapports sont unanimes : les villes de province ont pavoisé et témoigné leur enthousiasme au son des salves de canon — jusqu'à la Vendée qui semble réjouie par cet événement qui doit lui apporter la paix.

Il serait cependant faux de dire que cet enthousiasme est universel — trop de royalistes et de jacobins considèrent Marengo comme une catastrophe puisque la victoire consolidait le coup d'Etat de Brumaire. Si la France achève sa convalescence, le drame des royalistes demeure. Sans doute les habitants du faubourg Saint-Germain — tapis dans leurs hôtels des rues de Grenelle, de l'Université ou de Saint-

Dominique — continuent-ils à tenir tête à Bonaparte, — comme ils tiendront tête à Napoléon —, mais ils se contenteront d'ironiser et de bouder. D'un naturel moins paisible, certains chouans, certains royalistes extrémistes refusent de se laisser « pacifier », et, contre eux, les rigueurs s'avèrent implacables. Le consul l'annonce en ces termes à Bourmont :

— Si dans quinze jours vous n'avez pas entièrement perdu votre influence, je vous enverrai un de mes aides de camp pour vous prier de passer chez moi, et ce sera pour vous dire que je vous donne quatre jours pour quitter le territoire français, et que, si vous y êtes le cinquième, vous serez fusillé... Toute influence qui ne vient pas du gouvernement, lui avait-il encore ajouté, est un crime politique.

Bonaparte est devenu dictateur.

— Une victoire, avait-il déclaré à Joseph avant de prendre le chemin du Grand-Saint-Bernard, me laissera maître d'exécuter tout ce que je voudrai.

Le « règne » — effectif avant d'être réel — va, en effet, pouvoir commencer. Un rapport, venu du département du Bas-Rhin, indiquait, peu avant Marengo : « Le peuple paraît sentir le besoin d'être gouverné... », tandis qu'à Paris, la bourgeoisie modeste et laborieuse réclamait un chef et criait : « Plus de partis, plus de vengeances ! »

Le 18 août, heureux de cette affection des masses, Bonaparte confie à Roederer :

—Jusqu'à présent, le peuple m'a gâté ; il va au-devant de mes désirs comme moi au-devant des siens ; et je suis plein de reconnaissance pour lui !

Marengo a donné naissance à César et a fait naître la dictature — mais une dictature qui permettra à Bonaparte d'imposer le Concordat et le Code Civil, de donner le goût aux émigrés de regagner leur pays, de guider tout naturellement l'or vers le chemin des caisses de l'Etat, chemin qu'il avait perdu — et, du même coup, de faire renaître l'abondance.

La convalescence va conduire à la guérison.

La machine explosa trop tard ; la voiture du Consul se trouvait presque rue Saint-Honoré lorsque le baril éclata, fauchant la fin de l'escorte, tuant une dizaine de personnes, en blessant vingt-huit et endommageant quarante-six maisons.

XVIII

« RIEN NE LUI RÉSISTE, PAS MÊME DIEU ! »

La religion chrétienne sera toujours l'appui le plus solide de tout gouvernement assez habile pour pouvoir s'en servir.

NAPOLÉON.

Aux barrières de Paris, il n'est pas rare de rencontrer des citoyens plus ou moins bien déguisés, qui, nantis d'une fausse identité, se glissent clandestinement dans la capitale. Ces hommes sont des émigrés bravant le terrible décret pris par le Directoire au lendemain des événements de Fructidor, décret toujours en vigueur et condamnant à mort tout émigré appréhendé sur le territoire de la République.

Bonaparte se penche sur la question, « une des grandes plaies » de l'Etat, selon son expression. Ceux qui ont suivi les Princes refluent vers la France et parviennent à y vivre au grand jour, souvent grâce à la « protection », quelque peu monnayable, des commissaires chargés des radiations. Ce ne sont évidemment pas les éléments les plus intéressants et Bonaparte s'en irrite : « Composez votre bureau particulier d'hommes justes, intègres et forts, ordonne-t-il au ministre de la Justice. Qu'ils soient bien convaincus que l'intention du Gouvernement n'est pas de fermer la porte aux réclamations des individus victimes de l'incohérence des lois sur l'émigration, mais qu'il sera inexorable pour ceux qui ont été les ennemis de la patrie. » Les bureaux sont assaillis de demandes, et Joséphine, sollicitée de tous les côtés par d'anciennes relations, supplie son mari de mettre fin à cette situation.

Enfin, après avoir longtemps hésité — il ne pouvait approuver les Français d'avoir combattu dans les rangs ennemis — Bonaparte, suivant les conseils de Fouché qui se réserve le droit de contrôle, rouvre les frontières aux émigrés. L'arrêté décide de faire des « éliminations par catégories ».

Désormais, pourront regagner la France « les parents ou héritiers d'émigrés, les femmes ayant suivi leur mari, les artisans et cultivateurs, les gens à gages ». Evidemment, il n'est point question de rendre leurs biens aux *rentrants* : les acquéreurs des biens nationaux peuvent dormir tranquilles. En attendant l'amnistie du 26 avril 1802, qui permettra le retour de tous les émigrés qui le désirent, plus de cinquante mille personnes peuvent regagner la France. Tous ceux qui reviennent d'exil racontent leurs craintes, leur terreur même en approchant du premier poste français. De quelle manière les républicains vont-ils accueillir les *ci-devant* ? Mme de Boigne, qui regagnera la France un peu plus tard, rapportera comment, le cœur battant, elle avait pénétré dans le bureau de la douane. Elle s'était tenue debout devant l'employé qui, lentement, traçait son signalement. Le chef de bureau s'était avancé :

— Mettez donc « jolie comme un ange », ce sera plus court et ne fatiguera pas tant Madame !

Brusquement, Mme de Boigne s'était sentie de nouveau chez elle.

Le « monde ordonné » commence à renaître. Les *rentrants* se regardent timidement « comme des gens ayant échappé à un naufrage et se retrouvant dans une île déserte ». Peu à peu l'attitude du Premier consul leur rendra le goût de vivre. Bonaparte ne considère nullement, comme l'affirment certains de ses ennemis, que la France a commencé le 19 Brumaire.

Le 22 septembre, à l'occasion de la fête de la République, le consul fait transporter les restes de Turenne aux Invalides. Le maréchal de Louis XIV, inhumé à Saint-Denis, avait eu son tombeau saccagé pendant la Révolution, mais ses restes, par ordre du Directoire, avaient été sauvés et enterrés dans le jardin du Musée des monuments français, quai des Augustins. Lucien Bonaparte et Carnot, entourés de nombreux officiers, conduisent le cercueil de Turenne sous le dôme de l'église. Devant le char mortuaire, on mène tenu par la bride un cheval pie, semblable, dit-on, à celui que montait le maréchal. Sur un brancard, ajoute le *Moniteur,* sont placés « l'épée qu'il portait le jour de sa mort et le boulet qui l'a frappé ». Les tambours battent aux champs. Devant Bonaparte, Carnot prend la parole :

— Ce temple n'est pas réservé à ceux que le hasard fit naître, dit-il, sous l'ère républicaine, mais à ceux qui dans tous les temps ont montré des vertus dignes d'elle.

La Décade Philosophique a eu, bien entendu, des propos aigres-doux : « Les républicains voient avec quelque peine qu'on joigne à la fête de la République celle de la translation des reliques d'un maréchal de France dont ils pensent que les exploits ont été surpassés par ceux de nos généraux modernes. »

Mais ce même mois — le 30 — Bonaparte signe cet arrêté : « Le jeune Horace-Camille Desmoulins, dont le père, membre de la Convention nationale est mort sur l'échafaud, victime du tribunal révolutionnaire de Paris, est nommé élève au Prytanée français ».

Toujours la politique de bascule...

***

Extrémistes jacobins et extrémistes royalistes, également ulcérés de voir la majorité des anciens révolutionnaires et la plupart des émigrés s'incliner devant le nouveau maître, ont repris leur projet : tuer Bonaparte. Dans l'ombre du Consulat, les assassins cherchent le moyen le plus efficace : tirer un coup de pistolet dans le dos de Napoléon pendant une revue au Carrousel, ou — entreprise plus hardie encore — introduire un baril de poudre dans les caves des Tuileries. Particulièrement les royalistes ont la haine chevillée au cœur. Personne ne s'étonne en entendant une femme de la meilleure société souhaiter le plus naturellement du monde que « ses yeux fussent des stylets pour poignarder le tyran des rois, lorsqu'elle l'apercevrait au théâtre ». Pour abattre le consul, les Chouans arrêtent un plan qui s'inspire de l'attaque des diligences, opération dans laquelle excellaient ces messieurs. Lorsqu'il se rend à Malmaison, seule une cinquantaine de grenadiers à cheval escorte Bonaparte. Or, Neuilly, Puteaux, Nanterre, Rueil ne sont que de petits villages séparés par des terrains vagues assez mal famés, et ravinés de carrières, où toute une troupe pourrait facilement se cacher avant de bondir sur l'escorte.

Cependant, la meilleure manière pour se débarrasser du « tyran » allait être donné aux Chouans par leurs plus implacables ennemis : les républicains extrémistes, les *exclusifs.* Ils hantaient les cabarets des barrières, remâchant leur rancœur et complotaient autour de tables maculées de vin. Quelques-uns de ces *anarchistes,* à la tête desquels se trouvait le jacobin Chevalier, avaient l'intention de supprimer le Premier consul en faisant exploser sur le passage de sa voiture une machine infernale, imitée de l'appareil inventé par un ingénieur italien, en 1585, lors du siège d'Anvers. L'engin consistait en un baril cerclé de fer et rempli de poudre, de matières inflammables et de balles. Le feu était communiqué à l'aide d'un fusil dont on avait coupé le canon, et, de loin, une ficelle actionnait la détente. Malheureusement pour les *exclusifs,* l'active police de Fouché avait eu vent de l'affaire et, le 7 novembre 1800, tous les conspirateurs avaient été appréhendés.

Les Chouans pensèrent alors à reprendre le projet pour leur propre compte !... Sur l'ordre de deux conjurés royalistes : le chevalier de Limoëlan et son ami Saint-Régent, le nommé Carbon, jadis au service de Limoëlan, acheta une vieille jument noire et une mauvaise charrette à ridelles. Sur cette dernière, les conspirateurs placèrent un tonneau bourré de poudre.

Où opérerait-on ?

Le 24 décembre au soir, 3 nivôse, an IX — les journaux l'avaient annoncé — le Premier consul devait se rendre à l'Opéra, alors situé à l'emplacement de notre place Louvois, pour assister à *La*

Création, un oratorio de Haydn. L'*incomparable* Garat chantera et, pour la circonstance, les chœurs du théâtre Feydeau se joindront à ceux de la scène nationale. Le mieux ne serait-il pas de profiter de cette sortie nocturne pour placer la machine sur un point du parcours ?

Le jeudi 22 décembre, Saint-Régent se fait conduire en fiacre jusqu'à la place du Carrousel, juste devant l'hôtel de Longueville, en face des Tuileries, et qui abritait, en 1800, les écuries du consul. La place était alors étroite, sombre, resserrée. L'entrée du château s'ouvrait entre deux pavillons servant de corps de garde. Saint-Régent — le cocher le racontera plus tard — regarde la longue façade grise, le dôme coiffant le pavillon central, tire sa montre, puis, tournant le dos au « palais du gouvernement », il paraît réfléchir. Il se trouve exactement à l'angle de la place et de la rue Saint-Nicaise, ancien chemin de ronde du rempart de Charles V. Cette rue était parallèle au château ; sur quelques dizaines de mètres, elle traversait le Carrousel et formait le fond de la place. Elle commençait à la galerie du bord de l'eau et, après avoir franchi l'emplacement des futurs guichets de Rohan, allait s'achever rue Saint-Honoré, à la hauteur de notre place du Théâtre-Français. Presque dans son prolongement se trouvait la rue de la Loi, notre rue de Richelieu, qui conduisait à l'Opéra. Saint-Régent, après avoir réfléchi, trouva l'endroit excellent. On placerait la charrette et son tonneau dans la rue Saint-Nicaise, vers la rue Saint-Honoré, à une vingtaine de mètres de la place. L'un d'eux fera le guet devant l'hôtel de Longueville, au fond du Carrousel ; il verra par conséquent la voiture sortir des Tuileries et pourra donner le signal à celui qui, à l'aide d'une longue mèche, mettra le feu à la machine.

Quelques jours auparavant, Bonaparte avait dit à Roederer :

— Si je mourais d'ici trois ou quatre ans de la fièvre, dans mon lit, et que pour achever mon roman, je fisse un testament, je dirais à la nation de se garder du gouvernement militaire ; je lui dirais de nommer un magistrat civil.

Si je mourais...

Le soir du 24 décembre, une nuit de nivôse brumeuse et froide tombe sur Paris. Alors que de nombreux Parisiens préparent le réveillon — les messes de minuit n'ont pas été rétablies, mais les cérémonies sont tolérées dans les églises privées — Bonaparte s'est installé dans le salon jaune de sa femme. Assis au coin du feu qu'il tisonne selon son habitude, il ne semble pas désirer sortir, même pour aller entendre Garat — tout « incomparable » qu'il soit. Il commence même à s'endormir sur un canapé lorsque Joséphine, qui a peut-être commandé une robe pour la circonstance et tient à la montrer, vient le réveiller :

— Allons, Bonaparte, insiste-t-elle, cela te distraira, tu travailles trop.

Mais le consul ferme les yeux et murmure :

— Vous n'avez qu'à partir, je resterai ici.

Enfin après une véritable discussion — s'il faut en croire Hortense — il cède enfin et fait donner l'ordre d'atteler. Bonaparte part le premier, précédé d'une escorte de cavaliers de la Garde des Consuls. Lannes, Berthier et Lauriston ont pris place auprès de lui. Huit heures sonnent au clocher voisin de Saint-Roch, tandis que l'équipage, après avoir traversé le Carrousel, tourne à gauche et s'engage dans la rue Saint-Nicaise. Bonaparte somnole...

Soudain une effroyable explosion déchire l'air.

Le consul réveillé en sursaut, croit qu'il se noie

dans le Tagliamento. « Pour comprendre ceci, racontera Las Cases, il faut savoir que quelques années auparavant, étant général de l'armée d'Italie, il avait passé de nuit, en voiture, le Tagliamento, contre l'opinion de tout ce qui l'entourait. Dans le feu de la jeunesse, et ne connaissant aucun obstacle, il avait tenté ce passage, entouré d'une centaine d'hommes armés de perches et de flambeaux. Toutefois, la voiture se mit à la nage, il courut le plus grand danger, et se crut réellement perdu... »

Sa seconde réaction — la déflagration ayant brisé les vitres de la voiture — est celle d'un soldat :

— Nous sommes minés !

La voiture s'arrête après avoir tourné la rue Saint-Honoré et le cocher — César, surnommé Germain — vient prendre les ordres. Il faut repartir au plus vite, sans perdre une minute dont l'ennemi pourrait profiter pour l'abattre, sans même savoir si Joséphine est sortie indemne de l'attentat ! Bonaparte ignore l'importance des forces des conjurés. Peut-être quelqu'un le guette-t-il pour l'abattre... Et il crie :

— A l'Opéra !

Derrière lui, le spectacle est affreux. Si la machine n'a éclaté qu'entre le passage des deux voitures, elle n'en a pas moins fauché la fin de l'escorte, fait une dizaine de morts, blessé vingt-huit personnes et endommagé quarante-six maisons dont certaines, trop détériorées — des plafonds s'étant écroulés — devront être démolies. Partout, des corps étendus, des « membres épars ». Un « désastre » ainsi que le dira Hortense, en entendant Rapp, quelques instants plus tard, résumer la situation dans la loge du consul.

Joséphine et sa fille, en empruntant un autre itinéraire, rejoignent Bonaparte à l'Opéra. Les spectateurs ne se doutent encore de rien. Les trente premières mesures de l'*Oratorio* étaient à peine jouées lorsque l'on avait entendu « comme un coup de canon »...

Peu à peu, par les aides de camp du Premier consul, la nouvelle — « un bruit sourd », nous dit Laure d'Abrantès — commence à se répandre dans la salle. « A l'instant même, et comme par un coup électrique, une même acclamation se fit entendre, un même regard sembla couvrir Napoléon d'un amour protecteur... On voyait des femmes pleurer à sanglots, des hommes frémissant d'indignation, quelle que fût la bannière qu'ils suivissent... Je regardais pendant ce temps, poursuit Mme Junot, dans la loge du Premier consul, qui, étant immédiatement au-dessous de moi, me permettait de voir et d'entendre presque tout ce qui s'y disait. Il était calme et paraissait seulement fort ému toutes les fois que le mouvement lui apportait quelques paroles fortement expressives relativement à ce qui venait de se passer... »

— Quelle horreur ! Faire périr tant de monde parce que l'on veut se défaire d'un seul homme !

Une immense acclamation monte vers lui. Il salue et décide de regagner les Tuileries. Le salon du rez-de-chaussée donnant sur la terrasse est déjà encombré de fonctionnaires venus aux nouvelles. Les premiers détails commencent à circuler. On apprend avec indignation que le cheval attelé à la charrette était tenu en main par une fillette de quatorze ans — la petite Pensol, fille d'une marchande des quatre-saisons de la rue du Bac, précisera l'enquête. C'est l'un des assassins qui a donné douze sous à la malheureuse enfant tandis que lui-même s'écartait après avoir allumé la mèche. Du moins on le pense, car tout a disparu, pulvérisé, volatilisé par l'explosion : la petite fille, la voiture et le cheval. Nulle trace des meurtriers. Mais tout le monde s'exclame d'une seule voix : ce sont les Jacobins qui ont fait le coup ! Un tonneau, bourré de mitraille, placé sur une charrette et sautant lors du passage du chef du gouvernement, n'est-ce pas là le plan conçu par les *exclusifs ?* Les conspirateurs du 7 novembre n'ont d'ailleurs pas encore passé en jugement et, pour les sauver, leurs complices n'hésitaient pas à exterminer le maître de la France !

Bonaparte, lui non plus, ne pense pas aux Chouans :

— Voilà l'œuvre des jacobins, s'exclame-t-il ; ce sont les jacobins qui ont voulu m'assassiner !... Il n'y a là-dedans ni nobles, ni prêtres, ni chouans !... Je sais à quoi m'en tenir et l'on ne me fera pas prendre le change. Ce sont des septembriseurs, des scélérats couverts de boue qui sont en révolte ouverte, en conspiration permanente, en bataillon carré contre tous les gouvernements qui se sont succédés. Il n'y a pas trois mois que vous avez vu Ceracchi, Aréna, Topino-Lebrun, Demerville tenter de m'assassiner. Eh bien, c'est la même clique ; ce sont les buveurs de sang de septembre, les assassins de Versailles, les brigands du 31 mai, les conspirateurs de prairial, les auteurs de tous les crimes commis contre tous les gouvernements. Si on ne peut les enchaîner, il faut qu'on les écrase ; il faut purger la France de cette lie dégoûtante ; point de pitié pour de tels scélérats !...

Et Bourrienne, qui nous rapporte la scène, ajoutait :

« Il faut avoir vu la figure animée de Bonaparte, son geste toujours rare mais expressif, et avoir entendu le son de sa voix pour se faire une idée de la colère avec laquelle il prononça ces paroles. » L'un des rares, Fouché, accuse les chouans. Bonaparte le regarde avec mépris : bien entendu, le régicide, le massacreur de Lyon, veut sauver ses amis d'antan !

Imperturbable et silencieux, Fouché supporte les injures. « Le plus habile comédien ne saurait reproduire son attitude calme pendant les éclats de colère de Bonaparte, ses réticences, sa patience à se laisser accuser. »

— Fouché a des raisons pour se taire, explique le Premier consul à son secrétaire. Il est tout simple qu'il ménage un tas d'hommes couverts de sang et de forfaits. N'a-t-il pas été l'un de leurs chefs ?

Le lendemain — jour de Noël — devant les douze maires de Paris venus le féliciter d'avoir échappé à la mort, il déclare encore :

— Tant que cette poignée de brigands m'a attaqué directement, j'ai laissé aux lois le soin de les punir ; mais, puisque, par un crime sans exemple, ils ont mis en danger une partie de la population de Paris, le châtiment sera aussi prompt qu'exemplaire. Il faut qu'une centaine de misérables qui ont calomnié la liberté, en commettant des crimes en son nom, soient réduits à l'impossibilité d'en commettre de nouveaux.

Fouché saute sur l'occasion et prépare soigneusement une liste de cent trente noms de *septembriseurs* appartenant à « cette classe d'hommes qui, depuis dix ans s'étaient couverts de tous les crimes » — le futur duc d'Otrante oublie aussi bien les fusillades de Lyon dont il a été l'un des ordonnateurs que les massacres de Toulon... Il signe la liste en ajoutant sans ironie : « Tous ces hommes n'ont pas été pris le poignard à la main, mais tous sont universellement connus pour être capables de l'aiguiser et de le prendre. » Et, le 14 nivôse — onze jours après l'attentat — Bonaparte prend un arrêté déportant aux îles Seychelles une centaine d'extrémistes. « En même temps, raconte Bourrienne, on fit remplir les journaux de souvenirs de la Révolution pour en charger, aux yeux du public, ceux pour lesquels on voulait profiter d'un crime tout fait pour les en rendre complices après coup... J'étais effrayé de voir le Premier consul se jeter si rapidement dans les voies de l'arbitraire. Mais qui pouvait mettre un frein à sa volonté ? »

Cependant, tout en se débarrassant d'amis compromettants, Fouché poursuivait son enquête. Il avait fait ramasser rue Saint-Nicaise quelques débris de la jument noire et avait convoqué tous les maquignons de Paris. Dès le surlendemain de Noël, le marchand grainier Lambel reconnaissait le cheval noir qu'il avait vendu à Carbon. Peu après, le loueur de carrosses Thomas venait dire que l'équipage avait été garé dans son écurie, et un maréchal-ferrant indiquait qu'il avait ferré la jument. Tous donnaient le signalement de Carbon. Il ne fallut guère de temps pour l'identifier. Les Chouans possédaient chacun leur fiche signalétique. L'aînée des nièces de l'ancien domestique de Limoëlan fut longuement interrogée et finit par avouer que son oncle se cachait chez des religieuses de la rue Notre-Dame-des-Champs. Le 18 janvier Carbon était arrêté. Il nia tout d'abord, puis « donna » Saint-Régent et Limoëlan. Le chef de la conspiration demeura introuvable, mais Saint-Régent, qui errait dans Paris sans oser demander l'hospitalité à qui que ce soit, finit par être pris, le 25 janvier 1801, par un policier qui le rencontra par hasard rue du Four.

Devant le tribunal criminel, Carbon essaya de sauver sa tête en prouvant qu'il avait quitté ses complices, place des Victoires, plus d'une heure avant l'attentat de Nivôse. Il n'en fut pas moins condamné à mort avec Saint-Régent, qui supplia ses juges de l'envoyer à l'échafaud le plus vite possible. Ils furent exécutés le 20 avril — 30 germinal an IX — tandis que la foule applaudissait longuement (1).

Le lendemain du jour où Fouché est venu apporter à Malmaison la preuve de la culpabilité des Chouans et de l'innocence des Jacobins, on entendit Bonaparte, parlant d'autres irréductibles soi-disant ralliés au régime, déclarer au Conseil des ministres :

— Ils sont là douze à quinze métaphysiciens bons à jeter au feu... Il ne faut pas croire que je me laisserai faire comme Louis XVI. Sorti du sein du peuple, je ne souffrirai pas qu'on m'insulte comme un roi.

La même semaine on lui propose de débaptiser la place Bellecour à Lyon, pour l'appeler la place Bonaparte, il refuse :

— De tels honneurs ne doivent pas être donnés à un homme vivant !

⁂

Et la paix ?

L'Autriche s'est fait prier pour la signer, et Bonaparte a dû menacer Vienne de reprendre les hostilités à la fois en Italie et sur le Rhin. Moreau et Augereau — le 21 juillet — reçoivent l'ordre de concentrer leurs forces et de prendre « des quartiers de rafraîchissements ».

Il existait fort heureusement en Europe le roi de Prusse Frédéric-Guillaume III, souverain libéral, tolé-

(1) Limoëlan réussit à quitter Paris et à gagner les Etats-Unis. Il reçut la tonsure, fut ordonné prêtre sous le nom de l'abbé de Clorivière et devint l'aumônier du couvent de la Visitation à Georgetown, près de Washington. Depuis le 28 septembre 1826, il repose dans la crypte de la chapelle qu'il avait fait construire et qui existe toujours, cette chapelle, ornée par ses soins des portraits de Louis XVIII et de Charles X, et où, chaque 24 décembre, durant toute la nuit de Noël, il se prosternait, demandant à Dieu de lui pardonner la terrible nuit du 3 nivôse...

rant en matière de religion et de presse — et, au surplus, pacifique. Comment le demeurer dans la future Europe napoléonienne ? Mais, en attendant, Bonaparte lui demande de s'entremettre « pour la paix avec la Russie et avec l'Empire ». L'empereur François se décide à traiter et envoie à Paris le comte Louis de Cobenzl, désigné comme plénipotentiaire, et avec qui, on s'en souvient, Bonaparte avait fini par s'entendre lors des pourparlers de Campo-Formio.

Dès la première entrevue, l'*Ours du Nord* peut se rendre compte que le ton de Bonaparte est devenu plus impérieux encore : c'est celui d'un maître conscient de sa force. Le consul, nous raconte Talleyrand — expert en insolence, et qui semble ravi — « avait ordonné lui-même la disposition de la pièce dans laquelle il voulait le recevoir. Il avait fait mettre dans l'angle une petite table devant laquelle il était assis. Tous les sièges avaient été enlevés ; il ne restait, et c'était loin de lui, que des canapés. Sur la table se trouvaient des papiers et une écritoire. Il y avait une seule lampe ; le lustre n'était pas allumé. M. de Cobenzl entre : je le conduisais. L'obscurité de la chambre, la distance qu'il fallait parcourir pour arrivers près de la table où était Bonaparte, qu'il apercevait à peine, l'espèce d'embarras qui en était la suite ; le mouvement de Bonaparte qui se leva et se rassit ; l'impossibilité pour M. de Cobenzl de ne pas rester debout, mirent immédiatement chacun à sa place, ou du moins à la place que le Premier Consul avait voulu fixer. »

Après l'Autriche, l'Angleterre se résigne à traiter : elle a besoin de repos, si court fût-il. Elle considère cette paix comme honteuse et « plus désavantageuse que la guerre ». Dans son esprit il ne peut s'agir que d'une trêve destinée à reprendre haleine. Et le 23 septembre de cette même année 1801, se trouvant à Malmaison, Napoléon apprendra la signature de la paix à Amiens.

— A Amiens, dira-t-il plus tard, je croyais de très bonne foi le sort de la France, celui de l'Europe, le mien fixés. Pour moi, j'allais me donner uniquement à l'administration de la France et je crois que j'eusse enfanté des prodiges.

Le 9 novembre 1801, pour le second anniversaire du 18 brumaire, Bonaparte lance cette proclamation aux Français : « Vous l'avez enfin tout entière cette paix que vous avez méritée par de si longs et si généreux efforts !... Fidèle à vos vœux et à ses promesses, le Gouvernement n'a cédé ni à l'ambition des conquêtes, ni à l'attrait des entreprises hardies et extraordinaires... Sa première tâche est remplie ; une autre commence pour vous et pour lui !... »

Le lendemain, il reçoit lord Cornwallis, représentant de l'Angleterre à Amiens. Bonaparte — pour la première fois depuis dix ans — désire montrer que la France a retrouvé le décor digne de son passé. Les consuls sont entourés d'une cour brillante. « Au milieu de tous ces riches uniformes, nous rapporte Constant, le sien était remarquable par sa simplicité ; mais le diamant appelé *le Régent*, depuis quelques jours dégagé par le Premier consul, étincelait à la garde de son épée. »

Un matin, à Malmaison, la petite cour voit Bonaparte repousser son assiette après avoir à peine déjeuné. Il fait les cent pas, demande trois tasses de café, puis monte à cheval suivi de Rapp et de Jardin. « Tant que nous fûmes en vue du château, racontera Rapp à Junot, le général alla au pas, mais une fois que nous eûmes gagné et dépassé la grille, il lança son cheval, lui enfonça ses éperons dans le ventre et la pauvre bête monta au galop de chasse cette route pierreuse de Bougival... Moi qui l'ai vu, je sais que ce n'est pas de l'humeur qu'il a, c'est du chagrin, c'est de la peine. »

Napoléon vient d'apprendre la perte de l'Egypte. Les canons se sont tus au bord du Nil et Kléber a été assassiné par le fanatique Soleyman — un patriote, diront les Turcs. L'oraison funèbre de l'ancien chef des *Mayençais,* prononcée par Bonaparte est sévère :

— C'était un paresseux qui se laissait mener par le bout du nez par le petit Damas, qui était son mignon. Il vantait toujours les troupes allemandes et ne songeait qu'à ses plaisirs, racontera-t-il plus tard à Gourgaud. Souvent, dans ma tente, lorsque je lui parlais de Paris, je le voyais changer de visage. Il ne songeait qu'aux femmes et aux amusements de la capitale. Il n'aimait la gloire que comme le chemin des jouissances, tandis que Desaix aimait la gloire pour la gloire. Il était capable des plus grandes choses mais il fallait qu'il y eût à choisir entre la gloire et le déshonneur. Il n'était pas administrateur et blâmait mon système de cajoler les cheiks du Caire. Il a fait donner deux cents coups de bâton au cheik Saada, descendant du Prophète, aussi il a été assassiné.

Il faut maintenant, à l'ombre de la paix d'Amiens, faire passer la défaite égyptienne. « En Egypte, écrit Bonaparte dans son exposé, les soldats de l'armée d'Orient ont cédé ; mais ils ont cédé aux circonstances plus qu'aux forces de la Turquie et de l'Angleterre, et certainement ils eussent vaincu s'ils avaient combattu réunis. Enfin ils rentrent dans leur patrie, ils y rentrent avec la gloire qui est due à quatre années de courage et de travaux ; ils laissent à l'Egypte d'immortels souvenirs, qui peut-être un jour y réveilleront les arts et les institutions sociales.

L'histoire, du moins, ne taira pas ce qu'ont fait les Français pour y reporter la civilisation et les connaissances de l'Europe. Elle dira par quels efforts ils l'avaient conquise ; par quelle sagesse, par quelle discipline ils l'ont si longtemps conservée et, peut-être, elle en déplorera la perte comme une nouvelle calamité du genre humain... »

***

Bonaparte veut apporter une solution au drame né en France par la Constitution civile du clergé. Et, en faisant cesser cette douloureuse anarchie, il sera approuvé par la majeure partie du pays, demeurée foncièrement catholique. Déjà, à peu près partout, le « culte décadaire » a été abandonné au profit du culte catholique. Seuls, à contrecœur, les fonctionnaires suivent encore le service officiel, tandis que la masse des fidèles a retrouvé ses autels et ses prêtres — de préférence réfractaires.

Un décret autorise bientôt la liberté des cultes. Il s'agit sans doute d'un premier pas vers le retour à l'ordre ancien, malheureusement — et ce n'était point là le but recherché — cette première étape va donner naissance à de nombreux schismes dus à l'existence de prêtres constitutionnels ou clandestins, insermentés soumis ou insoumis. Des collectivités religieuses de tendances diverses apparaîtront. C'est ainsi qu'on pourra lire dans les *Petites Affiches* cette annonce concernant une « église à louer » : « S'il se présentait une société d'ecclésiastiques *bien d'accord* entre eux, on pourrait traiter avec eux d'une manière satisfaisante. »

Bonaparte est à peine déiste. En outre, bien des choses le gênent dans l'église catholique :

— Je suis loin, avoue-t-il, d'être athée, assurément ; mais je ne puis croire à tout ce que l'on m'enseigne, sans être faux et hypocrite.

Bonaparte croit en Dieu par raison d'Etat et reconnaît l'utilité de la Religion — ne serait-ce que pour aider les déshérités à admettre l'inégalité :

— La société ne peut exister sans l'inégalité des fortunes, et l'inégalité des fortunes sans la religion. Quand un homme meurt de faim à côté d'un autre qui regorge, il lui est impossible d'accéder à cette différence s'il n'y a pas là une autorité qui lui dise : « Dieu le veut ainsi ; il faut qu'il y ait des pauvres et des riches dans le monde ; mais ensuite, et pendant l'éternité, le partage se fera autrement. »

Il ne veut surtout point, à l'instar des gouvernements qui l'ont précédé durant dix années, détruire la religion mais l'utiliser à son profit. Il se confie à Roederer :

— C'est en me faisant catholique que j'ai fini la guerre de la Vendée, en me faisant musulman que je me suis établi en Egypte, en me faisant ultramontain que j'ai gagné les esprits en Italie. Si je gouvernais un peuple de Juifs, je rétablirais le temple de Salomon.

Et, deux jours plus tard, à ce même Roederer :

— Comment avoir de l'ordre dans un Etat sans une religion ?

Pour Bonaparte, les premiers coups contre la Religion ont été fâcheusement portés par les philosophes du XVIIIe siècle.

— Plus je lis Voltaire, plus je l'aime, dit-il encore à Roederer. Jusqu'à seize ans, je me serais battu pour Rousseau contre tous les amis de Voltaire. Aujourd'hui, c'est le contraire... *La Nouvelle Héloïse !* Je l'ai lue à neuf ans. L'ouvrage m'a tourné la tête.

— C'est un fou, votre Rousseau, déclare-t-il à Stanislas de Girardin, en visitant Ermenonville... Il aurait mieux valu pour le repos de la France que cet homme n'ait pas existé.

— Et pourquoi, citoyen Consul ? demande Stanislas de Girardin.

— C'est lui qui a préparé la Révolution française.

— Je croyais, citoyen Consul, que ce n'était pas à vous à vous plaindre de la Révolution...

Un jour qu'il se promène dans le parc de Malmaison qu'il aime tant, il entend « dans cette solitude » la cloche de l'église de Rueil sonner l'Angélus.

— Je fus ému, avoue-t-il à Thibaudeau, tant est forte la puissance des premières habitudes et de l'éducation. Je me dis alors : « Quelle impression cela ne doit-il pas faire sur les hommes simples et crédules ? » Que vos idéologues, que vos philosophes répondent à cela. Il faut une religion au peuple !

Ce sont également ses souvenirs d'enfance qui remontent en lui lorsqu'il avoue être séduit par le clinquant de la pompe ecclésiastique. Vainqueur de Marengo, entré en triomphateur à Milan, il avait écrit dans le *Bulletin* destiné à l'armée : « Il — c'est de lui dont il parle — a été reçu à la porte par tout le clergé, conduit dans le chœur sur une estrade préparée à cet effet et celle sur laquelle on avait coutume de recevoir les consuls et premiers magistrats de l'empire d'Occident. Cette cérémonie était imposante et superbe... »

Une semaine plus tard, s'arrêtant à Verceil, il avait prié le cardinal Marciana de bien vouloir faire connaître au pape son désir de voir cesser le véritable schisme qui divisait le clergé français. Bonaparte, en dépit de ses victoires, savait qu'il ne parviendrait pas à rétablir la paix et l'unité religieuse sans l'appui de Rome. Seul le Pape pourrait mettre fin au chaos. Mais, on s'en doute, traiter avec le *papisme* déchaîne l'opinion jacobine et royaliste. Certains suggèrent de profiter des circonstances pour créer une église gallicane.

— Je suis convaincu, déclare Bonaparte, qu'une partie de la France se ferait protestante, surtout si je favorisais cette disposition ; mais je le suis encore davantage que la plus grande partie resterait catholique, et lutterait avec un plus grand zèle et une plus grande ferveur contre le schisme d'une portion de leurs concitoyens. Je crains les querelles religieuses, les dissensions dans les familles, les troubles inévitables. En relevant la religion qui a toujours dominé dans le pays, et qui domine encore dans les cœurs, et en laissant les minorités exercer librement leur culte, je suis en harmonie avec la nation, et je satisfais tout le monde.

L'autorité du Pape placée au sommet de la hiérarchie catholique lui paraît indispensable :

— Si le Pape n'avait pas existé, il eût fallu le créer pour cette occasion, comme les consuls romains faisaient un dictateur dans les circonstances difficiles.

Il insiste :

— Il me faut le Pape maintenant pour réparer cette destruction impolitique que Robespierre lui-même jugeait telle, quand le grand instigateur de la mesure, Chaumette, fut traîné à l'échafaud. Jamais le Pape ne pourra me rendre un plus grand service ; sans effusion de sang, sans secousse, lui seul peut réorganiser les catholiques de France sous l'obéissance républicaine. Je le lui ai demandé.

Cependant, il était plus facile d'élaborer les bases d'un accord, que d'atteindre le but : le Concordat.

— Comment dois-je le traiter ? demande à Bonaparte son premier envoyé auprès de Pie VII.

— Traitez-le comme s'il avait deux cent mille hommes, répond-t-il avec superbe.

Tout en désirant sincèrement aboutir à une conclusion, Bonaparte, avec une obstination inébranlable, exige une église plus gallicane que papiste. C'est seulement le 22 juin 1801 qu'il reçoit le cardinal Consalvi.

— Qu'il vienne en costume le plus « cardinal » possible, a-t-il recommandé.

Dès le lendemain, une commission est créée. Et non sans mal, le Concordat se prépare. Les négociations sont menées du côté français par Joseph Bonaparte, Crétet et l'abbé Etienne Bernier. Ce dernier, après avoir été l'un des chefs les plus influents de la chouannerie, s'est rallié à Bonaparte.

— L'abbé Bernier, raconta le Premier consul, faisait peur aux prélats italiens par la véhémence de sa logique. On aurait dit qu'il se croyait au temps où il conduisait les Vendéens à la charge contre les *bleus.* Rien n'était plus singulier que le contraste de ses manières rudes et *disputueuses* avec les formes polies et le ton mielleux des prélats. Le cardinal Caprara est venu d'un air effaré, me demander s'il est vrai que l'abbé Bernier s'est fait, pendant la guerre de Vendée, un autel pour célébrer la messe, avec des cadavres de républicains. Je lui ai répondu que je n'en savais rien, mais que cela était possible.

— Général Premier consul, s'écria le Cardinal épouvanté, ce n'est pas *oun* chapeau rouge, mais *oun* bonnet rouge qu'il faut à cet homme !

— J'ai bien peur, poursuivit le Premier consul, que cela ne nuise à l'abbé Bernier pour la barrette...

Cela ne lui nuira pas trop et l'abbé recevra, quelques mois plus tard, l'évêché d'Orléans.

Désormais le Catholicisme est reconnu — c'était une vérité à la manière de La Palisse — « comme religion professée par la majorité des Français ». La « hiérarchie de l'Eglise » est, elle aussi, admise par l'Etat qui nommera les nouveaux évêques, recevra leur serment de fidélité, leur donnera un traitement, tandis que le Pape leur accordera l'investiture canonique. Le problème du clergé constitutionnel s'avère plus épineux. On convient de ne pas en parler officiellement, mais la question n'en est pas moins résolue : les prêtres *jureurs* ne devront pas se rétracter — « chose, précisait Bonaparte qu'on ne pouvait pas exiger d'eux sans les déshonorer » — et il leur sera permis de rentrer dans le sein de la nouvelle église. On fera semblant d'oublier qu'ils avaient dû autrefois prêter serment à la Constitution civile du Clergé. Il avait fallu huit mois pour trouver cet accommodement. Enfin, le 14 juillet 1801 — à l'occasion de la fête « destinée à célébrer cette époque d'espérance et de gloire où tombèrent les institutions barbares » — le Premier consul peut annoncer aux Français que, bientôt, cessera « le scandale des divisions religieuses ». En effet, le surlendemain, à deux heures du matin, le Concordat est enfin signé. Certains membres du Corps législatif ne sont pas satisfaits. Ils ironisent :

— Si cela continue, il faudra sans doute que nous nous munissions de billets de confession...

Bonaparte passe outre et ne s'arrête pas aux objections soulevées par la signature du traité :

— Nous avons fini le roman de la Révolution ; il faut en commencer l'histoire et voir ce qu'il y a de réel et de possible dans l'application des principes et non ce qu'il y a de spéculatif et d'hypothétique. Suivre une autre marche serait philosopher et non gouverner.

Il ajoutera :

— Le Concordat n'est le triomphe d'aucun parti, mais la consolidation de tous.

Politiquement Napoléon a vu juste : la ratification du Saint-Siège crucifie véritablement le futur Louis XVIII :

— Si j'avais, comme Saint Louis, mes barons assemblés, je ferais afficher une protestation aux portes du Vatican. Mais je suis sans troupes, sans argent, sans asile !

Enghien, lui, dira avec amertume :

— On est grand homme à bon marché quand on l'est comme Bonaparte. Rien ne lui résiste, pas même Dieu !

En s'intitulant « le dévoué fils de Sa Sainteté », Napoléon annonce lui-même au Pape la promulgation du Concordat pour le jour de Pâques — 18 avril 1802 —, journée où l'on doit aussi célébrer la paix d'Amiens. Ce matin-là, le son du bourdon de Notre-Dame, muet depuis dix années, tire les Parisiens du sommeil.

— Le bourdon ! s'écrie un ouvrier. J'aime mieux cela que le canon d'alarme !

Les cloches ont réveillé également le consul de bonne heure. Constant lui passe son uniforme de colonel de la Garde consulaire lorsque Joseph et Cambacérès entrent dans la pièce.

— Eh bien ! lance Bonaparte, nous allons à la messe, que pense-t-on de cela dans Paris ?

— Beaucoup de gens, répond Cambacérès, se proposent d'aller à la première représentation et de siffler la pièce, s'ils ne la trouvent pas amusante.

— Si quelqu'un s'avise de siffler, je le fais mettre à la porte par les grenadiers de la Garde consulaire !

— Mais, reprend Cambacérès, si les grenadiers se mettent à siffler comme les autres ?

— Pour cela, je ne le crains pas. Mes vieilles moustaches iront ici à Notre-Dame, tout comme au Caire ils allaient à la mosquée. Ils me regarderont faire, et en voyant leur général se tenir grave et décent, ils feront comme lui, en se disant : *C'est la consigne !*

— J'ai peur, renchérit Joseph, que les officiers généraux ne soient pas si accommodants. Je viens de quitter Augereau qui jette feu et flamme contre ce qu'il appelle vos capucinades. Lui et quelques autres ne seront pas faciles à ramener au giron de notre sainte mère l'Eglise.

— Bah ! — et Bonaparte hausse les épaules — Augereau est comme cela. C'est un braillard qui fait bien du tapage, et s'il a quelque petit cousin imbécile, il le mettra au séminaire pour que j'en fasse un aumônier...

La France redevient la fille aînée de l'Eglise.

Au-dessus de Paris le ciel est couvert et le vent souffle. La journée commence par la traditionnelle revue du Carrousel. Un coup de canon retentit et Bonaparte saute, « avec une extraordinaire agilité », sur son nouveau cheval blanc baptisé *Marengo*. Tandis que les trompettes sonnent et que les tambours battent, le consul, suivi de son habituel cortège doré et empanaché, s'élance au grand trot et parcourt les rangs. Les officiers saluent de l'épée et du sabre, les soldats présentent les armes. Lui, passe sans répondre, ne saluant — et bien bas — que les drapeaux. « Le teint de Bonaparte est foncé, nous dit un témoin anglais — Henri Redhead York, qui le vit ce matin-là, son visage ovale, son menton allongé, ses yeux noirs et perçants, ses cheveux noirs coupés de court, et sans aucune poudre. Son sourire est étonnamment fascinateur, mais ses traits deviennent terribles au moindre mouvement de colère. Sa voix a une intonation profonde, un peu rauque même. C'est surtout à cheval que sa figure apparaît à son avantage. » La revue achevée, Bonaparte « rentre au palais avec la rapidité d'une flèche ».

Puis, dès qu'il a revêtu son célèbre costume rouge de Premier consul, Bonaparte s'apprête à partir pour Notre-Dame. Précédé d'un corps de mameluks — escorte inattendue pour se rendre à un *Te Deum* — le Premier consul prend place avec ses deux collègues dans un carrosse, tiré par huit superbes chevaux bais — cadeau du roi d'Espagne... un Bourbon ! Les mameluks qui tiennent par la bride les chevaux, sont tout de vert et d'or habillés, ainsi que les piqueurs et les valets de pied. Après un intervalle suivent les carrosses de Joséphine et de Mme Letizia. Des hussards ferment la marche. Le cacochyme Mgr de Belloy, cardinal nonagénaire, — il était né sous Louis XIV ! — accueille les consuls et les conduit devant l'autel. La veille, le clergé avait fait demander s'il devait *encenser* en même temps Bonaparte, Cambacérès et Lebrun...

— Non, pas eux, avait répondu le futur empereur. Pour mes deux collègues, cette fumée est encore trop solide...

Mehul et Cherubini dirigent chacun un orchestre. Le *Tè Deum* a été composé par le fécond — et flagorneur — Giovanni Paesiello qui était alors le compositeur préféré de Bonaparte. Le Consul avait tout naturellement prié le roi de Naples — encore un Bourbon ! — de lui envoyer son maestro pour l'organisation de sa chapelle.

Poursuivant son récit, Henri Redhead York raconte : « Trois trônes étaient placés en face de l'autel, pour les consuls ; celui de Bonaparte avait été mis un peu devant les autres, mais il accusa encore la distance avant de s'y asseoir. Il resta fièrement assis sur son fauteuil pendant toute la cérémonie, excepté à la consécration de l'hostie et à la communion, où il se tint debout, et au moment de l'élévation, où, non content de se relever, il se signa dévotement. Le consul Lebrun était à sa droite, et Cambacérès à sa gauche. Ces deux automates se montrèrent parfaitement indifférents à toute la cérémonie. Quand la grand-messe fut terminée, les évêques s'approchèrent à tour de rôle pour prêter serment de fidélité ; lorsque chacun de ces prélats mitrés s'agenouillait devant Bonaparte, celui-ci répondait d'un aimable signe de tête, mais lorsqu'un pauvre prélat, presque aveugle et trop faible pour s'agenouiller, s'inclina par erreur devant Cambacérès, le Premier consul fronça si terriblement les sourcils que le pauvre vieillard perdit complètement la tête, et ne s'arrêta point d'adresser d'humbles salutations au Premier consul, si bien qu'on dut lui enjoindre de se retirer... »

La cour consulaire semble bien ébahie de se trouver là. Ainsi que le remarquera plaisamment Bourrienne, les hommes qui la composaient « avaient le plus contribué à la destruction du Culte en France et ayant passé leur vie dans les camps, étaient plus souvent entrés dans les églises d'Italie pour y prendre des tableaux que pour y entendre la messe ».

Le lendemain, Bonaparte désire savoir comment Augereau a trouvé la cérémonie.

— Très belle, répond le général ; il n'y manquait qu'un million d'hommes qui se sont fait tuer pour détruire ce que nous rétablissons.

Bonaparte est d'autant plus irrité par ce propos, qu'il prend son rôle de protecteur de l'église fort au sérieux. Lorsque, quelque temps plus tard, Cazeneuve, « archevêque de Saint-Domingue » lui fait demander quel jour « il pourra lui prêter serment de fidélité », le Premier consul trace ces mots en marge : « Renvoyé au citoyen Portalis pour lui demander pourquoi il prend le titre d'archevêque, et, s'il l'est, qui l'a nommé. »

L'Allemand Bulow l'écrit avec raison : « Le Pape n'est plus maintenant que ce qu'il était au temps de Charlemagne, un instrument dans la main de l'Empereur. Il est l'évêque de Rome, disposant de revenus importants, mais sa puissance est bien réduite, sinon nulle. »

Bonaparte s'offre même le luxe de remettre sous la protection de la France le Saint-Sépulcre, tous les chrétiens de Syrie et les églises de Constantinople. Il fait envoyer à « Sa Sainteté », deux vaisseaux : *le Colibri* et *le Speedy* : « Vous les ferez baptiser, ordonne-t-il à Decrès, l'un du nom de *Saint-Pierre* et l'autre du nom de *Saint-Paul.* Vous ferez écrire, en lettres d'or, sur la poupe de chacun : *Donné par le Premier consul Bonaparte au Pape Pie VII.* »

Cette même année 1802, un scandale éclate lors de l'enterrement d'une jeune ballerine de l'Opéra, Mlle Chameroy. Le curé de Saint-Roch refuse l'accès de son église à la dépouille d'une femme « qui, par sa profession, affirme-t-il, était excommuniée ».

Aussitôt Bonaparte écrit à Portalis :

« Le curé de Saint-Roch, Citoyen Ministre, s'est très mal conduit, religieusement et politiquement. Faites donner des ordres par l'archevêque de Paris pour que ce curé soit mis deux ou trois mois au séminaire, et que des mesures soient prises pour que de pareilles scènes ne se renouvellent plus désormais. Il ne vous sera pas difficile de faire sentir que, si tous les artistes des théâtres de Paris se faisaient protestants, ce serait une chose nuisible pour l'Eglise, et que ce préjugé, d'ailleurs, qui existait autrefois, est aussi injuste qu'absurde. »

Il méprise l'esprit étroit de certains membres du clergé.

Après avoir lu les observations que le roi d'Etrurie a éprouvé le besoin d'envoyer « à son ami le Premier consul », il les renvoie aux Archives, avec cette apostille de sa main : « Bon à conserver comme un monument de la bêtise des rois, lorsqu'ils se livrent aux prêtres. »

Talleyrand le reconnaîtra : « Lorsque, en 1802, Napoléon rétablit le culte en France, il a fait non seulement acte de justice, mais aussi de grande habileté... Le Napoléon du Concordat, c'est le Napoléon vraiment grand, éclairé, guidé par son génie. »

Le génie de Bonaparte ne s'est pas seulement manifesté à propos des questions religieuses. Le Code civil reste l'une des plus évidentes manifestations de son génie. Napoléon disparaîtra, son empire s'écroulera, mais sa pensée continuera à régir les peuples.

A son retour de Marengo, Cambacérès lui avait exposé les projets de loi qu'il avait rédigés et qui avaient été autrefois débattus devant la Convention. Bonaparte l'en avait félicité :

— J'ai lu. Il y a là un esprit d'analyse dont j'ai été satisfait... Vous avez fait plusieurs codes, ne pensez-vous pas qu'il serait utile de les refondre et de présenter au Corps législatif un projet qui fût à la hauteur des idées du siècle et digne du gouvernement ?

La Justice ne serait qu'un mot vide de sens si le Consulat ne lui donnait point une arme, c'est-à-dire des lois. Animée par Bonaparte, conduite par Cambacérès, une Commission commence son immense travail : il en sortira un jour le Code civil qui deviendra le Code Napoléon.

« Dès la première réunion, Bonaparte s'explique en des termes positifs, rapporte Cambacérès, sur la nécessité de donner plus d'intensité à l'autorité paternelle, sur l'utilité de revoir la loi du divorce, sur la libre disponibilité des biens, sur l'adoption,... Tout ce qu'il dit étant plein de raison, je ne manquai pas d'y applaudir. »

Il préside plusieurs fois par semaine les séances. J. de Malleville, l'ancien ministre de Louis XVI, nous avoue sa stupéfaction en écoutant le Premier consul discourir : « Mais où diable avait-il appris tout cela ? », se demandait-il. Lorsqu'on discute l'article du Code concernant l'obéissance de la femme à son mari, on entend Bonaparte préciser :

— Ce mot est bon pour Paris surtout où les femmes se croient en droit de faire tout ce qu'elles veulent. Je ne dis pas que cela produira de l'effet sur toutes, mais il en produira sur quelques-unes.

Et comment peut-on contraindre une femme à regagner le domicile conjugal qu'elle a abandonné ?

— D'abord, propose le grave et savant Merlin, on la sommera.

— Comment ! s'exclame le Premier consul, mais nous ne plaisantons pas ici. Nous discutons sérieusement.

— Je ne plaisante en aucune manière.

— Vous ne plaisantez pas ! Et quand on l'aura assommée, on sera bien avancé.

Tous éclatent de rire. Bonaparte, auteur de ce calembour involontaire, prend part à la gaieté générale. « Elle fut telle, nous dit Réal, qu'il y eut nécessité de renvoyer la discussion au lendemain. »

Les séances du Conseil d'Etat le passionnent encore bien davantage. Il s'y rend entouré d'un certain cérémonial. Le tambour, au bas de l'escalier des Tuileries, annonce son approche. Il entre suivi d'un aide de camp — plus tard, il sera précédé d'un chambellan. S'asseyant dans un fauteuil, dont les bras sont tailladés des coups de canif qu'il donne au cours des débats, il pose près de lui sa tabatière. Il prise d'ailleurs fréquemment et le chambellan de service doit toujours lui glisser à portée de la main une tabatière pleine.

Dès que les portes sont fermées au verrou, la séance commence. Si, par malchance, un conseiller n'ouvre pas assez discrètement sa tabatière, Napoléon la lui fait confisquer par l'huissier. Il se fait apporter la tabatière incriminée puis, après en avoir tiré deux ou trois prises, la jette dans son tiroir. Elle n'en ressort jamais. Aussi les conseillers, se munirent-ils de « tabatière du Conseil », vulgaires petites boîtes de carton qui ne valaient pas plus de quinze à vingt sous !...

Il écoute avec patience et attention, interroge d'une manière lapidaire, ne rougit nullement d'avoir à avouer ne rien connaître à certains problèmes. Il multiplie alors les questions, demandant le sens exact et la définition des mots qu'il ignore. Puis commencent les contradictions, objections et réfutations. La polémique demeure ouverte. A cette époque, il admet encore le débat — ce qu'il ne supportera plus quelques années plus tard. Et les ministres ou conseillers d'Etat parviennent encore, au début du Consulat, à imposer leur manière de voir.

« De ce que le Premier consul présidait toujours le Conseil d'Etat, rapporte le comte de Plancy, certaines personnes ont voulu inférer que cette assemblée était servile et lui obéissait en tout. Je puis au contraire affirmer que les hommes les plus éclairés de France, en toutes les spécialités qui la composaient, y délibéraient en toute liberté et que rien n'entravait jamais leurs discussions. Bonaparte s'attachait bien plus à profiter de leurs lumières qu'il ne prêtait attention à leurs opinions politiques. »

On l'entend parfois apostropher un conseiller :

— Voyons, vous qui êtes jacobin, donnez-nous votre opinion.

Puis il se tourne vers un autre membre du Conseil :

— Et vous, qui êtes royaliste, dites-nous quelle est la vôtre.

Il sait laisser dormir son instinct dominateur et demeure extraordinairement calme « portant jusqu'à l'excès la patience de tout entendre » :

— Je suis tantôt renard et tantôt lion. Tout le secret du gouvernement consiste quand il faut à être l'un ou l'autre.

Parfois la séance s'enlise : ou bien Napoléon tombe dans une profonde rêverie ou bien il se livre à de passionnantes divagations politiques étrangères au sujet. La discussion terminée, il prend longuement la parole, parlant « sans beaucoup de suite dans les idées, très incorrectement, revenant sans cesse, sur les mêmes tours de phrase », nous dit le royaliste duc de Broglie qui ne l'aimait point. Il est certain qu'il disait *îles Philippiques* pour Philippines, *section* pour session, *point fulminant* pour point culminant, *rentes voyagères* pour rentes viagères...

Chaque jour, il parvient à réunir plusieurs conseils où l'on agite tous les objets d'administration, de finances ou de jurisprudence. Certaines réunions se prolongent souvent jusqu'à cinq heures du matin, car il refuse d'abandonner une question sans que son opinion soit solidement faite. Certains conseillers ou ministres ont le plus grand mal à se plier à ce train d'enfer.

— Vous êtes un peu paresseux, déclare-t-il à l'un d'eux ; cependant il faut se hâter. Tout le monde crie après nous ; on nous accuse de ne pas aller assez vite en besogne.

Et il ajoute :

— Je conviens que c'est un terrible écheveau à démêler, mais il faut marcher, il faut marcher !

Parfois, après de nombreuses heures de délibération, il arrive que quelques conseillers, exténués, s'assoupissent — pour peu de temps, car ils ne tardent pas à être réveillés par les bourrades du Premier consul :

— Allons, citoyens, secouez-vous, leur dit-il. Il n'est que deux heures. Il faut bien gagner l'argent que la France vous donne !

Mais lui-même, parfois, ayant travaillé toute la nuit, s'endort en plein conseil. Il ne fait rien d'ailleurs pour se tenir éveillé. N'a-t-il pas le « sommeil à son commandement », comme le disait Thibaudeau. Les membres se retirent alors sans bruit.

Lorsque tout se sera écroulé, lorsqu'il ne sera plus qu'un prisonnier cloué sur son rocher, il pourra dire :

— Ma gloire n'est pas d'avoir gagné quarante batailles... Ce que rien n'effacera, ce qui vivra éternellement, c'est mon Code civil, ce sont les procès-verbaux du Conseil d'Etat.

« Il a monté un cheval blanc qui fait partie de ceux que lui a envoyés le roi d'Espagne. Ce cheval est couvert d'un caparaçon de velours nacarat, brodé en or. Les mors, les bossettes, les étriers, tout est en or, sur cet animal si richement harnaché, le plus grand homme de l'univers, vêtu d'un habit que Garat (le chanteur) ne voudrait pas voir à son jockey. »

XIX

LE SECOND PAS VERS LA ROYAUTÉ

La bonne politique est de faire croire aux peuples qu'ils sont libres.

NAPOLÉON.

AVANT de le suivre dans sa marche vers le trône, regardons-le agir alors que l'ambition ne vient point conduire la plupart de ses pas. Voyons-le vivre près de ses amis — car il en eut, quoi qu'on en ait dit...

Un jour, selon son habitude, il se met à pincer affectueusement l'oreille de Junot... puis il tire également une mèche de la chevelure bouclée du futur duc d'Abrantès. L'ex-sergent la Tempête ne peut retenir un mouvement : il a été blessé autrefois à cet endroit.

— Ah ! Je t'ai fait mal, s'écrie le Consul.

« Et, posant sa petite main sur la chevelure blonde

de Junot — celui-ci le racontera à Laure — il le caressait comme s'il eût voulu apaiser la douleur d'un enfant. » Puis, il lui demande :

— Junot, te rappelles-tu un jour au palais Serbelloni, à Milan, tu venais d'être blessé là à cette place ? Je tirai tes cheveux et ma main revint à moi pleine de ton sang ? Oui, j'avoue qu'en ce moment je sentis qu'il était en nous une faiblesse inhérente à notre humaine nature et que les femmes possèdent d'une manière plus développée et plus exquise... J'ai compris ce jour-là qu'on pouvait s'évanouir. Je n'ai pas oublié cette époque, mon ami. Je l'ai mise en bon lieu pour le souvenir et le nom de Junot, depuis ce temps-là, ne s'unira jamais dans ma pensée avec une apparence même de perfidie. Ta tête est vive, trop vive, mais tu es un loyal et brave garçon, toi, Lannes, Marmont, Duroc, Berthier, Bessières....

A chaque nom, il prend une prise de tabac et arpente la pièce.

— Mon fils Eugène... Oui, voilà des cœurs qui m'aiment. Je puis compter sur eux. Lemarois ? Voilà encore un fidèle, celui-là. Et ce pauvre Rapp, il n'y a pas longtemps qu'il est auprès de moi, et pourtant il m'aime au point de me brusquer. Il me gronde quelquefois.

Et il sourit de ce sourire sérieux, remarque un témoin, « un sourire d'une infinie douceur », qui rachète tant de choses. Il semble alors un autre homme.

Junot épouse la petite Laure Permon, celle-là même qui — « petite pensionnaire » — s'est moquée autrefois du « chat botté ». Bonaparte a demandé à voir la nouvelle Mme Junot : « J'arrivai donc aux Tuileries fort agitée, racontera-t-elle ; la porte battante de l'appartement de Mme Bonaparte s'ouvrit et quelqu'un descendit rapidement. M. de Beauharnais me donna la main et nous entrâmes enfin dans ce grand salon meublé de jaune. La pièce était seulement éclairée par deux faisceaux de bougiès placés sur la cheminée et entourés d'une gaze pour adoucir la lumière. » De chaque côté de celle-ci, sont assises Mme Bonaparte, à la place qu'elle occupe alors « comme maîtresse de maison bourgeoise », et sa fille, l'aimable et douce Hortense. Quant au Premier consul, debout devant la cheminée, les mains derrière le dos, se dandinant à son habitude, il dévisage la nouvelle arrivée. « Ses yeux étaient braqués sur moi, et je les aperçus inspectant chacun de mes mouvements avec une attention scrupuleuse qui ne contribua pas à me rassurer... »

Fort heureusement, Joséphine, abandonnant son métier à tapisserie, s'est levée et est venue au-devant de la jeune femme. Pour la mettre à l'aise elle lui prend les mains, l'embrasse, l'assure que Laure pourra compter sur son amitié :

— Je suis depuis trop longtemps l'amie de Junot, lui promet-elle, pour que sa femme ne trouve pas en moi les mêmes sentiments, surtout lorsqu'elle est comme celle qu'il a choisie.

— Oh ! oh ! Joséphine, interrompt Bonaparte, comme tu vas vite en besogne ! Et sais-tu si ce petit lutin-là vaut assez pour qu'on l'aime ? Eh bien, mam'selle Loulou — vous voyez que je n'oublie pas le nom de mes anciennes amies — est-ce que vous n'avez pas une bonne parole pour moi ?

— Général, répond modestement Laure Junot en baissant les yeux, ce n'est pas à moi à parler la première...

« Le froncement de sourcils, continue-t-elle, aurait été imperceptible pour tout autre que pour moi, mais depuis longtemps je connaissais ce visage ». D'ailleurs, presque aussitôt, le Premier consul s'est repris :

— Bien, très bien riposté, lance-t-il en souriant. Oh ! la tête de la mère... A propos, et comment se porte-t-elle Mme Permon ?

— Mal, général, elle est fort souffrante. Depuis deux ans sa santé est même dérangée assez sérieusement pour nous donner de vives inquiétudes.

— Ah ! vraiment, c'est à ce point ! J'en suis fâché, très fâché... Vous lui ferez mes amitiés. C'est une mauvaise tête, une tête du diable ! Mais elle a du cœur et une âme généreuse.

Lorsque la jeune femme s'apprête à prendre congé, Napoléon ajoute :

— J'espère que nous nous verrons souvent, madame Junot. Mon intention est de former autour de moi une nombreuse famille, composée de mes généraux et de leurs jeunes femmes. Elles seront les amies de la mienne et d'Hortense, comme leurs maris sont mes amis. Cela vous convient-il ? Je vous avertis que vous aurez peut-être des mécomptes si vous croyez trouver ici tous vos beaux amis du faubourg Saint-Germain. Je ne les aime pas. Ils sont mes ennemis et me le prouvent bien, car ils me déchirent. Au surplus, dites-leur, puisque votre mère vit au milieu d'eux, dites-leur que je ne les crains pas. Je n'ai pas plus peur d'eux que des autres.

Veut-on encore le voir plus détendu ? Alors suivons de nouveau Mme Junot, à qui Joséphine « fait les cartes » pour savoir de quel sexe sera l'enfant que la future duchesse d'Abrantès va mettre au monde :

— Ce sera une fille, prédit-elle.

— Ou un garçon, lance le Premier consul qui entre à cet instant dans le salon et se moque toujours des cartes de sa femme. Il est certain que Mme Junot fera l'un ou l'autre. Et si j'étais de toi, Joséphine, je ne compromettrais pas ma réputation de sorcière par une prédiction décidée.

— Elle fera une fille, répète Joséphine. Eh bien, Bonaparte, veux-tu parier quelque chose avec moi ?

— Je ne parie jamais, répond le Premier consul. Si on est sûr de son fait, on est malhonnête homme, si la chose est douteuse, on est aussi fou que celui qui va perdre son argent au jeu.

— Parie des bonbons.

— Et toi, que me donneras-tu ?

— Je te broderai un tapis pour mettre sous tes pieds, dans ton bureau.

— Ah ! c'est parler, cela ! Voilà du moins qui servira à quelque chose. Eh bien, je parie que Mme Junot fera un garçon. Ah çà ! dit-il en regardant Laure, n'allez pas me faire perdre au moins.

Puis, se mettant à rire :

— Si vous faisiez un garçon et une fille, que deviendrait le pari ?

« Il y avait, dans le fait, lieu à croire que la chose pût arriver, car j'étais énorme, racontera la jeune femme.

— Eh bien, général, savez-vous ce qu'il faudra faire ? Me donner à moi les deux paris.

Cette idée de faire un garçon et une fille leur parut à tous si bouffonne, que le rire gagna jusqu'à moi-même. »

Laure eut seulement une fille dont Joséphine fut la marraine.

L'été, Bonaparte se rend chaque fin de décade au délicieux Malmaison, acheté par Joséphine pendant la campagne d'Egypte. Le ménage consulaire y vit, durant les « week-ends » du Consulat, en châtelains bourgeois recevant leurs amis.

Mais sa tâche de Premier consul demeure toujours pour lui à la première place. Dès cinq ou six heures du matin, il quitte sa chambre qui est également celle de Joséphine — elle y mourra un jour —, une chambre alors ornée d'une frise pompéïenne où jouent des amours. Il laisse Joséphine seule sous le vaste baldaquin du lit.

— Pour être heureux, affirme-t-il, le mariage exige un continuel échange de transpiration.

A Sainte-Hélène, il rappellera l'importance que la créole attachait au lit commun.

— Une femme qui veut exercer de l'influence sur son mari doit toujours coucher avec lui.

Il n'en abandonne pas moins un jour la chambre conjugale de Malmaison pour s'installer, à l'autre bout du château, juste au-dessus de sa bibliothèque, placée dans le pavillon d'angle, du côté du midi. Le décor de cette bibliothèque n'a pas changé. On peut croire que le Premier consul va venir s'installer derrière son vaste bureau. Quoiqu'il ait trouvé « que cette pièce ressemblait à une sacristie d'église, il a été forcé de reconnaître qu'il était difficile de faire mieux dans un local aussi peu convenable ». La cheminée des cuisines passe en effet par la pièce et, pour la dissimuler, l'ébéniste Jacob « a montré une intelligence rare ».

C'est là qu'il travaille avec son secrétaire. Les séances réunissant les consuls, les conseillers ou les ministres venus de Paris, se déroulent dans la pièce voisine toute tendue de coutil rayé bleu et blanc et décorée de trophées guerriers. Parfois il entraîne son visiteur vers le parc. Ils passent par le petit pont qui enjambe les douves — il lui arrive, l'été, de travailler sur ce pont protégé du vent par des toiles. Lorsqu'il marche à travers le parc, un peu courbé, les mains croisées derrière le dos, « il fait fréquemment un mouvement involontaire de l'épaule droite qu'il relève un peu, rapporte un témoin, et en même temps un mouvement de la bouche de gauche à droite. Si l'on n'a pas su que ces deux mouvements musculaires ne sont qu'un tic d'habitude, on pourrait les prendre pour des mouvements convulsifs. Il a l'habitude, quand il se promène avec quelqu'un qu'il traite familièrement, de passer son bras sous le sien, et de s'appuyer dessus. »

Et voici une image bien inattendue :

« Quand il était de bonne humeur, que le temps était beau, nous raconte Laure d'Abrantès, et qu'il avait à sa disposition quelques minutes dérobées à ce travail constant qui le tuait alors, il jouait aux barres avec nous. Il trichait comme au reversi, par exemple. Il faisait tomber, il arrivait sur nous sans crier : *barre !* Enfin c'étaient des tricheries qui provoquaient des rires de bienheureux. Dans ces occasions-là, Napoléon mettait habit bas et courait comme un lièvre, ou plutôt comme la gazelle à laquelle il faisait manger tout le tabac de sa tabatière, en lui disant de courir sur nous, et la maudite bête nous déchirait nos robes et bien souvent les jambes. »

Lorsqu'il fait beau le dîner est servi dans le parc où la table est dressée devant le château sur la gauche de la pelouse, « et un peu en avant de l'allée droite ».

Rien ne peut remplacer les récits des témoins — tel celui tracé par Isabey le peintre de Joséphine, de Marie-Antoinette, et même un jour, lorsqu'il sera nonagénaire, de l'impératrice Eugénie. Il était parfois invité à Malmaison : « Je vois encore, comme si j'y assistais, un déjeuner champêtre qu'on nous servit sous les beaux ombrages du parc, une matinée de printemps. Un ton de badinage y régnait ; on projetait des jeux innocents à la mode dans le grand monde d'alors... Ce furent alors vraiment les jours brillants de la Malmaison que les Tuileries et Saint-Cloud n'avaient pas encore fait abandonner. Quel brouhaha sur la route ! quel flot de visiteurs s'entre-choquant du matin jusqu'au soir ! Dès dix heures du matin arrivaient les ministres ; à huit, les rapports des préfets ; après le déjeuner, les conseillers d'Etat puis les Consuls ; le soir, les ambassadeurs et la société particulière du Premier consul : Mmes Leclerc, Bacciochi, les généraux et colonels Lannes, Duroc, Junot, Bessières, Rapp, Lavalette. » Et presque toutes les femmes de Malmaison étaient jolies !

Quand il pleuvait, ou pendant l'hiver, on se tenait au salon. Parfois même, la jeune génération préparait une comédie ou se mettait à danser. Le salon lambrissé d'acajou — « encadrements en velours » — a reçu une décoration voulue par Bonaparte. On y voit peints par les citoyens Girodet et Gérard à droite de la cheminée *Odin recevant dans le Walhalla les guerriers morts pour la patrie* et, à gauche, *Ossian évoquant les fantômes au son de la harpe sur les bords du Lora*. Ossian, cher au cœur du Premier consul !

« On évitait, nous dit encore Isabey, de toucher aux questions politiques mais chacun s'appliquait à lire sur la figure du Premier consul si les choses marchaient à son gré. »

Un soir, les intimes se trouvent dans la salle de billard, quand arrive Lacuée, aide de camp, porteur de dépêches datées de Bruxelles. Il ne peut être reçu par Bonaparte enfermé avec Bourrienne. Le secrétaire sort enfin du cabinet et jette rapidement en passant :

— Garde-à-vous ! Le Premier consul n'est pas de bonne humeur...

— Qu'a-t-il ? Dites en grâce.

— Il vient d'apprendre la mort de Paul Ier...

On se met à table. Personne ne se soucie d'entamer la conversation. Il règne un silence embarrassant, Lacuée n'ose même pas manger et ne désire qu'une chose : se faire oublier. Ce qu'il redoute cependant, ne tarde pas à se produire.

— A propos Lacuée, lui dit le consul en l'interpellant, vous arrivez de Bruxelles.

— Oui, général.

— Combien y a-t-il de... jolies femmes ?

— Trois cent soixante-cinq, répond hardiment l'intrépide aide de camp, heureux du tour que prend l'interrogatoire.

Cet incident détend un peu les nerfs des convives, mais le Consul pense toujours à l'assassinat du tsar, il redevient soucieux et méditatif. Un peu plus tard, Isabey parle à Mme de Narichkine de l'étrange effet produit sur Bonaparte par la mort de Paul Ier :

— N'en soyez pas surpris, lui explique-t-elle, il savait que son buste était au palais de l'Ermitage, et que chaque fois que l'empereur Paul passait devant il ôtait son chapeau, répétant : « Saluons le plus grand général des temps modernes ! »

A Malmaison, il semble avoir été troublé par la petite Laure Junot dont le mari a dû demeurer à Paris. Joséphine est, elle aussi, absente... « Un matin, écrit Laure, je dormais profondément. Tout à coup je suis réveillée par un coup très violent frappé près de moi, et tout aussitôt j'aperçois le Premier consul près de mon lit ! Je crus rêver et me frottai les yeux. Il se mit à rire :

— C'est bien moi, dit-il. Pourquoi cet air étonné ?

« Une minute avait suffi pour m'éveiller entièrement. Pour réponse, j'étendis en souriant la main vers la fenêtre que la grande chaleur m'avait forcée de laisser ouverte. Le ciel était encore de ce bleu vif qui suit la première heure de l'aube. On voyait au vert sombre des arbres que le soleil était à peine levé. Je pris ma montre, il n'était pas cinq heures. »

— Vraiment, dit-il quand la jeune femme la lui tend, il n'est que cette heure-là ? Eh bien, tant mieux, nous allons causer.

Bonaparte s'est installé dans un fauteuil au pied du lit de Laure. Il tient à la main « un énorme paquet de lettres » sur lesquelles on peut lire : *Au Premier consul ; à lui-même ; à lui seul en personne.* « Formules de secret et de sûreté pour le solliciteur » qui les employait « avec succès », nous dit encore Mme Junot, Bonaparte, en effet, se faisant un devoir d'ouvrir lui-même les lettres dont l'adresse était ainsi libellée. Cependant Laure s'étonne de voir le Premier consul s'occuper d'une pareille besogne. Ne pourrait-il s'en remettre à une personne de confiance ?

— Plus tard, peut-être, lui explique Bonaparte. Maintenant, c'est impossible. Je dois répondre à tous. Ce n'est pas au commencement du retour de l'ordre que je puis ignorer un besoin, une réclamation.

— Mais, remarque Laure, en montrant un pli à l'écriture assez maladroite, cette lettre ne contient peut-être qu'une question qui pourrait vous être soumise par l'intermédiaire d'un secrétaire ?

— Eh bien, cette lettre elle-même est une preuve que je fais bien de voir par moi-même. Tenez : lisez-la.

Il s'agit d'une demande de secours d'une veuve de soldat, dépourvue de moyens d'existence, et dont le fils a été tué durant la campagne d'Egypte. Elle a déjà envoyé plus de dix lettres au ministre de la Guerre et au Premier consul, « ainsi qu'à monsieur son secrétaire, et jamais de réponse ».

— Vous voyez donc bien, reprend Napoléon, qu'il

est nécessaire que je voie moi-même tout ce qu'on m'écrit en me le recommandant spécialement ?

« Et il se leva pour aller prendre une plume sur une table ; il fit une sorte de signe, convenu probablement entre Bourrienne et lui, sur la lettre de cette mère et veuve de soldats, et revint s'asseoir comme s'il eût été dans son cabinet. Je crois, Dieu me pardonne, ajoute la future duchesse d'Abrantès, qu'il pensait y être, en effet... »

— Ah çà ! voici une attrape, s'exclame-t-il en retirant du paquet trois ou quatre enveloppes à l'écriture élégante et qui sentent « l'essence de rose à n'y pas résister ». Après avoir lu la première lettre, Bonaparte éclate de rire :

— C'est une déclaration, dit-il à Laure, non pas de guerre, mais d'amour. C'est une belle dame qui m'aime, dit-elle, depuis le jour où elle me vit présenter le traité de paix de Campo-Formio au Directoire. Et si je veux la voir, je n'ai qu'à donner des ordres au factionnaire de la grille du côté de Bougival, pour qu'il laisse passer une femme vêtue de blanc, qui dira : *Napoléon*. Et cela, ajoute-t-il tout en regardant la date, ma foi : dès ce soir !

— Mon Dieu ! vous n'irez pas faire une pareille imprudence ?

— Qu'est-ce que cela vous fait que j'aille à la grille de Bougival ? réplique Bonaparte en regardant Laure dans les yeux. Que peut-il m'arriver ?

— Ce que cela me fait ? Ce qu'il peut vous arriver ? Mais, général, voilà d'étranges questions. Comment ne voyez-vous pas que cette femme est une misérable gagnée peut-être par vos ennemis ? Mais le piège est lui-même trop grossier. N'importe, il peut y avoir péril ! Et vous me demandez après cela ce que peut me faire votre imprudence ?

— Je disais cela pour plaisanter, reprend Bonaparte en riant ; croyez-vous donc que je sois assez simple, assez bête pour mordre à un pareil appât ? Imaginez-vous que tous les jours je reçois des lettres de ce genre-là, avec des rendez-vous indiqués tantôt ici, tantôt aux Tuileries, tantôt au Luxembourg ; mais la seule réponse que je fasse à ces belles missives, et la seule qu'elles méritent, c'est celle-ci.

Et, allant de nouveau vers la table, il écrivit quelques mots. « C'était un renvoi au ministre de la Police ».

— Diable ! s'exclame soudain le Premier consul en entendant sonner la pendule, voilà six heures ! Adieu Madame Junot.

Il ramasse vivement ses papiers répandus sur le lit, pince le pied de Laure à travers les couvertures, sourit à la jeune femme « avec cette grâce qui éclairait sa figure » et s'en va « en chantant d'une voix fausse et criarde » son air préféré :

> *Non, non,* z'il *est impossible*
> *D'avoir un plus aimable enfant.*
> *Un plus aimable ? Ah ! si vraiment...*

« Chose particulière, conclut Laure Junot, c'est que, à dater du premier jour où il a chanté cet air, il a dit *z'il est impossible.* Junot, qui le lui a entendu dire à Toulon, n'a jamais pu parvenir à lui en faire perdre l'habitude. Il ne chantait au reste cet air que lorsqu'il était de fort bonne humeur. »

Même bonne humeur le lendemain matin : Laure est encore réveillée par le Premier consul. Comme la veille, il entre dans la chambre, un paquet de lettres et de journaux à la main. Il ne s'excuse même pas de l'avoir éveillée trois heures trop tôt et lui demande :

— Pourquoi dormez-vous la fenêtre ouverte ? C'est

mortel pour les femmes qui ont, comme vous, des dents comme des perles. Il ne faut pas vous exposer à perdre vos dents. Elles sont comme celles de votre mère, de vraies petites perles.

« Et il se mit à lire les journaux et à faire des marques à plusieurs lignes avec son ongle. Il levait quelquefois les épaules et marmottait un ou deux mots que je n'entendais pas... »

Le jeu — dangereux — cessa, lorsqu'un matin Bonaparte trouva Junot couché près de sa femme et que Laure put faire sentir au Premier consul combien ses visites matinales pouvaient la compromettre...

Revenons au souverain. Ne l'est-il pas déjà ?

***

Le 6 mai 1802, Chabot monte à la tribune !

— Le Sénat, déclare-t-il, est invité à donner aux consuls un témoignage de la reconnaissance nationale.

Il s'agit de donner un caractère plus définitif au régime né en Brumaire an VIII. Seul Carnot refuse :

— Je sais que je signe ma proscription...

Et l'on fait cet épigramme :

Vous dites oui : moi je dis non :
Mon avis diffère des vôtres.
Je signe ma proscription :
Parbleu ! J'en ai signé tant d'autres !

On n'en décide pas moins de proroger le pouvoir du Premier consul pour dix années. Bonaparte espérait davantage, aussi remercie-t-il la députation du Tribunat par quelques phrases banales, mais au Conseil, il lance cet avertissement :

— On a tout détruit, il s'agit de recréer. Il y a un

gouvernement des pouvoirs, mais tout le reste de la Nation, qu'est-ce ? Des grains de sable... Nous sommes épars, sans système, sans réunion, sans contact. Tant que j'y serai, je réponds bien de la République, mais il faut prévoir l'avenir. Croyez-vous que la République soit définitivement acquise ? Vous vous tromperiez fort. Nous sommes maîtres de la faire, mais nous ne l'avons pas, et nous ne l'aurons pas, si nous ne jetons pas sur le sol de France quelques masses de granit.

Le Sénat semble ne pas avoir compris — à moins que les sénateurs aient eu peur de se voir écraser par « la masse de granit ». Aussi se contentent-ils de ratifier, le 8 mai 1802, le vote du Tribunat. Le Consul accueille la nouvelle avec déception. Et Fouché qui sait ce que Bonaparte désire, fait établir ce rapport de police concernant la nouvelle loi : « On n'y trouve point une garantie pour l'affermissement de la République. On aurait voulu que le Premier consul fût nommé pour sa vie avec faculté de désigner son successeur. »

Bonaparte trouve, en effet, le cadeau insuffisant : c'est garder le pouvoir jusqu'à sa mort qu'il ambitionne et il demande que l'on prenne l'avis du peuple. Aussi, le 10 mai, le Conseil d'Etat vient-il soumettre au Premier consul le texte des deux questions qui doivent être posées au peuple français : « 1° Napoléon Bonaparte sera-t-il Consul à vie ? — 2° Aura-t-il la faculté de désigner son successeur ? ».

C'est en somme le retour à la monarchie, la création d'une nouvelle dynastie. Le mot « successeur » est écrit en toutes lettres, et Napoléon ne pourra plus dire désormais :

— Mon héritier, c'est le peuple français.

Pour le clan, puisque le consul à vie n'a pas d'enfant, le successeur ne peut être que l'un des fils de

Charles Bonaparte. Joseph, étant l'aîné, estime que la succession lui revient de droit — comme si la future « Madame Mère » et le défunt « Monsieur Père » avaient régné !

Napoléon préférerait forger lui-même le premier maillon de sa dynastie. A ce désir, Joséphine répond qu'elle a fait ses preuves — Hortense et Eugène sont là pour en témoigner — et que la stérilité du ménage ne vient pas d'elle, mais de son mari. Bonaparte se refuse à l'admettre. Bientôt, le bruit court que Napoléon va répudier Joséphine et épouser une princesse d'Allemagne ou une infante d'Espagne... Le divorce éventuel parut l'année suivante si probable que le nouveau Code civil conserva la faculté pour tous les citoyens d'annuler son mariage. Certains membres du Tribunat se montrèrent affligés de voir maintenue « une disposition aussi honteuse », et Carion de Nisas, cousin de Cambacérès, ose en parler ouvertement à Bonaparte en lui disant :

— Je sais que mes efforts n'obtiendront rien, mais ils serviront du moins à marquer mon opinion aux yeux de toute la France et à sauver le Tribunat du déshonneur d'avoir consenti sans réclamation à cette loi immorale.

Et il précise sa pensée en ces termes :

— Au surplus, je connais les motifs qui ont déterminé la proposition du divorce et les raisons du prix qu'on paraît y mettre n'échappent pas plus au public qu'à moi ; mais j'ose dire qu'il n'était pas nécessaire pour cela de faire une plaie aussi profonde aux mœurs de toute une nation. Un *sénatus-consulte* aurait rempli le même but, et n'aurait pas offert les mêmes inconvénients.

Le Premier consul préféra garder le silence. Sa décision était encore loin d'être prise — ce qui n'empêchera pas les royalistes d'affirmer — la fureur les faisait déraisonner... — que le Consul n'osant pas divorcer « à cause de la décence », voulait se débarrasser de sa femme en l'empoisonnant !

En ce printemps 1802, le public pense que son nouveau maître a bien du temps devant lui pour prendre une décision. Il n'a que trente-trois ans et la paix semble établie... La *Gazette de France* résume par ces lignes le sentiment de la majorité : « Depuis deux ans, la Nation française ne conservait qu'une inquiétude, c'était de se voir exposée à retomber dans le gouffre de l'anarchie, avant que la main qui l'en avait retirée n'eût eu le temps d'effacer toutes les traces de nos longues calamités et de fermer l'abîme des maux dans lesquels nous avons été précipités, de manière qu'il ne pût jamais se rouvrir. »

La nouvelle dynastie aura son ordre. Le *Moniteur* du 19 mai 1802 publie le texte instaurant la Légion d'honneur — une « chevalerie de la Révolution » ironiseront les royalistes. « Cette création d'un ordre de chevalerie dans un pays où l'on ne marche qu'au milieu d'institutions républicaines, dira de son côté la duchesse d'Abrantès, parut d'abord une sorte de monstruosité dans une République ».

— Ce Bonaparte échappé d'Egypte, s'exclama Mme de Staël, se prend pour un Pharaon !

Mais c'est le « pharaon » qui aura le mot de la fin :

— Ce sera un hochet de vanité, lui dira quelqu'un.

— Eh bien, répondit-il, c'est avec des hochets qu'on mène les hommes !

Certes, il pense déjà à l'Empire et, dès le 31 mai 1802, un des agents secrets du comte de Lille affirme, non sans raison, qu'après avoir « voulu apaiser les tempêtes avant de songer à la route qu'il tiendrait », il voulait aujourd'hui « reconstruire la monarchie pour lui et ses successeurs. » Dans ce but conclut l'informateur, « il adopte pour modèle l'ancien régime, si décrié depuis dix ans ». Le rapprochement entre l'Eglise et l'Etat n'en est-il pas la preuve ? Sous l'ancien régime, ces deux puissances ne se soutenaient-elles point « par une adhérence mutuellement utile » ? L'instauration de la Légion d'honneur ne crée-t-elle pas une manière de noblesse ? Là encore cet ordre national pouvait être considéré comme un soutien du futur régime. Et, le mois suivant, le même agent parle presque naturellement de « l'empereur des Gaules ».

Cependant, chaque médaille a son revers, et tout ce que fera le Consul pour affermir son pouvoir, sera considéré non sans raisons par les Jacobins comme une attaque aux « fondements de la liberté ».

Le 29 juillet 1802, le Sénat proclame les résultats du plébiscite : « Le peuple français nomme et le Sénat proclame Napoléon Bonaparte, Premier consul à vie. » Sur trois millions cinq cent soixante-dix-sept mille deux cent cinquante-neuf votants, il n'y eut que huit mille trois cent soixante-quatorze Français à ne point vouloir faire de Bonaparte une manière de roi.

Soixante mille trois cent quatre-vingt-quinze électeurs de Paris ont voté *oui*. Les opposants ne sont que soixante ! Et la Vendée ? On attendait avec impatience le vote de ce département royaliste : on compta dix-sept mille soixante-dix-neuf *oui* contre six *non !*

Certains électeurs ont accompagné leur vote de souhaits. C'est ainsi que les pensionnaires de l'Hôtel des Invalides « qui se sont rendus en foule à la mairie du Xe arrondissement », ont déclaré tout naturellement :

— Que Bonaparte soit consul à vie et que Dieu le protège !

Que nous voilà loin — et en quelques mois — du peuple souverain... Et, en remerciant le Sénat, venu lui apporter la Proclamation du Consulat à vie, Napoléon évoque, lui aussi, le droit divin :

— Content alors d'avoir été appelé, par l'ordre de celui de qui tout émane, à ramener sur la terre la justice, l'ordre et l'égalité, j'entendrai sonner la dernière heure sans regret et sans inquiétude sur l'opinion des générations futures.

Déjà son prénom prestigieux apparaît sur les monnaies et, le 15 août — date de la naissance du nouveau maître — est décrété fête nationale.

— Voici le second pas fait vers la royauté, peut s'exclamer Mme de Staël. Je crains que cet homme ne soit comme les dieux d'Homère, qu'au troisième acte il n'atteigne l'Olympe !

Tandis que Cobenzl mande à Colloredo : « Où donc s'arrêtera ce torrent plus rapide et plus dévastateur dans la paix que dans la guerre ? »

Napoléon a déjà été élu président de la République italienne et, à la fin de cette même année, le titre de médiateur de la Confédération suisse lui est apporté par les députés des dix-huit cantons helvétiques. Il veut bien accepter cette nouvelle charge mais il leur explique avec condescendance le peu de chose que représente leur pays sur l'échiquier européen :

— Vous ne devez pas prétendre à jouer un rôle entre les puissances de l'Europe. Vous êtes placés entre la France qui a cinq cent mille hommes de troupes ; l'Autriche qui en a trois cent mille ; la Prusse qui en a deux cent mille ; combien pouvez-vous en entretenir ? Qu'est-ce que dix mille hommes contre de telles armées ? Si vous avez autrefois tenu un rang entre les puissances militaires, c'est que la France était divisée en trente parties, l'Italie en cent. Vous pouviez tenir tête au duc de Bourgogne, mais aujourd'hui la Bourgogne n'est qu'un point de la France.

C'est le ton de Louis XIV — et ce ton paraît tout

naturel. Ainsi que le constate encore un agent du comte de Provence : « Bonaparte continue à régner avec une plénitude de pouvoirs que ne déployèrent jamais nos rois. »

Mêmes certains royalistes commencent à l'admirer et à trouver que Bonaparte a du bon.

— Qui diable mettrions-nous à la place de ce petit polisson-là ? se serait exclamé le duc de Laval, émigré récemment rentré, et pourtant exilé à quarante lieues de Paris par une manière de lettre de cachet signée par le « petit polisson ».

La République est déjà un souvenir. Un homme de l'ancienne cour bavardait un jour avec Lucien Bonaparte et lui parlait de la Normandie et du Languedoc, « les plus belles provinces du royaume ».

— Vous m'excuserez, dit-il à Lucien, c'est une vieille habitude.

— Oh ! vous n'avez pas besoin d'excuse, répondit le frère du Premier consul avec esprit, cela est tout simple, je me surprends bien quelquefois à parler de république.

Pour Bonaparte qui se considère déjà l'égal des rois — en attendant d'être leur maître —, la France doit retrouver au plus vite sa place en Europe. Et celle-ci ne peut être que la toute première. Le ministre de la République à Stockholm n'ayant pas été invité avec la famille royale de Suède à un dîner donné en l'honneur de la naissance du Prince héritier — dîner auquel l'ambassadeur d'Angleterre, le prince de Gloucester, avait été convié — le Premier consul s'approcha aux Tuileries de l'envoyé suédois en lui disant à haute voix, de manière à être entendu de tous :

— Votre Roi a-t-il oublié que la Suède n'est qu'une puissance de troisième ordre ? Faut-il l'en faire souvenir, et lui rappeler qu'il ne saurait traiter avec trop d'égards le représentant d'un Etat comme la France ?

On le prend encore de plus haut avec le prince de Reuss qui se décide, après dix années, « à reconnaître la République française ». Tel était d'ailleurs le premier article du traité, en marge duquel Talleyrand, imperturbable, traça ces mots : « Et la République française est en chemin de faire la connaissance avec le prince de Reuss. »

***

Bonaparte va-t-il s'installer à Versailles ? Il trouve le château « un monstre affreux » — l'admirable palais paraissait alors aussi démodé que, pour les Parisiens d'aujourd'hui, les anciennes entrées du Métropolitain. Aussi Napoléon préfère-t-il le château de Saint-Cloud, point « moderne » assurément, mais plus à l'échelle humaine. C'est là qu'il fera ses premiers pas de souverain et que J.F. Reichardt, le compositeur allemand républicain, l'a vu, revêtu de son « petit uniforme vert à parements rouges, gilet assez long en drap bleu, culotte de soie noire, bas de soie blancs, petit tricorne à la main, un court sabre de dragon au côté. Il s'est mis à causer avec la première dame qui s'est trouvée à sa portée, lui a fait quelques compliments et des questions qui, d'après ce que j'ai pu entendre moi-même, ou apprendre par d'autres, ont invariablement porté sur le climat de son pays, sur le voyage, sur la durée du séjour à Paris. Son sourire n'a pas varié pendant toute l'audience... Deux préfets du palais, plus petits que Bonaparte, se tenaient à ses côtés ; l'un demandait à la dame que Bonaparte allait aborder son nom, son pays, et le Premier consul la saluait d'une inclination de tête avant de lui parler... Il était amusant d'observer que les sourires les plus gracieux, les mines les plus séduisantes allaient à l'adresse du Premier consul. Quand il approchait, les plus belles embellissaient et les plus impressionnables, surtout parmi les Polonaises, avec leur tête penchée d'un petit air langoureux, leurs grands yeux clairs et expressifs fixés alternativement sur le héros, ou levés au plafond, étaient charmantes... »

Nombreux sont alors les étrangers qui, en tremblant d'abord quelque peu, viennent visiter cette France nouvelle, dont les frontières leur sont fermées depuis dix années, cette fille turbulente de l'Europe qui a osé jeter au monde la tête d'un roi ! Leurs récits sont d'autant plus précieux que, en abordant la France consulaire et son chef, ils ont un peu la mentalité de l'explorateur découvrant une peuplade inconnue. Sir John Dean Paul pénètre à la Comédie-Française au moment où le Premier consul va se retirer : « C'est un petit homme, comme chacun le sait, écrit-il en parlant de Napoléon, mais son visage respire l'intelligence, et ses yeux reflètent un esprit peu commun. Ses cheveux plats sont sans poudre, et taillés très courts. » De son côté, l'écrivain allemand Kotzebue décrit ainsi le Consul à vie, spectateur à ce même Théâtre-Français : « Il conserve une attitude sérieuse et tranquille, et ne donne aucun signe d'approbation ou d'improbation. Il paraît très attentif, et ne parle à personne de sa suite, qui se tient respectueusement debout derrière son fauteuil. Le parterre le reçoit chaque fois avec des acclamations bruyantes, mais du reste ne paraît pas s'inquiéter de lui, et ne se laisse pas enlever le droit de siffler et de faire du tapage. J'ai vu même qu'une nouvelle pièce, dont Bonaparte était venu voir la première représentation, ne put être jouée jusqu'à la fin. Il reste fort tranquille pendant tous ces excès, se souvenant sans doute que les Parisiens, comme les Romains, sont satisfaits pourvu qu'on leur assure *Panem et Circenses.* »

Pour assister au comportement du maître de la France lorsqu'il reçoit au château des Tuileries, il faut retrouver Reichardt : « Bien que l'heure fixée pour la présentation fût à trois heures, dit-il, on nous fit cependant attendre jusqu'à quatre heures passées. Pour nous occuper, on faisait incessamment circuler des plateaux chargés de café égyptien, de chocolat ou de vin d'Espagne. Le personnel domestique a belle apparence dans sa livrée verte à larges broderies d'or. Un petit préfet du palais, vêtu d'un uniforme noir brodé et portant sous le bras un immense chapeau gansé d'argent, ne cessait d'aller d'une porte à l'autre pour se renseigner sur le moment où il conviendrait de nous laisser monter.

« Les portes s'ouvrirent enfin, et une bousculade incroyable nous amena au pied de l'escalier, sur lequel se tenaient, superbes d'immobilité, des gardes qui présentaient les armes. A l'étage supérieur, le cortège défila entre deux haies de laquais, richement chamarrés... Arrivés dans la salle d'audience proprement dite, les ministres des différentes puissances se rangèrent, ayant derrière eux leurs nationaux placés par ordre de préséance... Par suite du protocole établi, le prince de Bade, voyageant incognito sous le nom de comte d'Eberstein, se trouvait placé au bout de la salle, mais le malin Bonaparte sut néanmoins rendre à chacun son dû, tout en respectant l'ordre établi : il commença simplement sa tournée dans le sens inverse... »

On annonça l'ambassadeur d'Angleterre — lord Whitworth — venu présenter ce jour-là ses lettres de créance. Bonaparte abandonna aussitôt sa mine enjouée. Le diplomate prononça un assez long discours auquel Bonaparte répondit en quelques mots et termina par un salut « poli et froid » à la suite duquel le ministre vint reprendre sa place en avant de ses nationaux.

Reichardt verra encore Napoléon sortir de la chapelle « saluant de la tête et souriant, tout comme faisait le roi à Versailles... »

« Aucune des gravures que j'ai vues de lui en Allemagne ou en France, ne lui ressemble parfaitement, et la plupart ne lui ressemblent pas du tout, remarquera de son côté l'Allemand Kotzebue, qui fut reçu, lui aussi, aux Tuileries. Le fameux tableau de David est du nombre de ces derniers. Isabey est celui qui a le mieux saisi sa ressemblance. Il l'a peint en pied. On a fait une très bonne gravure d'après ce dessin. Mais ce qui paraît lui ressembler plus encore, c'est son effigie sur les nouvelles pièces de cinq francs de l'an XII. Chaque fois que j'en vois une, le Consul est tout vivant devant moi. Depuis quelque temps, il a pris de l'embonpoint, ce qui ne sied pas à un homme tel que Bonaparte. Car on est si habitué à se le peindre tout génie, que l'imagination ne lui permet absolument pas plus d'enveloppe matérielle qu'il n'en faut pour être l'instrument de l'esprit. Son profil est celui d'un ancien Romain, sérieux, noble, expressif. S'il se taisait toujours, ce sérieux aurait quelque chose de froid et de cet air sévère qui effraie. Mais dès qu'il parle, un sourire bienveillant donne à sa bouche un contour gracieux et inspire la confiance... Il parla avec beaucoup d'esprit, d'aisance et de facilité sur toutes sortes de sujets, et lorsqu'il s'approcha de moi pour la seconde fois, il fut encore question de théâtre. Il gratifia les Allemands de l'épithète de « mélancoliques », trouva que les drames « touchants » empiétaient un peu trop sur le domaine de la tragédie française et qu'il n'aimait pas à pleurer. »

— Comment plaît notre Opéra, demande-t-il à un visiteur étranger ?

— Je voudrais le voir souvent, répond celui-ci, mais en me bouchant les oreilles.

— Gardez-vous de la moindre critique devant un Parisien, réplique le consul en souriant ; il tolérerait plutôt une insulte personnelle qu'une observation contre son Opéra !

***

Point de bornes à notre admiration, devant le chef, l'homme aux admirables formules, le génie qui laisse les simples êtres humains loin derrière lui. On admire même cette façon bien à lui de considérer tous ceux qui l'entourent comme des imbéciles... mais on demeure pantois en le voyant peu à peu se transformer sous nos yeux en autocrate-imperator.

Comment ne pas sursauter en l'entendant dire :

— Pour être conquérant, il faut être féroce !

A Saint-Cloud, Chaptal est un jour si insulté par Bonaparte — celui-ci l'aurait même frappé au visage avec un rouleau de papier qui se trouvait sur son bureau — que le ministre de l'Intérieur demande au Grand juge d'aller porter sa démission au Premier consul. Fort hésitant, Régnier débute en ces termes :

— C'est avec le plus vif regret que je viens vous annoncer la retraite d'un de vos plus fidèles serviteurs, d'un homme laborieux et utile.

— De qui voulez-vous parler ? interrompt aussitôt Bonaparte. N'est-ce pas de Chaptal ? J'ai beaucoup à me plaindre de lui ; il s'est conduit insolemment avec moi, il m'a manqué d'une manière grave ; mais dites-lui que je veux bien lui pardonner ; j'oublie son injure, qu'il oublie mon ressentiment. Je n'accepte point sa démission.

« Machiavel n'aurait pas fait mieux », conclut l'agent secret de Louis XVIII en rapportant l'histoire au « comte de Lille ».

Sa tyrannie s'exerce sur les siens. Au début du Consulat, il a d'abord refusé la candidature de Murat à la main de Caroline.

— Murat, déclare-t-il, est le fils d'un aubergiste ! Dans le rang élevé où m'ont placé la fortune et la gloire, je ne puis pas mêler son sang à mon sang !... D'ailleurs rien ne presse, je verrai plus tard.

Le futur roi de Naples plaide lui-même sa cause.

— Le Premier consul m'a laissé parler sans m'interrompre, racontera-t-il. J'ai exposé toutes les preuves de dévouement que j'ai données à la France et à lui-même, tous les services que j'ai rendus et aussi tout l'amour que j'éprouve... et l'immense honneur qu'il me ferait en m'accueillant dans sa famille ; son visage restait glacé, impénétrable.

Bonaparte l'a remercié en lui « signifiant la fin de l'audience ». Joséphine prend le parti de sa jeune belle-sœur avec l'espoir de se faire une alliée parmi les membres de cette terrible famille pour qui elle est toujours « la vieille » et « l'étrangère » dont il faut se débarrasser.

— Laisse-moi tranquille avec ces amourettes, lui répond Bonaparte ; elles ne mènent jamais à rien de bon. La sœur du Premier consul ne peut s'allier qu'à l'un des grands noms de France ou à l'une des gloires de la République.

Il finira par céder, mais la pauvre Joséphine ne sera point payée de retour. Caroline se montrera à son égard l'une des plus haineuses de la tribu...

Au mois d'octobre 1801, Bonaparte expédie son beau-frère Leclerc gouverner — et conquérir — Saint-Domingue et exige que sa sœur Pauline suivît son mari : « Je crois, raconte Laure d'Abrantès, que le général Leclerc se serait bien passé de cette addition à son bagage car c'était une véritable calamité, après qu'on avait épuisé le plaisir de la regarder pendant un quart d'heure, que d'avoir la terrible charge de distraire, d'occuper, de soigner Mme Leclerc... Un jour je la trouvai dans un accès de désespoir et de larmes tout à fait inquiétant pour quelqu'un qui ne l'aurait pas connue comme moi. »

— Ah ! Laurette, s'exclame Pauline en se jetant dans les bras de son amie, que vous êtes heureuse ! Vous restez à Paris, vous... Mon Dieu, comme je vais m'ennuyer ! Et puis, comment mon frère a-t-il le cœur assez dur, l'âme assez méchante pour m'exiler au milieu des sauvages et des serpents ! Et puis je suis malade. Oh ! je mourrai avant d'arriver...

Il lui faudra partir et elle n'en mourra point ! Au moment de l'insurrection des Noirs à Saint-Domingue, Pauline montrera même un courage qui fera dire à Bonaparte :

— Pauline était prédestinée à épouser un Romain, car, de la tête aux pieds, elle est toute Romaine.

Cependant, à la veille de leur départ, ce n'est point tant la présence de Pauline qui inquiète Leclerc, mais de laisser à Paris sa sœur Aimée. S'occuper de cette dernière est pour le brave général « un devoir sacré » et il l'expliqua au Premier consul :

— C'est le sort de ma bonne sœur qui me force à repousser ce qui ferait l'objet de mon envie dans toute autre circonstance. Elle est jeune, elle est jolie, son éducation n'est pas entièrement achevée ; je n'ai point de dot à lui donner ; dois-je la laisser sans appui, lorsque mon absence peut être longue, éternelle !... Je m'en rapporte à votre cœur si dévoué à votre famille. Général, puis-je faire autrement ?

— Non, certainement, répond le Consul. Il faut la marier promptement... demain, par exemple, et partir ensuite.

— Je vous le répète, je n'ai pas de fortune, insiste Leclerc, et...

— Eh bien, ne suis-je donc pas là ? Allez, mon cher, faire vos préparatifs. Demain, votre sœur sera mariée ; je ne sais pas encore avec qui... mais c'est égal, elle le sera, et bien, encore...

— Mais...

— J'ai parlé, je crois, clairement ; ainsi, pas d'observation !

Leclerc, discipliné, salue, sort, et laisse la place à Davout qui vient faire part de son prochain mariage au Premier consul.

— Avec Mlle Leclerc, interrompt Bonaparte ? Je la trouve fort convenable, poursuit-il avant que le malheureux ait eu le temps de donner le nom de sa fiancée.

— Non, général, avec Madame...

— Avec Mlle Leclerc, interrompt de nouveau Napoléon, en appuyant sur ce nom. Non seulement cette union est sortable, mais *je veux* qu'elle ait lieu immédiatement.

— J'aime depuis longtemps Madame... elle est libre maintenant et rien ne m'y fera renoncer.

— Rien que ma volonté, reprend le Premier consul en fixant sur lui son regard d'aigle. Vous allez vous rendre sur-le-champ à Saint-Germain chez Mme Campan ; vous demanderez votre future ; vous lui serez présenté par son frère, le général Leclerc, qui est chez ma femme ; il ira avec vous, Mlle Aimée viendra ce soir à Paris. Vous commanderez la corbeille qui doit être belle puisque je sers de père à cette jeune personne ; je me charge de la dot et du trousseau, et le mariage sera célébré sitôt que les formalités exigées par la loi seront remplies. J'aurai soin de les abréger. Vous m'avez entendu, *il faut obéir.*

Il sonne, fait appeler Leclerc qui revient immédiatement.

— Eh bien, lance Bonaparte, avais-je tort ? Voilà le mari de votre sœur. Allez ensemble à Saint-Germain et que je ne vous revoie l'un et l'autre que lorsque tout sera arrangé, je hais les discussions d'intérêt.

Les deux généraux sortent éberlués, mais ne songent nullement à résister... et c'est ainsi que Davout épousera Aimée Leclerc qui ne lui plaira d'ailleurs nullement lorsqu'il fera sa connaissance. Quant à Leclerc, peu après son arrivée à Saint-Domingue, dans l'île qui, on le sait, devait être son tombeau, il pourra écrire : « Je lutte ici contre les Noirs, contre les Blancs, contre la vermine, contre la pénurie d'argent, contre mon armée qui est découragée. »

Et Pauline sera veuve.

Napoléon agent matrimonial, fut rarement heureux. Pour le mariage d'Hortense, Joséphine se met de la partie, voulant donner sa tendre fille à son jeune beau-frère Louis — toujours pour avoir quelque soutien dans la place. Par ailleurs, si Hortense et Louis avaient un fils, pourquoi celui-ci ne pourrait-il pas être adopté par Bonaparte ? De ce fait, Joséphine consoliderait sa propre situation : le spectre du divorce — toujours présent à son esprit — s'éloignerait. Pour aboutir — et sacrifier sa fille à ses intérêts — il lui faudra mener un véritable combat. Bonaparte, en effet, tient à la candidature de Duroc qui semble amoureux d'Hortense et qui est loin de déplaire à la fille de Joséphine. Ayant voulu imposer son choix, il mène l'affaire tambour battant jusqu'à assigner à son futur beau-fils la résidence de Toulon.

— Je ne veux pas de gendre chez moi, s'exclame-t-il.

Duroc, moins souple que Davout, se rebelle et Hortense épouse Louis en sanglotant. Ses pressentiments ne la trompaient point : ce fut une abominable union qui s'acheva par un divorce. Hortense saura un jour se consoler avec le beau Flahaut qui donnera un frère au futur Napoléon III — et qui sera duc de Morny sous le Second Empire.

Et « l'affaire Lucien » !

Lors du premier anniversaire du 18 brumaire — la *Saint Cloud,* disait Lucien — le frère du Premier consul a perdu sa place de ministre de l'Intérieur. Le prétexte trouvé fut pour le moins injuste. Le 1er novembre 1800, une brochure avait paru en librairie, intitulée : *Parallèle entre César, Cromwell, Monk et Bonaparte.* La sortie de ce brûlot avait fait scandale et exaspéré les adversaires de Bonaparte et du pouvoir personnel. Elle avait été rédigée par Fontanes et inspirée par Lucien Bonaparte, qui avait abandonné ses idées jacobines pour ne plus penser qu'à la « succession »de son illustre frère. C'est déjà — dix-huit mois avant le Consulat à vie — le « parti de l'hérédité » qui faisait entrevoir aux Français les malheurs qui les attendraient une nouvelle fois si Bonaparte venait à disparaître sans assurer sa succession... Le Consul n'est ni un César, ni un Cromwell, ni un Monk, souligne le *Parallèle,* qui ajoute : « Mais si le sort d'un grand homme est sujet à plus de hasards que celui des hommes vulgaires. O nouvelles discordes ! O calamités renaissantes ! Si tout à coup Bonaparte manquait à la patrie, où sont ses héritiers ? Où sont les institutions qui peuvent maintenir ses exemples et perpétuer son génie !...

Vous pouvez retomber sous la domination des assemblées, sous le joug de Sieyès ou sous celui des Bourbons. A chaque instant, votre tranquillité peut disparaître. Vous dormez sur un abîme, et votre sommeil est tranquille ! Insensés ! »

Après avoir lu le pamphlet — ou fait semblant de le lire, on verra le pourquoi de cette comédie — Bonaparte avait demandé à Bourrienne ce qu'il en pensait :

— Je pense, général, que ce pamphlet est de nature à faire le plus grand mal dans l'opinion ; il me semble intempestif, car il révèle prématurément vos projets.

Fouché, convoqué, eut la même réaction :

— Général, il n'y a qu'une voix pour dire que cette brochure est extrêmement dangereuse.

— Eh bien, alors pourquoi l'avez-vous laissée paraître ? C'est une indignité.

— Général, je devais des ménagements à l'auteur.

— Des ménagements !... qu'est-ce que cela veut dire ?... Vous deviez le faire mettre au Temple.

— Mais, général, c'est votre frère Lucien qui a pris ce pamphlet sous sa protection ; l'impression et la publication en ont été faites par son ordre ; enfin, il est sorti du ministère de l'Intérieur.

— Cela m'est bien égal ! Alors, votre devoir, comme ministre de la Police, était de faire arrêter Lucien et de l'enfermer au Temple. Cet imbécile-là ne sait qu'imaginer pour me compromettre !

Bonaparte sorti, Fouché s'exclama en souriant :

— Faire mettre l'auteur au Temple, cela serait difficile !

« Effrayé de l'effet que produirait le *Parallèle entre César, Cromwell et Bonaparte,* racontera Fouché, dès que j'en ai eu connaissance, je suis allé tout de suite chez Lucien pour lui faire sentir son imprudence ; alors, au lieu de me répondre, il est allé chercher un manuscrit qu'il m'a montré, et qu'ai-je vu ? Des corrections et des annotations de la main du Premier consul. »

Lucien se précipita aux Tuileries pour demander des explications.

— C'est votre faute, s'écria le consul, vous vous êtes laissé attraper, eh bien, tant pis pour vous ! Fouché a été plus fin et plus habile que vous : vous n'êtes qu'une f...e bête auprès de lui.

Lucien donna sa démission de ministre de l'Intérieur et son frère le nomma ambassadeur à Madrid, où il s'installa « en gentilhomme de race princière » et en menant un train de chef d'Etat. La signature de la paix, l'Espagne détachée de l'alliance anglaise, et surtout le climat étouffant — du moins il le prétendait — lui firent demander ses lettres de rappel.

Grâce aux cadeaux reçus du roi d'Espagne, Lucien s'installe — toujours princièrement — avec sa maîtresse, Mme de Santa-Cruz, à l'hôtel de Brienne, rue Saint-Dominique. Dès son arrivée, Lucien se présente aux Tuileries et estime avoir été fort mal reçu par son frère. Napoléon l'a « goguenardé », selon son expression et « avili » en employant avec lui un ton qui ne convient point au principal artisan du coup d'Etat.

— Quand pourrai-je vous voir et où, demande-t-il au Consul. Je ne suis plus votre ministre ! je ne suis, ni ne veux être conseiller d'Etat ; je n'ai plus d'uniforme ; je ne puis plus venir chez vous, à vos audiences, je n'y puis venir qu'en frère.

— Venez tous les soirs dans le salon, répond Bonaparte ; les matins, je déjeune seul, à onze heures, venez quand vous voudrez.

— Dans votre salon, c'est très bien, mais je vous le demande, plus de mauvaises plaisanteries, plus de *citoyen Lucien !* de *grand Lucien !* de *grave*

Lucien ! Je ne veux pas servir de risée à vos aides de camp...

Bonaparte l'approuve et Lucien continue :

— Je ne veux plus de fonctions, ni missions. Je veux vivre à Paris, en citoyen de Paris, à moins que vous ne me fassiez concourir à quelque chose d'utile pour consolider votre pouvoir.

Le lendemain de cette conversation, Lucien revoit son frère qui le reçoit dans le salon où se tiennent sept ou huit aides de camp.

— Eh bien, citoyen Lucien, lance Bonaparte, que faites-vous ?

— Citoyen consul, je ne fais que de petites choses dont je ne rends compte à personne ; différent de vous, qui en faites de grandes, dont vous rendez si glorieusement compte à tout le monde.

Aussitôt, Bonaparte attaque à haute voix :

— Qu'est-ce que fait cette femme, madame... madame qui ? Mme Santa-Cruz, qui court après vous, est-elle toujours à Paris ?

— Ah ! Citoyen consul, s'exclame Lucien, épargnez une femme qui n'est pas faite pour les brocards. Je ne me crois pas obligé à en entendre mal parler par mon frère, et encore moins par le Premier consul.

— Mais on peut se passer de votre approbation.

— Mais, du moins, je ne suis pas obligé de l'entendre, je vous salue.

Depuis cette conversation Lucien boude — et on le comprend.

— Je l'honore, je le respecte, explique-t-il à Roederer en parlant du maître de la France, je l'admire comme chef de gouvernement, je ne l'aime plus comme un frère...

Bien que Napoléon ne puisse se défaire de cette vieille habitude de « goguenarder » son frère, un *modus vivendi* s'établit et Lucien entre même au

Tribunat. Sur ces entrefaites le Consul montre une épouvantable colère en apprenant que son puîné, sans solliciter son autorisation, a épousé, à Senlis, Alexandrine Jourberthon, veuve d'un agent de change. Le notaire, convoqué, comparaît devant le consul — et le dialogue s'engage :

— C'est vous, monsieur, qui avez reçu l'acte de mariage de mon frère ?

— Oui, citoyen Premier consul.

— Vous ignoriez donc que c'était mon frère ?

— Non, citoyen Premier consul.

— Vous ne saviez donc pas que mon consentement était nécessaire pour valider cet acte ?

— Je ne le pense pas. Votre frère est majeur depuis longtemps. Il a rempli de grands emplois. Il a été ministre et ambassadeur. Il n'a point de père. Il est libre de contracter.

— Mais il a une mère dont il fallait avoir le consentement.

— Non, il est majeur et veuf.

— Mais je suis souverain, et, comme tel, je devais donner mon consentement.

— Aucun acte n'engage votre famille vis-à-vis de vous.

— Montrez-moi cet acte de mariage.

— Le voilà !

— Je ferai casser cet acte, lance Bonaparte après avoir jeté un regard sur le registre.

— Ce sera difficile, car il est bien cimenté, et tout y est prévu.

— Allez-vous-en !

S'il faut en croire Chaptal, la discussion qui suivit, entre les deux frères, se termina par cette phrase, lancée par Lucien:

— Et toi aussi, tu as épousé une veuve. Mais la mienne n'est ni vieille, ni puante !

Lucien lui aurait dit encore :

— Ne crains-tu pas que la France ne se révolte contre l'indigne abus que tu fais du pouvoir ?

Et Napoléon de s'exclamer :

— Ne crains rien, je la saignerai tellement au blanc, qu'elle en sera de longtemps incapable.

La réponse, surtout à cette époque, est difficilement croyable. Cependant Bonaparte ne parvenait pas à comprendre pourquoi Lucien faisait ainsi fi de ses intérêts.

— Que penser d'un homme, s'exclamera Volney en parlant de Napoléon, qui prétend qu'avec de l'argent on a des hommes, qu'avec des hommes on a de l'argent !

***

Il faut bien reconnaître que Bonaparte — comme plus tard Napoléon — a été affligé d'une famille insatiable et qu'il ne connut que déboires et déceptions avec ses frères et sœurs — sauf avec la chère Pauline.

Selon certains, Bonaparte aurait même été l'amant de *Paganetta*. Simonville, l'une des passades de l'amoureuse « petite païenne », prétendait que la sœur du Premier consul lui aurait dit, peu après le 18 Brumaire :

— Je suis très bien avec mon frère. Il a déjà couché deux fois avec moi.

De la nymphomane et inconsciente Paoletta, rien ne peut surprendre. Si *Napoleone caro mio* le lui avait demandé, pourquoi aurait-elle refusé ? Mais, tout au long de sa vie, les sens peu exigeants de Bonaparte ne semblent pas l'avoir poussé à commettre une action aussi amorale. Sa manière de se comporter au lit, avec Joséphine ou avec ses maîtresses, paraît avoir été celle d'un homme peu enclin aux complications et fantaisies érotiques...

Et Hortense ? Nombreux sont les contemporains qui ont affirmé que la belle-fille de Bonaparte avait été la maîtresse de son beau-père. Sans doute aucun lien du sang ne les unissait, sans doute Hortense était bien plus sensuelle que Napoléon, mais on l'imagine mal se laissant aller dans les bras du mari de sa mère qu'elle adorait. On a même dit que le petit Louis, fils aîné d'Hortense, était né de leurs amours. Lorsque l'enfant mourut en 1807, l'Empereur témoigna un certain chagrin parce qu'il perdait surtout un neveu qui aurait pu lui succéder. Et, devant l'immense désespoir d'Hortense il écrira à Joséphine avec désinvolture : « Hortense n'est pas raisonnable et ne mérite pas qu'on l'aime, puisqu'elle n'aimait que ses enfants. » Il ajouta pour Joséphine, dont la douleur fut peut-être égale à celle de sa fille : « Tâche de te calmer, et ne me fais point de peine. A tout mal sans remède, il faut trouver des consolations. » Aurait-il parlé ainsi de la disparition de son fils ?

On a également prêté au Consul, puis à l'Empereur, plus de maîtresses qu'il n'en eut vraiment, bien que ses amours d'antichambres et de coulisses aient été fréquentes. Et Joséphine, si elle ne voulait pas déclencher une scène, devait fermer les yeux et admettre que les infidélités de son mari comptaient fort peu pour lui.

— L'amour n'existe pas réellement, dira-t-il un jour. C'est un sentiment factice né de la société. Je suis peut-être peu propre à en juger : je suis trop raisonnable...

N'avait-il pas adoré Joséphine à la folie ?

— J'ai pu passer huit jours, expliquera-t-il, quinze jours sans dormir à cause d'une femme, mais ce n'est pas là de l'amour. On a beau dire, l'amour ne résiste pas à l'absence.

Il semble avoir oublié aujourd'hui son désespoir lorsque la volage créole se refusait à venir le rejoindre en Italie.

On le vit au début du Consulat s'intéresser à une jeune pensionnaire du Théâtre-Français, Thérèse-Etiennette Bourgoin, ancienne danseuse, et dont le physique de petite fille se rendant au catéchisme formait un piquant contraste avec ses « plaisanteries épicées ». Chaptal appréciait fort celle que l'on nommait « la déesse de la joie et des plaisirs », et la protégeait officiellement. Sans doute le ministre de l'Intérieur — la Police ne dépendait point alors de ses services — ignorait-il l'intérêt que Bonaparte portait à sa maîtresse, car il fut stupéfait, un soir de 1804, alors qu'il travaillait avec Napoléon — celui-ci venait de prendre la couronne — d'entendre annoncer : « Mlle Bourgoin. »

— Qu'elle attende ! jeta le maître.

Comprenant ce que signifiait pareille visite à cette heure tardive, le ministre prit son portefeuille, s'en alla et, le lendemain, envoya sa démission — définitive cette fois.

L'Empereur l'avait-il fait exprès pour se débarrasser de Chaptal, qu'il appelait « papa clystère » ?... On ne sait. Quoi qu'il en soit, Mlle Bourgoin en voulut mortellement au maître.

Plus tard il regrettera de n'avoir pas consacré plus de temps aux femmes — même simplement pour bavarder avec elles « sur le canapé ».

— J'aurais appris beaucoup de choses. C'est une rivière qui a besoin d'eau et à qui il faut en apporter.

On entendit un jour retentir une fois de plus le fameux :

— Qu'elle attende !

Il s'agissait, cette fois, d'une autre comédienne : Mlle Duchesnois — Catherine-Joséphine Raquin — qui n'était guère jolie. Affligée d'un nez « dont le sifflement, dira Alexandre Dumas, répondait à l'ampleur », son visage faisait penser « à l'un de ces lions de faïence qu'on met sur les balustrades ». Mais, comme elle était aussi bien faite que la Vénus de Milo, elle se hâtait de le montrer et de se donner, afin de faire oublier la première — et fâcheuse — impression.

En lançant son « qu'elle attende », sans doute le Premier consul, absorbé par son travail, ne se souvenait-il que du nez et des sifflements. Cependant, le corps de la comédienne dut lui revenir à l'esprit puisque, apprenant que Mlle Duchesnois était toujours là, il déclara quelque temps plus tard :

— Qu'elle se déshabille et qu'elle se couche !

Ce soir-là, le nez eut le dernier mot car, lors du troisième rappel de la présence de Mlle Duchesnois, Bonaparte ordonna :

— Qu'elle se rhabille et qu'elle s'en aille !

Mlle George, la grande ennemie de Mlle Duchesnois, n'avait pas à craindre pareil traitement, et avec elle les choses allèrent plus loin qu'une étreinte entre deux dictées. Il la remarqua le 28 novembre 1802 au Théâtre-Français, lors d'une représentation d'*Iphigénie en Aulide* où elle tenait le rôle de Clytemnestre. De son véritable nom : Marguerite-Joséphine Weimer, enfant de la balle, élève de Raucourt, elle avait alors seize ans. Déjà majestueuse, elle faisait penser à la statue d'une jeune et noble Romaine. « Belle comme l'antique, s'exclamait Mirecourt. Une taille de reine et une beauté splendide ! » Elle non plus ne voulait point garder cachées ces splendeurs, puisqu'elle avait commencé, à quatorze ans, sa vie amoureuse — amours de théâtre, bien sûr — dans les bras d'un acteur, son « beau Lafon », ainsi qu'elle l'appelait. Depuis, elle avait été aimée par Lucien Bonaparte avant le mariage de celui-ci avec Mme Jouberthon, et se trouvait alors la maîtresse du prince polonais Sapieha. Elle n'en fut pas moins quelque peu effarouchée lorsque — le soir même de la représentation d'*Iphigénie en Aulide* — Constant vint chez elle la prier, de la part du Premier consul, de se rendre le lendemain, à huit heures du soir, à Saint-Cloud.

— Il désire vous complimenter lui-même sur vos succès, lui annonça le valet de chambre.

L'effarouchement dura seulement quelques secondes :

— Dites au Premier consul, monsieur, que j'aurai l'honneur de me rendre demain à Saint-Cloud. Vous pourrez venir me prendre à huit heures, mais pas chez moi, au théâtre.

Ceci, sans doute, afin que nul ne l'ignore...

Le lendemain, vêtue d'un négligé blanc en mousseline, la tête couverte d'un voile de dentelle et un cachemire sur les épaules — on était en frimaire — elle monte en voiture avec Constant. En arrivant au château, son cœur bat à se rompre, du moins elle le racontera. Précédée par Constant, elle traverse l'Orangerie et, par la porte-fenêtre donnant sur la terrasse, pénètre dans la chambre à coucher où veille Roustam.

— Je vais prévenir le Premier consul...

La voici seule. Un immense lit, un grand divan... tout cela lui paraît assez menaçant. Enfin, il entre. « Le Consul, racontera-t-elle, était en bas de soie, culotte satinée blanc, uniforme vert, parements et collet rouges, son chapeau sous le bras. Je me levai. Il vint à moi, me regarda avec ce sourire enchanteur qui n'appartenait qu'à lui, me prit par la main et me fit asseoir sur cet énorme divan, leva mon voile qu'il jeta à terre sans plus de façon... »

Et le dialogue s'engage :

— Comme votre main tremble ! Vous avez donc peur de moi ? Je vous parais effrayant ? Moi, je vous ai trouvée bien belle hier, madame, et j'ai voulu vous complimenter. Je suis plus aimable et plus poli que vous, comme vous voyez.

— Comment cela, monsieur ?

— Comment ! Je vous ai fait remettre trois mille francs après vous avoir entendue dans *Emilie*... J'espérais que vous me demanderiez la permission de vous présenter pour me remercier. Mais la belle et fière Emilie n'est point venue.

— Mais je ne savais pas, balbutie-t-elle, ne sachant que dire, je n'osais prendre cette liberté.

— Mauvaise excuse ! Vous aviez donc peur de moi ?

— Oui.

— Et maintenant ?

— Encore plus.

Le Consul se met à rire de tout son cœur :

— Dites-moi votre nom.

— Joséphine-Marguerite.

— Joséphine me plaît : j'aime ce nom, mais je voudrais vous appeler Georgina, hein ! Voulez-vous ? Je le veux... Vous ne parlez pas, ma chère Georgina ?

— Parce que toutes ces lumières me fatiguent, faites-les éteindre, je vous prie, il me semble qu'alors je serai plus à l'aise pour vous entendre et vous répondre.

— Ordonnez, chère Georgina.

Selon Mlle George, dans ses *Mémoires*, — coquetterie de vieille dame écrivant ses souvenirs un demi-siècle plus tard... — elle demeura jusqu'à cinq heures du matin auprès du Consul et — chose difficilement croyable — il ne se passa rien. Simplement, apprenant que son voile était un cadeau du prince Sapieha, Bonaparte le déchira « en mille petits morceaux ». Pour le remplacer, Constant dut aller chercher « un cachemire blanc et un grand voile d'Angleterre »... vraisemblablement dans la garde-robe de Joséphine.

Mlle George nous raconte ses quatre nuits de Saint-Cloud. S'il faut la croire, c'est seulement lors de la troisième nuit qu'elle devint sa maîtresse : « Il défaisait petit à petit toute ma toilette. Il se faisait femme de chambre avec tant de gaieté, tant de grâce et de décence qu'il fallait bien céder, en dépit qu'on en ait. Et comment n'être pas fascinée et entraînée vers cet homme ? Il se faisait petit et enfant pour me plaire. Ce n'était plus le Consul, c'était un homme amoureux peut-être, mais dont l'amour n'avait ni violence, ni brusquerie ; il vous enlaçait avec douceur, ses paroles étaient tendres et pudiques : impossible de ne pas éprouver près de lui ce qu'il éprouvait lui-même. Je me séparai du consul à sept heures du matin... Pendant les quinze premiers jours, il a satisfait à ma scrupuleuse délicatesse, et j'ose dire à ma pudeur, en réparant le désordre des nuits, en ayant l'air de refaire le lit. Il faisait ma toilette, me chaussait et même, comme j'avais des jarretières à boucles, ce qui l'impatientait, il m'a fait faire des jarretières fermées que l'on passait par le pied. »

Lui, qui a horreur des « abats canailles », selon son expression, est émerveillé par les mains de Georgina. Des mains « frappées de fossettes, dira Théophile Gautier, de vraies mains royales faites pour le sceptre ». Les pieds sont moins heureux. A quelqu'un qui s'exclamait : « Elle a un port de reine ! », un plaisantin aurait ajouté : « Et des pieds de roi »...

« Il riait, racontera-t-elle encore, il jouait avec moi, il me faisait courir après lui. Pour éviter de se laisser attraper, il montait sur l'échelle qui sert à prendre les livres, et moi, comme l'échelle était sur roulettes et très légère, je promenais l'échelle dans toute la longueur du cabinet, lui riant et me criant :

— Tu vas me faire mal ! Finis où je me fâche ! »

Toute la vie de Georgina fut illuminée par son aventure. Lorsqu'elle parlait de Napoléon, ce n'était qu'avec un tremblement dans la voix.

— Il me quitta pour se faire empereur, dira-t-elle.

Fort âgée, tombée dans la misère, elle joua la comédie jusqu'au-delà des limites du possible. Henri de Rochefort se souvenait l'avoir vue, sortant du théâtre des Batignolles, courir après l'omnibus sous une pluie battante... Devenue monstrueuse de grosseur, elle mourut à la fin du Second Empire, le 11 janvier 1867 — elle avait près de quatre-vingts ans — et son convoi fut payé grâce à une collecte faite dans les coulisses des théâtres de Paris. De toutes les générosités impériales il ne demeurait rien, et pourtant l'Empereur l'avait comblée. Un soir, il lui « fourra dans la gorge » un gros paquet de billets de banque — 40 000 francs :

— Pourquoi me donnez-vous tout cela ?

— Je ne veux pas que ma Georgina manque d'argent pendant mon absence.

« Jamais l'Empereur ne m'a fait remettre d'argent par personne. C'était toujours lui qui me le donnait. Il fut plus tendre, ce soir-là, que je ne l'avais encore vu »...

Quarante mille francs — chiffre à multiplier au moins par cinq ! Et pour une absence de quelques semaines ! Bonaparte devait, en effet, aller inspecter le camp de Boulogne et les côtes de la mer du Nord, car la guerre allait reprendre.

Pour un dessinateur imaginatif voilà comment le futur Empereur aurait lancé l'ordre à son armée de franchir le Pas-de-Calais et d'envahir l'Angleterre.

XX

PREMIER COUP DE CANON D'UNE GUERRE DE DOUZE ANNÉES

C'est avec horreur que je fais la guerre.

NAPOLÉON.

DEPUIS le 28 décembre 1802, on se trouvait « en froid » avec l'Angleterre. Le Premier consul « surpris et affligé », avait appris que ce jour-là, le comte d'Artois s'était permis de passer en revue un régiment anglais en arborant les ordres de l'ancienne monarchie !

— C'est là une injure perpétuelle faite au peuple français.

Bonaparte est en droit de dire à Talleyrand, pour qu'il le transmette à lord Whitworth, que les deux pays ne lui paraissent « pas être en paix, mais seulement en trêve... »

Un mois plus tard, Bonaparte pense que l'heure

est venue de mettre la France en garde contre « la perfide Albion »... Le Conseil municipal d'Orléans avait demandé si la ville pouvait rétablir la statue élevée en l'honneur de Jeanne d'Arc. Le Premier consul fait alors écrire au citoyen Crignon des Ormeaux, maire d'Orléans, pour lui faire savoir que ce vœu lui a été « très agréable ». « L'illustre Jeanne d'Arc, précise-t-il, a prouvé qu'il n'est pas de miracle que le génie français ne puisse produire dans les circonstances où l'indépendance nationale est menacée. » Puis, profitant de l'occasion, il ajoute : « Nos voisins, plus calculateurs et plus adroits, abusant de la franchise et de la loyauté de notre caractère, semèrent constamment parmi nous ces dissensions d'où naquirent les calamités de cette époque et tous les désastres que rappelle notre histoire. »

Selon le traité d'Amiens, l'Angleterre devait avoir quitté Malte au mois de septembre 1802. Or, cinq mois plus tard, elle n'avait même pas commencé ses préparatifs d'évacuation. Bonaparte considérait Malte comme un second Gibraltar et estimait que la volonté témoignée par l'Angleterre d'occuper en Méditerranée ces deux positions-clefs démontrait d'une façon évidente « le dessein d'unir au commerce, presque exclusif des Indes, de l'Amérique, de la Baltique, celui de la Méditerranée ». Le 15 février 1803, le Consul précisait encore sa pensée en ces termes : « De toutes les calamités qui peuvent survenir au peuple français, il n'en est point de comparable à celle-là. »

La position anglaise était simple. Hawkesbury l'expliquait au même moment au ministre français Otto :

— Le Piémont a été réuni ; vous êtes sur le point de disposer du sort de l'Allemagne, de la Suisse et de la Hollande et, malgré les déterminations que nous avons prises de ne nous mêler en aucune façon des affaires du Continent, nous y sommes entraînés malgré nous, autant par les plaintes qui nous sont adressées que par l'opinion qui se prononce ici avec une énergie sans exemple.

Pour Londres, le fait que la France avait annexé le Piémont au mois de septembre 1802 — et n'avait point évacué la Hollande — donnait l'autorisation à la Grande-Bretagne de garder Malte. A cet argument spécieux, la France pouvait répondre que le traité d'Amiens ne spécifiait absolument rien au sujet de la Hollande ou du Piémont — c'est le traité de Lunéville, remplacé en quelque sorte par la paix d'Amiens, qui en parlait.

Le 18 février 1803, Bonaparte convoque lord Whitworth, ambassadeur d'Angleterre à Paris, et lui fait une scène violente se prolongeant durant près de deux heures — et en présence du corps diplomatique « muet d'étonnement et de crainte » :

— Eh bien, lance-t-il, le Parlement va s'assembler, ce sera une belle occasion de se déchaîner contre moi. On va tirer sur moi à boulets rouges. En attendant, je vais vous en lancer un à vous : pourquoi aucune des conditions du traité d'Amiens n'ont-elle été remplies par l'Angleterre ?

Tous les griefs ressassés depuis des mois, fusent et s'amoncellent. L'ambassadeur s'entend reprocher un dîner offert par le prince de Galles, qui avait invité en même temps l'ambassadeur de France, le général Andréossy, et le duc d'Orléans — le futur Louis-Philippe — lequel avait tout naturellement arboré le cordon bleu. La voix du Premier consul tonne :

— Vous voulez la guerre. Nous nous sommes battus pendant quinze ans. C'en est déjà trop. Mais vous voulez la guerre quinze années encore et vous m'y forcez !

Puis, se tournant vers les représentants de la Russie et de l'Espagne, il leur explique :

— Les Anglais veulent la guerre ; mais s'ils sont les premiers à tirer l'épée, je serai le dernier à la remettre. Ils ne respectent pas les traités. Il faut dorénavant couvrir les traités de crêpe noir.

Whitworth préfère se taire et laisser passer l'orage.

— Pourquoi ces armements ? reprend Bonaparte en élevant encore la voix. Contre qui ces mesures de précaution ? Je n'ai pas un vaisseau de ligne armé dans les ports de la France. Mais si vous armez, j'armerai aussi. Vous pouvez peut-être tuer la France, mais l'intimider, jamais !

Sans perdre son calme, l'ambassadeur essaye de placer un mot et espère qu'une « explication amicale »... Mais Bonaparte l'interrompt :

— Il n'y a pas à en donner sur des stipulations aussi claires et aussi positives que celles du traité d'Amiens.

Puis, avant de quitter la pièce, il lance :

— Nous nous battrons dans quinze jours... Malte ou la guerre !

Malte ? Les Anglais ne voulaient — ne pouvaient — l'évacuer. Aussi, après quatorze mois de paix, la guerre va-t-elle reprendre, une guerre de douze années...

En regagnant l'hôtel de l'ambassade, lord Whitworth écrit à son chef : « J'ai cru plutôt entendre un capitaine de dragons que le chef d'un des plus puissants Etats de l'Europe ».

— Il doit être fou, s'exclama Hawkesbury, nous devons être préparés à la possibilité d'une rupture immédiate.

Le dimanche 3 avril 1803, tandis que le corps diplomatique attend le Premier consul aux Tuileries, on voit Bonaparte, dans la cour du Carrousel prolonger une revue durant cinq heures, interroger longuement les hommes, s'attarder à faire manœuvrer cinq mille conscrits, tandis que l'on prend bien soin, en cette veille de la rupture de la paix, de préciser à l'ambassadeur d'Angleterre qui regarde le spectacle des fenêtres du salon, qu'il a seulement sous les yeux « un faible échantillon du recrutement de l'armée ».

Le premier mai, lord Whitworth fait à Talleyrand une « offre d'accords » concernant Malte — que l'Angleterre conserverait durant dix ans — et la Hollande — que les troupes françaises devraient évacuer immédiatement. En plus, le gouvernement de « Sa Majesté » garderait en toute propriété l'île de Lampédouze, voisine de Malte. L'Angleterre, ajoute-t-il, demandait une réponse de la France dans un délai de sept jours.

La mise en demeure met Napoléon autant en colère que la différence de traitement. Pourquoi l'Angleterre pourrait-elle occuper Malte durant dix ans alors que la France devrait abandonner sans tarder sa conquête ?

— Je désire, dit-il à Talleyrand, que la conférence ne se tourne pas en *parlage*. Montrez-vous y froid, altier et même un peu fier. Si la note contient le mot ultimatum, faites-lui sentir que ce mot renferme celui de guerre, que cette manière de négocier est celle d'un supérieur à un inférieur.

Il faut en finir :

— Si la note ne contient pas ce mot, faites qu'il le mette, en lui observant qu'il faut enfin savoir à quoi nous en tenir, que nous sommes las de cet état d'anxiété...

La « conférence » n'a apporté aucune détente. Aussi le lendemain — le 2 mai — lord Whitworth demande-t-il ses passeports. Conseillé par Bonaparte, Talleyrand tente de sauver la paix en proposant que l'île de Malte soit remise entre les mains d'une des puissances garantes du traité d'Amiens. L'ambassadeur — et son attitude prouve bien son désir de rupture — se contente de répondre en rappelant les précédentes propositions de l'Angleterre.

Le 16 mai, le Premier consul déclare à Lucchesini :

— Je vais hasarder l'entreprise la plus difficile, mais la plus féconde en résultats effrayants que la politique ait conçue. En trois jours, un temps brumeux et des circonstances un peu favorisantes peuvent me rendre maître de Londres, du Parlement, de la Banque...

Quatre jours plus tard, la rupture de la paix d'Amiens est annoncée aux Assemblées. Bonaparte ne se décide assurément pour la guerre « qu'avec la plus grande répugnance ».

Le 25 mai, il reçoit une députation des membres du Sénat, du Tribunat et du Corps législatif, et leur déclare :

— Nous sommes forcés de faire la guerre pour repousser une injuste agression. Nous la ferons avec gloire... Le Gouvernement anglais a pensé que la France était une province de l'Inde, et que nous n'avions le moyen ni de dire nos raisons, ni de défendre nos justes droits contre une injuste agression... Quelles que puissent être les circonstances, nous laisserons toujours à l'Angleterre l'initiative des procédés violents contre la paix et l'indépendance des nations, et elle recevra de nous l'exemple de la modération, qui seule peut maintenir l'ordre social.

Et, à Cobenzl, il prédira :

— Cette guerre entraînera nécessairement après elle une guerre sur le Continent. Pour ce cas, je devrais avoir de mon côté l'Autriche ou la Prusse. Il me sera toujours trop facile de gagner la Prusse en lui donnant un os à ronger. Je n'ai en Europe que l'Autriche à redouter.

A Saint-Cloud, le 12 juin, après avoir assisté à la représentation d'*Esther,* il accueille l'ambassadeur russe Markof.

— C'est avec regret, avec horreur, lui dit-il, que je fais la guerre... Car, parlant en Européen plutôt qu'en Français, je serais tout aussi affligé que vous, si, en vous levant un beau matin, vous appreniez que l'Angleterre n'existe plus.

Le duc d'Enghien verra juste en écrivant à son grand-père :

« Positivement Bonaparte est désolé de la guerre et ne la veut pas. »

Ce mois de juin est pour lui une veillée d'armes. « Tout marche, autour de Bonaparte, avec une célérité proportionnée à sa bouillante ardeur, écrit un agent royaliste le 21 juin 1803. Immédiatement après le départ de l'ambassadeur anglais, il a employé trois jours et trois nuits à un travail relatif aux circonstances, toujours debout et employant trois ou quatre secrétaires à la fois. Vers la fin du quatrième jour, se sentant violemment agité, il se mit au bain, y resta six heures pendant lesquelles il dicta des dépêches de la plus haute importance. Il se mit enfin au lit, donna ordre de l'éveiller à trois heures pour recevoir cinq ou six courriers qu'il attendait pendant la nuit. C'est ainsi qu'il expédie les affaires. Il faut que tout ce qui l'entoure montre la même diligence ; s'engager à son service, c'est s'engager à n'avoir plus de repos ni jour ni nuit. Il ne donne que dix-sept jours à ses courriers pour faire le voyage de Pétersbourg à Paris et de même pour les autres courses. Quand un homme doué d'un tel caractère, conclut l'informateur en prévoyant fort bien l'avenir, se trouve à la tête de la nation la plus vive et la plus active et dispose de ressources infinies et d'une armée qui a vaincu l'Europe, il y a de quoi trembler pour l'Univers. »

On voit l'Angleterre témoigner de l'inquiétude en apprenant que le Consul commence un vaste périple à travers le nord de la France et la Belgique. Randonnée d'inspection des places et des ports d'où partirait — Bonaparte l'espérait alors — l'armée d'invasion qui porterait la guerre sur le sol britannique.

Un vrai voyage de souverains commence. Joséphine l'accompagne. Dès le lendemain de leur départ — le 26 juin 1803 — en arrivant à Amiens, il écrit à Cambacérès : « J'ai lieu d'être très satisfait de l'esprit de cette ville et de toutes les communes que j'ai traversées. Partout j'ai reçu l'expression des sentiments qui animent la nation dans la guerre injuste que nous sommes obligés de faire. » L'ivresse est totale. Le *Journal des Débats* raconte l'histoire d'une jolie et jeune Amiénoise qui, « n'ayant pu résister à l'impression qu'elle éprouvait », tombe devant Bonaparte, « et cela uniquement par l'effet d'une sensation involontaire, car elle n'avait rien à demander ». Après avoir inspecté les côtes durant six heures, le Consul arrive à Abbeville. Des tapis cachent les pavés et on a planté des arbres afin de transformer les rues en avenues.

« Ce ne sont pas les villes et les administrateurs qui peuvent commander des fêtes, ainsi que l'écrit Siméon à Thibaudeau, c'est le peuple des campagnes qui accourt de toutes parts et de plusieurs lieues pour le voir. » Tous s'extasient de le trouver « si simple et si joyeux ». Le lendemain, à trois heures de l'après-midi, Bonaparte passe par Etaples. Le maire — Prévost-Labas — l'appelle « ange tutélaire de la Patrie », et prédit que « sur les débris de la Tour de Londres il proclamerait l'éternelle liberté des mers ! »

La nuit est tombée lorsqu'il atteint Boulogne véritablement parsemé d'arcs de triomphe fleuris. Le préfet — Lachaise — affirme que tout son département offre au Premier consul ses bras et ses cœurs. Puis il ajoute que, « pour assurer la paix sur la terre, Dieu créa Bonaparte et se reposa... »

L'amiral Bruix aurait achevé la phrase en disant à voix basse au Premier consul :

— Et pour qu'il fût plus à son aise, Dieu créa aussi Lachaise.

Napoléon et Joséphine s'en vont ensuite loger place d'Armes, au magnifique hôtel des Androuins : la foule les acclame longuement. De la terrasse aujourd'hui disparue, ils pourront, le lendemain, admirer le port et la rade.

Dès cinq heures du matin, Bonaparte est debout et se fait conduire vers les forts qu'il visite minutieusement. Il inspecte même les bureaux des douanes qui ne l'attendaient guère. Il pense déjà à faire élever une baraque sur le « point le plus dominant », c'est-à-dire sur la falaise de la Tour d'Ordre d'où, ainsi qu'il le dira un peu plus tard à l'amiral Bruix, « on pourra facilement s'y tenir pour donner là des ordres dans les nuits importantes de l'embarquement ».

Le 9 juillet — après avoir été acclamé à Calais, à Dunkerque et à Lille — il pénètre en Belgique. L'enthousiasme est stupéfiant. « Ces bons Belges, écrit Soult, qui jamais peut-être n'ont éprouvé de grande émotion et qui sont froids par caractère, s'épuisent en démonstrations d'une vive allégresse. » Napoléon est traité en monarque. Partout il est accueilli par deux ou trois dizaines de jeunes filles vêtues de blanc, flanquées de cavaliers réunis en escadrons d'honneur.

A Gand, les habitants n'ont quitté leur air maussade qu'en voyant le Premier consul et son épouse se rendre à Saint-Bavon pour entendre la messe. Le maire proteste lorsque Bonaparte, énumérant les principales ressources de la ville, le félicite de posséder treize raffineries :

— Il n'y en a que neuf !

— Treize, confirme un conseiller.

On fait le compte : Bonaparte et le conseiller ont raison. On devine l'étonnement du maire en constatant que le Premier consul connaît mieux sa ville que lui-même, qui l'administre depuis dix ans. Chaptal, qui nous rapporte ce trait, nous peint le futur empereur, ce 18 juillet, traversant l'Escaut devant Anvers, à la Tête de Flandre.

— Quelle est la profondeur du fleuve ? demande Napoléon.

— Vingt-deux pieds, lui répond-on.

— La profondeur est-elle la même jusqu'à Flessingues ?

— Oui.

Il se tourne alors vers le ministre de la Marine :

— Combien de pieds d'eau prennent les vaisseaux de 14 ?

— Vingt-deux pieds quand ils ne sont pas armés, et vingt-cinq lorsqu'ils le sont.

— Cela me suffit. Je veux faire ici un grand port de construction, capable de recevoir vingt-deux cales.

Il s'adresse alors à Chaptal :

— Demain, vous m'achèterez ce grand couvent qui est là, vis-à-vis, et toutes les maisons contiguës.

Puis il ordonne encore à Decrès :

— Vous acquerrez tout le terrain nécessaire pour placer vingt-deux cales.

Les acquisitions sont effectuées dès le lendemain. Il décide également de faire venir, comme manœuvres, à Anvers, six cents forçats de Brest et de traiter pour vingt-cinq millions de fournitures.

A Anvers, l'enivrement est indescriptible. Illuminations, banquets, réceptions se succèdent. C'est « un délire d'acclamations ». L'expression est d'un royaliste, qui précise : « Les lettres particulières attestent l'ivresse et l'empressement du peuple ; on se porte réellement en foule autour du grand homme, on est heureux d'en recevoir un regard, une parole... » On le harangue en l'appelant *Napoléon le Grand,* et pour la première fois, le mot « empire » est prononcé.

Comme le remarquait Mme de Staël : « les institutions monarchiques s'avançaient à l'ombre de la République ». Ce n'est pas à un roi que la République compte se donner, mais à celui qui va devenir l'empereur de la Révolution. L'agent de Louis XVIII annonce encore à son maître : « Quelques-uns assurent que son dessein est de se faire couronner empereur à Bruxelles. C'est pour cela, dit-on, qu'il a rassemblé dans cette ville le Conseil d'Etat et tous les ministres. C'est surtout dans cette vue qu'il fait venir le cardinal-légat, sans doute pour lui faire faire la cérémonie du sacre. D'autres prétendent que c'est à Aix-la-Chapelle, capitale de l'ancien Empire des Gaules, et sur le tombeau de Charlemagne, qu'il veut ressaisir son héritage. »

Mais à Bruxelles, il ne se passe rien de tel Bonaparte semble n'avoir en tête que ses projets de débarquement en Angleterre. Il le confie au secrétaire du roi de Prusse :

— Je puis échouer, les armes sont journalières, mais je puis réussir aussi... Jugez du chaos qui en résulterait pour le commerce et les fortunes !

Dès son retour à Paris, Bonaparte, tout en reprenant sa vie officielle, multiplie ses préparatifs. Il crée même une compagnie de « guides interprètes ». En même temps, il fait activer les travaux du camp de Boulogne et ordonne que l'on apprenne aux soldats à nager « en se relevant toutes les trois heures ». Il commande la construction d'une flottille de bateaux plats qui permettront de traverser la Manche.

Le consul n'a cependant guère fait attention à cet article paru dans le *Journal des Débats* trois jours après son retour : « On a fait l'épreuve d'une invention nouvelle dont le succès complet et brillant aura les suites les plus utiles pour le commerce et la navigation intérieure de la France. Depuis deux ou trois mois, on voyait, au pied du quai de la pompe à feu de Chaillot, un bateau d'une apparence bizarre, puisqu'il était armé de deux grandes roues posées sur un essieu comme pour un chariot et que derrière ces roues était une espèce de grand poêle avec un tuyau, que l'on disait être une petite pompe à feu destinée à mouvoir les roues et le bateau. Des malveillants avaient, il y a quelques semaines, fait couler bas cette construction. L'auteur ayant réparé le dommage, obtint avant-hier la plus flatteuse récompense de ses soins et de son talent. A six heures du soir, aidé seulement de trois personnes, il mit en mouvement son bateau et deux autres attachés derrière, et pendant une heure et demie il procura aux curieux le spectacle étrange d'un bateau mû par des roues comme un chariot, ces roues, armées de volants ou rames plates, mues elles-mêmes par une pompe à feu. En le suivant le long du quai, sa vitesse contre le courant de la Seine nous parut égale à celle d'un piéton pressé, c'est-à-dire de deux mille quatre cents toises par heure ; en descendant, elle fut bien plus considérable... L'auteur de cette brillante invention est M. Fulton, Américain, et célèbre mécanicien. »

Mécanicien, en effet, puisque Fulton, en juillet 1801, a fait évoluer à Brest son *Nautilus*, un véritable sous-marin d'une longueur de six mètres quarante, naviguant en surface avec une voile, et en plongée — fort lentement sans doute — à l'aide d'une hélice qu'un matelot faisait mouvoir en tournant une manivelle... L'engin plongeait lorsqu'on pompait de l'eau dans ses ballasts et s'enfonçait jusqu'à près de sept mètres. A bord, un réservoir d'air sous pression permettait de demeurer immergé durant six heures. Le but du *Nautilus ?* Aller poser des caisses bourrées d'explosifs sous les flancs des navires ennemis !

On parle au Premier consul des deux inventions. Bonaparte hausse les épaules :

— Il y a dans toutes les capitales une foule d'aventuriers et d'hommes à projets offrant à tous les souverains de prétendues merveilles qui n'existent que dans leur imagination. Ce sont autant de charlatans et d'imposteurs : cet Américain est du nombre ; ne m'en parlez pas davantage.

Lorsqu'il reviendra sur sa décision, il sera trop tard : Fulton aura été porter ses inventions aux Américains...

Le 3 novembre 1803, Bonaparte repart pour Boulogne. Il y restera une quinzaine de jours. Dès son arrivée, il se rend à la baraque élevée sur la falaise de la Tour d'Ordre — il s'agit d'une construction de trente-deux mètres de long sur sept de large. « J'ai été toute la journée en rade, écrit-il le lendemain à Cambacérès, où nous avons plus de cent bâtiments embossés. Nous avons engagé une vive canonnade avec les ennemis qui avaient une douzaine de bâtiments, dont plusieurs vaisseaux à deux ponts. Une frégate a été démâtée... Nous n'avons eu de notre côté, qu'un homme qui a eu la jambe emportée d'un coup de canon. Un canot portant cinq hommes d'équipage a reçu un boulet qui l'a coulé, mais il a été relevé, et les cinq hommes composant son équipage, ont été sauvés. Je suis baraqué au milieu du camp et sur le bord de l'Océan... »

La mer devient mauvaise et— le 7 novembre — la tempête met cinq bateaux de débarquement en péril. La moitié des équipages est noyée et Bonaparte passe la nuit à encourager, et même à aider, les sauveteurs.

Quelques jours plus tard, le Premier consul devait passer une nuit plus distrayante. Joseph Bonaparte — le colonel Joseph, comme on l'appelait — avait découvert à Boulogne une dame point farouche nommée Mme Fagan, une de ces belles, nous dit Constant, « touchées du triste sort de tant de braves et beaux officiers », venues à Boulogne « pour charmer les ennuis d'un si long repos ». Informé des amours de son frère, le Premier consul se déguise « en bourgeois », met des lunettes, se coiffe d'une perruque et, accompagné de Bertrand — lui aussi méconnaissable — se présente avec la qualité de « commissaire de guerre » lors d'une réception donnée par la dame. Ils sont reçus avec courtoisie et invités à jouer aux « jeux innocents ». Bonaparte perd et on lui impose de « faire le portier », tandis que le colonel Joseph et Mme Fagan se livreraient à un « voyage à Cythère » dans une chambre voisine. Ainsi fut fait. Le jeu dit « innocent » terminé, Bonaparte prend congé mais, quelques secondes plus tard, le menuisier qui demeurait au rez-de-chaussée venait porter à Mme Fagan ce billet : « Je vous remercie, madame, de l'aimable accueil que vous m'avez fait. Si vous venez un jour dans ma baraque, je ferai encore le portier, si bon vous semble ; mais cette fois je ne laisserai point à d'autres le soin de vous accompagner dans le voyage à Cythère. Signé : Bonaparte ».

Avant de quitter Boulogne, il écrit de nouveau — le 16 novembre — à Cambacérès : « Tout commence à prendre ici le mouvement et la direction qu'il doit y avoir. J'ai vu des hauteurs d'Ambleteuse les côtes d'Angleterre, comme on voit des Tuileries le Calvaire (1). On distinguait les maisons et le mouvement. C'est un fossé qui sera franchi lorsqu'on aura l'audace de le tenter. »

Après un mois passé à Saint-Cloud, il revient dans sa baraque boulonnaise et manque de se noyer en traversant un pont. Il tombe à l'eau, mais regagne la rive en s'exclamant :

— Ce n'est qu'un bain !

Le 5 janvier 1804, en dépit d'une mer très houleuse, Napoléon qui a pris place à bord d'un canot, défile devant les bâtiments. Au retour, les vagues empêchent Bonaparte de pénétrer dans le port. Il faut débarquer sur la plage et le chef de l'Etat est porté à terre sur les épaules des marins de la Garde consulaire.

« Tout commence à prendre un aspect redoutable », écrit-il. Cette fois, l'Angleterre qui n'a jamais été envahie depuis Hastings commence à trembler. Le nouveau cabinet, présidé par le fameux Pitt, met tout son espoir, non seulement dans les batteries côtières anglaises, mais surtout dans la vaste conspiration qui se monte à Paris. Georges Cadoudal, dont les poches ruissellent d'or anglais, a débarqué, le 20 août 1803, sur les côtes normandes, déposé par le brick *El Vencejo* au pied des falaises de Biville. Le terrible Georges a gagné Paris et, en ce début de l'année 1804, il s'y trouve depuis cinq mois sans qu'un seul policier s'en doute. Pitt se frotte les mains : assurément, étant donné les appuis dont dispose le Chouan, le pouvoir

(1) Le Calvaire qui couronnait alors le Mont-Valérien.

du Premier consul va s'effondrer ! Sans parler de l'opposition des salons !

— La France est perdue si Bonaparte ne l'est pas bientôt, s'écrie Mme de Staël. Ma vie, ma fortune, oui, pour le mortel généreux qui aurait frappé le tyran : pourquoi n'ai-je qu'un cœur à lui offrir ? Je l'adore, je l'épouse !

Epouser l'insupportable Corinne ? Il y avait de quoi décourager les plus audacieux... Plutôt que les postulants à la main de Mme de Staël, Bonaparte pouvait craindre davantage Georges qui, à la tête de ses *tapedurs* a promis de mettre au point le rapt du *tyran*. Bien sûr, si le consul opposait la moindre résistance à son enlèvement, on saurait lui fermer la bouche — et pour toujours ! Le ministre britannique Wyndham le précisait avec confiance : « M. de Cadoudal possède cette aisance et cette assurance naturelle qui sont la marque d'un esprit supérieur ; de tous ceux que j'ai vus engagés dans les affaires royalistes, c'est lui qui me donne le plus la sensation qu'il est né pour devenir grand ». Assurément — les Anglais le pensaient — cet « esprit supérieur » mettrait fin à la carrière de ce maudit général qui empêchait Pitt de dormir ! Ainsi que l'écrivait l'ultra-royaliste comtesse d'Albany : « C'est une terrible chose qu'un petit bout d'homme mette le monde sens dessus dessous. »

Mais le « petit bout d'homme » n'avait nullement l'intention de se laisser faire.

— Général, lui fait remarquer Fouché, ce qui est ridicule, c'est que vous portiez le même titre que Cambacérès et Lebrun, et qu'ils aient des gardes qu'on voit au Bois de Boulogne, dans les rues, et partout. Je vous l'ai dit depuis longtemps, cela fait rire.

— Aussi croit-on à Paris que je vais me faire empereur, je n'en ferai rien, répond Bonaparte qui semble ce jour-là assez peu sincère. Voilà trois ans qu'il s'est fait assez de grandes choses sous le titre de consul. Il faut le garder. Je ne pense pas qu'il faille un nouveau nom pour un nouvel empire.

Roederer approuve Fouché :

— Général, dit-il, si vous ne prenez pas un titre supérieur à celui de consul, il faut en donner un différent aux personnes qui le prennent avec vous...

— Ils ne sont que grands conseillers. On pourrait les appeler ainsi ; mais cela ferait de la peine à Cambacérès.

— Aucune à Lebrun, assure de son côté Desmeuniers.

— Aucune, ajoute Roederer ; et il ferait même très bien entendre raison à Cambacérès.

— Il aurait fallu faire cela quand je les ai fait nommer à vie ; maintenant il faut attendre leur mort.

Puis il reprend :

— Au fait, ils gagneraient plus de considération à être grands conseillers. Tout le monde sait qu'ils n'ont de consuls que le titre. On supprimerait le piquet qui galope avec eux ; on leur laisserait un corps de garde à leur porte. Leur position comme consuls est vraiment embarrassante. Quelle figure font-ils, quand je reçois les ambassadeurs ?

— A vos audiences même du dimanche, renchérit Roederer, les personnes qui sont là ne savent quelle contenance tenir avec eux. Le principe est qu'il n'y a, dans un même lieu, d'honneurs que pour une personne. Cependant chacun veut leur rendre un hommage ; plusieurs affectent même de les regarder comme des colonnes de la République. La médaille du Corps législatif où l'on a gravé les trois têtes, est faite dans cet esprit.

— Si j'avais connu cette médaille, je ne l'aurais pas reçue.

— Général, j'espère que sur les nouvelles monnaies on ne mettra pas trois effigies...

— Non, sans doute !

— Si on les nomme grands conseillers, alors le Premier consul s'appellera simplement : le consul.

— Ou le grand Consul. C'est comme cela qu'on m'appelle chez l'étranger ; et je ne dis cela que parce qu'on le dit...

Il n'a peut-être pas osé ce jour-là parler de l'Empire. Au même moment courait dans le public l'histoire loufoque de Bonaparte descendant du masque de fer, et par conséquent des Bourbons, par le fils que le pseudo-frère jumeau de Louis XIV, enfermé à Sainte-Marguerite, aurait eu de la fille de son geôlier nommé Bompar — fils envoyé en Corse sous le nom de *Bonnepart !*... Ceux qui colportaient cette histoire en déduisaient que le Premier consul possédait de ce fait tous les droits à la couronne ! Bonaparte se contente d'éclater de rire. De même, lorsque les bruits de restauration monarchique à son profit viennent jusqu'à lui, il affecte de hausser les épaules :

— Il faut qu'ils me croient bien bête !

Mais, bientôt, un événement va le précipiter vers le trône.

⁂

Le 13 janvier 1804, le conseiller d'Etat François Réal, chargé de la Police arrive fort agité à Malmaison. Aussitôt reçu par Bonaparte, il lui annonce une grave nouvelle :

— Pichegru est à Paris. Cadoudal l'a fait venir de Londres !

C'est un prisonnier chouan — Quérelle — condamné à mort qui, espérant sauver sa vie, vient de l'avouer *in extremis* au cours d'un ultime interrogatoire. Le Premier consul a blêmi. Si Pichegru est à Paris, c'est assurément pour participer aux projets homicides de Georges Cadoudal et de sa troupe de tueurs.

Pichegru ! Etonnante destinée que celle de ce paysan de l'Arbois qui, en douze années, devint général de division sous la Révolution et général en chef de l'armée du Nord. Héros national qui a conquis la Hollande en une magnifique campagne ! En 1796, sous le Directoire, il quitte l'armée et entre au Conseil des Cinq-Cents. Mêlé au coup d'Etat du 18 fructidor, il est arrêté. C'est alors que les accusations commencent à pleuvoir.

Moreau affirme que lorsqu'il commandait l'armée du Rhin, le général avait trahi la République en écoutant les propositions du prince de Condé. S'il favorisait le retour à la monarchie, le comte de Provence se serait engagé à lui donner le cordon bleu et le château de Chambord. Qu'y avait-il de vrai dans ces tractations ? On ne sait, au juste. Quoi qu'il en soit, le Directoire déporte à Cayenne l'ancien défenseur glorieux de la République. Moins d'un an plus tard, Pichegru s'évade du bagne, parvient à Londres, et offre ses services au gouvernement anglais qui l'engage et lui sert une pension.

La paix de 1801 le jette dans l'inaction. Il se ronge de plus en plus, en veut à son heureux rival, Bonaparte, et finit par l'exécrer. C'est alors que le chouan Cadoudal, parmi tant de conspirateurs qui viennent frapper à la porte de Pichegru, apparaît. Il est à la tête d'une organisation solide et lui offre de devenir l'âme du complot destiné à tuer le Premier consul.

Le général accepte. Quérelle le révèle : Pichegru est arrivé à Paris, en utilisant l'étonnante « chaîne » de cachettes et de complicités mise au point par Cadoudal pour joindre Londres à la capitale par la falaise de Biville et la vallée de la Seine.

Sur ces entrefaites, l'affaire rebondit par l'arrestation d'un autre sous-ordre de Georges, nommé Bouvet de Lozier. Réal n'a pu en tirer grand-chose, mais le maître de la Police sorti, le Chouan veut mettre fin à ses jours. Il se pend. Fort heureusement, ses râles sont entendus et on le dépend aux trois quarts mort. Peut-être — version plus probable — la police a-t-elle quelque peu aidé sa pendaison pour lui délier la langue... Toujours est-il que le Chouan accepte de se « mettre à table » et précise que Pichegru a vu fréquemment son ancien ennemi, le général Moreau, avec qui il s'est réconcilié.

On se trouve donc en présence d'une vaste et dangereuse conspiration.

— Je vous l'avais dit, Réal, s'exclame le Consul, vous ne teniez pas le quart de toute cette affaire-là !

La ville est aussitôt mise en état d'alerte. La peine de mort est prévue pour ceux qui donneront asile aux « brigands ». Des Tuileries les ordres partent. D'importantes forces de gendarmerie sont dirigées vers la Normandie, le Vexin et la Manche.

Bouvet et Quérelle n'ont point menti : Pichegru, accompagné de Cadoudal a, en effet, rencontré Moreau dans une allée déserte près de la rue des Capucins. Bonaparte pense que Moreau désire sa place pour la rendre aux Bourbons. En réalité, Moreau ne tient nullement, lui non plus, à jouer les Monk :

— Je ne puis, dit-il à Pichegru et à Cadoudal, me mettre à la tête d'aucun mouvement pour les Bourbons. Ils se sont si mal conduits qu'un essai semblable ne réussirait pas.

Par contre, Moreau se voit parfaitement nommé dictateur, tout en laissant à ses alliés royalistes « la chance » de devenir « ses collaborateurs ».

Moreau les ayant quittés, Cadoudal explose :

— Moreau ne veut que se servir de nous pour prendre la place du Premier consul, mais un bleu est un bleu, j'aime encore mieux celui qui y est que ce j...-f...-là !

Pichegru est tout d'abord furieux :

— Il paraît que ce bougre-là aussi a de l'ambition et qu'il voudrait régner. Eh bien, je lui souhaite beaucoup de succès, mais, à mon avis, il n'est pas en état de gouverner la France pendant trois mois.

Cependant Pichegru répugne à faire attelage avec Georges. Le guet-apens que prépare le groupe de tueurs le gêne. A tout prendre, mieux vaut Moreau. Aussi, presque chaque soir, les deux généraux se voient, espérant trouver un terrain d'entente. Soudain — coup de théâtre — la conspiration s'effondre : le 15 février, à neuf heures, le général Moreau est appréhendé sur le chemin de Grosbois et est conduit au Temple !

— Il n'a fait aucune résistance ? demande Bonaparte à Moncey.

— Aucune.

— Il n'a pas demandé à m'écrire ?

— Non.

— Il n'a pas demandé à me voir ?

— Non.

— Moreau me connaît mal ; il veut être jugé ; il le sera.

« On ne manquera pas de dire que je suis jaloux de Moreau, déclare le Consul à Joséphine, que c'est une vengeance et mille pauvretés de ce genre. Moi, jaloux de Moreau ! Eh, bon Dieu ! il me doit la plus grande partie de sa gloire ; c'est moi qui lui laissai une belle armée et ne gardai en Italie que des recrues ; je ne demandais qu'à vivre en bonne intelligence avec lui. Certes, je ne le craignais point ; d'abord je ne crains personne, et Moreau moins qu'un autre. Je l'ai vingt fois empêché de se compromettre ; je l'avais averti qu'on nous brouillerait ; il le sentait comme moi. Mais il est faible et orgueilleux ; les femmes le dirigent, les partis l'ont pressé...

Le 16 février, sur les murs de Paris, s'étale ce texte signé par Murat : « Cinquante brigands, reste impur de la guerre civile, ayant à leur tête Georges Cadoudal et le général Pichegru ont pénétré dans la capitale. Leur arrivée a été provoquée par un homme qui compte encore dans nos rangs, le général Moreau, qui va être remis aux mains de la justice nationale. » Les royalistes essayent de résister en placardant à leur tour une affiche portant ces mots : « Moreau innocent, l'ami du peuple et le père des soldats, aux fers ! Bonaparte, un étranger, un Corse, devenu usurpateur et tyran ! Français, jugez ! »

Sans atteindre cette violence, certains Parisiens regrettent l'arrestation de Moreau. Bonaparte confie à Roederer :

— On ne me connaît pas encore, je n'ai pas assez fait pour être connu. J'estime les Parisiens de cette défiance ; c'est une preuve qu'ils ne se livrent pas en esclaves et sans connaître. Je vous ai toujours dit qu'il me fallait dix ans pour exécuter mon plan, je ne fais que commencer, il n'y a rien d'achevé.

Il n'y aura surtout rien d'achevé tant que Cadoudal et Pichegru seront libres. Le Premier consul peut être massacré à la première occasion. Les murs se couvrent de nouveau d'affiches donnant cette fois le signalement de Georges : « Cinq pieds quatre pouces, extrêmement puissant; épaules larges, tête effroyable, par sa grosseur, cou très raccourci, doigts courts et cuisses peu longues, le nez écrasé et comme coupé dans le haut, yeux gris dont l'un sensiblement plus petit que l'autre, teint coloré, dents blanches, favoris roux : marche en se balançant, les bras tendus... » Le signalement du général est, lui aussi, diffusé et placardé : « Cinq pieds, cinq pouces ou six, moins quelque chose, le dos un peu courbé, visage un peu basané, figure un peu large, le nez large, à peu près comme un mulâtre, l'œil très vif, cheveux châtains brun. »

Pichegru se fera prendre le premier. Comment vécut-il durant ses six derniers jours de liberté ? « Sur les quais, où, dix ans auparavant, général victorieux et commandant de la Garde nationale de Paris, a raconté Barbey, Pichegru avait passé, entouré d'un état-major caracolant, sauveur de la Convention, il en était maintenant réduit à errer furtivemet, l'œil aux aguets, l'esprit torturé d'indécision. Le doute l'envahissait, paralysait sa volonté. Il songeait à la folie de son entreprise, cette association à la bande de Georges, ce concours donné à de vulgaires assassins ; il réalisait maintenant, peu à peu, l'abaissement auquel il avait consenti, il entrevoyait l'abîme où ses espoirs et ses projets venaient sombrer. »

Le 26 février, le malheureux va frapper à la porte du 11 de la rue Vivienne, où le commissionnaire en marchandises Treille accepte de le cacher. Mais l'appartement composé de pièces en enfilade où les visiteurs sont nombreux se prête mal à dissimuler celui qui est recherché dans tout Paris. M. et Mme Treille se lamentent devant leur ami Leblanc qui se trouve mis ainsi dans le secret. Il offre sa propre chambre, située à deux pas, 39, rue de Chabanais. Le général accepte avec émotion, Leblanc répond que c'est un honneur pour lui... et tous passent à table. Le repas est à peine commencé que Leblanc annonce qu'il a oublié un rendez-vous urgent — une fourniture à conclure. Il s'éclipse, promettant de revenir prendre sa place dès l'affaire terminée.

Où court-il ainsi ?

A la police. Leblanc est, en effet, un indicateur. Il y a cent mille francs à gagner pour celui qui livrera Pichegru. Il va préparer la nasse qui permettra aux sbires de Réal de cueillir l'ennemi à abattre. Puis, sa vilaine besogne accomplie, il va reprendre sa place à table. A neuf heures, le général, Leblanc et les Treille prennent le chemin de la rue de Chabanais. L'Opéra, on l'a vu, occupait encore l'emplacement de notre square Louvois, mais la rue de Chabanais ne reliait pas, comme aujourd'hui, la rue Rameau à la rue des Petits-Champs. La rue se heurtait à un haut immeuble devant lequel elle tournait à angle droit pour se terminer rue Sainte-Anne. Deux impasses, en somme, disposées en équerre. Le 39 de la rue de Chabanais est aujourd'hui le numéro 11 et forme l'angle de la rue Cherubini, autrefois l'une des branches de la rue où demeurait Leblanc.

Le général installé, la bonne reçoit l'ordre de monter se coucher au septième étage. Leblanc n'a qu'un seul lit. Il le cède au proscrit. Il ira coucher chez un ami. Pichegru remercie encore avec effusion, puis l'on se quitte. Leblanc part chez le grand juge Régnier d'où il revient une heure plus tard avec un commissaire de police et des gendarmes. Ceux-ci forcent la porte. « Entrés dans la chambre à coucher, a écrit le commissaire dans son procès-verbal, nous avons vu un homme que nous avons reconnu pour être l'ex-général Pichegru, lequel aussitôt qu'il nous a aperçus, s'est assis sur son lit et a voulu prendre des armes qui étaient sous son oreiller, mais l'ayant fait saisir par des gendarmes, ceux-ci s'en sont rendus maîtres. L'ayant fait attacher afin de prévenir tout événement, nous avons fait perquisitionner et avons trouvé sous son oreiller un poignard dont la lame est de forme carrée, et un pistolet de poche chargé à balles. »

Pichegru enfermé au Temple, un assassin demeure encore en liberté : Cadoudal.

Le 28 février, Maret écrit au préfet de Police Dubois :

« L'intention du Premier consul, citoyen Préfet, est que sur-le-champ toutes les petites barrières de Paris soient fermées et que personne ne puisse y passer, soit à pied, soit à cheval, soit en voiture. Il y aura à chacune des trente-six grandes barrières un agent de police avec deux gendarmes. Toutes les personnes qui sortiront de Paris, soit à pied, soit à cheval, soit en voiture, hommes ou femmes, sans aucune exception, seront tenues de descendre au corps de garde, où on les confrontera avec le signalement de Georges et des quinze brigands qui ont pu être signalés... Les mêmes précautions seront prises pour les batelets, bateaux, coches et trains de bois, à la sortie de la rivière, soit en remontant, soit en descendant... Les brigands sont tous à Paris ; ils sont nombreux ; il faut les y enfermer, afin de les avoir tous. »

Cadoudal est insaisissable. Cependant la police, en surveillant l'un des compagnons de Georges, un nommé Léridant, qui loge chez un certain Goujon, cul-de-sac de la Corderie, a la quasi-certitude que Cadoudal se cache aux environs de la place Maubert. Or, le 9 mars, l'officier de paix Petit apprend que le dit Goujon a loué pour toute la journée un cabriolet portant le numéro 53. Une nuée d'inspecteurs vient occuper la place Maubert. En effet, la nuit venue, on voit le cabriolet conduit par Léridant traverser la place et gravir la pente de la rue de la Montagne-Sainte-Geneviève. On le suit, et, après la place Saint-Etienne-du-Mont, au moment où la voiture arrive à l'angle de la rue des Sept-Voies, un homme saute dans le cabriolet qui ne s'est pas arrêté. On reconnaît Georges, déguisé en fort des Halles. Tandis que fusent les cris : « Arrête ! Arrête ! », commence une extraordinaire poursuite à travers le quartier. L'un des policiers — Caniolle — est parvenu à s'accrocher aux ressorts. Une grande clameur monte :

— Georges ! C'est Georges !

Les fugitifs se dirigent vers la rue du Four où une nouvelle cache attend le chef de la conspiration. Peut-être parviendra-t-on à distancer la meute des poursuivants, de plus en plus nombreuse et qui court aussi vite pourtant que le cabriolet — plus vite même, puisque deux agents, à la hauteur de la rue Voltaire, parviennent à le devancer et à saisir les rênes, au moment où Georges saute de la voiture. Cadoudal, qui a un pistolet dans chaque main, fait feu à quatre reprises, tue l'un des agents, blesse Caniolle et s'enfuit... mais il est rattrapé, terrassé et garrotté.

Conduit dans le cabinet de Dubois, on l'interroge et on lui reproche, pour commencer, d'avoir tué un agent :

— Un père de famille !

— La prochaine fois, conseille-t-il, imperturbable, faites-moi donc arrêter par des célibataires.

— Où habitiez-vous au moment de votre arrestation ?

— Dans un cabriolet, répond Georges en riant.

On en vient à la question principale :

— Que veniez-vous faire à Paris ?

— Je venais attaquer le Premier consul.

— Aviez-vous beaucoup de monde autour de vous ?

— Non, parce que je ne devais attaquer le Premier

consul que lorsqu'il y aurait un prince à Paris et qu'il n'y est point encore...

— Le plan a donc été conçu et devait être exécuté d'accord avec un ci-devant prince français ?

— Oui, citoyen juge.

Un prince français ?... Une terrible affaire commençait !

Le duc d'Enghien, qui s'était mis à genoux, s'est relevé en murmurant : « Il faut donc mourir, et de la main des Français ! » En haut, à droite, Savary crie : « Adjudant commandez le feu. » A gauche, la tombe est déjà prête...

(B. N. Estampes).

XXI

LA MARCHE DU TRONE

Il y a des crises où le bien du peuple exige la condamnation d'un innocent.

NAPOLÉON.

BOUVET DE LOZIER — il parlait maintenant d'abondance — avait annoncé, lui aussi, que les conjurés, avant d'agir, attendaient l'arrivée d'un prince de la famille des Bourbons. Aussi le conseiller d'Etat Réal avait-il déjà fait demander au citoyen Shée, préfet du Bas-Rhin, si le duc d'Enghien — selon lui chef des émigrés réfugiés en pays de Bade — se trouvait bien à Ettenheim, petit village situé non loin de la rive droite du Rhin. « Les informations que vous ferez prendre, recommandait le chef de la Police, doivent être promptes et sûres. Dans le cas où le duc ne serait plus dans cette ville, vous m'en informeriez sur-le-champ. »

Le préfet avait désigné un sous-officier de gendarmerie, le maréchal des logis Lamothe, qui parlait parfaitement l'allemand et l'avait chargé de mener une rapide enquête. Le 4 mars, Lamothe traversa le fleuve et se rendit tout d'abord à l'auberge du village de Kappel, proche d'Ettenheim, où il s'attabla en compagnie du maître de poste. Sans se faire prier, et le vin aidant, l'Allemand raconta ce qu'il savait...

Depuis la paix de Lunéville, le prince Louis-Antoine de Bourbon-Condé, duc d'Enghien, l'un des chefs de l'armée des émigrés, celui que les soldats républicains avaient surnommé le *Duc-va-de-bon-cœur,* demeurait en effet à Ettenheim. Il y avait été conduit par l'amour. Là vivait chez son oncle, le fameux cardinal de Rohan, la princesse Charlotte de Rohan-Rochefort, que le duc d'Enghien aimait depuis 1794, année où elle avait soigné son cousin à Ettenheim, lors d'une grave maladie. Les Rohan se trouvaient là un peu chez eux : jusqu'en 1801, Ettenheim avait fait partie des Etats appartenant à l'évêché de Strasbourg. Depuis, le territoire avait été attribué au margrave de Bade, devenu Grand Electeur. Le *cardinal Collier* s'était éteint en 1803, mais sa nièce et héritière avait été autorisée à demeurer dans la petite ville, où le duc d'Enghien vint résider définitivement. Le vieux prince de Condé, bien qu'il ait lui-même épousé une princesse de la maison de Rohan — la fille du maréchal de Soubise — jugea que son petit-fils ferait une mésalliance en se mariant avec la princesse Charlotte, et refusa de donner son consentement au mariage.

Enghien s'était-il incliné ? Avait-il passé outre, ainsi que certains historiens l'ont affirmé ? Mme Bernardine Melchior-Bonnet, l'excellente biographe du duc d'Enghien, estime avec sagesse que la note laissée par un ami du prince — le baron de Roesch — ne suffit pas pour faire admettre le mariage. Jamais les deux prétendus témoins de cette cérémonie secrète n'y ont fait la moindre allusion : l'acte n'a pas été retrouvé ; le prince de Condé et le duc de Bourbon, aussi bien que les deux principaux intéressés, n'ont jamais avoué l'existence de cette union.

Quoi qu'il en soit, les deux jeunes gens s'aimaient avec passion, et il serait puéril de nier que Charlotte ait été la maîtresse de Louis-Antoine. Sans doute demeuraient-ils dans deux maisons voisines, mais, le soir, lorsque le duc ne se rendait pas chez la princesse, celle-ci venait recevoir chez le prince les quelques Français qui résidaient à Ettenheim.

De quelle manière le duc d'Enghien passait-il ses journées ? Il chassait presque tous les jours, mais il évitait de longer le Rhin. Bien souvent, les habitants de Kappel le voyaient passer, suivi de deux ou trois domestiques et de ses chiens.

Muni de ces premiers renseignements, le maréchal des logis poursuivit sa route vers Ettenheim. Bientôt, la petite ville de trois mille âmes, adossée aux premiers contreforts de la Forêt-Noire, apparut au milieu des vignobles. C'était à deux pas de l'église, dont le clocher pointu dominait les petites maisons aux toits rouges, que demeurait le prince. Le logis, dont la façade percée de neuf fenêtres regardait la *Rohanstrasse* était modeste. Derrière l'habitation, un grand jardin s'étendait jusqu'à la campagne. Le prince couchait au premier étage. La salle commune occupait presque tout le rez-de-chaussée. C'est là que, le soir, se réunissaient les émigrés demeurant à Ettenheim et qui étaient, presque tous, d'anciens officiers de l'armée de Condé : le baron de Grunstein, le lieutenant Schmidt, de nationalité française en dépit de leurs noms germaniques, le comte de Choulot, le chevalier de Roesch, maire de Rhinau, et le marquis de Thumery.

Lamothe s'installa à l'*auberge du Soleil* et, selon son habitude fit bavarder le propriétaire. Celui-ci prononça à l'allemande le nom du marquis de Thumery : dans sa bouche le *t* devint un *d*, la dernière syllabe se transforma en *riey*, et le maréchal des Logis comprit *Dumouriez*. De même, dans son rapport, le gendarme métamorphosa le nom du lieutenant Schmidt en celui de *Smith*. Avant de regagner la France, Lamothe prit le chemin d'Offenburg, petite ville située seulement à cinq lieues de Strasbourg, où vivaient les principaux chefs de l'armée de Condé : les généraux la Saullaye, Maurois, Mellet, Vauborel et Fumel. On attendait encore d'un jour à l'autre l'arrivée du général-comte de Lanans, ex-colonel du régiment d'Enghien. Personne ne prenait vraiment au sérieux ces « bavards inoffensifs qui croyaient naïvement jouer un rôle sur l'échiquier européen ».

Personne... sauf notre gendarme !

Lorsque, le 8 mars, le rapport parvient aux Tuileries, Bonaparte entre dans une effroyable colère. Ainsi, Dumouriez, ce traître à la République, ce déserteur passé à l'ennemi, a rejoint le duc d'Enghien ! Smith, le fameux Spencer Smith sans doute, l'agent anglais de Stuttgart, se trouve lui aussi à Ettenheim ! A deux pas de là, à Offenburg, les chefs se concentrent ! Tel un ours en cage, le Premier consul va d'un mur à l'autre de son cabinet :

— Suis-je donc un chien qu'on peut assommer dans la rue, tandis que mes meurtriers sont des êtres sacrés ? On m'attaque au corps... Je rendrai guerre pour guerre... Je saurai punir les complots : la tête du coupable m'en fera justice !

Ce soir-là, Bonaparte n'a cependant encore pris aucune décision, mais il en sera autrement le lendemain — 9 mars — lorsqu'il apprendra que Cadoudal a confirmé les dires de Bouvet. Selon Léridant, le « prince » est déjà venu à plusieurs reprises à Paris donner des instructions à Georges. Accueilli avec un grand respect, c'est un homme d'environ trente-cinq ans, la taille mince, les cheveux blonds, la mise élégante.

C'est un prince, en effet... mais il s'agit du prince de Polignac !

Les dires de Léridant paraissent d'autant plus vraisemblables que l'on raconte alors dans toute l'Europe que le duc d'Enghien traverse fréquemment le Rhin pour se rendre à Strasbourg. Cette fois la colère de Bonaparte est sans bornes :

— Les Bourbons croient qu'on peut verser mon sang comme celui des plus vils animaux ! Mon sang cependant vaut bien le leur ! Je vais leur rendre la terreur qu'ils veulent m'inspirer. Je pardonne à Moreau sa faiblesse et l'entraînement d'une sotte jalousie, mais je ferai impitoyablement fusiller le premier de ces princes qui tombera sous ma main... Je leur apprendrai à quel homme ils ont affaire...

— Je pense que si un personnage tel qu'un membre de la famille des Bourbons était en votre pouvoir, la rigueur n'irait pas à ce point ? insinue Cambacérès.

— Que dites-vous, monsieur ? Sachez que je ne veux pas ménager ceux qui m'envoient des assassins.

Le lendemain, 10 mars, le Premier consul réunit son conseil aux Tuileries : Cambacérès, Lebrun, Réal, Murat, le grand juge Régnier, Fouché et Talleyrand. Ces deux derniers vont tout faire — et ce ne sera guère difficile — pour pousser Bonaparte à creuser l'irréparable entre la France d'hier et la France impériale de demain. Ainsi, le futur empereur, qui n'a pas trempé dans la Révolution, deviendra le complice des conventionnels. Le calcul est juste, et Bonaparte, sans tarder, leur en fournit la preuve en lançant au demi-régicide Cambacérès, qui estime qu'avant de violer une frontière on pourrait peut-être prendre des renseignements complémentaires :

— Vous êtes bien avare, aujourd'hui, du sang des Bourbons !

Mais Cambacérès ne se considère point comme battu. Le conseil terminé, il suit Bonaparte dans son cabinet et lui représente « avec plus de force encore les conséquences de l'acte qu'il va commettre ». Le second consul parle du droit des gens violé, du sang des rois versé, de l'Europe entière qui, à la suite du rapt que l'on prépare pourrait se soulever contre la France :

— Jusque-là étranger à tous les crimes de la Révolution, vous allez nous imiter.

— La mort du duc d'Enghien, répond Bonaparte, ne sera aux yeux du monde qu'une juste représaille de ce qu'on tentait contre moi-même. Il faut bien apprendre à la maison de Bourbon que les coups qu'elle dirige sur les autres peuvent retomber sur elle-même ! La mort, c'est le seul moyen de la forcer à renoncer à ses abominables entreprises !

Puis il répète l'argument mis en avant par Talleyrand :

— Lorsqu'on est aussi avancé, il n'est plus possible de reculer!

Ce même soir, Méneval trouve Bonaparte penché sur une vaste table d'acajou éclairée par des flambeaux. Une grande carte de la région rhénane s'y trouve étalée. Le Premier consul calcule les distances, établit les horaires... Soudain il se relève et dicte à l'intention de Berthier :

— Vous voudrez bien, citoyen Ministre, donner ordre au général Ordener de se rendre dans la nuit en poste à Strasbourg. Le but de la mission est de se porter sur Ettenheim, d'y cerner la ville, d'y enlever le duc d'Enghien, Dumouriez, un colonel anglais...

Durant une heure, dans le palais endormi, Bonaparte dicte, préparant minutieusement tous les détails du guet-apens.

Tard, le soir du 12 mars, le général Ordener, qui a brûlé le pavé, arrive à Strasbourg et, dès le lendemain, s'emploie à mettre à exécution le plan prévu par Bonaparte. Dans la nuit du 14 au 15, au bac de Rhinau, il passera le Rhin avec trois brigades de gendarmerie et trois cents dragons venus de Sélestat, tandis que le reste du régiment et des batteries d'artillerie resteront sur la rive française, prêts à intervenir. Ordener décide de se faire accompagner par le commandant de gendarmerie Charlot, et par le général Fririon, chef d'état-major du général commandant la place de Strasbourg. Fririon dîne ce soir-là — le 13 mars — chez un ancien émigré, M. de Stumpf. C'est là que le rejoint l'ordre d'Ordener. Profondément ému, le général ne peut s'empêcher de confier à son hôte :

— J'ai ordre de me rendre de l'autre côté du Rhin avec une troupe de cavaliers. Mon devoir de soldat est d'obéir... J'obéirai.

Ce même soir, Stumpf adresse un mot à son ami, le baron de Roesch, à Rhinau, en lui demandant, par son frère, le maire du village, de faire prévenir le prince du danger qui le menace. Le message atteindra Enghien le lendemain, 14 mars, au milieu de la journée. Le chevalier envoie un billet au duc le suppliant de venir le rejoindre le même soir dans une île du Rhin ; là, il lui donnera de plus amples renseignements. Enghien, qui est à la chasse, ne change rien au programme de sa journée ; il ne se montre pas inquiet, un coup de main en territoire badois lui semble impossible.

Que peut-on lui reprocher ?

Sans doute est-il pensionné par Londres, sans doute, à plusieurs reprises, a-t-il offert son épée au gouvernement anglais pour combattre la France, mais il n'y a là rien de très nouveau ! Depuis 1792, les émigrés ne sont-ils pas à la solde des ennemis de la République ? Il n'est pour rien dans la conjuration de Cadoudal. Il avait même tout d'abord cru le complot inventé de toutes pièces, puis s'était rendu à l'évidence après les aveux des premiers complices arrêtés par la police consulaire.

« Dieu veuille qu'il n'y ait pas beaucoup de victimes, avait-il écrit à son grand-père, et que cette malheureuse histoire ne fasse pas grand tort aux personnes dévouées à la bonne cause. »

Il ne croit pas que le comte d'Artois ou l'un de ses fils aille jamais *chouanner*. Pour lui, « la bonne cause » est celle que soutiennent les émigrés avec plus de prudence. A un ami qui s'inquiétait de le voir vivre à deux pas de la frontière, il avait écrit :

« En ce moment, où l'ordre du conseil privé de Sa Majesté britannique enjoint aux émigrés retraités de se rendre sur les bords du Rhin, je ne saurais, quoi qu'il puisse m'arriver, m'éloigner de ces dignes et loyaux défenseurs de la monarchie. »

Il se contente d'ailleurs « de ne pas s'éloigner » et n'approuve guère les rodomontades des agités d'Offenburg. Il est moins prudent dans son courrier. C'est par la poste qu'il transmet à son père ou à son grand-père les renseignements qui lui parviennent de Strasbourg. « N'oubliez jamais, lui écrivait le vieux prince, qu'il y a tout à parier que vos lettres sont ouvertes... »

Le prince de Condé, comme tout le monde en

Europe, avait cru que son petit-fils se rendait parfois à Strasbourg. « Prenez garde à vous, ajoutait-il, ne négligez aucune précaution pour être averti à temps au cas qu'il passât par la tête du consul de vous faire enlever... N'allez pas croire qu'il y ait du courage à tout braver à cet égard ; ce ne serait qu'une imprudence impardonnable aux yeux de l'univers. » Enghien s'était défendu avec chaleur : « Je suis trop fier pour courber bassement la tête et le Premier consul pourra peut-être venir à bout de me détruire, mais il ne me fera pas m'humilier... On peut prendre l'incognito pour voyager dans les glaciers de la Suisse... Mais pour la France, quand j'en ferai le voyage, je n'aurai pas besoin de m'y cacher... »

— Il faut me connaître bien peu, dira-t-il, pour avoir pu dire que j'aurais mis le pied sur le sol républicain autrement qu'avec le rang et à la place où le hasard m'a fait naître...

Au soir de sa journée de chasse, le duc, en arrivant à Ettenheim, est tout à fait tranquillisé par son ami Schmidt, qui revient d'Igenheim, village voisin, où il a pu converser avec deux individus suspects que l'on avait surpris, le matin même, en train d'inspecter la maison de la *Rohanstrasse*. Il s'agissait, paraît-il, de deux paisibles marchands. En réalité, ces deux « marchands » étaient deux agents envoyés par Ordener pour établir un ultime rapport.

Les renseignements rapportés par Schmidt n'ont pas tranquillisé la princesse Charlotte. Depuis quelques jours, un pressentiment l'oppresse. Aussi, lorsque le prince lui apprend l'avertissement envoyé par M. de Roesch, son inquiétude se change-t-elle en angoisse : elle supplie le duc de partir le soir même pour Fribourg, où, il y a déjà quelque temps, il a loué une maison. Le prince finit par accepter. Il quittera Ettenheim... mais le lendemain seulement. Il est donc inutile de se rendre à l'invitation du maire de Rhinau. Cependant, afin de tranquilliser Charlotte de Rohan, le duc demande à Schmidt et à Grunstein de passer la nuit auprès de lui.

A onze heures, Enghien se couche, après avoir placé ses armes à son chevet. Toute la maison s'endort. Soudain — il est trois heures du matin — le lieutenant Schmidt se réveille en sursaut : au loin, une rumeur semble monter de la vallée. Grunstein et Canone, le fidèle valet de chambre du prince, viennent le rejoindre. Eux aussi ont entendu. Les trois hommes ouvrent la fenêtre et prêtent l'oreille. Tout paraît calme... On se met au lit.

Une heure plus tard, la maison est réveillée par un piétinement sourd. Enghien, ses amis et ses domestiques, tous carabine au poing, se précipitent aux fenêtres. Au-dessous d'eux, des cavaliers, dont les chevaux ont les sabots enveloppés d'étoffe, emplissent la *Rohanstrasse*. Le duc ouvre la fenêtre :

— Qui commande ici ?

Une voix répond dans la nuit :

— Nous n'avons pas de comptes à vous rendre !

Enghien met en joue son interlocuteur — c'est le commandant Charlot — mais Grunstein relève l'arme :

— Monseigneur, vous êtes-vous compromis ?

— Non !

— Eh bien, toute résistance devient inutile. J'aperçois beaucoup de baïonnettes...

Le prince envisage une seconde de fuir par le jardin, mais les deux agents venus le matin ont bien repéré les lieux. Des gendarmes ont franchi le mur, toute la maison est cernée. La porte d'entrée est enfoncée et, une minute plus tard, les soldats envahissent la chambre.

— Qui d'entre vous est le duc ? demande Charlot.

— Vous devez sans doute le connaître, répond le prince avec calme.

— Emmenez-moi tous ces messieurs hors de la ville et attendez-moi près du moulin, ordonne le commandant.

Tandis que les prisonniers s'habillent, Charlot fouille la maison et s'empare des papiers et de la correspondance du prince. Les gendarmes entraînent Enghien et ses compagnons vers le moulin... mais il faut traverser toute la ville. Les habitants se montrent inquiets par cette intrusion de troupes françaises en territoire badois, et certains veulent sonner le tocsin.

— Cette arrestation est convenue avec votre souverain, affirme le commandant.

En réalité, l'Electeur ne sera prévenu que dans la journée, par les soins de Caulaincourt... Il protestera pour la forme, mais s'inclinera devant le fait accompli.

Sur le passage des prisonniers, une femme apparaît à une fenêtre. L'aide de camp du général Fririon s'avance :

— Madame, pourriez-vous m'indiquer, parmi ces gens, quel est le duc d'Enghien ?

La femme éclate en sanglots sans répondre : c'était la princesse Charlotte ! Les soldats, en désespoir de cause, entraînent avec eux un bourgeois d'Ettenheim et, arrivés au moulin, veulent le contraindre à dénoncer le prince. L'Allemand refuse de parler ; Enghien s'avance d'un pas :

— Laissez cet homme. C'est moi qui suis le duc !

Le jour est maintenant tout à fait levé. Une charrette est amenée. Le prince y prend place avec Grunstein. Celui-ci s'inquiète : « Parmi les documents saisis, ne s'en trouve-t-il pas qui puissent l'accabler ? »

— Rien de compromettant qu'on ne sache, réplique Enghien à mi-voix. Je me suis battu, mais, depuis huit ans, la France elle-même n'est qu'un champ de bataille. Je ne pense pas qu'ils veulent ma mort : ils me jetteront dans quelque forteresse...

Et, regardant la plaine du Rhin toute nimbée d'un brouillard matinal, il soupire :

— J'aurai de la peine à m'habituer à cette vie-là !

Arrivés au bac de Rhinau — il est déjà près de onze heures du matin — les prisonniers s'embarquent dans les bateaux plats amenés de Strasbourg par un détachement du génie. Au moment où les soldats poussent l'embarcation dans laquelle le prince, entouré de gendarmes, a pris place, un chien bondit à bord : c'est *Mohilof,* le carlin russe que la princesse Charlotte a donné au prince lorsqu'ils habitaient la Volhynie. Les gardes le repoussent à coups de botte... mais le chien se jette à l'eau et traverse le Rhin à la nage. Il suivra son maître jusqu'aux fossés de Vincennes.

— Dans le bateau, murmure un officier au duc d'Enghien, mettez-vous au milieu de mes soldats et, si vous savez nager, jetez-vous dans le Rhin ; personne ne tirera.

Mais Charlot fait entourer le prince par ses gendarmes.

C'est à Malmaison que Bonaparte apprend l'arrestation. Il reçoit un rapport précis du commandant Charlot, qu'il faut relire : « Le général Dumouriez, que l'on disait logé avec le colonel Grunstein, n'est autre que le marquis de Thumery qui occupait une chambre du rez-de-chaussée dans la même maison qu'habitait le colonel Grunstein ; je l'ai arrêté dans la maison où il avait couché. J'ai pris des renseignements pour savoir si Dumouriez avait paru à Ettenheim ; on m'a assuré que non, et je présume qu'on ne l'y a supposé qu'en confondant son nom avec celui du général Thumery. Le duc d'Enghien, à qui j'en ai parlé, m'a assuré que Dumouriez n'était point venu à Ettenheim ; qu'il serait cependant possible qu'il eût été chargé de lui apporter des instructions d'Angleterre, mais que, dans tous les cas, il ne l'aurait pas reçu, étant au-dessous de son rang d'avoir affaire à de pareilles gens ; qu'il estimait Bonaparte comme un grand homme, mais qu'étant prince de la maison de Bourbon il lui avait voué une haine implacable, ainsi qu'aux Français auxquels il ferait la guerre dans toutes les occasions... »

Ainsi Bonaparte a la preuve que le maréchal des logis Lamothe s'est lourdement trompé. Le Premier consul pourrait encore arrêter toute l'affaire, mais, irrité par la dernière ligne du rapport du commandant Charlot, il refuse de s'arrêter à la méprise commise par le gendarme. Il ne change rien à ses ordres. Quarante-huit heures plus tard, tandis que le duc d'Enghien quitte Strasbourg et roule vers Paris, un second courrier apporte à Malmaison les papiers saisis à Ettenheim. Des pièces prouvent que le duc se trouvait à la tête d'un réseau antirépublicain, assez paisible, il est vrai, mais ayant des ramifications jusqu'en France. La copie d'une lettre démontre que le prince a pensé à l'éventualité de la mort de Bonaparte : « Il est d'un grand intérêt pour moi de rester rapproché des frontières, écrit-il à son grand-père, car, au point où en sont les choses, la mort d'un homme peut amener un changement total. » Sans doute Enghien pense-t-il à la mort du dictateur sur un champ de bataille — il abhorre le poignard — mais Bonaparte ne veut voir là qu'une allusion à la réussite des projets de Cadoudal. Le brouillon d'un long rapport adressé par le prince à sir Charles Stuart accuse le dernier des Condé :

« Le duc d'Enghien, écrit-il, sollicite des bontés de Sa Majesté britannique la grâce de jeter les yeux sur lui pour l'employer n'importe comment ni en quel grade, contre ses implacables ennemis, en daignant lui confier le commandement de quelques troupes auxiliaires, dans lesquelles il pût placer d'anciens officiers fidèles de sa nation et les déserteurs qui pourraient le rejoindre. Le nombre en serait grand dans ce moment, dans les troubles de la République. Le duc d'Enghien, pendant un séjour de deux années sur les frontières de France, a été à portée de s'en convaincre d'une manière positive. »

Joséphine, ayant appris ses projets de la bouche même de son mari, le supplie de ne pas souiller ses mains du sang des Condés.

— Les femmes doivent demeurer étrangères à ces sortes d'affaires, lui répond-il. Ma politique demande ce coup d'Etat ; j'acquerrai par là le droit de me rendre clément dans la suite. L'impunité encouragera les partis, je serai donc obligé de persécuter, d'exiler, de condamner sans cesse, de revenir sur ce que j'ai fait pour les émigrés, de me mettre dans les mains des jacobins. Les royalistes m'ont déjà plus d'une fois compromis à l'égard des révolutionnaires. L'exécution du duc d'Enghien me dégage vis-à-vis de tout le monde.

Le soir, Joséphine insiste encore et Bonaparte perd patience :

— Allez-vous-en, vous n'êtes qu'une enfant !

— Eh bien, réplique-t-elle, eh bien, Bonaparte, si tu fais tuer ton prisonnier, tu seras guillotiné toi-même, comme mon premier mari, et moi, cette fois, par compagnie avec toi !

Bonaparte hausse les épaules. Les femmes n'entendent rien à la politique : c'est là une pensée bien ancrée chez lui. Murat prend son courage à deux mains et montre sa désapprobation. Bonaparte lui répond :

— Citoyen Murat, si le duc de Berry était à Paris logé chez M. de Cobenzl, et M. d'Orléans logé chez le marquis de Gallo, non seulement je les ferais arrêter cette nuit et fusiller, mais je ferais aussi arrêter les ambassadeurs et leur ferais subir le même sort ; et le droit des gens ne serait en rien compromis... Il n'y a d'autre prince à Paris que le duc d'Enghien qui arrivera demain à Vincennes. Soyez certain de cela et ne souffrez même pas qu'on vous dise le contraire.

Fouché aura-t-il plus de chance ? Il arrive à Malmaison le matin à neuf heures. Bonaparte se promène à grands pas dans le parc :

— Je vois, lui dit-il ce qui vous amène. Je frappe aujourd'hui un grand coup qui est nécessaire.

« Je lui représentai alors qu'il soulèverait la France et l'Europe, raconte le régicide, s'il n'administrait pas la preuve irrécusable que le duc conspirait contre sa personne à Ettenheim. »

— Qu'est-il besoin de preuve ? s'écrie Bonaparte. N'est-ce pas un Bourbon, et de tous le plus dangereux ?

Fouché insiste, expose « des raisons politiques propres à faire taire la raison d'Etat ». C'est en vain. Le consul finit par lui dire avec humeur :

— Vous et les vôtres n'avez-vous pas dit cent fois que je finirais par être le Monk de la France et par rétablir les Bourbons ? Eh bien, il n'y aura plus moyen de reculer. Quelle plus forte garantie puis-je donner à la Révolution que vous avez cimentée du sang d'un roi ? Il faut d'ailleurs en finir. Je suis environné de complots. Il faut imprimer la terreur ou périr.

Dans l'après-midi, le Consul se rend à Paris pour tenir conseil aux Tuileries. La réunion terminée, avant de regagner Malmaison, il dicte ce procès-verbal : « Sur le compte rendu du Grand Juge, ministre de la Justice, de l'exécution des ordres donnés par le gouvernement le 16 de ce mois, relativement aux conspirateurs qui s'étaient réunis dans l'électorat de Bade : le Gouvernement arrête que le ci-devant duc d'Enghien, prévenu d'avoir porté les armes contre la République, d'avoir été et d'être encore à la solde de l'Angleterre, de faire partie des complots tramés par cette dernière puissance contre la sûreté intérieure et extérieure de la République, sera traduit devant une commission militaire composée de sept membres, nommés par le général gouverneur de Paris, et qui se réunira à Vincennes. »

L'arrivée du duc d'Enghien à Paris est prévue pour le même soir. Bonaparte aurait alors ordonné à Murat, nouveau gouverneur de Paris : « Faites entendre aux membres de la commission qu'il faut terminer dans la nuit, et ordonnez que la sentence, si, comme je n'en puis douter, elle porte condamnation à mort, soit sur-le-champ exécutée et le condamné enterré dans un des coins du fort ». Le document — controversé — est-il authentique ? Quoi qu'il en soit, la commission doit juger dans la nuit — et Bonaparte le confirmera au général Hulin, commandant des grenadiers de la Garde consulaire.

La soirée venue, Napoléon semble détendu. Est-ce parce qu'il a pris sa décision ? Toujours est-il que, tout en disputant une partie d'échecs, Mme de Rémusat l'entend murmurer entre ses dents :

— Soyons amis, Cinna...

Puis, au milieu du silence général, il lance le vers de Gusman, dans *Alzire* :

Et le mien quand ton bras vient de m'assassiner...

Mme de Rémusat lève la tête, regarde le consul et le voit sourire :

« En vérité, dira-t-elle, je crus dans ce moment

qu'il était possible qu'il eût trompé sa femme et tout le monde et qu'il préparât une grande scène de clémence. Cette idée, à laquelle je m'attachai fortement, me donna du calme ; mon imagination était bien jeune alors, et d'ailleurs, j'avais un tel besoin d'espérer ! »

— Vous aimez les vers, lui dit-il.

La « dame pour accompagner » avait bien envie de répondre : « Surtout quand ils font application », mais elle n'osa pas.

Tandis que le duc d'Enghien arrive à Vincennes, tandis que la commission militaire — effarée du rôle qui lui est imposé — prend connaissance du dossier, un dossier de cinq feuillets contenant uniquement les questions à poser à l'accusé, Bonaparte adresse ce billet à Réal : « Rendez vous sur-le-champ à Vincennes pour faire interroger le prisonnier. Voici l'interrogatoire que vous ferez : « — Avez-vous porté les armes contre votre patrie ? — Avez-vous été à la solde de l'Angleterre ? — Avez-vous voulu offrir vos services à l'Angleterre ? — N'avez-vous pas oublié tout sentiment de la nature jusqu'à appeler le peuple français votre plus cruel ennemi ? — N'avez-vous pas proposé de lever une légion et de faire déserter les troupes de la République, en disant que votre séjour pendant deux ans près des frontières vous avait mis à même d'avoir des intelligences parmi les troupes qui sont sur le Rhin ? » Et enfin : « — Avez-vous connaissance du complot tramé par l'Angleterre et tendant au renversement du gouvernement de la République, et le complot ayant réussi ne deviez-vous pas entrer en Alsace et même vous porter à Paris, selon les circonstances ?... »

Réal dort paisiblement chez lui, mais, à Vincennes,

on réveille le prisonnier qui, écrasé de fatigue, s'est endormi :

— Pourquoi si tôt ? Le jour ne paraît pas encore.

— On va vous juger.

— Et sur quoi ?

— Sur ce que vous avez voulu assassiner le Premier consul.

Enghien essaye de comprendre. On l'entend murmurer :

— Voyons, voyons...

Il se lève, s'habille...

— Il me semble que quelques heures plus tard vous auraient convenu, et à moi aussi. Je dormais si bien !

On traverse la cour détrempée. Le prince devine les détachements de grenadiers, cuirassiers, gendarmes, qui attendent l'arme au pied. Dans une petite pièce attenante au « tribunal », un capitaine interroge le prisonnier. Enghien raconte sa vie, reconnaît recevoir une pension de l'Angleterre — ses biens ne sont-ils pas confisqués par la République ? — et affirme n'avoir jamais été en contact avec Cadoudal et Dumouriez. Il n'a participé à aucun complot ; il combat à visage découvert. Quant à Pichegru le duc affirme ne pas le connaître.

— Je me loue de ne pas l'avoir connu, en pensant aux vils moyens dont il a voulu se servir... s'ils sont vrais.

Le bref interrogatoire terminé, on lui tend la plume. « Avant de signer le présent procès-verbal, écrit Enghien, je fais avec instance la demande d'avoir une audience particulière avec le Premier consul. Mon nom, mon rang, ma façon de penser et l'horreur de ma situation me font espérer qu'il ne refusera pas ma demande. »

Les juges délibèrent. Ne faut-il pas surseoir au procès afin de transmettre au Premier consul la demande légitime du prisonnier ? Réal devrait se trouver là ce soir, mais il dort toujours... Nul doute que le conseiller aurait transmis au maître la requête du prince. Il est permis de penser qu'après cette entrevue entre le soldat de Rivoli et celui de Berstheim, le sang n'aurait peut-être pas coulé... Mais en l'absence de Réal, c'est Savary qui commande. Les juges sont là pour « juger sans désemparer ». Qu'ils obéissent !

On ouvre la porte du salon. Quelques officiers montent de la cour. Savary, resté debout derrière la chaise du président, le général Hulin, se chauffe à la cheminée. Le prince, entouré de gendarmes, pénètre dans la pièce. On devine avec quelle curiosité, avec quel intérêt, ces officiers — six sur sept sont des soldats de la République — regardent ce Bourbon aux longs cheveux châtains, aux yeux clairs, au nez en bec d'aigle, ce dernier des Condés qu'ils vont juger sans documents, sans pouvoir même lui accorder un avocat. Ce n'est pas un procès, mais un assassinat.

— Avez-vous pris les armes contre la France ?

— Regardez-moi, je suis un Bourbon : c'est vous qui avez tiré les armes contre moi. J'ai soutenu les droits de ma famille. Un Condé ne peut rentrer en France que les armes à la main. Ma naissance, mon opinion me font à jamais l'ennemi de votre gouvernement.

Selon Savary, dans ses *Mémoires,* Hulin aurait alors fait allusion au complot de Cadoudal.

— Vous ne parviendrez jamais à nous faire croire que vous étiez indifférent à des événements dont les conséquences devaient être capitales pour vous...

— Monsieur, je vous comprends très bien, aurait répondu Enghien après un silence ; mon intention n'était pas d'y rester indifférent. J'avais demandé à l'Angleterre du service dans ses armées et elle m'avait fait répondre qu'elle ne pouvait m'en donner, mais que j'eusse à rester sur le Rhin, où j'avais incessamment un rôle à jouer, et j'attendais. Monsieur, je n'ai plus rien à vous dire.

Si telles furent véritablement les paroles prononcées par le prince, ce demi-aveu pouvait apaiser la conscience des juges et leur permettre de croire à une certaine complicité avec Georges.

— Emmenez l'accusé et faites évacuer la salle.

La délibération est brève. Hulin dicte au greffier :

« *Le conseil délibérant à huis clos, le président a recueilli les voix en commençant par le plus jeune en grade ; le président ayant émis son opinion le dernier, l'unanimité des voix a déclaré l'accusé coupable et lui a appliqué...* »

Le général s'arrête. En vertu de quelle loi vont-ils condamner ce cousin de Louis XVI, qui, en combattant la République régicide, a essayé de venger ses morts et de reprendre ce qui lui a été pris ? Hulin hésite, puis se lance... On complétera le jugement plus tard !

« *...Et lui a appliqué l'article... de la loi du... ainsi conçu... et, en conséquence, l'a condamné à la peine de mort. Ordonne que le présent jugement sera exécuté de suite à la diligence du capitaine rapporteur...* »

Hulin reprend maintenant la plume pour demander au Premier consul d'accorder au condamné l'audience qu'il sollicitait.

— Que faites-vous là ? lance Savary en voyant le président commencer sa lettre.

— J'écris au Premier consul...

L'exécuteur des hautes œuvres tranche le débat :

— Votre affaire est finie. Le reste me regarde !

Et, pendant ce temps, Réal dort toujours.

Enghien, lui, n'a plus sommeil. Il bavarde avec l'officier de gendarmerie — le lieutenant Noirot —

qui a servi sous l'ancien régime. Quelques noms oubliés, des noms déjà d'un autre temps, résonnent dans la pièce nue : Chantilly... le comte de Crussol... le mestre de camp de *Navarre-Cavalerie*. Soudain, la clef grince dans la serrure. C'est le gouverneur de Vincennes, le commandant Harel qui pénètre dans la pièce, une lanterne à la main, et suivi d'un gendarme.

— Monsieur, veuillez me suivre.

Que lui veut-on ? Résigné, il se lève, prend son manteau, siffle Mohilof et, flanqué du lieutenant Noirot et du gendarme, suit le commandant. Il pleut toujours, la lanterne fait miroiter les flaques d'eau de la cour. Le petit groupe arrive au pied de la haute tour du Diable. Harel soulève son quinquet. Une poterne se détache de l'ombre. La clef grince dans la serrure rouillée et l'on pénètre dans une vaste pièce circulaire dont la lueur jaune du falot ne parvient pas à dissiper les ténèbres. Le commandant se dirige vers l'entrée d'un escalier qui s'enfonce dans la nuit. Enghien s'arrête. Sa voix angoissée résonne sous la haute voûte de pierre :

— Où me conduisez-vous ? Si c'est pour m'enterrer vivant dans un cachot, j'aime mieux mourir.

Il y a un silence. Chacun entend battre son cœur.

— Monsieur, dit enfin Harel d'une voix étouffée, veuillez me suivre et rassembler tout votre courage.

Le prince a-t-il compris ? L'idée que le Premier consul a décidé sa mort après un semblant de jugement est si loin de lui !...

L'escalier paraît interminable ; enfin, l'air glacé le frappe au visage. Le condamné se trouve sur un perron surplombant les douves. Encore quelques marches glissantes et, sous la pluie qui tombe maintenant en rafales, il foule l'herbe détrempée. Le prisonnier et ses geôliers contournent bientôt l'énorme tour d'angle qui fait saillie, la tour de la Reine. Soudain, Enghien devine, plus qu'il ne les voit, massés dans l'ombre, derrière un rideau de pluie, des détachements de toutes les troupes qui ont envahi le château. Çà et là oscillent les faibles lueurs des lanternes qui essayent de percer l'obscurité et font étinceler, durant un bref instant, les armes ruisselantes. En avant, sur deux rangs, un peloton de seize gendarmes attend l'arme au pied.

Enghien a enfin compris.

Il voit, comme dans un mauvais rêve, un sous-officier s'avancer vers lui. L'homme tient à la main un falot, il s'arrête à deux pas, et, non sans mal, déplie une feuille de papier. C'est le jugement. La voix s'élève, résonne entre les hautes murailles. On entend la pluie qui crépite sur les casques. Deux dates commencent et achèvent le texte.

« *A répondu se nommer Louis-Antoine-Henri de Bourbon, duc d'Enghien, né à Chantilly, le* 2 *août* 1772.

....

« *Fait, clos et jugé sans désemparer, à Vincennes, les jour, mois et heure que dessus :* 30 *ventôse, an XII de la République, à deux heures du matin.* »

2 août 1772... 30 ventôse, an XII. Il n'a pas trente-deux ans !

— Y a-t-il quelque qui veuille me rendre un dernier service ?

Noirot s'avance, puis, après avoir écouté le prince qui lui parle à l'oreille, se tourne vers le peloton :

— Gendarmes, l'un d'entre vous a-t-il une paire de ciseaux ?

— Moi.

L'objet passe de main en main. Enghien coupe une mèche de ses cheveux, enlève l'anneau d'or qu'il porte à son doigt et glisse le tout dans la lettre qu'il écrivait avant de se coucher à la princesse Charlotte.

— Voulez-vous faire passer ceci à la princesse de Rohan-Rochefort ?

D'une voix plus forte, il demande un prêtre. La réponse lui est donnée du haut du pont-levis qui enjambe le fossé.

— Pas de capucinade !

C'est la voix de Savary.

Enghien, tout en chassant son chien Mohilof, toujours collé à ses jambes, se dirige vers un pommier rabougri qui a poussé là, au pied de la muraille.

Il se met à genoux, se recueille un instant, puis se relève. On l'entend murmurer :

— Il faut donc mourir, et de la main des Français !

La voix sèche de Savary troue de nouveau la nuit :

— Adjudant, commandez le feu !

Le sous-officier enlève son chapeau. C'est le signal. La salve éclate, roule et se répercute longuement. Une fumée épaisse rend la nuit encore plus opaque. Les gendarmes s'avancent, retournent le corps. Le visage, fracassé par plusieurs balles, est méconnaissable, puis le cadavre est lancé dans un trou préparé là depuis le début de l'après-midi, la face tournée vers l'eau qui a rempli le fond de la fosse. Une pierre glisse sur la nuque, des pelletées de terre hâtivement jetées comblent la tranchée.

Quelques instants plus tard, il n'y a plus au fond des douves que Mohilof qui tourne en rond autour du tertre boueux et qui hurle à la mort.

Réal n'a pas été réveillé. Il dort toujours, et la lettre du Premier consul attend là, bien en évidence, sur sa table de nuit. Il en prend connaissance à son réveil. Affolé, il revêt rapidement sa tenue de Conseiller d'Etat et se hâte sur le chemin de Vincennes. A la barrière il rencontre Savary qui lui demande où il va.

— A Vincennes, lui répond-il ; j'ai reçu hier au soir l'ordre de m'y transporter pour interroger le duc d'Enghien.

Réal, stupéfait, entend alors Savary, tout aussi stupéfait, lui dire que tout est fini. Tandis que Réal, tremblant pour sa place, rentre chez lui, Savary prend la route de Malmaison. Sans doute à Vincennes n'a-t-on pas attendu le conseiller, mais Savary a la conscience tranquille. Le Premier consul n'a-t-il pas donné l'ordre de tout terminer dans la nuit ? Il n'a donc rien à se reprocher.

— Vous voyez bien Savary ? dira un jour un officier au préfet Castellane, il vous étouffe de caresses. Eh bien, si l'Empereur lui disait de vous tuer, il viendrait à vous, vous prendrait tendrement la main et vous dirait : « Mon ami, je suis au désespoir ! Je suis obligé de vous envoyer dans l'autre monde, l'Empereur le veut ainsi... »

A onze heures, Savary est introduit chez le Premier consul et lui annonce que tout est terminé. Bonaparte semble surpris. Cette hâte l'étonne — ce qui tendrait à prouver que l'ordre donné à Murat la veille est peut-être apocryphe. Savary commence son récit que Bonaparte écoute avec attention, fixant le général de ses « yeux de lynx » :

— Il y a là quelque chose qui me dépasse, dit-il ; voilà un crime qui ne mène à rien et qui ne tend qu'à me rendre odieux.

En sortant du cabinet de travail du Consul, Savary rencontre Joséphine :

— Eh bien ? Est-ce donc fait ?

— Oui Madame, il est mort ce matin, et, je suis forcé d'en convenir, avec beaucoup de courage... Après sa mort, on a permis aux gendarmes de prendre ses vêtements, sa montre, et l'argent qu'il avait sur lui : aucun n'a voulu y toucher.

Joséphine se serait alors précipitée dans la chambre de Bonaparte :

— Le duc d'Enghien est mort, lui aurait-elle dit. Ah ! mon ami, qu'as-tu fait ?

Le Premier consul aurait répondu :

— Les malheureux ont été trop vite.

Il paraît sincèrement regretter la rapidité avec laquelle tout a été conduit — selon ses propres désirs — mais il va couvrir ses sous-ordres. Le dîner se déroule dans le plus profond silence. En se levant de table, Bonaparte — semblant répondre à cette muette réprobation — s'écrie, violent :

— Au moins, ils verront ce dont nous sommes capables. Dorénavant, j'espère qu'on nous laissera tranquilles !

Passé au salon où le lourd silence se prolonge, il lancera encore :

— J'aî versé du sang, je le devais, et j'en répandrai peut-être encore, mais sans colère et tout simplement parce que la saignée entre dans les combinaisons de la médecine politique. Je suis l'homme de l'Etat, je suis la Révolution française, et je la soutiendrai.

Ce même jour, Chateaubriand, nommé par Bonaparte chargé d'affaires auprès de la République du Valais, entend dans la rue crier la nouvelle :

« Jugement de la commission militaire spéciale convoquée à Vincennes qui condamne à la peine de mort le nommé Louis-Antoine-Henri de Bourbon, né le 2 août 1772 à Chantilly ».

« Ce cri, écrit-il, tomba sur moi comme la foudre ; il changea ma vie, de même qu'il changea celle de Napoléon. Je rentrai chez moi, je dis à Mme de Chateaubriand : « Le duc d'Enghien vient d'être fusillé. » Je m'assis à une table et je me mis à écrire ma démission. Mme de Chateaubriand ne s'y opposa point.

Elle ne se dissimulait pas mes dangers ; on faisait le procès du général Moreau et de Georges Cadoudal : le lion avait goûté le sang, ce n'était pas le moment de l'irriter. »

Le 24 mars, Bonaparte quitte Malmaison. Au Conseil d'Etat, où il se rend sitôt rentré, il réclame toute la responsabilité de l'événement :

— Que la France ne s'y trompe pas, elle n'aura ni paix ni repos jusqu'au moment où le dernier individu de la race des Bourbons sera exterminé. J'en ai fait saisir un à Ettenheim. Le Margrave, sur ma première proposition, a consenti à ce que je m'en emparasse, et, en effet, quel droit des gens ont à réclamer ceux qui ont médité l'assassinat ?...

Après un bref silence, il reprend :

— J'ai fait juger et exécuter le duc d'Enghien pour éviter de tenter les émigrés rentrés qui se trouvent ici. J'ai craint que la longueur d'un procès, la solennité d'un jugement ne réveillassent dans leur âme des sentiments qu'ils n'avaient pas pu s'empêcher de manifester, que je ne fusse obligé de les abandonner à la police et d'étendre ainsi le cercle des coupables au lieu de le resserrer.

Il précise encore :

— Au surplus, il a été jugé par une commission militaire et il en était justiciable : il avait porté les armes contre la France, il nous avait fait la guerre. Par sa mort, il nous a payé une partie du sang de deux millions de citoyens français qui ont péri dans cette guerre. On verra par les papiers saisis chez lui qu'il n'était établi à Ettenheim que pour être à portée d'entretenir une correspondance à l'intérieur de la France. Je l'ai fait arrêter dans le margraviat de Bade. Qui sait si je n'aurais pas pu faire également enlever à Varsovie les autres Bourbons qui s'y trouvent ?

Le même soir, pour prendre le pouls de la capitale, il se rend à l'Opéra avec Joséphine. « De l'air de quelqu'un qui marche au feu d'une batterie », il s'avance vers le devant de la loge. Les applaudissements crépitent. Ainsi, selon le mot de Chateaubriand, le vent avait soufflé et tout était fini.

Cependant, à Saint-Cloud, en apercevant un buste du Grand Condé placé dans un passage conduisant à son cabinet, il ordonna, d'un ton brusque et d'une voix agitée :

— Qu'on porte ce buste ailleurs !

Dix jours avant de mourir, Napoléon fit rouvrir son testament et ajouta ces lignes :

« *J'ai fait arrêter et juger le duc d'Enghien parce que c'était nécessaire à la sûreté, à l'intérêt et à l'honneur du peuple français, lorsque le comte d'Artois entretenait, de son aveu, soixante assassins dans Paris. Dans une semblable circonstance, j'agirais encore de même.* »

Après cet aveu, il serait puéril de reprocher à Savary sa hâte trop féroce et à Réal son sommeil trop profond. La nuit de Vincennes est bien l'œuvre de Bonaparte. C'est lui — et lui seul — qui, en pleine conscience, a fait du duc d'Enghien « de la poussière avant le temps ».

Le roulement du feu de peloton de Vincennes se fait entendre à travers toute l'Europe. Les Russes sont les plus révoltés. Ceux qui, avec l'accord d'Alexandre, ont massacré quatre ans auparavant — et de quelle manière ! — le tsar Paul Ier, fustigent « le plus lâche des usurpateurs, ce vrai tigre qui gouverne la France ».

Le Tsar, qui ordonne à sa cour de prendre le deuil — alors qu'il n'a avec les Bourbons aucun lien du sang — entraîne l'Europe dans une véritable croisade contre « le chef des brigands, le monstre tapi dans son repaire des Tuileries ». Mais l'Autriche, bien que « troublée à la nouvelle du drame de Vincennes », n'ose rien dire. Cobenzl l'avoua sans ambages : son pays « avait peur de Bonaparte ». Et la Prusse ? La reine de Prusse envisage un moment de prendre le deuil, mais son ministre, Hardenberg, ramène la souveraine aux réalités :

— Notre situation, lui dit-il, ne semble pas permettre de s'y livrer à l'exemple de la Russie qui se trouve dans une situation si différente qu'il ne lui coûte rien de déployer ce sentiment, tandis que nous lui servons de boulevard.

Le Tsar garde cependant l'espoir que l'Electeur de Bade, dont on a violé le territoire, sera poussé par la Diète germanique à faire davantage que la molle lettre de protestation écrite au lendemain du guet-apens d'Ettenheim. Il n'en fut rien : au seul nom de Bonaparte, l'Electeur était pris de tremblements. Quant aux Bourbons d'Espagne, de Naples et de Florence, ils se gardent même de prendre le deuil de leur cousin, et la reine d'Etrurie — reine de par la volonté de Napoléon — fait dire aux Tuileries que : « si quelque chose avait pu donner à la Reine de la consolation, en apprenant la mort de ce prince, c'était la manière délicate dont le Premier consul s'était servi pour lui faire part de cet événement ».

La « cour de Pétersbourg » en fut donc pour les frais de son « incartade », selon l'expression de Napoléon, et c'est Talleyrand qui, tout en riant derrière son masque, eut le mot de la fin en écrivant au chancelier russe : « On peut se demander, si, lorsque l'Angleterre méditait l'assassinat de Paul Ier, on eût connaissance que les auteurs de ces complots se trouvaient à une lieue des frontières, on n'eût pas été empressé de les faire saisir. »

***

Pour que la place soit nette, il ne reste plus qu'à faire le procès de Moreau, de Georges Cadoudal et de Pichegru. Le moral de ce dernier est au plus bas. Il se rend compte combien il a eu tort de quitter Londres. La France a adopté Bonaparte, l'aime, lui est reconnaissante d'avoir fait cesser l'anarchie. Une conspiration royaliste n'a plus aucune chance d'aboutir. Pichegru songe au suicide. Or, à ce moment même Bonaparte confie à Réal :

— Avant de commettre une faute, il a bien et honorablement servi son pays. Je n'ai pas besoin de son sang. Dites-lui qu'il faut regarder tout ceci comme une bataille perdue. Il ne pourra rester en France. Pressentez-le sur Cayenne. Il connaît le pays. On pourrait lui faire une belle position.

Pichegru accepte avec empressement la proposition.

— Avec six millions, dit-il, et six mille nègres, on ferait de Cayenne le plus important de nos établissements coloniaux.

Comment expliquer ce qui suivit ? Réal, pour une raison que nous ignorons encore, ne revient plus au Temple durant quelque temps et le général retombe dans son découragement.

— Je vois bien que M. Réal a voulu m'amuser avec son histoire de Cayenne, dit-il au concierge de la prison.

Et c'est le drame.

Le 6 avril 1804, le gardien Poron entre, comme chaque matin, dans la cellule de Pichegru pour allumer le feu. Il est sept heures. Le prisonnier paraît dormir. Une demi-heure plus tard, comme le général sommeille toujours, Poron s'approche et découvre que Pichegru est mort. Il semble s'être étranglé lui-même avec sa cravate de soie noire dans laquelle il a passé un petit bâton « pour faire tourniquet »... A son chevet se trouve encore ouverte, à la page de la mort de Caton, un exemplaire des *Pensées* de Sénèque : « Non, je ne crois pas que Jupiter ait jamais rien vu de plus beau que Caton invincible... Allons, mon âme, commence l'entreprise que tu médites depuis si longtemps ! »

— Quelle fin pour le vainqueur de la Hollande ! s'exclame Bonaparte.

Comment Pichegru a-t-il eu la force de se tuer en se servant de sa cravate comme d'un garrot ? C'est la question que se pose le public. Assurément, affirment certains, le Premier consul a fait étrangler son ennemi « par ses mameluks » !

Le rapport d'autopsie le précise : « Nous avons constaté que tous les vaisseaux du cuir chevelu étaient gorgés de sang, la surface de la dure-mère injectée, que la surface intérieure du cerveau était gorgée de sang, ainsi que les deux lobes du poumon, que le cervelet n'offrait rien de particulier, que l'oesophage dans toute sa longueur était parfaitement sain, jusqu'à l'endroit du col où la strangulation s'est effectuée, pourquoi nous continuons de penser que Charles Pichegru, ex-général, s'est suicidé. »

« Il s'est suicidé. » Telle doit être également, pensons-nous, la conclusion de l'Histoire, et cela en dépit de l'invraisemblance de cette strangulation par tourniquet exécutée par l'étranglé lui-même... Bonaparte n'avait rien à gagner en faisant mourir Pichegru avant son procès, alors qu'il avait tout à perdre par son suicide... Il le dira à Réal :

— Nous avons perdu la meilleure pièce à conviction contre Moreau !

Le Consul aurait assurément gracié Pichegru, prouvant encore qu'il était déjà assez puissant pour dédaigner ses adversaires. La condamnation de Pichegru ne pouvait rien ajouter au sang déjà versé. La mort du duc d'Enghien suffisait comme exemple destiné à décourager et à désarmer le parti royaliste.

La crainte de voir disparaître le Premier consul va hâter le dénouement. Pour les Jacobins, les anciens régicides, Bonaparte a désormais versé le même sang qu'eux :

— Je suis enchanté, s'exclame le « républicain éprouvé » Curée, Bonaparte s'est fait de la Convention.

Assurément — éternelle crainte — il n'imitera point le général Monk. On peut lui offrir la couronne à laquelle il pense depuis un an : il la gardera pour lui ! Napoléon se trouve poussé vers la monarchie, non seulement par quelques sénateurs arrivistes — tel Fontanes — mais aussi par la force même des choses. Ainsi que le constate un agent royaliste : « Il n'a que son épée, et c'est un sceptre qui se transmet. » Un dictateur ne peut cesser d'être, si j'ose dire, viager qu'en ceignant une couronne. De tous les côtés — et surtout émanant de l'armée — parviennent des adresses aux Tuileries, demandant que le consul — les deux autres n'existent déjà plus — se fasse empereur. On voit même, nous rapporte Thibaudeau, des marins de l'escadre de Toulon exiger le prompt divorce d'avec Joséphine, afin que Bonaparte puisse se remarier et créer une dynastie. Partout, on parle de l'empire comme étant « le moyen certain de fixer la paix et la tranquillité de la France ».

C'est Fouché — le massacreur de Lyon — qui vient se proposer pour matérialiser les désirs de la Nation, rallier les hésitants, gagner les opposants. Une commission est créée et, le 27 mars, une semaine après l'exécution du duc d'Enghien — on ne perdait point de temps... — le Sénat « invite » le Premier consul « à achever son ouvrage en le rendant immortel comme sa gloire »...

Le corps du malheureux qui pourrissait dans les douves de Vincennes allait servir de marche au nouveau trône.

***

Le Sénat ayant également posé la question du pouvoir héréditaire, Joséphine, en cette veille du règne, tremble toute !

— Bonaparte, murmure-t-elle, ne te fais point roi !

Il hausse les épaules. Son parti est maintenant pris.

A trois reprises, le rapporteur, influencé par Joseph, écrit que l'hérédité sera créée dans la *famille Bonaparte*. A trois reprises le texte revient de Saint-Cloud corrigé : l'hérédité ne devait figurer que « *dans les descendants de Napoléon Bonaparte* ». Mais ces « descendants » n'existaient point — ou pas encore. Ne pourrait-on pas en créer par une adoption ? Puisque Joséphine ne pouvait donner d'enfants à son mari, pourquoi ne pas choisir comme héritier le fils d'Hortense ? Bonaparte en accepte l'idée, soufflée, on s'en doute, par la future impératrice. Il s'adresse tout d'abord à Joseph pour lui demander d'abandonner son droit d'aînesse :

— Je veux tout ou rien, répond Joseph. Je me réunirai à Sieyès, à Moreau même s'il le fait, à tout ce qui reste en France de patriotes et d'amis de la liberté pour me soustraire à tant de tyrannie.

Passant outre — et accédant encore à la prière de

sa femme — le Premier consul va voir Hortense. Celle-ci a raconté la scène :

« Le Consul arriva chez moi avec ma mère. Contrarié de n'y point trouver mon mari, il ne dit rien et se promena seul dans le jardin. Ma mère m'apprit qu'il était venu dans l'intention de demander notre fils qu'il voulait adopter. Cette idée m'effraya... Le soir, Caroline me dit que la famille, instruite des projets du Consul, les combattrait avec force, que ses frères avaient plus de droits que mon fils, qu'ils les soutiendraient... J'en parlai à mon mari qui m'assura que jamais il ne consentirait à céder son fils et il me montra une lettre par laquelle il en faisait la déclaration à son frère avec le conseil de divorcer comme seul moyen d'arranger les choses. Je demeurai toute confuse pour mon mari, tout agitée pour ma mère que je vis sortir pleine de tristesse et d'abattement. Elle m'apprit aussi que toute la famille voulait engager le consul à se séparer d'elle. Quant à lui, pour la première fois, il me traita en personne raisonnable, me parla de son désir d'adopter un héritier et me parut blessé de la lettre de Louis. Je lui demandai de rester neutre dans une telle circonstance et d'obéir à un mari effrayé, peut-être avec raison, de toutes ces haines qui s'élevaient déjà autour d'un enfant. Le consul garda un moment le silence et le rompit en disant :

— Je ferai une loi qui me rendra au moins maître de ma famille. »

En attendant de résoudre cette insoluble question, Bonaparte, le 25 avril, prend la décision d'associer sa femme au trône et, ses réflexions terminées, il répond enfin à la demande des sénateurs, les invitant « à lui faire connaître leur pensée tout entière ».

Le 30 avril, Curée — « républicain » toujours « éprouvé » — prend la parole au Tribunat. On lui a soufflé sa leçon : il demande que le gouvernement de la république soit confié à un empereur, et que cet empire soit héréditaire. Après trois jours de débats, le Tribunat émet le vœu suivant :

1° — Que Napoléon Bonaparte fût nommé empereur et en cette qualité fût chargé du gouvernement de la République française.

2° — Que le titre d'Empereur et le pouvoir impérial fussent héréditaires dans sa famille, de mâle en mâle, par primogéniture.

3° — Enfin, qu'en apportant à l'organisation des autorités constituées les modifications que commandait l'établissement d'un pouvoir héréditaire, l'égalité, la liberté, les droits du peuple fussent conservés dans leur intégralité.

Le 4 mai — le ciel est couvert et quelques gouttes d'eau tombent par intervalles — une délégation du Tribunat est reçue par le Sénat et lui fait part du « vœu » qui a été formé : la création d'une nouvelle monarchie. Le président de la haute assemblée leur déclare alors, et le plus sérieusement du monde :

— Vous exercez pour la première fois près du Sénat cette initiative républicaine et populaire que vous ont déléguée les lois fondamentales.

Le Consulat s'achève. Dans quelques jours, au son du canon, le Sénat apportera à Bonaparte le décret instaurant pour lui la dignité impériale.

Le 15 juillet 1804, dans l'église des Invalides, où Napoléon reposera un jour de son dernier sommeil, se déroule la prestation de serment des nouveaux membres de la Légion d'honneur. C'est l'une des premières fêtes du nouvel empire.

XXII

L'EMPEREUR DE LA RÉVOLUTION

On ne monte jamais si haut que quand on ne sait pas où on va.

NAPOLÉON.

BONAPARTE séjourne à Saint-Cloud tandis que le Sénat, le jeudi 10 mai 1804, vote à l'unanimité l'instauration du gouvernement impérial, « dont il est important pour l'intérêt du peuple français que Napoléon soit chargé ». Le ciel, couvert déjà le matin, commence à se dégager et, dans les casernes parisiennes où se trouve cantonnée la Garde des consuls, les fourriers reçoivent l'ordre de réunir les hommes dans les cours et de leur lire ce texte :

« La Garde est prévenue que le Sénat a proclamé aujourd'hui Napoléon Bonaparte Empereur des Français, et a fixé l'hérédité de pouvoir dans sa famille.

« Vive l'Empereur !

« Dévouement sans bornes et fidélité à toute épreuve à Napoléon Ier, Empereur des Français. Aujourd'hui la Garde prend le titre de Garde impériale. »

Après avoir poussé pour la première fois le cri de « Vive l'Empereur ! » qui, durant dix années, fera trembler l'Europe, gageons que certains anciens grenadiers — ceux qui ont fait partie autrefois de la Garde du Corps législatif et de la Garde du Directoire — durent se regarder un peu étonnés. Quelques mois avant Brumaire, lorsque leurs officiers leur ordonnaient d'accomplir quelque chose qui leur déplaisait, ils s'adressaient directement aux Directeurs. C'est ainsi que l'on avait pu voir ces étranges soldats demander de ne pas être astreints à sortir du quartier en grande tenue... Et quels termes n'avaient-ils pas employés ! « Eh ! quoi donc, écrivaient-ils, la liberté serait-elle un vain titre ?... Des vestes et des culottes seraient-elles une femme fatale jetée au milieu des patriotes pour les diviser et donner de la force aux royalistes ? » Des culottes transformées en femme fatale ? En l'an VIII on n'avait point peur des images hardies...

En quatre années, Bonaparte a converti ces soldats-citoyens en guerriers. Leur « accoutrement » fait battre les cœurs. Grenadiers et chasseurs sont empanachés, soutachés, emplumés, dorés sur tranche, et si leurs mains sont sales, leurs gants sont propres. Passant de deux mille à dix mille hommes, la Garde, devenue une nouvelle chevalerie populaire, est déjà, à la veille de l'Empire, l'élite de l'armée, puisque son recrutement s'opère en puisant les meilleurs éléments de la ligne et de la cavalerie.

Par la même proclamation, l'hérédité du pouvoir est déclarée « dans la descendance de Napoléon Bonaparte, et, à défaut d'enfants, dans celle de Joseph et de Louis », qui sont créés *princes impériaux.* La suite avait fait grimacer Joseph, puisque le *senatus-consulte* précisait que l'Empereur pourrait adopter pour son successeur celui de ses neveux qu'il désignerait, mais seulement lorsque l'heureux choisi aurait atteint dix-huit ans. Pour les siècles à venir, l'adoption demeurait interdite. Ainsi les futurs empereurs des Français sans héritier direct, ne pourraient désigner leurs successeurs.

Saint-Cloud bourdonne d'inquiétudes. Quels seront les titres et les places de chacun ? Aucune décision n'a encore été prise, aussi assiège-t-on Talleyrand et Fouché qui sont, dit-on, dans le secret. Joseph et Louis sont à peu près tranquilles : ils deviendront assurément *Altesses impériales,* mais mesdames Bacciochi et Murat — Elisa et Caroline — sont plus agitées. Leurs époux semblent ne pas devoir être nommés princes — et elles demeureront, de ce fait, roturières ! Alors que ces « étrangères » — Julie et Hortense — porteront le titre de princesses !

Et les ministres ? Les anciens consuls ? Les grands dignitaires ? Les chefs militaires ? Quel sera leur sort ? Puisqu'un empire était créé, une cour titrée et chamarrée ne devenait-elle pas indispensable ?

Le 17 mai, le bruit court que, le lendemain sera le « grand jour ». En effet, dès l'aube du 18, les salves se succèdent et, bientôt, précédés d'un régiment de cuirassiers, les sénateurs arrivent au château. Napoléon, en uniforme de colonel de la Garde, les attend dans le Grand Salon. Entouré par les conseillers d'Etat et les généraux, il est calme et semble parfaitement maître de lui, alors que pour la première fois il va s'entendre appeler « Sire », et « Votre Majesté ».

Le moment solennel est venu. Cambacérès s'avance

et, après avoir harangué le nouveau souverain, achève son discours par ces mots :

— Pour la gloire comme pour le bonheur de la République, le Sénat proclame à l'instant même Napoléon, Empereur des Français.

— J'accepte, répond l'Empereur, j'accepte le titre que vous croyez utile à la gloire de la Nation. Je soumets à la sanction du peuple la loi d'hérédité. J'espère que la France ne se repentira jamais des honneurs dont elle environnera ma famille. Dans tous les cas, mon esprit ne serait plus avec ma postérité, le jour où elle cesserait de mériter l'amour et la confiance de la grande nation.

Un grand cri de : *Vive l'Empereur !* ponctue ces mots et fait vibrer les vitres du salon.

Le « prince impérial » Joseph est ensuite nommé grand électeur, et le « prince impérial » Louis, connétable. Il ne peut évidemment point être question de Lucien qui, réfugié à Rome, refuse toujours de divorcer, ni de Jérôme, non seulement quasi déserteur, mais qui, aux Etats-Unis, a osé se marier sans en avoir sollicité l'autorisation.

Cambacérès et Lebrun, qui cessent d'être consuls, deviennent, l'un archichancelier de l'Empire et l'autre, architrésorier. Puis les sénateurs se rendent chez Joséphine qu'il se « félicitent de saluer les premiers » du titre de « Majesté Impériale ».

Avant de passer à table, Duroc annonce à la cour que, désormais, on appelera *Monseigneur* les deux anciens consuls et les hauts dignitaires. Les ministres auront droit au titre d'*Excellence* et les seize nouveaux maréchaux à celui de *Monsieur le Maréchal.*

Ostensiblement, l'Empereur, en arrivant au salon, prend un certain plaisir à appeler ses belles-sœurs : *princesse Joseph* et *princesse Louis.* Si Murat, par crainte de son impérial beau-frère, demeure apparemment calme, il n'en est pas de même de sa femme. Caroline éprouve en effet un violent désespoir. « Pendant le dîner, elle fut si peu maîtresse d'elle-même, nous rapporte Mme de Rémusat, lorsqu'elle entendit l'Empereur nommer à plusieurs reprises la *princesse Louis,* qu'elle ne put retenir ses pleurs. Elle buvait à coups redoublés de grands verres d'eau, pour tâcher de se remettre et paraître faire quelque chose : mais les larmes la gagnaient toujours. Chacun en était embarrassé, et son frère souriait assez malignement. Pour moi, j'éprouvais la plus grande surprise, et, en même temps, je dirais presque une sorte de dégoût, de voir cette jeune et jolie fille contractée par les émotions d'une si sèche passion. Mme Murat avait alors vingt-deux à vingt-trois ans ; son visage d'une blancheur éblouissante, ses beaux cheveux blonds, la couronne de fleurs dont ils étaient entourés, la robe couleur de rose qui la parait, tout cela donnait à sa personne quelque chose de jeune, presque d'enfantin, qui contrastait désagréablement avec le sentiment fait pour un tout autre âge, dont on voyait qu'elle était atteinte. On ne pouvait avoir aucune pitié de ses pleurs, et je crois qu'ils affectaient tout le monde, ainsi que moi, fort désagréablement. Mme Bacciochi, plus âgée, plus maîtresse d'elle-même, ne pleurait point ; mais elle se montrait brusque, tranchante, et traitait chacun de nous avec une hauteur marquée. »

Le lendemain, dans le salon de l'Impératrice, Mme Murat fait à l'Empereur une scène épouvantable. Dans la pièce voisine, officiers de service, chambellans et dames d'honneur entendent ses cris, ses larmes et même ses sanglots :

— Pourquoi veut-on me condamner avec mes sœurs à l'obscurité et au mépris, tandis que l'on couvre des étrangères d'honneurs et de dignités !

— Je suis le maître, s'exclame l'Empereur, de répartir les dignités à ma volonté.

Et comme les glapissements de Caroline redoublent, Napoléon fait remarquer :

— En vérité, à voir vos prétentions, mesdames, on croirait que nous tenons la couronne des mains du feu roi notre père !

Mme Murat, ne trouvant rien à répondre devant une remarque aussi pertinente, prend le parti de s'évanouir. En voyant le corps de sa sœur étendu tout de son long sur le tapis, Napoléon sent la pitié l'envahir : désormais Mmes Murat et Bacciochi seront princesses et altesses impériales... mais les maris demeureront — provisoirement — roturiers.

La nouvelle paraît au *Moniteur* du 20 mai. C'est un dimanche — ou, pour être plus précis, le *décadi* 30 floréal an XII, jour de la *Houlette*, car le calendrier révolutionnaire se trouve toujours en vigueur. Floréal s'achève, Prairial commencera dans quelques heures, mais le temps n'en est pas moins maussade et une boue épaisse couvre les chaussées de Paris.

Ce qui est bien fâcheux ce jour-là. En effet, dès le matin, massés sur les trottoirs — une nouveauté due au Consulat — les Parisiens, goguenards, regardent un étrange spectacle. Précédés d'une clique à cheval, d'une musique placée sur un char à gradins, de dragons de la gendarmerie, flanqués d'une cohorte de généraux empanachés, suivis d'un corps de trompettes et de timbaliers, quinze à vingt civils à cheval, en bas de soie et culotte courte, essayent, sans trop y parvenir, de se donner des airs de cavaliers. Ces messieurs les maires de Paris, — depuis la veille on ne disait plus *citoyen* —, les présidents et chanceliers du Corps législatif et du Sénat, s'en vont lire en cet équipage, sur les principales places de la capitale, le décret proclamant Napoléon Bonaparte empereur des Français. La lecture terminée, la mascarade — le mot est de Fontanes, président du Corps législatif — repart au son d'une marche allègre qui fait se cabrer les chevaux. Celui du président — il le racontera — manquera le « jeter vingt fois dans la boue ».

Les Parisiens contemplent « ce cortège de mardi gras » — expression empruntée au même Fontanes — tout en applaudissant, bien sûr, mais sans enthousiasme délirant. La majorité est sans doute satisfaite de voir « les factions anéanties » et « les fureurs révolutionnaires » n'être plus qu'un mauvais souvenir, mais le peuple n'en est pas moins un peu désarçonné par ce retour à des formules qu'il croyait définitivement bannies. Le cortège a déclenché des rires devant le Luxembourg, place du Corps-Législatif, place Vendôme, place du Palais du Tribunat, place du Carrousel, place de l'Hôtel de Ville et place du Palais de Justice.

Seul le chancelier du Sénat — Laplace — s'est montré satisfait.

— Sire, déclare-t-il à Napoléon, je viens de proclamer, aux acclamations du peuple, empereur des Français, le héros à qui j'eus l'avantage, il y a vingt ans, d'ouvrir la carrière qu'il a parcourue avec tant de gloire et de bonheur pour la France.

Cependant, des fausses notes se font entendre. « Bonaparte, vous vous perdez, ose écrire Rouget de Lisle à l'Empereur, et, ce qu'il y a de pire, vous perdez la France avec vous ! »

— Le premier capitaine du monde, vouloir qu'on l'appelle Majesté ! s'écrie dédaigneusement Paul-Louis Courier. Etre Bonaparte et se faire roi !

— Ce n'est donc qu'un homme ordinaire ! soupire Beethoven. Et, d'un trait rageur, il biffe le sous-titre de sa troisième symphonie : « *Buonaparte* », puis trace ces mots : « *Sinfonia eroica, composta per festiggiare il souvenire d'un grand'Uomo* ». Pour Ludwig von Beethoven, le génie de la Révolution est mort !

Certains Parisiens ne s'y trompent pas non plus, mais c'est en riant qu'ils déclarent que la République mourait d'une « opération césarienne » :

Grands parents de la République,
Grands raisonneurs en politique
Dont je partage la douleur !
Venez assister en famille
Au grand convoi de votre fille
Morte en couches d'un empereur.

Cette naissance, dans la pensée du nouveau maître, devait se trouver fortifiée par la condamnation de Moreau et de Cadoudal. Si ce dernier — véritable Danton royaliste, selon le mot de Louis Madelin — revendiquait toutes les responsabilités de la conspiration, les proclamant même et tenant tête aux juges avec un faconde merveilleuse, Moreau affirmait seulement, sans se départir d'une attitude dédaigneuse, avoir été « mis au courant » du complot, mais prétendait n'y avoir point trempé. Sa popularité pendant les débats éclatait à chaque instant. Un jour, il fut si acclamé, que Cadoudal s'écria :

— Si j'étais Moreau, je coucherais ce soir aux Tuileries.

Napoléon eût aimé que Moreau fût condamné, afin de pouvoir lui faire grâce. Or, à son réveil, le 10 juin, l'Empereur apprend que Cadoudal, Armand duc de Polignac, et une vingtaine de leurs complices sont condamnés à la peine de mort, mais Moreau — traitement d'un « voleur de mouchoir » — Polignac — le prince Jules — Léridan et Rolland, n'ont reçu qu'une peine de deux ans de prison. Napoléon est ulcéré. Des gens qui avaient conçu le projet de le faire prisonnier ! De l'emmener en Angleterre ! Qui en voulaient même à sa vie ! De vils assassins !

Tandis que, de méchante humeur, il travaille avec Talleyrand, Lavalette entre dans la pièce. Napoléon lui demande :

— Que fait-on chez ma femme ?

— Sire, on y pleure.

Tout à l'heure, Joséphine, appuyée par Mme de Rémusat, avait, en effet, demandé à son impérial époux d'épargner le duc de Polignac.

— Je ne puis faire grâce, leur avait-il expliqué, agacé, en marchant à travers la pièce. Vous ne voyez pas que ce parti royaliste est plein de jeunes imprudents qui recommenceront sans cesse, si on ne les contient par une forte leçon. Les Bourbons sont crédules, ils croient aux assurances que leur donnent certains intrigants, qui les trompent sur le véritable esprit public de la France, et ils m'enverront ici une foule de victimes.

Mme de Rémusat pleurait.

— Vous plaidez la cause de ceux qui venaient pour m'assassiner !

S'il faut en croire la dame d'honneur, elle osa lui répéter ce qu'elle venait de dire à Joséphine : elle avait peint l'impression que ces jugements avaient produit à Paris, elle avait rappelé la mort du duc d'Enghien et représenté « l'élévation au trône impérial tout environnée d'exécutions sanglantes et l'effroi général qui serait apaisé par un acte de clémence que, du moins, on pourrait citer à côté de tant de sévérités ». Joséphine, tout attendrie, approuvait. Sans doute ces arguments parurent-ils justes à Napoléon, car fort mécontent — de lui-même, peut-être...

— il interdit aux deux femmes de « l'étourdir davantage. » Ainsi qu'il l'avait expliqué au grand juge Régnier :

— Nous aurions mis dans l'oubli et étouffé l'éclat de cette conspiration, comme nous l'avons fait de quelques autres, si, par le caractère particulier qu'elle nous a paru avoir, par l'intervention d'hommes couverts du masque de grands services, nous n'y avions vu un danger réel pour la destinée et l'intérêt de la Nation.

Cependant, Joséphine ne se considère point comme battue et, par deux fois, va voir son mari. Elle possède le don des larmes, et parvient à ses fins. Mme de Polignac introduite dans le cabinet impérial, se jette à genoux, s'évanouit — à cette époque les dames semblaient posséder la faculté de perdre connaissance à volonté... — et obtient la grâce de son mari. Hortense se fait accorder la vie de Lajolais, et Caroline celle de Bouvet de Lozier. Emporté par son élan, l'Empereur gracie également le marquis de Rivière, Roussillon, Rochette et Seillard.

— Ils sont bien coupables, se contente-t-il de déclarer, les princes qui compromettent la vie de leurs plus fidèles serviteurs.

Et Moreau ? Au cours du procès, le bavard Bouvet de Lozier, qui sitôt « dépendu » avait accusé Moreau, s'est rétracté.

— Pouvais-je prévoir que devant la justice il démentirait ses premières déclarations ? s'exclame Napoléon devant Bourrienne. Il y a là un enchaînement de circonstances au-dessus des prévisions humaines ; j'ai dû consentir à ce qu'on arrêtât Moreau quand j'ai eu la preuve de ses conférences avec Pichegru ; l'Angleterre n'a-t-elle pas envoyé des assassins ?

— Sire, répond Bourrienne rentré en grâce à cette

époque, voulez-vous me permettre de vous rappeler la conversation que vous eûtes en ma présence avec M. Fox et à la suite de laquelle vous me dîtes : « Bourrienne, je suis bien aise d'avoir appris de la bouche d'un homme d'honneur que le gouvernement anglais est incapable de faire attenter à ma vie ; j'aime à estimer mes ennemis. »

— Ah bah ! Vous êtes bon ! Parbleu, je ne dis pas qu'un ministre anglais ait fait venir un assassin et qu'il lui ait dit : « Tiens, voilà de l'or et un poignard, va-t'en tuer le Premier consul. » Non, je ne crois pas cela ; mais il n'en est pas moins vrai que tous ceux qui sont venus conspirer contre mon gouvernement étaient à la solde de l'Angleterre, qu'ils en recevaient des traitements ; est-ce que j'ai des agents à Londres pour frapper à la tête le gouvernement de la Grande-Bretagne ? Je lui fais bonne guerre et je ne cherche pas à réveiller les souvenirs des anciens partisans des Stuarts !

Bourrienne, qui a assisté aux séances du procès, affirme que Moreau est innocent :

— Du moins je puis vous assurer qu'il n'est rien résulté des débats qui ait pu le faire trouver coupable, je vous avouerai même que j'ai été souvent surpris qu'on l'ait fait figurer dans cette conspiration, car je puis vous assurer qu'aucun fait sérieux, qu'aucune révélation n'a porté contre lui.

— Moreau, reprend l'Empereur, a de bonnes qualités, il est d'une bravoure à toute épreuve, mais il a plus de courage que d'énergie, il est mou, indolent. A l'armée, il vivait comme un pacha ; il fumait, était presque toujours couché, et aimait trop la bonne chère. Il est naturellement bon, mais trop paresseux pour être instruit ; il ne lit pas et, depuis qu'il est toujours collé aux jupons de Mme Moreau, ce n'est plus un homme ; il ne voit plus que par les yeux de sa femme et de sa belle-mère, qui l'auront compromis dans toutes ces dernières intrigues. Dites donc, Bourrienne, il est assez singulier que ce soit moi qui lui aie d'abord conseillé le mariage qu'il a fait ; on m'avait dit que Mlle Hulot était une créole, et je crus qu'il trouverait en elle une autre Joséphine ; je me suis furieusement trompé !

Il y a aussi autre chose — et c'est bien le principal à ses yeux :

— Moreau dépréciait sans cesse mes campagnes et mon gouvernement. Tous ces rapports ont passé sous vos yeux et je ne vous ai pas caché l'humeur que cela me causait. Du mécontentement à la révolte, il n'y a souvent qu'un pas, surtout lorsqu'un homme d'un caractère mou obéit à l'influence des coteries.

Lorsque Moreau avait été arrêté — Napoléon le rappelle à Bourrienne — le Consul avait réuni son Conseil:

— J'exigeai d'eux qu'ils me disent franchement s'il y avait contre Moreau des charges assez fortes pour une condamnation à mort. Les imbéciles ! Leur réponse fut affirmative, je crois même qu'elle fut unanime. Ces animaux me déclarèrent qu'il ne pouvait se soustraire à une condamnation capitale.

Condamné à mort, Napoléon aurait pu faire grâce à son ennemi — et son nom n'aurait plus été un drapeau « pour les grognards de la République ou pour ces imbéciles de royalistes ! » Mais aujourd'hui le problème est tout autre !

— Que voulez-vous que j'en fasse ? Le garder ? ce serait encore un point de ralliement. Qu'il vende ses biens et qu'il quitte la France ! Qu'en ferais-je au Temple ?

Et Moreau pourra gagner l'Amérique.

Quant à Cadoudal, il mourut comme il avait vécu :

en homme d'esprit. En montant à l'échafaud, il s'exclama :

— Nous avons fait plus que nous le pensions : nous venions donner un roi à Paris, nous lui donnons un empereur !

⁂

Le 19 mai, en entrant dans la chambre de son maître, Constant entend le nouvel empereur lui demander, selon l'usage :

— Quelle heure est-il ? Quel temps fait-il ?

Le valet de chambre, sûr de son effet, répond :

— *Sire,* sept heures, beau temps.

Napoléon sourit et Constant, s'étant approché du lit, il lui tire l'oreille et le frappe sur la joue en l'appelant :

— Monsieur le drôle !

« C'était son mot de prédilection lorsqu'il était plus particulièrement content de mon service », racontera le valet de chambre.

Assurément satisfait de lui-même — et quel homme ne le serait-il pas ? — Bonaparte est entré dans la peau de son personnage impérial avec une extraordinaire maestria.

Le 15 juillet se déroule la première fête du nouvel empire. Après le *Te Deum,* à Notre-Dame, Napoléon se rend aux Invalides pour recevoir le serment « à l'Empereur » des légionnaires. Le ciel, vaporeux le matin, s'est couvert. Devant la grille, le gouverneur présente les clefs de l'hôtel. Au portail de l'église, le cardinal de Belloy, d'une voix aussi forte que son grand âge le lui permet, harangue l'Empereur et lui offre l'eau bénite. Napoléon remarque Stendhal, sourit du « sourire de théâtre, où l'on montre les dents, mais où les yeux ne sourient pas ». Sous le dais, l'empereur gagne son trône. Les « monseigneurs » et les « excellences », tout ce qui touche de près ou de loin au nouvel Etat, se trouvent là, emplumés, dorés, galonnés — et souvent étonnés de retrouver aussi vite l'ancien ordre des choses. Le cardinal-légat commence la messe. Lacépède, après l'Evangile, se lance dans un discours ampoulé... Au tour de l'Empereur qui prononce d'une voix forte :

— Commandants, officiers, légionnaires, citoyens et soldats, vous jurez sur votre honneur de vous dévouer au service de l'Empire et à la conservation de son territoire dans son intégrité ; à la défense de l'Empereur, des lois de la République et des propriétés qu'elle a consacrées ; de combattre, par tous les moyens que la justice, la raison et les lois autorisent, toute entreprise qui tendrait à rétablir le régime féodal ; enfin, vous jurez de concourir de tout votre pouvoir au maintien de la Liberté et de l'Egalité, bases premières de nos institutions. Vous le jurez ?

Une immense acclamation résonne sous la voûte, tandis que les mains se tendent pour le serment. Louis — connétable de l'Empire — décore d'abord son frère, qui attache cette même croix sur la poitrine du cardinal-légat.

Sous les vivats, Napoléon quitte les Invalides : le ciel est maintenant lourd et orageux. Devant l'église a été édifiée une fontaine, piédestal prestigieux destiné à présenter aux Parisiens le lion de Saint-Marc volé à la République de Venise... Tout cela paraît déjà fort naturel. Ainsi que le dira Napoléon, un jour :

— J'épouserais la Madone que je ne parviendrais pas à étonner les Parisiens.

Même cette constatation, due à la plume du rédacteur du *Journal des Débats* ne fera pas sourire : « Il est impossible de penser à la fête du 15 juillet sans jeter un regard en arrière et remercier la Providence de nous avoir ramenés au but où nous voulions parvenir en 1789. »

Napoléon a revêtu ce jour-là son costume déjà légendaire : l'uniforme de colonel de sa Garde. Il est, au surplus, botté, éperonné et a le petit chapeau en tête. Il estimera — à tort d'ailleurs — qu'il lui fallait maintenant une tenue impériale. Aussi trois jours plus tard, décide-t-il de porter dans les grandes occasions une tunique blanche brodée d'or et un manteau de velours pourpre où butineront des abeilles d'or. Il se coiffera d'une couronne d'or formée de feuilles de laurier entrelacées, tiendra un sceptre d'or, une main de justice d'or et ceindra un glaive à poignée d'or clouté de diamants. Joséphine portera, elle aussi, un manteau de velours « pourpre impérial » sur une robe de soie blanche brodée d'or.

Il ne manque qu'un sacre et un couronnement. Napoléon y pense déjà et attend à ce sujet la réponse du Pape, aussi termine-t-il le décret relatif à la pompe impériale par ces mots : « Tout ce qui est relatif aux cérémonies et aux fêtes du Couronnement sera ultérieurement réglé. »

En voyant vivre Bonaparte, on ne pouvait se douter qu'il avait pu être le pensionnaire de la pauvre chambre numéro 9 de l'*hôtel de Cherbourg* et qu'il avait mangé pour six sous dans quelque gargote du quartier des Halles...

Aujourd'hui, à son lever, l'Empereur prend du thé ou de la fleur d'oranger servi dans une tasse de vermeil. Il demeure dans le palais de Catherine de Médicis, la mère de trois rois de France. Sa chambre à coucher, éclairée par deux fenêtres, au premier étage des Tuileries, a vue sur les jardins[1] ; c'est l'ancienne chambre de parade de Louis XVI. Dans son cabinet topographique le roi dormait autrefois, Catherine de Médicis y travaillait. Se souvient-il que lui-même, il n'y a guère, à la veille de Vendémiaire, pénétrait dans ce même palais, si pauvrement vêtu, les culottes si usées, — nous l'avons vu — qu'il avait demandé à Mme Tallien de lui procurer, grâce à ses relations, du drap d'uniforme ?... Il montait alors chaque jour jusqu'au cinquième étage du pavillon de Flore — devenu *pavillon de l'Unité* — où siégeaient les bureaux topographiques du Comité...

Dans ce qui était autrefois le cabinet de travail de Louis XVI, chaque matin, l'Empereur macère dans son bain, un madras noué sur la tête, dont les deux pointes tombent jusqu'à son cou. En cet équipage, il se fait lire les dépêches et les journaux. Sortant de l'eau, on lui présente un autre madras car le sien est toujours mouillé par le bain où il s'est agité, tourné et ébroué sans cesse. L'été, il passe une robe de chambre et un pantalon de piqué blanc. L'hiver, il met un pantalon et une robe de chambre de molleton. Lorsqu'il ne se baigne point, il revêt au saut du lit cette même tenue, et s'assied au coin du feu — il y en a presque toute l'année. Puis il lit lui-même les papiers et, une fois parcourus, les jette par terre. Au secrétaire de les ramasser et de les classer !

Le bain pris ou les dépêches lues, Napoléon s'approche de son « athénienne » en porcelaine de Sèvres et commence sa toilette. « Je le rasais, avant que je lui eusse appris à se raser lui-même, racontera Constant. Quand il eut pris cette habitude, il se servit d'abord, comme tout le monde, d'un miroir

(1) Le lit de l'Empereur aux Tuileries se trouve aujourd'hui dans la *Chambre de Marie-Louise* au Grand Trianon ; Louis-Philippe a cru devoir y ajouter son chiffre.

attaché à la fenêtre. Mais il s'en approchait si près et se barbouillait si brusquement de savon, que la glace, les carreaux et les rideaux, la toilette et lui-même en étaient inondés. Pour remédier à cet inconvénient, le service se rassembla en Conseil, et il fut résolu que le mameluk Roustam tiendrait le miroir. Lorsque l'Empereur était rasé d'un côté, il tournait l'autre côté au jour et faisait passer Roustam de gauche à droite ou de droite à gauche, suivant le côté par lequel il avait d'abord commencé. »

Sa barbe terminée, il se lave le visage et les mains, et se fait les ongles avec soin. « Il avait de belles mains, nous raconte Bourrienne, et il tenait beaucoup à cette beauté. Aussi en avait-il un soin particulier, et quelquefois, en causant, il les regardait avec complaisance. » « Ensuite, poursuit Constant, je lui ôtais son gilet de flanelle et sa chemise, et lui frottais tout le buste avec une brosse de soie extrêmement douce. Je le frictionnais ensuite d'eau de Cologne dont il faisait une grande consommation, car tous les jours on le brossait et arrangeait ainsi. C'est en Orient qu'il avait pris cette habitude hygiénique dont il se trouvait fort bien... Tous ces préparatifs terminés, je lui mettais aux pieds de légers chaussons de flanelle ou de cachemire, des bas de soie blancs — il n'en a jamais porté d'autres —, un caleçon de toile très fine ou de futaine, et tantôt une culotte de casimir blanc avec des bottes molles à l'écuyère, tantôt un pantalon collant de la même étoffe et de la même couleur, avec de petites bottes à l'anglaise qui lui venaient au milieu du mollet. Elles étaient garnies de petits éperons en argent qui n'avaient pas plus de six lignes de longueur. Toutes ses bottes étaient ainsi éperonnées.

« Je lui mettais ensuite son gilet de flanelle et sa chemise, une cravate très mince de mousseline, et par-dessus un col en soie noire. Enfin, un gilet rond de piqué blanc, et soit un habit de chasseur, soit un habit de grenadier, mais plus souvent le premier. Sa toilette achevée, on lui présentait son mouchoir, sa tabatière et une petite boîte en écaille remplie de réglisse anisée coupée très fin.

« On voit par ce qui précède que l'Empereur se faisait habiller de la tête aux pieds. Il ne mettait la main à rien, se laissant faire comme un enfant, et pendant ce temps s'occupait de ses affaires. Napoléon était né, pour ainsi dire, homme à valets de chambre. Général, il en avait jusqu'à trois, et il se faisait servir avec autant de luxe que dans la plus haute fortune. »

Pendant la toilette, entre son chirurgien Yvan ou son médecin Corvisart. L'empereur n'a nulle pudeur et, nu comme un ver, évolue devant eux sans la moindre gêne.

— Vous voilà, grand charlatan, demande-t-il à Corvisart. Allez-vous tuer beaucoup de monde aujourd'hui ?

— Pas beaucoup, sire, répond le médecin en riant.

Ou encore, un matin, avant de partir pour chasser en forêt de Saint-Germain, il l'interpelle en souriant :

— Corvisart, aurai-je beau temps pour ma chasse ?

— Oui, sire, il fait un temps superbe.

— Etes-vous chasseur, Corvisart ?

— Oui, sire, je chasse quelquefois.

— Et puis vous laissez mourir vos malades !... Où chassez-vous, Corvisart ?

— Sire, je chasse à Chatou.

— Corvisart, je veux que vous veniez chasser avec moi. Je veux savoir si vous tirez bien.

— Sire, c'est un grand honneur pour moi. Je n'ai pas mes fusils.

— On vous donnera mes fusils... Entends-tu Roustam ?

— Sire, je ne pourrai pas me servir des fusils de Votre Majesté.

— Pourquoi ça, charlatan ?

— Parce que je suis gaucher.

— Ça ne fait rien, je veux que vous veniez, ce serait trop tard pour faire venir vos fusils.

S'il ne se prépare point pour la chasse, sitôt habillé, il pénètre dans son cabinet de travail d'où partent des ordres destinés aux quatre coins de l'Europe. La vue de l'unique fenêtre domine le jardin. En se penchant un peu, on voit les berges de la Seine « peuplée de lavoirs ». Face à la fenêtre se trouve une grande bibliothèque vitrée au milieu de laquelle une horloge à balancier égrène les heures. L'Empereur travaille, le dos à la cheminée, sur un bureau d'acajou à cuivres dorés — le meuble a été dessiné par lui et a la forme d'un violon. Il lacère — ici aussi — les bras de son fauteuil de coups de canif, et essuie sa plume aux manches de son habit. En face de lui une console divisée en casiers destinés aux dossiers. Sur le marbre s'alignent « les livres nouveaux de la semaine ».

Le secrétaire intime, « silencieux comme un meuble », se tient à une petite table placée dans l'embrasure de la fenêtre. Le supplice commence pour le malheureux. Napoléon dicte d'abord assis, puis au fur et à mesure que les idées affluent, que ses pensées se précipitent — sans se heurter — il se lève et reprend son légendaire va-et-vient. « Cette promenade, rapporte Méneval, durait pendant tout le temps de sa dictée. Sa parole était grave, accentuée, mais n'était interrompue par aucun repos. A mesure qu'il entrait dans son sujet, l'inspiration se faisait sentir. Elle se décelait par un ton plus animé et par une espèce de tic qui consistait dans un mouvement du bras droit qu'il tordait, en tirant avec la main. » Il dicte avec une effarante rapidité. Il faut saisir à la volée, sauter des mots, les remplacer par des blancs que l'on remplira plus tard. Il écorche tous les noms, ou les transforme : Salamanque devient *Smolensk* ou l'Ebre, l'*Elbe*...

— Ecrivez !

Il passe d'un sujet à un autre. Mais, chacun de ses secrétaires a fini par connaître ses manies, ses tours de phrase, ses expressions favorites, ce que le baron Fain appelle l'*idée dominante du moment*. On la retrouve dans toutes ses lettres et dans toutes ses conversations du jour.

« Napoléon écrivait rarement lui-même. Ecrire était une fatigue pour lui. Sa main ne pouvait suivre la rapidité de ses conceptions. Il ne prenait la plume que quand, par hasard, il se trouvait seul, et qu'il avait besoin de confier au papier le premier jet d'une idée. Mais après quelques lignes, il s'arrêtait et jetait la plume... « Son écriture était un assemblage de caractères sans liaison et indéchiffrables. La moitié des lettres manquaient aux mots. Il ne pouvait se relire, où il ne voulait pas en prendre la peine... »

Un jour, l'Empereur fait demander au cabinet du ministre de la Guerre « une belle main » pour venir remplacer l'un de ses secrétaires habituels, absent pour cause de maladie. Berthier ordonne une dictée et, l'épreuve terminée, l'un des attachés est désigné. Il part tout ému et envié par ses camarades, et revient sans chapeau, sans gants, les cheveux en désordre, tremblant de tous ses membres... Enfin il parvient à parler, et raconte tout haletant encore : « Admis chez l'Empereur, il l'avait trouvé seul, marchant à grands pas dans son cabinet. Napoléon, toisant d'un coup d'œil son nouveau secrétaire, lui avait désigné la chaise et le bureau placés dans l'embrasure de la fenêtre : « Mettez-vous là. » Puis il avait repris sa promenade sans plus s'occuper de lui, gesticulant, grommelant çà et là quelques phrases entrecoupées, « qui ressemblaient à des jurons », et parfaitement inintelligibles. Il paraissait être de fort maussade humeur. L'attaché, très mal à l'aise, le suivait furtivement des yeux, n'osant tourner la tête, le front bas, retenant son souffle et attendant un ordre.

« L'Empereur marcha ainsi durant une demi-heure, grondant à part soi des mots que l'autre, par discrétion, tâchait de ne pas saisir. Enfin, traversant la pièce à grands pas, Napoléon se rapprocha subitement ; le jeune homme, le cou rentré dans les épaules, sentit le dieu tout près de lui, contre sa chaise.

— Relisez-moi ça, ordonna l'Empereur.

— Relire quoi, sire ?

— Ce que je viens de dicter.

— Di... dicter ? balbutia le malheureux ; je ne savais pas... je n'ai rien écrit... je croyais...

« La foudre tombant sur les Tuileries et renversant le vieux palais eût causé au pauvre garçon moins d'effroi que le cri de colère qui trancha net sa phrase. Comme un homme échappé à une grande catastrophe, il ne s'était d'ailleurs rendu compte de rien et n'en pouvait dire davantage. Il s'était trouvé dehors, avait traversé Paris, tout courant, se dirigeant d'instinct vers le ministère, n'ayant qu'une idée : échapper au danger, se mettre à l'abri, se réfugier parmi ses camarades. Il en fut malade pendant cinq jours ; jamais, au reste, il n'entendit parler de l'aventure et ne remit plus les pieds aux Tuileries ; de toute sa vie, qui fut longue, il lui fallut se faire violence pour traverser le jardin, et trente ans après que Napoléon fut mort à Sainte-Hélène, l'ancien attaché n'apercevait pas de loin les dômes du Château sans être saisi d'un petit frisson rétrospectif (1). »

Parfois, entre deux dictées, l'Empereur va s'étendre sur la causeuse placée près de la cheminée. Il ferme les yeux et réfléchit :

— Quand je médite, avoue-t-il, je suis dans une agitation tout à fait pénible. Je suis comme une fille en couches.

Mais, extérieurement, il semble somnoler.

— Si je paraîs toujours prêt à tout, à faire face à tout, explique-t-il un jour à Roederer, c'est qu'avant de rien entreprendre, j'ai longtemps médité, j'ai prévu ce qui pourrait arriver. Ce n'est pas un génie qui me révèle tout à coup en secret ce que j'ai à dire et à faire dans une circonstance inattendue pour les autres, c'est la méditation.

Ce premier travail terminé, il commence sa vie de souverain. Sortant de ce qu'il appelle son « intérieur », il passe dans son salon, ancienne chambre de la reine Marie-Thérèse, femme de Louis XIV, puis de Madame Royale, fille de Louis XVI. On introduit les *grandes entrées,* ceux qui, par leur charge ou par faveur spéciale, ont obtenu ce droit. « Bien des gens, écrira Bausset sous la Restauration, qui semblent aujourd'hui l'avoir oublié, attachaient alors un très grand prix à l'usage d'une si flatteuse distinction. » Il adresse la parole à chacun — ce que ne faisaient point les rois — puis, la tournée terminée — il est alors neuf heures et demie — se retire pour prendre son déjeuner. Le préfet du palais le précède dans le salon où le repas est servi par le premier maître d'hôtel. Comme autrefois le roi, l'Empereur mange seul sur un petit guéridon en bois d'acajou recouvert

(1) Lenotre, *Napoléon* (Grasset).

d'une serviette. Souvent, le déjeuner ne se prolonge pas au-delà de huit minutes... Mais lorsqu'il éprouve le besoin de « fermer son cabinet », comme il l'annonçait, le déjeuner peut durer assez longtemps. « Et alors, nous rapporte Bausset, rien n'égalait la douce gaieté et le charme de sa conversation. Ses expressions étaient rapides, positives et pittoresques. J'ai dû à ce moment de mon service les heures les plus agréables de ma vie. »

Parfois, sur la proposition de Bausset, tout en déjeunant, il reçoit des savants ou des artistes, mais ne va pas, comme Louis XIV, jusqu'à prier l'un d'eux de partager son repas. Monge, Berthollet, Denon, David, Gérard, Isabey, Fontaine, ont ainsi regardé manger le maître. A Talma, qu'il a vu interpréter Jules César, il donne, entre deux bouchées, des conseils de simplicité :

— Vous fatiguez trop vos bras. Les chefs d'empire sont moins prodigues de mouvements ; ils savent qu'un geste est un ordre, qu'un regard est la mort ; dès lors ils ménagent le geste et le regard... Il est aussi un vers dont l'intention vous échappe ; vous le prononcez avec trop de franchise :

Pour moi qui tiens le trône égal à l'infamie...

César ne dit point là ce qu'il pense. Ne faites pas parler César comme Brutus. Quand l'un dit qu'il a les rois en horreur, il faut le croire ; mais non pas l'autre. Marquez cette différence.

Au cours de son repas, il appelle également près de lui ses neveux et nièces. Eux seuls s'asseoient parfois à sa table. Un jour que les deux fils d'Hortense déjeunent avec lui, on sert au petit prince Louis, âgé de trois ans et demi, un œuf à la coque. Napoléon lui fait tourner la tête en lui désignant un jouet et lui enlève son œuf. L'enfant voyant son coquetier vide prend son couteau et en menace l'Empereur :

— Rends-moi mon œuf ou je te tue.

— Comment, coquin, tu veux tuer ton oncle ?

— Je veux mon œuf ou je te tue.

Napoléon s'exécute en riant et constate :

— Tu seras un fameux gaillard.

— Alors Mademoiselle, dit-il une autre fois à la petite Napoléone, fille d'Elisa, j'en apprends de belles ; vous avez p... au lit cette nuit.

Et la petite fille de cinq ans — la future comtesse Camerata — de lui répondre :

— Mon oncle, si vous n'avez que des bêtises à dire, je m'en vais...

Il en rira toute la journée.

Après le repas, le vrai travail commence. Retiré dans son cabinet, Napoléon gouverne, reçoit les ministres et les directeurs généraux ou préside les conseils.

— Sire, voilà un projet...

Les demandes se précipitent :

— Est-il complet ? Tous les cas sont-ils prévus ?

— Pourquoi ne vous occupez-vous pas de ceci ?

— Cela est-il nécessaire à dire ?

— Cela est-il juste ?

— Cela est-il utile ?

— Comment cela était-il autrefois ? à Rome ? en France ?

— Comment cela est-il maintenant ?

— Comment cela est-il ailleurs ?

Il ne se lasse pas de poser ces deux questions :

— Cela est-il juste ? Cela est-il utile ?

Quand il s'écrie : « Cela n'est pas juste », sa voix a, paraît-il, un accent tout particulier. Et il répète sa déclaration à plusieurs reprises en l'étayant chaque fois par une nouvelle raison. Parfois, il se lève, va consulter ses « outils », c'est-à-dire ses état de situation qui lui permettent — bien que tout soit classé dans sa tête — de trouver instantanément l'effectif ou la position d'un régiment, ou encore l'état des recettes et des dépenses concernant chaque ministère.

Au Conseil d'Etat, en ce début du règne, on discute d'un problème important : quel emblème gravera-t-on sur le sceau impérial ?

— Un lion !

— Un éléphant !

— Un coq !

Napoléon remarque :

— Le coq est de basse-cour. C'est un animal trop faible...

On vote, le coq est élu à la majorité, mais Napoléon insiste :

— Le coq n'a point de force : il ne peut pas être l'image d'un empire tel que la France. Il faut choisir entre l'aigle, l'éléphant ou le lion... Il faut prendre un lion, étendu sur la carte de France, la patte prête à dépasser le Rhin. Malheur à qui me cherche !

Bien qu'on ait un peu l'air d'imiter l'Autriche et la Russie, c'est l'aigle qui est finalement adopté.

Le dîner est servi à six heures. Napoléon n'aime pas interrompre son travail et fait souvent attendre Joséphine au-delà des limites permises. Ne vit-on pas un jour vingt-trois poulets mis successivement au four, afin qu'il y ait toujours une volaille cuite à point pour l'Empereur ?

Aux Tuileries et à Saint-Cloud, Napoléon et Joséphine dînent seuls, sauf le dimanche où la famille impériale, assise sur des chaises — à l'exception de Madame Mère qui a le droit d'occuper un fauteuil — est conviée à prendre place autour de la table. Le service est fait par les pages, secondés par les valets de chambre, les maîtres d'hôtel, les écuyers tranchants, mais jamais par la livrée. Le repas se prolonge, cette fois, durant une vingtaine de minutes. L'Empereur boit du vin de Chambertin coupé d'eau. Un de ses menus nous a été conservé :

2 *potages*	*Purée de marrons.*
	Macaroni.
2 *relevés*	*Brochet à la Chambord.*
	Culotte de bœuf garni.
4 *entrées*	*Filets de perdreaux à la Monglas.*
	Filets de canard sauvage au fumet de gibier.
	Fricassée de poulet à la chevalière.
	Côtelettes de mouton à la Soubise.
2 *rôts*	*Chapon au cresson.*
	Quartier d'agneau.
Entremets	*Gelée d'orange moulée.*
	Crème à la française au café.
	Génoise décorée.
	Gaufres à l'allemande.

Les plats recouverts de cloches d'argent sont disposés sur la table — c'est le service dit à *l'ambigu* — et l'Empereur fait son choix. Il ne mange souvent qu'un potage, un plat et un dessert, et commence parfois par les sucreries...

Après le repas, lorsqu'il ne se dirige pas aussitôt vers son cabinet de travail, Napoléon se rend chez Joséphine — au rez-de-chaussée du palais, dans les anciens appartements de Marie-Antoinette. Le cercle de la cour se tient dans les salons du premier étage ouvrant sur le Carrousel. Souvent, l'Empereur s'y montre maladroit et manquant d'éducation. « On imaginerait difficilement plus de gaucherie qu'il n'en avait dans un salon », racontera Metternich. « Il ne sait ni entrer, ni sortir, constatera de son côté

Mme de Rémusat ; il ignore comment on salue, comment on se lève, comment on s'asseoit. Il se promène à droite et à gauche, ne sachant que faire et que dire. » A Grétry, il pose pour la vingtième fois la même question :

— Comment vous appelez-vous ?

— Sire, toujours Grétry, soupire le compositeur.

Mais, parfois aussi il exécute son numéro de charme. Bausset le dira : « Rien n'égalait la grâce et l'amabilité de Napoléon. Doué d'un esprit abondant, d'une intelligence supérieure et d'un tact extraordinaire, c'est dans ces moments d'abandon et de causerie qu'il étonnait et enchantait le plus. »

En acteur consommé, il jouait de son fameux sourire autant que de son regard d'acier. Le verbe est bref et n'admet aucune velléité de réplique. Ce mélange d'intransigeance et de séduction fascine, inquiète, fait trembler.

— Lorsque je le voyais passer, dira quelqu'un, mon cœur battait et mon front se couvrait de sueur, quoiqu'il fît très froid.

Que de contrastes chez lui ! Et de contrastes constants ! Il est l'homme qui dira un jour à Montalivet :

— Je ne demande pas qu'on m'aime, mais qu'on me serve bien... Je ne suis pas un homme, je suis un personnage historique !

Ce qui ne l'empêchera pas de pleurer devant Corvisart en évoquant les dérèglements de Pauline, ou d'éclater en sanglots en annonçant à Hortense sa décision de divorcer et en lui disant :

— Je sacrifie mon bonheur et le vôtre.

Il épluche très bourgeoisement les factures, fait repasser son célèbre chapeau, en fait changer la « coiffure piquée de soie » lorsqu'elle est usée — le compte du chapelier Poupart et Cie le prouve — et s'informe du prix de ses chaussures auprès de son bottier. Par contre, avec le même naturel, il traitera les rois en égaux et le pape en chapelain. Encore général en chef, il avait dit au diplomate autrichien Cobenzl, lors des pourparlers précédant le traité de Campo-Formio :

— Tenez, avant de commencer, faites ôter ce fauteuil, car je n'ai jamais vu un siège plus élevé que les autres sans avoir envie aussitôt de m'y placer.

Metternich fera plus tard à son secrétaire le récit d'une scène qui l'avait fort étonné et qu'il n'avait pas oubliée. Invité à déjeuner lors d'une chasse impériale, il entendit l'Empereur dire à son frère Louis :

— Roi de Hollande, informez-vous donc pourquoi on ne nous sert pas.

Louis courut vers les cuisines, et revint essoufflé en annonçant que tout serait bientôt prêt. Quelques minutes plus tard, l'Empereur se tourna vers son beau-frère Murat :

— Roi de Naples, allez dire que nous attendons le déjeuner, et qu'on se hâte !

Murat se précipita, lui aussi, rejoignit l'Empereur et lui assura que l'on allait enfin pourvoir se mettre à table. Mais le repas tarda toujours à être servi et Napoléon, de plus en plus impatient, ordonna à son frère Joseph :

— Roi d'Espagne, commandez que l'on apporte ce qu'il y a, et tout de suite.

Le troisième roi plus heureux que les autres, revint avec le repas.

— C'est tout de même un homme extraordinaire, conclura Metternich, celui qui peut s'offrir l'orgueilleux plaisir d'envoyer successivement trois rois à la cuisine pour voir si son déjeuner est à point !

Napoléon affirmera cependant et il ne se trompait point :

— Je suis assez bonhomme.

« J'ai remarqué bien souvent que, lorsque rien ne tracassait l'Empereur, dira Mlle d'Avrillon, femme de chambre de Joséphine, il était très familier avec les personnes de l'intérieur. Il nous parlait avec une sorte de bonhomie, d'abandon, comme s'il eût été notre égal. Mais lorsqu'il nous adressait ainsi la parole, c'était toujours pour nous faire des questions, et pour ne point lui déplaire, il fallait lui répondre sans paraître trop embarrassé. Il nous donnait quelquefois une tape ou nous tirait l'oreille... et nous pouvions juger du degré de sa bonne humeur par le plus ou moins de mal qu'il nous faisait.

« Un jour où, apparemment, il était plus content que de coutume, il me pinça si fort la joue que la douleur m'arracha un cri, et, comme j'étais grasse, il me resta pendant plusieurs jours une marque visible de la satisfaction de Sa Majesté.

« Il ne se doutait pas du mal qu'il nous faisait. Bien souvent, il en faisait autant à l'Impératrice lorsque nous étions en train de l'habiller. Il lui donnait des tapes... de préférence sur les épaules. Elle avait beau lui dire :

— Finis donc, finis donc, Bonaparte !

Il continuait tant que le jeu lui plaisait. L'Impératrice s'efforçait de rire...

Le même homme, désarmé par les larmes d'une femme, et qui accordera la grâce de leurs époux à Mme de Polignac ou à Mme de Hertzfeld, ce même homme osera, un soir, au cercle des Tuileries, demander assez grossièrement à la duchesse de Fleury :

— Alors, Madame, aimez-vous toujours autant les hommes ?

— Oui, sire, répondra l'interpellée, lorsqu'ils sont polis.

Avec les femmes — peut-être par timidité ? — il

est, en effet, d'une étonnante maladresse. Il a rarement quelque chose d'agréable à leur dire ; souvent même il leur fait de mauvais compliments :

— Ah ! mon Dieu, comme vous avez les bras rouges !

Ou bien encore :

— Vous avez là une robe bien sale !... Est-ce que vous ne changez jamais de robe ? Je vous ai déjà vu celle-là vingt fois.

Il tient à la réputation de son entourage et refuse à Mme Tallien, devenue princesse de Caraman-Chimay la faveur d'être présentée à la cour.

— Vous avez fait trop d'éclats, lui explique-t-il, vous avez eu tant d'amants ! Ah ! convenez que cela est fâcheux.

— Cela est vrai, avoue-t-elle, mais le temps n'efface-t-il rien ?

— Oui, mais il est encore de trop bonne heure.

— Quand donc ?

— Plus tard... Vous êtes encore trop jolie.

— Vous croyez ? s'exclame-t-elle, déjà consolée... Je suis encore bien ? Ainsi je puis espérer ?...

Elle espéra en vain... Il regretta cependant un jour de n'avoir pas aidé Tallien tombé dans la misère.

— J'aurais dû le faire duc de Thermidor !

Il se connaît fort bien :

— Il y a en moi deux hommes distincts : l'homme de la tête et l'homme du cœur.

Chez lui, l'homme de cœur existe, en effet, quoi qu'on en ait dit. Napoléon n'oubliera jamais ceux qui l'ont aidé dans sa jeunesse, tel le grand Carnot, à qui son républicanisme fera perdre sa pension. Non seulement l'Empereur la lui fera rétablir, mais il lui accordera une retraite d'ancien ministre se montant à dix mille francs. La garde reçoit l'ordre de présenter les armes devant le maréchal de Ségur qui, en 1784, avait contresigné son brevet d'officier du roi. Le général du Theil, le premier peut-être qui, à Auxonne, s'était rendu compte de la valeur du jeune lieutenant en second, lui aussi n'est pas oublié. Mme de Montesson, qui l'a couronné le jour de la distribution des prix de Brienne, reçoit un douaire de cent soixante mille francs. Montalivet, son ancien condisciple, devient préfet, ministre et comte de l'Empire. Lauriston est nommé général et ambassadeur, et Villarceaux, préfet. Son ancien ami des Mazis, qui, rentrant d'émigration, se présente devant lui, reçoit le poste de directeur de la loterie. Plus tard il le nommera administrateur du mobilier des palais impériaux.

— Sire, lui dira-t-il, je ne suis point administrateur, renvoyez-moi plutôt à mes canons.

Mais l'Empereur maintiendra sa décision — et des Mazis fera, paraît-il, merveille, avant de devenir chambellan de son ancien camarade...

— Bonjour, chevalier, dit un jour Napoléon à Hédouville, rentré d'émigration et qui se présente devant lui. D'où viens-tu ? Tu avais émigré ?

Hédouville murmure une excuse.

— Tu mens, reprend l'Empereur en riant. Je vois que tu seras bon pour la diplomatie.

Et il en fera un diplomate.

S'il juge impitoyablement l'incapacité des nouveaux venus, il pardonne volontiers les erreurs et les fautes de ses anciens compagnons, non sans leur dire vertement ce qu'il pensait au préalable. On sait aussi combien il pleurera Desaix, Lannes et Duroc, tous trois mortellement atteints sur le champ de bataille.

Sa sensibilité est extrême et, de ses sens, l'odorat semble avoir été le plus développé. Demeurer dans une chambre récemment peinte lui est extrêmement pénible. « Il avait une perception si subtile, nous dit Méneval, qu'il devinait le voisinage d'un souterrain, d'une cave ou d'un égout très éloignés, ou d'odeurs émanant de lieux hors de portée et qui n'étaient soupçonnés par aucune des personnes qui l'accompagnaient. »

Son extrême fébrilité se manifeste lorsqu'il se déshabille : il arrache et jette ses vêtements à terre avec une manière de rage. Sa nervosité déclenche chez lui de terribles colères. Ceux qui l'entourent — depuis ses maréchaux et sa famille jusqu'au dernier valet de pied — se trouvent traités de benêts, d'incapable, de traître, de voleur, de lâche...

A Lucien, il criera un jour :

— Je te briserai comme cette montre.

Et il la jettera à terre. Les ailes du nez se dilataient « gonflées par un orage intérieur », ses yeux fulguraient. Il paraissait alors véritablement « terrible ». Mollien nous le rapporte : « Ses yeux, ses traits, tous ses gestes, la vivacité, la singularité de ses expressions, l'incorrection même de quelques-unes d'elles, le ton absolu de ses décisions, tout en lui semblait dire que, dans de tels moments, ceux qui l'entouraient n'avaient d'autre parti à prendre que celui du silence et de la soumission. » Mais le lendemain, il se souvenait à peine de l'orage de la veille.

La sottise est assurément ce qui le révolte le plus.

— J'ose espérer, lui dira le ministre Barbé-Marbois, à qui il venait d'enlever le portefeuille des Finances, que Votre Majesté ne m'accusera pas d'être un voleur.

Il lance alors — implacable :

— Je le préfèrerais cent fois : la friponnerie a des bornes, la bêtise n'en a pas.

Il semble que, parfois aussi, ses terribles fureurs

— « ma figure d'ouragan », disait-il — soient voulues, et même contrôlées :

— Vous m'avez cru bien en colère, dit-il un jour à l'abbé de Pradt, détrompez-vous...

Et, montrant son cou, il explique :

— Chez moi, la colère n'a jamais dépassé cela.

La paresse cependant le met hors de lui. Infatigable, il est sans pitié pour les autres dont il ne peut admettre le manque d'énergie :

— Je me déclare le plus esclave des hommes, mon maître n'a pas d'entrailles, et ce maître, c'est la nature des choses.

— Le seul peut-être de la terre, dira Molé, il n'a jamais laissé une minute de sa vie sans emploi. Jamais il n'a connu cette évaporation insensible du temps qui n'est pas sans charme, mais qui fait avorter tant de dons précieux.

Il tue ses aides de camp à la tâche :

— Il faut être de fer pour résister au métier que nous faisons, soupira l'un d'eux.

S'il ne parvient pas à s'endormir, il prie tout naturellement Joséphine de lui faire la lecture. Parfois, il se réveille à trois heures du matin et appelle :

— Ohé ! Oh ! Oh ! Monsieur Constant !...

Il demande au valet de chambre de lui préparer un bain. Le plus souvent, il fait chercher Méneval, lui dicte jusqu'à l'aube, et s'étonne de voir le jeune secrétaire lutter contre le sommeil :

— Qu'avez-vous donc, Méneval ? Vous dormez debout !

En ce début de l'été 1804, les ordres affluent ; ils concernent presque tous le camp de Boulogne où l'on prépare fébrilement l'invasion de l'Angleterre.

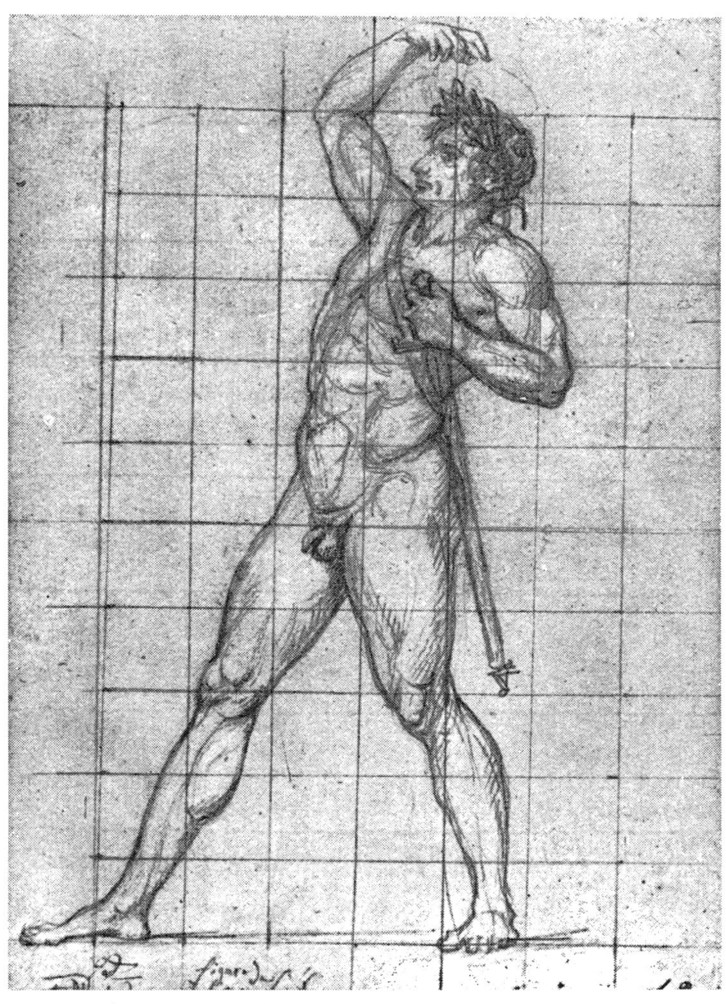

Ce personnage, simplement vêtu d'un glaive et d'une couronne de lauriers, représente Napoléon, dessiné en cet équipage par David en vue de son célèbre tableau du Sacre. Le peintre a ainsi déshabillé tous les principaux personnages de sa composition.

(Photo Daniel Chenot).

XXIII

SACRÉ PAR LE PAPE

Un trône n'est qu'une planche garnie de velours.

NAPOLÉON.

D'ABORD et toujours l'Angleterre. Ainsi que l'a dit le nouvel empereur :

— Une descente et un séjour de deux mois en Angleterre seraient pour la France une paix de cent ans.

Il est surprenant que Napoléon puisse espérer franchir le pas de Calais en s'imaginant que les Anglais vont paisiblement attendre l'arrivée des chaloupes de l'envahisseur sur le rivage méridional de leur île baptisée par eux la *Cote de fer.* Leurs flottes, non seulement gardent le canal, croisent sans cesse en face de la ligne d'embossage hors de portée des canons, mais encore Nelson se trouve en Méditerranée, surveillant les vaisseaux de l'impétueux Latouche-Tréville, à l'abri dans la rade de Toulon, tandis que Cornwallis est chargé de bloquer l'amiral Ganteaume devant le goulet de Brest. Quant à la flotte à l'ancre à Rochefort, sous les ordres de Missiessy, elle n'ose s'aventurer de peur d'être anéantie dès la première rencontre.

Napoléon a un plan : faire croire à Nelson que Latouche-Tréville va cingler vers l'Egypte. En réalité, l'escadre méditerranéenne, composée de onze vaisseaux, rejoindrait la flotte de Rochefort et partirait avec elle pour la Manche. Napoléon s'imagine qu'une division marine se manœuvre comme une division terrestre... Il refuse d'admettre que la disproportion des forces est considérable. Face aux deux cents vaisseaux anglais bien armés, la France ne possède qu'une cinquantaine de bâtiments de ligne à l'armement infiniment moins complet.

Sur terre, en se battant à un contre quatre, on peut gagner une bataille. En mer c'est moins facile, la puissance du feu prime tout. Il faut aussi compter avec les vents, courants et tempêtes qui ne se plieront pas forcément à la volonté de l'Empereur... Les distances posent également un problème sur lequel Napoléon ne veut pas se pencher. Comment faire parvenir ordres ou contre ordres à un amiral croisant à deux mille kilomètres de Saint-Cloud ?

Malheureusement pour la marine qu'il aurait pu tirer de sa torpeur, Latouche-Tréville meurt le 19 août 1804 et le plan initial conçu par l'Empereur s'en trouvera modifié. L'amiral de Villeneuve est alors mis à la tête de l'escadre de Toulon et reçoit l'ordre de prendre au passage, à Cadix, les navires espagnols, nouveaux alliés de la France. Devenu chef *de l'escadre combinée* — l'escadre franco-espagnole —, il lui est recommandé d'entraîner à sa suite

Nelson pour rallier... la Martinique, en compagnie de Missiessey, que l'on imagine sorti de Rochefort sans difficulté. Pendant ce temps, l'Empereur pense que Ganteaume pourrait amuser le tapis : autrement dit la flotte anglaise qui monte toujours la garde devant le Goulet.

Mais que vaut au juste l'escadre que Latouche-Tréville, en mourant, a laissée à Toulon ? « Des vaisseaux, faibles en matelots, dira Villeneuve, encombrés de troupes, ayant des gréements vieux et de mauvaise qualité qui, au moindre vent, cassent leurs mâts et déchirent leurs voiles, qui, quand il fait beau, passent leur temps à réparer les avaries occasionnées par le vent, par la faiblesse et l'inexpérience de leurs marins... » Et il conclura : « L'ennemi nous battra, même avec des forces inférieures d'un tiers. »

Pour Villeneuve — tactique mise à part — Trafalgar ne sera donc pas un coup imprévu !

Le chef de *l'escadre combinée* est un neurasthénique, il a tendance à voir tout en noir, mais, ici, il semble bien en l'occurrence avoir raison. D'autre part, la flotte ibérique, sous les ordres de l'amiral Gravina, n'est guère plus brillante. Les équipages, d'après Beurnonville, notre ambassadeur à Madrid, constituent « la plus épouvantable racaille ».

Mais nous n'en sommes pas encore là. Pour l'instant — le 18 juillet 1804 — Napoléon roule vers Boulogne, qu'il atteint le lendemain sans avoir quitté sa dormeuse. Protégé par la ligne d'embossage, le camp de l'armée d'invasion a pris des proportions considérables. Plages, bancs de rochers, falaises, dunes sont truffés de forts, entrepôts, arsenaux, poudrières, batteries de terre, parc d'artillerie, postes d'observation. A Boulogne et dans les localités avoisinantes — Wimereux, Ambleteuse, Ostrohode, Herquilingue, Etaples — les cantonnements formés de tentes et de baraques, peuvent abriter jusqu'à cent mille hommes.

Les ports regorgent de flottilles de chaloupes-canonnières armées — destinées à transporter chacune une compagnie d'infanterie — de bateaux plats, de corvettes, de péniches, de chasse-marées, de bombardes, de bricks canonnières de transport portant vingt-quatre canons et prévus pour embarquer deux cents soldats et cinquante chevaux. Soit, en tout, deux mille quatre cents bâtiments qui ont rallié peu à peu Boulogne et Ambleteuse, tout en livrant combat à la croisière anglaise qui veille toujours face à notre ligne d'embossage — et, parfois même, l'attaque. Dans la correspondance inédite qu'il adresse à sa femme, le capitaine Perdigan nous raconte que, massés sur le rivage, les troupes applaudissent le spectacle : « Nos conscrits couraient après les boulets qui tombaient sur le sable et regardaient crever les bombes, comme s'ils eussent vus de simples fusées d'un feu d'artifice... »

L'harmonie règne, ainsi que nous l'affirme un rapport également inédit : « Le soldat est devenu matelot et le matelot passe l'eau-de-vie au soldat qui lui apprend l'exercice. Des régiments entiers descendent de leurs camps pour aller au travail comme à une partie de plaisir. »

Aux environs, les guinguettes attirent de nombreuses « demoiselles » qui, le soir, accueillent les troupes. Wimille est réservé aux soldats, Condette aux officiers.

Sitôt arrivé, l'Empereur, sans prendre de repos, part en inspection, visite les ports, fait appareiller, gagne le large et la croisière anglaise tire sur son embarcation — sans l'atteindre. Son étoile le protège... « Sa Majesté, écrit un témoin anonyme, est ensuite rentrée dans le port ; partout elle a reçu des témoignages de la plus vive allégresse ; un peuple immense, qui bordait les deux quais, annonçait le retour de Sa Majesté par les cris mille fois répétés de « *Vive l'Empereur ! Vive Bonaparte !* »

Le soir, il va s'installer au petit château de Pont-de-Briques qui existe toujours. Le lendemain, 20 juillet, une fort jolie *matelote*, au nom de la marine boulonnaise, lui présente un compliment. Napoléon l'embrasse (1), et monte à cheval. Aussitôt en selle, il annonce qu'il désire passer l'inspection de l'armée navale et donne l'ordre aux bâtiments de quitter leur position, ayant l'intention, précise-t-il, de passer la revue en pleine mer. En attendant, suivi de Roustam, il part faire sa promenade habituelle. En revenant, il se montre fort surpris : aucun des navires formant la ligne d'embossage n'a quitté son mouillage.

— Que l'on aille me chercher l'amiral ! ordonne-t-il en frappant du pied avec violence.

Et, comme il estime que Bruix n'arrive pas assez vite, il se porte au galop à sa rencontre. Dès qu'il le voit — et en présence de tout l'état-major — il l'interpelle. Ses yeux lancent des éclairs :

— Monsieur l'Amiral, pourquoi n'avez-vous point fait exécuter mes ordres ?

— Sire, explique Bruix, une horrible tempête se prépare... Votre Majesté peut le voir comme moi : veut-elle donc exposer inutilement la vie de tant de braves gens ?

L'air est, en effet, affreusement pesant, et, au loin, se font entendre de sourds grondements.

— Monsieur, répond l'Empereur, de plus en plus irrité, j'ai donné des ordres, encore une fois pourquoi ne les avez-vous point exécutés ? Les conséquences me regardent seul. Obéissez !

(1) Ce baiser pour la «matelote » sera le grand jour de sa vie... et, en 1853 — alors âgée de soixante-douze ans — elle racontera la scène à Napoléon III.

— Sire, je n'obéirai pas.

— Monsieur, vous êtes un insolent !

L'Empereur, la cravache à la main s'avance vers l'amiral d'un geste menaçant. Bruix pâlit, recule d'un pas, met la main à l'épée.

— Sire ! prenez garde !

Il y a une minute terrible. L'Empereur, la main toujours levée, Bruix serrant toujours la garde de son épée, les deux hommes s'affrontent. Cette fois la colère a dépassé le col... Finalement, Napoléon jette sa cravache à terre :

— Monsieur le contre-amiral, dit-il en se tournant vers Magon, vous ferez exécuter à l'instant le mouvement que j'ai ordonné. Quant à vous, monsieur, poursuit l'Empereur en posant son regard sur l'amiral Bruix, vous quitterez Boulogne dans les vingt-quatre heures, et vous vous retirerez en Hollande.

Bruix retrouvera les bonnes grâces de Napoléon, mais, en attendant, il s'éloigne... Magon obéit tandis et que la mer se creuse de plus en plus. Ce cruel et violent entêtement, rapporté par Constant, a été parfois mis en doute ; nous en avons cependant aujourd'hui la confirmation par les *Souvenirs* encore inédits du lieutenant Dupin. « Rien ne peut faire changer l'ordre qu'il avait donné », assure-t-il.

Bientôt les éléments se déchaînent, la tempête fait rage et disperse les bâtiments. « Quelle horreur ne vîmes-nous pas ! », soupire encore Dupin, « le cœur navré ». Napoléon, bras croisés, tête baissée, fait les cent pas sur la plage. Tout à coup on entend des cris épouvantables : plus de vingt chaloupes canonnières, chargées de soldats et de matelots, viennent d'être précipitées dans les flots... L'Empereur se jette dans une barque de sauvetage :

— Laissez-moi ! laissez-moi ! crie-t-il à ceux qui veulent le retenir. Il faut qu'on les tire de là.

En un instant sa barque est remplie d'eau... Une lame encore plus forte que les autres manque de jeter l'Empereur par-dessus bord. « Electrisés par tant de courage, rapporte Constant, officiers, soldats, marins et bourgeois se mirent les uns à la nage d'autres dans des chaloupes pour essayer de porter secours. Mais hélas ! on ne put sauver qu'un très petit nombre de ces infortunés... Des agents chargés d'or parcoururent par son ordre la ville et le camp, et arrêtèrent des murmures tout prêts d'éclater. »

« Nous sommes parvenus à tout sauver, prétend cependant Napoléon en racontant la scène le lendemain à Joséphine. Ce spectacle était grand, ajoute-t-il. Des coups de canons d'alarme, le rivage couvert de feux, la mer en fureur et mugissante. Toute la nuit, dans l'anxiété de sauver ou de voir périr ces malheureux, l'âme était entre l'éternité, l'océan et la nuit. A cinq heures du matin, tout s'est éclairci, tout a été sauvé, et je me suis couché avec la sensation d'un rêve romanesque ou épique, situation qui eût pu me faire penser que j'étais tout seul, si la fatigue et le corps trempé n'avaient laissé d'autre besoin que dormir... »

Ce même jour, il passe l'armée en revue et reconnaît Dupin qui, la veille, s'était jeté à l'eau pour sauver une chaloupe chargée de soixante grenadiers.

— Colonel, dit-il en se tournant vers son frère Joseph, commandant le 4e de ligne, je vous recommande particulièrement ce brave.

Tous les assistants sont stupéfaits par le mémoire de l'Empereur, « surtout précise Dupin, lorsque j'affirmai qu'au moment où il m'avait vu la veille, la nuit était obscure et qu'il n'avait pu me voir qu'à la lueur des éclairs ».

Le 31 juillet, l'Empereur peut, à Ambleteuse, face à l'escadre anglaise, passer en revue une division navale venue de Calais. « Le temps s'est remis au beau, écrit-il cette fois à Cambacérès. Je désire savoir s'il en est de même aux environs de Paris et quelle influence les dernières pluies auront pu avoir sur les récoltes... »

Entre deux revues, Napoléon s'occupe de la protestation de Louis XVIII. Le « comte de Lille » a lancé, en effet, quelques belles phrases lorsqu'il a appris que le petit Corse fait officier par son frère avait osé s'asseoir sur le trône de Saint Louis. Napoléon juge préférable de ne point répondre :

— L'oubli, dit-il, le mépris, l'insouciance est le meilleur parti à prendre dans les affaires de cette nature.

Les nobles paroles de Louis XVIII se perdont encore plus certainement dans le bruit des salves d'artillerie, des sonneries de cloches, et des musiques militaires, qui vont saluer le chef de la nouvelle dynastie au cours de la cérémonie solennelle de la remise de la Légion d'honneur à l'armée de Boulogne — par un temps malheureusement épouvantable. Le 16 août, entre le Moulin-Hubert et Therlincthun, non loin de la mer, on a placé au centre d'une plate-forme couverte d'un tapis un trône doré, qui avait soi-disant servi à Dagobert... En guise de baldaquin, on a disposé un trophée d'armes composé des drapeaux, guidons et étendards autrichiens et turcs pris à Arcole, à Rivoli, à Castiglione, aux Pyramides, à Aboukir et à Marengo... (1)

Les croix de la Légion d'honneur qui vont être distribuées ont été placées dans les casques et boucliers

(1) Ce trône — une manière de chaise curule — se trouve aujourd'hui au Cabinet des Médailles de la Bibliothèque Nationale.

ayant appartenu, dit-on, à Duguesclin et à Bayard, et reposant sur des trépieds. Malgré ce bric-à-brac de théâtre, certains légionnaires, dans le feu de l'exaltation, embrassent ces reliques. L'un d'eux s'écrie même avec ardeur :

— Je vais donc recevoir le prix de la valeur de l'armure du plus loyal des guerriers. Dans les siècles à venir, celle de Bonaparte ornera une pareille fête...

Les croix sont distribuées par l'Empereur au milieu d'un enthousiasme délirant. Le capitaine Perdigan, dans une lettre à son épouse, ne trouve pas de mots assez expressifs pour peindre l'ampleur de son émotion — d'autant plus qu'il est l'un des premiers chevaliers.

Cependant, Napoléon ne se décide point à quitter l'estrade. Inquiet, impatient, il interroge du regard le ministre Decrès. Puis, saisissant sa lunette il inspecte la mer. Visiblement l'Empereur attend « quelque chose ». Berthier, selon son habitude, se ronge les ongles nerveusement. Enfin apparaît une flottille de mille à douze cents embarcations — péniches et canonnières de débarquement — venues de différents ports des Pays-Bas et convergeant vers Boulogne. Ce clou de la journée doit, dans la pensée de l'Empereur, terroriser l'escadre anglaise dont les puissantes lunettes sont braquées vers la côte française. Malheureusement, l'officier qui commande la première division de la flottille n'a pas attendu l'arrivée du pilote, et échoue lamentablement son petit bâtiment sur un obstacle à fleur d'eau. Plusieurs chaloupes chavirent. L'effet produit n'est pas celui qu'on espérait et met l'Empereur dans une violent état de mauvaise humeur. Il se dirige précipitamment, avec Berthier, vers la terrasse qui longe le parapet pratiqué du côté de la mer. Il marche fort vite, en ponctuant ses pas d'exclamations qui ne laissent aucun doute sur son profond mécontentement. Un incident plaisamment raconté par Laure Junot, va apporter quelque détente. Une admiratrice de l'Empereur — Mme B..., aux formes abondantes — veut s'avancer vers lui. « La manière tourbillonnante dont les drapeaux flottaient au-dessus du trône annonçaient à Mme B... que sa robe et ses jupons éprouveraient le même effet... L'Empereur, occupé de ce qui se passait à quatre-vingt ou cent pieds au-dessous de lui, continuait à arpenter vivement la terrasse sans quitter cet espace dont il ne sortait pas... Excessivement contrarié, il parlait haut et d'une façon assez énergique pour exciter au plus haut point l'intérêt d'une personne fort capable, par son esprit, d'apprécier Napoléon et qui désirait le voir de près. Elle oublia la tempête. Dans cet instant, une bouffée de vent frappe Madame B... et, s'engouffrant sous une grande capote qu'elle portait, fait dénouer les deux rubans qui la retenaient. Madame B... qui avait une perruque et qui sentait qu'elle allait suivre le chapeau, laissa les jupons pour courir au plus pressé. Mais le vent, sans aucune retenue, se mit à soulever jupons et robe... Le chapeau fut abandonné à ce vent malhonnête, qui l'emporta, qui emporta la perruque, qui emporta tout, et Madame B... sauva l'honneur de ses jambes, mais demeura en enfant de chœur devant Napoléon, qui, précisément en cet instant, se retournait croyant parler au ministre de la marine... Il faut convenir que l'épreuve était difficile pour l'Empereur. Il était impossible de ne pas rire à la vue d'une personne extrêmement grosse, présentant une tête grasse, blanche et ronde, et, avec tout cela, une physionomie fort égarée et des mains cherchant toujours à retenir des jupons que le vent continuait à vouloir mettre à pleine voile. L'Empereur se conduisit néanmoins très bien. Il ne put retenir un sourire en passant près de Madame B... »

Puis, au son de soixante musiques militaires, commence un défilé monstre, ouvert par les marins qui, la hache d'abordage sur l'épaule, chantent des hymnes guerriers et gaillards.

Le lendemain soir, un feu d'artifice de trois mille « cartouches à étoiles » est tiré par les unités de la ligne d'embossage. Quinze mille fusées lancées du haut des falaises strient le ciel de traits lumineux. On y voit comme en plein jour, à la grande stupéfaction des vaisseaux anglais croisant toujours au large.

L'Angleterre, sur le pied de guerre, attend que retentisse le terrible cri : « Ils arrivent ! », et les engagés s'inscrivent pour repousser l'envahisseur *Boney*. C'est ainsi qu'ils ont surnommé Napoléon. « La cavalerie des volontaires est ce qu'il y a de plus risible, nous apprend le rapport d'un agent secret diffusé à Boulogne en ce même mois d'août. La plus grande partie n'a que des chevaux de louage, qu'ils prennent les jours de service, après quoi Monsieur le cavalier est à pied... Il y a un régiment qui n'est pas dans ce cas, c'est celui des dragons de Saint-James, c'est tout ce qu'il y a de plus riches jeunes seigneurs en Angleterre... Chaque cavalier tient à sa suite cinq ou six domestiques à cheval, l'un porte le porto, l'autre la liqueur, l'autre des habits bourgeois destinés à son maître. Ainsi quand Monsieur le dragon de Saint-James est fatigué d'être dans le rang, il peut quitter l'uniforme et devenir simple particulier... »

Il n'empêche que l'Angleterre, à côté de ses soixante-dix mille miliciens, peut aligner une armée de cent trente-six mille hommes — sans parler des équipages des escadres. Le 26 août, une vingtaine de bâtiments anglais attaquent les péniches et la flottille de débarquement. L'Empereur prend place dans le canot amiral. Les dégâts ne sont guère importants et l'ennemi se retire avec la marée.

*
**

« Madame et Chère femme, a écrit le 20 août Napoléon à Joséphine, en la vouvoyant, je serai dans dix jours à Aix-la-Chapelle. De là, j'irai avec vous à Cologne, Coblence, Mayence, Trèves, Luxembourg... Vous pouvez m'y attendre, à moins que vous ne craigniez d'être fatiguée par une si longue route... Il me tarde de vous voir, de vous dire tout ce que vous m'inspirez et de vous couvrir de baisers. C'est une vilaine vie que celle de garçon, et rien ne vaut une femme bonne, belle et tendre... » Bien entendu, Joséphine part avec une partie de sa cour pour Aix-la-Chapelle où elle attendra son mari qui semble bien fringant. Le 24, il lui écrit encore : « Comme il serait possible que j'arrivasse de nuit, gare aux Amoureux ! Je serais fâché si cela les dérange. Mais l'on prend son bien partout où on le trouve. Ma santé est bonne. Je travaille assez. Mais je suis trop sage. Cela me fait du mal. Il me tarde donc de vous voir et vous dire mille choses aimables. »

Elle est toujours sa maîtresse et sa compagne.

— Une belle femme plaît aux yeux, disait-il, une bonne femme plaît au cœur ; l'un est un bijou, l'autre est un trésor.

Joséphine est pour lui l'un et l'autre...

Le 27 août, il quitte Boulogne avec Eugène. Ce soir-là il s'arrête à Saint-Omer. Il y reste toute la journée du 28. Puis il couche deux nuits à Arras, et une au château de Laeken, aux portes de Bruxelles. Le 2 septembre il arrive à Aix-la-Chapelle où il s'installe à la préfecture de la Roer. La joie de revoir l'Empereur fait pleurer Joséphine. Elle est si heureuse qu'elle ne s'aperçoit pas que son mari jette le mouchoir à l'une de ses dames : la jolie Elisabeth de Vaudey. Amours ancilliaires qui, on le devine, ne nuisent en rien au gouvernement. L'activité de Napoléon est toujours prodigieuse. Le voici à Trèves pour quarante-huit heures, et il dicte :

Napoléon au Vice-Amiral Decrès :

« Je suis fâché de votre lettre du 11 vendémiaire. Soyez donc ministre de la Marine. Quoi ! au moment où l'opinion est que je pars de Luxembourg pour Boulogne afin de m'y occuper de l'expédition, le commandant des marins de ma Garde donne sa démission et vous le trouvez bon ! Il n'y a donc plus de sang français dans les veines !... Daugier n'est pas plus malade qu'il ne l'était ; d'ailleurs, il faut savoir mourir. Ce sont les sollicitations de sa femme qui l'ont porté à cette démarche. En vrai ministre de la Marine, cette turpitude de votre corps devrait s'arrêter à vous... »

A Cambacérès :

« Mon cousin, je reçois un projet de décret sur les avocats. Il n'y a rien qui donne au Grand Juge les moyens de les contenir. J'aime mieux ne rien faire que de m'ôter les moyens de prendre des mesures contre ce tas de bavards, artisans de révolutions, et qui ne sont inspirés presque tous que par le crime et par la corruption. Tant que j'aurai l'épée au côté, je ne signerai jamais un décret aussi absurde. Je veux qu'on puisse couper la langue à un avocat qui s'en servirait contre le gouvernement. On a beaucoup discuté, l'année passée, au Conseil d'Etat sur le droit de chasse, et on fini par ne rien faire. Un individu, étranger au Conseil d'Etat, proposa un projet à l'instar du règlement anglais sur les chasses, et qui aurait rendu plusieurs millions. Faites rechercher ce projet... »

Et toujours à Cambacérès :

« Il y a à Paris une quarantaine de couvents de religieuses qui se sont réunies pour vivre en commun, et qui tiennent des écoles publiques pour les petites filles du quartier. Cela montre la nécessité de pourvoir à l'éducation des femmes. Voyez avec M. Portalis ce qu'on pourrait proposer de raisonnable sur cette matière. »

A Fouché :

« Je ne veux point d'Anglais à Paris ; éloignez tous ceux qui s'y trouvent. »

A Talleyrand :

« Je désire que vous écriviez en Espagne pour faire connaître que je verrais avec peine le rétablissement des Jésuites ; que je ne le souffrirai jamais en France ni dans la République italienne ; que j'ai lieu de penser, d'après la nature de nos relations, que l'Espagne restera ferme dans les mêmes principes, mais que je désire en avoir l'assurance. »

Au Vice-Amiral Decrès :

« Quant à l'amiral Villeneuve et au contre-amiral Missiessy, il est ridicule que vous me demandiez des ordres. A quoi sert de laisser des amiraux à Paris ? Je ne suis pas de votre opinion sur la rareté des bois en France. De plus de deux cent mille arpents de l'arrondissement de Kaiserslautern, les agents de la marine n'en ont marqué qu'une centaine d'arbres... Cette partie est entièrement négligée. On pourrait retirer de là des bois qu'on pourrait faire passer par le Rhin. »

A Crétet, directeur général des Ponts et Chaussées :

« Mon intention est que vous donniez des ordres pour que la rue de Rivoli, la place du Carrousel et le quai Bonaparte soient entièrement pavés et achevés avant le 18 Brumaire. Il est nécessaire que vous preniez des mesures en conséquence. »

Résidant encore à Aix-la-Chapelle, il ordonne que les insignes qui ont servi au sacre de Charlemagne soient portés au cours d'une procession solennelle : couronne, épée, main de justice, globe impérial, éperons d'or. Le crâne de l'empereur d'Occident et l'os de l'un de ses bras sont exhibés. En assistant à la cérémonie, Napoléon pense à son propre sacre. Dès son retour, on en discute les détails. Comment sera habillé le souverain ? Le Conseil d'Etat préconise le fastueux costume que l'on connaît. Ce qui n'enchante d'ailleurs pas l'Empereur, et il est bien regrettable que l'on n'ait pas suivi sa première réaction :

— Quand vous m'emmailloterez de tous ces habits-là, avait-il protesté, j'aurai l'air d'un magot. Avec vos habits impériaux vous n'en imposerez pas au peuple de Paris qui va à l'Opéra où il en voit de plus beaux à Laïs et à Chéron qui les portent beaucoup mieux que moi. Est-ce que vous ne pouvez pas ajuster votre manteau par-dessus mon habit, comme je suis là ?

Les conseillers, très préoccupés par leurs propres tenues, refusent. Si le principal personnage de la cérémonie ne brille point par l'éclat de ses habits, comment pourront-ils réclamer pour eux des vêtements d'or et d'argent ?

Le lieu du couronnement est également débattu. Pourquoi pas à Aix-la-Chapelle ? Vingt empereurs y ont été couronnés et Napoléon penche pour ce choix.

— Quand ce ne serait que pour faire voir aux Parisiens qu'on peut gouverner sans eux !

Il hait Paris et « sa canaille » — le mot est de lui.

— Cette ville qui a toujours fait le malheur de la France ; ses habitants sont ingrats et légers ; ils ont tenu des propos atroces contre moi.

Au conseil, personne ne prend la défense de la capitale et Napoléon renchérit :

— Tant que j'aurai du sang dans les veines, je ne me laisserai pas faire la loi par les Parisiens. Il ne me faudra pas deux cent mille hommes, j'en ai assez de quinze cents pour mettre Paris à la raison. Je finirai par mettre la main sur ces messieurs et les envoyer à deux cents lieues ! Ce sont des gens à p... dessus... N'est-il pas honteux que l'on dise aujourd'hui que Pichegru a été étranglé dans sa prison !

Plusieurs membres protestent : il n'y a plus d'opposition aujourd'hui à Paris ! Il s'exclame :

— Je crois bien ! Il ne peut y en avoir.

Quelqu'un murmure :

— On est tranquille...

— Parce qu'on ne peut pas bouger, conclut l'Empereur.

Paris n'en est pas moins choisi pour le couronnement. Cependant, Napoléon ne se fait guère d'illusion sur sa popularité. Les Parisiens sont muselés et s'ils bronchent c'est en silence. Napoléon, jamais rassuré lorsqu'il s'agit de la terrible ville, prendra presque chaque jour le pouls de la capitale grâce aux rapports établis par Fouché. On l'entendra dire un jour : « L'homme parfaitement heureux est celui qui parvient à se cacher de moi, de telle façon que je ne puisse soupçonner son existence. »

Lorsqu'il demandera à un de ces chambellans : « Que dirait le monde si je mourais ? », le courtisan répondant que ce serait là, à coup sûr, pour tous, la plus grande catastrophe, Napoléon haussera les épaules :

— Vous vous trompez, mon cher, le monde dirait *ouf !*

Mais n'anticipons pas. En 1804 on s'interrogeait

seulement pour savoir si le Pape accepterait ou non de se rendre à Paris pour couronner celui que Louis XVIII, dans son exil, nommait déjà « M. l'Usurpateur ».

⁂

Napoléon fait venir à Saint-Cloud le légat du Pape, le cardinal Caprara. Fondateur de la IVe dynastie, il lui déclare, comme s'il s'agissait là d'une chose toute naturelle :

— Toutes les autorités me font sentir combien il serait glorieux que mon sacre et mon couronnement fussent faits par les mains du Pape et quel bien il en résulterait en même temps pour la religion. Je n'adresse pas dès à présent une prière formelle au Pape parce que je ne veux pas m'exposer à un refus. Faites donc l'ouverture et dès que vous m'aurez transmis la réponse je ferai, comme je le dois, les démarches nécessaires.

Depuis la signature du Concordat, Napoléon et le Pape n'ont cessé d'entretenir de bons rapports. Joséphine a même fait porter à Sa Sainteté, par son cousin Tascher, un rochet de dentelle qui a coûté 7 111 francs 11 à l'Empereur — sans parler de 12 000 francs donnés à Tascher pour son voyage... Sans doute le nouvel empereur n'a-t-il pas rendu les Légations à Rome, mais le roi de Naples a été contraint de remettre au Saint-Siège les villes de Bénévent et Pontecorvo. Napoléon ne manque pas l'occasion de se proclamer « un fidèle enfant de l'Eglise ». Aussi l'Empereur peut-il confier à Roederer :

— Le Pape, qui, au moment du Concordat, m'aurait souhaité bien loin, aujourd'hui s'il connaissait un complot pour m'assassiner, viendrait lui-même à francs étriers de Rome à Saint-Cloud pour m'avertir ; il m'écrit deux fois la semaine, me confie ses désirs, ses craintes, toutes ses affaires intérieures et extérieures.

Les projets du maître rencontrèrent d'abord quelques difficultés au sein même du Conseil d'Etat. Tous les membres se trouvèrent d'accord avec les protestants et des nombreux athées qui criaient au scandale, pour affirmer que ce serait là donner au chef de l'Eglise le pouvoir, en quelque sorte, d'élire un souverain. N'était-ce point là les prérogatives du peuple ? L'Empereur sut leur répondre en plaçant la question sur le plan politique :

— Messieurs, vous délibérez à Paris, aux Tuileries. Supposez que vous délibériez à Londres dans le cabinet britannique, que vous soyez les ministres du roi d'Angleterre et que l'on vous apprenne que le Pape passe en ce moment les Alpes pour sacrer l'Empereur des Français, regarderiez-vous cela comme une victoire pour l'Angleterre ou pour la France ?

L'argument avait un certain poids, et on le vit bien en constatant la réaction des Français de l'extérieur. En apprenant, en effet, que « le fils de la Révolution » désirait être sacré par le Pape, émigrés et royalistes poussèrent de hauts cris. Joseph de Maistre, ministre de Sardaigne à Saint-Pétersbourg, considérait l'éventuel sacre comme un « forfait » ou une « apostasie » et ne trouvait « point de termes pour peindre son chagrin » ; mais — comme tant d'autres — il en trouvait aisément pour fustiger le Saint-Père traité de polichinelle sans importance :

— Je souhaite de tout mon cœur la mort du malheureux Pie VII.

La Curie fut plus respectueuse. Les cardinaux se résigneraient à la pensée que le chef de l'Eglise couronnerait le petit Corse, mais ils n'admirent pas qu'il se déplace : « M. de Buonaparte » n'avait qu'à se rendre dans la Ville Eternelle ! Charlemagne n'avait-il pas fait le voyage de Rome pour se faire couronner par Léon III ?

Pie VII n'ignorait pas, ainsi que le lui écrivait son légat, que le nouvel empereur « regarderait comme une injure que Sa Sainteté élevât des difficultés ». Le refus éventuel du Pape semblait à un tel point effrayer Caprara « qu'il n'osait pas l'aborder même en imagination ». C'est Talleyrand — ancien évêque... — qui se chargea de mettre les choses au point. Dans une note détaillée, il souligna d'abord « l'extrême surprise de Sa Majesté ». Puis, sans ambages, il entra dans le vif du sujet : Pie VII ne devrait-il pas se montrer reconnaissant ? L'œuvre du nouvel empereur vis-à-vis de l'Eglise n'avait-elle pas été considérable ? : « Les temples rouverts, les autels relevés, le culte rétabli, le ministère organisé, les chapîtres dotés, les séminaires fondés, vingt millions destinés au paiement des desservants, la possession des Etats de l'Eglise assurée, Pesaro, le fort Saint-Léon, le duché d'Urbin rendus à Sa Sainteté, le Concordat italique conclu et sanctionné, les négociations pour le Concordat germanique fortement appuyées, les missions étrangères rétablies, les catholiques d'Orient arrachés à la persécution et fortement protégés auprès du Divan, tels sont les bienfaits de l'Empereur envers l'Eglise romaine. Quel monarque pourrait en offrir d'aussi grands et d'aussi nombreux dans l'espace de deux ou trois ans ? ».

La note — un véritable bilan — n'entendait-elle pas prouver au Vatican d'attendre d'autres avantages ? En acceptant de se rendre à Paris — et c'était là un interminable voyage, surtout pour un vieillard valétudiaire — Pie VII ne pouvait-il pas espérer voir modifier certains articles organiques concernant les statuts du clergé de France, véritablement assujetti à l'Etat ? Peut-être — et en cela le Pape se faisait encore des illusions — Napoléon le remercierait-il en lui rendant les Légations ?

Un point important « affligeait profondément le cœur de Sa Sainteté » : le jour du sacre, le nouvel empereur ne devait-il pas, dans son serment, jurer de respecter la liberté des cultes ? Le pape voyait là — Consalvi le faisait savoir à Caprara — « un obstacle qui, si on ne parvient pas à l'écarter, l'empêchera de mettre à exécution le projet où il était d'aller faire lui-même le sacre et la consécration de Sa Majesté Impériale... »

Fesch — cette nullité pourprée — que Napoléon avait envoyé à Rome, s'en tira comme il put, en usant de toute son éloquence. « Chaque jour il avait de longs entretiens avec Consalvi. Autoritaire et emporté, il brouillait aisément tous les problèmes. Cherchant tous les arguments susceptibles de convaincre l'Italien, il faisait alterner les politesses et les menaces, les flatteries et les coups de boutoir. Tantôt il accusait la Curie de se laisser influencer par les puissances étrangères, tantôt il s'étendait avec emphase sur la magnanimité de l'Empereur qui se montrerait sans nul doute, à l'égard du Saint-Siège, « aussi généreux que Charlemagne ». Son insistance devenait presque gênante. « Jamais on ne pourra raconter ni même présenter les discussions si pénibles et les ennuis si profonds que j'eus à subir pendant ces longues négociations, raconte Consalvi... Je supportais même ce qui était insupportable... » (1).

Napoléon n'envisageait même pas que le Pape

(1) B. Melchior-Bonnet. *Napoléon et le Pape,* (dans la même collection).

pût refuser de venir à Paris sous le prétexte que protestants et juifs étaient libres de suivre leur propre culte.

— Eh bien, nous aurons donc le Saint-Père à Paris pour sacrer mon mari ? demanda Joséphine à Caprara.

Le prélat, fort ennuyé, ne répondit pas, et l'Impératrice, se méprenant sur ce silence, poursuivit :

— Nous savons que les affaires sont arrangées. Du reste, votre discrétion mérite l'estime et je ne puis désapprouver Votre Eminence de garder le silence.

Le Légat s'armant de courage expliqua à l'impératrice les raisons qui faisaient hésiter Sa Sainteté. Talleyrand aussitôt alerté, essaya alors de démontrer au Saint-Siège que jurer de respecter les différents cultes des Français ne voulait pas dire les approuver. Chacun savait qu'en « fils soumis », le nouvel empereur conseillerait *plutôt* de suivre la religion catholique. Ne la pratiquait-il pas lui-même, et depuis son enfance ?

Un obstacle aplani, un autre allait surgir : le couronnement proprement dit. Si Napoléon jugeait indispensable la présence du Pape à la consécration du nouvel empereur et à son sacre, il ne devait pas être question de le couronner. Il n'entendait pas être traité comme un vassal — même si le suzerain était le vicaire du Christ : c'est du peuple qu'il prétendait tenir sa couronne et non de Dieu ! Certains envisageaient de dissocier alors totalement les deux opérations et de faire du couronnement une cérémonie uniquement civile. Fesch déclara qu'une seule chose comptait : le sacre ! Il n'était pas loin de considérer le couronnement comme un acte secondaire... « Le Pape, répondit Consalvi, ne croit pas convenable d'aucune manière à sa dignité qu'étant invité à se transporter expressément à Paris pour placer, de sa main, la couronne impériale sur la tête auguste de Sa Majesté, cette cérémonie puisse être exécutée par une autre main... » Une autre main ? Il était bien question de cela ! Cette autre main ne pouvait être que celle de l'Empereur ! Napoléon fit savoir à Rome « qu'il désirait prendre la couronne pour éviter toute discussion entre les grands dignitaires de l'Empire qui prétendraient la lui donner au nom du peuple ». C'est lui qui avait relevé la couronne que les Bourbons avaient laissé échapper de leurs mains incapables, c'est lui-même qui se couronnerait ! Le Pape n'avait, pendant ce temps, qu'à se contenter de « prononcer une prière ».

Et puis, à quoi servait d'échanger notes, propositions et rapports, puisque les « deux moitiés de Dieu » se verraient bientôt : « Sa Majesté en discutera elle-même à Paris avec Sa Sainteté et fera pour la satisfaire tout ce qui sera compatible avec sa position, le bien de l'Etat et ses devoirs. »

Mais les choses s'envenimèrent brusquement à la suite d'une lettre officielle envoyée de Cologne, par laquelle Napoléon Ier priait Sa Sainteté « de donner, au plus éminent degré, le caractère de la religion du sacre et du couronnement du premier empereur des Français. Cette cérémonie acquerra un nouveau lustre lorsqu'elle sera faite par Sa Sainteté elle-même. Elle attirera, sur nous et nos peuples, les bénédictions de Dieu, dont les décrets règlent à sa volonté le sort des empires et des familles. Votre Sainteté connaît les sentiments que je lui porte depuis longtemps, et, par là, Elle doit juger du plaisir que m'offrira cette circonstance de lui en donner de nouvelles preuves ».

Aucune garantie ! Aucune promesse ! Point de tête-à-tête pour régler les problèmes en suspens ! Point d'allusion aux raisons spirituelles militant en faveur de ce déplacement sans précédent ! Il était simplement question « du plaisir » de l'Empereur en « cette circonstance...

— C'est du poison que vous avez apporté là, s'écria le Pape.

Fesch tenta d'excuser son neveu :

— C'est dans un camp, c'est en voiture, c'est dans un moment où Sa Majesté Impériale était absorbée d'affaires que cette lettre a été écrite et expédiée. Pouvait-on se formaliser d'un simple manque de formalité lorsque le gouvernement a déjà manifesté ses intentions indépendamment de cette lettre ?

Napoléon ne s'arrêtait pas un instant à l'hypothèse que le pape puisse se dérober. Le 16 septembre, encore à Cologne, il ordonnait à Fesch : « Le Saint-Père viendra dans ses voitures jusqu'au pied du Mont-Cenis ; arrivé là, mes voitures le prendront ; une députation le recevra à l'extrémité du territoire, et il sera défrayé de tout, du moment qu'il y aura mis le pied. »

Sans enthousiasme — et de guerre lasse — Pie VII céda : il acceptait de se rendre à Paris le 2 décembre. Le lendemain de la Toussaint, le jour des morts, après avoir célébré la messe, le Pape se mit en route comme s'il partait au supplice.

Tandis que Pie VII et sa suite, composée de cent huit personnes, prennent ainsi le chemin du Mont-Cenis, Napoléon est déchiré par un cruel dilemme. Si Joséphine est sacrée par le Pape et couronnée par son impérial époux, pourra-t-elle encore être renvoyée ? L'Empereur ne doit-il pas dès maintenant répudier sa femme et même se remarier ? Napoléon décide de poser franchement, aussi cruel que cela puisse être, la question à la principale intéressée.

Dès les premiers mots de son mari, la créole éclate en sanglots — voilà qui ne facilite pas les choses... Devant les larmes de sa femme, il se sent désarmé :

— Si tu me montres trop d'affliction, si tu ne fais que m'obéir, je sens que je ne serai jamais assez fort pour t'obliger à me quitter ; mais j'avoue que je désire beaucoup que tu saches te résigner à l'intérêt de ma politique, et que, toi-même, tu m'évites tous les embarras de cette pénible situation.

Sur les conseils de Mme Rémusat, Joséphine déclare à Napoléon « qu'elle attendrait des ordres directs pour descendre du trône où on l'avait fait monter ».

Autrement dit, elle acceptait d'être répudiée, mais non d'avoir l'héroïsme de solliciter elle-même son départ. Sans la moindre pudeur, le clan, persuadé que l'Impératrice va quitter les Tuileries, manifeste bruyamment sa joie. Cette fois, c'en est fini de ces « Beauharnais » qui les empêchent de dormir depuis neuf années ! Napoléon, courroucé en apprenant que sa famille a osé « se vanter de l'avoir amené à ses fins », prend la résolution de garder Joséphine et de la faire couronner :

— Ma femme, explique-t-il à Roederer, est une bonne femme, qui ne leur fait point de mal. Elle se contente de faire un peu l'impératrice, d'avoir des diamants, de belles robes, les misères de son âge. Je ne l'ai jamais aimée en aveugle. Si je la fais impératrice, c'est par justice. J'ai un cœur d'homme. Je suis surtout un homme juste. Si j'avais été jeté dans une prison, au lieu de monter au trône, elle aurait partagé mes malheurs. Il est juste qu'elle participe à ma grandeur. Elle est toujours en butte aux persécutions de ma famille. Dernièrement, elle s'est humiliée jusqu'à s'excuser avec Joseph. Oui, elle sera couronnée ! Elle sera couronnée, dût-il m'en coûter deux cent mille hommes...

Devant une telle menace d'hécatombe, tout le monde se tait. Cependant Joseph soulève une nouvelle fois le problème de l'hérédité impériale et fait grand bruit autour de sa qualité d'aîné. Le *senatus consulte* permettant à Napoléon de désigner son successeur parmi ses neveux — fils d'aîné ou de cadets — l'empêche de dormir. Roederer lié d'amitié avec Joseph, a été chargé d'établir un rapport. Il arrive le 4 novembre à Saint-Cloud et est accueilli par ces mots :

— Eh bien, ce rapport, dites-moi la vérité, l'avez-vous fait pour ou contre moi ?

Surpris, Roederer essaye de se défendre :

— Je jure à Votre Majesté qu'il n'a été vu que d'elle, à qui j'ai pris la liberté de le soumettre pour en décider ce qu'il lui plaira. Je le jure...

— Je vous crois. Mais d'où vient donc que vous placez Joseph sur la même ligne que moi ? Que signifie cet éloge que vous en faites avec tant d'affectation ? Quoi ! Vous le présentez comme l'objet de vœu du peuple pour l'hérédité autant que moi-même ? Vous oubliez donc que mes frères ne sont rien que par moi ; qu'ils ne sont grands que parce que je les ai faits grands ; le peuple français ne les connaît que par les choses que je leur dicte. Il y a des milliers de personnes en France qui ont rendu plus de services qu'eux à l'Etat... Je n'ai jamais entendu que mes frères dussent être les héritiers naturels du pouvoir... L'hérédité pour réussir doit passer à des enfants nés au sein de la grandeur.

On voit Napoléon, à travers le récit de Roederer, marcher à travers la pièce, lançant ses idées, donnant ses arguments, au fur et à mesure qu'ils se présentent à son esprit :

— Mais que veut donc Joseph ? Prétend-il me disputer le pouvoir ? Je suis établi sur le roc... Le pouvoir ne me rend pas malade, moi, car il m'engraisse. Je me porte mieux que jamais... Mais que Joseph ose me dire que ce couronnement est contraire à *ses intérêts,* qu'il tend à donner aux enfants de Louis des titres en préférence sur les siens, qu'il préjudicie au droit de ses enfants en ce qu'il fait des enfants de Louis petits-fils d'une impératrice, tandis que les siens seront fils d'une bourgeoise ; qu'il me parle de ses droits et de *ses intérêts,* à moi, et devant son frère même ; comme pour éveiller sa jalousie et ses prétentions, c'est me blesser dans mon endroit sensible. Rien ne peut effacer cela de mon souvenir : c'est comme s'il eût dit à un amant passionné qu'il a b... sa maîtresse, ou seulement qu'il espère réussir près d'elle. Ma maîtresse c'est le pouvoir. J'ai trop fait pour sa conquête, pour me la laisser ravir ou souffrir même qu'on la convoite. Quoique vous disiez que le pouvoir m'est venu comme de lui-même, je sais ce qu'il m'a coûté de peines, de veilles, de combinaisons...

Il continue à s'étourdir de paroles — et devient méchant :

— Si l'inquiétude de Joseph vient du sang âcre qui coule dans ses veines ; il faut qu'il aille à la campagne. Il aime la vie champêtre et les idylles ; qu'il aille faire des idylles. Il est honnête homme ; je ne crains de lui ni le poignard, ni le poison. Qu'il fasse cesser une opposition importune... Si sa femme, qui ne fait pas plus de garçons que la mienne, lui en fait un, je le préférerais peut-être au petit de Louis. Je prendrai celui qui annoncera le plus de talents...

Maintenant, il menace :

— Mais si je suis tracassé, je n'attendrai pas les dix-huit ans pour faire cesser ces tracasseries. Je trouverai le moyen d'assurer ma tranquillité. Qu'il ne me fasse pas repentir de ce que j'ai voulu faire pour lui. Je puis renverser ce système, que j'aie des enfants ou non, il faut que la chose marche.

Et il conclut :

— César, Frédéric n'ont point eu d'enfants...

Joseph, sur le conseil de Roederer, cède, accepte de rentrer dans le rang, et se rend faire amende honorable à Fontainebleau où Napoléon attend le Pape. Napoléon lui montre sa satisfaction :

— Je suis appelé à changer la face du monde ; je le crois du moins. Tenez-vous donc dans un système monarchique héréditaire où tant d'avantages vous sont promis.

Mais il y a aussi — aussi et surtout — les femmes du clan dont les inquiétudes sont plus terre à terre. Napoléon doit « se mettre en bataille rangée » selon son expression pour obliger ses sœurs et belles-sœurs à porter la traîne de l'Impératrice à Notre-Dame, et à la suivre pendant le long déroulement de la cérémonie. La « princesse Joseph » ne prétendait-elle pas « qu'un tel office était bien pénible pour une femme vertueuse » ? Où la vertu allait-elle se nicher !

— Depuis six jours que dure cette querelle, confie l'Empereur à son frère, je n'ai pas un instant de repos. J'en ai perdu le sommeil !

Ces dames s'agitent à tel point que, par un détour subtil qui les apaise, on convient qu'elles ne *porteront* point le manteau, mais qu'elles le *soutiendront*... On leur offre même à chacune un chambellan porte-queue pour tenir la traîne de leur robe.

Le choix de l'église où la cérémonie aurait lieu n'est pas encore fixé. L'église des Invalides est proposée, mais l'absence de chœur, l'exiguïté relative du bâtiment font abandonner le projet au profit de Notre-Dame où, affirme l'Empereur, vingt mille personnes seront à l'aise. Malheureusement les abords de l'église se prêtent mal au déploiement d'un cortège. On contourne la difficulté en décidant de démolir les maisons gênantes et de dégager le parvis. Certains propriétaires — l'expropriation n'étant pas encore légale — se montre réticents. Le ministre s'étonne : « Dans une occasion, écrit-il à l'Empereur, où il s'agit du couronnement de Votre Majesté, il importe que tous les citoyens n'aient qu'à bénir tout ce qui tient à cette auguste cérémonie. » L'argument ne porte pas sur un propriétaire amoureux de sa maison... Portalis reçoit personnellement le récalcitrant qui refuse de « bénir » la main qui va le jeter à la rue. Le ministre lui fait sentir — il le racontera à Napoléon — « combien sa résistance était intempestive et que j'espérais tenir de sa raison et son zèle ce que je regretterais d'opérer par la force. Il a été très content de la remontrance, ajoute sans rire le ministre, et il m'a protesté qu'il allait concourir à l'exécution de mes ordres. »

Autre chose contrarie les architectes et les décorateurs : le style gothique de Notre-Dame est tout à fait démodé. On ordonne d'emboîter l'édifice, à l'extérieur, de carton-pâte et, à l'intérieur, d'habiller les murs, piliers et chapiteaux. Tandis que les costumiers, tailleurs et cordonniers laissent vagabonder leur imagination vers la Renaissance, le grand écuyer, le grand chambellan, maître de cérémonies s'affairent et se penchent sur un cas délicat. Les chanoines de Notre-Dame exigeant des nouveaux habillements et des objets du culte destinés aux cérémonies, « car, pour le sacre des rois, affirment-ils, l'usage est d'acheter tout à neuf ». Par ailleurs, la présence du Pape et la messe dite par Sa Sainteté entraînent la présence d'un matériel et d'accessoires spéciaux tels que chaire, trônes, flabelli en plumes d'autruche, faldistoires, scabelli... Fort heureusement, le Pape abandonne l'idée de se faire porter à Notre-Dame sur la *Sedia gestatoria,* par des palefreniers vêtus de costumes en damas rouge, lorsque Napoléon lui fait savoir que « l'honneur avait été déféré à Marat » — sans parler de la déesse Raison qui, il y avait de cela onze années, avait été juchée sur un fauteuil enguirlandé et portée à dos de sans-culottes de Notre-Dame aux Tuileries. Suivie à son retour par tous les députés, celle qui avait « détrôné la ci-devant sainte Vierge » avait parcouru exactement le même trajet que celui prévu pour le Saint-Père...

Et les rites ?

Déjà, le 21 septembre, Napoléon avait écrit à Cambacérès : « Je me suis fait rendre compte de ce que le Pontifical romain prescrit pour le Sacre ; je l'ai fait traduire et je vous l'envoie. Je désire que vous me le renvoyiez avec vos observations, et des modifications plus adaptées à nos mœurs, et qui blessent le moins possible la cour de Rome. Cela nécessitera quelques décorations différentes dans le chœur de l'église... » On modifie donc en utilisant un mélange de rites provenant de Rome, de Reims, d'Allemagne et d'ailleurs. L'Empereur s'attache principalement à supprimer ou à transformer, dans le texte devant être dit par le Pape, certains verbes qu'il estime déplaisants, tel *eligimus* (que nous avons élu). Pour la remise de l'épée, *concessum* (attribué) le gêne et deviendra *oblatum* (présenté).

Quant aux ornements — épée, couronnes, anneaux, sceptre, globe, main de justice — ce n'était pas sans mal qu'on était parvenu à retrouver l'épée, le sceptre et la main de justice qui, depuis plusieurs siècles, figuraient au sacre des rois et qui avaient été dispersés par la Révolution. Ils furent décorés et habillés de neuf. Le sceptre avait perdu sa hampe : on la remplaça par un bâton de chantre, fort ancien et trouvé dans le trésor de Saint-Denis. Il en fut de même pour la main de justice. Ici la hampe sera neuve. On ajouta çà et là des bijoux, des pierres fines, afin que ces objets pussent figurer dignement dans le cortège du sacre sous le nom des « honneurs de Charlemagne », mais l'Empereur fait exécuter les ornements impériaux par son orfèvre Biennais, dont le magasin porte l'enseigne du *Singe Violet*...

Les difficultés décidément s'accumulent ! Avec quelle huile seront faites les onctions ? La sainte ampoule n'existe plus, Alexandre de Beauharnais, premier mari de Joséphine — ironie de l'Histoire — l'ayant fait apporter de Reims à Paris sous la Révolution pour qu'on la brulât « sur l'auteur de la Patrie » ! Il faudra donc se contenter du chrême réservé aux évêques. Napoléon s'insurge en apprenant qu'il devra recevoir neuf onctions. Elles seront limitées à deux applications huileuses aux mains et sur le front. Le Pape accepte de voir ainsi encore s'amenuiser son rôle, mais lorsqu'on l'informe que le grand chambellan Talleyrand est désigné pour essuyer les onctions, Pie VII se rebelle devant le sacrilège ! Napoléon — tout en riant sous cape — admet ce point de vue. Il fera remplacer Talleyrand par le Grand Aumônier.

Le 20 novembre, Napoléon écrit au Pape : « Je me flatte que dans cette semaine j'aurai le bonheur de voir Votre Sainteté et de lui exprimer les sentiments que j'ai pour elle. Me rendant à mon palais de Fontainebleau qui est sur la route, je me trouverai, par cette circonstance, en jouir un jour plus tôt. »

En réalité ce n'est nullement pour « jouir un jour plus tôt » de la présence de Pie VII que l'Empereur s'est rendu à Fontainebleau, mais pour éviter de devoir accueillir le Pape aux portes de Paris — et de lui laisser la première place.

SACRÉ PAR LE PAPE

⁂

En ce dimanche de l'Avent — car Pie VII se refuse, bien sûr, à admettre que l'on est le *quartidi* 4 frimaire, jour des *Nèfles* — Sa Sainteté touche au terme de son voyage. Il tombe une pluie froide lorsque le cortège papal, composé d'une centaine de cardinaux, de prélats, d'abbés et d'employés de tous genres, venant de Nemours, pénètre par la longue côte de Bourron dans la forêt de Fontainebleau.

Pie VII est las. Des bandits l'ont dévalisé près de Plaisance et, à Lyon, le cardinal Borgia est mort des suites d'une brutale indisposition. Sa Sainteté est partie de Rome vingt-trois jours auparavant et est contrariée par l'allure du voyage, c'était là un train trop rapide, incompatible avec la dignité qui doit accompagner les déplacements du successeur de Saint-Pierre.

Au carrefour de la Croix Saint-Hérem, Napoléon, vêtu d'une tenue verte de chasseur, feint d'interrompre une chasse au loup lorsqu'il voit le carrosse papal gravir la côte. Immobile sur son cheval, il regarde l'équipage de Pie VII venir à lui et ne s'avance nullement une minute plus tôt que prévu vers Sa Sainteté. Le Pape paraît hésiter. Entre l'Empereur et lui s'étend un terrain boueux et le Saint-Père n'a aux pieds que ses mules blanches brodées d'or... Enfin, pataugeant dans un bourbier épouvantable, le premier il se dirige vers l'Empereur. Napoléon se hâte alors de descendre de cheval pour se porter au-devant de son hôte et l'embrasser. Mais il n'est pas question bien sûr, pour lui, de s'agenouiller ! D'ailleurs, étant donné l'état du terrain, le Pape ne peut pas s'étonner de cette entorse au protocole. Puis, le carrosse impérial s'avance et, par une manœuvre aussi minutieusement préparée, permet à l'Empereur de monter dans la voiture par la portière de droite, laissant le Saint-Père à sa gauche.

Durant le trajet séparant la Croix Saint-Hérem du château, les mameluks précèdent l'équipage impérial et c'est dans cette escorte quelque peu impie que Pie VII fait son entrée dans la cour du fer à cheval. Le canon tonne, les cloches sonnent tandis qu'au bas de l'escalier Louis XV, l'ancien évêque d'Autun : Maurice de Talleyrand-Périgord, s'incline. Puis le Pape est prié d'aller « complimenter » Joséphine.

Le 28 novembre, à deux heures de l'après-midi — 7 frimaire, jour du *chou-fleur* — le Pape et l'Empereur roulent en carrosse vers Paris. La nuit est tombée — le thermomètre est descendu au-dessous de zéro — lorsque le cortège atteint la barrière d'Italie. Des flocons de neige tourbillonnent... A sept heures moins dix, la voiture s'arrête devant le pavillon de Flore, où demeurera le Pape. Napoléon a bien fait les choses, et la chambre du Saint-Père est la reproduction exacte de celle qu'il occupe, à Rome, au palais de Monte Cavallo.

Le lendemain matin, Pie VII est réveillé par un étrange tumulte. Il prête l'oreille et reconnaît que l'on crie, sur l'air des lampions : « Le Saint-Père ! Le Saint-Père ! Le Saint-Père ! » Ayant passé en hâte « une sorte de camisole blanche », le Pape ouvre sa fenêtre et apparaît au balcon. Une foule immense est là, la foule du 20 juin, du 10 août, des journées de septembre, du 20 prairial... et cette foule, soudain silencieuse, s'agenouille. On perçoit même çà et là des sanglots. D'un geste large, Pie VII donne sa bénédiction. Vingt fois, chaque jour, la scène se reproduit.

Ce même 29 novembre, à l'aide de petites marionnettes, revêtues de papier peint de différentes couleurs que l'on pose sur un plan de Notre-Dame, Isabey explique à chaque participant, sur la table même de l'Empereur, ce qu'il devra faire au cours de la cérémonie. Dans le Salon de Diane, les répétitions se déroulent au moyen d'un plan dessiné à la craie sur le parquet. Parmi les petites marionnettes, l'Empereur est là, haut d'un pouce, avec un manteau pourpre...

— Je vous félicite, dit Napoléon à Isabey, vous avez fait preuve d'esprit.

— Sire, à quoi servirait l'esprit, si ce n'est à nous tirer d'embarras ?

— Je désire que chacune de ces poupées porte, écrit sur son dos, le nom du personnage qu'elle représente. Ceux qui figureront au cortège devront apprendre, de ces poupées, leur place et leur attribution.

Parmi les généraux, les hauts fonctionnaires, les membres des délégations et députations invités au Sacre, nombreux sont ceux qui étaient en place sous la Révolution. On devine leur étonnement en recevant cette lettre : « La divine Providence et les Constitutions de l'Empire ayant placé la dignité impériale héréditaire dans notre famille, nous avons désigné la date du cinquième jour du mois de frimaire prochain pour notre sacre et notre couronnement... Nous vous faisons cette lettre pour que vous ayez à vous trouver à Paris avant le premier du mois de frimaire prochain et à y faire connaître votre arrivée à notre grand maître des Cérémonies. Sur ce nous prions Dieu qu'il vous ait en sa sainte garde. »

La veille du Sacre, il gèle. Le ciel qui, depuis le matin, est couvert, se dégage. Le soleil perce timidement au travers les nuages, lorsque le Sénat prend le chemin des Tuileries pour faire connaître à Napoléon le résultat du plébiscite. C'est un simulacre un peu puéril. Les chiffres ont été falsifiés. Deux millions neuf cent cinquante-neuf mille huit cent quatre-vingt-onze voix « civiles » ont voté pour l'hérédité. Et deux mille cinq cent soixante-sept contre. Le vote de l'armée n'atteint pas plus de cent vingt mille trois cent deux voix. De sa main, Napoléon, imperturbable, raye ce nombre et inscrit quatre cent mille. Il agit de même pour les seize mille deux cent vingt-quatre voix des agences commerciales, qui se transforment en cinquante mille. Ce qui permet — ce premier décembre — au président du Sénat d'annoncer trois millions cinq cent soixante-quatorze mille huit cent quatre-vingt-dix-huit voix pour l'adoption de cette proposition : « La dignité impériale est héréditaire dans la descendance directe, naturelle, légitime et adoptive de Napoléon Bonaparte et dans la descendance directe, naturelle et légitime de Joseph Bonaparte et de Louis Bonaparte. » Le président de Neufchâteau félicite ensuite l'Empereur d'avoir « fait entrer au port le vaisseau de la République »...

— Oui, sire, répète-t-il, de la République ! Ce mot peut blesser les oreilles d'un souverain ordinaire. Ici le mot est à sa place devant celui qui nous a fait jouir de la chose dans le sens où la chose peut exister chez un grand peuple.

Napoléon répond :

— Je monte au trône où m'ont appelé les vœux unanimes du Sénat, du peuple et de l'armée, le cœur plein du sentiment des grandes destinées de ce peuple que, du milieu des camps, j'ai le premier salué du nom de Grand. Mes descendants garderont longtemps ce trône. Dans les camps, ils seront les premiers soldats de l'armée, sacrifiant leur vie pour la défense de leur pays. Magistrats, ils ne perdront pas de vue que le mépris des lois et l'ébranlement de l'ordre social ne sont que le résultat de la faiblesse et de l'incertitude des princes.

Ce même samedi, Napoléon apprend avec fureur que Joséphine s'était jetée aux pieds du Pape pour lui avouer qu'elle n'était unie que civilement à Bonaparte. Ainsi c'était un sacrilège qui allait être commis le lendemain ! Sa Sainteté s'apprêtait à bénir la concubine de l'Empereur ! Il donnerait la triple onction avec le chrême réservé aux évêques à un couple vivant en état de péché mortel ! Le Pape avertit l'Empereur qu'il repartira sur l'heure, à moins qu'avant demain matin, cette faute grave envers l'Eglise ne soit réparée. Il veut bien sacrer l'Empereur, mais ne tolérera même pas la présence de Joséphine à Notre-Dame.

Napoléon cède, et la cérémonie du mariage est célébrée de nuit, presque clandestinement. Ce n'est pas le curé de la paroisse des Tuileries — celui de Saint-Germain-l'Auxerrois — mais Fesch lui-même qui, sans témoins, unit « M. et Mme Bonaparte ». Il y aura ainsi — Napoléon le pense — deux cas éventuels de cassation...

Le lendemain matin, alors que tonnent déjà les canons et que sonnent les cloches, un nouveau chambellan — M. de Thiard — est appelé aux Tuileries afin de prêter serment. Pour l'Empereur, les affaires en cours doivent se poursuivre, même le matin du couronnement... « Je n'avais encore aperçu le Premier consul que dans sa loge, au spectacle, et sans la solennité du moment, qui apparaissent à mon imagination dans toute sa splendeur, racontera M. de Thiard, j'aurais eu de la peine à retenir mon sang-froid : il était déjà revêtu de son pantalon sous pieds en velours blanc parsemé d'abeilles d'or, de sa fraise à la Henri IV en dentelle, et, par-dessus, en guise de robe de chambre, il avait passé son habit de chasseur à cheval !... »

En enlevant sa veste d'uniforme, l'Empereur fait maintenant penser, paraît-il, avec son habit de velours rouge et son chapeau emplumé retroussé par devant, à un roi de jeu de cartes. Napoléon convoque également aux Tuileries Raguideau, le notaire de Joséphine qui, on s'en souvient, avait dit à sa cliente, le 8 mars 1795 :

— Ma chère amie, on n'épouse pas un homme qui n'a que la cape et l'épée !

Le matin du Sacre, le tabellion peut contempler l'Empereur dans toute sa splendeur et, stupéfait, il entend Napoléon lui demander — non sans malice et avec orgueil :

— Alors, monsieur Raguideau, n'ai-je que la cape et l'épée ?...

⁂

Tous, ce matin-là, interrogent le ciel. A l'Observatoire, le préposé à « l'état de l'air » écrit sur son registre : « Ciel très couvert, vent nord, brouillard, température — 3°3. » Va-t-il se mettre à neiger ?

Des milliers d'invités se dirigent vers Notre-Dame, mais, hors les cortèges du Pape, de l'Empereur et de l'Archichancelier, aucun équipage ne peut dépasser le palais de Justice... Et les badauds s'esclaffent en voyant courir vers Notre-Dame, à travers les rues boueuses et sous la bise glaciale, des femmes décolletées retroussant haut leurs traînes et le bas de leurs robes...

Les invités, au milieu d'un désordre indescriptible, se rangent tant bien que mal sur les banquettes, placées dans la nef, perpendiculairement à l'autel. Au fond de l'église, masquant le portail central et obstruant la nef, se trouve un gigantesque échafaudage de carton-pâte où l'on peut lire en lettres d'or les mots : *Honneur, Patrie* et *Napoléon empereur des Français.*

C'est le trône impérial.

Tout en haut, sur une estrade où on accède par vingt-quatre marches assez raides, on a juché le fauteuil de l'Empereur et, un peu au-dessous, celui, plus petit, de l'Impératrice. C'est au pied et autour de ce monument que sont installés le corps diplomatique et les ministres, puis, à mi-chemin entre le trône et l'autel, se sont assis les membres du Sénat et du Corps législatif, les magistrats et les grands officiers de la Couronne. Le premier rang, près de l'autel aux dix archevêques et aux quarante évêques, qui ont dû s'habiller à la Préfecture de Police... Dans les bas-côtés et les transepts se trouvent massées les délégations et, dans les galeries, les invités.

Vers huit heures trente, au moment où s'ordonne le cortège du Pape, un drame éclate devant le pavillon de Flore : le porte-croix, monsignor Speroni, refuse de prendre place dans un carrosse ; le cérémonial pontifical l'exige : il lui faut une mule. Il n'y en a pas dans les écuries impériales ; on lui offre un cheval, on lui suggère de faire la route à pied. C'est peine perdue ! Les piqueurs sont bien obligés de se mettre en quête et découvrent enfin un âne chez une fruitière de la rue du Doyenné qui, moyennant soixante-sept francs, accepte de louer son animal. On affuble l'âne d'un caparaçon de velours, en affirmant à Speroni qu'il s'agit d'une mule mal venue, et le cortège, précédé de dragons, peut se mettre en route. Cependant, l'apparition du porte-croix, curieusement coiffé d'un chapeau à trois cornes et monté sur le baudet de la fruitière, déchaîne l'hilarité. Les lazzi fusent :

— Voilà la mule du Pape, c'est elle qu'on baise !

Speroni semble ravi et agite sa croix en tous sens. Les rires sont à peine calmés lorsque, derrière les hérauts d'armes, apparaît le carrosse du Pape, doublé de velours blanc, surmonté de la tiare pontificale et traîné par huit chevaux gris. Arrivé à l'Archevêché, le Pape revêt une ample et lourde chape de drap d'or et, par une longue galerie de toile, gagne la basilique, puis va se placer sur le trône qui lui a été aménagé dans le chœur, « dans l'attente d'un pontife qui médite profondément sur les choses du ciel et pour le bonheur de la terre ».

Aux Tuileries, non sans mal, les principaux acteurs de la cérémonie ont revêtu de curieux costumes dessinés par David et Isabey, une manière de compromis entre « l'antique » et Henri III.

Si les femmes se plient à tout dans ce domaine, certains anciens soldats de l'an II déguisés « en mignon » doivent quelque peu hésiter avant de sortir de chez eux en cet équipage...

Avant le départ pour Notre-Dame, les protagonistes de la solennité sont introduits dans l'appartement de Joséphine et restent bouche bée devant l'Impératrice « resplendissante de diamants, coiffée de mille boucles comme au temps de Louis XIV ». Elle semble avoir vingt-cinq ans.

Il est onze heures.

Le canon tonne, annonçant le départ de l'Empereur et de l'Impératrice des Tuileries. Le temps ne s'est pas réchauffé, le ciel demeure couvert, mais la menace d'une chute de neige semble écartée. Cependant le soleil est toujours aussi pâle derrière le brouillard. Le célèbre carrosse étincelant d'or est traîné par huit chevaux, couleur isabelle, richement caparaçonnés.

Sur l'impériale de la voiture, on voit, comme sur celle du Pape, une couronne d'or soutenue par quatre aigles déployant leurs ailes. « Cette voiture, remarquable par son élégance, sa richesse et les peintures dont elle était ornée, racontera le *Journal des Débats*, fixait l'attention autant que le cortège, dont il est difficile de décrire la magnificence. Qu'on se figure sept ou huit mille hommes de cavalerie de la plus belle tenue, entremêlés de groupes de musiciens, défilant entre deux haies continues d'infanterie de plus d'une demi-lieue de longueur ; qu'on y ajoute la richesse et le nombre des voitures, la beauté des attelages, le concours de quatre ou cinq cent mille spectateurs, et l'on n'aura qu'une idée imparfaite du coup d'œil qu'offrait la seule marche du cortège. »

L'ultra des ultras, M. de Frénilly — *M. de Frénésie*, dira lui-même Louis XVIII — n'est, on s'en doute, point d'accord : « Toute cette pompe n'était qu'une mascarade où chacun essayait son habit, où personne n'avait encore étudié son rôle depuis ce beau baladin de Murat monté du cabaret de son père au gouvernement de Paris d'où il devait monter sur un trône, depuis les trois sœurs impériales qui avaient quitté le savonnage de leurs chemises à Marseille pour venir empanachées et couvertes de diamants porter la queue de la vieille maîtresse de Barras, depuis cette valetaille de grands officiers installée depuis quinze jours, Montmorency, Cossé, La Trémoille, etc..., jusqu'à la petite culotte de peau du 13 vendémiaire qui figurait dans sa voiture de sacre, en dalmatique et manteau blanc. Il y avait dans cette saturnale de quoi rire ou de quoi pleurer suivant les goûts ou les caractères. »

A l'Archevêché, l'Empereur et l'Impératrice revêtent leur « grand habillement », les deux fameux manteaux de velours pourpre, cachant en partie la longue robe *à l'antique* en satin blanc brodé d'or pour Napoléon, la robe de brocart d'argent pour Joséphine. Tout à l'heure, avant le départ des Tuileries, Isabey, dit-on, l'avait aidée à se maquiller, mais elle s'attarde cependant à faire un ultime « raccord ». Enfin, par la longue galerie, le cortège se dirige vers la basilique. Ainsi que prévu, les trois sœurs et les deux belles-sœurs de Napoléon *soutiennent* le manteau de Joséphine, tandis que Joseph, Louis et les deux ex-consuls *portent* celui de l'Empereur. Les maréchaux désignés pour tenir les *honneurs* suivent, habillés de velours bleu, de satin blanc, tout froufroutants de plumes. Les anciens compagnons du général Bonaparte se sont partagés le sceptre en vermeil, la main de justice ornée de perles, et la « boule du monde » également en vermeil... Toutes ces merveilles, ainsi que la couronne de laurier que l'Empereur a sur la tête, ont été confectionnées par le joaillier Biennais. La facture s'est élevée à sept mille francs. Kellerman, Lefebvre et Pérignon portent les *honneurs de Charlemagne*...

A l'instant où l'Empereur apparaît dans la nef, tous les assistants se lèvent et crient : *Vive l'Empereur !* « La petite taille de l'Empereur, racontera Mme de Rémusat, se fondait sous cet énorme manteau d'hermine. Une simple couronne de lauriers ceignait sa tête ; il ressemblait à une médaille antique. Mais il était d'une pâleur extrême, véritablement ému, et l'expression de ses regards paraissait sévère et un peu troublée. »

Les deux orchestres attaquent une marche guerrière. Ils joueront presque sans interruption durant la longue cérémonie, il a fallu établir pour les musiciens douze mille cent trente-sept pages de copie. On voit jaillir des orchestres ces instruments destinés à soutenir la voix des chantres et à qui leur forme curieuse avait fait donner le nom de « serpents ». Musiciens et chanteurs devaient recevoir cinquante et un mille francs.

— Quoi ! cinquante et un mille francs ! s'exclamera un peu plus tard l'Empereur. Ai-je bien lu ?... Mais avec une pareille somme j'équiperais un régiment de ma Garde ! Il convient de regarder cela d'un peu plus près...

Et il fera des coupes sombres dans la facture.

Il est midi. La cérémonie commence dans le chœur où sont placés les deux prie-Dieu de l'Empereur et de l'Impératrice. Les assistants devineront à peine le déroulement du sacre et du couronnement. Napoléon ne tient nullement à ce que les anciens jacobins le voient à genoux devant le Pape, le visage et les mains couverts d'huile...

C'est d'abord le serment religieux : l'Empereur « jure devant Dieu et ses anges de faire et conserver la loi, la justice et la paix de l'Eglise »... Suivent les oraisons, les interminables litanies du texte revu et expurgé.

« Je ne puis rendre ce que j'ai éprouvé, écrira la duchesse d'Abrantès, lorsque l'Empereur est descendu de son trône et s'est avancé vers l'autel où le pape l'attendait pour le sacrer... Napoléon paraissait fort calme. Je l'examinai attentivement pour voir si son cœur battait sous la dalmatique impériale plus vivement que sous l'habit de colonel des guides de la Garde ; mais je ne vis rien et pourtant j'étais à dix pas de lui. La longueur de la cérémonie seulement parut l'ennuyer, et je le vis plusieurs fois étouffer un bâillement. Mais il fit tout ce qui lui fut ordonné et toujours convenablement. Lorsque le Pape lui fit la triple onction, sur la tête et les mains, je m'aperçus, à la direction de ses yeux, qu'il songeait plutôt à s'essuyer qu'à toute autre chose, et, par l'habitude que j'avais de son regard, je puis dire que j'en suis certaine. »

Pendant ce temps le pape récitait cette oraison :

— Dieu tout-puissant et éternel, qui avez établi Hazaël pour gouverner la Syrie, et Jéhu, roi d'Israël, en leur manifestant vos volontés par l'organe du prophète Elie ; qui avez également répandu l'huile sainte des rois sur la tête de Saül et de David par le ministère du prophète Samuel, répandez par mes mains les trésors de vos grâces et de vos bénédictions sur votre serviteur Napoléon que, malgré notre indignité personnelle, nous consacrons, aujourd'hui, empereur en votre nom.

Après avoir béni les ornements impériaux — l'épée, le globe impérial, le sceptre, la main de justice, le collier — Pie VII consacre les deux anneaux, les deux manteaux et les deux couronnes.

— Recevez cet anneau, déclare-t-il, qui est le signe de la foi sainte, la preuve de la puissance et la solidité de votre empire, par lequel, grâce à sa puissance triomphale, vous vaincrez vos ennemis, vous détruirez les hérésies, vous tiendrez vos sujets dans l'union et vous demeurerez persévéramment attaché à la foi catholique.

« Vous détruirez les hérésies »... Voilà qui allait être contredit tout à l'heure par le serment de l'Empereur garantissant la liberté des cultes !

Le grand moment est arrivé.

Tous les regards convergent vers le coussin de velours pourpre. Napoléon tend la main, saisit la couronne d'or qui étincelle, tourne avec désinvolture le dos au Pape, regarde la foule qui retient son souffle, puis pose calmement la couronne sur sa tête...

Le plus étonnant destin de l'Histoire poursuit sa course : l'ancien cadet Napoleone Buonaparte, le général Bonaparte, le consul à vie de la République, est devenu l'empereur Napoléon premier.

Fin du premier volume

TABLE DES MATIÈRES

Achevé d'imprimer sur les presses de

BUSSIÈRE

GROUPE CPI

à Saint-Amand-Montrond (Cher)
pour le compte des Éditions Perrin
en avril 2007

N° d'édition : 1227. N° d'impression : 071393/4.
Dépôt légal : septembre 2001.

Imprimé en France